2015年

宁夏回族自治区1%人口抽样调查资料

宁夏回族自治区统计局 编

中国统计出版社
China Statistics Press

图书在版编目（CIP）数据

2015年宁夏回族自治区1%人口抽样调查资料 /宁夏回族自治区统计局编. -- 北京 : 中国统计出版社，2017.2
ISBN 978-7-5037-8046-2

Ⅰ. ①2… Ⅱ. ①宁… Ⅲ. ①人口调查－抽样调查统计－统计资料－宁夏－2015 Ⅳ. ①C924.254.3

中国版本图书馆CIP数据核字(2016)第268125号

2015年宁夏回族自治区1%人口抽样调查资料

编　　者/宁夏回族自治区统计局　编
责任编辑/王建生
封面设计/李　静
出版发行/中国统计出版社
通信地址/北京市丰台区西三环南路甲6号　邮政编码/100073
电　　话/邮购（010）63376909　书店（010）68783171
网　　址/http://www.zgtjcbs.com
印　　刷/河北鑫宏源印刷包装有限责任公司
经　　销/新华书店
开　　本/880×1230mm　1/16
字　　数/1720千字
印　　张/53.75
版　　别/2017年2月第1版
版　　次/2017年2月第1次印刷
定　　价/380.00元

本书附同版本CD-ROM一张，光盘内容以书面文字为准。
如有印装错误，本社发行部负责调换。

《2015 年宁夏回族自治区 1%人口抽样调查资料》

编辑委员会和编辑工作人员

编辑说明

根据《全国人口普查条例》和《国务院办公厅关于开展2015年全国1%人口抽样调查的通知》，我国以2015年11月1日零时为标准时点进行了全国1%人口抽样调查。在党中央、国务院的正确领导下，在地方各级人民政府的精心组织和调查对象的支持配合下，经过广大调查工作人员的艰苦努力，调查取得了圆满成功，获得了丰富翔实的资料。为了满足社会各界的需要，现将计算机详细汇总的数据资料编辑出版。资料的有关情况说明如下：

一、宁夏2015年全国1%人口抽样调查以全区为总体，以各市、县（区）为子总体，采取分层、二阶段、概率比例、整群抽样方法，在全区22个市、县（区）中抽取了239个乡（镇、街道），864个村（居）委会，864个调查小区。共调查登记常住人口20.79万人，占全区常住人口的3.12%。

二、本资料设有概要、民族、年龄、教育、就业、婚姻、家庭、生育、老年人口、死亡、住房、迁移和户口登记地共十二卷，反映了我区当前人口和住房的各种结构情况。同时，为帮助读者更好地使用本资料，我们将《2015年全国1%人口抽样调查方案》、调查表、填表说明等技术文件以及宁夏相关文件作为附录一并刊印。

三、本资料中各卷数据均为抽样调查的样本数据，未作总体推算，请读者使用数据时注意。

四、这次调查采取了不等比例的抽样方法，但经过加权处理后，本资料中各地区的数据已经按全国统一的抽样比换算，可以直接对比。

五、根据国家事后质量抽查，这次调查的总人口漏登率为0.54%，总体质量较高。但有些指标（如出生人口、死亡人口和分年龄妇女生育率）现场登记难度较大，漏登率要相对高一些，请读者使用相关数据时，应考虑不同指标登记误差因素的影响。

六、城市、镇和乡村是按照2008年国家统计局《统计上划分城乡的规定》划分的。

七、这次调查对部分特殊人群（如全户外出人口、全户户口寄挂人口等）仅登记了姓名、性别、年龄、民族、受教育程度等个人基本信息，因此，有关住房结构、就业、婚姻、生育和老年人口健康状况等方面的数据并不是全口径数据，请读者在使用时予以注意。

八、由于加权运算后对数字采取四舍五入处理，汇总表分项数据之和与合计数存在很小差别，并不影响数据的使用。

九、本资料中部分相对数由于单位取舍问题而产生的计算误差，均未做机械调整。

十、本资料中空项表示无数字或数字很小。

目　录

第一卷　概要

第二卷 民族

第三卷 年龄

第四卷　受教育程度

第五卷　就业

第六卷 婚姻

第七卷 家庭

第八卷 生育

第九卷 老年人口

第十卷 死亡

第十一卷 住房

第十二卷　迁移和户口登记地

附　录

1 概要

1–1 各地区户数、人口数和性别比

单位：户、人

地区	户数			人口数			
	合计	家庭户	集体户	合计	男	女	性别比(女=100)
全 区	**63618**	**61093**	**2525**	**207867**	**107041**	**100826**	**106.16**
银川市	**22911**	**21564**	**1347**	**68503**	**35078**	**33425**	**104.94**
兴庆区	8369	7884	484	23319	11527	11792	97.75
西夏区	3902	3331	570	12476	6683	5794	115.34
金凤区	3174	3166	9	9198	4614	4585	100.63
永宁县	2290	2213	77	7235	3733	3502	106.60
贺兰县	2432	2410	22	7533	3859	3673	105.06
灵武市	2744	2561	184	8742	4662	4080	114.28
石嘴山市	**8602**	**8072**	**530**	**24873**	**13426**	**11448**	**117.28**
大武口区	3525	3120	405	10056	5806	4250	136.60
惠农区	2257	2187	70	6177	3203	2974	107.70
平罗县	2821	2766	55	8640	4417	4223	104.58
吴忠市	**12460**	**12178**	**282**	**41879**	**21809**	**20070**	**108.66**
利通区	3849	3741	108	12280	6443	5838	110.36
红寺堡区	1391	1388	4	5699	2965	2734	108.42
盐池县	1740	1617	123	5039	2706	2333	115.99
同心县	2483	2480	3	9762	4938	4824	102.37
青铜峡市	2996	2952	44	9099	4758	4341	109.59
固原市	**10063**	**9738**	**326**	**38274**	**19197**	**19077**	**100.63**
原州区	3616	3499	117	12883	6286	6597	95.29
西吉县	2630	2460	170	11400	5752	5648	101.83
隆德县	1403	1375	29	4945	2508	2437	102.95
泾源县	814	804	9	3127	1633	1494	109.33
彭阳县	1600	1600		5919	3018	2901	104.01
中卫市	**9581**	**9541**	**41**	**34338**	**17531**	**16807**	**104.31**
沙坡头区	3768	3744	24	12133	6234	5899	105.67
中宁县	2818	2810	8	10181	5205	4976	104.59
海原县	2995	2987	8	12024	6093	5931	102.73

1-1　续表　　　　　　　　　　　　　　　　　　单位：户、人

地　区	家庭户人口				集体户人口				平均家庭户规模(人/户)
	合计	男	女	性别比(女=100)	合计	男	女	性别比(女=100)	
全　区	**196364**	**99874**	**96490**	**103.51**	**11503**	**7167**	**4336**	**165.31**	**3.21**
银川市	**62914**	**31817**	**31098**	**102.31**	**5588**	**3261**	**2327**	**140.12**	**2.92**
兴庆区	21464	10772	10692	100.75	1855	755	1100	68.63	2.72
西夏区	9600	4808	4792	100.34	2877	1875	1002	187.07	2.88
金凤区	9168	4614	4554	101.30	30		30		2.90
永宁县	6987	3578	3409	104.96	248	155	93	167.18	3.16
贺兰县	7436	3797	3639	104.33	96	62	34	183.52	3.09
灵武市	8260	4248	4012	105.89	482	414	68	609.49	3.23
石嘴山市	**22679**	**11475**	**11204**	**102.42**	**2194**	**1951**	**243**	**801.75**	**2.81**
大武口区	8587	4346	4242	102.45	1468	1460	8	17392.14	2.75
惠农区	5787	2940	2847	103.24	390	264	127	207.77	2.65
平罗县	8305	4190	4115	101.81	335	227	108	210.24	3.00
吴忠市	**40436**	**20731**	**19706**	**105.20**	**1442**	**1078**	**364**	**295.93**	**3.32**
利通区	11880	6079	5801	104.78	400	364	36	1005.32	3.18
红寺堡区	5686	2960	2726	108.60	13	5	9	53.12	4.10
盐池县	4518	2371	2146	110.47	521	335	186	179.52	2.79
同心县	9758	4934	4824	102.29	4	4			3.93
青铜峡市	8594	4386	4208	104.24	504	371	133	278.95	2.91
固原市	**36304**	**18504**	**17800**	**103.96**	**1970**	**693**	**1277**	**54.28**	**3.73**
原州区	12257	6217	6041	102.92	626	69	556	12.45	3.50
西吉县	10249	5261	4988	105.46	1151	491	660	74.42	4.17
隆德县	4795	2406	2389	100.73	150	102	48	213.60	3.49
泾源县	3084	1603	1481	108.21	42	30	12	243.51	3.84
彭阳县	5919	3018	2901	104.01					3.70
中卫市	**34030**	**17347**	**16683**	**103.98**	**309**	**184**	**124**	**148.55**	**3.57**
沙坡头区	12049	6188	5861	105.59	84	46	39	117.95	3.22
中宁县	10159	5187	4972	104.33	22	18	5	365.70	3.62
海原县	11822	5972	5850	102.07	202	121	81	150.30	3.96

1-1ab 各地区户数、人口数和性别比(城镇)

单位：户、人

地 区	户数			人口数			
	合计	家庭户	集体户	合计	男	女	性别比(女=100)
全 区	**38105**	**36008**	**2097**	**113835**	**58686**	**55149**	**106.41**
银川市	**18296**	**17074**	**1222**	**52555**	**26859**	**25696**	**104.52**
兴庆区	8013	7529	484	21970	10869	11101	97.91
西夏区	3656	3086	570	11422	6146	5276	116.47
金凤区	2809	2800	9	7844	3908	3935	99.32
永宁县	1031	1012	20	3041	1582	1458	108.51
贺兰县	1209	1186	22	3531	1819	1712	106.22
灵武市	1579	1462	117	4748	2535	2213	114.53
石嘴山市	**6559**	**6057**	**502**	**18316**	**10059**	**8257**	**121.83**
大武口区	3345	2944	400	9367	5441	3926	138.61
惠农区	1862	1805	57	5073	2594	2478	104.67
平罗县	1352	1308	44	3875	2023	1852	109.23
吴忠市	**5845**	**5702**	**143**	**18292**	**9580**	**8712**	**109.97**
利通区	2479	2371	108	7342	3883	3460	112.22
红寺堡区	435	432	4	1621	844	777	108.68
盐池县	588	578	10	1809	967	841	114.98
同心县	959	956	3	3569	1826	1744	104.70
青铜峡市	1384	1366	18	3950	2060	1890	108.99
固原市	**3429**	**3239**	**190**	**11657**	**5446**	**6211**	**87.69**
原州区	1712	1608	104	5490	2514	2975	84.50
西吉县	589	509	80	2412	1023	1389	73.71
隆德县	390	388	2	1258	634	624	101.68
泾源县	231	228	4	811	419	392	106.75
彭阳县	507	507		1686	856	831	102.99
中卫市	**3976**	**3935**	**41**	**13015**	**6742**	**6273**	**107.47**
沙坡头区	2136	2112	24	6392	3318	3074	107.95
中宁县	1227	1219	8	4080	2108	1973	106.83
海原县	613	605	8	2543	1316	1227	107.31

1-1ab 续表　　　　单位：户、人

地　区	家庭户人口				集体户人口				平均家庭户规模（人/户）
	合计	男	女	性别比（女=100）	合计	男	女	性别比（女=100）	
全　区	**104665**	**53163**	**51501**	**103.23**	**9170**	**5523**	**3647**	**151.41**	**2.91**
银川市	**47324**	**23873**	**23451**	**101.80**	**5231**	**2986**	**2245**	**132.97**	**2.77**
兴庆区	20114	10114	10001	101.13	1855	755	1100	68.63	2.67
西夏区	8545	4271	4274	99.92	2877	1875	1002	187.07	2.77
金凤区	7813	3908	3905	100.09	30		30		2.79
永宁县	2978	1530	1448	105.72	63	52	11	487.66	2.94
贺兰县	3435	1756	1678	104.65	96	62	34	183.52	2.90
灵武市	4438	2293	2145	106.88	310	242	68	355.83	3.04
石嘴山市	**16289**	**8249**	**8041**	**102.59**	**2026**	**1810**	**216**	**838.35**	**2.69**
大武口区	7904	3986	3917	101.76	1463	1455	8	17333.02	2.68
惠农区	4803	2445	2358	103.71	269	149	120	123.50	2.66
平罗县	3582	1817	1765	102.93	293	206	87	236.99	2.74
吴忠市	**17689**	**9068**	**8621**	**105.18**	**603**	**512**	**91**	**563.65**	**3.10**
利通区	6942	3519	3424	102.78	400	364	36	1005.32	2.93
红寺堡区	1608	840	768	109.31	13	5	9	53.12	3.73
盐池县	1703	896	807	110.91	106	72	34	211.66	2.95
同心县	3565	1822	1744	104.48	4	4			3.73
青铜峡市	3870	1992	1878	106.06	80	68	12	564.67	2.83
固原市	**10656**	**5416**	**5240**	**103.38**	**1001**	**30**	**971**	**3.07**	**3.29**
原州区	4942	2497	2445	102.10	548	18	530	3.33	3.07
西吉县	1974	1023	951	107.64	438		438		3.88
隆德县	1252	630	622	101.33	6	4	2	212.42	3.23
泾源县	802	411	391	105.08	9	8	1	587.93	3.52
彭阳县	1686	856	831	102.99					3.33
中卫市	**12706**	**6557**	**6149**	**106.64**	**309**	**184**	**124**	**148.55**	**3.23**
沙坡头区	6307	3272	3035	107.82	84	46	39	117.95	2.99
中宁县	4058	2090	1968	106.20	22	18	5	365.70	3.33
海原县	2341	1195	1146	104.29	202	121	81	150.30	3.87

1-1a 各地区户数、人口数和性别比(城市)

单位：户、人

地 区	户 数			人口数			
	合计	家庭户	集体户	合计	男	女	性别比(女=100)
全 区	**25793**	**24232**	**1561**	**73612**	**37516**	**36096**	**103.94**
银川市	**14668**	**13554**	**1114**	**41798**	**21264**	**20534**	**103.56**
兴庆区	7669	7185	484	21028	10387	10641	97.61
西夏区	3428	2858	570	10654	5763	4891	117.82
金凤区	2645	2636	9	7331	3662	3669	99.81
永宁县							
贺兰县	62	58	4	188	104	84	124.63
灵武市	864	817	47	2597	1348	1249	107.89
石嘴山市	**4639**	**4355**	**284**	**12455**	**6649**	**5805**	**114.53**
大武口区	2995	2768	227	7955	4351	3604	120.72
惠农区	1644	1587	57	4500	2298	2202	104.41
平罗县							
吴忠市	**3374**	**3331**	**42**	**10015**	**5108**	**4907**	**104.10**
利通区	2060	2030	31	5918	3000	2918	102.80
红寺堡区	374	370	4	1391	722	669	108.03
盐池县							
同心县							
青铜峡市	939	932	8	2705	1386	1320	104.98
固原市	**1497**	**1396**	**101**	**4756**	**2126**	**2630**	**80.81**
原州区	1497	1396	101	4756	2126	2630	80.81
西吉县							
隆德县							
泾源县							
彭阳县							
中卫市	**1616**	**1596**	**19**	**4590**	**2370**	**2220**	**106.77**
沙坡头区	1616	1596	19	4590	2370	2220	106.77
中宁县							
海原县							

1－1a　续表

单位：户、人

地　　区	家庭户人口				集体户人口				平均家庭户规模（人/户）
	合计	男	女	性别比（女=100）	合计	男	女	性别比（女=100）	
全　区	**66983**	**33818**	**33165**	**101.97**	**6629**	**3699**	**2930**	**126.22**	**2.76**
银川市	**36898**	**18543**	**18355**	**101.02**	**4900**	**2721**	**2179**	**124.91**	**2.72**
兴庆区	19173	9632	9541	100.96	1855	755	1100	68.63	2.67
西夏区	7777	3888	3889	99.98	2877	1875	1002	187.07	2.72
金凤区	7301	3662	3639	100.65	30		30		2.77
永宁县									
贺兰县	162	85	77	111.29	26	19	7	268.03	2.79
灵武市	2486	1275	1210	105.36	111	72	39	187.19	3.04
石嘴山市	**11467**	**5790**	**5677**	**102.00**	**988**	**859**	**129**	**666.39**	**2.63**
大武口区	7236	3641	3595	101.26	718	710	8	8458.60	2.61
惠农区	4231	2150	2081	103.30	269	149	120	123.50	2.67
平罗县									
吴忠市	**9874**	**5024**	**4850**	**103.60**	**140**	**84**	**57**	**146.74**	**2.96**
利通区	5837	2955	2882	102.54	81	45	36	123.94	2.88
红寺堡区	1378	718	660	108.75	13	5	9	53.12	3.72
盐池县									
同心县									
青铜峡市	2659	1351	1308	103.34	46	34	12	282.17	2.85
固原市	**4219**	**2119**	**2100**	**100.88**	**537**	**7**	**530**	**1.31**	**3.02**
原州区	4219	2119	2100	100.88	537	7	530	1.31	3.02
西吉县									
隆德县									
泾源县									
彭阳县									
中卫市	**4525**	**2341**	**2184**	**107.23**	**64**	**28**	**36**	**78.89**	**2.83**
沙坡头区	4525	2341	2184	107.23	64	28	36	78.89	2.83
中宁县									
海原县									

1-1b 各地区户数、人口数和性别比(镇)

单位：户、人

地 区	户 数			人口数			
	合计	家庭户	集体户	合计	男	女	性别比(女=100)
全 区	**12312**	**11776**	**536**	**40222**	**21169**	**19053**	**111.11**
银川市	**3628**	**3520**	**108**	**10757**	**5595**	**5162**	**108.37**
兴庆区	344	344		942	482	460	104.77
西夏区	228	228		768	383	385	99.35
金凤区	164	164		513	246	266	92.50
永宁县	1031	1012	20	3041	1582	1458	108.51
贺兰县	1146	1128	18	3343	1714	1629	105.27
灵武市	715	645	70	2151	1187	964	123.13
石嘴山市	**1920**	**1703**	**217**	**5861**	**3410**	**2451**	**139.11**
大武口区	350	177	173	1413	1091	322	338.83
惠农区	218	218		573	296	277	106.78
平罗县	1352	1308	44	3875	2023	1852	109.23
吴忠市	**2471**	**2371**	**100**	**8278**	**4472**	**3805**	**117.53**
利通区	418	342	77	1424	883	542	162.97
红寺堡区	61	61		231	122	108	112.71
盐池县	588	578	10	1809	967	841	114.98
同心县	959	956	3	3569	1826	1744	104.70
青铜峡市	444	434	10	1245	674	570	118.27
固原市	**1932**	**1843**	**89**	**6901**	**3321**	**3580**	**92.75**
原州区	215	212	3	734	389	345	112.63
西吉县	589	509	80	2412	1023	1389	73.71
隆德县	390	388	2	1258	634	624	101.68
泾源县	231	228	4	811	419	392	106.75
彭阳县	507	507		1686	856	831	102.99
中卫市	**2360**	**2339**	**21**	**8426**	**4372**	**4054**	**107.86**
沙坡头区	521	516	5	1802	948	854	111.01
中宁县	1227	1219	8	4080	2108	1973	106.83
海原县	613	605	8	2543	1316	1227	107.31

1-1b 续表 单位：户、人

地 区	家庭户人口				集体户人口				平均家庭户规模（人/户）
	合计	男	女	性别比（女=100）	合计	男	女	性别比（女=100）	
全 区	**37682**	**19346**	**18336**	**105.51**	**2541**	**1824**	**717**	**254.35**	**3.20**
银川市	**10426**	**5330**	**5096**	**104.60**	**331**	**265**	**67**	**396.18**	**2.96**
兴庆区	942	482	460	104.77					2.74
西夏区	768	383	385	99.35					3.37
金凤区	513	246	266	92.50					3.13
永宁县	2978	1530	1448	105.72	63	52	11	487.66	2.94
贺兰县	3273	1671	1602	104.33	70	43	27	161.06	2.90
灵武市	1952	1018	935	108.86	199	169	29	578.17	3.03
石嘴山市	**4823**	**2459**	**2364**	**103.99**	**1038**	**951**	**87**	**1093.01**	**2.83**
大武口区	668	346	322	107.42	745	745			3.78
惠农区	573	296	277	106.78					2.63
平罗县	3582	1817	1765	102.93	293	206	87	236.99	2.74
吴忠市	**7815**	**4043**	**3771**	**107.21**	**463**	**429**	**34**	**1262.19**	**3.30**
利通区	1105	563	542	104.05	319	319			3.23
红寺堡区	231	122	108	112.71					3.75
盐池县	1703	896	807	110.91	106	72	34	211.66	2.95
同心县	3565	1822	1744	104.48	4	4			3.73
青铜峡市	1211	640	570	112.29	34	34			2.79
固原市	**6437**	**3298**	**3139**	**105.05**	**464**	**23**	**441**	**5.18**	**3.49**
原州区	723	378	345	109.53	11	11			3.41
西吉县	1974	1023	951	107.64	438		438		3.88
隆德县	1252	630	622	101.33	6	4	2	212.42	3.23
泾源县	802	411	391	105.08	9	8	1	587.93	3.52
彭阳县	1686	856	831	102.99					3.33
中卫市	**8181**	**4216**	**3965**	**106.32**	**244**	**156**	**88**	**177.01**	**3.50**
沙坡头区	1782	931	851	109.33	20	17	3	634.92	3.46
中宁县	4058	2090	1968	106.20	22	18	5	365.70	3.33
海原县	2341	1195	1146	104.29	202	121	81	150.30	3.87

1-1c 各地区户数、人口数和性别比(乡村)

单位：户、人

地 区	户 数			人口数			
	合计	家庭户	集体户	合计	男	女	性别比(女=100)
全 区	**25513**	**25085**	**428**	**94032**	**48355**	**45677**	**105.86**
银川市	**4615**	**4491**	**124**	**15948**	**8219**	**7729**	**106.35**
兴庆区	355	355		1349	658	691	95.24
西夏区	246	246		1054	537	517	103.83
金凤区	366	366		1354	705	649	108.59
永宁县	1259	1201	58	4194	2151	2043	105.24
贺兰县	1224	1224		4002	2041	1961	104.06
灵武市	1166	1099	67	3994	2128	1867	113.98
石嘴山市	**2043**	**2015**	**29**	**6558**	**3367**	**3191**	**105.51**
大武口区	180	175	5	688	364	324	112.33
惠农区	395	382	13	1105	609	496	122.82
平罗县	1468	1458	11	4765	2394	2371	100.96
吴忠市	**6615**	**6476**	**139**	**23586**	**12229**	**11358**	**107.67**
利通区	1370	1370		4938	2560	2378	107.66
红寺堡区	956	956		4077	2120	1957	108.32
盐池县	1152	1039	113	3230	1738	1491	116.56
同心县	1524	1524		6193	3113	3080	101.05
青铜峡市	1613	1587	26	5149	2698	2451	110.06
固原市	**6634**	**6498**	**136**	**26617**	**13751**	**12866**	**106.88**
原州区	1905	1891	13	7394	3772	3622	104.15
西吉县	2041	1951	90	8988	4729	4260	111.00
隆德县	1014	987	27	3687	1874	1813	103.39
泾源县	582	577	6	2316	1214	1101	110.25
彭阳县	1093	1093		4233	2162	2070	104.42
中卫市	**5605**	**5605**		**21323**	**10790**	**10534**	**102.43**
沙坡头区	1632	1632		5742	2916	2826	103.20
中宁县	1591	1591		6101	3097	3004	103.11
海原县	2382	2382		9481	4777	4704	101.53

1-1c 续表

单位：户、人

地　区	家庭户人口				集体户人口				平均家庭户规模（人/户）
	合计	男	女	性别比（女=100）	合计	男	女	性别比（女=100）	
全　区	**91699**	**46710**	**44989**	**103.83**	**2333**	**1645**	**688**	**238.98**	**3.66**
银川市	**15591**	**7944**	**7647**	**103.89**	**357**	**275**	**82**	**335.78**	**3.47**
兴庆区	1349	658	691	95.24					3.80
西夏区	1054	537	517	103.83					4.29
金凤区	1354	705	649	108.59					3.70
永宁县	4009	2048	1961	104.39	185	103	82	125.58	3.34
贺兰县	4002	2041	1961	104.06					3.27
灵武市	3822	1955	1867	104.75	172	172			3.48
石嘴山市	**6390**	**3226**	**3164**	**101.98**	**168**	**141**	**27**	**513.38**	**3.17**
大武口区	683	359	324	110.80	5	5			3.90
惠农区	984	494	489	100.98	121	115	6	1810.85	2.58
平罗县	4723	2373	2350	100.97	42	21	21	99.75	3.24
吴忠市	**22747**	**11663**	**11085**	**105.22**	**839**	**566**	**273**	**206.89**	**3.51**
利通区	4938	2560	2378	107.66					3.60
红寺堡区	4077	2120	1957	108.32					4.27
盐池县	2815	1476	1339	110.21	415	263	152	172.35	2.71
同心县	6193	3113	3080	101.05					4.06
青铜峡市	4725	2395	2330	102.77	424	303	121	250.41	2.98
固原市	**25648**	**13088**	**12561**	**104.20**	**969**	**663**	**305**	**217.10**	**3.95**
原州区	7316	3720	3595	103.48	78	52	26	196.62	3.87
西吉县	8275	4237	4038	104.95	713	491	222	221.03	4.24
隆德县	3543	1776	1767	100.52	144	98	46	213.65	3.59
泾源县	2282	1192	1090	109.33	33	22	11	201.04	3.96
彭阳县	4233	2162	2070	104.42					3.87
中卫市	**21323**	**10790**	**10534**	**102.43**					**3.80**
沙坡头区	5742	2916	2826	103.20					3.52
中宁县	6101	3097	3004	103.11					3.83
海原县	9481	4777	4704	101.53					3.98

1–2 各地区分性别、户口登记状况的人口

单位：人

地 区	人口数			居住本乡、镇、街道，户口在本乡、镇、街道		
	合计	男	女	小计	男	女
全 区	**207867**	**107041**	**100826**	**153074**	**78197**	**74876**
银川市	**68503**	**35078**	**33425**	**44053**	**22466**	**21587**
兴庆区	23319	11527	11792	14884	7409	7474
西夏区	12476	6683	5794	6473	3516	2957
金凤区	9198	4614	4585	6434	3211	3222
永宁县	7235	3733	3502	5153	2637	2516
贺兰县	7533	3859	3673	5451	2794	2657
灵武市	8742	4662	4080	5658	2898	2760
石嘴山市	**24873**	**13426**	**11448**	**15579**	**7889**	**7690**
大武口区	10056	5806	4250	5876	2978	2898
惠农区	6177	3203	2974	3801	1921	1880
平罗县	8640	4417	4223	5902	2990	2912
吴忠市	**41879**	**21809**	**20070**	**32939**	**16898**	**16041**
利通区	12280	6443	5838	9250	4760	4490
红寺堡区	5699	2965	2734	4224	2199	2026
盐池县	5039	2706	2333	3792	1972	1820
同心县	9762	4938	4824	8774	4443	4331
青铜峡市	9099	4758	4341	6899	3525	3375
固原市	**38274**	**19197**	**19077**	**32660**	**16715**	**15945**
原州区	12883	6286	6597	9789	4974	4815
西吉县	11400	5752	5648	10309	5350	4959
隆德县	4945	2508	2437	4446	2232	2214
泾源县	3127	1633	1494	2908	1513	1395
彭阳县	5919	3018	2901	5208	2647	2561
中卫市	**34338**	**17531**	**16807**	**27843**	**14229**	**13614**
沙坡头区	12133	6234	5899	9457	4892	4565
中宁县	10181	5205	4976	7326	3726	3600
海原县	12024	6093	5931	11059	5611	5449

1–2 续表 单位：人

地 区	居住本乡、镇、街道，户口在外乡、镇、街道，离开户口登记地半年以上			居住本乡、镇、街道，户口待定			原住本乡、镇、街道，现在国外工作学习		
	小计	男	女	小计	男	女	小计	男	女
全 区	**54135**	**28518**	**25616**	**603**	**289**	**314**	**56**	**37**	**20**
银川市	**24208**	**12496**	**11712**	**209**	**98**	**112**	**33**	**19**	**14**
兴庆区	8342	4073	4269	70	29	40	24	15	9
西夏区	5959	3147	2813	39	18	21	4	2	2
金凤区	2726	1381	1345	34	20	14	4	1	3
永宁县	2074	1090	984	8	6	2			
贺兰县	2045	1050	995	37	15	22			
灵武市	3062	1755	1307	22	10	12			
石嘴山市	**9237**	**5510**	**3727**	**52**	**24**	**28**	**6**	**2**	**3**
大武口区	4158	2817	1340	21	10	11	2	1	1
惠农区	2366	1276	1090	10	6	4	1	1	
平罗县	2713	1417	1296	22	9	13	4	1	3
吴忠市	**8819**	**4850**	**3969**	**113**	**53**	**59**	**7**	**7**	
利通区	2990	1666	1324	38	14	24	3	3	
红寺堡区	1452	752	700	22	13	9	1	1	
盐池县	1242	731	511	4	3	2			
同心县	955	479	476	30	14	17	3	3	
青铜峡市	2180	1221	959	18	10	8	1	1	
固原市	**5487**	**2415**	**3072**	**118**	**60**	**58**	**9**	**7**	**2**
原州区	3031	1276	1755	54	29	24	9	7	2
西吉县	1083	397	686	9	5	3			
隆德县	485	273	212	14	3	11			
泾源县	195	107	88	24	14	10			
彭阳县	693	363	330	18	8	10			
中卫市	**6384**	**3248**	**3137**	**110**	**54**	**56**	**1**	**1**	
沙坡头区	2651	1330	1321	25	12	14			
中宁县	2785	1441	1344	70	38	32			
海原县	949	477	471	15	4	11	1	1	

1-2ab 各地区分性别、户口登记状况的人口(城镇)

单位：人

地 区	人口数			居住本乡、镇、街道，户口在本乡、镇、街道		
	合计	男	女	小计	男	女
全 区	**113835**	**58686**	**55149**	**68427**	**34954**	**33473**
银川市	**52555**	**26859**	**25696**	**30149**	**15364**	**14784**
兴庆区	21970	10869	11101	13559	6761	6797
西夏区	11422	6146	5276	5688	3111	2577
金凤区	7844	3908	3935	5342	2645	2697
永宁县	3041	1582	1458	1544	790	753
贺兰县	3531	1819	1712	1835	938	896
灵武市	4748	2535	2213	2182	1119	1063
石嘴山市	**18316**	**10059**	**8257**	**10380**	**5261**	**5119**
大武口区	9367	5441	3926	5370	2714	2656
惠农区	5073	2594	2478	3068	1557	1511
平罗县	3875	2023	1852	1942	990	952
吴忠市	**18292**	**9580**	**8712**	**11964**	**6137**	**5827**
利通区	7342	3883	3460	4498	2283	2216
红寺堡区	1621	844	777	994	514	480
盐池县	1809	967	841	1045	550	495
同心县	3569	1826	1744	2976	1524	1451
青铜峡市	3950	2060	1890	2452	1265	1186
固原市	**11657**	**5446**	**6211**	**7768**	**3944**	**3825**
原州区	5490	2514	2975	2795	1409	1386
西吉县	2412	1023	1389	1901	972	929
隆德县	1258	634	624	969	488	480
泾源县	811	419	392	725	375	350
彭阳县	1686	856	831	1378	700	678
中卫市	**13015**	**6742**	**6273**	**8166**	**4248**	**3918**
沙坡头区	6392	3318	3074	4281	2249	2032
中宁县	4080	2108	1973	2166	1106	1060
海原县	2543	1316	1227	1719	893	826

1-2ab 续表 单位：人

地　区	居住本乡、镇、街道，户口在外乡、镇、街道，离开户口登记地半年以上			居住本乡、镇、街道，户口待定			原住本乡、镇、街道，现在国外工作学习		
	小计	男	女	小计	男	女	小计	男	女
全　区	**45025**	**23551**	**21474**	**345**	**160**	**186**	**38**	**21**	**16**
银川市	**22212**	**11395**	**10816**	**162**	**80**	**81**	**33**	**19**	**14**
兴庆区	8322	4063	4259	65	29	36	24	15	9
西夏区	5695	3014	2681	34	18	16	4	2	2
金凤区	2470	1245	1225	28	18	10	4	1	3
永宁县	1492	788	704	5	4	1			
贺兰县	1679	875	804	17	5	12			
灵武市	2554	1410	1144	12	6	6			
石嘴山市	**7895**	**4780**	**3115**	**37**	**17**	**20**	**3**	**2**	**1**
大武口区	3977	2718	1259	19	8	10	2	1	1
惠农区	1994	1031	963	10	6	4	1	1	
平罗县	1924	1031	893	9	3	6	1		1
吴忠市	**6263**	**3417**	**2845**	**65**	**26**	**39**			
利通区	2818	1591	1227	26	9	17			
红寺堡区	619	325	294	8	5	3			
盐池县	760	415	345	4	3	2			
同心县	578	298	280	16	3	12			
青铜峡市	1488	789	699	11	5	5			
固原市	**3855**	**1488**	**2366**	**32**	**13**	**19**	**2**	**1**	**1**
原州区	2672	1096	1576	21	9	12	2	1	1
西吉县	509	51	458	2	1	1			
隆德县	288	146	143	1		1			
泾源县	81	42	39	5	2	3			
彭阳县	305	154	151	3	1	1			
中卫市	**4800**	**2470**	**2330**	**49**	**23**	**26**			
沙坡头区	2098	1061	1036	13	7	6			
中宁县	1883	986	897	31	15	16			
海原县	819	423	397	5	1	4			

1-2a 各地区分性别、户口登记状况的人口(城市)

单位：人

地 区	人口数			居住本乡、镇、街道，户口在本乡、镇、街道		
	合计	男	女	小计	男	女
全 区	**73612**	**37516**	**36096**	**42788**	**21755**	**21033**
银川市	**41798**	**21264**	**20534**	**23887**	**12180**	**11707**
兴庆区	21028	10387	10641	12669	6303	6367
西夏区	10654	5763	4891	5177	2861	2316
金凤区	7331	3662	3669	4903	2439	2464
永宁县						
贺兰县	188	104	84	18	9	9
灵武市	2597	1348	1249	1120	568	552
石嘴山市	**12455**	**6649**	**5805**	**7596**	**3832**	**3764**
大武口区	7955	4351	3604	4987	2515	2472
惠农区	4500	2298	2202	2609	1317	1292
平罗县						
吴忠市	**10015**	**5108**	**4907**	**6105**	**3086**	**3018**
利通区	5918	3000	2918	3698	1867	1831
红寺堡区	1391	722	669	763	392	371
盐池县						
同心县						
青铜峡市	2705	1386	1320	1644	828	816
固原市	**4756**	**2126**	**2630**	**2172**	**1082**	**1090**
原州区	4756	2126	2630	2172	1082	1090
西吉县						
隆德县						
泾源县						
彭阳县						
中卫市	**4590**	**2370**	**2220**	**3028**	**1575**	**1453**
沙坡头区	4590	2370	2220	3028	1575	1453
中宁县						
海原县						

1-2a 续表

单位：人

地区	居住本乡、镇、街道，户口在外乡、镇、街道，离开户口登记地半年以上			居住本乡、镇、街道，户口待定			原住本乡、镇、街道，现在国外工作学习		
	小计	男	女	小计	男	女	小计	男	女
全 区	**30557**	**15630**	**14927**	**233**	**112**	**121**	**34**	**20**	**15**
银川市	**17739**	**8995**	**8744**	**138**	**70**	**68**	**33**	**19**	**14**
兴庆区	8274	4042	4232	61	27	34	24	15	9
西夏区	5439	2881	2557	34	18	16	4	2	2
金凤区	2396	1205	1192	28	18	10	4	1	3
永宁县									
贺兰县	165	93	71	5	2	3			
灵武市	1466	774	692	11	6	5			
石嘴山市	**4828**	**2802**	**2026**	**28**	**14**	**14**	**2**	**1**	**1**
大武口区	2947	1827	1121	19	8	10	2	1	1
惠农区	1881	975	906	10	6	4			
平罗县									
吴忠市	**3870**	**2005**	**1865**	**39**	**16**	**23**			
利通区	2198	1126	1071	22	7	15			
红寺堡区	619	325	294	8	5	3			
盐池县									
同心县									
青铜峡市	1053	553	500	9	4	4			
固原市	**2567**	**1037**	**1529**	**17**	**6**	**11**			
原州区	2567	1037	1529	17	6	11			
西吉县									
隆德县									
泾源县									
彭阳县									
中卫市	**1552**	**790**	**762**	**10**	**5**	**5**			
沙坡头区	1552	790	762	10	5	5			
中宁县									
海原县									

1–2b 各地区分性别、户口登记状况的人口(镇)

单位：人

地区	人口数			居住本乡、镇、街道，户口在本乡、镇、街道		
	合计	男	女	小计	男	女
全 区	**40222**	**21169**	**19053**	**25639**	**13199**	**12440**
银川市	**10757**	**5595**	**5162**	**6261**	**3184**	**3077**
兴庆区	942	482	460	889	459	431
西夏区	768	383	385	511	250	261
金凤区	513	246	266	439	206	233
永宁县	3041	1582	1458	1544	790	753
贺兰县	3343	1714	1629	1816	929	887
灵武市	2151	1187	964	1062	551	511
石嘴山市	**5861**	**3410**	**2451**	**2784**	**1429**	**1355**
大武口区	1413	1091	322	383	199	183
惠农区	573	296	277	459	239	220
平罗县	3875	2023	1852	1942	990	952
吴忠市	**8278**	**4472**	**3805**	**5859**	**3050**	**2809**
利通区	1424	883	542	800	416	384
红寺堡区	231	122	108	231	122	108
盐池县	1809	967	841	1045	550	495
同心县	3569	1826	1744	2976	1524	1451
青铜峡市	1245	674	570	808	438	370
固原市	**6901**	**3321**	**3580**	**5596**	**2862**	**2734**
原州区	734	389	345	623	327	296
西吉县	2412	1023	1389	1901	972	929
隆德县	1258	634	624	969	488	480
泾源县	811	419	392	725	375	350
彭阳县	1686	856	831	1378	700	678
中卫市	**8426**	**4372**	**4054**	**5138**	**2673**	**2465**
沙坡头区	1802	948	854	1253	674	579
中宁县	4080	2108	1973	2166	1106	1060
海原县	2543	1316	1227	1719	893	826

1-2b 续表 单位：人

地　区	居住本乡、镇、街道，户口在外乡、镇、街道，离开户口登记地半年以上			居住本乡、镇、街道，户口待定			原住本乡、镇、街道，现在国外工作学习		
	小计	男	女	小计	男	女	小计	男	女
全　区	**14468**	**7921**	**6547**	**112**	**48**	**64**	**3**	**2**	**2**
银川市	**4472**	**2400**	**2072**	**23**	**10**	**13**			
兴庆区	48	21	27	5	2	2			
西夏区	257	133	124						
金凤区	73	40	33						
永宁县	1492	788	704	5	4	1			
贺兰县	1514	782	732	12	3	9			
灵武市	1088	636	452	1		1			
石嘴山市	**3067**	**1978**	**1089**	**9**	**3**	**6**	**1**	**1**	**1**
大武口区	1030	891	138						
惠农区	113	56	57				1	1	
平罗县	1924	1031	893	9	3	6	1		1
吴忠市	**2392**	**1412**	**980**	**26**	**10**	**16**			
利通区	620	464	156	4	2	1			
红寺堡区									
盐池县	760	415	345	4	3	2			
同心县	578	298	280	16	3	12			
青铜峡市	435	236	199	2	1	1			
固原市	**1288**	**451**	**837**	**15**	**7**	**8**	**2**	**1**	**1**
原州区	105	58	47	4	3	1	2	1	1
西吉县	509	51	458	2	1	1			
隆德县	288	146	143	1		1			
泾源县	81	42	39	5	2	3			
彭阳县	305	154	151	3	1	1			
中卫市	**3249**	**1680**	**1568**	**39**	**18**	**21**			
沙坡头区	546	271	274	3	2	1			
中宁县	1883	986	897	31	15	16			
海原县	819	423	397	5	1	4			

1-2c 各地区分性别、户口登记状况的人口(乡村)

单位：人

地 区	人口数			居住本乡、镇、街道，户口在本乡、镇、街道		
	合计	男	女	小计	男	女
全 区	**94032**	**48355**	**45677**	**84647**	**43244**	**41403**
银川市	**15948**	**8219**	**7729**	**13904**	**7102**	**6802**
兴庆区	1349	658	691	1325	648	677
西夏区	1054	537	517	785	405	380
金凤区	1354	705	649	1092	567	525
永宁县	4194	2151	2043	3610	1847	1763
贺兰县	4002	2041	1961	3616	1856	1760
灵武市	3994	2128	1867	3476	1779	1698
石嘴山市	**6558**	**3367**	**3191**	**5199**	**2628**	**2570**
大武口区	688	364	324	506	264	242
惠农区	1105	609	496	733	364	368
平罗县	4765	2394	2371	3960	2000	1960
吴忠市	**23586**	**12229**	**11358**	**20975**	**10761**	**10214**
利通区	4938	2560	2378	4751	2477	2274
红寺堡区	4077	2120	1957	3230	1684	1546
盐池县	3230	1738	1491	2748	1422	1325
同心县	6193	3113	3080	5798	2918	2880
青铜峡市	5149	2698	2451	4448	2259	2188
固原市	**26617**	**13751**	**12866**	**24891**	**12771**	**12120**
原州区	7394	3772	3622	6994	3565	3429
西吉县	8988	4729	4260	8408	4378	4030
隆德县	3687	1874	1813	3477	1744	1734
泾源县	2316	1214	1101	2182	1138	1045
彭阳县	4233	2162	2070	3830	1947	1883
中卫市	**21323**	**10790**	**10534**	**19677**	**9981**	**9696**
沙坡头区	5742	2916	2826	5176	2643	2533
中宁县	6101	3097	3004	5160	2620	2540
海原县	9481	4777	4704	9341	4718	4623

1-2b 续表 单位：人

地区	居住本乡、镇、街道，户口在外乡、镇、街道，离开户口登记地半年以上			居住本乡、镇、街道，户口待定			原住本乡、镇、街道，现在国外工作学习		
	小计	男	女	小计	男	女	小计	男	女
全　区	**9110**	**4967**	**4143**	**257**	**129**	**128**	**19**	**15**	**3**
银川市	**1996**	**1100**	**896**	**48**	**17**	**30**			
兴庆区	20	10	10	4		4			
西夏区	264	132	132	6		6			
金凤区	256	136	120	6	3	4			
永宁县	582	302	280	2	1	1			
贺兰县	366	175	191	19	10	10			
灵武市	508	345	163	10	4	6			
石嘴山市	**1341**	**730**	**611**	**15**	**7**	**8**	**3**	**1**	**2**
大武口区	181	99	81	2	1	1			
惠农区	372	244	127						
平罗县	789	387	402	13	6	7	3	1	2
吴忠市	**2556**	**1432**	**1124**	**48**	**28**	**20**	**7**	**7**	
利通区	172	76	96	12	4	7	3	3	
红寺堡区	833	427	406	14	8	6	1	1	
盐池县	482	316	166						
同心县	377	181	196	15	10	5	3	3	
青铜峡市	692	432	260	7	5	2	1	1	
固原市	**1632**	**927**	**705**	**86**	**47**	**39**	**7**	**6**	**1**
原州区	360	180	179	33	21	12	7	6	1
西吉县	574	346	228	6	5	2			
隆德县	197	127	69	13	3	10			
泾源县	114	65	49	19	12	7			
彭阳县	387	208	179	15	7	8			
中卫市	**1584**	**777**	**807**	**61**	**30**	**31**	**1**	**1**	
沙坡头区	553	268	285	12	4	8			
中宁县	902	454	447	39	23	16			
海原县	129	55	74	10	3	7	1	1	

1-3 各地区分性别、年龄的人口

单位：人

地 区	人口数			0岁		
	合计	男	女	小计	男	女
全 区	**207867**	**107041**	**100826**	**2309**	**1228**	**1080**
银川市	**68503**	**35078**	**33425**	**644**	**370**	**274**
兴庆区	23319	11527	11792	207	132	75
西夏区	12476	6683	5794	80	46	35
金凤区	9198	4614	4585	128	72	56
永宁县	7235	3733	3502	56	34	22
贺兰县	7533	3859	3673	70	37	33
灵武市	8742	4662	4080	103	48	55
石嘴山市	**24873**	**13426**	**11448**	**179**	**90**	**89**
大武口区	10056	5806	4250	48	26	22
惠农区	6177	3203	2974	46	24	21
平罗县	8640	4417	4223	85	39	46
吴忠市	**41879**	**21809**	**20070**	**523**	**269**	**255**
利通区	12280	6443	5838	113	55	58
红寺堡区	5699	2965	2734	66	36	30
盐池县	5039	2706	2333	61	25	35
同心县	9762	4938	4824	214	118	96
青铜峡市	9099	4758	4341	70	35	35
固原市	**38274**	**19197**	**19077**	**505**	**255**	**250**
原州区	12883	6286	6597	177	90	86
西吉县	11400	5752	5648	160	82	77
隆德县	4945	2508	2437	48	24	23
泾源县	3127	1633	1494	36	22	14
彭阳县	5919	3018	2901	85	37	48
中卫市	**34338**	**17531**	**16807**	**457**	**245**	**213**
沙坡头区	12133	6234	5899	132	71	61
中宁县	10181	5205	4976	142	81	61
海原县	12024	6093	5931	184	92	92

1-3 续表 1 单位：人

地 区	1-4岁			5-9岁			10-14岁		
	小计	男	女	小计	男	女	小计	男	女
全 区	**11994**	**6453**	**5541**	**13534**	**7191**	**6343**	**13933**	**7194**	**6739**
银川市	**3770**	**2058**	**1712**	**3509**	**1942**	**1568**	**3494**	**1807**	**1687**
兴庆区	1136	624	512	1122	636	486	1102	556	546
西夏区	598	317	281	480	259	221	539	270	269
金凤区	674	369	304	450	241	210	441	232	210
永宁县	383	208	174	434	232	202	428	221	207
贺兰县	442	239	203	409	232	178	412	222	190
灵武市	538	299	239	613	342	271	571	306	265
石嘴山市	**1035**	**563**	**472**	**1138**	**585**	**554**	**1300**	**685**	**615**
大武口区	392	208	184	356	184	172	426	220	206
惠农区	234	129	106	272	140	132	320	170	150
平罗县	409	227	182	510	261	249	554	296	258
吴忠市	**2468**	**1310**	**1158**	**3119**	**1651**	**1467**	**3227**	**1704**	**1523**
利通区	689	380	309	846	478	367	882	456	426
红寺堡区	384	205	179	511	281	230	518	283	235
盐池县	202	116	87	228	135	92	270	155	115
同心县	770	388	382	999	481	518	961	499	462
青铜峡市	422	221	202	536	276	260	596	310	286
固原市	**2374**	**1278**	**1096**	**3082**	**1622**	**1459**	**3243**	**1626**	**1617**
原州区	870	476	394	1110	590	520	1052	531	521
西吉县	708	395	312	981	520	461	1065	507	558
隆德县	241	129	112	294	150	145	326	172	154
泾源县	193	93	100	253	133	119	311	171	140
彭阳县	362	185	178	444	229	215	489	245	244
中卫市	**2347**	**1244**	**1103**	**2686**	**1391**	**1295**	**2670**	**1372**	**1298**
沙坡头区	711	401	310	749	387	362	793	436	357
中宁县	705	369	336	734	384	350	804	417	387
海原县	931	473	458	1203	620	583	1072	520	553

1-3 续表 2

单位：人

地 区	15-19岁			20-24岁			25-29岁		
	小计	男	女	小计	男	女	小计	男	女
全 区	**14720**	**7776**	**6944**	**17786**	**9325**	**8461**	**18276**	**9182**	**9094**
银川市	**4072**	**2330**	**1742**	**6882**	**3513**	**3370**	**6787**	**3405**	**3382**
兴庆区	1235	485	750	2119	997	1122	2153	1053	1101
西夏区	1083	851	231	2532	1354	1178	1029	529	500
金凤区	360	199	161	574	271	303	1082	505	577
永宁县	476	263	213	479	258	221	765	386	379
贺兰县	425	207	218	585	294	291	733	371	362
灵武市	494	325	169	593	339	254	1025	562	463
石嘴山市	**1544**	**907**	**637**	**2057**	**1351**	**706**	**2014**	**1036**	**978**
大武口区	607	438	169	1107	861	246	797	434	362
惠农区	466	248	218	342	196	146	501	252	249
平罗县	472	222	250	608	294	314	716	349	367
吴忠市	**3016**	**1745**	**1271**	**3168**	**1709**	**1459**	**3530**	**1839**	**1691**
利通区	1033	707	326	889	471	417	1052	532	520
红寺堡区	517	289	228	500	257	242	464	228	236
盐池县	271	151	120	411	243	168	421	250	171
同心县	701	342	359	826	435	390	870	440	429
青铜峡市	495	257	238	543	302	241	723	389	334
固原市	**3615**	**1479**	**2137**	**3048**	**1429**	**1619**	**2977**	**1436**	**1541**
原州区	1163	453	710	1029	404	625	994	460	534
西吉县	1344	467	877	894	459	436	905	431	473
隆德县	392	190	203	387	188	200	354	182	172
泾源县	253	130	123	226	115	111	220	113	107
彭阳县	463	240	223	512	264	248	505	250	255
中卫市	**2472**	**1315**	**1157**	**2630**	**1323**	**1307**	**2968**	**1466**	**1502**
沙坡头区	732	392	340	910	467	443	1094	540	554
中宁县	661	356	305	746	374	372	934	474	461
海原县	1079	568	512	974	482	492	940	453	487

1-3 续表 3

单位：人

地 区	30–34岁			35–39岁			40–44岁		
	小计	男	女	小计	男	女	小计	男	女
全 区	**16066**	**8189**	**7877**	**17117**	**8793**	**8324**	**18197**	**9461**	**8736**
银川市	**5717**	**2837**	**2879**	**5890**	**2954**	**2937**	**6240**	**3159**	**3081**
兴庆区	1989	896	1093	2345	1181	1164	2362	1195	1167
西夏区	839	414	425	873	419	454	950	495	455
金凤区	845	402	444	844	411	433	834	421	413
永宁县	598	331	268	557	305	252	634	321	313
贺兰县	557	302	255	552	287	266	677	325	352
灵武市	888	493	395	719	351	368	782	400	382
石嘴山市	**1691**	**867**	**824**	**2106**	**1144**	**962**	**2664**	**1444**	**1220**
大武口区	664	319	345	871	495	376	1159	663	497
惠农区	404	205	199	511	265	246	679	362	317
平罗县	622	343	280	724	384	340	825	419	406
吴忠市	**3114**	**1587**	**1527**	**3455**	**1759**	**1696**	**3575**	**1826**	**1749**
利通区	854	448	406	1043	520	523	1122	554	569
红寺堡区	495	228	267	473	243	230	434	229	205
盐池县	369	193	176	368	173	195	445	246	199
同心县	724	359	365	748	398	350	686	343	343
青铜峡市	673	359	314	823	425	399	888	454	433
固原市	**2824**	**1464**	**1360**	**3097**	**1621**	**1476**	**2868**	**1555**	**1312**
原州区	1061	547	514	1012	511	500	1003	534	470
西吉县	817	428	389	957	533	423	747	430	316
隆德县	273	139	134	334	171	162	411	212	200
泾源县	232	117	115	302	154	148	251	152	99
彭阳县	441	233	208	493	251	242	456	228	228
中卫市	**2721**	**1435**	**1286**	**2568**	**1315**	**1253**	**2850**	**1477**	**1373**
沙坡头区	924	484	439	938	499	439	1179	609	570
中宁县	754	399	355	741	378	364	857	437	420
海原县	1043	552	491	889	439	450	815	431	383

1-3 续表 4

单位：人

地 区	45-49岁			50-54岁			55-59岁		
	小计	男	女	小计	男	女	小计	男	女
全 区	**17715**	**9056**	**8659**	**13510**	**6908**	**6601**	**8817**	**4565**	**4252**
银川市	**5888**	**2980**	**2908**	**4663**	**2319**	**2344**	**3042**	**1528**	**1514**
兴庆区	2106	1056	1049	1724	857	867	1034	519	515
西夏区	907	446	461	649	328	321	527	273	254
金凤区	873	445	428	701	344	356	434	220	214
永宁县	611	311	300	466	226	239	345	162	182
贺兰县	719	374	345	593	300	293	379	195	184
灵武市	672	348	324	531	264	267	324	158	165
石嘴山市	**2762**	**1498**	**1264**	**2010**	**1068**	**943**	**1249**	**669**	**580**
大武口区	1157	651	506	815	473	343	453	240	213
惠农区	772	410	361	499	250	249	333	184	149
平罗县	833	437	396	697	345	351	463	245	218
吴忠市	**3605**	**1819**	**1786**	**2496**	**1312**	**1184**	**1772**	**916**	**856**
利通区	1078	534	544	700	359	341	481	228	253
红寺堡区	424	214	210	292	155	136	165	90	75
盐池县	490	241	249	380	206	174	328	165	164
同心县	703	341	362	482	261	221	289	141	148
青铜峡市	910	489	421	643	331	312	508	293	215
固原市	**2724**	**1393**	**1330**	**2244**	**1175**	**1069**	**1357**	**735**	**622**
原州区	847	420	427	780	386	394	410	213	197
西吉县	670	361	309	583	329	254	368	208	160
隆德县	510	263	247	374	189	185	256	142	113
泾源县	209	106	103	148	84	64	117	59	59
彭阳县	487	243	244	359	187	173	206	113	93
中卫市	**2736**	**1365**	**1371**	**2096**	**1035**	**1062**	**1397**	**716**	**681**
沙坡头区	1161	577	583	818	397	421	598	305	294
中宁县	860	413	448	700	352	348	435	227	208
海原县	715	375	340	579	285	294	364	184	180

1-3 续表 5　　单位：人

地　区	60-64岁			65-69岁			70-74岁		
	小计	男	女	小计	男	女	小计	男	女
全　区	**8591**	**4300**	**4291**	**5795**	**2826**	**2969**	**4362**	**2112**	**2250**
银川市	**2964**	**1465**	**1499**	**1943**	**950**	**993**	**1356**	**643**	**714**
兴庆区	969	470	500	747	390	357	452	224	229
西夏区	468	229	239	277	120	158	275	132	143
金凤区	379	197	183	235	117	118	139	67	72
永宁县	397	201	195	256	110	146	167	78	88
贺兰县	400	192	208	225	113	112	158	69	89
灵武市	352	176	175	202	99	103	164	72	92
石嘴山市	**1043**	**527**	**516**	**699**	**331**	**368**	**577**	**271**	**306**
大武口区	361	184	177	250	116	134	239	117	122
惠农区	238	114	124	173	82	91	158	62	97
平罗县	444	229	215	276	134	142	179	92	87
吴忠市	**1787**	**883**	**904**	**1155**	**561**	**594**	**839**	**424**	**415**
利通区	573	273	301	340	170	170	240	113	127
红寺堡区	148	80	68	116	55	61	96	51	45
盐池县	303	155	149	214	109	105	114	57	57
同心县	251	133	118	160	67	93	189	94	95
青铜峡市	511	243	269	325	159	166	200	109	91
固原市	**1412**	**742**	**670**	**1091**	**530**	**561**	**869**	**420**	**448**
原州区	442	226	216	347	154	192	279	140	139
西吉县	390	203	187	313	159	154	244	122	121
隆德县	244	133	112	195	99	95	138	60	77
泾源县	121	61	60	88	45	44	86	41	45
彭阳县	214	121	94	148	73	75	123	57	66
中卫市	**1385**	**683**	**702**	**907**	**454**	**453**	**720**	**354**	**366**
沙坡头区	538	265	273	324	150	174	268	128	140
中宁县	412	211	201	271	137	133	211	102	109
海原县	436	207	229	312	167	146	241	124	117

1-3 续表 6 单位：人

地 区	75-79岁			80-84岁			85-89岁		
	小计	男	女	小计	男	女	小计	男	女
全 区	**2985**	**1450**	**1535**	**1522**	**730**	**792**	**480**	**227**	**253**
银川市	**948**	**465**	**483**	**486**	**252**	**234**	**160**	**82**	**78**
兴庆区	289	136	153	166	90	76	38	19	19
西夏区	218	116	102	110	59	51	32	21	11
金凤区	116	56	60	58	28	30	25	15	11
永宁县	116	56	60	44	18	25	21	9	12
贺兰县	119	59	60	55	30	25	20	9	11
灵武市	90	42	49	54	28	26	23	9	14
石嘴山市	**448**	**215**	**233**	**257**	**126**	**131**	**79**	**38**	**41**
大武口区	203	99	104	102	54	48	39	19	20
惠农区	122	55	67	76	39	36	23	13	10
平罗县	123	60	62	79	33	47	17	7	11
吴忠市	**615**	**307**	**308**	**283**	**129**	**154**	**92**	**36**	**56**
利通区	201	99	102	97	45	52	35	10	25
红寺堡区	58	26	32	22	8	14	10	2	8
盐池县	107	60	47	46	20	26	9	6	3
同心县	115	65	50	48	23	25	16	6	10
青铜峡市	134	57	76	70	33	38	23	12	10
固原市	**561**	**263**	**298**	**282**	**126**	**156**	**77**	**36**	**41**
原州区	189	98	92	81	36	45	29	13	16
西吉县	140	63	77	89	44	45	20	8	12
隆德县	109	43	66	44	14	29	11	7	4
泾源县	46	20	25	29	14	15	5	3	2
彭阳县	77	39	37	40	18	23	11	4	7
中卫市	**413**	**200**	**213**	**214**	**97**	**117**	**72**	**36**	**36**
沙坡头区	154	73	80	82	41	40	22	8	14
中宁县	124	58	66	58	21	37	24	13	11
海原县	135	69	67	74	35	39	26	15	12

1-3　续表 7　　　　单位：人

地　区	90-94岁			95-99岁			100岁及以上		
	小计	男	女	小计	男	女	小计	男	女
全　区	**135**	**64**	**71**	**22**	**10**	**13**	**1**		**1**
银川市	**40**	**19**	**21**	**7**	**3**	**4**	**1**		**1**
兴庆区	19	10	9	2		2			
西夏区	11	5	6						
金凤区	3	2	1	1	1		1		1
永宁县	1		1	2	1	1			
贺兰县	1	1	1						
灵武市	4	1	3	2	1	1			
石嘴山市	**19**	**9**	**10**	**2**	**2**	**1**			
大武口区	8	6	3						
惠农区	7	2	4	1	1	1			
平罗县	4	2	3	1	1				
吴忠市	**31**	**20**	**12**	**6**	**2**	**4**			
利通区	11	10	1						
红寺堡区	7	3	4	1		1			
盐池县	2	1	1						
同心县	8	3	5	2	1	1			
青铜峡市	3	3		3	1	2			
固原市	**20**	**7**	**13**	**3**	**2**	**1**			
原州区	9	2	7						
西吉县	6	1	4	2	1	1			
隆德县	1		1	1	1				
泾源县	2	2							
彭阳县	3	2	1	1	1				
中卫市	**25**	**8**	**16**	**4**	**1**	**3**			
沙坡头区	7	3	4	1		1			
中宁县	8	4	4	1		1			
海原县	10	2	8	2	1	1			

1-3ab 各地区分性别、年龄的人口(城镇)

单位：人

地 区	人口数			0岁		
	合计	男	女	小计	男	女
全 区	**113835**	**58686**	**55149**	**1067**	**595**	**472**
银川市	**52555**	**26859**	**25696**	**464**	**273**	**191**
兴庆区	21970	10869	11101	187	121	66
西夏区	11422	6146	5276	66	37	29
金凤区	7844	3908	3935	98	53	45
永宁县	3041	1582	1458	24	13	11
贺兰县	3531	1819	1712	44	23	21
灵武市	4748	2535	2213	43	25	19
石嘴山市	**18316**	**10059**	**8257**	**117**	**59**	**58**
大武口区	9367	5441	3926	42	23	19
惠农区	5073	2594	2478	39	21	18
平罗县	3875	2023	1852	36	15	21
吴忠市	**18292**	**9580**	**8712**	**218**	**113**	**106**
利通区	7342	3883	3460	63	31	31
红寺堡区	1621	844	777	18	10	8
盐池县	1809	967	841	17	7	10
同心县	3569	1826	1744	99	54	45
青铜峡市	3950	2060	1890	22	11	11
固原市	**11657**	**5446**	**6211**	**115**	**64**	**51**
原州区	5490	2514	2975	47	25	21
西吉县	2412	1023	1389	19	10	9
隆德县	1258	634	624	10	8	2
泾源县	811	419	392	13	6	7
彭阳县	1686	856	831	26	14	12
中卫市	**13015**	**6742**	**6273**	**154**	**86**	**67**
沙坡头区	6392	3318	3074	73	42	32
中宁县	4080	2108	1973	55	32	23
海原县	2543	1316	1227	25	13	13

1-3ab 续表 1

单位：人

地　区	1-4岁			5-9岁			10-14岁		
	小计	男	女	小计	男	女	小计	男	女
全　区	**6457**	**3496**	**2961**	**6022**	**3235**	**2787**	**6530**	**3419**	**3111**
银川市	**2946**	**1607**	**1339**	**2424**	**1354**	**1071**	**2463**	**1265**	**1197**
兴庆区	1045	588	457	1020	581	439	1006	513	492
西夏区	526	284	242	396	218	178	467	229	237
金凤区	549	297	251	340	185	155	350	178	172
永宁县	228	119	109	181	94	87	179	97	82
贺兰县	268	135	133	178	99	79	161	85	76
灵武市	330	184	146	309	176	133	301	163	138
石嘴山市	**755**	**402**	**353**	**749**	**381**	**368**	**868**	**462**	**406**
大武口区	348	180	168	317	163	154	393	202	192
惠农区	202	112	90	227	116	111	261	141	121
平罗县	205	110	95	205	101	104	214	120	94
吴忠市	**1145**	**620**	**526**	**1176**	**633**	**543**	**1326**	**707**	**619**
利通区	433	239	194	414	222	192	469	249	220
红寺堡区	110	58	53	102	59	43	136	88	48
盐池县	110	68	42	109	67	42	122	68	53
同心县	279	140	139	333	169	164	341	178	162
青铜峡市	212	115	97	218	116	102	259	123	135
固原市	**686**	**368**	**318**	**789**	**403**	**386**	**938**	**490**	**449**
原州区	307	177	130	371	196	176	413	223	190
西吉县	123	71	52	165	84	81	226	99	127
隆德县	74	42	32	76	36	40	92	50	42
泾源县	63	22	41	71	36	35	75	45	30
彭阳县	119	56	63	105	51	54	133	73	60
中卫市	**925**	**500**	**425**	**883**	**464**	**419**	**935**	**495**	**440**
沙坡头区	407	224	183	383	202	181	403	224	179
中宁县	318	164	154	276	139	137	305	164	140
海原县	200	112	88	224	122	102	227	107	120

1-3ab　续表 2　　　　单位：人

地　区	15-19岁			20-24岁			25-29岁		
	小计	男	女	小计	男	女	小计	男	女
全　区	**6779**	**3725**	**3054**	**10176**	**5382**	**4794**	**10890**	**5372**	**5519**
银川市	**2772**	**1624**	**1148**	**5634**	**2885**	**2749**	**5410**	**2694**	**2716**
兴庆区	1120	433	686	1993	940	1053	2037	994	1043
西夏区	1015	814	201	2437	1307	1130	940	481	459
金凤区	240	137	102	430	211	219	935	429	506
永宁县	120	71	50	198	111	87	406	201	206
贺兰县	112	60	52	264	132	132	464	250	214
灵武市	166	109	57	311	183	128	628	339	289
石嘴山市	**1094**	**697**	**397**	**1514**	**1068**	**446**	**1528**	**776**	**752**
大武口区	546	407	139	1026	816	210	717	395	322
惠农区	404	215	189	250	138	112	407	192	215
平罗县	144	76	68	238	114	124	403	188	215
吴忠市	**1112**	**768**	**344**	**1274**	**650**	**625**	**1789**	**920**	**869**
利通区	616	480	136	518	270	249	702	348	355
红寺堡区	106	61	45	147	69	78	137	65	73
盐池县	69	38	31	116	63	53	208	109	100
同心县	160	90	70	242	115	127	377	192	185
青铜峡市	160	98	62	251	133	118	365	207	157
固原市	**1247**	**315**	**932**	**896**	**342**	**554**	**875**	**379**	**495**
原州区	535	137	398	470	128	342	421	173	247
西吉县	531	72	458	151	81	70	158	74	84
隆德县	62	33	30	82	44	38	79	37	43
泾源县	37	22	15	60	29	31	67	29	39
彭阳县	82	51	31	134	60	74	149	67	83
中卫市	**554**	**321**	**233**	**858**	**437**	**420**	**1289**	**603**	**685**
沙坡头区	258	152	106	427	217	211	635	306	329
中宁县	167	95	72	280	147	133	433	205	228
海原县	129	74	55	150	73	77	220	92	129

1-3ab 续表 3 单位：人

地 区	30-34岁			35-39岁			40-44岁		
	小计	男	女	小计	男	女	小计	男	女
全 区	**9525**	**4721**	**4804**	**10409**	**5312**	**5097**	**11125**	**5807**	**5318**
银川市	**4549**	**2208**	**2341**	**4795**	**2379**	**2416**	**4946**	**2523**	**2423**
兴庆区	1882	849	1033	2254	1135	1119	2276	1153	1123
西夏区	757	375	381	790	381	409	845	442	403
金凤区	737	347	390	749	359	390	753	380	373
永宁县	311	178	133	263	135	128	268	140	128
贺兰县	328	164	164	292	158	134	344	170	175
灵武市	535	295	240	447	212	235	459	238	222
石嘴山市	**1294**	**659**	**635**	**1648**	**905**	**743**	**2118**	**1165**	**953**
大武口区	625	299	326	836	475	360	1106	639	468
惠农区	339	173	166	427	212	215	583	307	275
平罗县	330	187	143	385	217	168	430	219	210
吴忠市	**1506**	**747**	**759**	**1724**	**862**	**863**	**1746**	**891**	**855**
利通区	546	281	265	650	310	341	698	350	348
红寺堡区	155	68	87	182	88	94	143	81	61
盐池县	162	78	84	169	90	78	188	93	96
同心县	308	159	149	295	159	136	294	144	151
青铜峡市	336	162	174	428	215	213	422	223	199
固原市	**920**	**449**	**471**	**1050**	**541**	**509**	**1011**	**533**	**479**
原州区	472	228	245	495	257	237	494	256	238
西吉县	153	78	76	191	97	94	156	87	69
隆德县	88	40	48	115	56	59	136	68	68
泾源县	67	36	31	86	44	42	60	35	25
彭阳县	139	68	71	163	86	76	167	87	80
中卫市	**1256**	**658**	**598**	**1192**	**625**	**566**	**1303**	**696**	**608**
沙坡头区	592	311	281	581	301	280	667	357	310
中宁县	400	215	185	345	183	162	398	205	193
海原县	263	132	131	265	141	124	239	134	105

1-3ab 续表 4

单位：人

地 区	45-49岁			50-54岁			55-59岁		
	小计	男	女	小计	男	女	小计	男	女
全 区	**10271**	**5303**	**4968**	**7532**	**3869**	**3663**	**4738**	**2412**	**2325**
银川市	**4522**	**2284**	**2238**	**3514**	**1754**	**1759**	**2275**	**1150**	**1124**
兴庆区	1996	1000	997	1644	820	824	980	490	491
西夏区	822	405	417	577	287	291	492	257	234
金凤区	785	399	385	631	318	313	373	185	188
永宁县	212	110	102	162	76	86	110	53	57
贺兰县	332	169	163	239	123	116	154	81	73
灵武市	375	201	174	261	131	130	166	84	82
石嘴山市	**2095**	**1152**	**943**	**1483**	**809**	**674**	**867**	**464**	**402**
大武口区	1077	612	465	763	445	318	423	220	203
惠农区	637	331	306	414	208	206	261	146	115
平罗县	382	210	172	306	156	150	183	98	85
吴忠市	**1657**	**837**	**821**	**1100**	**592**	**509**	**651**	**324**	**328**
利通区	660	321	338	437	226	211	268	128	140
红寺堡区	143	69	74	80	50	30	44	22	23
盐池县	172	96	76	122	69	53	69	36	32
同心县	298	145	153	190	99	90	97	49	48
青铜峡市	385	206	179	271	148	124	174	88	86
固原市	**861**	**433**	**428**	**683**	**345**	**338**	**416**	**203**	**213**
原州区	397	196	201	334	166	168	188	88	100
西吉县	131	64	67	113	56	57	74	36	38
隆德县	122	64	58	90	46	44	60	27	32
泾源县	60	31	30	44	27	17	32	18	13
彭阳县	151	79	72	102	50	52	63	34	29
中卫市	**1135**	**597**	**538**	**752**	**369**	**383**	**529**	**271**	**258**
沙坡头区	591	307	285	399	192	208	308	157	151
中宁县	355	180	175	215	107	109	151	82	69
海原县	189	110	79	138	71	66	70	32	38

1-3ab 续表 5

单位：人

地区	60-64岁			65-69岁			70-74岁		
	小计	男	女	小计	男	女	小计	男	女
全区	**4435**	**2196**	**2239**	**2941**	**1408**	**1533**	**2197**	**1063**	**1133**
银川市	**2145**	**1044**	**1101**	**1438**	**698**	**740**	**1033**	**494**	**538**
兴庆区	919	440	478	699	365	334	428	211	217
西夏区	429	207	222	254	109	146	256	122	134
金凤区	343	174	170	210	99	111	135	65	71
永宁县	135	68	66	96	43	53	78	37	41
贺兰县	144	73	71	84	36	48	58	27	31
灵武市	176	82	93	95	46	49	77	33	45
石嘴山市	**692**	**350**	**342**	**469**	**214**	**255**	**417**	**189**	**228**
大武口区	345	176	169	234	105	129	231	112	119
惠农区	175	86	89	132	58	74	125	45	81
平罗县	172	88	85	103	50	52	60	32	28
吴忠市	**708**	**340**	**369**	**434**	**214**	**220**	**302**	**159**	**143**
利通区	330	152	177	199	100	99	132	69	63
红寺堡区	33	18	14	30	15	15	23	12	11
盐池县	65	35	30	42	19	23	29	15	15
同心县	89	48	41	47	24	24	56	29	27
青铜峡市	191	86	105	116	56	60	61	34	27
固原市	**414**	**220**	**193**	**285**	**132**	**153**	**231**	**108**	**123**
原州区	183	92	92	136	58	78	105	49	56
西吉县	78	44	34	45	19	25	48	25	23
隆德县	67	36	30	40	20	20	32	13	19
泾源县	26	16	11	20	10	9	16	8	8
彭阳县	59	32	27	45	24	21	31	13	18
中卫市	**476**	**242**	**234**	**315**	**151**	**164**	**214**	**114**	**100**
沙坡头区	253	126	128	167	81	86	112	58	54
中宁县	153	79	73	94	44	49	61	32	28
海原县	70	37	33	55	26	29	41	24	18

1-3ab 续表 6

单位：人

地 区	75-79岁			80-84岁			85-89岁		
	小计	男	女	小计	男	女	小计	男	女
全 区	**1582**	**775**	**807**	**823**	**422**	**401**	**241**	**125**	**116**
银川市	**709**	**354**	**355**	**369**	**194**	**175**	**109**	**57**	**53**
兴庆区	269	125	144	156	84	72	36	17	19
西夏区	211	111	100	104	55	48	29	19	10
金凤区	111	54	57	52	25	26	19	11	8
永宁县	43	25	19	15	6	9	8	4	5
贺兰县	44	24	20	16	8	8	6	3	4
灵武市	30	15	15	27	15	11	10	3	7
石嘴山市	**343**	**161**	**182**	**187**	**103**	**84**	**63**	**34**	**29**
大武口区	193	95	98	99	53	45	37	18	19
惠农区	102	46	56	64	35	28	19	12	8
平罗县	48	21	27	24	14	10	6	4	3
吴忠市	**238**	**121**	**118**	**124**	**56**	**68**	**34**	**16**	**18**
利通区	115	61	55	68	30	38	18	9	10
红寺堡区	16	8	8	5	1	4	3		3
盐池县	25	12	13	10	5	5	2	1	1
同心县	38	22	16	16	6	9	4	2	2
青铜峡市	44	18	26	25	13	12	6	4	2
固原市	**153**	**76**	**78**	**66**	**35**	**32**	**14**	**9**	**6**
原州区	85	45	40	31	18	14	5	3	2
西吉县	28	13	15	17	10	7	3	1	2
隆德县	22	9	13	8	2	6	2	2	
泾源县	7	3	5	4	2	2	1		1
彭阳县	10	6	4	6	2	4	2	2	1
中卫市	**139**	**64**	**75**	**77**	**35**	**42**	**21**	**11**	**10**
沙坡头区	72	33	39	46	22	24	13	6	7
中宁县	42	19	23	21	9	13	6	4	2
海原县	24	12	12	9	5	5	2	1	1

1-3ab 续表 7 单位：人

地区	90-94岁			95-99岁			100岁及以上		
	小计	男	女	小计	男	女	小计	男	女
全区	**82**	**44**	**38**	**13**	**4**	**9**	**1**		**1**
银川市	**34**	**16**	**18**	**4**	**1**	**3**	**1**		**1**
兴庆区	19	10	9	2		2			
西夏区	9	4	6						
金凤区	3	2	1	1	1		1		1
永宁县				1		1			
贺兰县	1	1	1						
灵武市	1		1						
石嘴山市	**14**	**9**	**6**	**1**	**1**	**1**			
大武口区	8	6	2						
惠农区	5	2	3	1	1	1			
平罗县	1	1	1						
吴忠市	**21**	**13**	**7**	**5**	**1**	**4**			
利通区	6	6							
红寺堡区	6	3	3	1		1			
盐池县	2	1	1						
同心县	4	1	3	2	1	1			
青铜峡市	3	3		2		2			
固原市	**5**	**2**	**3**	**1**	**1**				
原州区	2		2						
西吉县	2	1	1						
隆德县				1	1				
泾源县									
彭阳县	1	1							
中卫市	**8**	**3**	**5**	**1**		**1**			
沙坡头区	3	2	1						
中宁县	3	1	2	1		1			
海原县	2	1	2						

1—3a 各地区分性别、年龄的人口(城市)

单位：人

地 区	人口数			0岁		
	合计	男	女	小计	男	女
全 区	**73612**	**37516**	**36096**	**598**	**342**	**256**
银川市	**41798**	**21264**	**20534**	**355**	**211**	**144**
兴庆区	21028	10387	10641	176	114	62
西夏区	10654	5763	4891	58	33	25
金凤区	7331	3662	3669	91	48	43
永宁县						
贺兰县	188	104	84	3	2	2
灵武市	2597	1348	1249	26	14	12
石嘴山市	**12455**	**6649**	**5805**	**74**	**41**	**33**
大武口区	7955	4351	3604	38	21	17
惠农区	4500	2298	2202	36	19	17
平罗县						
吴忠市	**10015**	**5108**	**4907**	**84**	**43**	**40**
利通区	5918	3000	2918	48	25	23
红寺堡区	1391	722	669	18	10	8
盐池县						
同心县						
青铜峡市	2705	1386	1320	17	9	9
固原市	**4756**	**2126**	**2630**	**35**	**19**	**16**
原州区	4756	2126	2630	35	19	16
西吉县						
隆德县						
泾源县						
彭阳县						
中卫市	**4590**	**2370**	**2220**	**51**	**28**	**22**
沙坡头区	4590	2370	2220	51	28	22
中宁县						
海原县						

1-3a 续表 1

单位：人

地 区	1-4岁			5-9岁			10-14岁		
	小计	男	女	小计	男	女	小计	男	女
全 区	**3699**	**2026**	**1673**	**3400**	**1869**	**1531**	**3760**	**1954**	**1806**
银川市	**2134**	**1176**	**958**	**1816**	**1026**	**790**	**1867**	**949**	**917**
兴庆区	979	551	427	976	552	424	967	491	476
西夏区	448	241	207	348	196	151	404	194	209
金凤区	506	274	232	312	171	141	316	164	152
永宁县									
贺兰县	24	11	12	8	5	3	1	1	1
灵武市	178	98	79	173	101	72	180	100	80
石嘴山市	**492**	**259**	**234**	**477**	**244**	**233**	**572**	**297**	**275**
大武口区	308	157	151	273	141	133	346	172	174
惠农区	184	102	82	203	103	100	226	125	102
平罗县									
吴忠市	**571**	**311**	**260**	**552**	**302**	**249**	**699**	**364**	**335**
利通区	351	193	158	340	187	153	388	200	188
红寺堡区	84	48	36	76	41	35	126	79	47
盐池县									
同心县									
青铜峡市	136	70	66	136	74	61	185	85	100
固原市	**244**	**143**	**101**	**318**	**163**	**155**	**354**	**194**	**160**
原州区	244	143	101	318	163	155	354	194	160
西吉县									
隆德县									
泾源县									
彭阳县									
中卫市	**258**	**138**	**120**	**238**	**133**	**105**	**268**	**149**	**119**
沙坡头区	258	138	120	238	133	105	268	149	119
中宁县									
海原县									

1-3a 续表 2 单位：人

地　区	15-19岁			20-24岁			25-29岁		
	小计	男	女	小计	男	女	小计	男	女
全　区	**4215**	**2265**	**1951**	**7059**	**3532**	**3526**	**6813**	**3339**	**3474**
银川市	**2386**	**1400**	**986**	**4885**	**2491**	**2394**	**3980**	**1934**	**2046**
兴庆区	1087	415	672	1939	909	1031	1893	919	974
西夏区	980	792	188	2380	1291	1089	859	440	419
金凤区	209	124	85	372	184	189	870	395	475
永宁县									
贺兰县	2	2		23	13	10	44	26	18
灵武市	108	67	42	170	94	76	314	154	159
石嘴山市	**660**	**356**	**304**	**671**	**398**	**273**	**1017**	**528**	**489**
大武口区	276	154	123	449	273	175	634	351	283
惠农区	384	203	181	223	124	98	384	178	206
平罗县									
吴忠市	**490**	**288**	**202**	**760**	**383**	**376**	**976**	**498**	**477**
利通区	275	161	114	433	224	210	594	294	301
红寺堡区	101	57	44	132	60	72	105	51	54
盐池县									
同心县									
青铜峡市	114	70	44	195	100	95	276	154	122
固原市	**507**	**121**	**386**	**433**	**108**	**325**	**362**	**152**	**210**
原州区	507	121	386	433	108	325	362	152	210
西吉县									
隆德县									
泾源县									
彭阳县									
中卫市	**173**	**100**	**73**	**310**	**152**	**157**	**478**	**226**	**251**
沙坡头区	173	100	73	310	152	157	478	226	251
中宁县									
海原县									

1-3a 续表 3

单位：人

地 区	30-34岁			35-39岁			40-44岁		
	小计	男	女	小计	男	女	小计	男	女
全 区	**6088**	**2919**	**3169**	**6980**	**3497**	**3483**	**7511**	**3935**	**3576**
银川市	**3518**	**1663**	**1855**	**3934**	**1935**	**1998**	**3987**	**2034**	**1953**
兴庆区	1810	817	993	2219	1118	1101	2209	1115	1094
西夏区	699	351	347	703	341	362	785	408	377
金凤区	704	331	374	712	345	366	706	362	344
永宁县									
贺兰县	7	3	4	15	9	5	14	8	6
灵武市	298	161	137	285	121	164	273	142	131
石嘴山市	**878**	**433**	**445**	**1142**	**625**	**516**	**1560**	**876**	**684**
大武口区	576	277	299	779	448	331	1040	606	434
惠农区	302	156	146	362	177	185	521	271	250
平罗县									
吴忠市	**841**	**405**	**435**	**1021**	**478**	**543**	**1032**	**537**	**495**
利通区	467	238	229	546	248	299	612	305	307
红寺堡区	136	56	80	166	79	87	131	77	54
盐池县									
同心县									
青铜峡市	238	111	126	309	152	157	289	155	133
固原市	**406**	**187**	**219**	**442**	**228**	**214**	**425**	**213**	**212**
原州区	406	187	219	442	228	214	425	213	212
西吉县									
隆德县									
泾源县									
彭阳县									
中卫市	**445**	**231**	**214**	**442**	**230**	**211**	**506**	**274**	**232**
沙坡头区	445	231	214	442	230	211	506	274	232
中宁县									
海原县									

1-3a 续表 4

单位：人

地 区	45-49岁			50-54岁			55-59岁		
	小计	男	女	小计	男	女	小计	男	女
全 区	**6919**	**3551**	**3368**	**5095**	**2632**	**2463**	**3184**	**1618**	**1566**
银川市	**3608**	**1819**	**1789**	**2825**	**1407**	**1419**	**1850**	**937**	**913**
兴庆区	1913	964	949	1550	771	779	943	478	465
西夏区	753	371	382	535	267	269	465	239	226
金凤区	742	373	369	606	305	301	358	178	181
永宁县									
贺兰县	17	10	7	9	4	4	11	5	6
灵武市	184	102	82	126	59	67	72	37	35
石嘴山市	**1578**	**872**	**705**	**1090**	**609**	**481**	**612**	**330**	**283**
大武口区	1011	576	435	724	425	299	393	204	190
惠农区	566	296	270	366	184	182	219	126	93
平罗县									
吴忠市	**936**	**465**	**470**	**617**	**328**	**289**	**358**	**177**	**181**
利通区	556	274	281	375	191	185	221	108	113
红寺堡区	119	56	63	67	43	23	31	15	16
盐池县									
同心县									
青铜峡市	261	135	126	175	94	81	106	54	52
固原市	**359**	**172**	**188**	**287**	**149**	**138**	**150**	**69**	**81**
原州区	359	172	188	287	149	138	150	69	81
西吉县									
隆德县									
泾源县									
彭阳县									
中卫市	**439**	**223**	**216**	**275**	**140**	**135**	**214**	**105**	**109**
沙坡头区	439	223	216	275	140	135	214	105	109
中宁县									
海原县									

1−3a 续表 5

单位：人

地 区	60−64岁			65−69岁			70−74岁		
	小计	男	女	小计	男	女	小计	男	女
全 区	**2883**	**1404**	**1480**	**1968**	**950**	**1019**	**1467**	**695**	**772**
银川市	**1691**	**816**	**875**	**1160**	**580**	**580**	**800**	**383**	**417**
兴庆区	868	415	453	663	352	312	383	187	196
西夏区	402	194	209	244	105	139	250	120	130
金凤区	323	164	159	200	95	105	127	60	68
永宁县									
贺兰县	4	2	2	2	1	1	2	1	1
灵武市	94	42	53	50	26	23	38	16	22
石嘴山市	**470**	**244**	**226**	**315**	**136**	**179**	**338**	**144**	**194**
大武口区	327	172	155	222	96	126	228	109	118
惠农区	143	72	71	93	40	53	111	35	76
平罗县									
吴忠市	**405**	**188**	**217**	**256**	**124**	**132**	**169**	**89**	**79**
利通区	274	126	148	153	81	72	110	56	54
红寺堡区	24	13	11	27	13	14	20	11	10
盐池县									
同心县									
青铜峡市	107	49	58	76	29	47	38	22	15
固原市	**139**	**70**	**70**	**111**	**47**	**63**	**81**	**36**	**44**
原州区	139	70	70	111	47	63	81	36	44
西吉县									
隆德县									
泾源县									
彭阳县									
中卫市	**178**	**86**	**92**	**127**	**62**	**64**	**79**	**42**	**37**
沙坡头区	178	86	92	127	62	64	79	42	37
中宁县									
海原县									

1-3a 续表 6

单位：人

地 区	75-79岁			80-84岁			85-89岁		
	小计	男	女	小计	男	女	小计	男	女
全 区	**1121**	**545**	**576**	**606**	**315**	**291**	**179**	**95**	**84**
银川市	**570**	**278**	**292**	**310**	**162**	**149**	**87**	**49**	**38**
兴庆区	248	114	135	151	80	70	36	17	19
西夏区	204	107	98	99	52	47	27	18	9
金凤区	102	52	51	51	24	26	19	11	8
永宁县									
贺兰县	1	1	1	1		1			
灵武市	14	5	8	9	5	4	5	3	2
石嘴山市	**283**	**136**	**147**	**155**	**85**	**71**	**56**	**29**	**27**
大武口区	189	94	95	97	52	45	37	18	19
惠农区	94	41	53	59	33	26	18	11	8
平罗县									
吴忠市	**139**	**70**	**69**	**77**	**37**	**40**	**20**	**9**	**11**
利通区	98	51	47	54	27	27	15	6	9
红寺堡区	15	8	7	4	1	3	3		3
盐池县									
同心县									
青铜峡市	25	11	15	19	9	10	3	3	
固原市	**71**	**37**	**34**	**26**	**14**	**12**	**5**	**3**	**2**
原州区	71	37	34	26	14	12	5	3	2
西吉县									
隆德县									
泾源县									
彭阳县									
中卫市	**59**	**25**	**34**	**38**	**17**	**20**	**11**	**5**	**6**
沙坡头区	59	25	34	38	17	20	11	5	6
中宁县									
海原县									

1-3a 续表 7 单位：人

地　区	90-94岁			95-99岁			100岁及以上		
	小计	男	女	小计	男	女	小计	男	女
全　区	**59**	**32**	**27**	**7**	**2**	**5**			
银川市	**31**	**14**	**17**	**3**	**1**	**2**			
兴庆区	17	8	9	2		2			
西夏区	9	4	6						
金凤区	3	2	1	1	1				
永宁县									
贺兰县									
灵武市	1		1						
石嘴山市	**12**	**8**	**4**	**1**	**1**	**1**			
大武口区	8	6	2						
惠农区	4	2	2	1	1	1			
平罗县									
吴忠市	**11**	**9**	**3**	**2**		**2**			
利通区	6	6							
红寺堡区	6	3	3	1		1			
盐池县									
同心县									
青铜峡市				1		1			
固原市	**2**		**2**						
原州区	2		2						
西吉县									
隆德县									
泾源县									
彭阳县									
中卫市	**3**	**2**	**1**						
沙坡头区	3	2	1						
中宁县									
海原县									

1-3b 各地区分性别、年龄的人口(镇)

单位：人

地 区	人口数			0岁		
	合计	男	女	小计	男	女
全 区	**40222**	**21169**	**19053**	**469**	**253**	**216**
银川市	**10757**	**5595**	**5162**	**109**	**62**	**48**
兴庆区	942	482	460	11	7	5
西夏区	768	383	385	8	4	4
金凤区	513	246	266	7	5	2
永宁县	3041	1582	1458	24	13	11
贺兰县	3343	1714	1629	41	22	19
灵武市	2151	1187	964	17	11	6
石嘴山市	**5861**	**3410**	**2451**	**43**	**18**	**24**
大武口区	1413	1091	322	4	2	2
惠农区	573	296	277	3	2	2
平罗县	3875	2023	1852	36	15	21
吴忠市	**8278**	**4472**	**3805**	**135**	**69**	**65**
利通区	1424	883	542	14	7	8
红寺堡区	231	122	108			
盐池县	1809	967	841	17	7	10
同心县	3569	1826	1744	99	54	45
青铜峡市	1245	674	570	4	2	2
固原市	**6901**	**3321**	**3580**	**79**	**45**	**35**
原州区	734	389	345	11	6	5
西吉县	2412	1023	1389	19	10	9
隆德县	1258	634	624	10	8	2
泾源县	811	419	392	13	6	7
彭阳县	1686	856	831	26	14	12
中卫市	**8426**	**4372**	**4054**	**103**	**58**	**45**
沙坡头区	1802	948	854	22	13	9
中宁县	4080	2108	1973	55	32	23
海原县	2543	1316	1227	25	13	13

1-3b 续表 1 单位：人

地 区	1-4岁			5-9岁			10-14岁		
	小计	男	女	小计	男	女	小计	男	女
全 区	**2758**	**1470**	**1288**	**2622**	**1366**	**1255**	**2770**	**1465**	**1305**
银川市	**812**	**431**	**381**	**608**	**328**	**280**	**596**	**316**	**280**
兴庆区	66	37	30	44	29	15	39	22	17
西夏区	77	43	35	49	22	26	63	35	28
金凤区	43	23	20	28	14	14	34	14	20
永宁县	228	119	109	181	94	87	179	97	82
贺兰县	244	124	121	170	94	76	159	84	75
灵武市	153	86	67	136	75	62	122	63	59
石嘴山市	**262**	**143**	**119**	**272**	**137**	**136**	**296**	**165**	**131**
大武口区	40	23	17	44	23	21	48	30	18
惠农区	17	10	7	24	13	11	35	16	19
平罗县	205	110	95	205	101	104	214	120	94
吴忠市	**574**	**309**	**265**	**624**	**331**	**293**	**627**	**342**	**284**
利通区	82	46	37	74	35	38	81	49	32
红寺堡区	26	10	16	27	18	8	9	8	1
盐池县	110	68	42	109	67	42	122	68	53
同心县	279	140	139	333	169	164	341	178	162
青铜峡市	76	46	30	82	42	41	74	38	35
固原市	**442**	**225**	**217**	**471**	**240**	**232**	**584**	**295**	**289**
原州区	63	34	29	54	32	21	59	29	30
西吉县	123	71	52	165	84	81	226	99	127
隆德县	74	42	32	76	36	40	92	50	42
泾源县	63	22	41	71	36	35	75	45	30
彭阳县	119	56	63	105	51	54	133	73	60
中卫市	**667**	**361**	**306**	**646**	**331**	**315**	**667**	**346**	**321**
沙坡头区	148	85	63	146	69	76	135	75	60
中宁县	318	164	154	276	139	137	305	164	140
海原县	200	112	88	224	122	102	227	107	120

1-3b 续表 2

单位：人

地 区	15-19岁			20-24岁			25-29岁		
	小计	男	女	小计	男	女	小计	男	女
全 区	**2564**	**1460**	**1104**	**3117**	**1850**	**1268**	**4077**	**2032**	**2045**
银川市	**386**	**225**	**162**	**749**	**394**	**354**	**1430**	**760**	**670**
兴庆区	33	18	15	54	31	23	144	75	69
西夏区	35	22	13	57	17	40	81	41	39
金凤区	31	13	18	58	27	31	65	34	30
永宁县	120	71	50	198	111	87	406	201	206
贺兰县	109	58	51	241	119	122	419	224	195
灵武市	58	43	15	141	89	52	314	184	130
石嘴山市	**434**	**341**	**93**	**843**	**671**	**172**	**511**	**247**	**263**
大武口区	270	254	16	577	543	35	84	45	39
惠农区	20	12	8	27	13	14	23	14	9
平罗县	144	76	68	238	114	124	403	188	215
吴忠市	**622**	**479**	**143**	**514**	**266**	**248**	**813**	**422**	**392**
利通区	341	319	22	85	46	39	108	54	54
红寺堡区	5	4	2	16	9	6	32	14	18
盐池县	69	38	31	116	63	53	208	109	100
同心县	160	90	70	242	115	127	377	192	185
青铜峡市	46	29	17	56	33	23	89	54	35
固原市	**741**	**194**	**546**	**463**	**234**	**230**	**512**	**227**	**285**
原州区	28	17	12	37	19	17	58	21	37
西吉县	531	72	458	151	81	70	158	74	84
隆德县	62	33	30	82	44	38	79	37	43
泾源县	37	22	15	60	29	31	67	29	39
彭阳县	82	51	31	134	60	74	149	67	83
中卫市	**381**	**221**	**160**	**548**	**285**	**263**	**811**	**377**	**434**
沙坡头区	85	52	33	118	64	54	158	80	78
中宁县	167	95	72	280	147	133	433	205	228
海原县	129	74	55	150	73	77	220	92	129

1-3b 续表 3

单位：人

地区	30-34岁			35-39岁			40-44岁		
	小计	男	女	小计	男	女	小计	男	女
全区	**3437**	**1802**	**1635**	**3429**	**1815**	**1614**	**3614**	**1872**	**1742**
银川市	**1031**	**545**	**486**	**862**	**444**	**417**	**958**	**488**	**470**
兴庆区	72	32	40	35	16	18	67	38	28
西夏区	58	24	34	87	39	47	60	34	26
金凤区	32	16	16	37	13	24	47	18	28
永宁县	311	178	133	263	135	128	268	140	128
贺兰县	321	161	160	277	149	128	330	162	168
灵武市	236	134	103	163	91	71	186	95	91
石嘴山市	**415**	**226**	**190**	**506**	**280**	**227**	**558**	**289**	**269**
大武口区	49	22	27	56	27	29	67	33	34
惠农区	36	17	20	65	35	30	62	37	25
平罗县	330	187	143	385	217	168	430	219	210
吴忠市	**666**	**342**	**324**	**703**	**383**	**320**	**713**	**353**	**360**
利通区	79	43	36	104	62	42	86	45	41
红寺堡区	19	11	7	16	9	7	12	4	7
盐池县	162	78	84	169	90	78	188	93	96
同心县	308	159	149	295	159	136	294	144	151
青铜峡市	98	50	48	119	63	56	133	68	66
固原市	**514**	**262**	**252**	**608**	**313**	**296**	**586**	**319**	**267**
原州区	66	41	25	53	29	24	69	43	26
西吉县	153	78	76	191	97	94	156	87	69
隆德县	88	40	48	115	56	59	136	68	68
泾源县	67	36	31	86	44	42	60	35	25
彭阳县	139	68	71	163	86	76	167	87	80
中卫市	**811**	**427**	**384**	**750**	**395**	**355**	**798**	**422**	**376**
沙坡头区	148	81	67	139	71	68	161	83	78
中宁县	400	215	185	345	183	162	398	205	193
海原县	263	132	131	265	141	124	239	134	105

1-3b 续表 4

单位：人

地 区	45-49岁			50-54岁			55-59岁		
	小计	男	女	小计	男	女	小计	男	女
全 区	**3351**	**1752**	**1600**	**2437**	**1237**	**1200**	**1554**	**794**	**760**
银川市	**914**	**465**	**448**	**688**	**348**	**341**	**425**	**213**	**212**
兴庆区	84	36	48	94	49	46	37	11	26
西夏区	69	34	35	42	20	22	26	18	8
金凤区	43	27	16	25	13	12	14	7	7
永宁县	212	110	102	162	76	86	110	53	57
贺兰县	315	159	156	230	119	111	143	76	67
灵武市	191	99	92	136	72	63	94	47	46
石嘴山市	**518**	**280**	**238**	**393**	**200**	**193**	**254**	**134**	**120**
大武口区	66	36	30	38	20	19	30	16	14
惠农区	70	34	36	48	24	24	42	20	22
平罗县	382	210	172	306	156	150	183	98	85
吴忠市	**722**	**371**	**351**	**483**	**263**	**220**	**293**	**147**	**147**
利通区	104	47	57	62	35	26	47	21	26
红寺堡区	24	13	11	14	7	7	13	7	7
盐池县	172	96	76	122	69	53	69	36	32
同心县	298	145	153	190	99	90	97	49	48
青铜峡市	124	71	53	96	53	43	68	34	34
固原市	**502**	**262**	**240**	**396**	**196**	**200**	**266**	**134**	**132**
原州区	38	24	13	47	17	30	38	19	19
西吉县	131	64	67	113	56	57	74	36	38
隆德县	122	64	58	90	46	44	60	27	32
泾源县	60	31	30	44	27	17	32	18	13
彭阳县	151	79	72	102	50	52	63	34	29
中卫市	**696**	**374**	**323**	**477**	**230**	**248**	**315**	**166**	**149**
沙坡头区	153	84	69	124	52	72	94	52	42
中宁县	355	180	175	215	107	109	151	82	69
海原县	189	110	79	138	71	66	70	32	38

1−3b 续表 5 单位：人

地区	60−64岁			65−69岁			70−74岁		
	小计	男	女	小计	男	女	小计	男	女
全 区	**1552**	**793**	**759**	**972**	**459**	**514**	**730**	**369**	**361**
银川市	**454**	**228**	**226**	**278**	**118**	**161**	**232**	**111**	**121**
兴庆区	51	26	26	36	13	23	45	24	21
西夏区	27	13	13	10	3	7	6	2	3
金凤区	21	10	11	10	4	6	8	5	3
永宁县	135	68	66	96	43	53	78	37	41
贺兰县	140	71	69	81	35	47	56	26	30
灵武市	81	41	41	45	19	26	39	16	23
石嘴山市	**222**	**106**	**116**	**154**	**78**	**76**	**78**	**44**	**34**
大武口区	18	4	13	12	9	3	4	3	1
惠农区	32	14	18	39	18	21	14	10	5
平罗县	172	88	85	103	50	52	60	32	28
吴忠市	**303**	**152**	**152**	**178**	**90**	**88**	**133**	**70**	**64**
利通区	55	26	29	46	19	27	22	13	9
红寺堡区	9	5	4	3	1	1	3	1	1
盐池县	65	35	30	42	19	23	29	15	15
同心县	89	48	41	47	24	24	56	29	27
青铜峡市	84	37	47	40	27	13	23	12	12
固原市	**275**	**151**	**124**	**174**	**84**	**90**	**150**	**71**	**79**
原州区	44	22	22	25	10	15	24	12	12
西吉县	78	44	34	45	19	25	48	25	23
隆德县	67	36	30	40	20	20	32	13	19
泾源县	26	16	11	20	10	9	16	8	8
彭阳县	59	32	27	45	24	21	31	13	18
中卫市	**298**	**156**	**142**	**188**	**89**	**100**	**135**	**72**	**63**
沙坡头区	76	40	36	40	18	22	33	16	17
中宁县	153	79	73	94	44	49	61	32	28
海原县	70	37	33	55	26	29	41	24	18

1-3b 续表 6 单位：人

地区	75-79岁			80-84岁			85-89岁		
	小计	男	女	小计	男	女	小计	男	女
全 区	**460**	**230**	**231**	**216**	**107**	**109**	**61**	**30**	**31**
银川市	**139**	**76**	**63**	**59**	**32**	**27**	**22**	**8**	**14**
兴庆区	21	11	10	6	4	2			
西夏区	7	5	2	5	3	1	2	1	1
金凤区	8	2	6	1	1				
永宁县	43	25	19	15	6	9	8	4	5
贺兰县	42	23	20	15	8	7	6	3	4
灵武市	17	10	6	17	10	7	5		5
石嘴山市	**60**	**26**	**35**	**31**	**18**	**13**	**7**	**5**	**3**
大武口区	5	1	4	2	2	1			
惠农区	8	4	4	5	3	2	1	1	
平罗县	48	21	27	24	14	10	6	4	3
吴忠市	**100**	**51**	**49**	**47**	**19**	**28**	**13**	**7**	**6**
利通区	17	10	8	14	3	11	3	2	1
红寺堡区	1		1	1		1			
盐池县	25	12	13	10	5	5	2	1	1
同心县	38	22	16	16	6	9	4	2	2
青铜峡市	18	7	11	6	4	2	4	2	2
固原市	**83**	**39**	**44**	**40**	**20**	**20**	**9**	**6**	**4**
原州区	15	8	6	5	3	2			
西吉县	28	13	15	17	10	7	3	1	2
隆德县	22	9	13	8	2	6	2	2	
泾源县	7	3	5	4	2	2	1		1
彭阳县	10	6	4	6	2	4	2	2	1
中卫市	**79**	**38**	**41**	**39**	**17**	**21**	**10**	**6**	**4**
沙坡头区	13	8	5	8	4	4	2	1	1
中宁县	42	19	23	21	9	13	6	4	2
海原县	24	12	12	9	5	5	2	1	1

1-3b 续表 7

单位：人

地 区	90-94岁			95-99岁			100岁及以上		
	小计	男	女	小计	男	女	小计	男	女
全 区	**23**	**12**	**11**	**6**	**2**	**4**	**1**		**1**
银川市	**3**	**3**	**1**	**1**		**1**	**1**		**1**
兴庆区	2	2							
西夏区									
金凤区							1		1
永宁县				1		1			
贺兰县	1	1	1						
灵武市									
石嘴山市	**2**	**1**	**1**						
大武口区									
惠农区	1		1						
平罗县	1	1	1						
吴忠市	**9**	**5**	**4**	**3**	**1**	**2**			
利通区									
红寺堡区									
盐池县	2	1	1						
同心县	4	1	3	2	1	1			
青铜峡市	3	3		1		1			
固原市	**3**	**2**	**1**	**1**	**1**				
原州区									
西吉县	2	1	1						
隆德县				1	1				
泾源县									
彭阳县	1	1							
中卫市	**5**	**1**	**4**	**1**		**1**			
沙坡头区									
中宁县	3	1	2	1		1			
海原县	2	1	2						

1−3c 各地区分性别、年龄的人口(乡村)

单位：人

地 区	人口数			0岁		
	合计	男	女	小计	男	女
全 区	**94032**	**48355**	**45677**	**1241**	**634**	**608**
银川市	**15948**	**8219**	**7729**	**180**	**97**	**83**
兴庆区	1349	658	691	20	11	8
西夏区	1054	537	517	14	8	6
金凤区	1354	705	649	30	19	10
永宁县	4194	2151	2043	31	21	10
贺兰县	4002	2041	1961	26	14	12
灵武市	3994	2128	1867	59	23	36
石嘴山市	**6558**	**3367**	**3191**	**62**	**31**	**32**
大武口区	688	364	324	7	3	4
惠农区	1105	609	496	6	4	3
平罗县	4765	2394	2371	49	24	25
吴忠市	**23586**	**12229**	**11358**	**305**	**156**	**149**
利通区	4938	2560	2378	50	24	27
红寺堡区	4077	2120	1957	48	26	22
盐池县	3230	1738	1491	44	19	25
同心县	6193	3113	3080	115	64	51
青铜峡市	5149	2698	2451	48	24	24
固原市	**26617**	**13751**	**12866**	**390**	**192**	**199**
原州区	7394	3772	3622	130	65	65
西吉县	8988	4729	4260	141	72	69
隆德县	3687	1874	1813	38	16	22
泾源县	2316	1214	1101	23	16	7
彭阳县	4233	2162	2070	59	23	36
中卫市	**21323**	**10790**	**10534**	**304**	**158**	**146**
沙坡头区	5742	2916	2826	58	29	29
中宁县	6101	3097	3004	87	49	37
海原县	9481	4777	4704	159	80	79

1-3c 续表 1

单位：人

地区	1-4岁			5-9岁			10-14岁		
	小计	男	女	小计	男	女	小计	男	女
全 区	**5537**	**2957**	**2580**	**7512**	**3956**	**3556**	**7403**	**3775**	**3629**
银川市	**824**	**451**	**373**	**1085**	**588**	**497**	**1031**	**541**	**490**
兴庆区	91	37	55	102	55	47	96	43	53
西夏区	72	33	39	84	41	43	72	40	32
金凤区	125	72	53	111	56	55	92	54	38
永宁县	155	89	66	253	138	115	249	124	125
贺兰县	174	104	70	232	133	99	252	137	114
灵武市	207	115	92	304	166	138	270	143	127
石嘴山市	**280**	**161**	**119**	**390**	**204**	**185**	**432**	**223**	**209**
大武口区	43	27	16	39	21	19	33	18	15
惠农区	33	17	16	46	24	21	59	29	30
平罗县	204	116	88	305	159	145	340	176	165
吴忠市	**1323**	**691**	**632**	**1943**	**1018**	**925**	**1901**	**997**	**904**
利通区	256	141	115	432	256	176	413	207	206
红寺堡区	274	148	126	408	222	187	382	195	187
盐池县	92	48	44	119	68	50	148	87	61
同心县	491	249	242	666	312	354	620	321	299
青铜峡市	210	105	105	318	160	158	337	187	150
固原市	**1689**	**911**	**778**	**2293**	**1219**	**1073**	**2305**	**1137**	**1168**
原州区	564	300	264	739	395	344	639	308	331
西吉县	585	324	260	816	437	379	839	408	431
隆德县	168	87	80	218	113	105	234	122	112
泾源县	129	71	58	181	97	84	236	126	110
彭阳县	243	128	115	338	178	160	356	172	184
中卫市	**1422**	**744**	**678**	**1802**	**927**	**875**	**1734**	**877**	**858**
沙坡头区	304	178	127	366	185	181	390	212	178
中宁县	387	205	182	458	245	213	499	252	247
海原县	731	362	369	979	497	481	845	412	433

1-3c 续表 2

单位：人

地 区	15-19岁			20-24岁			25-29岁		
	小计	男	女	小计	男	女	小计	男	女
全 区	**7940**	**4051**	**3890**	**7610**	**3943**	**3667**	**7386**	**3811**	**3575**
银川市	**1300**	**705**	**595**	**1249**	**628**	**621**	**1377**	**711**	**665**
兴庆区	116	52	64	125	57	68	116	59	57
西夏区	68	37	31	95	47	48	89	48	41
金凤区	120	62	58	144	60	84	147	75	72
永宁县	356	192	164	281	147	135	358	185	173
贺兰县	313	147	166	321	162	159	269	121	148
灵武市	327	215	112	282	156	127	397	223	174
石嘴山市	**450**	**210**	**241**	**543**	**283**	**260**	**486**	**261**	**226**
大武口区	60	31	30	81	45	36	79	39	40
惠农区	62	33	29	92	58	34	94	61	34
平罗县	328	146	182	370	180	190	313	161	152
吴忠市	**1904**	**978**	**927**	**1894**	**1059**	**835**	**1741**	**919**	**822**
利通区	417	227	190	370	202	169	350	184	166
红寺堡区	411	228	183	352	188	164	327	164	163
盐池县	202	113	88	295	180	115	213	142	71
同心县	540	252	289	584	320	264	493	249	244
青铜峡市	335	158	177	292	169	123	358	181	177
固原市	**2368**	**1164**	**1204**	**2152**	**1087**	**1065**	**2103**	**1057**	**1046**
原州区	628	316	312	559	276	283	574	287	287
西吉县	813	395	419	744	378	366	746	357	389
隆德县	330	157	173	305	143	162	275	145	129
泾源县	216	108	108	166	86	81	152	84	68
彭阳县	381	189	192	378	204	174	356	183	172
中卫市	**1918**	**994**	**924**	**1772**	**885**	**887**	**1679**	**863**	**816**
沙坡头区	474	240	234	483	250	233	459	233	225
中宁县	494	261	233	466	227	240	501	268	233
海原县	950	494	457	823	409	415	719	361	358

1−3c 续表 3

单位：人

地 区	30−34岁			35−39岁			40−44岁		
	小计	男	女	小计	男	女	小计	男	女
全 区	**6541**	**3468**	**3073**	**6708**	**3481**	**3227**	**7072**	**3654**	**3418**
银川市	**1168**	**630**	**538**	**1095**	**574**	**521**	**1294**	**636**	**658**
兴庆区	107	47	60	92	47	45	86	42	44
西夏区	82	38	43	83	38	45	105	53	52
金凤区	109	55	54	95	52	43	81	41	40
永宁县	287	152	135	294	170	124	366	181	185
贺兰县	229	138	91	260	129	132	333	156	177
灵武市	354	198	155	271	139	132	323	163	160
石嘴山市	**397**	**208**	**189**	**458**	**239**	**219**	**546**	**279**	**267**
大武口区	39	20	19	35	20	16	53	24	29
惠农区	65	32	33	84	53	31	97	55	42
平罗县	292	156	137	339	167	172	396	199	196
吴忠市	**1608**	**840**	**768**	**1731**	**897**	**834**	**1830**	**935**	**894**
利通区	308	167	141	392	210	182	424	203	221
红寺堡区	340	160	180	291	155	135	291	148	143
盐池县	206	115	91	199	83	117	256	153	103
同心县	416	200	216	453	239	214	392	200	193
青铜峡市	337	197	140	396	210	186	465	231	234
固原市	**1904**	**1014**	**889**	**2047**	**1080**	**967**	**1856**	**1023**	**833**
原州区	589	319	270	517	254	263	509	277	232
西吉县	663	350	313	765	436	329	591	344	247
隆德县	185	100	86	219	115	104	276	144	132
泾源县	165	81	84	216	110	106	191	117	73
彭阳县	302	165	137	331	165	166	289	141	148
中卫市	**1465**	**777**	**688**	**1376**	**690**	**686**	**1547**	**781**	**766**
沙坡头区	332	173	158	357	198	159	512	252	260
中宁县	353	184	170	396	194	202	459	232	227
海原县	780	420	360	623	298	326	576	297	278

1-3c 续表 4

单位：人

地 区	45-49岁			50-54岁			55-59岁		
	小计	男	女	小计	男	女	小计	男	女
全 区	**7444**	**3752**	**3691**	**5977**	**3039**	**2938**	**4079**	**2152**	**1927**
银川市	**1366**	**696**	**670**	**1149**	**565**	**584**	**767**	**377**	**390**
兴庆区	109	56	53	80	37	43	54	30	24
西夏区	85	41	44	71	41	30	35	16	20
金凤区	89	45	43	70	26	43	61	35	26
永宁县	399	201	198	304	150	154	234	109	125
贺兰县	388	205	183	354	177	177	225	114	111
灵武市	297	147	150	270	133	137	158	74	84
石嘴山市	**666**	**345**	**321**	**528**	**259**	**269**	**382**	**205**	**177**
大武口区	81	39	41	53	28	25	30	21	9
惠农区	135	80	55	85	42	43	72	38	34
平罗县	451	226	224	390	189	201	280	147	133
吴忠市	**1948**	**983**	**965**	**1396**	**720**	**675**	**1121**	**593**	**528**
利通区	419	213	206	263	133	130	213	99	114
红寺堡区	281	145	136	211	105	106	120	68	52
盐池县	317	145	172	258	137	121	260	128	131
同心县	405	196	209	292	162	131	193	92	101
青铜峡市	525	283	242	371	184	188	334	205	130
固原市	**1862**	**960**	**903**	**1561**	**830**	**731**	**941**	**532**	**409**
原州区	450	224	226	446	220	226	222	126	96
西吉县	539	297	243	470	273	197	294	172	122
隆德县	388	200	189	283	142	141	196	115	81
泾源县	149	75	73	104	57	47	86	40	45
彭阳县	336	164	171	258	137	121	143	79	64
中卫市	**1601**	**769**	**833**	**1344**	**665**	**679**	**868**	**445**	**423**
沙坡头区	569	271	299	419	206	213	290	147	143
中宁县	505	233	273	484	245	239	284	145	138
海原县	527	265	261	441	214	227	294	152	141

1-3c 续表 5 单位：人

地　区	60-64岁			65-69岁			70-74岁		
	小计	男	女	小计	男	女	小计	男	女
全　区	**4156**	**2104**	**2052**	**2854**	**1418**	**1436**	**2165**	**1049**	**1116**
银川市	**819**	**420**	**398**	**505**	**252**	**253**	**324**	**148**	**175**
兴庆区	50	29	21	48	25	23	24	13	12
西夏区	39	22	17	23	11	12	20	10	9
金凤区	36	23	13	25	18	7	4	3	1
永宁县	262	133	129	160	67	93	89	42	47
贺兰县	256	120	136	141	77	64	100	42	58
灵武市	176	94	82	107	53	54	87	39	48
石嘴山市	**350**	**177**	**174**	**230**	**118**	**112**	**161**	**82**	**78**
大武口区	16	8	8	16	10	5	8	5	3
惠农区	63	28	35	41	24	17	33	17	16
平罗县	271	141	130	173	83	90	119	61	59
吴忠市	**1079**	**543**	**535**	**721**	**347**	**374**	**537**	**265**	**272**
利通区	244	120	123	141	70	71	108	44	64
红寺堡区	116	62	54	86	40	46	73	39	34
盐池县	238	120	118	172	91	82	85	42	42
同心县	161	85	77	113	43	69	133	65	68
青铜峡市	320	157	163	209	103	106	139	75	64
固原市	**998**	**522**	**476**	**806**	**398**	**408**	**638**	**313**	**325**
原州区	259	134	125	211	97	115	174	91	83
西吉县	312	159	153	268	139	129	196	98	98
隆德县	178	96	82	155	79	76	106	47	59
泾源县	95	45	49	69	34	34	70	33	37
彭阳县	155	88	67	103	49	54	92	44	48
中卫市	**910**	**441**	**469**	**592**	**304**	**289**	**506**	**240**	**266**
沙坡头区	284	139	145	158	70	88	156	70	86
中宁县	259	131	128	177	93	84	150	70	81
海原县	366	171	196	257	141	117	200	100	100

1-3c 续表 6

单位：人

地 区	75-79岁			80-84岁			85-89岁		
	小计	男	女	小计	男	女	小计	男	女
全 区	**1403**	**676**	**728**	**700**	**308**	**391**	**239**	**102**	**137**
银川市	**240**	**111**	**128**	**117**	**58**	**59**	**50**	**25**	**26**
兴庆区	20	11	9	10	5	4	3	3	
西夏区	7	5	2	6	4	3	3	2	1
金凤区	5	3	3	6	2	4	6	4	3
永宁县	72	31	41	28	12	16	12	5	8
贺兰县	75	36	39	39	22	17	13	6	7
灵武市	60	26	34	27	13	14	13	6	7
石嘴山市	**105**	**54**	**51**	**70**	**23**	**47**	**16**	**4**	**11**
大武口区	10	4	6	3	1	2	1		1
惠农区	21	10	11	12	4	8	4	1	2
平罗县	75	40	35	55	19	37	11	3	8
吴忠市	**377**	**187**	**190**	**159**	**73**	**86**	**59**	**20**	**38**
利通区	86	38	47	29	16	14	17	1	15
红寺堡区	42	18	23	16	7	10	7	2	5
盐池县	82	48	34	36	15	21	7	5	2
同心县	77	43	34	33	17	16	12	4	8
青铜峡市	90	39	51	45	19	26	16	8	9
固原市	**408**	**188**	**220**	**216**	**92**	**124**	**63**	**27**	**36**
原州区	104	53	51	49	18	31	24	10	14
西吉县	112	50	62	72	34	38	17	7	10
隆德县	87	34	53	36	12	23	10	5	4
泾源县	38	18	21	24	12	13	4	2	2
彭阳县	67	33	34	34	15	19	8	2	6
中卫市	**274**	**136**	**138**	**137**	**62**	**75**	**52**	**26**	**26**
沙坡头区	81	40	41	36	20	16	10	2	7
中宁县	82	39	43	37	12	25	18	10	9
海原县	111	57	54	65	30	35	24	13	11

1-3c 续表 7 单位：人

地 区	90-94岁			95-99岁			100岁及以上		
	小计	男	女	小计	男	女	小计	男	女
全 区	**53**	**20**	**33**	**10**	**6**	**4**			
银川市	**6**	**3**	**3**	**3**	**2**	**1**			
兴庆区									
西夏区	2	2							
金凤区									
永宁县	1		1	1	1				
贺兰县									
灵武市	3	1	2	2	1	1			
石嘴山市	**5**	**1**	**4**	**1**	**1**				
大武口区									
惠农区	2		2						
平罗县	3	1	2	1	1				
吴忠市	**11**	**6**	**4**	**1**	**1**				
利通区	5	4	1						
红寺堡区	2	1	1						
盐池县									
同心县	3	2	2						
青铜峡市				1	1				
固原市	**15**	**5**	**10**	**2**	**2**	**1**			
原州区	7	2	5						
西吉县	4		4	2	1	1			
隆德县	1		1						
泾源县	2	2							
彭阳县	2	1	1	1	1				
中卫市	**17**	**5**	**11**	**3**	**1**	**2**			
沙坡头区	4	1	3	1		1			
中宁县	5	3	2						
海原县	8	2	6	2	1	1			

1-4 各地区分性别、受教育程度的6岁及以上人口

单位：人

地 区	6岁及以上人口			未上过学			小 学		
	合计	男	女	小计	男	女	小计	男	女
全 区	**190908**	**97980**	**92927**	**16813**	**5161**	**11652**	**52726**	**25552**	**27173**
银川市	**63407**	**32272**	**31136**	**2593**	**798**	**1796**	**12415**	**5779**	**6636**
兴庆区	21761	10646	11115	576	172	404	3139	1451	1688
西夏区	11691	6251	5440	197	53	144	1920	816	1104
金凤区	8319	4135	4184	369	123	246	1393	682	712
永宁县	6694	3438	3256	486	147	339	1865	903	963
贺兰县	6953	3548	3405	395	123	272	2036	972	1064
灵武市	7990	4254	3735	570	179	391	2062	956	1106
石嘴山市	**23436**	**12659**	**10777**	**1406**	**446**	**960**	**4901**	**2309**	**2592**
大武口区	9547	5540	4007	429	166	263	1543	700	843
惠农区	5849	3024	2825	220	57	164	1209	571	639
平罗县	8040	4095	3945	757	223	533	2148	1038	1110
吴忠市	**38294**	**19927**	**18366**	**3817**	**1175**	**2643**	**12504**	**6088**	**6416**
利通区	11339	5938	5401	1129	351	778	3018	1518	1500
红寺堡区	5148	2664	2484	471	145	325	2335	1160	1175
盐池县	4728	2533	2195	459	138	322	1489	744	745
同心县	8581	4341	4240	894	257	636	3765	1735	2030
青铜峡市	8498	4451	4047	864	283	582	1896	931	965
固原市	**34743**	**17330**	**17413**	**4703**	**1511**	**3192**	**12908**	**6348**	**6560**
原州区	11599	5613	5986	1457	437	1020	4097	2036	2061
西吉县	10336	5171	5165	1310	494	816	4105	1985	2120
隆德县	4588	2314	2274	566	143	423	1655	800	855
泾源县	2845	1491	1354	601	232	369	1163	621	543
彭阳县	5376	2742	2634	768	203	565	1889	906	983
中卫市	**31027**	**15792**	**15234**	**4294**	**1232**	**3062**	**9998**	**5029**	**4970**
沙坡头区	11162	5691	5471	1056	260	796	2808	1362	1445
中宁县	9203	4697	4507	1054	294	760	2981	1482	1499
海原县	10662	5405	5257	2185	678	1506	4209	2184	2025

1-4 续表 1

单位：人

地 区	初 中			普通高中			中 职		
	小计	男	女	小计	男	女	小计	男	女
全 区	**64122**	**36125**	**27997**	**20745**	**11195**	**9550**	**7403**	**4347**	**3057**
银川市	**20288**	**10928**	**9361**	**7700**	**4086**	**3615**	**3737**	**2198**	**1539**
兴庆区	5988	3051	2936	3176	1630	1546	1295	619	676
西夏区	2979	1591	1388	1284	660	624	1220	964	256
金凤区	1981	1009	972	1047	523	524	445	224	221
永宁县	3085	1738	1347	520	304	216	253	110	143
贺兰县	2887	1605	1283	777	431	346	258	124	134
灵武市	3368	1933	1434	896	538	359	265	156	108
石嘴山市	**9323**	**5253**	**4071**	**3042**	**1730**	**1312**	**1066**	**586**	**480**
大武口区	3354	1952	1402	1230	692	538	539	309	230
惠农区	2303	1232	1071	1159	660	499	267	145	122
平罗县	3666	2069	1598	653	378	275	260	131	128
吴忠市	**14038**	**8038**	**6000**	**3136**	**1877**	**1259**	**1157**	**764**	**393**
利通区	4448	2423	2025	944	545	399	664	498	165
红寺堡区	1482	861	621	399	248	151	89	42	46
盐池县	1660	1004	656	460	313	148	93	38	56
同心县	2443	1494	949	597	361	236	116	67	49
青铜峡市	4006	2257	1750	736	410	325	195	119	76
固原市	**9473**	**5609**	**3864**	**3964**	**1803**	**2161**	**777**	**417**	**361**
原州区	3251	1879	1372	1415	543	872	376	181	195
西吉县	2484	1496	988	1238	468	770	160	105	55
隆德县	1306	751	555	584	346	238	82	46	36
泾源县	721	428	293	158	95	63	56	31	25
彭阳县	1712	1056	656	571	352	219	103	54	49
中卫市	**11000**	**6297**	**4703**	**2902**	**1698**	**1204**	**667**	**383**	**284**
沙坡头区	4796	2643	2153	1313	773	540	305	175	130
中宁县	3598	2055	1543	799	458	341	196	115	81
海原县	2605	1599	1006	790	467	323	166	92	73

1-4 续表 2　　　　　　　　　　　　　　　　　　　　　　　　　　单位：人

地　区	大学专科			大学本科			研究生		
	小计	男	女	小计	男	女	小计	男	女
全　区	**14541**	**7299**	**7242**	**13971**	**7995**	**5976**	**586**	**306**	**280**
银川市	**7688**	**3562**	**4126**	**8500**	**4669**	**3830**	**486**	**252**	**234**
兴庆区	3175	1599	1576	4202	2011	2191	210	112	99
西夏区	1824	579	1246	2159	1532	627	107	55	52
金凤区	1461	748	713	1476	755	721	146	71	75
永宁县	343	162	181	139	74	65	3	2	2
贺兰县	392	189	203	203	101	102	5	3	2
灵武市	493	285	207	322	197	124	15	9	5
石嘴山市	**1779**	**966**	**813**	**1891**	**1357**	**533**	**30**	**13**	**16**
大武口区	995	564	431	1433	1145	287	23	11	12
惠农区	435	234	201	254	124	129	3	1	1
平罗县	349	168	181	204	87	117	3	1	3
吴忠市	**2056**	**1085**	**971**	**1556**	**881**	**675**	**29**	**19**	**10**
利通区	606	313	293	522	286	236	8	3	4
红寺堡区	172	100	72	198	105	93	3	3	
盐池县	394	180	214	167	114	53	6	4	2
同心县	311	171	140	446	250	196	9	5	4
青铜峡市	574	322	252	223	126	96	3	3	
固原市	**1820**	**1042**	**778**	**1070**	**584**	**486**	**27**	**16**	**11**
原州区	581	323	257	410	208	202	12	6	7
西吉县	681	419	262	358	203	155	1	1	1
隆德县	261	140	121	125	78	47	9	9	
泾源县	120	69	50	26	15	11			
彭阳县	178	91	87	151	80	71	5	1	4
中卫市	**1197**	**644**	**554**	**954**	**503**	**451**	**14**	**6**	**8**
沙坡头区	495	272	223	381	203	178	8	3	6
中宁县	333	162	170	241	130	111	2		2
海原县	370	210	160	333	170	163	4	3	1

1-4ab 各地区分性别、受教育程度的6岁及以上人口(城镇)

单位：人

地　区	6岁及以上人口			未上过学			小　学		
	合计	男	女	小计	男	女	小计	男	女
全　区	**105177**	**53990**	**51186**	**4367**	**1268**	**3100**	**20635**	**9539**	**11096**
银川市	**48677**	**24715**	**23962**	**1228**	**360**	**869**	**7340**	**3336**	**4003**
兴庆区	20545	10047	10497	453	135	318	2639	1208	1431
西夏区	10741	5768	4973	184	48	135	1517	646	870
金凤区	7143	3532	3611	169	47	122	950	451	499
永宁县	2750	1433	1317	168	54	114	594	289	305
贺兰县	3182	1641	1541	88	22	67	713	331	382
灵武市	4317	2294	2023	167	54	113	926	410	516
石嘴山市	**17301**	**9527**	**7774**	**633**	**217**	**416**	**3087**	**1421**	**1666**
大武口区	8916	5210	3706	359	144	216	1350	606	744
惠农区	4790	2439	2351	137	34	103	907	417	490
平罗县	3595	1878	1717	137	39	98	830	399	431
吴忠市	**16730**	**8744**	**7986**	**1039**	**305**	**734**	**4255**	**1983**	**2271**
利通区	6784	3584	3201	502	159	343	1397	676	721
红寺堡区	1475	765	710	45	7	38	422	195	226
盐池县	1661	879	782	77	15	62	470	229	241
同心县	3132	1603	1529	187	52	134	1211	543	669
青铜峡市	3678	1914	1764	228	71	157	755	340	415
固原市	**10683**	**4928**	**5755**	**703**	**207**	**496**	**3068**	**1404**	**1663**
原州区	5050	2274	2776	242	66	176	1302	594	708
西吉县	2238	925	1313	86	21	65	728	322	405
隆德县	1156	573	583	86	22	64	337	149	189
泾源县	717	382	335	117	55	62	241	126	115
彭阳县	1522	773	749	171	43	128	460	213	247
中卫市	**11785**	**6076**	**5709**	**764**	**179**	**585**	**2886**	**1394**	**1492**
沙坡头区	5849	3017	2832	351	82	269	1243	596	647
中宁县	3662	1892	1770	200	52	148	899	436	463
海原县	2274	1166	1108	214	46	168	744	362	382

1-4ab 续表 1 单位：人

地 区	初中			普通高中			中职		
	小计	男	女	小计	男	女	小计	男	女
全 区	**34856**	**18850**	**16006**	**14318**	**7334**	**6984**	**5843**	**3518**	**2325**
银川市	**13891**	**7245**	**6645**	**6672**	**3480**	**3192**	**3319**	**2003**	**1316**
兴庆区	5574	2828	2745	3083	1574	1509	1248	595	653
西夏区	2563	1350	1213	1239	630	609	1180	943	237
金凤区	1592	787	805	995	499	496	398	200	198
永宁县	1235	684	551	268	154	114	141	67	74
贺兰县	1304	716	588	446	250	196	152	78	74
灵武市	1623	881	743	642	373	269	201	121	80
石嘴山市	**6689**	**3743**	**2946**	**2555**	**1427**	**1127**	**912**	**509**	**403**
大武口区	3122	1812	1310	1169	658	510	513	297	216
惠农区	1840	956	884	1021	565	457	245	134	110
平罗县	1727	975	752	365	204	160	155	78	77
吴忠市	**6326**	**3493**	**2833**	**1692**	**990**	**703**	**833**	**578**	**254**
利通区	2604	1390	1214	673	374	298	596	451	145
红寺堡区	538	299	239	159	95	63	45	20	25
盐池县	651	365	286	185	113	72	42	24	18
同心县	917	531	387	238	153	85	35	20	16
青铜峡市	1615	909	706	438	254	183	114	64	50
固原市	**3038**	**1697**	**1341**	**2027**	**615**	**1412**	**415**	**222**	**193**
原州区	1395	749	645	1054	300	755	274	138	136
西吉县	622	372	250	586	86	500	50	30	21
隆德县	341	172	169	170	99	71	33	23	10
泾源县	214	121	93	34	17	17	23	13	10
彭阳县	466	282	184	182	113	69	34	19	16
中卫市	**4913**	**2672**	**2240**	**1372**	**822**	**550**	**365**	**205**	**160**
沙坡头区	2584	1387	1197	778	466	312	200	115	85
中宁县	1689	920	768	385	228	157	108	62	47
海原县	640	365	275	209	128	81	56	29	28

1-4ab 续表 2 单位：人

地区	大学专科			大学本科			研究生		
	小计	男	女	小计	男	女	小计	男	女
全　区	**12052**	**5970**	**6082**	**12542**	**7221**	**5321**	**562**	**290**	**272**
银川市	**7389**	**3437**	**3952**	**8354**	**4602**	**3752**	**485**	**252**	**233**
兴庆区	3157	1593	1564	4181	2003	2179	210	112	99
西夏区	1810	571	1238	2142	1523	619	106	55	51
金凤区	1427	730	697	1466	747	719	146	71	75
永宁县	235	125	110	107	59	48	3	2	2
贺兰县	321	158	162	154	83	72	5	3	2
灵武市	440	259	180	304	187	117	15	9	5
石嘴山市	**1602**	**882**	**720**	**1796**	**1314**	**482**	**27**	**13**	**14**
大武口区	961	544	416	1420	1138	281	23	11	12
惠农区	396	215	182	240	117	123	3	1	1
平罗县	245	123	122	136	59	77	1	1	1
吴忠市	**1399**	**730**	**669**	**1165**	**652**	**513**	**22**	**14**	**8**
利通区	552	280	272	452	250	202	8	3	4
红寺堡区	117	66	50	148	79	69	3	3	
盐池县	143	76	67	90	56	34	3	1	2
同心县	229	125	104	307	175	132	6	5	2
青铜峡市	357	181	176	168	92	76	2	2	
固原市	**864**	**469**	**395**	**553**	**307**	**246**	**16**	**6**	**10**
原州区	466	250	216	304	171	133	12	6	7
西吉县	89	54	35	74	39	35	1	1	1
隆德县	127	73	54	62	36	26			
泾源县	74	43	32	14	8	6			
彭阳县	107	49	58	99	54	45	2		2
中卫市	**799**	**453**	**346**	**674**	**346**	**328**	**12**	**5**	**7**
沙坡头区	384	215	169	301	155	146	7	2	6
中宁县	211	108	103	169	86	83	1		1
海原县	203	129	74	203	104	99	4	3	1

1－4a 各地区分性别、受教育程度的6岁及以上人口(城市)

单位：人

地 区	6岁及以上人口			未上过学			小 学		
	合计	男	女	小计	男	女	小计	男	女
全 区	**68685**	**34808**	**33877**	**2021**	**621**	**1400**	**10546**	**4843**	**5704**
银川市	**38967**	**19677**	**19291**	**699**	**206**	**494**	**4963**	**2236**	**2727**
兴庆区	19691	9616	10075	397	128	269	2420	1103	1317
西夏区	10065	5437	4628	112	25	87	1268	531	738
金凤区	6687	3316	3371	107	29	78	781	370	411
永宁县									
贺兰县	158	89	69	6	2	5	33	16	18
灵武市	2367	1219	1147	77	23	55	461	217	244
石嘴山市	**11797**	**6306**	**5491**	**437**	**167**	**270**	**1916**	**872**	**1043**
大武口区	7556	4149	3407	332	137	196	1136	517	619
惠农区	4242	2157	2085	104	30	75	780	355	424
平罗县									
吴忠市	**9275**	**4711**	**4564**	**555**	**164**	**390**	**1867**	**891**	**976**
利通区	5465	2755	2710	393	126	268	1075	529	546
红寺堡区	1278	660	618	45	7	38	316	146	170
盐池县									
同心县									
青铜峡市	2531	1296	1235	116	31	85	476	216	260
固原市	**4400**	**1932**	**2469**	**146**	**38**	**108**	**1067**	**477**	**591**
原州区	4400	1932	2469	146	38	108	1067	477	591
西吉县									
隆德县									
泾源县									
彭阳县									
中卫市	**4245**	**2183**	**2062**	**184**	**47**	**138**	**733**	**367**	**366**
沙坡头区	4245	2183	2062	184	47	138	733	367	366
中宁县									
海原县									

1－4a　续表 1　　　　单位：人

地　区	初　中			普通高中			中　职		
	小计	男	女	小计	男	女	小计	男	女
全　区	**21168**	**11121**	**10046**	**10288**	**5166**	**5122**	**4437**	**2624**	**1813**
银川市	**9877**	**5040**	**4837**	**5497**	**2790**	**2707**	**2887**	**1777**	**1110**
兴庆区	5212	2620	2592	2943	1502	1441	1214	578	636
西夏区	2361	1246	1115	1168	580	587	1150	932	218
金凤区	1416	696	720	976	486	490	389	195	194
永宁县									
贺兰县	64	43	21	22	13	9	11	7	4
灵武市	823	435	388	388	209	179	122	64	58
石嘴山市	**4457**	**2487**	**1970**	**2073**	**1150**	**923**	**719**	**412**	**308**
大武口区	2871	1667	1204	1103	618	485	501	291	210
惠农区	1586	820	766	970	532	438	218	121	97
平罗县									
吴忠市	**3794**	**2012**	**1782**	**1070**	**603**	**468**	**395**	**204**	**191**
利通区	2180	1136	1044	585	322	262	267	137	130
红寺堡区	456	251	205	152	89	63	45	20	25
盐池县									
同心县									
青铜峡市	1159	625	533	334	191	143	82	47	36
固原市	**1160**	**600**	**559**	**1015**	**272**	**743**	**262**	**131**	**132**
原州区	1160	600	559	1015	272	743	262	131	132
西吉县									
隆德县									
泾源县									
彭阳县									
中卫市	**1880**	**982**	**898**	**632**	**351**	**281**	**174**	**101**	**73**
沙坡头区	1880	982	898	632	351	281	174	101	73
中宁县									
海原县									

1–4a 续表 2

单位：人

地 区	大学专科			大学本科			研究生		
	小计	男	女	小计	男	女	小计	男	女
全 区	**9607**	**4621**	**4986**	**10092**	**5543**	**4549**	**525**	**270**	**256**
银川市	**6611**	**3014**	**3597**	**7965**	**4372**	**3593**	**469**	**243**	**227**
兴庆区	3128	1577	1551	4168	1997	2171	210	112	99
西夏区	1780	556	1224	2122	1513	609	105	55	50
金凤区	1419	728	691	1455	743	713	144	69	75
永宁县									
贺兰县	15	7	8	5	2	4			
灵武市	270	147	123	214	118	96	10	7	3
石嘴山市	**1293**	**719**	**574**	**877**	**488**	**389**	**26**	**12**	**13**
大武口区	933	527	406	656	382	274	23	11	12
惠农区	360	191	168	221	106	115	3	1	1
平罗县									
吴忠市	**898**	**455**	**444**	**683**	**375**	**308**	**13**	**8**	**4**
利通区	519	261	258	438	241	197	8	3	4
红寺堡区	116	65	50	146	79	67	3	3	
盐池县									
同心县									
青铜峡市	263	128	135	99	55	44	2	2	
固原市	**452**	**243**	**209**	**287**	**165**	**121**	**11**	**6**	**6**
原州区	452	243	209	287	165	121	11	6	6
西吉县									
隆德县									
泾源县									
彭阳县									
中卫市	**353**	**191**	**163**	**280**	**143**	**137**	**6**	**1**	**6**
沙坡头区	353	191	163	280	143	137	6	1	6
中宁县									
海原县									

1-4b 各地区分性别、受教育程度的6岁及以上人口(镇)

单位：人

地 区	6岁及以上人口			未上过学			小 学		
	合计	男	女	小计	男	女	小计	男	女
全 区	**36492**	**19182**	**17310**	**2346**	**646**	**1700**	**10088**	**4696**	**5392**
银川市	**9710**	**5038**	**4672**	**529**	**154**	**375**	**2377**	**1101**	**1276**
兴庆区	854	432	422	56	8	49	220	105	114
西夏区	675	331	345	72	24	48	248	116	133
金凤区	456	216	240	62	18	43	170	82	88
永宁县	2750	1433	1317	168	54	114	594	289	305
贺兰县	3024	1552	1472	82	20	62	680	316	365
灵武市	1950	1075	875	90	31	59	465	194	271
石嘴山市	**5504**	**3221**	**2283**	**196**	**50**	**146**	**1171**	**549**	**622**
大武口区	1360	1061	299	27	7	20	214	89	125
惠农区	548	282	266	33	5	28	128	61	66
平罗县	3595	1878	1717	137	39	98	830	399	431
吴忠市	**7456**	**4034**	**3422**	**485**	**141**	**344**	**2388**	**1093**	**1295**
利通区	1319	828	491	109	33	76	322	147	175
红寺堡区	197	105	92				106	50	56
盐池县	1661	879	782	77	15	62	470	229	241
同心县	3132	1603	1529	187	52	134	1211	543	669
青铜峡市	1147	618	529	112	40	72	279	124	155
固原市	**6283**	**2997**	**3286**	**556**	**169**	**388**	**2000**	**928**	**1072**
原州区	650	343	307	96	28	68	235	118	117
西吉县	2238	925	1313	86	21	65	728	322	405
隆德县	1156	573	583	86	22	64	337	149	189
泾源县	717	382	335	117	55	62	241	126	115
彭阳县	1522	773	749	171	43	128	460	213	247
中卫市	**7540**	**3893**	**3647**	**580**	**133**	**447**	**2153**	**1027**	**1126**
沙坡头区	1604	834	770	166	35	131	510	229	281
中宁县	3662	1892	1770	200	52	148	899	436	463
海原县	2274	1166	1108	214	46	168	744	362	382

1-4b 续表 1

单位：人

地 区	初 中			普通高中			中 职		
	小计	男	女	小计	男	女	小计	男	女
全 区	**13689**	**7729**	**5959**	**4031**	**2169**	**1862**	**1406**	**894**	**512**
银川市	**4014**	**2205**	**1809**	**1175**	**690**	**485**	**432**	**227**	**206**
兴庆区	362	209	153	140	72	68	34	17	17
西夏区	202	104	98	71	50	21	30	11	19
金凤区	176	91	85	19	13	6	9	5	4
永宁县	1235	684	551	268	154	114	141	67	74
贺兰县	1239	673	566	424	237	186	140	70	70
灵武市	800	445	355	253	164	90	79	57	21
石嘴山市	**2232**	**1256**	**976**	**482**	**278**	**204**	**193**	**98**	**95**
大武口区	251	144	106	66	41	25	12	7	5
惠农区	254	136	118	52	33	19	26	13	13
平罗县	1727	975	752	365	204	160	155	78	77
吴忠市	**2532**	**1481**	**1051**	**622**	**387**	**235**	**437**	**375**	**63**
利通区	424	254	170	88	52	36	328	314	15
红寺堡区	82	48	34	7	6	1			
盐池县	651	365	286	185	113	72	42	24	18
同心县	917	531	387	238	153	85	35	20	16
青铜峡市	457	284	173	104	63	41	32	18	15
固原市	**1878**	**1097**	**781**	**1012**	**343**	**669**	**153**	**92**	**61**
原州区	235	149	86	39	28	12	12	8	4
西吉县	622	372	250	586	86	500	50	30	21
隆德县	341	172	169	170	99	71	33	23	10
泾源县	214	121	93	34	17	17	23	13	10
彭阳县	466	282	184	182	113	69	34	19	16
中卫市	**3033**	**1690**	**1342**	**740**	**471**	**269**	**191**	**104**	**87**
沙坡头区	704	405	299	146	115	31	26	14	13
中宁县	1689	920	768	385	228	157	108	62	47
海原县	640	365	275	209	128	81	56	29	28

1-4b 续表 2 单位：人

地　区	大学专科			大学本科			研究生		
	小计	男	女	小计	男	女	小计	男	女
全　区	**2445**	**1349**	**1096**	**2451**	**1678**	**773**	**37**	**20**	**17**
银川市	**778**	**423**	**355**	**389**	**230**	**159**	**16**	**9**	**7**
兴庆区	29	16	13	14	6	8			
西夏区	30	16	15	20	11	9	1		1
金凤区	8	2	6	11	4	6	2	2	
永宁县	235	125	110	107	59	48	3	2	2
贺兰县	306	151	154	149	81	68	5	3	2
灵武市	170	112	57	89	69	20	4	2	2
石嘴山市	**309**	**164**	**146**	**919**	**827**	**93**	**1**	**1**	**1**
大武口区	28	17	10	763	757	7			
惠农区	36	23	13	19	11	9			
平罗县	245	123	122	136	59	77	1	1	1
吴忠市	**500**	**275**	**225**	**482**	**277**	**205**	**9**	**5**	**4**
利通区	33	19	14	14	9	5			
红寺堡区	1	1		1		1			
盐池县	143	76	67	90	56	34	3	1	2
同心县	229	125	104	307	175	132	6	5	2
青铜峡市	94	53	41	69	37	32			
固原市	**412**	**226**	**186**	**267**	**142**	**125**	**5**	**1**	**4**
原州区	14	7	7	17	5	12	1		1
西吉县	89	54	35	74	39	35	1	1	1
隆德县	127	73	54	62	36	26			
泾源县	74	43	32	14	8	6			
彭阳县	107	49	58	99	54	45	2		2
中卫市	**446**	**262**	**184**	**393**	**203**	**191**	**6**	**4**	**1**
沙坡头区	31	25	6	21	12	9	1	1	
中宁县	211	108	103	169	86	83	1		1
海原县	203	129	74	203	104	99	4	3	1

1-4c 各地区分性别、受教育程度的6岁及以上人口(乡村)

单位：人

地 区	6岁及以上人口			未上过学			小 学		
	合计	男	女	小计	男	女	小计	男	女
全 区	**85731**	**43990**	**41741**	**12446**	**3893**	**8553**	**32091**	**16013**	**16078**
银川市	**14730**	**7557**	**7173**	**1365**	**438**	**927**	**5075**	**2443**	**2632**
兴庆区	1217	599	618	123	37	86	499	243	256
西夏区	950	483	467	13	4	8	403	170	233
金凤区	1176	603	573	200	76	125	443	230	213
永宁县	3944	2005	1939	318	93	225	1271	613	658
贺兰县	3771	1907	1864	307	102	205	1323	641	682
灵武市	3673	1960	1713	403	126	278	1136	546	590
石嘴山市	**6135**	**3132**	**3003**	**773**	**229**	**544**	**1814**	**888**	**926**
大武口区	631	330	301	70	22	47	193	95	99
惠农区	1059	585	474	83	22	61	302	154	148
平罗县	4445	2217	2228	620	184	436	1318	639	680
吴忠市	**21563**	**11183**	**10381**	**2778**	**870**	**1908**	**8249**	**4105**	**4144**
利通区	4554	2354	2200	627	193	435	1622	842	780
红寺堡区	3673	1899	1774	426	138	287	1914	965	949
盐池县	3067	1654	1413	382	122	260	1019	515	505
同心县	5449	2738	2711	707	205	502	2554	1192	1361
青铜峡市	4820	2537	2282	636	212	424	1141	591	550
固原市	**24060**	**12402**	**11658**	**4000**	**1304**	**2696**	**9840**	**4943**	**4897**
原州区	6548	3339	3210	1215	371	844	2794	1442	1353
西吉县	8098	4246	3852	1224	473	750	3377	1663	1714
隆德县	3432	1740	1692	480	122	358	1317	651	666
泾源县	2128	1108	1019	484	177	307	923	495	428
彭阳县	3854	1968	1885	597	160	437	1429	692	736
中卫市	**19242**	**9717**	**9525**	**3530**	**1053**	**2477**	**7112**	**3635**	**3477**
沙坡头区	5313	2674	2639	705	178	527	1565	766	798
中宁县	5541	2804	2737	854	243	612	2083	1046	1037
海原县	8388	4239	4149	1971	632	1338	3465	1823	1642

1-4c 续表 1

单位：人

地区	初中			普通高中			中职		
	小计	男	女	小计	男	女	小计	男	女
全区	**29266**	**17275**	**11991**	**6426**	**3861**	**2566**	**1560**	**828**	**732**
银川市	**6398**	**3682**	**2715**	**1029**	**606**	**422**	**418**	**195**	**224**
兴庆区	414	223	191	93	57	37	48	25	23
西夏区	417	241	175	45	30	15	40	22	19
金凤区	389	222	167	51	24	28	47	25	23
永宁县	1850	1054	796	252	150	103	112	43	70
贺兰县	1584	889	695	331	181	151	107	46	61
灵武市	1744	1053	692	255	165	90	64	35	29
石嘴山市	**2634**	**1510**	**1124**	**487**	**303**	**184**	**154**	**76**	**78**
大武口区	232	140	92	62	34	27	26	12	15
惠农区	463	276	187	137	95	42	22	11	12
平罗县	1939	1094	846	288	173	115	105	53	52
吴忠市	**7712**	**4545**	**3167**	**1444**	**888**	**556**	**324**	**186**	**139**
利通区	1843	1033	811	271	171	100	68	47	20
红寺堡区	944	561	382	240	153	87	44	22	21
盐池县	1009	639	369	276	200	76	51	14	38
同心县	1525	964	562	359	208	151	81	47	34
青铜峡市	2391	1348	1043	298	156	142	81	55	26
固原市	**6435**	**3912**	**2523**	**1938**	**1188**	**749**	**362**	**194**	**168**
原州区	1856	1130	726	360	243	117	102	43	59
西吉县	1862	1124	738	651	381	270	110	76	34
隆德县	965	579	386	414	247	167	49	23	26
泾源县	507	306	200	124	78	46	33	18	15
彭阳县	1245	774	472	389	239	150	69	35	34
中卫市	**6087**	**3625**	**2462**	**1530**	**876**	**653**	**302**	**178**	**124**
沙坡头区	2212	1256	956	534	307	227	105	60	44
中宁县	1909	1135	775	414	230	184	88	54	34
海原县	1966	1234	731	581	339	242	110	64	46

1-4c 续表 2

单位：人

地 区	大学专科			大学本科			研究生		
	小计	男	女	小计	男	女	小计	男	女
全 区	**2489**	**1329**	**1159**	**1429**	**774**	**655**	**24**	**17**	**7**
银川市	**299**	**125**	**174**	**146**	**67**	**78**	**1**		**1**
兴庆区	18	6	13	21	8	12			
西夏区	14	7	7	17	8	8	1		1
金凤区	34	19	16	10	8	3			
永宁县	107	37	70	32	15	17			
贺兰县	72	31	41	48	18	30			
灵武市	53	26	27	18	10	8			
石嘴山市	**177**	**84**	**93**	**94**	**43**	**52**	**2**		**2**
大武口区	35	19	15	13	7	6			
惠农区	38	19	19	13	8	6			
平罗县	104	45	59	68	28	40	2		2
吴忠市	**658**	**355**	**302**	**391**	**229**	**162**	**7**	**6**	**2**
利通区	53	33	21	70	36	34			
红寺堡区	56	34	22	50	26	24			
盐池县	250	103	147	76	57	19	3	3	
同心县	82	46	36	139	75	64	3	1	2
青铜峡市	217	141	76	55	35	20	1	1	
固原市	**956**	**573**	**383**	**517**	**277**	**240**	**12**	**10**	**2**
原州区	114	73	41	106	37	69			
西吉县	591	365	226	283	164	119			
隆德县	134	67	68	63	43	21	9	9	
泾源县	45	27	19	12	7	5			
彭阳县	71	42	29	52	26	26	2	1	2
中卫市	**399**	**191**	**207**	**281**	**158**	**123**	**2**	**1**	**1**
沙坡头区	111	56	54	80	49	32	1	1	
中宁县	121	54	67	71	43	28	1		1
海原县	166	81	86	130	66	64			

1-5 各地区分性别的15岁及以上文盲人口

单位：人、%

地　区	15岁及以上人口			文盲人口			文盲人口占15岁及以上人口比重		
	合计	男	女	合计	男	女	合计	男	女
全　区	**166097**	**84974**	**81123**	**15235**	**4513**	**10722**	**9.17**	**5.31**	**13.22**
银川市	**57086**	**28902**	**28184**	**2165**	**639**	**1525**	**3.79**	**2.21**	**5.41**
兴庆区	19752	9578	10174	478	139	340	2.42	1.45	3.34
西夏区	10779	5791	4988	165	51	114	1.53	0.88	2.29
金凤区	7505	3700	3805	324	100	224	4.32	2.70	5.89
永宁县	5934	3037	2897	457	135	322	7.71	4.45	11.12
贺兰县	6199	3129	3070	369	114	255	5.95	3.64	8.31
灵武市	6917	3667	3250	371	101	270	5.36	2.74	8.31
石嘴山市	**21221**	**11503**	**9718**	**1242**	**385**	**857**	**5.85**	**3.35**	**8.82**
大武口区	8833	5168	3665	371	144	227	4.20	2.78	6.20
惠农区	5305	2740	2565	178	41	137	3.35	1.49	5.35
平罗县	7083	3595	3488	693	201	492	9.79	5.59	14.12
吴忠市	**32542**	**16874**	**15667**	**3529**	**1052**	**2477**	**10.84**	**6.23**	**15.81**
利通区	9750	5073	4677	1070	317	753	10.98	6.25	16.10
红寺堡区	4221	2160	2061	385	118	268	9.13	5.45	12.99
盐池县	4278	2274	2004	409	115	294	9.57	5.05	14.69
同心县	6818	3452	3366	859	244	615	12.60	7.08	18.26
青铜峡市	7475	3916	3560	805	258	548	10.77	6.58	15.39
固原市	**29069**	**14415**	**14655**	**4323**	**1335**	**2987**	**14.87**	**9.26**	**20.38**
原州区	9674	4598	5076	1381	398	983	14.28	8.65	19.37
西吉县	8487	4247	4240	1139	404	735	13.42	9.52	17.33
隆德县	4035	2033	2002	534	131	402	13.23	6.46	20.10
泾源县	2334	1214	1120	576	217	358	24.65	17.89	31.99
彭阳县	4539	2323	2216	693	185	508	15.27	7.95	22.94
中卫市	**26178**	**13280**	**12899**	**3976**	**1101**	**2875**	**15.19**	**8.29**	**22.29**
沙坡头区	9748	4938	4810	975	232	743	10.00	4.70	15.46
中宁县	7797	3954	3843	987	274	714	12.66	6.92	18.57
海原县	8634	4388	4246	2013	595	1418	23.32	13.57	33.40

1-5ab 各地区分性别的15岁及以上文盲人口(城镇)

单位：人、%

地 区	15岁及以上人口			文盲人口			文盲人口占15岁及以上人口比重		
	合计	男	女	合计	男	女	合计	男	女
全 区	**93758**	**47940**	**45818**	**3827**	**1054**	**2773**	**4.08**	**2.20**	**6.05**
银川市	**44258**	**22360**	**21898**	**1001**	**274**	**728**	**2.26**	**1.22**	**3.32**
兴庆区	18711	9065	9646	367	104	263	1.96	1.15	2.72
西夏区	9967	5377	4590	154	45	110	1.55	0.83	2.39
金凤区	6508	3196	3312	137	32	104	2.10	1.01	3.15
永宁县	2428	1259	1170	155	46	109	6.38	3.67	9.30
贺兰县	2880	1476	1404	72	16	56	2.51	1.11	3.98
灵武市	3763	1987	1776	116	30	86	3.09	1.50	4.86
石嘴山市	**15827**	**8755**	**7072**	**537**	**176**	**361**	**3.39**	**2.01**	**5.11**
大武口区	8267	4873	3394	317	126	192	3.84	2.58	5.64
惠农区	4344	2205	2139	109	22	86	2.50	1.00	4.04
平罗县	3216	1677	1540	111	28	83	3.47	1.67	5.42
吴忠市	**14427**	**7508**	**6919**	**973**	**276**	**697**	**6.74**	**3.67**	**10.07**
利通区	5963	3140	2823	464	140	324	7.78	4.45	11.49
红寺堡区	1255	630	625	43	8	35	3.43	1.32	5.56
盐池县	1451	758	694	70	15	55	4.81	1.95	7.94
同心县	2517	1285	1232	185	50	135	7.35	3.89	10.97
青铜峡市	3240	1695	1545	211	63	148	6.50	3.71	9.55
固原市	**9129**	**4122**	**5007**	**635**	**174**	**461**	**6.96**	**4.22**	**9.21**
原州区	4352	1893	2458	232	56	176	5.32	2.95	7.15
西吉县	1879	759	1120	72	14	57	3.81	1.88	5.13
隆德县	1006	498	508	77	18	59	7.65	3.58	11.65
泾源县	588	310	279	113	52	61	19.14	16.65	21.92
彭阳县	1303	661	642	142	34	108	10.92	5.21	16.79
中卫市	**10118**	**5196**	**4921**	**680**	**155**	**525**	**6.73**	**2.99**	**10.67**
沙坡头区	5125	2626	2499	307	69	238	5.99	2.64	9.52
中宁县	3126	1608	1519	176	42	134	5.61	2.60	8.81
海原县	1867	963	904	198	44	153	10.59	4.61	16.97

1-5a 各地区分性别的15岁及以上文盲人口(城市)

单位：人、%

地区	15岁及以上人口			文盲人口			文盲人口占15岁及以上人口比重		
	合计	男	女	合计	男	女	合计	男	女
全　区	**62154**	**31326**	**30829**	**1724**	**499**	**1226**	**2.77**	**1.59**	**3.98**
银川市	**35626**	**17902**	**17725**	**539**	**142**	**397**	**1.51**	**0.79**	**2.24**
兴庆区	17930	8678	9252	327	98	229	1.82	1.13	2.47
西夏区	9396	5098	4298	85	17	68	0.91	0.34	1.58
金凤区	6107	3005	3102	77	15	62	1.26	0.50	1.99
永宁县									
贺兰县	152	85	67	2	1	1	1.45	0.88	2.17
灵武市	2041	1035	1006	47	10	37	2.31	0.98	3.68
石嘴山市	**10840**	**5809**	**5030**	**371**	**137**	**234**	**3.42**	**2.37**	**4.64**
大武口区	6989	3860	3129	292	119	173	4.18	3.09	5.53
惠农区	3851	1949	1901	78	18	61	2.04	0.92	3.18
平罗县									
吴忠市	**8109**	**4087**	**4022**	**507**	**146**	**361**	**6.25**	**3.58**	**8.97**
利通区	4791	2395	2396	360	111	250	7.52	4.62	10.42
红寺堡区	1087	544	543	42	7	35	3.84	1.29	6.41
盐池县									
同心县									
青铜峡市	2232	1148	1084	105	29	76	4.71	2.50	7.06
固原市	**3805**	**1607**	**2198**	**139**	**29**	**111**	**3.67**	**1.78**	**5.04**
原州区	3805	1607	2198	139	29	111	3.67	1.78	5.04
西吉县									
隆德县									
泾源县									
彭阳县									
中卫市	**3775**	**1921**	**1854**	**168**	**45**	**124**	**4.46**	**2.32**	**6.67**
沙坡头区	3775	1921	1854	168	45	124	4.46	2.32	6.67
中宁县									
海原县									

1−5b 各地区分性别的15岁及以上文盲人口(镇)

单位：人、%

地 区	15岁及以上人口			文盲人口			文盲人口占15岁及以上人口比重		
	合计	男	女	合计	男	女	合计	男	女
全 区	**31604**	**16615**	**14989**	**2102**	**556**	**1547**	**6.65**	**3.34**	**10.32**
银川市	**8632**	**4458**	**4174**	**463**	**132**	**331**	**5.36**	**2.96**	**7.93**
兴庆区	781	387	394	40	6	34	5.07	1.46	8.62
西夏区	571	278	292	69	27	42	12.14	9.87	14.31
金凤区	400	191	210	60	17	42	14.94	9.12	20.22
永宁县	2428	1259	1170	155	46	109	6.38	3.67	9.30
贺兰县	2728	1391	1337	70	16	54	2.57	1.13	4.07
灵武市	1723	952	771	69	20	49	4.01	2.06	6.41
石嘴山市	**4988**	**2946**	**2042**	**166**	**38**	**128**	**3.33**	**1.30**	**6.26**
大武口区	1278	1014	264	25	6	19	1.93	0.61	7.01
惠农区	493	256	238	30	4	26	6.09	1.60	10.90
平罗县	3216	1677	1540	111	28	83	3.47	1.67	5.42
吴忠市	**6318**	**3421**	**2897**	**466**	**129**	**336**	**7.37**	**3.78**	**11.60**
利通区	1173	745	427	104	29	75	8.86	3.91	17.50
红寺堡区	168	86	82	1	1		0.80	1.56	
盐池县	1451	758	694	70	15	55	4.81	1.95	7.94
同心县	2517	1285	1232	185	50	135	7.35	3.89	10.97
青铜峡市	1008	547	462	105	34	71	10.45	6.26	15.41
固原市	**5324**	**2515**	**2809**	**496**	**145**	**351**	**9.31**	**5.77**	**12.48**
原州区	547	287	260	92	27	65	16.85	9.45	25.00
西吉县	1879	759	1120	72	14	57	3.81	1.88	5.13
隆德县	1006	498	508	77	18	59	7.65	3.58	11.65
泾源县	588	310	279	113	52	61	19.14	16.65	21.92
彭阳县	1303	661	642	142	34	108	10.92	5.21	16.79
中卫市	**6343**	**3275**	**3068**	**512**	**111**	**401**	**8.08**	**3.38**	**13.08**
沙坡头区	1350	705	645	139	25	114	10.29	3.51	17.71
中宁县	3126	1608	1519	176	42	134	5.61	2.60	8.81
海原县	1867	963	904	198	44	153	10.59	4.61	16.97

1-5c 各地区分性别的15岁及以上文盲人口(乡村)

单位：人、%

地 区	15岁及以上人口			文盲人口			文盲人口占15岁及以上人口比重		
	合计	男	女	合计	男	女	合计	男	女
全 区	**72339**	**37034**	**35305**	**11408**	**3458**	**7949**	**15.77**	**9.34**	**22.52**
银川市	**12828**	**6542**	**6286**	**1163**	**366**	**798**	**9.07**	**5.59**	**12.69**
兴庆区	1040	513	528	112	35	77	10.73	6.74	14.61
西夏区	812	414	398	11	6	5	1.34	1.52	1.16
金凤区	997	504	493	187	68	120	18.78	13.43	24.25
永宁县	3506	1778	1728	302	89	213	8.63	5.01	12.36
贺兰县	3318	1652	1666	297	97	199	8.94	5.90	11.96
灵武市	3154	1680	1473	254	71	184	8.07	4.21	12.47
石嘴山市	**5394**	**2748**	**2646**	**705**	**210**	**495**	**13.07**	**7.63**	**18.72**
大武口区	566	295	271	54	18	36	9.52	6.18	13.15
惠农区	961	535	426	69	19	51	7.21	3.49	11.89
平罗县	3866	1918	1948	582	173	409	15.05	9.01	21.00
吴忠市	**18115**	**9367**	**8748**	**2556**	**776**	**1780**	**14.11**	**8.28**	**20.35**
利通区	3787	1932	1854	606	177	429	16.00	9.18	23.12
红寺堡区	2966	1530	1436	342	109	233	11.54	7.15	16.22
盐池县	2826	1516	1310	339	100	239	12.01	6.61	18.26
同心县	4301	2167	2134	674	194	480	15.67	8.97	22.47
青铜峡市	4236	2221	2014	595	195	400	14.04	8.76	19.86
固原市	**19941**	**10293**	**9648**	**3687**	**1162**	**2526**	**18.49**	**11.29**	**26.18**
原州区	5322	2704	2618	1150	342	807	21.60	12.65	30.85
西吉县	6608	3488	3121	1067	390	677	16.15	11.19	21.70
隆德县	3029	1535	1494	457	114	343	15.08	7.40	22.98
泾源县	1746	904	842	463	166	297	26.51	18.31	35.32
彭阳县	3236	1662	1574	551	150	400	17.02	9.04	25.44
中卫市	**16061**	**8084**	**7977**	**3296**	**945**	**2350**	**20.52**	**11.69**	**29.46**
沙坡头区	4623	2312	2311	668	163	506	14.45	7.03	21.88
中宁县	4670	2346	2325	812	232	580	17.38	9.89	24.95
海原县	6767	3425	3342	1816	551	1265	26.83	16.08	37.85

1-6 各地区分性别、婚姻状况的人口

单位：人

地 区	合 计			未 婚		
	合计	男	女	小计	男	女
全 区	**165732**	**84773**	**80959**	**34004**	**19916**	**14088**
银川市	**57046**	**28880**	**28165**	**12383**	**7125**	**5257**
兴庆区	19744	9572	10172	4253	2041	2212
西夏区	10771	5788	4984	3961	2496	1465
金凤区	7496	3694	3801	1134	623	511
永宁县	5929	3035	2893	1002	637	366
贺兰县	6199	3129	3070	1045	607	437
灵武市	6907	3662	3246	988	722	266
石嘴山市	**21201**	**11492**	**9709**	**4030**	**2733**	**1297**
大武口区	8832	5167	3664	2035	1549	486
惠农区	5296	2736	2560	966	593	373
平罗县	7074	3589	3485	1029	591	438
吴忠市	**32491**	**16837**	**15654**	**5738**	**3654**	**2084**
利通区	9748	5071	4677	1735	1198	537
红寺堡区	4217	2159	2058	956	572	383
盐池县	4254	2257	1997	782	475	307
同心县	6801	3439	3362	1236	743	493
青铜峡市	7471	3911	3560	1029	666	364
固原市	**28914**	**14331**	**14583**	**6997**	**3497**	**3501**
原州区	9617	4568	5049	2247	1013	1234
西吉县	8397	4198	4199	2321	1063	1258
隆德县	4027	2028	1999	933	539	394
泾源县	2334	1214	1120	446	281	165
彭阳县	4539	2323	2216	1051	601	450
中卫市	**26079**	**13232**	**12847**	**4856**	**2907**	**1949**
沙坡头区	9686	4904	4782	1640	1003	637
中宁县	7765	3944	3820	1327	810	517
海原县	8629	4384	4245	1889	1094	795

1-6 续表 单位：人

地 区	有配偶			离 婚			丧 偶		
	小计	男	女	小计	男	女	小计	男	女
全 区	**121697**	**61406**	**60292**	**3288**	**1672**	**1617**	**6743**	**1780**	**4963**
银川市	**41364**	**20726**	**20638**	**1307**	**563**	**744**	**1991**	**466**	**1526**
兴庆区	14284	7143	7141	601	237	364	606	152	454
西夏区	6259	3109	3151	198	92	105	353	90	263
金凤区	6017	2989	3028	147	49	98	198	33	164
永宁县	4493	2267	2226	121	62	59	312	70	243
贺兰县	4766	2380	2386	121	70	50	267	72	196
灵武市	5545	2838	2707	120	53	67	255	49	206
石嘴山市	**15541**	**8157**	**7383**	**631**	**328**	**302**	**1000**	**274**	**726**
大武口区	6045	3319	2726	318	145	173	433	155	279
惠农区	3883	1991	1891	185	102	83	262	49	213
平罗县	5613	2846	2766	128	81	46	305	70	235
吴忠市	**24764**	**12488**	**12276**	**677**	**357**	**320**	**1312**	**339**	**974**
利通区	7346	3651	3695	267	136	132	400	87	314
红寺堡区	3081	1524	1557	43	19	24	138	43	94
盐池县	3216	1663	1553	85	54	31	172	65	107
同心县	5229	2599	2630	115	52	63	220	44	176
青铜峡市	5892	3051	2841	167	95	72	382	99	283
固原市	**20257**	**10233**	**10024**	**333**	**196**	**137**	**1327**	**405**	**922**
原州区	6838	3389	3448	153	70	83	380	96	284
西吉县	5689	2986	2703	61	41	20	326	108	217
隆德县	2807	1398	1409	32	22	10	254	69	186
泾源县	1718	864	854	32	22	10	138	46	92
彭阳县	3205	1596	1609	54	41	14	229	85	143
中卫市	**19772**	**9801**	**9971**	**340**	**227**	**113**	**1112**	**297**	**815**
沙坡头区	7455	3689	3766	148	105	44	443	107	336
中宁县	6022	2988	3034	97	64	33	319	83	236
海原县	6295	3124	3171	94	58	36	350	107	243

1-6ab 各地区分性别、婚姻状况的人口(城镇)

单位：人

地 区	合 计			未 婚		
	合计	男	女	小计	男	女
全 区	**93677**	**47893**	**45784**	**19247**	**11155**	**8092**
银川市	**44228**	**22344**	**21884**	**9993**	**5672**	**4321**
兴庆区	18704	9059	9644	4024	1926	2098
西夏区	9959	5373	4586	3812	2407	1405
金凤区	6498	3190	3308	938	515	423
永宁县	2423	1257	1166	335	229	106
贺兰县	2880	1476	1404	409	255	153
灵武市	3763	1987	1776	474	339	136
石嘴山市	**15817**	**8751**	**7067**	**3039**	**2142**	**897**
大武口区	8265	4872	3393	1873	1450	423
惠农区	4336	2201	2134	772	458	314
平罗县	3216	1677	1540	394	234	160
吴忠市	**14396**	**7486**	**6910**	**2336**	**1575**	**761**
利通区	5963	3140	2823	1100	800	300
红寺堡区	1255	630	625	250	137	113
盐池县	1430	743	687	224	136	88
同心县	2513	1283	1230	360	231	129
青铜峡市	3235	1690	1545	402	272	130
固原市	**9124**	**4120**	**5005**	**2384**	**830**	**1553**
原州区	4347	1891	2456	1133	345	787
西吉县	1879	759	1120	729	182	547
隆德县	1006	498	508	168	96	72
泾源县	588	310	279	92	60	32
彭阳县	1303	661	642	262	147	116
中卫市	**10112**	**5194**	**4918**	**1496**	**936**	**560**
沙坡头区	5119	2623	2496	735	469	266
中宁县	3126	1608	1518	447	287	160
海原县	1867	963	904	313	179	134

1-6ab 续表 单位：人

地　区	有配偶			离　婚			丧　偶		
	小计	男	女	小计	男	女	小计	男	女
全　区	**68721**	**34861**	**33860**	**2378**	**1055**	**1323**	**3331**	**823**	**2508**
银川市	**31725**	**15925**	**15800**	**1117**	**445**	**672**	**1392**	**301**	**1091**
兴庆区	13525	6774	6751	584	227	357	571	132	438
西夏区	5628	2796	2832	194	90	104	325	80	245
金凤区	5250	2611	2639	138	41	97	172	23	149
永宁县	1924	975	949	59	28	31	106	25	81
贺兰县	2315	1169	1147	62	29	32	95	23	72
灵武市	3084	1601	1483	81	30	52	124	17	107
石嘴山市	**11537**	**6145**	**5392**	**522**	**257**	**266**	**719**	**207**	**512**
大武口区	5677	3137	2540	308	137	170	408	148	260
惠农区	3213	1627	1586	149	80	69	200	36	164
平罗县	2647	1381	1266	65	39	26	111	23	88
吴忠市	**11132**	**5611**	**5521**	**415**	**179**	**236**	**514**	**121**	**392**
利通区	4431	2205	2226	201	86	115	232	50	182
红寺堡区	947	476	471	25	7	18	33	10	23
盐池县	1109	574	535	37	15	22	60	18	42
同心县	2038	1022	1016	55	21	34	60	9	51
青铜峡市	2607	1334	1273	97	49	48	129	34	95
固原市	**6280**	**3135**	**3145**	**146**	**63**	**83**	**314**	**91**	**223**
原州区	2982	1483	1499	92	31	62	140	32	108
西吉县	1085	546	539	22	16	6	43	15	28
隆德县	781	384	396	10	4	6	47	13	34
泾源县	465	237	227	8	4	3	24	8	16
彭阳县	967	484	484	13	8	5	61	23	38
中卫市	**8047**	**4045**	**4002**	**178**	**111**	**67**	**391**	**102**	**290**
沙坡头区	4079	2037	2042	104	67	38	201	50	150
中宁县	2516	1260	1255	47	28	19	116	32	84
海原县	1452	748	705	27	16	11	75	20	55

1−6a　各地区分性别、婚姻状况的人口(城市)

单位：人

地　区	合　计			未　婚		
	合计	男	女	小计	男	女
全　区	**62113**	**31301**	**30812**	**13336**	**7325**	**6010**
银川市	**35601**	**17887**	**17714**	**8798**	**4882**	**3916**
兴庆区	17923	8672	9250	3926	1857	2069
西夏区	9388	5095	4293	3718	2352	1366
金凤区	6098	3000	3098	861	474	388
永宁县						
贺兰县	152	85	67	22	18	4
灵武市	2041	1035	1006	271	181	90
石嘴山市	**10830**	**5805**	**5025**	**1706**	**1048**	**658**
大武口区	6987	3859	3129	994	630	364
惠农区	3842	1946	1897	713	418	294
平罗县						
吴忠市	**8104**	**4082**	**4022**	**1231**	**761**	**470**
利通区	4791	2395	2396	693	432	260
红寺堡区	1087	544	543	235	125	110
盐池县						
同心县						
青铜峡市	2227	1143	1084	303	203	99
固原市	**3805**	**1607**	**2198**	**1064**	**305**	**758**
原州区	3805	1607	2198	1064	305	758
西吉县						
隆德县						
泾源县						
彭阳县						
中卫市	**3773**	**1920**	**1853**	**537**	**329**	**208**
沙坡头区	3773	1920	1853	537	329	208
中宁县						
海原县						

1－6a 续表　　单位：人

地　区	有配偶			离　婚			丧　偶		
	小计	男	女	小计	男	女	小计	男	女
全　区	**44739**	**22658**	**22081**	**1845**	**775**	**1070**	**2194**	**543**	**1651**
银川市	**24820**	**12413**	**12407**	**943**	**369**	**574**	**1040**	**223**	**817**
兴庆区	12901	6477	6424	578	223	355	518	115	402
西夏区	5189	2581	2608	178	87	92	303	75	228
金凤区	4952	2462	2490	131	41	90	153	23	130
永宁县									
贺兰县	127	66	61	2	2	1	1		1
灵武市	1651	827	824	53	17	36	65	9	56
石嘴山市	**8106**	**4371**	**3735**	**446**	**210**	**237**	**571**	**175**	**396**
大武口区	5299	2950	2348	304	135	169	390	144	247
惠农区	2807	1421	1386	142	75	67	181	31	149
平罗县									
吴忠市	**6289**	**3132**	**3157**	**281**	**114**	**167**	**304**	**77**	**227**
利通区	3718	1840	1878	188	76	112	192	46	146
红寺堡区	803	404	400	23	7	16	25	8	16
盐池县									
同心县									
青铜峡市	1768	888	880	69	30	39	88	23	65
固原市	**2531**	**1244**	**1287**	**89**	**30**	**59**	**121**	**28**	**93**
原州区	2531	1244	1287	89	30	59	121	28	93
西吉县									
隆德县									
泾源县									
彭阳县									
中卫市	**2994**	**1499**	**1495**	**85**	**52**	**33**	**157**	**40**	**117**
沙坡头区	2994	1499	1495	85	52	33	157	40	117
中宁县									
海原县									

1-6b 各地区分性别、婚姻状况的人口(镇)

单位：人

地 区	合 计			未 婚		
	合计	男	女	小计	男	女
全 区	**31564**	**16592**	**14971**	**5911**	**3829**	**2082**
银川市	**8626**	**4457**	**4170**	**1195**	**790**	**404**
兴庆区	781	387	394	98	69	29
西夏区	571	278	292	94	55	39
金凤区	400	191	210	77	41	36
永宁县	2423	1257	1166	335	229	106
贺兰县	2728	1391	1337	387	237	149
灵武市	1723	952	771	203	158	46
石嘴山市	**4988**	**2946**	**2042**	**1333**	**1093**	**239**
大武口区	1278	1014	264	879	820	59
惠农区	493	256	238	60	39	20
平罗县	3216	1677	1540	394	234	160
吴忠市	**6292**	**3403**	**2888**	**1105**	**814**	**291**
利通区	1173	745	427	407	367	40
红寺堡区	168	86	82	15	12	3
盐池县	1430	743	687	224	136	88
同心县	2513	1283	1230	360	231	129
青铜峡市	1008	547	462	99	68	30
固原市	**5320**	**2513**	**2807**	**1320**	**525**	**795**
原州区	542	285	258	69	40	29
西吉县	1879	759	1120	729	182	547
隆德县	1006	498	508	168	96	72
泾源县	588	310	279	92	60	32
彭阳县	1303	661	642	262	147	116
中卫市	**6339**	**3273**	**3065**	**959**	**607**	**352**
沙坡头区	1347	703	643	198	140	58
中宁县	3126	1608	1518	447	287	160
海原县	1867	963	904	313	179	134

1-6b 续表

单位：人

地　区	有配偶			离　婚			丧　偶		
	小计	男	女	小计	男	女	小计	男	女
全　区	**23982**	**12203**	**11779**	**533**	**280**	**253**	**1137**	**280**	**857**
银川市	**6906**	**3512**	**3393**	**174**	**76**	**98**	**352**	**78**	**274**
兴庆区	624	297	327	6	4	2	53	17	36
西夏区	439	215	224	16	4	12	22	5	17
金凤区	298	149	149	7		7	18		18
永宁县	1924	975	949	59	28	31	106	25	81
贺兰县	2188	1103	1085	59	28	32	94	23	71
灵武市	1433	774	659	28	13	15	59	8	51
石嘴山市	**3431**	**1774**	**1657**	**76**	**47**	**29**	**148**	**32**	**116**
大武口区	378	187	191	3	2	1	18	5	13
惠农区	406	206	200	7	5	2	20	5	15
平罗县	2647	1381	1266	65	39	26	111	23	88
吴忠市	**4843**	**2479**	**2364**	**134**	**65**	**69**	**210**	**45**	**165**
利通区	713	365	348	12	9	3	40	4	36
红寺堡区	144	73	71	2		2	8	1	7
盐池县	1109	574	535	37	15	22	60	18	42
同心县	2038	1022	1016	55	21	34	60	9	51
青铜峡市	840	447	393	28	20	9	41	12	30
固原市	**3749**	**1891**	**1858**	**57**	**34**	**23**	**193**	**63**	**130**
原州区	451	239	212	3	1	2	19	4	15
西吉县	1085	546	539	22	16	6	43	15	28
隆德县	781	384	396	10	4	6	47	13	34
泾源县	465	237	227	8	4	3	24	8	16
彭阳县	967	484	484	13	8	5	61	23	38
中卫市	**5054**	**2546**	**2507**	**92**	**58**	**34**	**234**	**62**	**172**
沙坡头区	1086	538	547	19	14	5	44	11	33
中宁县	2516	1260	1255	47	28	19	116	32	84
海原县	1452	748	705	27	16	11	75	20	55

1-6c 各地区分性别、婚姻状况的人口(乡村)

单位：人

地 区	合 计			未 婚		
	合计	男	女	小计	男	女
全 区	**72055**	**36879**	**35176**	**14757**	**8761**	**5996**
银川市	**12818**	**6536**	**6282**	**2390**	**1453**	**937**
兴庆区	1040	513	528	229	115	114
西夏区	812	414	398	149	89	60
金凤区	997	504	493	196	108	88
永宁县	3506	1778	1728	667	407	260
贺兰县	3318	1652	1666	636	352	284
灵武市	3144	1675	1469	514	383	131
石嘴山市	**5384**	**2742**	**2642**	**991**	**591**	**400**
大武口区	566	295	271	162	99	63
惠农区	960	534	425	194	135	59
平罗县	3858	1912	1945	635	357	278
吴忠市	**18095**	**9351**	**8744**	**3403**	**2079**	**1323**
利通区	3785	1931	1854	635	398	237
红寺堡区	2962	1529	1433	706	436	270
盐池县	2824	1514	1310	558	339	219
同心县	4288	2156	2132	876	512	364
青铜峡市	4236	2221	2014	628	394	234
固原市	**19790**	**10211**	**9579**	**4613**	**2666**	**1947**
原州区	5270	2677	2593	1114	667	447
西吉县	6518	3439	3079	1592	881	711
隆德县	3021	1530	1490	765	443	322
泾源县	1746	904	842	354	221	133
彭阳县	3236	1662	1574	788	454	334
中卫市	**15968**	**8039**	**7929**	**3360**	**1971**	**1389**
沙坡头区	4566	2281	2286	905	534	371
中宁县	4639	2337	2303	880	522	357
海原县	6762	3422	3341	1576	915	661

1-6c 续表 单位：人

地 区	有配偶			离 婚			丧 偶		
	小计	男	女	小计	男	女	小计	男	女
全 区	**52976**	**26544**	**26432**	**910**	**617**	**293**	**3412**	**957**	**2455**
银川市	**9639**	**4801**	**4838**	**190**	**118**	**72**	**599**	**165**	**435**
兴庆区	759	369	390	17	10	7	35	19	16
西夏区	631	313	318	4	2	2	29	11	18
金凤区	767	378	388	9	8	1	26	10	16
永宁县	2570	1292	1277	63	34	29	206	44	162
贺兰县	2451	1211	1240	59	41	18	173	49	124
灵武市	2461	1237	1224	38	23	15	131	31	99
石嘴山市	**4004**	**2012**	**1992**	**108**	**72**	**37**	**281**	**66**	**214**
大武口区	369	182	186	11	7	3	25	6	19
惠农区	669	364	305	35	22	13	61	13	48
平罗县	2966	1465	1501	62	42	20	194	48	147
吴忠市	**13632**	**6877**	**6755**	**262**	**178**	**84**	**799**	**217**	**581**
利通区	2915	1446	1469	66	50	16	169	36	132
红寺堡区	2134	1048	1086	18	12	6	105	34	71
盐池县	2107	1089	1018	47	39	9	112	47	65
同心县	3191	1577	1614	60	31	29	160	35	125
青铜峡市	3285	1717	1568	70	46	24	253	65	188
固原市	**13977**	**7099**	**6878**	**187**	**133**	**54**	**1013**	**313**	**699**
原州区	3855	1906	1949	60	39	21	240	64	176
西吉县	4604	2440	2164	39	25	14	283	93	190
隆德县	2026	1014	1012	22	18	4	207	56	152
泾源县	1253	627	627	25	18	7	114	38	76
彭阳县	2238	1112	1126	41	33	8	168	62	105
中卫市	**11725**	**5756**	**5969**	**162**	**117**	**46**	**721**	**195**	**525**
沙坡头区	3375	1652	1723	44	38	6	242	57	185
中宁县	3506	1727	1779	50	36	15	203	51	152
海原县	4843	2377	2466	68	43	25	276	87	188

1-7 各地区分性别、月份的出生人口
(2014.11.1-2015.10.31)

单位：人

地 区	出生人口			2014年11月			2014年12月		
	合计	男	女	合计	男	女	合计	男	女
全 区	**2326**	**1239**	**1087**	**347**	**200**	**147**	**282**	**146**	**136**
银川市	**647**	**372**	**275**	**105**	**70**	**35**	**99**	**48**	**51**
兴庆区	207	132	75	40	30	10	36	16	21
西夏区	80	46	35	14	9	5	9	6	3
金凤区	128	72	56	12	7	5	19	7	11
永宁县	57	34	23	9	5	4	12	7	5
贺兰县	72	39	33	13	8	5	7	3	4
灵武市	103	48	55	17	10	7	16	8	8
石嘴山市	**179**	**90**	**89**	**24**	**17**	**7**	**17**	**11**	**6**
大武口区	48	26	22	5	3	2	9	7	2
惠农区	46	24	21	8	6	2	3	2	1
平罗县	85	39	46	11	8	3	5	3	3
吴忠市	**527**	**272**	**255**	**73**	**38**	**34**	**64**	**31**	**33**
利通区	114	56	58	14	8	5	9	5	4
红寺堡区	68	38	30	9	5	4	9	3	6
盐池县	61	25	35	8	3	5	5	2	3
同心县	215	118	97	31	15	17	33	17	16
青铜峡市	70	35	35	11	7	4	7	3	3
固原市	**511**	**258**	**253**	**89**	**46**	**43**	**59**	**31**	**29**
原州区	178	92	86	34	22	12	25	15	10
西吉县	162	84	78	24	12	12	19	8	11
隆德县	49	24	24	11	5	6	2	1	1
泾源县	36	22	14	4	2	3	4	3	1
彭阳县	87	37	50	16	6	10	10	4	6
中卫市	**461**	**247**	**214**	**56**	**30**	**26**	**43**	**26**	**18**
沙坡头区	133	72	61	13	8	6	14	9	5
中宁县	144	82	62	22	11	11	7	6	2
海原县	185	93	92	21	11	10	22	11	11

1-7 续表 1　　　　　　　　　　　　　　　　　　　　　　　　单位：人

地　区	2015年01月			2015年02月			2015年03月		
	合计	男	女	合计	男	女	合计	男	女
全　区	**241**	**120**	**121**	**189**	**96**	**92**	**165**	**82**	**83**
银川市	**70**	**40**	**30**	**47**	**27**	**20**	**37**	**20**	**18**
兴庆区	21	14	7	15	11	5	17	11	6
西夏区	7	1	6	2	2		4	1	3
金凤区	24	16	7	11	5	6	2		2
永宁县	4	2	2	3	2	1	8	5	3
贺兰县	6	3	4	9	5	4	1		1
灵武市	9	5	4	7	2	4	4	2	2
石嘴山市	**29**	**13**	**16**	**17**	**7**	**10**	**14**	**4**	**10**
大武口区	7	5	3	3	2	1	4	1	2
惠农区	6	3	2	6	1	5	3	1	2
平罗县	16	5	11	8	4	4	7	2	5
吴忠市	**45**	**15**	**29**	**44**	**20**	**24**	**40**	**24**	**16**
利通区	11	1	10	7	3	4	1	1	
红寺堡区	7	4	3	2		2	9	6	3
盐池县	7	3	4	5	1	4	5	2	3
同心县	15	5	9	24	14	10	20	13	7
青铜峡市	5	1	4	7	2	5	5	1	3
固原市	**54**	**31**	**24**	**51**	**26**	**25**	**37**	**13**	**24**
原州区	15	10	5	18	6	12	17	4	13
西吉县	16	10	6	16	11	5	7	4	4
隆德县	8	4	4	7	5	2	2	2	1
泾源县	5	3	3	4	2	2	2	1	1
彭阳县	10	5	6	6	3	4	8	3	5
中卫市	**42**	**21**	**22**	**29**	**16**	**14**	**37**	**20**	**16**
沙坡头区	12	5	7	11	6	5	13	9	4
中宁县	12	7	5	6	4	2	10	4	7
海原县	18	8	10	13	7	6	13	8	5

1-7 续表 2 单位：人

地 区	2015年04月			2015年05月			2015年06月		
	合计	男	女	合计	男	女	合计	男	女
全 区	**161**	**88**	**73**	**154**	**90**	**64**	**152**	**85**	**67**
银川市	**46**	**26**	**20**	**40**	**26**	**14**	**48**	**34**	**15**
兴庆区	11	5	7	7	7		18	18	
西夏区	6	5	1	11	8	3	6	4	1
金凤区	11	7	4	6	4	2	11	5	6
永宁县	5	4	1	4	2	2	4	3	1
贺兰县	6	3	2	4	3	1	3	1	3
灵武市	6	1	5	8	2	5	6	2	3
石嘴山市	**16**	**8**	**8**	**13**	**8**	**5**	**10**	**6**	**4**
大武口区	4	2	1	2		2	3	1	2
惠农区	6	4	2	2	2	1	3	2	2
平罗县	5	2	4	8	5	3	4	3	1
吴忠市	**46**	**25**	**21**	**33**	**15**	**17**	**39**	**19**	**20**
利通区	11	7	4	5	1	4	8	4	4
红寺堡区	7	5	1	3	3	1	5	2	3
盐池县	3	2	2	2		2	5		5
同心县	16	8	8	18	8	10	16	11	5
青铜峡市	9	3	6	5	4	1	4	2	2
固原市	**22**	**14**	**9**	**31**	**18**	**13**	**27**	**14**	**13**
原州区	10	5	5	7	6	1	4	1	2
西吉县	5	4	2	14	8	6	14	8	5
隆德县	1	1		2		2	6	3	2
泾源县	4	3	1	1	1		2	1	1
彭阳县	2	1	1	7	3	4	2	1	2
中卫市	**32**	**16**	**16**	**38**	**23**	**15**	**29**	**12**	**16**
沙坡头区	9	5	5	8	3	6	6		6
中宁县	8	5	3	16	11	5	8	6	2
海原县	14	6	8	13	9	4	15	7	8

1-7 续表 3

单位：人

地　区	2015年07月			2015年08月			2015年09月			2015年10月		
	合计	男	女	合计	男	女	合计	男	女	合计	男	女
全　区	**163**	**88**	**76**	**156**	**87**	**68**	**161**	**78**	**83**	**155**	**78**	**77**
银川市	**43**	**23**	**20**	**36**	**18**	**18**	**37**	**24**	**13**	**38**	**16**	**22**
兴庆区	15	7	8	12	7	5	7	5	2	7	2	5
西夏区	6	4	3	3	2	1	5	1	4	6	1	5
金凤区	7	5	2	7	5	2	9	7	1	7	3	5
永宁县				3	1	2	3	1	2	2	2	
贺兰县	9	5	4	2		2	7	5	2	5	4	2
灵武市	5	2	3	8	3	4	8	5	2	10	5	5
石嘴山市	**8**	**3**	**5**	**9**	**4**	**4**	**13**	**5**	**8**	**10**	**5**	**5**
大武口区	4	2	2	2	1	1	4	1	3	2	2	
惠农区				2	1	1	3	1	2	3	2	2
平罗县	4	1	3	5	3	3	6	3	3	5	2	4
吴忠市	**43**	**26**	**17**	**30**	**18**	**12**	**30**	**13**	**18**	**42**	**27**	**15**
利通区	13	6	7	7	4	3	8	1	7	19	14	6
红寺堡区	3	2	1	4	2	2	5	2	3	6	4	3
盐池县	9	5	4	2	1	2	5	2	3	3	3	
同心县	11	8	3	13	9	4	10	6	4	8	4	4
青铜峡市	7	5	2	3	2	1	2	1	1	5	2	2
固原市	**32**	**19**	**13**	**32**	**17**	**15**	**40**	**13**	**27**	**36**	**17**	**20**
原州区	7	4	4	13	10	4	12	5	7	16	5	11
西吉县	10	6	4	9	2	6	18	5	12	10	6	4
隆德县	3	2	2	1	1		6	1	5	2	1	1
泾源县	3	2	2	2	1	1	2	2		3	3	
彭阳县	8	6	2	7	3	4	2		2	6	2	3
中卫市	**38**	**18**	**20**	**50**	**30**	**20**	**40**	**23**	**17**	**28**	**13**	**15**
沙坡头区	12	8	5	14	10	4	10	6	4	9	5	4
中宁县	12	5	7	21	12	10	14	8	6	8	5	3
海原县	14	5	9	14	8	6	16	10	7	12	3	9

1-7ab 各地区分性别、月份的出生人口
(2014.11.1-2015.10.31)(城镇)

单位：人

地 区	出生人口			2014年11月			2014年12月		
	合计	男	女	合计	男	女	合计	男	女
全 区	**1075**	**602**	**474**	**168**	**112**	**56**	**160**	**85**	**75**
银川市	**465**	**273**	**191**	**74**	**53**	**21**	**75**	**33**	**42**
兴庆区	187	121	66	34	27	7	32	11	21
西夏区	66	37	29	11	8	3	8	6	3
金凤区	98	53	45	11	6	5	15	6	9
永宁县	24	13	11	4	2	2	6	2	4
贺兰县	45	24	21	9	5	3	4	2	3
灵武市	43	25	19	5	4	1	10	6	4
石嘴山市	**117**	**59**	**58**	**17**	**11**	**6**	**13**	**10**	**3**
大武口区	42	23	19	4	2	2	8	7	2
惠农区	39	21	18	7	5	2	2	2	1
平罗县	36	15	21	6	4	2	2	2	1
吴忠市	**221**	**115**	**106**	**35**	**22**	**13**	**35**	**20**	**15**
利通区	64	32	31	9	5	4	7	5	1
红寺堡区	20	11	8	3	3		2		2
盐池县	17	7	10	3	2	2	3	2	1
同心县	99	54	45	18	10	8	20	11	9
青铜峡市	22	11	11	2	2		3	1	2
固原市	**118**	**66**	**52**	**23**	**15**	**8**	**18**	**10**	**8**
原州区	48	26	21	10	9	1	10	6	4
西吉县	20	11	9	2	1	2	2	1	2
隆德县	10	8	2	3	2	1			
泾源县	13	6	7	2	1	1	1	1	1
彭阳县	27	14	13	5	2	3	4	2	2
中卫市	**155**	**88**	**67**	**20**	**12**	**8**	**19**	**13**	**7**
沙坡头区	74	43	32	9	5	4	11	7	4
中宁县	56	33	23	8	4	4	5	4	2
海原县	25	13	13	3	2	1	3	2	1

1—7ab 续表 1

单位：人

地 区	2015年01月			2015年02月			2015年03月		
	合计	男	女	合计	男	女	合计	男	女
全 区	**112**	**57**	**55**	**88**	**48**	**40**	**75**	**41**	**34**
银川市	**55**	**33**	**22**	**32**	**20**	**12**	**25**	**15**	**11**
兴庆区	21	14	7	14	9	5	16	11	5
西夏区	6		6	1	1		4	1	3
金凤区	17	11	6	5	2	2	2		2
永宁县	4	2	2	2	1	1	3	2	1
贺兰县	3	3	1	6	3	3			
灵武市	5	4	1	4	2	1			
石嘴山市	**18**	**9**	**9**	**11**	**3**	**8**	**8**	**3**	**5**
大武口区	7	5	2	3	2	1	3	1	2
惠农区	5	2	2	5	1	4	2	1	1
平罗县	6	2	5	3		3	4	2	2
吴忠市	**20**	**5**	**15**	**26**	**14**	**12**	**11**	**8**	**3**
利通区	5		5	4	3	1			
红寺堡区	3	2	2	2		2	3	3	
盐池县	1		1	3	1	2	2	1	1
同心县	10	3	8	14	9	5	5	4	1
青铜峡市	1	1		3	1	2	1		1
固原市	**11**	**8**	**3**	**9**	**5**	**5**	**13**	**5**	**8**
原州区	1	1		4	3	1	6	1	5
西吉县	1	1		2	2	1	1	1	
隆德县	2	2					1	1	
泾源县	3	2	2	2	1	1	2	1	1
彭阳县	4	2	1	1		1	3	1	1
中卫市	**8**	**2**	**6**	**10**	**7**	**3**	**17**	**10**	**7**
沙坡头区	5	1	4	4	3	1	8	7	1
中宁县	2	1	1	3	3		6	3	4
海原县	1		1	4	1	2	3	1	2

1-7ab 续表 2

单位：人

地 区	2015年04月			2015年05月			2015年06月		
	合计	男	女	合计	男	女	合计	男	女
全 区	**73**	**44**	**29**	**65**	**39**	**26**	**75**	**42**	**33**
银川市	**33**	**21**	**11**	**29**	**19**	**9**	**41**	**27**	**14**
兴庆区	11	5	7	7	7		18	18	
西夏区	4	4		11	8	3	6	4	1
金凤区	7	5	2	5	2	2	9	2	6
永宁县	3	3		1		1	1		1
贺兰县	4	3	1	3	2	1	3	1	3
灵武市	2	1	1	2		2	4	1	2
石嘴山市	**10**	**6**	**4**	**5**	**3**	**2**	**6**	**3**	**4**
大武口区	3	2	1	2		2	3	1	2
惠农区	6	3	2	2	2		3	2	2
平罗县	2	1	1	2	2				
吴忠市	**17**	**11**	**6**	**15**	**6**	**9**	**15**	**5**	**10**
利通区	8	7	1	5	1	4	5	1	4
红寺堡区	2	2							
盐池县							2		2
同心县	4	1	3	9	5	4	5	3	3
青铜峡市	3	1	2	1		1	3	1	2
固原市	**6**	**3**	**3**	**7**	**5**	**1**	**6**	**4**	**2**
原州区	3		3	4	4		1	1	
西吉县	1	1		1	1		1		1
隆德县							2	2	
泾源县	1	1	1				1		1
彭阳县	1	1		2	1	1	1	1	1
中卫市	**8**	**4**	**4**	**10**	**5**	**5**	**8**	**4**	**4**
沙坡头区	5	2	3	3		3	2		2
中宁县	3	2	1	4	3	2	4	4	1
海原县				2	2		1	1	1

1-7ab 续表 3 单位：人

地区	2015年07月			2015年08月			2015年09月			2015年10月		
	合计	男	女	合计	男	女	合计	男	女	合计	男	女
全　区	**68**	**35**	**33**	**62**	**34**	**28**	**68**	**33**	**34**	**60**	**30**	**30**
银川市	**31**	**17**	**15**	**20**	**11**	**9**	**25**	**16**	**9**	**25**	**9**	**15**
兴庆区	14	7	7	7	5	2	7	5	2	7	2	5
西夏区	6	3	3	1		1	3		3	6	1	4
金凤区	7	5	2	7	5	2	7	6	1	5	1	4
永宁县							1	1		1	1	
贺兰县	3	1	3	1		1	5	3	2	3	1	2
灵武市	1	1		4	1	2	2	1	1	4	2	1
石嘴山市	**4**	**2**	**2**	**5**	**2**	**3**	**11**	**3**	**8**	**8**	**5**	**3**
大武口区	4	2	2	1		1	4	1	3	2	2	
惠农区				2	1	1	2	1	2	3	2	2
平罗县				2	1	2	5	2	3	3	2	2
吴忠市	**12**	**5**	**7**	**8**	**5**	**3**	**14**	**4**	**9**	**13**	**11**	**3**
利通区	4		4	3	1	1	7	1	5	8	8	
红寺堡区							2		2	3	2	2
盐池县	1		1	1	1		2	1	1			
同心县	5	3	3	4	3	1	4	3	1	3	1	1
青铜峡市	2	2		1	1							
固原市	**7**	**3**	**3**	**8**	**5**	**3**	**6**	**1**	**5**	**5**	**2**	**2**
原州区	1		1	4	1	3	4		4			
西吉县	2	1	1	2	2	1	2		2	3	2	1
隆德县	1	1		1	1					1		1
泾源县	2	1	1				1	1				
彭阳县	1	1	1	1	1					1	1	
中卫市	**14**	**8**	**6**	**21**	**11**	**10**	**12**	**9**	**3**	**9**	**3**	**6**
沙坡头区	7	5	2	9	6	3	4	3	1	6	3	3
中宁县	4	2	3	9	4	4	5	4	1	2		2
海原县	3	1	1	3	1	2	2	1	1	1		1

1-7a 各地区分性别、月份的出生人口(2014.11.1-2015.10.31)(城市)

单位：人

地 区	出生人口			2014年11月			2014年12月		
	合计	男	女	合计	男	女	合计	男	女
全 区	**603**	**346**	**256**	**99**	**73**	**26**	**87**	**45**	**42**
银川市	**355**	**212**	**144**	**60**	**44**	**16**	**53**	**23**	**30**
兴庆区	176	114	62	34	27	7	30	11	18
西夏区	58	33	25	11	8	3	4	3	1
金凤区	91	48	43	11	6	5	15	6	9
永宁县									
贺兰县	4	2	2				1		1
灵武市	26	14	12	4	2	1	4	2	1
石嘴山市	**74**	**41**	**33**	**10**	**7**	**4**	**11**	**8**	**3**
大武口区	38	21	17	4	2	2	8	7	2
惠农区	36	19	17	7	5	2	2	2	1
平罗县									
吴忠市	**86**	**46**	**40**	**12**	**9**	**3**	**9**	**5**	**4**
利通区	49	26	23	8	5	3	4	4	
红寺堡区	20	11	8	3	3		2		2
盐池县									
同心县									
青铜峡市	17	9	9	1	1		3	1	2
固原市	**35**	**19**	**16**	**10**	**9**	**1**	**6**	**5**	**1**
原州区	35	19	16	10	9	1	6	5	1
西吉县									
隆德县									
泾源县									
彭阳县									
中卫市	**52**	**29**	**22**	**6**	**3**	**3**	**8**	**4**	**4**
沙坡头区	52	29	22	6	3	3	8	4	4
中宁县									
海原县									

1-7a 续表 1

单位：人

地 区	2015年01月			2015年02月			2015年03月		
	合计	男	女	合计	男	女	合计	男	女
全 区	**64**	**32**	**32**	**37**	**20**	**17**	**33**	**19**	**14**
银川市	**42**	**23**	**20**	**19**	**11**	**8**	**18**	**9**	**8**
兴庆区	18	11	7	11	7	5	14	9	5
西夏区	6		6	1	1		1		1
金凤区	16	10	6	4	1	2	2		2
永宁县									
贺兰县									
灵武市	2	1	1	2	1	1			
石嘴山市	**11**	**6**	**4**	**6**	**3**	**3**	**4**	**2**	**2**
大武口区	6	4	2	2	2		2	1	1
惠农区	5	2	2	4	1	3	2	1	1
平罗县									
吴忠市	**8**	**3**	**6**	**6**	**2**	**4**	**4**	**3**	**1**
利通区	4		4	3	1	1			
红寺堡区	3	2	2	2		2	3	3	
盐池县									
同心县									
青铜峡市	1	1		2	1	1	1		1
固原市				**3**	**1**	**1**	**3**		**3**
原州区				3	1	1	3		3
西吉县									
隆德县									
泾源县									
彭阳县									
中卫市	**3**	**1**	**2**	**3**	**3**		**5**	**5**	
沙坡头区	3	1	2	3	3		5	5	
中宁县									
海原县									

1-7a 续表 2

单位：人

地 区	2015年04月			2015年05月			2015年06月		
	合计	男	女	合计	男	女	合计	男	女
全 区	**49**	**28**	**21**	**35**	**20**	**15**	**53**	**32**	**21**
银川市	**23**	**14**	**9**	**25**	**18**	**8**	**36**	**26**	**10**
兴庆区	11	5	7	7	7		18	18	
西夏区	4	4		11	8	3	6	4	1
金凤区	6	4	2	5	2	2	9	2	6
永宁县									
贺兰县									
灵武市	1	1		2		2	4	1	2
石嘴山市	**9**	**5**	**3**	**2**		**2**	**5**	**3**	**3**
大武口区	3	2	1	2		2	3	1	2
惠农区	6	3	2				2	2	1
平罗县									
吴忠市	**11**	**8**	**3**	**4**	**1**	**3**	**8**	**2**	**6**
利通区	7	5	1	4	1	3	5	1	4
红寺堡区	2	2							
盐池县									
同心县									
青铜峡市	3	1	2				3	1	2
固原市	**3**		**3**	**1**	**1**		**1**	**1**	
原州区	3		3	1	1		1	1	
西吉县									
隆德县									
泾源县									
彭阳县									
中卫市	**3**	**1**	**2**	**3**		**3**	**2**		**2**
沙坡头区	3	1	2	3		3	2		2
中宁县									
海原县									

1−7a　续表 3

单位：人

地　区	2015年07月			2015年08月			2015年09月			2015年10月		
	合计	男	女	合计	男	女	合计	男	女	合计	男	女
全　区	**42**	**24**	**19**	**28**	**17**	**11**	**39**	**16**	**23**	**36**	**19**	**16**
银川市	**25**	**15**	**11**	**13**	**10**	**4**	**20**	**12**	**8**	**20**	**8**	**12**
兴庆区	14	7	7	5	5		7	5	2	7	2	5
西夏区	6	3	3	1		1	3		3	4	1	3
金凤区	6	5	1	6	4	2	7	6	1	4	1	2
永宁县												
贺兰县							2	2		2	1	1
灵武市				1	1		1		1	4	2	1
石嘴山市	**4**	**2**	**2**	**3**	**1**	**2**	**5**	**1**	**4**	**5**	**4**	**2**
大武口区	4	2	2	1			3		3	2	2	
惠农区				2	1	1	2	1	2	3	2	2
平罗县												
吴忠市	**5**	**2**	**3**	**1**	**1**		**8**	**1**	**7**	**8**	**7**	**2**
利通区	3		3	1	1		7	1	5	5	5	
红寺堡区							2		2	3	2	2
盐池县												
同心县												
青铜峡市	2	2										
固原市	**1**		**1**	**4**	**1**	**3**	**4**		**4**			
原州区	1		1	4	1	3	4		4			
西吉县												
隆德县												
泾源县												
彭阳县												
中卫市	**7**	**5**	**2**	**7**	**4**	**3**	**2**	**2**		**2**	**1**	**1**
沙坡头区	7	5	2	7	4	3	2	2		2	1	1
中宁县												
海原县												

1-7b 各地区分性别、月份的出生人口 (2014.11.1-2015.10.31)(镇)

单位：人

地 区	出生人口			2014年11月			2014年12月		
	合计	男	女	合计	男	女	合计	男	女
全 区	**473**	**255**	**218**	**70**	**40**	**30**	**73**	**40**	**33**
银川市	**109**	**62**	**48**	**14**	**8**	**5**	**22**	**10**	**12**
兴庆区	11	7	5				2		2
西夏区	8	4	4				4	3	1
金凤区	7	5	2						
永宁县	24	13	11	4	2	2	6	2	4
贺兰县	41	22	19	9	5	3	3	2	2
灵武市	17	11	6	1	1		6	4	2
石嘴山市	**43**	**18**	**24**	**6**	**4**	**2**	**2**	**2**	**1**
大武口区	4	2	2						
惠农区	3	2	2						
平罗县	36	15	21	6	4	2	2	2	1
吴忠市	**135**	**69**	**65**	**23**	**13**	**10**	**26**	**15**	**11**
利通区	14	7	8	1		1	3	1	1
红寺堡区									
盐池县	17	7	10	3	2	2	3	2	1
同心县	99	54	45	18	10	8	20	11	9
青铜峡市	4	2	2	1	1				
固原市	**83**	**47**	**36**	**12**	**6**	**6**	**12**	**5**	**7**
原州区	12	7	5				4	1	3
西吉县	20	11	9	2	1	2	2	1	2
隆德县	10	8	2	3	2	1			
泾源县	13	6	7	2	1	1	1	1	1
彭阳县	27	14	13	5	2	3	4	2	2
中卫市	**104**	**59**	**45**	**14**	**9**	**5**	**11**	**9**	**2**
沙坡头区	22	13	9	3	2	1	3	3	
中宁县	56	33	23	8	4	4	5	4	2
海原县	25	13	13	3	2	1	3	2	1

1-7b 续表 1

单位：人

地　区	2015年01月			2015年02月			2015年03月		
	合计	男	女	合计	男	女	合计	男	女
全　区	**48**	**25**	**24**	**51**	**28**	**23**	**42**	**22**	**20**
银川市	**13**	**10**	**3**	**13**	**9**	**4**	**8**	**6**	**2**
兴庆区	2	2		2	2		2	2	
西夏区							3	1	1
金凤区	1	1		1	1				
永宁县	4	2	2	2	1	1	3	2	1
贺兰县	3	3	1	6	3	3			
灵武市	2	2		1	1				
石嘴山市	**7**	**3**	**5**	**5**		**5**	**5**	**2**	**3**
大武口区	1	1		1		1	1		1
惠农区				1		1			
平罗县	6	2	5	3		3	4	2	2
吴忠市	**12**	**3**	**9**	**20**	**11**	**8**	**7**	**4**	**2**
利通区	1		1	1	1				
红寺堡区									
盐池县	1		1	3	1	2	2	1	1
同心县	10	3	8	14	9	5	5	4	1
青铜峡市				1		1			
固原市	**11**	**8**	**3**	**7**	**3**	**3**	**10**	**5**	**5**
原州区	1	1		1	1		4	1	3
西吉县	1	1		2	2	1	1	1	
隆德县	2	2					1	1	
泾源县	3	2	2	2	1	1	2	1	1
彭阳县	4	2	1	1		1	3	1	1
中卫市	**5**	**1**	**4**	**7**	**4**	**3**	**12**	**5**	**7**
沙坡头区	2		2	1		1	3	2	1
中宁县	2	1	1	3	3		6	3	4
海原县	1		1	4	1	2	3	1	2

1-7b 续表 2　　　　单位：人

地 区	2015年04月			2015年05月			2015年06月		
	合计	男	女	合计	男	女	合计	男	女
全 区	**24**	**16**	**8**	**30**	**19**	**11**	**22**	**10**	**12**
银川市	**10**	**7**	**2**	**4**	**2**	**2**	**4**	**1**	**4**
兴庆区									
西夏区									
金凤区	1	1							
永宁县	3	3		1		1	1		1
贺兰县	4	3	1	3	2	1	3	1	3
灵武市	1		1						
石嘴山市	**2**	**1**	**1**	**3**	**3**		**1**		**1**
大武口区									
惠农区				2	2		1		1
平罗县	2	1	1	2	2				
吴忠市	**5**	**3**	**3**	**11**	**5**	**6**	**7**	**3**	**4**
利通区	1	1		1		1			
红寺堡区									
盐池县							2		2
同心县	4	1	3	9	5	4	5	3	3
青铜峡市				1		1			
固原市	**3**	**3**	**1**	**5**	**4**	**1**	**4**	**2**	**2**
原州区				2	2				
西吉县	1	1		1	1		1		1
隆德县							2	2	
泾源县	1	1	1				1		1
彭阳县	1	1		2	1	1	1	1	1
中卫市	**5**	**3**	**2**	**7**	**5**	**2**	**6**	**4**	**2**
沙坡头区	2	1	1						
中宁县	3	2	1	4	3	2	4	4	1
海原县				2	2		1	1	1

1−7b 续表 3 单位：人

地 区	2015年07月			2015年08月			2015年09月			2015年10月		
	合计	男	女	合计	男	女	合计	男	女	合计	男	女
全 区	**26**	**11**	**14**	**34**	**17**	**17**	**28**	**17**	**12**	**25**	**11**	**14**
银川市	**6**	**2**	**4**	**7**	**1**	**6**	**6**	**4**	**2**	**4**	**1**	**3**
兴庆区				2		2						
西夏区										1		1
金凤区	1		1	1	1					1		1
永宁县							1	1		1	1	
贺兰县	3	1	3	1		1	3	2	2	1		1
灵武市	1	1		2		2	1	1				
石嘴山市				**2**	**1**	**2**	**6**	**3**	**3**	**3**	**2**	**2**
大武口区							1	1				
惠农区												
平罗县				2	1	2	5	2	3	3	2	2
吴忠市	**7**	**3**	**4**	**7**	**4**	**3**	**5**	**3**	**2**	**5**	**4**	**1**
利通区	1		1	1		1				3	3	
红寺堡区												
盐池县	1		1	1	1		2	1	1			
同心县	5	3	3	4	3	1	4	3	1	3	1	1
青铜峡市				1	1							
固原市	**6**	**3**	**2**	**5**	**4**	**1**	**2**	**1**	**2**	**5**	**2**	**2**
原州区												
西吉县	2	1	1	2	2	1	2		2	3	2	1
隆德县	1	1		1	1					1		1
泾源县	2	1	1				1	1				
彭阳县	1	1	1	1	1					1	1	
中卫市	**7**	**3**	**4**	**14**	**7**	**7**	**9**	**7**	**3**	**7**	**2**	**5**
沙坡头区				2	2		2	1	1	4	2	2
中宁县	4	2	3	9	4	4	5	4	1	2		2
海原县	3	1	1	3	1	2	2	1	1	1		1

1−7c 各地区分性别、月份的出生人口 (2014.11.1−2015.10.31)(乡村)

单位：人

地区	出生人口			2014年11月			2014年12月		
	合计	男	女	合计	男	女	合计	男	女
全 区	**1250**	**638**	**613**	**178**	**88**	**90**	**122**	**61**	**61**
银川市	**182**	**98**	**84**	**31**	**17**	**14**	**24**	**15**	**9**
兴庆区	20	11	8	6	3	3	4	4	
西夏区	14	8	6	3	1	2	1	1	
金凤区	30	19	10	1	1		4	1	3
永宁县	32	21	12	5	3	2	6	5	1
贺兰县	27	15	12	4	3	1	3	1	1
灵武市	59	23	36	12	6	6	6	2	4
石嘴山市	**62**	**31**	**32**	**7**	**6**	**1**	**4**	**1**	**3**
大武口区	7	3	4	1	1				
惠农区	6	4	3	1	1		1		1
平罗县	49	24	25	5	4	1	3	1	2
吴忠市	**307**	**157**	**150**	**37**	**16**	**21**	**29**	**11**	**18**
利通区	50	24	27	4	3	1	3		3
红寺堡区	48	27	22	6	2	4	8	3	4
盐池县	44	19	25	5	2	3	2		2
同心县	116	64	52	14	5	9	13	6	7
青铜峡市	48	24	24	8	5	4	4	2	1
固原市	**393**	**193**	**201**	**67**	**31**	**36**	**41**	**21**	**20**
原州区	130	65	65	24	13	11	14	8	6
西吉县	142	73	69	22	11	11	16	7	9
隆德县	39	16	23	7	2	5	2	1	1
泾源县	23	16	7	3	1	1	3	3	
彭阳县	60	23	37	11	3	8	6	2	4
中卫市	**306**	**159**	**147**	**36**	**18**	**18**	**24**	**13**	**11**
沙坡头区	58	29	29	4	3	2	3	2	1
中宁县	88	49	38	14	6	7	2	2	
海原县	160	81	79	18	9	9	19	9	10

1—7c 续表 1　　　　单位：人

地　区	2015年01月			2015年02月			2015年03月		
	合计	男	女	合计	男	女	合计	男	女
全　区	**128**	**63**	**65**	**100**	**48**	**52**	**90**	**41**	**49**
银川市	**15**	**7**	**8**	**16**	**7**	**8**	**12**	**5**	**7**
兴庆区				1	1		1		1
西夏区	2	1	1	1	1				
金凤区	6	5	1	6	3	4			
永宁县				1	1		5	3	2
贺兰县	3		3	3	1	1	1		1
灵武市	4	1	3	3		3	4	2	2
石嘴山市	**11**	**4**	**7**	**6**	**4**	**2**	**6**	**1**	**4**
大武口区	1		1				1		
惠农区	1	1		1		1	2	1	1
平罗县	10	4	6	5	4	1	3		3
吴忠市	**25**	**10**	**14**	**18**	**7**	**12**	**29**	**17**	**12**
利通区	6	1	4	3		3	1	1	
红寺堡区	4	3	1				6	3	3
盐池县	7	3	3	2		2	3	2	2
同心县	5	3	2	10	6	5	15	9	5
青铜峡市	4		4	4	1	2	4	1	2
固原市	**43**	**23**	**20**	**42**	**22**	**20**	**24**	**8**	**16**
原州区	13	8	5	14	4	11	11	2	8
西吉县	15	8	6	14	9	5	6	3	4
隆德县	7	2	4	7	5	2	2	1	1
泾源县	2	1	1	2	2		1	1	
彭阳县	7	3	4	5	3	2	5	2	3
中卫市	**35**	**19**	**16**	**19**	**9**	**10**	**20**	**10**	**10**
沙坡头区	7	4	3	7	3	4	5	2	3
中宁县	10	6	4	3	1	2	4	1	3
海原县	17	8	9	9	5	4	10	7	3

1−7c 续表 2

单位：人

地 区	2015年04月			2015年05月			2015年06月		
	合计	男	女	合计	男	女	合计	男	女
全 区	**88**	**44**	**44**	**89**	**51**	**38**	**77**	**43**	**34**
银川市	**13**	**5**	**9**	**11**	**7**	**4**	**8**	**7**	**1**
兴庆区									
西夏区	2	1	1						
金凤区	4	3	1	1	1		3	3	
永宁县	2	1	1	3	2	1	3	3	
贺兰县	1		1	1	1				
灵武市	4		4	5	2	3	2	1	1
石嘴山市	**5**	**2**	**3**	**8**	**4**	**3**	**4**	**3**	**1**
大武口区	1								
惠农区	1	1		1		1			
平罗县	4	1	3	7	4	3	4	3	1
吴忠市	**29**	**14**	**15**	**18**	**9**	**9**	**24**	**14**	**9**
利通区	3		3				3	3	
红寺堡区	5	4	1	3	3	1	5	2	3
盐池县	3	2	2	2		2	3		3
同心县	12	6	5	9	3	6	11	8	3
青铜峡市	6	2	4	4	4		1	1	
固原市	**16**	**11**	**6**	**25**	**13**	**12**	**21**	**10**	**11**
原州区	7	5	2	4	2	1	2		2
西吉县	5	3	2	14	7	6	13	8	5
隆德县	1	1		2		2	4	2	2
泾源县	3	3		1	1		1	1	
彭阳县	1		1	5	3	2	1		1
中卫市	**24**	**12**	**12**	**28**	**18**	**10**	**21**	**8**	**12**
沙坡头区	4	3	2	5	3	3	4		4
中宁县	5	3	2	11	8	3	3	2	1
海原县	14	6	8	11	7	4	13	6	7

1-7c 续表 3　　单位：人

地　区	2015年07月			2015年08月			2015年09月			2015年10月		
	合计	男	女	合计	男	女	合计	男	女	合计	男	女
全　区	**96**	**53**	**43**	**94**	**53**	**40**	**93**	**44**	**49**	**95**	**48**	**47**
银川市	**12**	**6**	**6**	**16**	**8**	**8**	**12**	**8**	**4**	**13**	**7**	**6**
兴庆区	1		1	6	3	3						
西夏区	1	1		2	2		2	1	1	1		1
金凤区							1	1		3	1	1
永宁县				3	1	2	2		2	1	1	
贺兰县	5	4	1	1		1	1	1		3	3	
灵武市	4	1	3	4	2	2	5	4	1	6	2	4
石嘴山市	**4**	**1**	**3**	**4**	**3**	**1**	**2**	**2**		**2**		**2**
大武口区				1	1							
惠农区							1	1				
平罗县	4	1	3	3	2	1	1	1		2		2
吴忠市	**31**	**21**	**10**	**21**	**13**	**9**	**17**	**8**	**8**	**29**	**16**	**12**
利通区	9	6	3	4	3	1	1		1	12	6	6
红寺堡区	3	2	1	4	2	2	3	2	1	3	2	1
盐池县	9	5	3	2		2	3	2	2	3	3	
同心县	6	6	1	9	6	3	6	4	3	6	3	3
青铜峡市	5	2	2	2	1	1	2	1	1	5	2	2
固原市	**25**	**15**	**9**	**23**	**12**	**12**	**34**	**13**	**22**	**32**	**14**	**17**
原州区	6	4	2	10	8	1	8	5	4	16	5	11
西吉县	8	5	3	6	1	5	16	5	11	7	5	3
隆德县	2	1	2				6	1	5	1	1	
泾源县	2	1	1	2	1	1	2	2		3	3	
彭阳县	7	5	2	6	2	4	2		2	5	2	3
中卫市	**24**	**10**	**14**	**29**	**19**	**10**	**29**	**14**	**15**	**19**	**10**	**9**
沙坡头区	5	3	3	5	4	1	6	3	3	3	2	1
中宁县	7	3	4	13	7	5	8	3	5	6	5	1
海原县	11	4	7	11	7	4	14	8	6	10	3	7

1−8 各地区分性别、月份的死亡人口
(2014.11.1−2015.10.31)

单位：人

地 区	死亡人口			2014年11月			2014年12月		
	合计	男	女	合计	男	女	合计	男	女
全 区	**760**	**461**	**298**	**55**	**33**	**23**	**66**	**35**	**32**
银川市	**200**	**127**	**74**	**10**	**8**	**2**	**18**	**9**	**10**
兴庆区	56	36	21	2	2		8	4	4
西夏区	37	21	16	2	2		1		1
金凤区	19	12	7	1		1	1	1	
永宁县	31	20	10	2	1	1	3	1	2
贺兰县	29	19	10	1	1		2	1	1
灵武市	29	18	11	1	1		3	2	1
石嘴山市	**96**	**52**	**44**	**10**	**4**	**6**	**5**	**2**	**3**
大武口区	38	20	18	6	2	4	2	1	1
惠农区	23	13	10	1	1	1	1	1	1
平罗县	34	19	15	2	1	1	2		2
吴忠市	**165**	**96**	**70**	**11**	**5**	**6**	**24**	**12**	**11**
利通区	45	25	20	3		3	6	2	3
红寺堡区	18	11	7	1	1				
盐池县	35	19	15				5	2	4
同心县	40	22	18	6	3	3	8	6	2
青铜峡市	28	19	9	1	1		5	3	3
固原市	**154**	**97**	**58**	**16**	**12**	**5**	**7**	**4**	**3**
原州区	50	30	20	7	6	1	3	1	1
西吉县	45	30	15	4	1	3	3	2	1
隆德县	21	15	6	1	1		1		1
泾源县	12	5	7	1		1	1	1	
彭阳县	25	16	9	4	4				
中卫市	**144**	**90**	**53**	**8**	**4**	**4**	**12**	**8**	**4**
沙坡头区	60	39	21	2	2		4	4	1
中宁县	46	24	22	3	1	2	7	3	3
海原县	38	27	10	3	1	2	1	1	

1−8 续表 1

单位：人

地　区	2015年01月			2015年02月			2015年03月		
	合计	男	女	合计	男	女	合计	男	女
全　区	**50**	**37**	**13**	**48**	**25**	**23**	**68**	**37**	**31**
银川市	**15**	**11**	**4**	**20**	**12**	**7**	**18**	**10**	**8**
兴庆区	6	4	2	6	2	4	8	6	2
西夏区	1	1		4	2	1	1	1	
金凤区	3	2	1	2	2		1	1	
永宁县	2	2		1	1		2		2
贺兰县	1		1	6	4	2	1		1
灵武市	2	2		1	1		4	2	2
石嘴山市	**8**	**6**	**2**	**1**		**1**	**19**	**10**	**10**
大武口区	3	2	1				5	2	2
惠农区	1	1					7	4	3
平罗县	3	2	1	1		1	8	3	4
吴忠市	**6**	**5**	**1**	**12**	**5**	**7**	**11**	**7**	**4**
利通区	3	3		2		2	4	3	1
红寺堡区	1	1		1	1		4	2	2
盐池县				5		4			
同心县				4	3	1	2	1	1
青铜峡市	1		1	1	1		1	1	
固原市	**12**	**9**	**3**	**6**	**2**	**4**	**7**	**5**	**2**
原州区	3	1	1	1	1		1	1	
西吉县	5	5		3	1	2	2	2	
隆德县	2	1	1				2	2	1
泾源县	1		1	1		1			
彭阳县	2	2		1		1	1		1
中卫市	**9**	**6**	**3**	**9**	**5**	**4**	**13**	**6**	**8**
沙坡头区	4	3	2	4	3	1	5	2	4
中宁县	1	1		3	1	2	7	3	4
海原县	3	2	1	2	1	1	1	1	

1-8 续表 2

单位：人

地 区	2015年04月			2015年05月			2015年06月		
	合计	男	女	合计	男	女	合计	男	女
全 区	**62**	**39**	**23**	**68**	**48**	**20**	**72**	**44**	**28**
银川市	**11**	**6**	**5**	**13**	**10**	**3**	**21**	**12**	**8**
兴庆区	2	2		3	2	1	7	5	2
西夏区	4	1	2	5	4	1	4	2	1
金凤区				2	2		2	2	
永宁县	4	3	1	2	2		1	1	
贺兰县	1		1				1		1
灵武市							5	1	4
石嘴山市	**12**	**7**	**5**	**9**	**5**	**4**	**4**	**2**	**2**
大武口区	5	3	2	2	1	2			
惠农区	4	3	1	4	2	1	1		1
平罗县	2	1	2	3	2	1	3	2	1
吴忠市	**14**	**11**	**3**	**15**	**11**	**4**	**17**	**8**	**8**
利通区	4	3	1	7	3	3	4		4
红寺堡区	1		1	1	1		2	2	
盐池县	2	2		4	4		6	4	2
同心县	2	2		1	1		3	1	2
青铜峡市	4	4		3	2	1	1	1	
固原市	**16**	**11**	**5**	**18**	**12**	**6**	**16**	**9**	**7**
原州区	5	2	2	6	4	3	4	3	1
西吉县	4	4		4	4		6	3	3
隆德县	3	3	1	2	2	1	2	2	
泾源县	1		1	1	1		2		1
彭阳县	3	2	1	5	2	2	3	1	2
中卫市	**10**	**5**	**5**	**12**	**10**	**3**	**15**	**12**	**3**
沙坡头区	5	2	4	6	4	2	5	5	
中宁县	1		1	3	3	1	5	3	2
海原县	4	3	1	3	3		5	4	1

1-8 续表 3

单位：人

地区	2015年07月			2015年08月			2015年09月			2015年10月		
	合计	男	女	合计	男	女	合计	男	女	合计	男	女
全　区	**67**	**40**	**27**	**69**	**44**	**25**	**63**	**35**	**28**	**71**	**43**	**28**
银川市	**17**	**12**	**5**	**16**	**10**	**6**	**19**	**10**	**8**	**22**	**15**	**8**
兴庆区	4	2	2	3	1	1	3	1	2	3	3	
西夏区	2	1	1	4	1	2	4	2	1	6	2	4
金凤区	1		1				1		1	3	1	2
永宁县	4	3	1	3	3		3	1	2	3	2	1
贺兰县	6	6		2	1	1	4	4		2	1	1
灵武市				4	3	1	3	1	2	4	4	
石嘴山市	**9**	**6**	**2**	**6**	**2**	**4**	**5**	**3**	**1**	**8**	**4**	**4**
大武口区	4	3	2	2		2	2	2		4	1	3
惠农区	1		1	1		1	1	1	1	1	1	1
平罗县	3	3		3	2	1	1		1	2	2	
吴忠市	**13**	**6**	**7**	**14**	**8**	**6**	**10**	**6**	**5**	**19**	**11**	**8**
利通区	5	3	1	3	2	1				6	6	
红寺堡区	3	3	1	1		1				2	1	1
盐池县	2		2	5	4	2	3	2		2		2
同心县	3		3	2	2		5	2	3	4	1	3
青铜峡市				2	1	1	3	1	1	5	3	2
固原市	**9**	**3**	**6**	**19**	**13**	**6**	**18**	**9**	**9**	**11**	**9**	**2**
原州区	1		1	7	5	3	9	2	6	4	4	
西吉县	4	2	2	5	3	2	4	3	2	3	2	1
隆德县	2	1	1	3	2	1	1	1		3	2	1
泾源县	1		1	3	2	1	1		1	2	1	1
彭阳县	1		1	2	2		4	3	1	1	1	
中卫市	**20**	**13**	**7**	**14**	**11**	**3**	**11**	**7**	**4**	**10**	**4**	**6**
沙坡头区	7	5	2	5	4	1	7	4	3	4	1	3
中宁县	5	4	2	5	3	2	3	1	2	3	1	2
海原县	8	4	3	3	3		2	2		3	2	1

1-8ab 各地区分性别、月份的死亡人口 (2014.11.1-2015.10.31)(城镇)

单位：人

地 区	死亡人口			2014年11月			2014年12月		
	合计	男	女	合计	男	女	合计	男	女
全 区	**330**	**198**	**132**	**25**	**15**	**9**	**27**	**14**	**13**
银川市	**129**	**82**	**47**	**6**	**5**	**1**	**16**	**9**	**7**
兴庆区	47	30	18	2	2		8	4	4
西夏区	36	20	16	1	1		1		1
金凤区	16	11	5	1		1	1	1	
永宁县	6	5	2				2	1	1
贺兰县	11	6	5	1	1		2	1	1
灵武市	12	11	1				2	2	
石嘴山市	**65**	**35**	**30**	**9**	**4**	**4**	**3**	**1**	**2**
大武口区	36	18	18	6	2	4	2	1	1
惠农区	17	10	7	1	1		1		1
平罗县	12	7	5	1	1		1		1
吴忠市	**57**	**32**	**25**	**4**		**3**	**6**	**2**	**3**
利通区	29	16	14	1		1	6	2	3
红寺堡区	7	4	3						
盐池县	4	3	1						
同心县	10	4	5	2		2			
青铜峡市	7	5	2						
固原市	**31**	**18**	**13**	**5**	**4**	**1**			
原州区	12	9	3	3	2	1			
西吉县	5	2	3						
隆德县	4	2	2	1	1				
泾源县	2	1	1						
彭阳县	8	4	4	1	1				
中卫市	**49**	**32**	**17**	**1**	**1**		**3**	**3**	
沙坡头区	26	17	10	1	1		3	3	
中宁县	14	7	7						
海原县	9	8	1	1	1				

1-8ab 续表 1 单位：人

地 区	2015年01月			2015年02月			2015年03月		
	合计	男	女	合计	男	女	合计	男	女
全 区	**26**	**20**	**5**	**20**	**12**	**8**	**34**	**21**	**13**
银川市	**13**	**10**	**3**	**13**	**7**	**6**	**12**	**9**	**3**
兴庆区	6	4	2	6	2	4	8	6	2
西夏区	1	1		4	2	1	1	1	
金凤区	2	2		2	2		1	1	
永宁县	1	1							
贺兰县	1		1	1	1	1			
灵武市	2	2					2	1	1
石嘴山市	**5**	**4**	**1**				**10**	**5**	**5**
大武口区	3	2	1				5	2	2
惠农区	1	1					4	2	1
平罗县							1		1
吴忠市	**2**	**2**		**2**	**2**		**7**	**5**	**3**
利通区	1	1					2	1	1
红寺堡区							3	1	1
盐池县				1					
同心县				1	1		1	1	
青铜峡市							1	1	
固原市	**3**	**3**		**1**	**1**		**1**		**1**
原州区				1	1				
西吉县	1	1							
隆德县	1	1					1		1
泾源县									
彭阳县									
中卫市	**4**	**2**	**2**	**3**	**2**	**1**	**4**	**3**	**2**
沙坡头区	3	1	2	3	2	1	1		1
中宁县							2	2	1
海原县	1	1		1		1	1	1	

1-8ab 续表 2 单位：人

地 区	2015年04月			2015年05月			2015年06月		
	合计	男	女	合计	男	女	合计	男	女
全 区	**28**	**14**	**14**	**34**	**22**	**12**	**21**	**13**	**8**
银川市	**6**	**4**	**2**	**9**	**8**	**1**	**11**	**7**	**4**
兴庆区	2	2		2	2		6	4	2
西夏区	4	1	2	5	4	1	4	2	1
金凤区				2	2		1	1	
永宁县	1	1							
贺兰县							1		1
灵武市									
石嘴山市	**11**	**7**	**4**	**7**	**4**	**3**			
大武口区	5	3	2	2	1	2			
惠农区	4	3	1	4	2	1			
平罗县	1	1	1	1	1				
吴忠市	**4**	**2**	**3**	**9**	**4**	**4**	**4**	**2**	**2**
利通区	1		1	7	3	3	1		1
红寺堡区	1		1				1	1	
盐池县									
同心县	1	1					1		1
青铜峡市				2	1	1			
固原市	**3**	**1**	**2**	**2**	**1**	**2**	**2**		**1**
原州区	2	1	1						
西吉县									
隆德县	1		1	1		1			
泾源县									
彭阳县				1	1	1	1		1
中卫市	**4**	**1**	**3**	**6**	**5**	**2**	**4**	**3**	**1**
沙坡头区	3		3	4	3	1	1	1	
中宁县	1		1	2	2	1	2	1	1
海原县	1	1		1	1		2	2	

1-8ab 续表 3 单位：人

地区	2015年07月			2015年08月			2015年09月			2015年10月		
	合计	男	女	合计	男	女	合计	男	女	合计	男	女
全　区	**32**	**17**	**15**	**24**	**16**	**8**	**25**	**13**	**12**	**34**	**20**	**14**
银川市	**9**	**5**	**4**	**9**	**6**	**3**	**9**	**3**	**5**	**16**	**9**	**6**
兴庆区	4	2	2				2		2	2	2	
西夏区	2	1	1	4	1	2	4	2	1	6	2	4
金凤区	1		1				1		1	3	1	2
永宁县	2	2		1	1		1		1			
贺兰县				2	1	1				2	1	1
灵武市				2	2		1	1		2	2	
石嘴山市	**6**	**4**	**2**	**4**	**1**	**4**	**5**	**3**	**1**	**6**	**2**	**4**
大武口区	4	2	2	2		2	2	2		4	1	3
惠农区	1		1				1	1	1	1		1
平罗县	1	1		2	1	1	1		1	1	1	
吴忠市	**7**	**5**	**2**	**3**	**2**	**1**	**1**			**8**	**6**	**2**
利通区	5	3	1	1		1				5	5	
红寺堡区	1	1										
盐池县							1					
同心县	1		1	1	1					1		1
青铜峡市				1	1					3	2	1
固原市	**3**	**1**	**3**	**3**	**3**		**5**	**3**	**2**	**2**	**2**	**1**
原州区				2	2		2	1	1	1	1	
西吉县	2	1	1				1	1	1	1		1
隆德县												
泾源县												
彭阳县	1		1				2	1	1	1	1	
中卫市	**7**	**3**	**3**	**5**	**5**		**6**	**3**	**2**	**2**	**1**	**1**
沙坡头区	4	2	2	2	2		4	3	1	1	1	
中宁县	3	2	2	2	2		2		2	1		1
海原县				1	1		1	1				

1-8a 各地区分性别、月份的死亡人口 (2014.11.1-2015.10.31)(城市)

单位：人

地 区	死亡人口			2014年11月			2014年12月		
	合计	男	女	合计	男	女	合计	男	女
全 区	**209**	**124**	**85**	**16**	**8**	**7**	**19**	**10**	**9**
银川市	**96**	**60**	**36**	**4**	**3**	**1**	**11**	**6**	**5**
兴庆区	40	26	14	2	2		8	4	4
西夏区	33	18	16	1	1		1		1
金凤区	15	10	5	1		1	1	1	
永宁县									
贺兰县	1	1							
灵武市	8	6	1				1	1	
石嘴山市	**52**	**27**	**25**	**7**	**3**	**4**	**2**	**1**	**1**
大武口区	36	18	18	6	2	4	2	1	1
惠农区	16	9	6	1	1				
平罗县									
吴忠市	**32**	**17**	**15**	**1**		**1**	**5**	**1**	**3**
利通区	26	12	14	1		1	5	1	3
红寺堡区	4	3	1						
盐池县									
同心县									
青铜峡市	2	2							
固原市	**9**	**7**	**2**	**3**	**2**	**1**			
原州区	9	7	2	3	2	1			
西吉县									
隆德县									
泾源县									
彭阳县									
中卫市	**20**	**13**	**7**				**2**	**2**	
沙坡头区	20	13	7				2	2	
中宁县									
海原县									

1-8a 续表 1 单位：人

地 区	2015年01月			2015年02月			2015年03月		
	合计	男	女	合计	男	女	合计	男	女
全 区	**15**	**11**	**4**	**15**	**9**	**6**	**20**	**9**	**10**
银川市	**7**	**5**	**2**	**12**	**6**	**5**	**7**	**4**	**3**
兴庆区	4	2	2	6	2	4	6	4	2
西夏区	1	1		4	2	1			
金凤区	2	2		2	2				
永宁县									
贺兰县									
灵武市							1		1
石嘴山市	**5**	**4**	**1**				**8**	**5**	**4**
大武口区	3	2	1				5	2	2
惠农区	1	1					4	2	1
平罗县									
吴忠市	**1**	**1**					**3**	**1**	**3**
利通区	1	1					1		1
红寺堡区							1		1
盐池县									
同心县									
青铜峡市							1	1	
固原市				**1**	**1**				
原州区				1	1				
西吉县									
隆德县									
泾源县									
彭阳县									
中卫市	**2**	**1**	**1**	**3**	**2**	**1**	**1**		**1**
沙坡头区	2	1	1	3	2	1	1		1
中宁县									
海原县									

1-8a 续表 2 单位：人

地 区	2015年04月			2015年05月			2015年06月		
	合计	男	女	合计	男	女	合计	男	女
全 区	**18**	**9**	**9**	**23**	**15**	**8**	**12**	**10**	**2**
银川市	**6**	**3**	**2**	**9**	**8**	**1**	**9**	**7**	**1**
兴庆区	2	2		2	2		4	4	
西夏区	4	1	2	5	4	1	4	2	1
金凤区				2	2		1	1	
永宁县									
贺兰县									
灵武市									
石嘴山市	**9**	**6**	**3**	**5**	**2**	**3**			
大武口区	5	3	2	2	1	2			
惠农区	4	3	1	3	1	1			
平罗县									
吴忠市	**1**		**1**	**7**	**3**	**3**	**3**	**1**	**1**
利通区	1		1	7	3	3	1		1
红寺堡区							1	1	
盐池县									
同心县									
青铜峡市									
固原市									
原州区									
西吉县									
隆德县									
泾源县									
彭阳县									
中卫市	**3**		**3**	**2**	**2**		**1**	**1**	
沙坡头区	3		3	2	2		1	1	
中宁县									
海原县									

1-8a 续表 3 单位：人

地 区	2015年07月			2015年08月			2015年09月			2015年10月		
	合计	男	女	合计	男	女	合计	男	女	合计	男	女
全 区	**18**	**11**	**7**	**13**	**7**	**6**	**16**	**9**	**7**	**24**	**14**	**10**
银川市	**4**	**2**	**2**	**6**	**3**	**2**	**8**	**3**	**4**	**14**	**8**	**6**
兴庆区	2	2					2		2	2	2	
西夏区	1		1	4	1	2	4	2	1	6	2	4
金凤区	1		1				1		1	3	1	2
永宁县												
贺兰县										1	1	
灵武市				2	2		1	1		2	2	
石嘴山市	**5**	**2**	**2**	**2**		**2**	**4**	**3**	**1**	**5**	**1**	**4**
大武口区	4	2	2	2		2	2	2		4	1	3
惠农区	1		1				1	1	1	1		1
平罗县												
吴忠市	**6**	**5**	**1**	**2**	**1**	**1**				**3**	**3**	
利通区	5	3	1	1		1				3	3	
红寺堡区	1	1										
盐池县												
同心县												
青铜峡市				1	1							
固原市				**1**	**1**		**2**	**1**	**1**	**1**	**1**	
原州区				1	1		2	1	1	1	1	
西吉县												
隆德县												
泾源县												
彭阳县												
中卫市	**3**	**2**	**1**	**2**	**2**		**3**	**2**	**1**	**1**	**1**	
沙坡头区	3	2	1	2	2		3	2	1	1	1	
中宁县												
海原县												

1-8b 各地区分性别、月份的死亡人口 (2014.11.1-2015.10.31)(镇)

单位：人

地　区	死亡人口			2014年11月			2014年12月		
	合计	男	女	合计	男	女	合计	男	女
全　区	**121**	**74**	**47**	**9**	**7**	**2**	**8**	**5**	**4**
银川市	**33**	**22**	**11**	**1**	**1**		**5**	**3**	**2**
兴庆区	8	4	4						
西夏区	2	2							
金凤区	1	1							
永宁县	6	5	2				2	1	1
贺兰县	10	5	5	1	1		2	1	1
灵武市	4	4					1	1	
石嘴山市	**13**	**8**	**5**	**1**	**1**		**1**		**1**
大武口区									
惠农区	1	1	1				1		1
平罗县	12	7	5	1	1		1		1
吴忠市	**25**	**15**	**10**	**3**		**2**	**1**	**1**	
利通区	3	3					1	1	
红寺堡区	3	1	1						
盐池县	4	3	1						
同心县	10	4	5	2		2			
青铜峡市	5	3	2						
固原市	**22**	**12**	**11**	**2**	**2**				
原州区	3	2	1						
西吉县	5	2	3						
隆德县	4	2	2	1	1				
泾源县	2	1	1						
彭阳县	8	4	4	1	1				
中卫市	**29**	**18**	**10**	**1**	**1**		**1**	**1**	
沙坡头区	6	4	3	1	1		1	1	
中宁县	14	7	7						
海原县	9	8	1	1	1				

1-8b　续表 1　　　　　　　　　　　　　　　　　　　　　　　　单位：人

地　区	2015年01月			2015年02月			2015年03月		
	合计	男	女	合计	男	女	合计	男	女
全　区	**11**	**9**	**2**	**4**	**2**	**2**	**15**	**12**	**3**
银川市	**6**	**5**	**1**	**1**	**1**	**1**	**5**	**5**	
兴庆区	2	2					2	2	
西夏区							1	1	
金凤区							1	1	
永宁县	1	1							
贺兰县	1		1	1	1	1			
灵武市	2	2					1	1	
石嘴山市							**1**		**1**
大武口区									
惠农区									
平罗县							1		1
吴忠市				**2**	**2**		**4**	**4**	
利通区							1	1	
红寺堡区							1	1	
盐池县				1					
同心县				1	1		1	1	
青铜峡市									
固原市	**3**	**3**					**1**		**1**
原州区									
西吉县	1	1							
隆德县	1	1					1		1
泾源县									
彭阳县									
中卫市	**2**	**1**	**1**	**1**		**1**	**4**	**3**	**1**
沙坡头区	1		1						
中宁县							2	2	1
海原县	1	1		1		1	1	1	

1-8b 续表 2

单位：人

地　区	2015年04月			2015年05月			2015年06月		
	合计	男	女	合计	男	女	合计	男	女
全　区	**10**	**5**	**5**	**11**	**7**	**4**	**9**	**4**	**6**
银川市	**1**	**1**					**3**		**3**
兴庆区							2		2
西夏区									
金凤区									
永宁县	1	1							
贺兰县							1		1
灵武市									
石嘴山市	**1**	**1**	**1**	**2**	**2**				
大武口区									
惠农区				1	1				
平罗县	1	1	1	1	1				
吴忠市	**3**	**2**	**1**	**2**	**1**	**1**	**2**		**1**
利通区									
红寺堡区	1		1						
盐池县									
同心县	1	1					1		1
青铜峡市				2	1	1			
固原市	**3**	**1**	**2**	**2**	**1**	**2**	**2**		**1**
原州区	2	1	1						
西吉县									
隆德县	1		1	1		1			
泾源县									
彭阳县				1	1	1	1		1
中卫市	**1**	**1**	**1**	**5**	**3**	**2**	**3**	**3**	**1**
沙坡头区				2	1	1			
中宁县	1		1	2	2	1	2	1	1
海原县	1	1		1	1		2	2	

1-8b 续表 3

单位：人

地区	2015年07月			2015年08月			2015年09月			2015年10月		
	合计	男	女	合计	男	女	合计	男	女	合计	男	女
全　区	**15**	**6**	**8**	**10**	**8**	**2**	**9**	**4**	**5**	**10**	**6**	**4**
银川市	**5**	**3**	**2**	**3**	**2**	**1**	**1**		**1**	**1**	**1**	**1**
兴庆区	2		2									
西夏区	1	1										
金凤区												
永宁县	2	2		1	1		1		1			
贺兰县				2	1	1				1	1	1
灵武市												
石嘴山市	**1**	**1**		**2**	**1**	**1**	**1**		**1**	**1**	**1**	
大武口区												
惠农区												
平罗县	1	1		2	1	1	1		1	1	1	
吴忠市	**1**		**1**	**1**	**1**		**1**			**5**	**3**	**2**
利通区										1	1	
红寺堡区												
盐池县							1					
同心县	1		1	1	1					1		1
青铜峡市										3	2	1
固原市	**3**	**1**	**3**	**2**	**2**		**3**	**2**	**1**	**1**	**1**	**1**
原州区				1	1							
西吉县	2	1	1				1	1	1	1		1
隆德县												
泾源县												
彭阳县	1		1				2	1	1	1	1	
中卫市	**4**	**2**	**2**	**3**	**3**		**3**	**1**	**2**	**1**		**1**
沙坡头区	1		1				1	1				
中宁县	3	2	2	2	2		2		2	1		1
海原县				1	1		1	1				

1-8c 各地区分性别、月份的死亡人口(2014.11.1-2015.10.31)(乡村)

单位：人

地　区	死亡人口			2014年11月			2014年12月		
	合计	男	女	合计	男	女	合计	男	女
全　区	**429**	**263**	**166**	**31**	**17**	**13**	**39**	**20**	**19**
银川市	**72**	**44**	**27**	**4**	**3**	**1**	**2**		**2**
兴庆区	9	6	3						
西夏区	1	1		1	1				
金凤区	3	1	1						
永宁县	24	16	9	2	1	1	1		1
贺兰县	17	13	4						
灵武市	17	7	10	1	1		1		1
石嘴山市	**31**	**17**	**13**	**2**		**2**	**2**	**1**	**1**
大武口区	2	2							
惠农区	6	3	3	1		1	1	1	
平罗县	23	12	10	1		1	1		1
吴忠市	**109**	**64**	**45**	**7**	**5**	**3**	**18**	**10**	**8**
利通区	16	9	6	2		2			
红寺堡区	11	7	4	1	1				
盐池县	31	16	14				5	2	4
同心县	30	18	13	4	3	1	8	6	2
青铜峡市	22	14	8	1	1		5	3	3
固原市	**123**	**79**	**45**	**11**	**7**	**3**	**7**	**4**	**3**
原州区	38	22	17	4	4		3	1	1
西吉县	40	28	13	4	1	3	3	2	1
隆德县	17	13	4				1		1
泾源县	10	4	6	1		1	1	1	
彭阳县	18	12	5	3	3				
中卫市	**95**	**59**	**36**	**6**	**2**	**4**	**10**	**5**	**4**
沙坡头区	34	23	11	1	1		2	1	1
中宁县	32	17	15	3	1	2	7	3	3
海原县	29	19	10	2		2	1	1	

1-8c 续表 1 单位：人

地 区	2015年01月			2015年02月			2015年03月		
	合计	男	女	合计	男	女	合计	男	女
全 区	**24**	**17**	**7**	**28**	**14**	**15**	**34**	**16**	**18**
银川市	**2**	**1**	**1**	**7**	**5**	**1**	**6**	**1**	**5**
兴庆区									
西夏区									
金凤区	1		1						
永宁县	1	1		1	1		2		2
贺兰县				4	3	1	1		1
灵武市				1	1		2	1	1
石嘴山市	**3**	**2**	**1**	**1**		**1**	**9**	**5**	**4**
大武口区									
惠农区							3	2	1
平罗县	3	2	1	1		1	6	3	3
吴忠市	**4**	**3**	**1**	**10**	**4**	**6**	**4**	**2**	**2**
利通区	2	2		2		2	2	2	
红寺堡区	1	1		1	1		1	1	1
盐池县				4		4			
同心县				3	2	1	1		1
青铜峡市	1		1	1	1				
固原市	**10**	**7**	**3**	**5**	**1**	**4**	**6**	**5**	**1**
原州区	3	1	1				1	1	
西吉县	4	4		3	1	2	2	2	
隆德县	1		1				2	2	
泾源县	1		1	1		1			
彭阳县	2	2		1		1	1		1
中卫市	**5**	**4**	**1**	**5**	**3**	**2**	**9**	**3**	**6**
沙坡头区	2	2		1	1		5	2	3
中宁县	1	1		3	1	2	4	1	3
海原县	2	1	1	1	1				

1-8c 续表 2 单位：人

地 区	2015年04月			2015年05月			2015年06月		
	合计	男	女	合计	男	女	合计	男	女
全 区	**34**	**25**	**8**	**34**	**27**	**8**	**51**	**31**	**20**
银川市	**5**	**2**	**3**	**4**	**2**	**1**	**9**	**5**	**4**
兴庆区				1		1	1	1	
西夏区									
金凤区							1	1	
永宁县	3	2	1	2	2		1	1	
贺兰县	1		1						
灵武市							5	1	4
石嘴山市	**1**		**1**	**2**	**1**	**1**	**4**	**2**	**2**
大武口区									
惠农区							1		1
平罗县	1		1	2	1	1	3	2	1
吴忠市	**10**	**10**		**7**	**7**		**12**	**7**	**6**
利通区	3	3					3		3
红寺堡区				1	1		1	1	
盐池县	2	2		4	4		5	4	2
同心县	1	1		1	1		2	1	1
青铜峡市	4	4		1	1		1	1	
固原市	**12**	**9**	**3**	**16**	**12**	**4**	**14**	**8**	**6**
原州区	3	1	1	6	4	3	4	3	1
西吉县	4	4		4	4		6	3	3
隆德县	3	3		2	2		2	2	
泾源县	1		1	1	1		1		1
彭阳县	3	2	1	4	2	2	2	1	1
中卫市	**6**	**4**	**2**	**6**	**5**	**1**	**11**	**9**	**2**
沙坡头区	3	2	1	3	2	1	5	5	
中宁县				1	1		3	2	1
海原县	3	2	1	2	2		3	2	1

1-8c 续表 3

单位：人

地 区	2015年07月			2015年08月			2015年09月			2015年10月		
	合计	男	女	合计	男	女	合计	男	女	合计	男	女
全 区	**35**	**23**	**12**	**45**	**28**	**17**	**38**	**22**	**16**	**37**	**23**	**14**
银川市	**8**	**7**	**1**	**7**	**5**	**3**	**10**	**7**	**3**	**7**	**6**	**1**
兴庆区				3	1	1	1	1		1	1	
西夏区												
金凤区												
永宁县	2	1	1	2	2		2	1	1	3	2	1
贺兰县	6	6					4	4				
灵武市				2	1	1	2		2	2	2	
石嘴山市	**3**	**3**		**2**	**1**	**1**				**2**	**2**	
大武口区												
惠农区				1		1				1	1	
平罗县	2	2		1	1					1	1	
吴忠市	**6**	**1**	**4**	**11**	**6**	**4**	**9**	**5**	**4**	**11**	**4**	**6**
利通区				2	2					2	2	
红寺堡区	2	1	1	1		1				2	1	1
盐池县	2		2	5	4	2	2	2		2		2
同心县	2		2	1	1		5	2	3	3	1	2
青铜峡市				1		1	3	1	1	3	1	1
固原市	**5**	**2**	**4**	**16**	**11**	**6**	**12**	**6**	**7**	**9**	**7**	**1**
原州区	1		1	5	3	3	6	1	5	3	3	
西吉县	2	1	1	5	3	2	3	2	1	2	2	
隆德县	2	1	1	3	2	1	1	1		3	2	1
泾源县	1		1	2	2	1	1		1	2	1	1
彭阳县				2	2		2	2				
中卫市	**13**	**10**	**3**	**9**	**6**	**3**	**6**	**4**	**2**	**8**	**3**	**5**
沙坡头区	4	4		4	3	1	4	2	2	3		3
中宁县	2	2		3	1	2	1	1		2	1	1
海原县	8	4	3	2	2		1	1		3	2	1

1–9 各地区家庭户的住房间数和面积

地 区	户 数 (户)	人 数 (人)	平均每户 住房间数 (间/户)	人均住房 建筑面积 (平方米/人)	人 均 住房间数 (间/人)
全 区	**60266**	**194345**	**3.17**	**28.93**	**0.98**
银川市	**21314**	**62248**	**2.90**	**33.94**	**0.99**
兴庆区	7845	21364	2.71	34.30	0.99
西夏区	3326	9584	2.89	34.10	1.00
金凤区	3160	9158	3.13	36.32	1.08
永宁县	2200	6952	3.07	30.58	0.97
贺兰县	2404	7418	3.43	34.88	1.11
灵武市	2380	7772	2.56	32.07	0.78
石嘴山市	**7932**	**22397**	**2.71**	**30.61**	**0.96**
大武口区	3096	8538	2.57	30.50	0.93
惠农区	2147	5711	2.49	31.03	0.94
平罗县	2690	8148	3.05	30.43	1.01
吴忠市	**12001**	**40050**	**3.41**	**28.93**	**1.02**
利通区	3683	11724	3.55	32.35	1.11
红寺堡区	1374	5662	3.64	26.73	0.88
盐池县	1577	4457	3.27	30.66	1.16
同心县	2430	9636	3.31	25.71	0.83
青铜峡市	2938	8570	3.27	28.44	1.12
固原市	**9588**	**35917**	**3.13**	**21.64**	**0.83**
原州区	3457	12148	2.67	21.77	0.76
西吉县	2390	10061	2.93	20.57	0.70
隆德县	1362	4772	3.10	21.44	0.89
泾源县	789	3039	5.27	21.97	1.37
彭阳县	1590	5897	3.37	23.20	0.91
中卫市	**9430**	**33733**	**3.91**	**26.34**	**1.09**
沙坡头区	3708	11965	3.96	26.91	1.23
中宁县	2755	10007	4.07	28.96	1.12
海原县	2967	11761	3.71	23.53	0.94

1-9ab　各地区家庭户的住房间数和面积(城镇)

地　区	户　数(户)	人　数(人)	平均每户住房间数(间/户)	人均住房建筑面积(平方米/人)	人　均住房间数(间/人)
全　区	**35623**	**103746**	**2.87**	**32.00**	**0.99**
银川市	**16926**	**46954**	**2.75**	**34.55**	**0.99**
兴庆区	7490	20015	2.66	34.72	0.99
西夏区	3080	8529	2.67	32.09	0.97
金凤区	2794	7804	3.15	39.04	1.13
永宁县	1006	2967	2.68	30.10	0.91
贺兰县	1185	3433	2.77	34.39	0.96
灵武市	1371	4206	2.62	33.63	0.85
石嘴山市	**5953**	**16078**	**2.57**	**30.77**	**0.95**
大武口区	2921	7856	2.49	30.24	0.92
惠农区	1779	4758	2.43	30.60	0.91
平罗县	1253	3464	2.95	32.20	1.07
吴忠市	**5636**	**17528**	**3.10**	**32.66**	**1.00**
利通区	2367	6929	2.98	34.63	1.02
红寺堡区	425	1593	3.40	32.04	0.91
盐池县	556	1662	3.00	34.38	1.00
同心县	928	3480	3.27	29.53	0.87
青铜峡市	1360	3864	3.12	31.48	1.10
固原市	**3210**	**10581**	**2.98**	**26.23**	**0.90**
原州区	1601	4926	2.36	25.89	0.77
西吉县	509	1974	3.00	22.69	0.77
隆德县	382	1240	3.15	26.59	0.97
泾源县	216	769	5.67	27.04	1.59
彭阳县	501	1671	3.62	30.79	1.09
中卫市	**3899**	**12605**	**3.44**	**28.00**	**1.06**
沙坡头区	2107	6297	3.21	28.70	1.07
中宁县	1188	3967	3.44	28.82	1.03
海原县	604	2341	4.28	24.72	1.11

1–9a 各地区家庭户的住房间数和面积(城市)

地　区	户 数 (户)	人 数 (人)	平均每户 住房间数 (间/户)	人均住房 建筑面积 (平方米/人)	人　均 住房间数 (间/人)
全　区	**24082**	**66658**	**2.68**	**33.29**	**0.97**
银川市	**13465**	**36688**	**2.74**	**35.38**	**1.01**
兴庆区	7146	19073	2.64	35.03	0.99
西夏区	2852	7761	2.72	32.26	1.00
金凤区	2630	7291	3.09	39.43	1.11
永宁县					
贺兰县	58	162	2.00	34.37	0.72
灵武市	779	2401	2.62	36.05	0.85
石嘴山市	**4311**	**11385**	**2.39**	**30.02**	**0.90**
大武口区	2745	7191	2.40	30.21	0.92
惠农区	1567	4193	2.36	29.70	0.88
平罗县					
吴忠市	**3319**	**9852**	**2.96**	**33.76**	**1.00**
利通区	2029	5835	2.83	34.84	0.98
红寺堡区	363	1363	3.24	32.28	0.86
盐池县					
同心县					
青铜峡市	927	2655	3.13	32.13	1.09
固原市	**1392**	**4211**	**2.29**	**26.99**	**0.76**
原州区	1392	4211	2.29	26.99	0.76
西吉县					
隆德县					
泾源县					
彭阳县					
中卫市	**1595**	**4521**	**2.72**	**29.38**	**0.96**
沙坡头区	1595	4521	2.72	29.38	0.96
中宁县					
海原县					

1–9b　各地区家庭户的住房间数和面积(镇)

地　区	户　数 (户)	人　数 (人)	平均每户 住房间数 (间/户)	人均住房 建筑面积 (平方米/人)	人　均 住房间数 (间/人)
全　区	**11541**	**37088**	**3.27**	**29.68**	**1.02**
银川市	**3461**	**10266**	**2.78**	**31.57**	**0.94**
兴庆区	344	942	3.03	28.52	1.11
西夏区	228	768	2.13	30.33	0.63
金凤区	164	513	4.12	33.57	1.32
永宁县	1006	2967	2.68	30.10	0.91
贺兰县	1127	3271	2.81	34.39	0.97
灵武市	592	1805	2.62	30.42	0.86
石嘴山市	**1641**	**4694**	**3.05**	**32.57**	**1.07**
大武口区	176	665	3.80	30.52	1.01
惠农区	212	565	3.00	37.32	1.13
平罗县	1253	3464	2.95	32.20	1.07
吴忠市	**2317**	**7675**	**3.29**	**31.26**	**0.99**
利通区	338	1094	3.88	33.51	1.20
红寺堡区	61	231	4.39	30.63	1.17
盐池县	556	1662	3.00	34.38	1.00
同心县	928	3480	3.27	29.53	0.87
青铜峡市	433	1210	3.10	30.06	1.11
固原市	**1817**	**6370**	**3.51**	**25.72**	**1.00**
原州区	209	715	2.88	19.37	0.84
西吉县	509	1974	3.00	22.69	0.77
隆德县	382	1240	3.15	26.59	0.97
泾源县	216	769	5.67	27.04	1.59
彭阳县	501	1671	3.62	30.79	1.09
中卫市	**2305**	**8084**	**3.94**	**27.22**	**1.12**
沙坡头区	512	1776	4.72	26.95	1.36
中宁县	1188	3967	3.44	28.82	1.03
海原县	604	2341	4.28	24.72	1.11

1-9c 各地区家庭户的住房间数和面积(乡村)

地 区	户 数 (户)	人 数 (人)	平均每户 住房间数 (间/户)	人均住房 建筑面积 (平方米/人)	人 均 住房间数 (间/人)
全 区	**24642**	**90599**	**3.61**	**25.42**	**0.98**
银川市	**4388**	**15294**	**3.50**	**32.08**	**1.00**
兴庆区	355	1349	3.84	28.03	1.01
西夏区	246	1054	5.63	50.36	1.31
金凤区	366	1354	3.01	20.62	0.81
永宁县	1194	3986	3.40	30.94	1.02
贺兰县	1218	3985	4.08	35.30	1.25
灵武市	1010	3566	2.47	30.22	0.70
石嘴山市	**1980**	**6318**	**3.15**	**30.21**	**0.99**
大武口区	175	682	3.96	33.51	1.02
惠农区	367	953	2.78	33.15	1.07
平罗县	1437	4684	3.14	29.13	0.96
吴忠市	**6366**	**22522**	**3.68**	**26.03**	**1.04**
利通区	1316	4796	4.56	29.06	1.25
红寺堡区	949	4069	3.75	24.64	0.87
盐池县	1020	2796	3.42	28.46	1.25
同心县	1502	6156	3.33	23.56	0.81
青铜峡市	1578	4706	3.40	25.94	1.14
固原市	**6379**	**25337**	**3.20**	**19.73**	**0.81**
原州区	1856	7222	2.94	18.97	0.76
西吉县	1881	8087	2.91	20.06	0.68
隆德县	979	3531	3.08	19.63	0.85
泾源县	573	2270	5.12	20.25	1.29
彭阳县	1089	4227	3.25	20.20	0.84
中卫市	**5530**	**21128**	**4.24**	**25.35**	**1.11**
沙坡头区	1601	5667	4.95	24.93	1.40
中宁县	1566	6040	4.55	29.05	1.18
海原县	2363	9421	3.57	23.23	0.89

2 民族

2-1 全区分民族人口及比重

单位：人、%

民 族	人口数	男	女	占总人口比重
总 计	**207867**	**107041**	**100826**	**100.00**
汉 族	131551	68126	63425	63.29
蒙古族	258	154	104	0.12
回 族	74877	38107	36771	36.02
藏 族	33	15	18	0.02
维吾尔族	80	46	34	0.04
苗 族	34	28	7	0.02
彝 族	24	23	1	0.01
壮 族	29	17	12	0.01
布依族	14	12	2	0.01
朝鲜族	12	7	5	0.01
满 族	813	406	407	0.39
侗 族	9	9		
瑶 族	13	8	5	0.01
白 族	16	13	2	0.01
土家族	30	22	8	0.01
哈尼族	6	5	1	
哈萨克族	7	5	1	
傣 族	2		2	
黎 族	6	4	1	
傈僳族				
佤 族				
畲 族	7	7		
高山族				
拉祜族				
水 族				
东乡族	10	5	5	
纳西族				
景颇族				
柯尔克孜族	7	7		
土 族	17	9	8	0.01
达斡尔族				
仫佬族				
羌 族	2		2	
布朗族				
撒拉族				
毛南族				
仡佬族				
锡伯族	9	5	4	
阿昌族				
普米族				
塔吉克族				
怒 族				
乌孜别克族				
俄罗斯族				
鄂温克族				
德昂族				
保安族	1	1		
裕固族				
京 族				
塔塔尔族				
独龙族				
鄂伦春族				
赫哲族				
门巴族				
珞巴族				
基诺族				
其他未识别的民族				
入 籍				

2–2 各地区分性别的民族人口

单位：人

地　区	人口数			汉　族			蒙古族		
	合计	男	女	小计	男	女	小计	男	女
全　区	**207867**	**107041**	**100826**	**131551**	**68126**	**63425**	**258**	**154**	**104**
银川市	**68503**	**35078**	**33425**	**50749**	**26019**	**24730**	**178**	**108**	**70**
兴庆区	23319	11527	11792	18422	9228	9194	91	46	46
西夏区	12476	6683	5794	9478	4961	4517	49	38	12
金凤区	9198	4614	4585	5951	2973	2978	26	15	11
永宁县	7235	3733	3502	5828	3008	2820	2	1	1
贺兰县	7533	3859	3673	6181	3166	3015	1	1	
灵武市	8742	4662	4080	4888	2682	2206	9	8	1
石嘴山市	**24873**	**13426**	**11448**	**19151**	**10428**	**8722**	**63**	**36**	**27**
大武口区	10056	5806	4250	9024	5168	3856	48	33	15
惠农区	6177	3203	2974	4875	2548	2328	10	1	9
平罗县	8640	4417	4223	5251	2712	2539	5	2	3
吴忠市	**41879**	**21809**	**20070**	**20577**	**10837**	**9741**	**8**	**4**	**4**
利通区	12280	6443	5838	4635	2438	2197	1		1
红寺堡区	5699	2965	2734	2773	1434	1340	1	1	
盐池县	5039	2706	2333	4982	2667	2315	1	1	1
同心县	9762	4938	4824	1379	713	666			
青铜峡市	9099	4758	4341	6808	3585	3223	5	2	2
固原市	**38274**	**19197**	**19077**	**20242**	**10110**	**10133**	**4**	**2**	**2**
原州区	12883	6286	6597	6281	3052	3229	1		1
西吉县	11400	5752	5648	4923	2441	2482	2	1	1
隆德县	4945	2508	2437	4452	2260	2192	1	1	
泾源县	3127	1633	1494	306	166	140			
彭阳县	5919	3018	2901	4280	2191	2089			
中卫市	**34338**	**17531**	**16807**	**20832**	**10732**	**10099**	**5**	**4**	**1**
沙坡头区	12133	6234	5899	10579	5460	5119	1		1
中宁县	10181	5205	4976	6840	3523	3317			
海原县	12024	6093	5931	3412	1749	1663	4	4	

2-2 续表 1

单位：人

地 区	回 族			藏 族			维吾尔族		
	小计	男	女	小计	男	女	小计	男	女
全 区	**74877**	**38107**	**36771**	**33**	**15**	**18**	**80**	**46**	**34**
银川市	**16688**	**8432**	**8256**	**17**	**7**	**9**	**79**	**46**	**33**
兴庆区	4443	2087	2356	12	4	7	51	18	33
西夏区	2660	1456	1205	2	1	1	28	28	
金凤区	3044	1525	1518	1	1				
永宁县	1389	719	670						
贺兰县	1323	680	644	2	1	1			
灵武市	3829	1965	1864						
石嘴山市	**5464**	**2862**	**2602**	**6**	**4**	**1**			
大武口区	845	533	312	3	3				
惠农区	1253	633	619	2	1	1			
平罗县	3366	1695	1671	1	1				
吴忠市	**21260**	**10955**	**10305**	**2**	**1**				
利通区	7633	4001	3632						
红寺堡区	2924	1530	1394						
盐池县	51	36	15						
同心县	8382	4225	4157						
青铜峡市	2271	1163	1108	1	1				
固原市	**18015**	**9081**	**8934**	**3**	**1**	**2**			
原州区	6595	3232	3363	2	1	1			
西吉县	6474	3310	3164						
隆德县	490	248	242	1		1			
泾源县	2820	1467	1353						
彭阳县	1636	825	811						
中卫市	**13450**	**6777**	**6673**	**6**	**2**	**5**	**1**		**1**
沙坡头区	1516	759	757	1	1				
中宁县	3335	1679	1656						
海原县	8599	4339	4260	5	1	5	1		1

2-2 续表 2

单位：人

地 区	苗 族			彝 族			壮 族		
	小计	男	女	小计	男	女	小计	男	女
全 区	**34**	**28**	**7**	**24**	**23**	**1**	**29**	**17**	**12**
银川市	**31**	**27**	**4**	**21**	**19**	**1**	**24**	**15**	**9**
兴庆区	5	2	3				6		6
西夏区	26	25	1	21	19	1	16	14	1
金凤区							3	1	2
永宁县									
贺兰县									
灵武市									
石嘴山市	**2**		**2**	**2**	**2**		**2**	**2**	**1**
大武口区	2		2	2	2		2	2	1
惠农区									
平罗县									
吴忠市									
利通区									
红寺堡区									
盐池县									
同心县									
青铜峡市									
固原市				**1**	**1**		**2**		**2**
原州区									
西吉县									
隆德县							2		2
泾源县									
彭阳县				1	1				
中卫市	**1**	**1**					**1**		**1**
沙坡头区							1		1
中宁县									
海原县	1	1							

2–2 续表 3

单位：人

地 区	布依族			朝鲜族			满 族		
	小计	男	女	小计	男	女	小计	男	女
全 区	**14**	**12**	**2**	**12**	**7**	**5**	**813**	**406**	**407**
银川市	**14**	**12**	**2**	**8**	**4**	**3**	**585**	**302**	**283**
兴庆区	6	4	2				275	136	139
西夏区	7	7		5	2	3	107	58	49
金凤区	1	1		3	2	1	157	87	69
永宁县							16	5	11
贺兰县							14	7	6
灵武市							16	8	8
石嘴山市				**3**	**2**	**1**	**162**	**80**	**82**
大武口区				1	1		116	57	60
惠农区				1		1	35	19	16
平罗县				1	1		11	4	7
吴忠市				**1**	**1**		**25**	**9**	**16**
利通区							8	2	6
红寺堡区									
盐池县							3	2	1
同心县							2	1	1
青铜峡市				1	1		12	4	8
固原市							**4**	**2**	**2**
原州区							3	1	2
西吉县							1	1	
隆德县									
泾源县									
彭阳县									
中卫市							**37**	**14**	**23**
沙坡头区							31	13	18
中宁县							3	1	3
海原县							2		2

2-2 续表 4

单位：人

地 区	侗族			瑶族			白族		
	小计	男	女	小计	男	女	小计	男	女
全 区	**9**	**9**		**13**	**8**	**5**	**16**	**13**	**2**
银川市	**9**	**9**		**11**	**8**	**3**	**13**	**11**	**2**
兴庆区							2		2
西夏区	7	7		9	8	1	11	11	
金凤区	2	2		2		2			
永宁县									
贺兰县									
灵武市									
石嘴山市							**2**	**2**	
大武口区							2	2	
惠农区									
平罗县									
吴忠市									
利通区									
红寺堡区									
盐池县									
同心县									
青铜峡市									
固原市									
原州区									
西吉县									
隆德县									
泾源县									
彭阳县									
中卫市				**2**	**1**	**2**			
沙坡头区				2	1	2			
中宁县									
海原县									

2-2 续表 5 单位：人

地 区	土家族			哈尼族			哈萨克族		
	小计	男	女	小计	男	女	小计	男	女
全 区	**30**	**22**	**8**	**6**	**5**	**1**	**7**	**5**	**1**
银川市	**22**	**19**	**3**	**6**	**5**	**1**	**4**	**4**	
兴庆区	2	2							
西夏区	14	12	1	6	5	1	4	4	
金凤区	7	5	2						
永宁县									
贺兰县									
灵武市									
石嘴山市	**7**	**3**	**4**						
大武口区	3	2	1						
惠农区	1	1							
平罗县	3	1	2						
吴忠市									
利通区									
红寺堡区									
盐池县									
同心县									
青铜峡市									
固原市									
原州区									
西吉县									
隆德县									
泾源县									
彭阳县									
中卫市	**1**		**1**				**3**	**1**	**1**
沙坡头区	1		1						
中宁县							3	1	1
海原县									

2-2 续表 6　　　　单位：人

地　区	傣　族			黎　族			畲族		
	小计	男	女	小计	男	女	小计	男	女
全　区	**2**		**2**	**6**	**4**	**1**	**7**	**7**	
银川市	**2**		**2**	**4**	**4**		**7**	**7**	
兴庆区	2		2						
西夏区				4	4		7	7	
金凤区									
永宁县									
贺兰县									
灵武市									
石嘴山市									
大武口区									
惠农区									
平罗县									
吴忠市									
利通区									
红寺堡区									
盐池县									
同心县									
青铜峡市									
固原市				**2**	**1**	**1**			
原州区									
西吉县									
隆德县									
泾源县									
彭阳县				2	1	1			
中卫市									
沙坡头区									
中宁县									
海原县									

2-2 续表 7 单位：人

地 区	东乡族			柯尔克孜族			土族		
	小计	男	女	小计	男	女	小计	男	女
全 区	**10**	**5**	**5**	**7**	**7**		**17**	**9**	**8**
银川市	**3**	**3**		**7**	**7**		**17**	**9**	**8**
兴庆区									
西夏区	3	3		7	7		4	4	
金凤区							2	1	1
永宁县									
贺兰县							12	4	7
灵武市									
石嘴山市	**3**	**1**	**1**						
大武口区									
惠农区									
平罗县	3	1	1						
吴忠市	**4**	**1**	**3**						
利通区	3	1	2						
红寺堡区	1		1						
盐池县									
同心县									
青铜峡市									
固原市	**1**		**1**						
原州区									
西吉县	1		1						
隆德县									
泾源县									
彭阳县									
中卫市									
沙坡头区									
中宁县									
海原县									

2–2 续表 8　　单位：人

地　区	羌族			锡伯族			保安族		
	小计	男	女	小计	男	女	小计	男	女
全　区	**2**		**2**	**9**	**5**	**4**	**1**	**1**	
银川市	**2**		**2**	**3**	**3**	**1**			
兴庆区	2		2						
西夏区				3	3				
金凤区									
永宁县									
贺兰县				1		1			
灵武市									
石嘴山市				**6**	**3**	**3**			
大武口区				5	2	3			
惠农区				1	1				
平罗县									
吴忠市							**1**	**1**	
利通区									
红寺堡区									
盐池县									
同心县									
青铜峡市							1	1	
固原市									
原州区									
西吉县									
隆德县									
泾源县									
彭阳县									
中卫市									
沙坡头区									
中宁县									
海原县									

2-3 全区分民族、性别、受教育程度的6岁及以上人口

单位：人

民族	6岁及以上人口			未上过学			小学		
	合计	男	女	小计	男	女	小计	男	女
总计	**190908**	**97980**	**92927**	**16813**	**5161**	**11652**	**52726**	**25552**	**27173**
汉族	122899	63432	59467	7849	2279	5570	27139	12901	14238
蒙古族	242	143	99	4	3	1	28	7	21
回族	66678	33806	32873	8950	2874	6076	25444	12592	12852
藏族	32	14	18	3		3	3	1	2
维吾尔族	80	46	34				1		1
苗族	34	28	6				4	2	2
彝族	23	23					1	1	
壮族	27	17	9				2		2
布依族	10	10							
朝鲜族	10	6	4				1	1	
满族	740	360	380	6	4	2	91	45	46
侗族	9	9							
瑶族	13	8	5						
白族	16	13	2						
土家族	26	18	8				3		3
哈尼族	5	4	1						
哈萨克族	7	5	1						
傣族	2		2						
黎族	5	4	1				1		1
傈僳族									
佤族									
畲族	7	7							
高山族									
拉祜族									
水族									
东乡族	9	5	4	1		1	3	2	1
纳西族									
景颇族									
柯尔克孜族	7	7							
土族	17	9	8				3		3
达斡尔族									
仫佬族									
羌族	2		2						
布朗族									
撒拉族									
毛南族									
仡佬族									
锡伯族	9	5	4				3	1	1
阿昌族									
普米族									
塔吉克族									
怒族									
乌孜别克族									
俄罗斯族									
鄂温克族									
德昂族									
保安族	1	1							
裕固族									
京族									
塔塔尔族									
独龙族									
鄂伦春族									
赫哲族									
门巴族									
珞巴族									
基诺族									
其他未识别的民族									
入籍									

2-3 续表 1　　单位：人

民族	初中			普通高中			中职		
	小计	男	女	小计	男	女	小计	男	女
总　计	**64122**	**36125**	**27997**	**20745**	**11195**	**9550**	**7403**	**4347**	**3057**
汉　族	44564	24770	19794	15687	8418	7269	5615	3167	2448
蒙古族	57	28	29	14	7	7	13	5	7
回　族	19328	11242	8085	4918	2701	2217	1720	1149	570
藏　族	9	7	2	3		3	6		6
维吾尔族									
苗　族	2	1	1	1	1		1		1
彝　族				1	1				
壮　族	1	1		2	2		1		1
布依族	2	2							
朝鲜族	2	1	1	1	1		1		1
满　族	139	64	75	109	60	49	42	22	19
侗　族	1	1							
瑶　族	2		2	2	1	1	1		1
白　族	2		2						
土家族	1	1		5	2	3			
哈尼族									
哈萨克族	2	1	1						
傣　族									
黎　族									
傈僳族									
佤　族									
畲　族									
高山族									
拉祜族									
水　族									
东乡族	2	1	2				3	3	
纳西族									
景颇族									
柯尔克孜族									
土　族	7	4	3	1		1	1		1
达斡尔族									
仫佬族									
羌　族									
布朗族									
撒拉族									
毛南族									
仡佬族									
锡伯族	2	2	1						
阿昌族									
普米族									
塔吉克族									
怒　族									
乌孜别克族									
俄罗斯族									
鄂温克族									
德昂族									
保安族				1	1				
裕固族									
京　族									
塔塔尔族									
独龙族									
鄂伦春族									
赫哲族									
门巴族									
珞巴族									
基诺族									
其他未识别的民族									
入　籍									

2-3 续表 2

单位：人

民族	大学专科			大学本科			研究生		
	小计	男	女	小计	男	女	小计	男	女
总计	**14541**	**7299**	**7242**	**13971**	**7995**	**5976**	**586**	**306**	**280**
汉族	11498	5718	5779	10096	5936	4160	451	242	209
蒙古族	38	24	15	81	65	16	7	4	3
回族	2843	1477	1366	3365	1717	1648	111	52	59
藏族	2	1	1	6	6				
维吾尔族				79	46	33			
苗族	1		1	25	24	1			
彝族				20	20				
壮族				21	14	7			
布依族				8	8				
朝鲜族	1		1	3	2	1	1	1	
满族	149	77	72	188	81	107	16	7	8
侗族	1	1		7	7				
瑶族	1		1	8	8				
白族				13	13				
土家族				17	15	1			
哈尼族	1		1	4	4				
哈萨克族	1		1	4	4				
傣族	2		2						
黎族	1	1		4	4				
傈僳族									
佤族									
畲族				7	7				
高山族									
拉祜族									
水族									
东乡族									
纳西族									
景颇族									
柯尔克孜族				7	7				
土族	1	1		4	4				
达斡尔族									
仫佬族									
羌族	2		2						
布朗族									
撒拉族									
毛南族									
仡佬族									
锡伯族				4	3	2			
阿昌族									
普米族									
塔吉克族									
怒族									
乌孜别克族									
俄罗斯族									
鄂温克族									
德昂族									
保安族									
裕固族									
京族									
塔塔尔族									
独龙族									
鄂伦春族									
赫哲族									
门巴族									
珞巴族									
基诺族									
其他未识别的民族									
入籍									

3 年龄

3−1 全区分年龄、性别的人口

单位：人、%

年 龄	人口数			占总人口比重			性别比
	合计	男	女	合计	男	女	(女=100)
总 计	**207867**	**107041**	**100826**	**100.00**	**51.49**	**48.51**	**106.16**
0−4	**14303**	**7682**	**6621**	**6.88**	**3.70**	**3.19**	**116.01**
0	2309	1228	1080	1.11	0.59	0.52	113.70
1	2940	1596	1345	1.41	0.77	0.65	118.67
2	2985	1571	1414	1.44	0.76	0.68	111.15
3	3133	1677	1456	1.51	0.81	0.70	115.16
4	2937	1610	1327	1.41	0.77	0.64	121.31
5−9	**13534**	**7191**	**6343**	**6.51**	**3.46**	**3.05**	**113.38**
5	2656	1379	1277	1.28	0.66	0.61	107.98
6	2629	1385	1243	1.26	0.67	0.60	111.41
7	2820	1499	1321	1.36	0.72	0.64	113.42
8	2674	1459	1215	1.29	0.70	0.58	120.04
9	2755	1470	1286	1.33	0.71	0.62	114.31
10−14	**13933**	**7194**	**6739**	**6.70**	**3.46**	**3.24**	**106.75**
10	2765	1425	1340	1.33	0.69	0.64	106.37
11	2851	1462	1389	1.37	0.70	0.67	105.24
12	2691	1400	1290	1.29	0.67	0.62	108.52
13	2744	1391	1353	1.32	0.67	0.65	102.85
14	2883	1516	1367	1.39	0.73	0.66	110.83
15−19	**14720**	**7776**	**6944**	**7.08**	**3.74**	**3.34**	**111.98**
15	2498	1297	1201	1.20	0.62	0.58	107.95
16	2707	1460	1247	1.30	0.70	0.60	117.10
17	3242	1794	1449	1.56	0.86	0.70	123.81
18	3086	1647	1439	1.48	0.79	0.69	114.47
19	3187	1578	1609	1.53	0.76	0.77	98.12
20−24	**17786**	**9325**	**8461**	**8.56**	**4.49**	**4.07**	**110.21**
20	4139	2089	2050	1.99	1.00	0.99	101.87
21	3763	2003	1759	1.81	0.96	0.85	113.87
22	3492	1885	1607	1.68	0.91	0.77	117.36
23	3249	1735	1514	1.56	0.83	0.73	114.54
24	3144	1613	1530	1.51	0.78	0.74	105.40
25−29	**18276**	**9182**	**9094**	**8.79**	**4.42**	**4.37**	**100.98**
25	4139	2089	2050	1.99	1.00	0.99	101.87
26	3635	1810	1825	1.75	0.87	0.88	99.14
27	3568	1774	1793	1.72	0.85	0.86	98.93
28	3577	1816	1761	1.72	0.87	0.85	103.10
29	3358	1694	1663	1.62	0.82	0.80	101.85

3-1 续表 1 单位：人、%

年 龄	人口数			占总人口比重			性别比
	合计	男	女	合计	男	女	(女=100)
30—34	**16066**	**8189**	**7877**	**7.73**	**3.94**	**3.79**	**103.97**
30	3161	1571	1589	1.52	0.76	0.76	98.87
31	3107	1564	1543	1.49	0.75	0.74	101.40
32	3085	1618	1467	1.48	0.78	0.71	110.29
33	3598	1778	1819	1.73	0.86	0.88	97.77
34	3116	1657	1459	1.50	0.80	0.70	113.60
35—39	**17117**	**8793**	**8324**	**8.23**	**4.23**	**4.00**	**105.63**
35	3542	1813	1730	1.70	0.87	0.83	104.80
36	3407	1765	1642	1.64	0.85	0.79	107.52
37	3322	1663	1659	1.60	0.80	0.80	100.27
38	3187	1633	1554	1.53	0.79	0.75	105.09
39	3658	1918	1740	1.76	0.92	0.84	110.24
40—44	**18197**	**9461**	**8736**	**8.75**	**4.55**	**4.20**	**108.30**
40	3652	1900	1753	1.76	0.91	0.84	108.40
41	3658	1884	1773	1.76	0.91	0.85	106.25
42	3718	1932	1786	1.79	0.93	0.86	108.15
43	3690	1913	1776	1.78	0.92	0.85	107.71
44	3479	1832	1647	1.67	0.88	0.79	111.19
45—49	**17715**	**9056**	**8659**	**8.52**	**4.36**	**4.17**	**104.58**
45	3983	1999	1984	1.92	0.96	0.95	100.77
46	3658	1865	1793	1.76	0.90	0.86	104.04
47	3732	1913	1819	1.80	0.92	0.87	105.19
48	3083	1625	1458	1.48	0.78	0.70	111.47
49	3259	1653	1606	1.57	0.80	0.77	102.93
50—54	**13510**	**6908**	**6601**	**6.50**	**3.32**	**3.18**	**104.65**
50	3076	1623	1453	1.48	0.78	0.70	111.66
51	3188	1604	1584	1.53	0.77	0.76	101.24
52	3330	1703	1627	1.60	0.82	0.78	104.72
53	2616	1292	1324	1.26	0.62	0.64	97.62
54	1299	686	613	0.63	0.33	0.30	111.80
55—59	**8817**	**4565**	**4252**	**4.24**	**2.20**	**2.05**	**107.34**
55	1661	900	761	0.80	0.43	0.37	118.26
56	1357	712	645	0.65	0.34	0.31	110.44
57	1807	939	868	0.87	0.45	0.42	108.08
58	2069	1065	1004	1.00	0.51	0.48	106.07
59	1923	949	974	0.93	0.46	0.47	97.41
60—64	**8591**	**4300**	**4291**	**4.13**	**2.07**	**2.06**	**100.21**
60	2005	987	1018	0.96	0.47	0.49	97.01
61	1909	972	937	0.92	0.47	0.45	103.67
62	1655	836	819	0.80	0.40	0.39	101.99
63	1665	795	870	0.80	0.38	0.42	91.47
64	1357	710	647	0.65	0.34	0.31	109.75

3-1 续表 2

单位：人、%

年 龄	人口数			占总人口比重			性别比
	合计	男	女	合计	男	女	(女=100)
65-69	**5795**	**2826**	**2969**	**2.79**	**1.36**	**1.43**	**95.20**
65	1444	744	700	0.69	0.36	0.34	106.36
66	1398	684	713	0.67	0.33	0.34	95.90
67	971	451	521	0.47	0.22	0.25	86.57
68	1015	484	532	0.49	0.23	0.26	91.04
69	967	463	504	0.47	0.22	0.24	92.00
70-74	**4362**	**2112**	**2250**	**2.10**	**1.02**	**1.08**	**93.89**
70	959	456	503	0.46	0.22	0.24	90.75
71	936	460	477	0.45	0.22	0.23	96.42
72	925	454	472	0.45	0.22	0.23	96.19
73	832	402	430	0.40	0.19	0.21	93.40
74	709	341	368	0.34	0.16	0.18	92.53
75-79	**2985**	**1450**	**1535**	**1.44**	**0.70**	**0.74**	**94.51**
75	729	354	375	0.35	0.17	0.18	94.40
76	623	304	318	0.30	0.15	0.15	95.50
77	649	319	330	0.31	0.15	0.16	96.57
78	487	226	261	0.23	0.11	0.13	86.62
79	497	247	250	0.24	0.12	0.12	98.97
80-84	**1522**	**730**	**792**	**0.73**	**0.35**	**0.38**	**92.22**
80	415	182	233	0.20	0.09	0.11	78.35
81	344	160	184	0.17	0.08	0.09	86.89
82	315	149	166	0.15	0.07	0.08	90.01
83	271	150	121	0.13	0.07	0.06	124.78
84	178	89	89	0.09	0.04	0.04	99.48
85-89	**480**	**227**	**253**	**0.23**	**0.11**	**0.12**	**89.78**
85	177	83	94	0.08	0.04	0.05	87.92
86	85	40	45	0.04	0.02	0.02	88.73
87	96	48	48	0.05	0.02	0.02	99.95
88	71	28	43	0.03	0.01	0.02	64.02
89	51	29	23	0.02	0.01	0.01	127.13
90-94	**135**	**64**	**71**	**0.06**	**0.03**	**0.03**	**89.35**
90	50	22	27	0.02	0.01	0.01	80.86
91	35	16	19	0.02	0.01	0.01	85.73
92	25	13	12	0.01	0.01	0.01	100.87
93	15	8	7	0.01			109.88
94	11	5	6	0.01			91.44
95-99	**22**	**10**	**13**	**0.01**		**0.01**	**76.32**
95	7	4	3				152.44
96	5	3	2				145.63
97	5	2	3				53.26
98	5	1	5				19.53
99							
100及以上	**1**		**1**				

3-1ab 全区分年龄、性别的人口(城镇)

单位：人、%

年龄	人口数			占总人口比重			性别比
	合计	男	女	合计	男	女	(女=100)
总 计	**113835**	**58686**	**55149**	**100.00**	**51.55**	**48.45**	**106.41**
0–4	**7524**	**4091**	**3433**	**6.61**	**3.59**	**3.02**	**119.15**
0	1067	595	472	0.94	0.52	0.42	125.88
1	1670	916	755	1.47	0.80	0.66	121.38
2	1623	868	755	1.43	0.76	0.66	114.99
3	1651	881	770	1.45	0.77	0.68	114.29
4	1513	832	681	1.33	0.73	0.60	122.13
5–9	**6022**	**3235**	**2787**	**5.29**	**2.84**	**2.45**	**116.08**
5	1133	604	529	1.00	0.53	0.46	114.28
6	1120	593	527	0.98	0.52	0.46	112.51
7	1316	688	628	1.16	0.60	0.55	109.66
8	1233	680	553	1.08	0.60	0.49	123.00
9	1219	669	550	1.07	0.59	0.48	121.58
10–14	**6530**	**3419**	**3111**	**5.74**	**3.00**	**2.73**	**109.93**
10	1291	667	625	1.13	0.59	0.55	106.71
11	1344	701	643	1.18	0.62	0.56	109.08
12	1198	629	569	1.05	0.55	0.50	110.56
13	1352	697	655	1.19	0.61	0.58	106.34
14	1345	726	619	1.18	0.64	0.54	117.29
15–19	**6779**	**3725**	**3054**	**5.96**	**3.27**	**2.68**	**121.96**
15	998	543	454	0.88	0.48	0.40	119.60
16	1216	694	521	1.07	0.61	0.46	133.15
17	1535	931	604	1.35	0.82	0.53	154.09
18	1453	799	654	1.28	0.70	0.57	122.19
19	1578	758	821	1.39	0.67	0.72	92.33
20–24	**10176**	**5382**	**4794**	**8.94**	**4.73**	**4.21**	**112.27**
20	2651	1326	1325	2.33	1.16	1.16	100.08
21	2249	1198	1051	1.98	1.05	0.92	113.92
22	1970	1085	885	1.73	0.95	0.78	122.65
23	1748	946	803	1.54	0.83	0.71	117.80
24	1558	828	730	1.37	0.73	0.64	113.38
25–29	**10890**	**5372**	**5519**	**9.57**	**4.72**	**4.85**	**97.33**
25	2321	1163	1158	2.04	1.02	1.02	100.37
26	2138	1043	1095	1.88	0.92	0.96	95.31
27	2171	1046	1125	1.91	0.92	0.99	92.99
28	2216	1111	1105	1.95	0.98	0.97	100.47
29	2044	1009	1035	1.80	0.89	0.91	97.44

3-1ab 续表 1

单位：人、%

年 龄	人口数			占总人口比重			性别比
	合计	男	女	合计	男	女	(女=100)
30–34	**9525**	**4721**	**4804**	**8.37**	**4.15**	**4.22**	**98.26**
30	1878	925	953	1.65	0.81	0.84	97.01
31	1880	920	961	1.65	0.81	0.84	95.75
32	1840	927	913	1.62	0.81	0.80	101.55
33	2150	1023	1128	1.89	0.90	0.99	90.71
34	1777	927	850	1.56	0.81	0.75	108.99
35–39	**10409**	**5312**	**5097**	**9.14**	**4.67**	**4.48**	**104.21**
35	2098	1085	1013	1.84	0.95	0.89	107.09
36	2043	1057	986	1.79	0.93	0.87	107.22
37	2074	1011	1063	1.82	0.89	0.93	95.10
38	1981	1009	972	1.74	0.89	0.85	103.84
39	2212	1149	1063	1.94	1.01	0.93	108.16
40–44	**11125**	**5807**	**5318**	**9.77**	**5.10**	**4.67**	**109.21**
40	2233	1168	1065	1.96	1.03	0.94	109.70
41	2220	1168	1053	1.95	1.03	0.92	110.90
42	2285	1169	1116	2.01	1.03	0.98	104.80
43	2220	1147	1073	1.95	1.01	0.94	106.95
44	2167	1155	1012	1.90	1.01	0.89	114.18
45–49	**10271**	**5303**	**4968**	**9.02**	**4.66**	**4.36**	**106.75**
45	2380	1194	1186	2.09	1.05	1.04	100.63
46	2167	1102	1065	1.90	0.97	0.94	103.44
47	2182	1136	1047	1.92	1.00	0.92	108.53
48	1741	952	790	1.53	0.84	0.69	120.49
49	1801	920	880	1.58	0.81	0.77	104.56
50–54	**7532**	**3869**	**3663**	**6.62**	**3.40**	**3.22**	**105.63**
50	1705	904	802	1.50	0.79	0.70	112.73
51	1781	911	871	1.56	0.80	0.76	104.63
52	1964	1016	947	1.72	0.89	0.83	107.29
53	1421	696	725	1.25	0.61	0.64	96.02
54	661	343	319	0.58	0.30	0.28	107.40
55–59	**4738**	**2412**	**2325**	**4.16**	**2.12**	**2.04**	**103.74**
55	907	468	440	0.80	0.41	0.39	106.38
56	779	382	397	0.68	0.34	0.35	96.18
57	971	520	451	0.85	0.46	0.40	115.23
58	1088	549	539	0.96	0.48	0.47	102.00
59	993	494	499	0.87	0.43	0.44	98.94
60–64	**4435**	**2196**	**2239**	**3.90**	**1.93**	**1.97**	**98.10**
60	1001	489	511	0.88	0.43	0.45	95.76
61	1033	492	541	0.91	0.43	0.48	91.06
62	844	457	387	0.74	0.40	0.34	117.89
63	843	386	457	0.74	0.34	0.40	84.59
64	714	371	343	0.63	0.33	0.30	108.31

3-1ab 续表 2

单位：人、%

年 龄	人口数			占总人口比重			性别比
	合计	男	女	合计	男	女	(女=100)
65-69	**2941**	**1408**	**1533**	**2.58**	**1.24**	**1.35**	**91.88**
65	752	375	377	0.66	0.33	0.33	99.50
66	682	330	352	0.60	0.29	0.31	93.87
67	505	248	258	0.44	0.22	0.23	96.19
68	525	235	290	0.46	0.21	0.25	81.19
69	477	220	257	0.42	0.19	0.23	85.70
70-74	**2197**	**1063**	**1133**	**1.93**	**0.93**	**1.00**	**93.84**
70	442	221	222	0.39	0.19	0.19	99.51
71	464	224	240	0.41	0.20	0.21	93.16
72	456	220	237	0.40	0.19	0.21	92.79
73	442	197	245	0.39	0.17	0.22	80.30
74	393	203	190	0.34	0.18	0.17	106.89
75-79	**1582**	**775**	**807**	**1.39**	**0.68**	**0.71**	**96.06**
75	400	208	191	0.35	0.18	0.17	108.81
76	319	151	168	0.28	0.13	0.15	89.77
77	331	161	170	0.29	0.14	0.15	94.43
78	273	124	149	0.24	0.11	0.13	83.41
79	259	131	128	0.23	0.11	0.11	102.09
80-84	**823**	**422**	**401**	**0.72**	**0.37**	**0.35**	**105.33**
80	223	103	121	0.20	0.09	0.11	85.07
81	175	79	96	0.15	0.07	0.08	82.16
82	168	90	78	0.15	0.08	0.07	115.78
83	161	97	64	0.14	0.09	0.06	152.96
84	96	53	43	0.08	0.05	0.04	124.74
85-89	**241**	**125**	**116**	**0.21**	**0.11**	**0.10**	**108.32**
85	87	51	37	0.08	0.04	0.03	138.94
86	41	22	19	0.04	0.02	0.02	111.38
87	45	24	21	0.04	0.02	0.02	112.40
88	40	17	23	0.04	0.01	0.02	73.18
89	28	12	15	0.02	0.01	0.01	78.82
90-94	**82**	**44**	**38**	**0.07**	**0.04**	**0.03**	**113.34**
90	32	18	14	0.03	0.02	0.01	121.46
91	17	10	8	0.02	0.01	0.01	122.04
92	14	7	7	0.01	0.01	0.01	91.61
93	12	7	5	0.01	0.01		133.92
94	7	3	4	0.01			78.00
95-99	**13**	**4**	**9**	**0.01**		**0.01**	**39.64**
95	4	1	3				53.00
96	2	2					
97	3		3				
98	3		3				
99							
100及以上	**1**		**1**				

3-1a 全区分年龄、性别的人口(城市)

单位：人、%

年 龄	人口数			占总人口比重			性别比
	合计	男	女	合计	男	女	(女=100)
总 计	**73612**	**37516**	**36096**	**100.00**	**50.96**	**49.04**	**103.94**
0-4	**4298**	**2368**	**1930**	**5.84**	**3.22**	**2.62**	**122.73**
0	598	342	256	0.81	0.46	0.35	133.58
1	992	549	443	1.35	0.75	0.60	124.11
2	918	492	426	1.25	0.67	0.58	115.55
3	952	504	448	1.29	0.68	0.61	112.53
4	838	481	357	1.14	0.65	0.49	134.60
5-9	**3400**	**1869**	**1531**	**4.62**	**2.54**	**2.08**	**122.02**
5	630	340	290	0.86	0.46	0.39	117.48
6	592	318	274	0.80	0.43	0.37	115.97
7	763	397	366	1.04	0.54	0.50	108.60
8	750	433	317	1.02	0.59	0.43	136.82
9	665	380	285	0.90	0.52	0.39	133.18
10-14	**3760**	**1954**	**1806**	**5.11**	**2.65**	**2.45**	**108.20**
10	718	361	357	0.98	0.49	0.48	101.07
11	757	376	381	1.03	0.51	0.52	98.84
12	681	354	327	0.93	0.48	0.44	108.24
13	800	407	393	1.09	0.55	0.53	103.40
14	804	456	348	1.09	0.62	0.47	131.18
15-19	**4215**	**2265**	**1951**	**5.73**	**3.08**	**2.65**	**116.10**
15	563	334	229	0.76	0.45	0.31	146.15
16	623	397	226	0.85	0.54	0.31	175.33
17	939	602	337	1.27	0.82	0.46	178.55
18	1000	518	482	1.36	0.70	0.65	107.43
19	1091	414	677	1.48	0.56	0.92	61.21
20-24	**7059**	**3532**	**3526**	**9.59**	**4.80**	**4.79**	**100.18**
20	1931	831	1100	2.62	1.13	1.49	75.54
21	1614	796	817	2.19	1.08	1.11	97.44
22	1353	724	629	1.84	0.98	0.85	115.15
23	1171	641	530	1.59	0.87	0.72	121.05
24	990	540	450	1.34	0.73	0.61	119.84
25-29	**6813**	**3339**	**3474**	**9.25**	**4.54**	**4.72**	**96.12**
25	1406	719	687	1.91	0.98	0.93	104.69
26	1346	653	693	1.83	0.89	0.94	94.23
27	1427	690	736	1.94	0.94	1.00	93.79
28	1384	686	699	1.88	0.93	0.95	98.15
29	1250	591	659	1.70	0.80	0.90	89.65

3-1a 续表 1 单位：人、%

年 龄	人口数			占总人口比重			性别比
	合计	男	女	合计	男	女	(女=100)
30-34	**6088**	**2919**	**3169**	**8.27**	**3.97**	**4.30**	**92.11**
30	1189	565	624	1.62	0.77	0.85	90.44
31	1234	572	662	1.68	0.78	0.90	86.35
32	1165	578	588	1.58	0.78	0.80	98.25
33	1352	621	731	1.84	0.84	0.99	84.99
34	1147	584	564	1.56	0.79	0.77	103.56
35-39	**6980**	**3497**	**3483**	**9.48**	**4.75**	**4.73**	**100.41**
35	1387	719	669	1.88	0.98	0.91	107.53
36	1378	730	648	1.87	0.99	0.88	112.59
37	1396	643	753	1.90	0.87	1.02	85.36
38	1353	674	679	1.84	0.92	0.92	99.17
39	1465	732	734	1.99	0.99	1.00	99.76
40-44	**7511**	**3935**	**3576**	**10.20**	**5.35**	**4.86**	**110.05**
40	1429	759	671	1.94	1.03	0.91	113.11
41	1499	784	715	2.04	1.07	0.97	109.78
42	1540	791	749	2.09	1.07	1.02	105.71
43	1552	789	763	2.11	1.07	1.04	103.34
44	1491	812	679	2.03	1.10	0.92	119.63
45-49	**6919**	**3551**	**3368**	**9.40**	**4.82**	**4.58**	**105.45**
45	1606	778	828	2.18	1.06	1.13	93.87
46	1479	767	711	2.01	1.04	0.97	107.89
47	1478	771	707	2.01	1.05	0.96	109.01
48	1166	631	536	1.58	0.86	0.73	117.78
49	1190	605	586	1.62	0.82	0.80	103.28
50-54	**5095**	**2632**	**2463**	**6.92**	**3.58**	**3.35**	**106.89**
50	1159	607	552	1.57	0.82	0.75	110.04
51	1227	637	590	1.67	0.87	0.80	108.08
52	1342	700	642	1.82	0.95	0.87	109.16
53	946	461	485	1.29	0.63	0.66	94.99
54	421	227	194	0.57	0.31	0.26	116.60
55-59	**3184**	**1618**	**1566**	**4.32**	**2.20**	**2.13**	**103.34**
55	609	323	286	0.83	0.44	0.39	113.09
56	521	258	263	0.71	0.35	0.36	97.96
57	657	357	301	0.89	0.48	0.41	118.57
58	731	354	377	0.99	0.48	0.51	93.94
59	666	327	339	0.90	0.44	0.46	96.25
60-64	**2883**	**1404**	**1480**	**3.92**	**1.91**	**2.01**	**94.86**
60	627	304	323	0.85	0.41	0.44	94.10
61	700	329	371	0.95	0.45	0.50	88.55
62	535	292	243	0.73	0.40	0.33	120.02
63	548	244	305	0.74	0.33	0.41	80.00
64	472	235	237	0.64	0.32	0.32	99.03

3−1a 续表 2

单位：人、%

年 龄	人口数			占总人口比重			性别比
	合计	男	女	合计	男	女	(女=100)
65−69	**1968**	**950**	**1019**	**2.67**	**1.29**	**1.38**	**93.22**
65	498	247	251	0.68	0.34	0.34	98.45
66	462	227	235	0.63	0.31	0.32	96.44
67	350	177	173	0.48	0.24	0.23	102.48
68	343	160	183	0.47	0.22	0.25	87.36
69	315	139	177	0.43	0.19	0.24	78.53
70−74	**1467**	**695**	**772**	**1.99**	**0.94**	**1.05**	**89.95**
70	272	133	139	0.37	0.18	0.19	96.03
71	295	140	155	0.40	0.19	0.21	90.60
72	304	141	163	0.41	0.19	0.22	86.70
73	311	135	176	0.42	0.18	0.24	76.58
74	284	145	139	0.39	0.20	0.19	103.86
75−79	**1121**	**545**	**576**	**1.52**	**0.74**	**0.78**	**94.63**
75	271	139	132	0.37	0.19	0.18	105.31
76	225	107	118	0.31	0.14	0.16	89.97
77	235	114	122	0.32	0.15	0.17	93.35
78	190	88	102	0.26	0.12	0.14	86.32
79	200	98	102	0.27	0.13	0.14	96.06
80−84	**606**	**315**	**291**	**0.82**	**0.43**	**0.40**	**108.18**
80	155	73	82	0.21	0.10	0.11	89.31
81	139	62	78	0.19	0.08	0.11	79.41
82	121	66	56	0.16	0.09	0.08	117.76
83	124	73	50	0.17	0.10	0.07	146.61
84	67	41	26	0.09	0.06	0.03	159.49
85−89	**179**	**95**	**84**	**0.24**	**0.13**	**0.11**	**112.46**
85	66	39	27	0.09	0.05	0.04	148.04
86	32	18	14	0.04	0.02	0.02	129.72
87	34	16	17	0.05	0.02	0.02	95.42
88	27	12	16	0.04	0.02	0.02	74.55
89	21	9	11	0.03	0.01	0.02	85.70
90−94	**59**	**32**	**27**	**0.08**	**0.04**	**0.04**	**116.72**
90	25	14	11	0.03	0.02	0.01	133.91
91	15	8	7	0.02	0.01	0.01	117.19
92	5	3	2	0.01			189.82
93	9	5	4	0.01	0.01	0.01	109.31
94	5	2	4	0.01		0.01	40.24
95−99	**7**	**2**	**5**	**0.01**		**0.01**	**36.98**
95	1	1					
96	1	1					
97	3		3				
98	1		1				
99							
100及以上							

3-1b 全区分年龄、性别的人口(镇)

单位：人、%

年龄	人口数			占总人口比重			性别比
	合计	男	女	合计	男	女	(女=100)
总计	**40222**	**21169**	**19053**	**100.00**	**52.63**	**47.37**	**111.11**
0-4	**3227**	**1723**	**1504**	**8.02**	**4.28**	**3.74**	**114.56**
0	469	253	216	1.17	0.63	0.54	116.76
1	678	366	312	1.69	0.91	0.78	117.50
2	705	376	329	1.75	0.93	0.82	114.27
3	699	377	323	1.74	0.94	0.80	116.73
4	675	351	324	1.68	0.87	0.81	108.38
5-9	**2622**	**1366**	**1255**	**6.52**	**3.40**	**3.12**	**108.83**
5	503	264	239	1.25	0.66	0.59	110.40
6	529	275	253	1.31	0.68	0.63	108.77
7	553	291	262	1.38	0.72	0.65	111.13
8	482	246	236	1.20	0.61	0.59	104.44
9	554	289	265	1.38	0.72	0.66	109.09
10-14	**2770**	**1465**	**1305**	**6.89**	**3.64**	**3.24**	**112.33**
10	573	306	268	1.43	0.76	0.67	114.23
11	586	325	262	1.46	0.81	0.65	123.97
12	517	275	242	1.29	0.68	0.60	113.69
13	552	290	262	1.37	0.72	0.65	110.77
14	542	270	271	1.35	0.67	0.67	99.51
15-19	**2564**	**1460**	**1104**	**6.37**	**3.63**	**2.74**	**132.32**
15	435	209	226	1.08	0.52	0.56	92.72
16	592	297	295	1.47	0.74	0.73	100.76
17	596	329	267	1.48	0.82	0.66	123.22
18	453	281	172	1.13	0.70	0.43	163.54
19	487	343	144	1.21	0.85	0.36	238.70
20-24	**3117**	**1850**	**1268**	**7.75**	**4.60**	**3.15**	**145.93**
20	720	495	225	1.79	1.23	0.56	220.00
21	635	401	234	1.58	1.00	0.58	171.48
22	617	361	256	1.53	0.90	0.64	141.06
23	577	304	273	1.43	0.76	0.68	111.49
24	568	288	280	1.41	0.72	0.70	102.97
25-29	**4077**	**2032**	**2045**	**10.14**	**5.05**	**5.08**	**99.39**
25	915	444	472	2.28	1.10	1.17	94.08
26	792	390	402	1.97	0.97	1.00	97.16
27	745	356	389	1.85	0.88	0.97	91.49
28	832	425	407	2.07	1.06	1.01	104.47
29	794	418	376	1.97	1.04	0.93	111.11

3-1b 续表 1

单位：人、%

年 龄	人口数			占总人口比重			性别比
	合计	男	女	合计	男	女	(女=100)
30–34	**3437**	**1802**	**1635**	**8.55**	**4.48**	**4.07**	**110.19**
30	689	360	329	1.71	0.89	0.82	109.49
31	646	348	298	1.61	0.87	0.74	116.62
32	674	349	325	1.68	0.87	0.81	107.52
33	798	402	397	1.99	1.00	0.99	101.26
34	629	343	287	1.56	0.85	0.71	119.66
35–39	**3429**	**1815**	**1614**	**8.53**	**4.51**	**4.01**	**112.43**
35	711	366	345	1.77	0.91	0.86	106.25
36	666	328	338	1.65	0.81	0.84	96.91
37	678	368	310	1.69	0.92	0.77	118.75
38	628	335	292	1.56	0.83	0.73	114.69
39	747	418	329	1.86	1.04	0.82	126.85
40–44	**3614**	**1872**	**1742**	**8.99**	**4.65**	**4.33**	**107.48**
40	803	409	394	2.00	1.02	0.98	103.91
41	721	383	338	1.79	0.95	0.84	113.26
42	745	378	367	1.85	0.94	0.91	102.95
43	668	359	310	1.66	0.89	0.77	115.84
44	676	343	333	1.68	0.85	0.83	103.06
45–49	**3351**	**1752**	**1600**	**8.33**	**4.36**	**3.98**	**109.50**
45	774	416	358	1.92	1.03	0.89	116.29
46	688	334	354	1.71	0.83	0.88	94.52
47	704	365	339	1.75	0.91	0.84	107.52
48	575	321	254	1.43	0.80	0.63	126.22
49	610	316	295	1.52	0.78	0.73	107.11
50–54	**2437**	**1237**	**1200**	**6.06**	**3.08**	**2.98**	**103.03**
50	546	297	250	1.36	0.74	0.62	118.66
51	554	273	281	1.38	0.68	0.70	97.38
52	622	316	306	1.55	0.79	0.76	103.38
53	474	235	240	1.18	0.58	0.60	98.12
54	241	116	125	0.60	0.29	0.31	93.05
55–59	**1554**	**794**	**760**	**3.86**	**1.98**	**1.89**	**104.58**
55	299	145	154	0.74	0.36	0.38	93.93
56	258	124	134	0.64	0.31	0.33	92.69
57	313	163	150	0.78	0.41	0.37	108.54
58	357	195	162	0.89	0.49	0.40	120.80
59	327	167	160	0.81	0.42	0.40	104.65
60–64	**1552**	**793**	**759**	**3.86**	**1.97**	**1.89**	**104.42**
60	373	185	188	0.93	0.46	0.47	98.61
61	333	164	169	0.83	0.41	0.42	96.57
62	309	165	144	0.77	0.41	0.36	114.30
63	295	143	152	0.73	0.35	0.38	93.78
64	242	136	105	0.60	0.34	0.26	129.20

3-1b 续表 2　　单位：人、%

年 龄	人口数			占总人口比重			性别比
	合计	男	女	合计	男	女	(女=100)
65—69	**972**	**459**	**514**	**2.42**	**1.14**	**1.28**	**89.22**
65	254	128	126	0.63	0.32	0.31	101.59
66	220	104	117	0.55	0.26	0.29	88.70
67	155	71	85	0.39	0.18	0.21	83.36
68	182	75	107	0.45	0.19	0.27	70.61
69	161	81	80	0.40	0.20	0.20	101.54
70—74	**730**	**369**	**361**	**1.81**	**0.92**	**0.90**	**102.19**
70	170	87	83	0.42	0.22	0.21	105.35
71	169	84	86	0.42	0.21	0.21	97.78
72	152	78	74	0.38	0.19	0.18	106.27
73	130	62	69	0.32	0.15	0.17	89.87
74	108	58	50	0.27	0.14	0.12	115.31
75—79	**460**	**230**	**231**	**1.14**	**0.57**	**0.57**	**99.61**
75	129	69	59	0.32	0.17	0.15	116.58
76	94	44	50	0.23	0.11	0.12	89.29
77	96	47	49	0.24	0.12	0.12	97.13
78	83	36	47	0.21	0.09	0.12	77.07
79	59	33	26	0.15	0.08	0.06	125.77
80—84	**216**	**107**	**109**	**0.54**	**0.27**	**0.27**	**97.73**
80	68	29	39	0.17	0.07	0.10	76.06
81	36	17	18	0.09	0.04	0.05	93.78
82	47	25	22	0.12	0.06	0.06	110.80
83	37	24	13	0.09	0.06	0.03	176.69
84	29	12	17	0.07	0.03	0.04	71.74
85—89	**61**	**30**	**31**	**0.15**	**0.08**	**0.08**	**97.09**
85	22	12	10	0.05	0.03	0.03	115.03
86	9	3	5	0.02	0.01	0.01	63.84
87	11	7	4	0.03	0.02	0.01	186.45
88	13	5	7	0.03	0.01	0.02	70.26
89	7	3	4	0.02	0.01	0.01	61.25
90—94	**23**	**12**	**11**	**0.06**	**0.03**	**0.03**	**105.07**
90	7	3	4	0.02	0.01	0.01	85.31
91	3	2	1	0.01			153.54
92	9	3	5	0.02	0.01	0.01	58.14
93	3	2	1	0.01	0.01		231.45
94	1	1					
95—99	**6**	**2**	**4**	**0.01**		**0.01**	**42.72**
95	3	1	3	0.01		0.01	25.98
96	1	1					
97							
98	2		2				
99							
100及以上	**1**		**1**				

3-1c 全区分年龄、性别的人口(乡村)

单位：人、%

年 龄	人口数			占总人口比重			性别比
	合计	男	女	合计	男	女	(女=100)
总 计	**94032**	**48355**	**45677**	**100.00**	**51.42**	**48.58**	**105.86**
0-4	**6779**	**3591**	**3188**	**7.21**	**3.82**	**3.39**	**112.63**
0	1241	634	608	1.32	0.67	0.65	104.24
1	1270	680	590	1.35	0.72	0.63	115.20
2	1362	703	659	1.45	0.75	0.70	106.75
3	1482	796	686	1.58	0.85	0.73	116.14
4	1424	778	646	1.51	0.83	0.69	120.45
5-9	**7512**	**3956**	**3556**	**7.99**	**4.21**	**3.78**	**111.27**
5	1523	775	748	1.62	0.82	0.80	103.52
6	1508	792	716	1.60	0.84	0.76	110.60
7	1504	810	693	1.60	0.86	0.74	116.83
8	1441	779	662	1.53	0.83	0.70	117.57
9	1536	801	735	1.63	0.85	0.78	108.87
10-14	**7403**	**3775**	**3629**	**7.87**	**4.01**	**3.86**	**104.02**
10	1474	759	715	1.57	0.81	0.76	106.08
11	1508	761	747	1.60	0.81	0.79	101.93
12	1493	771	721	1.59	0.82	0.77	106.91
13	1392	694	697	1.48	0.74	0.74	99.57
14	1538	789	748	1.64	0.84	0.80	105.49
15-19	**7940**	**4051**	**3890**	**8.44**	**4.31**	**4.14**	**104.14**
15	1500	753	747	1.60	0.80	0.79	100.86
16	1491	766	725	1.59	0.81	0.77	105.57
17	1708	863	845	1.82	0.92	0.90	102.17
18	1633	848	785	1.74	0.90	0.83	108.04
19	1609	821	788	1.71	0.87	0.84	104.14
20-24	**7610**	**3943**	**3667**	**8.09**	**4.19**	**3.90**	**107.52**
20	1488	763	726	1.58	0.81	0.77	105.13
21	1514	806	708	1.61	0.86	0.75	113.80
22	1522	800	722	1.62	0.85	0.77	110.87
23	1500	789	712	1.60	0.84	0.76	110.87
24	1586	786	800	1.69	0.84	0.85	98.13
25-29	**7386**	**3811**	**3575**	**7.85**	**4.05**	**3.80**	**106.60**
25	1818	926	892	1.93	0.98	0.95	103.83
26	1497	766	731	1.59	0.81	0.78	104.87
27	1396	728	668	1.48	0.77	0.71	108.93
28	1361	705	656	1.45	0.75	0.70	107.52
29	1314	686	628	1.40	0.73	0.67	109.10

3-1c 续表 1

单位：人、%

年 龄	人口数			占总人口比重			性别比
	合计	男	女	合计	男	女	(女=100)
30-34	**6541**	**3468**	**3073**	**6.96**	**3.69**	**3.27**	**112.88**
30	1283	647	636	1.36	0.69	0.68	101.66
31	1226	644	582	1.30	0.69	0.62	110.73
32	1245	691	554	1.32	0.73	0.59	124.68
33	1447	756	692	1.54	0.80	0.74	109.27
34	1339	730	608	1.42	0.78	0.65	120.04
35-39	**6708**	**3481**	**3227**	**7.13**	**3.70**	**3.43**	**107.86**
35	1444	728	717	1.54	0.77	0.76	101.56
36	1364	708	656	1.45	0.75	0.70	107.99
37	1248	652	596	1.33	0.69	0.63	109.51
38	1206	624	582	1.28	0.66	0.62	107.19
39	1446	769	677	1.54	0.82	0.72	113.52
40-44	**7072**	**3654**	**3418**	**7.52**	**3.89**	**3.64**	**106.89**
40	1420	732	688	1.51	0.78	0.73	106.38
41	1437	717	721	1.53	0.76	0.77	99.45
42	1433	763	671	1.52	0.81	0.71	113.72
43	1470	766	704	1.56	0.81	0.75	108.88
44	1312	676	635	1.40	0.72	0.68	106.45
45-49	**7444**	**3752**	**3691**	**7.92**	**3.99**	**3.93**	**101.65**
45	1603	805	798	1.70	0.86	0.85	100.98
46	1491	763	728	1.59	0.81	0.77	104.91
47	1549	777	772	1.65	0.83	0.82	100.67
48	1342	674	668	1.43	0.72	0.71	100.81
49	1458	732	726	1.55	0.78	0.77	100.95
50-54	**5977**	**3039**	**2938**	**6.36**	**3.23**	**3.12**	**103.42**
50	1371	719	652	1.46	0.76	0.69	110.34
51	1407	693	714	1.50	0.74	0.76	97.12
52	1366	687	679	1.45	0.73	0.72	101.12
53	1196	596	599	1.27	0.63	0.64	99.55
54	638	343	295	0.68	0.37	0.31	116.58
55-59	**4079**	**2152**	**1927**	**4.34**	**2.29**	**2.05**	**111.68**
55	754	433	322	0.80	0.46	0.34	134.49
56	578	330	248	0.61	0.35	0.26	133.29
57	836	419	417	0.89	0.45	0.44	100.36
58	981	516	465	1.04	0.55	0.49	110.79
59	930	455	475	0.99	0.48	0.51	95.80
60-64	**4156**	**2104**	**2052**	**4.42**	**2.24**	**2.18**	**102.52**
60	1005	498	507	1.07	0.53	0.54	98.26
61	876	479	396	0.93	0.51	0.42	120.86
62	811	379	432	0.86	0.40	0.46	87.74
63	822	409	413	0.87	0.44	0.44	99.07
64	643	339	304	0.68	0.36	0.32	111.38

3-1c 续表 2

单位：人、%

年 龄	人口数			占总人口比重			性别比
	合计	男	女	合计	男	女	(女=100)
65-69	**2854**	**1418**	**1436**	**3.04**	**1.51**	**1.53**	**98.74**
65	692	369	323	0.74	0.39	0.34	114.38
66	715	354	361	0.76	0.38	0.38	97.87
67	466	203	263	0.50	0.22	0.28	77.15
68	491	249	242	0.52	0.26	0.26	102.83
69	490	243	247	0.52	0.26	0.26	98.54
70-74	**2165**	**1049**	**1116**	**2.30**	**1.12**	**1.19**	**93.93**
70	516	236	281	0.55	0.25	0.30	83.83
71	472	236	236	0.50	0.25	0.25	99.73
72	469	234	235	0.50	0.25	0.25	99.61
73	390	205	185	0.42	0.22	0.20	110.73
74	317	138	179	0.34	0.15	0.19	77.27
75-79	**1403**	**676**	**728**	**1.49**	**0.72**	**0.77**	**92.81**
75	330	146	184	0.35	0.16	0.20	79.40
76	303	153	150	0.32	0.16	0.16	101.91
77	318	158	160	0.34	0.17	0.17	98.84
78	214	102	112	0.23	0.11	0.12	90.86
79	238	116	122	0.25	0.12	0.13	95.69
80-84	**700**	**308**	**391**	**0.74**	**0.33**	**0.42**	**78.80**
80	192	80	112	0.20	0.08	0.12	71.13
81	169	81	88	0.18	0.09	0.09	92.05
82	147	59	88	0.16	0.06	0.09	67.15
83	110	53	57	0.12	0.06	0.06	93.42
84	82	35	46	0.09	0.04	0.05	76.29
85-89	**239**	**102**	**137**	**0.25**	**0.11**	**0.15**	**74.16**
85	89	32	57	0.09	0.03	0.06	55.33
86	44	19	26	0.05	0.02	0.03	71.73
87	51	24	27	0.05	0.03	0.03	90.16
88	31	11	20	0.03	0.01	0.02	53.44
89	24	17	7	0.03	0.02	0.01	230.08
90-94	**53**	**20**	**33**	**0.06**	**0.02**	**0.03**	**61.30**
90	18	5	13	0.02		0.01	35.88
91	17	7	11	0.02	0.01	0.01	59.77
92	11	6	5	0.01	0.01	0.01	113.61
93	3	1	2				45.75
94	4	2	2				120.94
95-99	**10**	**6**	**4**	**0.01**	**0.01**		**165.37**
95	3	3					
96	3	1	2				36.91
97	2	2					
98	3	1	2				51.86
99							
100及以上							

3-2 各地区人口年龄构成和抚养比(一)

单位：人、%

地区	人口数				占总人口比重				抚养比		
	合计	0-14岁	15-59岁	60岁及以上	合计	0-14岁	15-59岁	60岁及以上	总抚养比	少儿抚养比	老年抚养比
全区	**207867**	**41770**	**142203**	**23893**	**100.00**	**20.09**	**68.41**	**11.49**	**46.18**	**29.37**	**16.80**
银川市	**68503**	**11417**	**49181**	**7905**	**100.00**	**16.67**	**71.79**	**11.54**	**39.29**	**23.21**	**16.07**
兴庆区	23319	3567	17068	2684	100.00	15.30	73.19	11.51	36.63	20.90	15.73
西夏区	12476	1697	9388	1391	100.00	13.60	75.25	11.15	32.90	18.08	14.82
金凤区	9198	1693	6547	958	100.00	18.41	71.17	10.42	40.50	25.87	14.63
永宁县	7235	1300	4932	1003	100.00	17.97	68.17	13.86	46.70	26.37	20.33
贺兰县	7533	1334	5221	978	100.00	17.71	69.31	12.98	44.29	25.56	18.73
灵武市	8742	1825	6027	890	100.00	20.87	68.94	10.18	45.05	30.28	14.77
石嘴山市	**24873**	**3652**	**18098**	**3123**	**100.00**	**14.68**	**72.76**	**12.56**	**37.44**	**20.18**	**17.26**
大武口区	10056	1223	7630	1203	100.00	12.16	75.88	11.96	31.78	16.02	15.76
惠农区	6177	872	4507	798	100.00	14.12	72.97	12.91	37.05	19.36	17.69
平罗县	8640	1557	5960	1123	100.00	18.02	68.98	13.00	44.97	26.13	18.84
吴忠市	**41879**	**9337**	**27732**	**4809**	**100.00**	**22.30**	**66.22**	**11.48**	**51.01**	**33.67**	**17.34**
利通区	12280	2530	8252	1497	100.00	20.61	67.20	12.19	48.81	30.66	18.14
红寺堡区	5699	1478	3763	458	100.00	25.93	66.03	8.04	51.44	39.27	12.17
盐池县	5039	761	3482	795	100.00	15.10	69.11	15.78	44.69	21.85	22.84
同心县	9762	2944	6029	789	100.00	30.16	61.76	8.09	61.93	48.84	13.09
青铜峡市	9099	1623	6206	1270	100.00	17.84	68.20	13.95	46.62	26.16	20.46
固原市	**38274**	**9205**	**24755**	**4315**	**100.00**	**24.05**	**64.68**	**11.27**	**54.61**	**37.18**	**17.43**
原州区	12883	3209	8298	1376	100.00	24.91	64.41	10.68	55.25	38.67	16.58
西吉县	11400	2913	7284	1203	100.00	25.55	63.89	10.56	56.52	39.99	16.52
隆德县	4945	910	3292	743	100.00	18.40	66.58	15.02	50.20	27.64	22.56
泾源县	3127	792	1958	376	100.00	25.34	62.63	12.03	59.68	40.46	19.21
彭阳县	5919	1380	3922	617	100.00	23.32	66.26	10.42	50.91	35.19	15.72
中卫市	**34338**	**8160**	**22437**	**3741**	**100.00**	**23.76**	**65.34**	**10.89**	**53.04**	**36.37**	**16.67**
沙坡头区	12133	2385	8353	1395	100.00	19.66	68.84	11.50	45.26	28.56	16.71
中宁县	10181	2384	6688	1109	100.00	23.42	65.69	10.89	52.23	35.65	16.58
海原县	12024	3390	7397	1237	100.00	28.20	61.52	10.29	62.56	45.83	16.72

3-2ab 各地区人口年龄构成和抚养比(一)(城镇)

单位：人、%

地 区	人口数				占总人口比重				抚养比		
	合计	0-14岁	15-59岁	60岁及以上	合计	0-14岁	15-59岁	60岁及以上	总抚养比	少儿抚养比	老年抚养比
全 区	**113835**	**20076**	**81445**	**12313**	**100.00**	**17.64**	**71.55**	**10.82**	**39.77**	**24.65**	**15.12**
银川市	**52555**	**8297**	**38416**	**5842**	**100.00**	**15.79**	**73.10**	**11.12**	**36.81**	**21.60**	**15.21**
兴庆区	21970	3258	16183	2529	100.00	14.83	73.66	11.51	35.76	20.13	15.63
西夏区	11422	1455	8674	1293	100.00	12.74	75.94	11.32	31.68	16.78	14.90
金凤区	7844	1336	5632	876	100.00	17.04	71.80	11.16	39.27	23.73	15.55
永宁县	3041	612	2052	377	100.00	20.14	67.47	12.39	48.22	29.85	18.37
贺兰县	3531	651	2528	353	100.00	18.43	71.58	9.99	39.70	25.74	13.96
灵武市	4748	984	3348	416	100.00	20.73	70.51	8.75	41.82	29.40	12.41
石嘴山市	**18316**	**2488**	**13641**	**2186**	**100.00**	**13.59**	**74.48**	**11.93**	**34.27**	**18.24**	**16.02**
大武口区	9367	1101	7119	1148	100.00	11.75	75.99	12.26	31.59	15.46	16.13
惠农区	5073	729	3721	623	100.00	14.37	73.36	12.28	36.32	19.58	16.74
平罗县	3875	659	2802	415	100.00	17.00	72.29	10.71	38.33	23.52	14.81
吴忠市	**18292**	**3866**	**12561**	**1866**	**100.00**	**21.13**	**68.67**	**10.20**	**45.63**	**30.78**	**14.86**
利通区	7342	1379	5095	868	100.00	18.78	69.40	11.82	44.10	27.07	17.03
红寺堡区	1621	366	1138	117	100.00	22.59	70.19	7.23	42.48	32.18	10.30
盐池县	1809	358	1276	176	100.00	19.77	70.53	9.71	41.79	28.03	13.76
同心县	3569	1052	2260	257	100.00	29.48	63.32	7.20	57.92	46.56	11.36
青铜峡市	3950	710	2791	449	100.00	17.98	70.66	11.35	41.52	25.45	16.07
固原市	**11657**	**2528**	**7960**	**1168**	**100.00**	**21.69**	**68.29**	**10.02**	**46.44**	**31.76**	**14.68**
原州区	5490	1138	3804	547	100.00	20.73	69.30	9.97	44.29	29.90	14.39
西吉县	2412	533	1658	221	100.00	22.09	68.73	9.18	45.50	32.15	13.36
隆德县	1258	252	835	171	100.00	20.00	66.39	13.61	50.62	30.13	20.49
泾源县	811	223	514	74	100.00	27.46	63.39	9.15	57.76	43.32	14.44
彭阳县	1686	383	1149	154	100.00	22.72	68.13	9.15	46.78	33.35	13.43
中卫市	**13015**	**2897**	**8867**	**1250**	**100.00**	**22.26**	**68.13**	**9.61**	**46.78**	**32.68**	**14.10**
沙坡头区	6392	1267	4459	666	100.00	19.82	69.76	10.42	43.36	28.42	14.94
中宁县	4080	954	2746	381	100.00	23.38	67.29	9.33	48.62	34.75	13.87
海原县	2543	676	1663	204	100.00	26.60	65.39	8.01	52.92	40.67	12.25

3-2a 各地区人口年龄构成和抚养比(一)(城市)

单位：人、%

地 区	人口数				占总人口比重				抚养比		
	合计	0-14岁	15-59岁	60岁及以上	合计	0-14岁	15-59岁	60岁及以上	总抚养比	少儿抚养比	老年抚养比
全 区	**73612**	**11458**	**53863**	**8291**	**100.00**	**15.57**	**73.17**	**11.26**	**36.67**	**21.27**	**15.39**
银川市	**41798**	**6171**	**30974**	**4653**	**100.00**	**14.76**	**74.10**	**11.13**	**34.95**	**19.92**	**15.02**
兴庆区	21028	3098	15563	2368	100.00	14.73	74.01	11.26	35.12	19.90	15.22
西夏区	10654	1258	8160	1236	100.00	11.80	76.59	11.61	30.56	15.41	15.15
金凤区	7331	1224	5280	827	100.00	16.70	72.03	11.27	38.83	23.18	15.65
永宁县											
贺兰县	188	36	141	11	100.00	19.21	75.17	5.62	33.03	25.55	7.48
灵武市	2597	556	1829	211	100.00	21.42	70.45	8.13	41.94	30.40	11.54
石嘴山市	**12455**	**1615**	**9208**	**1631**	**100.00**	**12.97**	**73.94**	**13.10**	**35.25**	**17.54**	**17.71**
大武口区	7955	966	5882	1107	100.00	12.14	73.94	13.92	35.25	16.42	18.83
惠农区	4500	649	3327	524	100.00	14.43	73.93	11.64	35.26	19.52	15.74
平罗县											
吴忠市	**10015**	**1906**	**7030**	**1079**	**100.00**	**19.03**	**70.20**	**10.77**	**42.45**	**27.11**	**15.35**
利通区	5918	1128	4080	710	100.00	19.05	68.94	12.00	45.04	27.64	17.41
红寺堡区	1391	304	987	100	100.00	21.86	70.96	7.18	40.92	30.80	10.12
盐池县											
同心县											
青铜峡市	2705	474	1963	269	100.00	17.52	72.55	9.93	37.83	24.14	13.69
固原市	**4756**	**951**	**3371**	**434**	**100.00**	**20.00**	**70.88**	**9.13**	**41.09**	**28.21**	**12.88**
原州区	4756	951	3371	434	100.00	20.00	70.88	9.13	41.09	28.21	12.88
西吉县											
隆德县											
泾源县											
彭阳县											
中卫市	**4590**	**815**	**3280**	**495**	**100.00**	**17.75**	**71.47**	**10.78**	**39.92**	**24.84**	**15.08**
沙坡头区	4590	815	3280	495	100.00	17.75	71.47	10.78	39.92	24.84	15.08
中宁县											
海原县											

3-2b 各地区人口年龄构成和抚养比(一)(镇)

单位：人、%

地 区	人口数				占总人口比重				抚养比		
	合计	0-14岁	15-59岁	60岁及以上	合计	0-14岁	15-59岁	60岁及以上	总抚养比	少儿抚养比	老年抚养比
全 区	**40222**	**8618**	**27582**	**4022**	**100.00**	**21.43**	**68.57**	**10.00**	**45.83**	**31.25**	**14.58**
银川市	**10757**	**2125**	**7442**	**1190**	**100.00**	**19.76**	**69.18**	**11.06**	**44.54**	**28.56**	**15.98**
兴庆区	942	161	620	161	100.00	17.05	65.87	17.08	51.82	25.88	25.94
西夏区	768	198	514	56	100.00	25.73	66.95	7.32	49.36	38.43	10.93
金凤区	513	112	351	49	100.00	21.89	68.55	9.56	45.88	31.93	13.95
永宁县	3041	612	2052	377	100.00	20.14	67.47	12.39	48.22	29.85	18.37
贺兰县	3343	614	2386	342	100.00	18.38	71.38	10.24	40.09	25.75	14.34
灵武市	2151	428	1518	204	100.00	19.91	70.59	9.50	41.67	28.21	13.46
石嘴山市	**5861**	**873**	**4433**	**555**	**100.00**	**14.90**	**75.63**	**9.47**	**32.22**	**19.70**	**12.52**
大武口区	1413	135	1237	41	100.00	9.56	87.56	2.89	14.21	10.91	3.30
惠农区	573	79	394	99	100.00	13.84	68.84	17.31	45.26	20.11	25.15
平罗县	3875	659	2802	415	100.00	17.00	72.29	10.71	38.33	23.52	14.81
吴忠市	**8278**	**1960**	**5530**	**787**	**100.00**	**23.68**	**66.81**	**9.51**	**49.67**	**35.44**	**14.23**
利通区	1424	251	1015	158	100.00	17.66	71.28	11.07	40.30	24.77	15.53
红寺堡区	231	62	151	17	100.00	26.98	65.49	7.53	52.68	41.19	11.49
盐池县	1809	358	1276	176	100.00	19.77	70.53	9.71	41.79	28.03	13.76
同心县	3569	1052	2260	257	100.00	29.48	63.32	7.20	57.92	46.56	11.36
青铜峡市	1245	236	828	180	100.00	19.00	66.55	14.45	50.25	28.55	21.70
固原市	**6901**	**1577**	**4590**	**734**	**100.00**	**22.85**	**66.51**	**10.64**	**50.36**	**34.36**	**16.00**
原州区	734	187	434	113	100.00	25.45	59.12	15.42	69.15	43.06	26.09
西吉县	2412	533	1658	221	100.00	22.09	68.73	9.18	45.50	32.15	13.36
隆德县	1258	252	835	171	100.00	20.00	66.39	13.61	50.62	30.13	20.49
泾源县	811	223	514	74	100.00	27.46	63.39	9.15	57.76	43.32	14.44
彭阳县	1686	383	1149	154	100.00	22.72	68.13	9.15	46.78	33.35	13.43
中卫市	**8426**	**2083**	**5587**	**756**	**100.00**	**24.72**	**66.31**	**8.97**	**50.81**	**37.28**	**13.53**
沙坡头区	1802	452	1178	172	100.00	25.09	65.39	9.52	52.92	38.36	14.56
中宁县	4080	954	2746	381	100.00	23.38	67.29	9.33	48.62	34.75	13.87
海原县	2543	676	1663	204	100.00	26.60	65.39	8.01	52.92	40.67	12.25

3-2c 各地区人口年龄构成和抚养比(一)(乡村)

单位：人、%

地区	人口数				占总人口比重				抚养比		
	合计	0-14岁	15-59岁	60岁及以上	合计	0-14岁	15-59岁	60岁及以上	总抚养比	少儿抚养比	老年抚养比
全区	**94032**	**21694**	**60758**	**11580**	**100.00**	**23.07**	**64.61**	**12.32**	**54.76**	**35.71**	**19.06**
银川市	**15948**	**3120**	**10765**	**2063**	**100.00**	**19.56**	**67.50**	**12.93**	**48.14**	**28.98**	**19.16**
兴庆区	1349	309	885	155	100.00	22.89	65.59	11.52	52.47	34.90	17.56
西夏区	1054	242	714	99	100.00	22.94	67.70	9.36	47.72	33.89	13.83
金凤区	1354	357	915	82	100.00	26.37	67.54	6.09	48.05	39.04	9.02
永宁县	4194	688	2880	626	100.00	16.40	68.67	14.93	45.62	23.89	21.74
贺兰县	4002	684	2693	625	100.00	17.08	67.29	15.62	48.60	25.38	23.22
灵武市	3994	840	2679	475	100.00	21.04	67.07	11.89	49.10	31.37	17.72
石嘴山市	**6558**	**1164**	**4457**	**937**	**100.00**	**17.75**	**67.96**	**14.29**	**47.15**	**26.12**	**21.03**
大武口区	688	122	512	55	100.00	17.72	74.36	7.92	34.48	23.83	10.65
惠农区	1105	144	786	175	100.00	13.01	71.18	15.81	40.50	18.28	22.21
平罗县	4765	898	3158	708	100.00	18.85	66.28	14.86	50.87	28.44	22.42
吴忠市	**23586**	**5471**	**15172**	**2943**	**100.00**	**23.20**	**64.32**	**12.48**	**55.46**	**36.06**	**19.40**
利通区	4938	1151	3157	629	100.00	23.31	63.94	12.75	56.41	36.47	19.94
红寺堡区	4077	1112	2625	341	100.00	27.26	64.38	8.36	55.33	42.35	12.98
盐池县	3230	403	2207	620	100.00	12.49	68.32	19.19	46.37	18.28	28.08
同心县	6193	1892	3769	532	100.00	30.55	60.85	8.60	64.33	50.20	14.13
青铜峡市	5149	913	3415	821	100.00	17.73	66.32	15.95	50.78	26.74	24.05
固原市	**26617**	**6676**	**16794**	**3146**	**100.00**	**25.08**	**63.10**	**11.82**	**58.49**	**39.75**	**18.73**
原州区	7394	2071	4494	828	100.00	28.02	60.78	11.20	64.52	46.09	18.43
西吉县	8988	2380	5626	982	100.00	26.48	62.59	10.93	59.76	42.30	17.45
隆德县	3687	658	2457	572	100.00	17.86	66.64	15.50	50.06	26.79	23.27
泾源县	2316	570	1444	302	100.00	24.60	62.36	13.04	60.36	39.44	20.92
彭阳县	4233	997	2773	462	100.00	23.55	65.52	10.92	52.62	35.95	16.67
中卫市	**21323**	**5262**	**13570**	**2491**	**100.00**	**24.68**	**63.64**	**11.68**	**57.13**	**38.78**	**18.35**
沙坡头区	5742	1118	3894	729	100.00	19.48	67.82	12.70	47.45	28.72	18.73
中宁县	6101	1430	3943	728	100.00	23.44	64.62	11.93	54.74	36.28	18.46
海原县	9481	2714	5734	1033	100.00	28.62	60.48	10.90	65.35	47.33	18.02

3–3 各地区人口年龄构成和抚养比(二)

单位：人、%

地 区	人口数				占总人口比重				抚养比		
	合计	0–14岁	15–64岁	65岁及以上	合计	0–14岁	15–64岁	65岁及以上	总抚养比	少儿抚养比	老年抚养比
全 区	**207867**	**41770**	**150795**	**15302**	**100.00**	**20.09**	**72.54**	**7.36**	**37.85**	**27.70**	**10.15**
银川市	**68503**	**11417**	**52145**	**4941**	**100.00**	**16.67**	**76.12**	**7.21**	**31.37**	**21.89**	**9.48**
兴庆区	23319	3567	18037	1715	100.00	15.30	77.35	7.35	29.28	19.78	9.51
西夏区	12476	1697	9855	924	100.00	13.60	78.99	7.40	26.59	17.22	9.37
金凤区	9198	1693	6926	579	100.00	18.41	75.30	6.29	32.81	24.45	8.36
永宁县	7235	1300	5328	606	100.00	17.97	73.65	8.38	35.78	24.40	11.38
贺兰县	7533	1334	5620	578	100.00	17.71	74.61	7.68	34.02	23.74	10.29
灵武市	8742	1825	6379	539	100.00	20.87	72.96	6.16	37.06	28.61	8.45
石嘴山市	**24873**	**3652**	**19140**	**2081**	**100.00**	**14.68**	**76.95**	**8.36**	**29.95**	**19.08**	**10.87**
大武口区	10056	1223	7991	842	100.00	12.16	79.47	8.37	25.83	15.30	10.53
惠农区	6177	872	4746	559	100.00	14.12	76.82	9.05	30.17	18.38	11.79
平罗县	8640	1557	6403	679	100.00	18.02	74.11	7.86	34.93	24.32	10.61
吴忠市	**41879**	**9337**	**29520**	**3022**	**100.00**	**22.30**	**70.49**	**7.22**	**41.87**	**31.63**	**10.24**
利通区	12280	2530	8826	924	100.00	20.61	71.87	7.52	39.14	28.67	10.47
红寺堡区	5699	1478	3911	310	100.00	25.93	68.64	5.43	45.70	37.78	7.92
盐池县	5039	761	3786	492	100.00	15.10	75.14	9.76	33.09	20.10	12.99
同心县	9762	2944	6280	539	100.00	30.16	64.32	5.52	55.46	46.89	8.58
青铜峡市	9099	1623	6717	758	100.00	17.84	73.82	8.33	35.46	24.17	11.29
固原市	**38274**	**9205**	**26167**	**2903**	**100.00**	**24.05**	**68.37**	**7.58**	**46.27**	**35.18**	**11.09**
原州区	12883	3209	8740	933	100.00	24.91	67.84	7.25	47.40	36.72	10.68
西吉县	11400	2913	7674	813	100.00	25.55	67.31	7.13	48.56	37.96	10.60
隆德县	4945	910	3537	498	100.00	18.40	71.52	10.08	39.82	25.73	14.09
泾源县	3127	792	2079	255	100.00	25.34	66.49	8.17	50.39	38.11	12.28
彭阳县	5919	1380	4136	402	100.00	23.32	69.88	6.80	43.09	33.36	9.73
中卫市	**34338**	**8160**	**23823**	**2356**	**100.00**	**23.76**	**69.38**	**6.86**	**44.14**	**34.25**	**9.89**
沙坡头区	12133	2385	8890	858	100.00	19.66	73.27	7.07	36.48	26.83	9.65
中宁县	10181	2384	7100	697	100.00	23.42	69.74	6.84	43.40	33.58	9.81
海原县	12024	3390	7833	801	100.00	28.20	65.14	6.66	53.51	43.28	10.23

3-3ab 各地区人口年龄构成和抚养比(二)(城镇)

单位：人、%

地 区	人口数				占总人口比重				抚养比		
	合计	0-14岁	15-64岁	65岁及以上	合计	0-14岁	15-64岁	65岁及以上	总抚养比	少儿抚养比	老年抚养比
全 区	**113835**	**20076**	**85880**	**7878**	**100.00**	**17.64**	**75.44**	**6.92**	**32.55**	**23.38**	**9.17**
银川市	**52555**	**8297**	**40561**	**3697**	**100.00**	**15.79**	**77.18**	**7.03**	**29.57**	**20.46**	**9.11**
兴庆区	21970	3258	17102	1610	100.00	14.83	77.84	7.33	28.47	19.05	9.41
西夏区	11422	1455	9103	864	100.00	12.74	79.70	7.56	25.47	15.99	9.49
金凤区	7844	1336	5975	532	100.00	17.04	76.18	6.79	31.27	22.36	8.91
永宁县	3041	612	2186	242	100.00	20.14	71.90	7.96	39.09	28.01	11.08
贺兰县	3531	651	2671	209	100.00	18.43	75.66	5.92	32.18	24.35	7.82
灵武市	4748	984	3524	240	100.00	20.73	74.21	5.05	34.75	27.94	6.81
石嘴山市	**18316**	**2488**	**14333**	**1494**	**100.00**	**13.59**	**78.26**	**8.16**	**27.78**	**17.36**	**10.42**
大武口区	9367	1101	7463	803	100.00	11.75	79.68	8.58	25.51	14.75	10.76
惠农区	5073	729	3896	448	100.00	14.37	76.81	8.83	30.20	18.70	11.49
平罗县	3875	659	2974	243	100.00	17.00	76.74	6.26	30.32	22.16	8.16
吴忠市	**18292**	**3866**	**13269**	**1158**	**100.00**	**21.13**	**72.54**	**6.33**	**37.86**	**29.13**	**8.72**
利通区	7342	1379	5425	538	100.00	18.78	73.89	7.33	35.34	25.42	9.92
红寺堡区	1621	366	1171	84	100.00	22.59	72.21	5.20	38.48	31.28	7.21
盐池县	1809	358	1341	110	100.00	19.77	74.13	6.11	34.90	26.67	8.24
同心县	3569	1052	2350	167	100.00	29.48	65.83	4.69	51.91	44.78	7.13
青铜峡市	3950	710	2983	257	100.00	17.98	75.51	6.51	32.44	23.82	8.62
固原市	**11657**	**2528**	**8374**	**755**	**100.00**	**21.69**	**71.84**	**6.47**	**39.20**	**30.19**	**9.01**
原州区	5490	1138	3988	364	100.00	20.73	72.65	6.63	37.65	28.53	9.12
西吉县	2412	533	1736	143	100.00	22.09	71.97	5.93	38.94	30.70	8.24
隆德县	1258	252	902	105	100.00	20.00	71.68	8.32	39.51	27.91	11.60
泾源县	811	223	540	48	100.00	27.46	66.61	5.93	50.13	41.23	8.90
彭阳县	1686	383	1208	95	100.00	22.72	71.64	5.64	39.59	31.71	7.87
中卫市	**13015**	**2897**	**9343**	**775**	**100.00**	**22.26**	**71.79**	**5.95**	**39.30**	**31.01**	**8.29**
沙坡头区	6392	1267	4712	413	100.00	19.82	73.72	6.46	35.64	26.89	8.76
中宁县	4080	954	2898	228	100.00	23.38	71.03	5.59	40.79	32.92	7.87
海原县	2543	676	1733	134	100.00	26.60	68.13	5.27	46.77	39.04	7.74

3-3a 各地区人口年龄构成和抚养比(二)(城市)

单位：人、%

地 区	人口数				占总人口比重				抚养比		
	合计	0-14岁	15-64岁	65岁及以上	合计	0-14岁	15-64岁	65岁及以上	总抚养比	少儿抚养比	老年抚养比
全 区	**73612**	**11458**	**56747**	**5408**	**100.00**	**15.57**	**77.09**	**7.35**	**29.72**	**20.19**	**9.53**
银川市	**41798**	**6171**	**32665**	**2961**	**100.00**	**14.76**	**78.15**	**7.09**	**27.96**	**18.89**	**9.07**
兴庆区	21028	3098	16430	1500	100.00	14.73	78.14	7.13	27.98	18.85	9.13
西夏区	10654	1258	8562	834	100.00	11.80	80.37	7.83	24.43	14.69	9.74
金凤区	7331	1224	5603	504	100.00	16.70	76.43	6.87	30.84	21.85	8.99
永宁县											
贺兰县	188	36	146	6	100.00	19.21	77.37	3.42	29.24	24.83	4.42
灵武市	2597	556	1924	117	100.00	21.42	74.08	4.50	34.98	28.91	6.07
石嘴山市	**12455**	**1615**	**9679**	**1161**	**100.00**	**12.97**	**77.71**	**9.32**	**28.68**	**16.69**	**12.00**
大武口区	7955	966	6209	780	100.00	12.14	78.05	9.81	28.12	15.55	12.57
惠农区	4500	649	3470	381	100.00	14.43	77.11	8.46	29.69	18.72	10.97
平罗县											
吴忠市	**10015**	**1906**	**7435**	**674**	**100.00**	**19.03**	**74.24**	**6.73**	**34.69**	**25.63**	**9.06**
利通区	5918	1128	4355	436	100.00	19.05	73.58	7.37	35.91	25.90	10.01
红寺堡区	1391	304	1011	76	100.00	21.86	72.66	5.48	37.62	30.08	7.54
盐池县											
同心县											
青铜峡市	2705	474	2070	162	100.00	17.52	76.51	5.98	30.71	22.90	7.81
固原市	**4756**	**951**	**3510**	**295**	**100.00**	**20.00**	**73.80**	**6.20**	**35.50**	**27.09**	**8.41**
原州区	4756	951	3510	295	100.00	20.00	73.80	6.20	35.50	27.09	8.41
西吉县											
隆德县											
泾源县											
彭阳县											
中卫市	**4590**	**815**	**3458**	**317**	**100**	**17.75**	**75.35**	**6.90**	**32.72**	**23.56**	**9.16**
沙坡头区	4590	815	3458	317	100	17.75	75.35	6.90	32.72	23.56	9.16
中宁县											
海原县											

3-3b 各地区人口年龄构成和抚养比(二)(镇)

单位：人、%

地区	人口数				占总人口比重				抚养比		
	合计	0-14岁	15-64岁	65岁及以上	合计	0-14岁	15-64岁	65岁及以上	总抚养比	少儿抚养比	老年抚养比
全区	**40222**	**8618**	**29134**	**2470**	**100.00**	**21.43**	**72.43**	**6.14**	**38.06**	**29.58**	**8.48**
银川市	**10757**	**2125**	**7896**	**736**	**100.00**	**19.76**	**73.40**	**6.84**	**36.24**	**26.92**	**9.32**
兴庆区	942	161	671	110	100.00	17.05	71.30	11.65	40.25	23.91	16.34
西夏区	768	198	541	30	100.00	25.73	70.41	3.86	42.03	36.54	5.49
金凤区	513	112	372	28	100.00	21.89	72.56	5.55	37.81	30.16	7.65
永宁县	3041	612	2186	242	100.00	20.14	71.90	7.96	39.09	28.01	11.08
贺兰县	3343	614	2526	203	100.00	18.38	75.56	6.06	32.35	24.33	8.02
灵武市	2151	428	1600	123	100.00	19.91	74.37	5.72	34.46	26.77	7.69
石嘴山市	**5861**	**873**	**4655**	**333**	**100.00**	**14.90**	**79.42**	**5.68**	**25.91**	**18.76**	**7.15**
大武口区	1413	135	1255	23	100.00	9.56	88.82	1.63	12.59	10.76	1.83
惠农区	573	79	426	67	100.00	13.84	74.42	11.74	34.37	18.60	15.77
平罗县	3875	659	2974	243	100.00	17.00	76.74	6.26	30.32	22.16	8.16
吴忠市	**8278**	**1960**	**5834**	**484**	**100.00**	**23.68**	**70.48**	**5.84**	**41.89**	**33.60**	**8.29**
利通区	1424	251	1070	102	100.00	17.66	75.16	7.19	33.05	23.49	9.56
红寺堡区	231	62	160	8	100.00	26.98	69.48	3.54	43.92	38.83	5.10
盐池县	1809	358	1341	110	100.00	19.77	74.13	6.11	34.90	26.67	8.24
同心县	3569	1052	2350	167	100.00	29.48	65.83	4.69	51.91	44.78	7.13
青铜峡市	1245	236	913	95	100.00	19.00	73.33	7.66	36.36	25.91	10.45
固原市	**6901**	**1577**	**4864**	**460**	**100.00**	**22.85**	**70.48**	**6.66**	**41.87**	**32.42**	**9.45**
原州区	734	187	478	69	100.00	25.45	65.17	9.38	53.45	39.06	14.39
西吉县	2412	533	1736	143	100.00	22.09	71.97	5.93	38.94	30.70	8.24
隆德县	1258	252	902	105	100.00	20.00	71.68	8.32	39.51	27.91	11.60
泾源县	811	223	540	48	100.00	27.46	66.61	5.93	50.13	41.23	8.90
彭阳县	1686	383	1208	95	100.00	22.72	71.64	5.64	39.59	31.71	7.87
中卫市	**8426**	**2083**	**5885**	**458**	**100.00**	**24.72**	**69.85**	**5.44**	**43.17**	**35.39**	**7.78**
沙坡头区	1802	452	1254	96	100.00	25.09	69.59	5.33	43.71	36.05	7.66
中宁县	4080	954	2898	228	100.00	23.38	71.03	5.59	40.79	32.92	7.87
海原县	2543	676	1733	134	100.00	26.60	68.13	5.27	46.77	39.04	7.74

3-3c 各地区人口年龄构成和抚养比(二)(乡村)

单位：人、%

地 区	人口数				占总人口比重				抚养比		
	合计	0-14岁	15-64岁	65岁及以上	合计	0-14岁	15-64岁	65岁及以上	总抚养比	少儿抚养比	老年抚养比
全 区	**94032**	**21694**	**64914**	**7424**	**100.00**	**23.07**	**69.03**	**7.90**	**44.86**	**33.42**	**11.44**
银川市	**15948**	**3120**	**11584**	**1244**	**100.00**	**19.56**	**72.64**	**7.80**	**37.67**	**26.93**	**10.74**
兴庆区	1349	309	935	105	100.00	22.89	69.33	7.78	44.25	33.02	11.22
西夏区	1054	242	752	60	100.00	22.94	71.36	5.70	40.14	32.15	7.99
金凤区	1354	357	951	47	100.00	26.37	70.20	3.44	42.46	37.56	4.90
永宁县	4194	688	3142	364	100.00	16.40	74.92	8.68	33.48	21.90	11.59
贺兰县	4002	684	2949	369	100.00	17.08	73.69	9.23	35.70	23.18	12.52
灵武市	3994	840	2855	299	100.00	21.04	71.47	7.48	39.91	29.44	10.47
石嘴山市	**6558**	**1164**	**4807**	**587**	**100.00**	**17.75**	**73.30**	**8.95**	**36.42**	**24.22**	**12.21**
大武口区	688	122	528	39	100.00	17.72	76.69	5.59	30.40	23.10	7.29
惠农区	1105	144	849	111	100.00	13.01	76.89	10.09	30.05	16.92	13.12
平罗县	4765	898	3430	437	100.00	18.85	71.98	9.17	38.93	26.19	12.74
吴忠市	**23586**	**5471**	**16251**	**1865**	**100.00**	**23.20**	**68.90**	**7.91**	**45.14**	**33.67**	**11.47**
利通区	4938	1151	3401	386	100.00	23.31	68.87	7.81	45.20	33.85	11.34
红寺堡区	4077	1112	2741	225	100.00	27.26	67.21	5.52	48.78	40.56	8.22
盐池县	3230	403	2445	381	100.00	12.49	75.70	11.81	32.10	16.50	15.60
同心县	6193	1892	3930	371	100.00	30.55	63.46	5.99	57.59	48.14	9.44
青铜峡市	5149	913	3734	501	100.00	17.73	72.53	9.73	37.87	24.45	13.42
固原市	**26617**	**6676**	**17793**	**2148**	**100.00**	**25.08**	**66.85**	**8.07**	**49.60**	**37.52**	**12.07**
原州区	7394	2071	4752	570	100.00	28.02	64.28	7.70	55.57	43.59	11.99
西吉县	8988	2380	5938	670	100.00	26.48	66.06	7.46	51.37	40.08	11.29
隆德县	3687	658	2635	394	100.00	17.86	71.47	10.68	39.93	24.98	14.94
泾源县	2316	570	1539	207	100.00	24.60	66.45	8.95	50.48	37.01	13.47
彭阳县	4233	997	2928	307	100.00	23.55	69.19	7.26	44.54	34.05	10.49
中卫市	**21323**	**5262**	**14480**	**1581**	**100.00**	**24.68**	**67.91**	**7.41**	**47.26**	**36.34**	**10.92**
沙坡头区	5742	1118	4178	445	100.00	19.48	72.77	7.75	37.42	26.76	10.66
中宁县	6101	1430	4202	469	100.00	23.44	68.87	7.68	45.19	34.04	11.16
海原县	9481	2714	6100	667	100.00	28.62	64.34	7.04	55.42	44.49	10.93

4 受教育程度

4-1 全区分年龄、性别、受教育程度的6岁及以上人口

单位：人

年龄	6岁及以上人口			未上过学			小学		
	合计	男	女	小计	男	女	小计	男	女
总计	**190908**	**97980**	**92927**	**16813**	**5161**	**11652**	**52726**	**25552**	**27173**
6-9	**10877**	**5812**	**5065**	**422**	**243**	**179**	**10453**	**5567**	**4885**
6	2629	1385	1243	355	207	147	2274	1178	1096
7	2820	1499	1321	32	16	16	2788	1483	1305
8	2674	1459	1215	20	11	9	2654	1448	1206
9	2755	1470	1286	16	10	6	2737	1459	1279
10-14	**13933**	**7194**	**6739**	**58**	**26**	**32**	**7670**	**3974**	**3696**
10	2765	1425	1340	15	5	10	2684	1386	1297
11	2851	1462	1389	12	3	9	2612	1352	1259
12	2691	1400	1290	10	7	3	1482	769	713
13	2744	1391	1353	11	4	7	609	313	297
14	2883	1516	1367	10	7	3	284	153	130
15-19	**14720**	**7776**	**6944**	**62**	**34**	**28**	**543**	**247**	**296**
15	2498	1297	1201	9	4	5	64	32	32
16	2707	1460	1247	5	5		73	40	32
17	3242	1794	1449	13	12	2	117	51	66
18	3086	1647	1439	11	2	9	139	53	86
19	3187	1578	1609	24	11	12	150	71	79
20-24	**17786**	**9325**	**8461**	**144**	**52**	**92**	**1266**	**515**	**751**
20	4139	2089	2050	19	6	13	199	80	119
21	3763	2003	1759	24	13	11	237	91	146
22	3492	1885	1607	29	11	17	241	98	143
23	3249	1735	1514	34	13	21	287	124	164
24	3144	1613	1530	38	9	29	303	124	179
25-29	**18276**	**9182**	**9094**	**325**	**98**	**228**	**2360**	**953**	**1406**
25	4139	2089	2050	54	19	35	476	186	290
26	3635	1810	1825	59	23	36	432	160	272
27	3568	1774	1793	51	18	33	441	185	257
28	3577	1816	1761	70	19	51	487	193	293
29	3358	1694	1663	92	19	72	523	229	295
30-34	**16066**	**8189**	**7877**	**686**	**175**	**511**	**2932**	**1271**	**1661**
30	3161	1571	1589	111	23	88	518	209	309
31	3107	1564	1543	116	23	94	540	233	308
32	3085	1618	1467	109	36	73	593	256	337
33	3598	1778	1819	179	46	133	694	299	394
34	3116	1657	1459	171	47	123	587	274	313
35-39	**17117**	**8793**	**8324**	**883**	**236**	**647**	**3459**	**1543**	**1916**
35	3542	1813	1730	188	52	137	736	300	437
36	3407	1765	1642	151	35	115	679	303	377
37	3322	1663	1659	179	47	132	647	277	370
38	3187	1633	1554	175	50	125	631	304	327
39	3658	1918	1740	190	52	138	765	360	405
40-44	**18197**	**9461**	**8736**	**1140**	**353**	**787**	**3883**	**1764**	**2118**
40	3652	1900	1753	193	67	126	781	347	434
41	3658	1884	1773	222	71	151	774	350	424
42	3718	1932	1786	240	81	159	771	349	422
43	3690	1913	1776	237	73	164	790	361	430
44	3479	1832	1647	247	61	186	767	359	408

4-1 续表 1 单位：人

年龄	初中			普通高中			中职		
	小计	男	女	小计	男	女	小计	男	女
总计	**64122**	**36125**	**27997**	**20745**	**11195**	**9550**	**7403**	**4347**	**3057**
6-9	**2**	**1**	**1**						
6									
7									
8									
9	2	1	1						
10-14	**5984**	**3103**	**2881**	**184**	**66**	**117**	**38**	**25**	**13**
10	66	33	33						
11	228	107	121						
12	1199	624	575						
13	2072	1051	1020	43	20	23	9	4	5
14	2419	1287	1132	141	47	94	29	22	8
15-19	**4741**	**2657**	**2084**	**5753**	**2634**	**3118**	**1847**	**1377**	**470**
15	1680	909	771	607	258	349	129	89	40
16	962	536	425	1212	533	679	401	322	79
17	721	411	310	1640	766	873	583	469	114
18	658	389	269	1347	662	686	429	312	117
19	721	412	309	947	416	531	303	184	119
20-24	**5067**	**2891**	**2176**	**2224**	**1144**	**1080**	**1148**	**632**	**516**
20	827	480	348	667	274	393	290	179	111
21	959	563	396	407	201	206	239	124	115
22	1012	594	418	394	228	166	200	116	84
23	1107	612	495	372	217	155	225	115	110
24	1161	642	519	384	223	161	193	96	97
25-29	**7152**	**3836**	**3317**	**2224**	**1262**	**962**	**833**	**374**	**460**
25	1553	833	721	556	329	228	217	94	124
26	1405	760	646	451	249	202	193	79	113
27	1390	728	662	439	254	185	165	72	92
28	1468	783	685	404	228	176	133	59	74
29	1335	732	603	374	203	171	125	69	56
30-34	**7016**	**3855**	**3161**	**1357**	**807**	**551**	**654**	**313**	**341**
30	1339	725	614	315	188	128	114	60	53
31	1322	707	615	262	158	103	108	43	65
32	1340	747	594	254	150	105	136	76	60
33	1622	885	737	295	165	130	145	59	86
34	1392	792	600	231	146	84	152	74	77
35-39	**7561**	**4172**	**3389**	**1675**	**974**	**701**	**614**	**314**	**300**
35	1552	883	669	290	165	125	133	75	57
36	1521	841	680	337	204	133	120	56	63
37	1486	808	678	309	177	131	130	77	53
38	1343	718	625	341	191	149	110	54	56
39	1659	922	736	398	235	163	122	51	71
40-44	**8035**	**4411**	**3624**	**2029**	**1163**	**866**	**629**	**352**	**277**
40	1647	900	747	361	206	154	117	70	46
41	1678	911	766	355	203	152	124	71	54
42	1663	919	744	428	227	201	125	63	62
43	1611	859	752	450	282	168	129	77	52
44	1436	822	615	436	245	191	133	71	62

4-1 续表 2　　　　单位：人

年 龄	大学专科			大学本科			研究生		
	小计	男	女	小计	男	女	小计	男	女
总 计	**14541**	**7299**	**7242**	**13971**	**7995**	**5976**	**586**	**306**	**280**
6-9									
6									
7									
8									
9									
10-14									
10									
11									
12									
13									
14									
15-19	**614**	**261**	**353**	**1160**	**566**	**594**	**1**		**1**
15	7	3	3	2	1	1			
16	39	18	21	15	6	9			
17	92	47	45	75	37	38			
18	156	70	86	345	159	186			
19	319	121	198	722	363	359	1		1
20-24	**3063**	**1109**	**1954**	**4833**	**2961**	**1872**	**42**	**22**	**21**
20	686	210	476	1450	860	590	1		1
21	685	233	452	1210	777	432	2	2	
22	608	217	390	1004	620	383	5	1	4
23	531	217	314	678	428	249	15	7	7
24	554	232	322	492	275	217	20	12	8
25-29	**2745**	**1313**	**1432**	**2486**	**1295**	**1192**	**150**	**52**	**98**
25	621	286	334	618	329	290	43	13	30
26	595	267	328	462	261	201	37	10	27
27	590	274	315	473	232	241	20	12	8
28	479	265	214	508	258	250	28	11	17
29	460	219	240	425	215	210	24	7	16
30-34	**1735**	**917**	**818**	**1562**	**785**	**777**	**124**	**68**	**57**
30	402	202	200	339	153	185	23	12	11
31	369	204	165	371	189	182	17	7	10
32	324	183	140	293	147	145	37	24	13
33	340	162	179	298	149	149	25	14	11
34	299	166	134	262	146	115	22	11	11
35-39	**1683**	**877**	**807**	**1146**	**623**	**522**	**95**	**53**	**42**
35	346	165	180	269	161	109	28	12	16
36	353	186	167	231	129	102	16	10	6
37	324	163	161	222	99	123	24	15	10
38	366	208	158	205	97	108	16	10	6
39	295	154	140	219	137	82	11	5	5
40-44	**1447**	**816**	**631**	**961**	**558**	**403**	**73**	**44**	**30**
40	317	175	142	224	128	96	14	7	7
41	287	154	134	197	115	82	20	9	10
42	286	171	115	189	113	75	16	9	7
43	284	159	126	176	94	82	12	10	2
44	272	158	114	175	108	67	12	9	3

4-1　续表 3　　单位：人

年　龄	6岁及以上人口			未上过学			小　学		
	合计	男	女	小计	男	女	小计	男	女
45—49	**17715**	**9056**	**8659**	**1468**	**382**	**1086**	**4649**	**2047**	**2602**
45	3983	1999	1984	312	90	222	951	389	561
46	3658	1865	1793	282	80	203	933	387	546
47	3732	1913	1819	320	88	231	986	443	543
48	3083	1625	1458	249	57	192	831	392	439
49	3259	1653	1606	305	67	238	948	436	513
50—54	**13510**	**6908**	**6601**	**1448**	**332**	**1116**	**3587**	**1543**	**2044**
50	3076	1623	1453	288	82	207	857	392	464
51	3188	1604	1584	339	80	259	844	354	490
52	3330	1703	1627	330	68	262	827	355	472
53	2616	1292	1324	320	59	262	691	275	417
54	1299	686	613	170	44	126	367	167	201
55—59	**8817**	**4565**	**4252**	**1701**	**489**	**1211**	**2873**	**1342**	**1531**
55	1661	900	761	212	47	164	482	219	262
56	1357	712	645	226	66	161	374	180	194
57	1807	939	868	390	126	265	590	265	325
58	2069	1065	1004	415	119	296	743	366	377
59	1923	949	974	458	132	326	684	312	372
60—64	**8591**	**4300**	**4291**	**2311**	**689**	**1622**	**3483**	**1782**	**1701**
60	2005	987	1018	524	137	387	790	391	399
61	1909	972	937	457	138	319	788	421	367
62	1655	836	819	456	141	315	686	340	345
63	1665	795	870	497	148	349	660	332	329
64	1357	710	647	376	124	252	559	299	260
65—69	**5795**	**2826**	**2969**	**1881**	**595**	**1286**	**2370**	**1225**	**1145**
65	1444	744	700	452	158	294	569	303	266
66	1398	684	713	450	144	305	589	305	284
67	971	451	521	314	91	224	401	192	209
68	1015	484	532	337	105	232	429	222	206
69	967	463	504	327	98	230	382	202	180
70—74	**4362**	**2112**	**2250**	**1733**	**586**	**1147**	**1563**	**843**	**719**
70	959	456	503	382	117	264	359	186	172
71	936	460	477	374	132	241	345	192	153
72	925	454	472	347	116	231	331	184	147
73	832	402	430	341	128	213	287	155	132
74	709	341	368	290	92	198	241	125	116
75—79	**2985**	**1450**	**1535**	**1377**	**478**	**899**	**998**	**556**	**442**
75	729	354	375	288	82	206	257	142	115
76	623	304	318	278	101	177	223	122	101
77	649	319	330	323	126	197	213	121	92
78	487	226	261	247	85	162	152	82	70
79	497	247	250	241	84	157	153	89	64
80—84	**1522**	**730**	**792**	**788**	**266**	**522**	**463**	**269**	**194**
80	415	182	233	200	60	139	142	72	70
81	344	160	184	189	67	122	102	58	44
82	315	149	166	164	51	113	96	58	39
83	271	150	121	133	53	80	81	51	30
84	178	89	89	102	35	67	43	31	12
85及以上	**638**	**300**	**338**	**388**	**128**	**260**	**175**	**109**	**66**

4-1 续表 4

单位：人

年龄	初中			普通高中			中职		
	小计	男	女	小计	男	女	小计	男	女
45–49	**7120**	**4042**	**3077**	**1935**	**1109**	**827**	**438**	**232**	**206**
45	1674	938	736	473	281	192	98	50	48
46	1437	806	631	457	255	202	94	46	48
47	1456	818	639	401	230	171	100	55	44
48	1272	740	532	301	176	125	72	34	38
49	1281	740	540	303	166	137	73	46	27
50–54	**5024**	**2986**	**2038**	**1540**	**875**	**665**	**311**	**182**	**129**
50	1229	723	506	276	149	127	59	39	20
51	1224	719	504	286	154	132	72	38	33
52	1233	733	499	417	230	187	93	51	42
53	882	512	370	378	235	143	65	47	18
54	457	298	159	182	106	76	21	7	14
55–59	**2351**	**1514**	**837**	**1004**	**633**	**370**	**269**	**170**	**99**
55	557	373	184	228	151	76	45	26	19
56	425	261	164	204	120	84	37	22	15
57	436	290	146	211	141	71	48	28	20
58	512	322	190	191	118	74	70	49	21
59	421	268	153	169	103	65	69	45	24
60–64	**1876**	**1207**	**669**	**369**	**245**	**124**	**183**	**104**	**80**
60	431	282	149	110	69	40	43	25	18
61	433	265	167	85	55	30	53	28	25
62	342	230	112	66	47	19	37	23	14
63	376	235	141	63	45	18	29	14	15
64	294	194	99	46	29	16	21	14	6
65–69	**967**	**637**	**329**	**206**	**119**	**87**	**181**	**102**	**79**
65	278	185	93	47	30	17	30	16	14
66	241	168	74	50	25	25	30	13	17
67	149	101	48	41	22	19	31	17	13
68	151	90	62	30	20	10	44	27	17
69	147	94	53	37	22	16	46	28	18
70–74	**661**	**422**	**239**	**126**	**83**	**42**	**134**	**84**	**50**
70	146	101	45	29	23	7	16	7	9
71	135	80	55	21	16	5	34	17	17
72	148	90	58	33	20	14	36	27	10
73	132	77	55	23	13	9	21	17	5
74	100	74	26	19	12	8	25	16	9
75–79	**355**	**231**	**123**	**71**	**48**	**24**	**87**	**59**	**28**
75	99	61	38	25	20	4	28	19	9
76	77	51	25	15	8	7	17	12	5
77	67	45	23	12	8	4	21	10	11
78	55	34	21	10	6	5	11	9	2
79	56	40	16	8	5	3	10	9	1
80–84	**157**	**112**	**45**	**42**	**26**	**15**	**34**	**27**	**6**
80	41	28	12	10	5	4	11	8	3
81	26	15	11	9	5	4	10	8	2
82	37	27	10	7	5	2	5	4	1
83	36	30	6	12	8	3	2	1	1
84	18	13	6	4	3	2	6	6	
85及以上	**54**	**47**	**6**	**7**	**7**		**4**	**2**	**3**

4－1　续表 5　　　　　　　　　　　　　　　　　　　　　　　　　　　　单位：人

年 龄	大学专科			大学本科			研究生		
	小计	男	女	小计	男	女	小计	男	女
45—49	**1263**	**712**	**551**	**788**	**495**	**292**	**54**	**36**	**18**
45	285	151	134	174	91	83	17	8	8
46	268	166	102	172	115	57	15	10	4
47	277	153	124	180	118	62	12	7	4
48	222	130	92	131	92	39	5	4	1
49	211	112	99	131	81	50	6	5	1
50—54	**988**	**582**	**407**	**582**	**390**	**192**	**30**	**19**	**12**
50	236	147	88	127	88	39	4	2	2
51	229	130	100	190	125	65	4	3	1
52	262	150	112	153	107	46	15	9	6
53	188	109	80	87	54	33	4	3	1
54	74	46	27	25	17	8	3	2	1
55—59	**434**	**292**	**142**	**177**	**116**	**62**	**9**	**9**	
55	92	53	39	46	30	16			
56	59	45	14	28	16	12	2	2	
57	96	65	31	32	21	11	4	4	
58	97	60	38	40	31	9	1	1	
59	89	68	21	31	18	13	2	2	
60—64	**260**	**192**	**68**	**104**	**77**	**28**	**5**	**5**	
60	65	51	14	38	29	9	4	4	
61	66	43	23	25	20	4	1	1	
62	51	42	9	16	12	4			
63	30	16	15	10	6	4			
64	47	41	6	15	9	6			
65—69	**134**	**105**	**29**	**56**	**43**	**13**			
65	44	32	12	22	20	2			
66	30	25	5	6	3	3			
67	24	18	6	11	9	2			
68	21	17	4	3	3				
69	15	13	2	13	7	6			
70—74	**86**	**51**	**36**	**58**	**42**	**16**	**1**	**1**	
70	13	10	3	14	12	3			
71	15	11	4	12	11	1			
72	18	8	10	11	8	3	1	1	
73	20	10	10	9	2	7			
74	21	12	9	12	9	3			
75—79	**66**	**56**	**11**	**31**	**24**	**8**			
75	18	16	2	15	14	1			
76	9	9		4	2	3			
77	7	5	2	5	4	1			
78	9	9		3	2	1			
79	24	17	7	5	3	2			
80—84	**15**	**13**	**3**	**23**	**18**	**5**	**1**		**1**
80	6	5	1	6	3	3			
81	5	4	1	4	4				
82	2	2	1	4	4				
83	1	1		6	6		1		1
84	1	1		3	1	2			
85及以上	**7**	**5**	**2**	**4**	**3**	**1**			

4-1ab 全区分年龄、性别、受教育程度的6岁及以上人口(城镇)

单位：人

年 龄	6岁及以上人口			未上过学			小 学		
	合计	男	女	小计	男	女	小计	男	女
总 计	**105177**	**53990**	**51186**	**4367**	**1268**	**3100**	**20635**	**9539**	**11096**
6-9	**4888**	**2630**	**2258**	**213**	**126**	**87**	**4676**	**2505**	**2171**
6	1120	593	527	178	109	69	942	484	458
7	1316	688	628	12	4	8	1304	684	619
8	1233	680	553	14	9	6	1219	671	547
9	1219	669	550	8	4	4	1211	665	546
10-14	**6530**	**3419**	**3111**	**22**	**7**	**15**	**3262**	**1719**	**1543**
10	1291	667	625	9	3	6	1257	652	606
11	1344	701	643	3		3	1219	646	574
12	1198	629	569	4	2	2	527	275	252
13	1352	697	655	4	1	3	190	102	88
14	1345	726	619	2	1	1	69	44	24
15-19	**6779**	**3725**	**3054**	**8**	**5**	**3**	**58**	**27**	**30**
15	998	543	454	2	1	1	6	2	4
16	1216	694	521	2	2		7	3	4
17	1535	931	604				19	11	8
18	1453	799	654	2	1	1	11	5	6
19	1578	758	821	1	1	1	14	5	9
20-24	**10176**	**5382**	**4794**	**26**	**14**	**12**	**234**	**117**	**117**
20	2651	1326	1325	4	1	3	32	16	16
21	2249	1198	1051	4	3	1	40	21	19
22	1970	1085	885	5	5		44	16	27
23	1748	946	803	8	4	4	47	23	24
24	1558	828	730	5	1	4	71	41	30
25-29	**10890**	**5372**	**5519**	**66**	**21**	**45**	**639**	**241**	**398**
25	2321	1163	1158	10	3	7	122	49	73
26	2138	1043	1095	12	4	8	117	39	78
27	2171	1046	1125	9	4	6	129	51	79
28	2216	1111	1105	20	8	12	130	44	86
29	2044	1009	1035	14	2	12	140	57	83
30-34	**9525**	**4721**	**4804**	**113**	**30**	**82**	**859**	**344**	**514**
30	1878	925	953	26	6	20	152	67	85
31	1880	920	961	12	4	8	156	61	95
32	1840	927	913	26	8	18	166	68	98
33	2150	1023	1128	26	6	20	204	79	125
34	1777	927	850	23	6	17	180	69	111
35-39	**10409**	**5312**	**5097**	**180**	**57**	**123**	**1064**	**436**	**628**
35	2098	1085	1013	41	13	28	214	81	133
36	2043	1057	986	29	5	24	209	81	128
37	2074	1011	1063	40	16	23	211	77	135
38	1981	1009	972	39	8	30	199	93	106
39	2212	1149	1063	31	14	17	232	105	127
40-44	**11125**	**5807**	**5318**	**234**	**72**	**162**	**1379**	**589**	**790**
40	2233	1168	1065	38	10	28	275	125	151
41	2220	1168	1053	44	16	28	280	119	160
42	2285	1169	1116	46	16	30	279	112	167
43	2220	1147	1073	60	17	43	262	116	146
44	2167	1155	1012	46	13	33	283	117	166

4-1ab 续表 1 单位：人

年 龄	初 中			普通高中			中 职		
	小计	男	女	小计	男	女	小计	男	女
总 计	**34856**	**18850**	**16006**	**14318**	**7334**	**6984**	**5843**	**3518**	**2325**
6—9									
6									
7									
8									
9									
10—14	**3109**	**1647**	**1462**	**114**	**31**	**83**	**23**	**16**	**7**
10	25	12	13						
11	121	55	66						
12	667	352	316						
13	1135	586	548	20	6	13	4	1	3
14	1161	641	519	94	25	70	19	15	4
15—19	**1242**	**777**	**464**	**2875**	**1172**	**1703**	**1272**	**1108**	**164**
15	522	314	208	375	159	216	86	63	23
16	236	155	80	651	256	396	292	265	27
17	167	104	63	813	360	453	442	409	33
18	151	102	48	615	263	352	286	244	42
19	166	102	64	421	135	286	165	126	39
20—24	**1840**	**1027**	**813**	**1140**	**527**	**613**	**689**	**393**	**295**
20	270	160	110	368	110	258	156	107	49
21	331	184	147	199	94	105	154	82	72
22	362	206	156	183	105	78	111	70	41
23	433	238	195	196	107	89	149	74	75
24	444	240	204	195	112	84	118	60	58
25—29	**3417**	**1727**	**1690**	**1514**	**821**	**692**	**641**	**284**	**357**
25	677	358	319	326	181	145	156	70	87
26	642	319	322	318	168	150	152	62	90
27	687	332	355	299	168	130	121	57	63
28	730	370	360	295	163	133	113	45	69
29	681	348	333	276	141	135	99	51	48
30—34	**3811**	**1928**	**1883**	**1076**	**609**	**467**	**567**	**275**	**292**
30	686	344	342	238	140	97	97	51	46
31	712	341	372	197	114	83	98	39	59
32	750	390	359	209	114	94	116	64	52
33	898	440	458	248	134	114	138	55	82
34	766	413	353	185	107	78	119	67	52
35—39	**4491**	**2347**	**2144**	**1451**	**817**	**634**	**591**	**298**	**293**
35	899	484	414	251	139	112	123	69	54
36	876	463	413	291	171	120	118	55	62
37	892	445	447	261	146	116	122	71	51
38	828	436	392	299	168	131	109	54	55
39	996	518	478	349	194	155	119	48	71
40—44	**4850**	**2582**	**2268**	**1724**	**924**	**800**	**599**	**326**	**273**
40	996	522	474	304	167	137	114	68	46
41	984	536	448	311	171	140	115	63	53
42	1019	544	475	362	172	191	123	62	61
43	955	479	476	372	214	158	122	70	51
44	895	500	395	374	200	175	125	63	61

4-1ab 续表 2　　单位：人

年龄	大学专科			大学本科			研究生		
	小计	男	女	小计	男	女	小计	男	女
总计	**12052**	**5970**	**6082**	**12542**	**7221**	**5321**	**562**	**290**	**272**
6-9									
6									
7									
8									
9									
10-14									
10									
11									
12									
13									
14									
15-19	**345**	**151**	**194**	**980**	**485**	**495**			
15	4	3	2	1	1				
16	17	9	8	11	4	7			
17	41	25	17	52	23	30			
18	92	44	48	297	140	157			
19	191	72	120	619	317	302			
20-24	**2113**	**687**	**1426**	**4101**	**2599**	**1502**	**34**	**16**	**17**
20	515	132	383	1306	800	506			
21	481	122	359	1041	692	348			
22	407	136	272	854	547	307	4	1	3
23	355	140	215	549	354	195	11	5	6
24	355	158	197	351	205	146	18	10	8
25-29	**2308**	**1101**	**1206**	**2159**	**1125**	**1034**	**147**	**51**	**96**
25	502	228	273	486	260	226	41	12	29
26	476	217	258	386	224	162	36	10	26
27	493	227	266	414	196	218	19	11	8
28	416	225	191	483	246	238	28	11	17
29	421	203	217	389	199	191	24	7	16
30-34	**1491**	**740**	**752**	**1485**	**727**	**758**	**123**	**68**	**56**
30	326	156	169	331	149	182	23	12	11
31	330	172	158	358	181	177	17	7	10
32	272	136	136	265	123	142	37	24	13
33	323	151	172	289	144	145	25	14	11
34	241	125	116	243	130	112	21	11	10
35-39	**1455**	**738**	**717**	**1092**	**575**	**517**	**86**	**43**	**42**
35	288	139	148	254	147	108	28	12	16
36	287	154	134	218	118	100	16	10	6
37	314	155	159	219	97	122	15	6	10
38	298	152	146	194	87	107	16	10	6
39	268	138	130	208	127	80	11	5	5
40-44	**1329**	**734**	**594**	**937**	**536**	**402**	**73**	**44**	**30**
40	279	152	128	213	118	95	14	7	7
41	270	138	132	196	114	82	20	9	10
42	251	142	109	188	112	75	16	9	7
43	271	156	114	166	84	82	12	10	2
44	258	146	112	175	108	67	12	9	3

4−1ab 续表 3

单位：人

年 龄	6岁及以上人口			未上过学			小 学		
	合计	男	女	小计	男	女	小计	男	女
45—49	**10271**	**5303**	**4968**	**295**	**69**	**226**	**1662**	**679**	**983**
45	2380	1194	1186	63	12	51	339	130	210
46	2167	1102	1065	61	16	46	330	127	202
47	2182	1136	1047	57	10	47	371	161	210
48	1741	952	790	40	14	27	294	125	168
49	1801	920	880	73	18	56	328	135	193
50—54	**7532**	**3869**	**3663**	**297**	**54**	**243**	**1240**	**471**	**769**
50	1705	904	802	58	14	44	284	119	165
51	1781	911	871	65	11	54	285	107	178
52	1964	1016	947	79	17	62	317	120	197
53	1421	696	725	59	5	54	242	79	163
54	661	343	319	37	8	29	112	46	66
55—59	**4738**	**2412**	**2325**	**431**	**106**	**325**	**1115**	**431**	**684**
55	907	468	440	59	11	47	179	64	115
56	779	382	397	63	14	49	159	61	98
57	971	520	451	94	30	64	229	91	138
58	1088	549	539	106	26	80	289	122	167
59	993	494	499	110	25	85	260	94	166
60—64	**4435**	**2196**	**2239**	**684**	**189**	**495**	**1494**	**630**	**865**
60	1001	489	511	152	36	116	316	128	188
61	1033	492	541	155	35	120	340	143	197
62	844	457	387	126	46	80	285	125	161
63	843	386	457	143	40	103	290	116	175
64	714	371	343	108	32	76	263	118	145
65—69	**2941**	**1408**	**1533**	**507**	**151**	**356**	**1128**	**460**	**668**
65	752	375	377	126	37	89	266	112	153
66	682	330	352	106	32	74	287	122	165
67	505	248	258	88	26	63	183	74	110
68	525	235	290	95	28	67	213	79	134
69	477	220	257	92	29	63	180	73	107
70—74	**2197**	**1063**	**1133**	**470**	**132**	**338**	**808**	**376**	**431**
70	442	221	222	87	21	66	166	73	93
71	464	224	240	103	31	71	176	83	92
72	456	220	237	92	28	64	157	72	85
73	442	197	245	91	22	69	164	72	91
74	393	203	190	97	30	67	145	75	70
75—79	**1582**	**775**	**807**	**419**	**117**	**302**	**594**	**282**	**313**
75	400	208	191	72	15	57	159	79	81
76	319	151	168	80	22	58	124	54	70
77	331	161	170	98	33	64	128	62	66
78	273	124	149	94	23	72	96	49	48
79	259	131	128	75	24	51	86	38	48
80—84	**823**	**422**	**401**	**267**	**82**	**184**	**296**	**155**	**141**
80	223	103	121	61	17	44	93	40	53
81	175	79	96	58	14	44	64	30	34
82	168	90	78	56	17	39	60	35	25
83	161	97	64	58	24	34	49	31	18
84	96	53	43	33	10	22	30	20	11
85及以上	**336**	**172**	**164**	**138**	**37**	**102**	**126**	**76**	**50**

4-1ab 续表 4

单位：人

年 龄	初 中			普通高中			中 职		
	小计	男	女	小计	男	女	小计	男	女
45—49	**4346**	**2342**	**2004**	**1636**	**869**	**767**	**389**	**212**	**177**
45	1039	562	477	387	208	179	95	48	47
46	888	463	426	383	195	188	83	42	42
47	870	462	408	344	189	155	92	50	42
48	788	437	351	259	146	113	52	32	20
49	761	418	343	263	131	131	67	40	27
50—54	**2950**	**1624**	**1327**	**1232**	**643**	**589**	**275**	**148**	**127**
50	752	420	331	231	119	112	48	28	20
51	706	381	324	240	124	117	65	32	32
52	727	411	316	337	171	166	91	49	42
53	517	269	248	280	152	129	50	32	18
54	249	141	108	143	77	66	21	7	14
55—59	**1564**	**897**	**668**	**817**	**467**	**350**	**218**	**122**	**96**
55	310	177	133	184	112	72	40	23	17
56	282	151	131	151	73	78	36	21	15
57	300	179	121	176	109	66	44	25	20
58	356	203	153	161	89	73	45	25	20
59	317	188	129	144	83	61	54	30	24
60—64	**1416**	**831**	**586**	**322**	**202**	**120**	**167**	**89**	**78**
60	300	172	128	94	56	38	39	21	18
61	329	187	142	70	41	29	51	26	25
62	273	173	100	61	42	19	35	20	14
63	289	161	127	55	37	18	26	11	15
64	225	137	88	42	26	16	16	11	5
65—69	**771**	**468**	**304**	**187**	**101**	**86**	**163**	**85**	**78**
65	228	138	90	39	22	17	28	14	14
66	177	112	65	48	23	25	29	13	16
67	130	84	45	40	21	19	30	16	13
68	124	67	57	25	15	10	43	26	17
69	113	66	47	34	19	15	33	15	18
70—74	**529**	**308**	**221**	**118**	**76**	**41**	**128**	**79**	**50**
70	118	76	42	28	22	7	16	7	9
71	105	56	49	20	15	5	33	17	17
72	113	61	52	29	17	13	35	25	10
73	117	63	54	21	12	9	20	15	5
74	75	52	24	19	11	8	25	16	9
75—79	**324**	**203**	**121**	**65**	**41**	**24**	**83**	**54**	**28**
75	88	51	37	22	18	4	26	17	9
76	72	47	25	15	8	7	17	11	5
77	62	40	22	11	6	4	21	10	11
78	51	29	21	9	4	5	11	9	2
79	52	36	16	8	5	3	9	8	1
80—84	**146**	**101**	**45**	**42**	**26**	**15**	**34**	**27**	**6**
80	37	25	12	10	5	4	11	8	3
81	26	15	11	9	5	4	10	8	2
82	34	24	10	7	5	2	5	4	1
83	31	25	6	12	8	3	2	1	1
84	18	13	6	4	3	2	6	6	
85及以上	**51**	**44**	**6**	**7**	**7**		**4**	**2**	**3**

4-1ab 续表 5

单位：人

年 龄	大学专科			大学本科			研究生		
	小计	男	女	小计	男	女	小计	男	女
45—49	**1118**	**616**	**502**	**772**	**482**	**290**	**53**	**35**	**18**
45	269	138	131	172	88	83	17	8	8
46	236	135	101	171	115	56	15	10	4
47	256	138	118	180	118	62	12	7	4
48	185	112	73	120	82	38	4	3	1
49	173	93	80	130	80	50	6	5	1
50—54	**939**	**535**	**404**	**569**	**377**	**192**	**30**	**19**	**12**
50	213	125	88	115	76	39	4	2	2
51	227	128	100	190	125	65	4	3	1
52	245	133	112	153	106	46	15	9	6
53	183	105	79	86	53	33	4	3	1
54	71	45	26	25	17	8	3	2	1
55—59	**410**	**269**	**141**	**174**	**112**	**62**	**9**	**9**	
55	90	51	39	46	30	16			
56	59	45	14	27	15	12	2	2	
57	92	61	31	32	21	11	4	4	
58	94	57	37	37	28	9	1	1	
59	75	55	20	31	18	13	2	2	
60—64	**245**	**177**	**68**	**103**	**75**	**28**	**5**	**5**	
60	60	46	14	36	27	9	4	4	
61	62	39	23	25	20	4	1	1	
62	49	40	9	16	12	4			
63	29	15	15	10	6	4			
64	44	38	6	15	9	6			
65—69	**129**	**102**	**28**	**55**	**42**	**13**			
65	43	32	11	22	20	2			
66	29	24	5	6	3	3			
67	23	17	6	11	9	2			
68	21	17	4	3	3				
69	14	12	2	12	6	6			
70—74	**86**	**50**	**36**	**58**	**42**	**16**	**1**	**1**	
70	13	10	3	14	12	3			
71	15	11	4	12	11	1			
72	18	8	10	11	8	3	1	1	
73	20	10	10	9	2	7			
74	20	11	9	12	9	3			
75—79	**65**	**55**	**11**	**31**	**24**	**8**			
75	18	16	2	15	14	1			
76	8	8		4	2	3			
77	7	5	2	5	4	1			
78	9	9		3	2	1			
79	24	17	7	5	3	2			
80—84	**15**	**12**	**3**	**23**	**18**	**5**	**1**		**1**
80	5	4	1	6	3	3			
81	5	4	1	4	4				
82	2	2	1	4	4				
83	1	1		6	6		1		1
84	1	1		3	1	2			
85及以上	**6**	**4**	**2**	**4**	**3**	**1**			

4-1a 全区分年龄、性别、受教育程度的6岁及以上人口(城市)

单位：人

年 龄	6岁及以上人口			未上过学			小 学		
	合计	男	女	小计	男	女	小计	男	女
总 计	**68685**	**34808**	**33877**	**2021**	**621**	**1400**	**10546**	**4843**	**5704**
6-9	**2770**	**1528**	**1242**	**115**	**70**	**46**	**2655**	**1459**	**1196**
6	592	318	274	94	59	34	498	259	240
7	763	397	366	8	1	6	755	396	359
8	750	433	317	10	7	3	740	427	313
9	665	380	285	4	2	2	661	377	284
10-14	**3760**	**1954**	**1806**	**13**	**4**	**9**	**1768**	**901**	**867**
10	718	361	357	4	3	2	697	350	347
11	757	376	381	2		2	682	343	339
12	681	354	327	2	1	2	266	135	131
13	800	407	393	4	1	3	86	46	39
14	804	456	348	1		1	38	27	11
15-19	**4215**	**2265**	**1951**	**5**	**3**	**2**	**24**	**13**	**11**
15	563	334	229	2	1	1	3	1	2
16	623	397	226	1	1		2	1	1
17	939	602	337				8	6	3
18	1000	518	482	1	1		5	3	2
19	1091	414	677	1		1	6	3	4
20-24	**7059**	**3532**	**3526**	**10**	**4**	**5**	**77**	**49**	**28**
20	1931	831	1100	3		3	2	2	1
21	1614	796	817				13	9	3
22	1353	724	629	2	2		15	7	8
23	1171	641	530	3	2	1	18	8	11
24	990	540	450	2		2	29	23	6
25-29	**6813**	**3339**	**3474**	**30**	**12**	**18**	**186**	**76**	**110**
25	1406	719	687	7	2	5	35	16	19
26	1346	653	693	4	1	2	37	11	25
27	1427	690	736	3	1	2	43	19	23
28	1384	686	699	9	5	3	35	12	23
29	1250	591	659	8	2	6	37	17	20
30-34	**6088**	**2919**	**3169**	**24**	**7**	**17**	**305**	**117**	**189**
30	1189	565	624	4		4	48	22	26
31	1234	572	662	6	3	3	62	25	37
32	1165	578	588	3	1	3	67	25	42
33	1352	621	731	8	2	6	71	26	45
34	1147	584	564	3	1	2	58	19	39
35-39	**6980**	**3497**	**3483**	**49**	**18**	**31**	**416**	**163**	**252**
35	1387	719	669	10	6	4	88	35	53
36	1378	730	648	7	1	6	71	30	41
37	1396	643	753	14	8	6	83	22	61
38	1353	674	679	10		10	86	39	47
39	1465	732	734	7	3	4	87	38	50
40-44	**7511**	**3935**	**3576**	**79**	**27**	**52**	**618**	**276**	**342**
40	1429	759	671	10	3	7	130	63	68
41	1499	784	715	12	3	9	128	59	69
42	1540	791	749	12	5	7	110	47	63
43	1552	789	763	32	10	22	120	52	68
44	1491	812	679	12	5	7	129	55	74

4−1a 续表 1

单位：人

年 龄	初 中			普通高中			中 职		
	小计	男	女	小计	男	女	小计	男	女
总 计	**21168**	**11121**	**10046**	**10288**	**5166**	**5122**	**4437**	**2624**	**1813**
6−9									
6									
7									
8									
9									
10−14	**1913**	**1026**	**887**	**52**	**13**	**39**	**13**	**10**	**4**
10	16	8	8						
11	73	34	40						
12	413	218	195						
13	696	359	337	11		11	4	1	3
14	714	407	307	41	13	28	9	9	1
15−19	**626**	**390**	**236**	**1761**	**781**	**980**	**841**	**743**	**98**
15	290	175	115	206	114	92	58	41	18
16	98	66	33	337	173	164	163	148	16
17	80	49	31	498	253	245	283	264	19
18	78	54	23	419	172	247	218	195	23
19	81	47	34	302	69	232	119	96	22
20−24	**856**	**483**	**372**	**756**	**315**	**442**	**469**	**281**	**187**
20	117	72	45	279	66	214	117	82	35
21	153	80	73	124	52	71	109	63	46
22	160	89	71	112	63	50	66	46	20
23	226	132	95	119	66	53	102	53	49
24	199	110	89	122	68	54	75	37	38
25−29	**1630**	**805**	**824**	**955**	**500**	**455**	**435**	**198**	**236**
25	281	145	136	196	115	81	105	51	54
26	297	142	155	199	97	102	103	43	60
27	361	175	186	199	112	87	75	37	38
28	346	171	175	183	97	86	78	29	50
29	344	173	172	178	79	99	74	39	34
30−34	**2022**	**955**	**1067**	**718**	**383**	**335**	**452**	**207**	**245**
30	337	156	180	165	89	76	75	36	39
31	368	151	217	129	70	60	81	30	51
32	404	204	200	127	65	62	90	51	39
33	480	226	254	173	92	81	105	35	71
34	433	218	216	123	68	56	99	54	45
35−39	**2687**	**1331**	**1356**	**1117**	**607**	**510**	**496**	**248**	**247**
35	515	276	238	180	93	87	102	57	45
36	526	274	252	229	135	94	98	46	52
37	548	239	308	198	108	89	99	57	42
38	494	249	245	240	128	112	93	48	45
39	605	292	313	271	143	128	104	40	64
40−44	**3014**	**1573**	**1441**	**1340**	**690**	**650**	**522**	**280**	**242**
40	554	288	266	226	123	102	104	61	43
41	621	325	296	245	135	110	93	50	43
42	651	343	308	286	130	157	112	57	55
43	612	296	316	286	151	135	109	61	48
44	576	321	255	297	151	146	104	51	53

4-1a 续表 2

单位：人

年 龄	大学专科			大学本科			研究生		
	小计	男	女	小计	男	女	小计	男	女
总 计	**9607**	**4621**	**4986**	**10092**	**5543**	**4549**	**525**	**270**	**256**
6-9									
6									
7									
8									
9									
10-14									
10									
11									
12									
13									
14									
15-19	**264**	**106**	**158**	**694**	**228**	**466**			
15	2	2		1	1				
16	11	5	7	11	4	6			
17	29	16	13	41	14	27			
18	72	32	40	208	62	147			
19	149	52	98	434	147	287			
20-24	**1623**	**460**	**1163**	**3240**	**1925**	**1315**	**28**	**15**	**14**
20	421	87	334	991	522	469			
21	392	76	315	824	515	309			
22	306	92	214	688	424	264	3	1	2
23	251	91	160	443	286	157	9	4	5
24	253	114	139	294	178	116	16	9	6
25-29	**1721**	**813**	**908**	**1725**	**890**	**835**	**130**	**44**	**87**
25	352	158	194	395	221	174	35	11	24
26	362	169	193	316	183	133	30	6	23
27	392	183	208	335	153	183	18	10	8
28	315	168	147	390	193	197	28	11	17
29	301	135	166	289	141	148	20	5	15
30-34	**1205**	**583**	**622**	**1250**	**608**	**641**	**112**	**60**	**53**
30	261	126	135	279	126	153	21	10	10
31	266	134	131	306	152	154	17	7	9
32	222	105	117	215	103	112	36	23	13
33	260	116	143	235	115	120	20	9	11
34	196	101	95	214	112	102	19	11	9
35-39	**1208**	**597**	**611**	**922**	**490**	**432**	**85**	**43**	**42**
35	247	115	132	218	125	93	28	12	16
36	244	128	115	188	105	82	16	10	6
37	259	124	136	181	79	102	15	6	10
38	249	128	122	166	73	93	16	10	6
39	209	102	107	170	108	63	11	5	5
40-44	**1086**	**596**	**490**	**779**	**449**	**330**	**73**	**44**	**30**
40	208	113	95	183	100	83	14	7	7
41	219	109	110	161	94	67	20	9	10
42	205	110	95	148	91	56	16	9	7
43	236	137	99	144	71	73	12	10	2
44	218	128	90	143	92	51	12	9	3

4-1a 续表 3 单位：人

年 龄	6岁及以上人口			未上过学			小 学		
	合计	男	女	小计	男	女	小计	男	女
45—49	**6919**	**3551**	**3368**	**108**	**25**	**84**	**750**	**304**	**446**
45	1606	778	828	25	3	22	151	56	95
46	1479	767	711	17	6	11	146	56	90
47	1478	771	707	25	3	22	167	75	92
48	1166	631	536	10	4	6	152	59	93
49	1190	605	586	32	9	23	134	57	77
50—54	**5095**	**2632**	**2463**	**121**	**22**	**99**	**505**	**191**	**314**
50	1159	607	552	22	6	17	121	49	72
51	1227	637	590	28	3	25	118	44	74
52	1342	700	642	41	11	30	131	49	82
53	946	461	485	17	1	15	96	27	69
54	421	227	194	13	2	11	39	22	18
55—59	**3184**	**1618**	**1566**	**203**	**60**	**143**	**539**	**187**	**352**
55	609	323	286	20	6	14	82	26	57
56	521	258	263	27	7	21	70	26	44
57	657	357	301	42	14	28	113	41	73
58	731	354	377	52	19	33	149	52	97
59	666	327	339	62	14	48	125	42	83
60—64	**2883**	**1404**	**1480**	**324**	**91**	**233**	**806**	**308**	**498**
60	627	304	323	60	14	46	162	59	104
61	700	329	371	73	21	53	188	68	120
62	535	292	243	61	21	40	148	63	85
63	548	244	305	68	20	48	156	56	100
64	472	235	237	61	16	45	152	62	90
65—69	**1968**	**950**	**1019**	**265**	**88**	**177**	**649**	**250**	**399**
65	498	247	251	75	22	53	139	53	86
66	462	227	235	54	19	35	176	76	99
67	350	177	173	42	14	28	110	40	70
68	343	160	183	43	16	27	122	46	77
69	315	139	177	50	16	34	101	35	66
70—74	**1467**	**695**	**772**	**217**	**60**	**157**	**506**	**209**	**297**
70	272	133	139	35	11	25	98	36	61
71	295	140	155	46	14	32	102	45	57
72	304	141	163	38	9	29	97	39	58
73	311	135	176	48	12	36	106	41	65
74	284	145	139	50	15	35	104	48	56
75—79	**1121**	**545**	**576**	**222**	**63**	**159**	**420**	**178**	**242**
75	271	139	132	34	8	26	98	41	57
76	225	107	118	40	7	32	87	36	50
77	235	114	122	54	20	34	92	40	51
78	190	88	102	51	15	36	71	33	38
79	200	98	102	44	13	31	73	28	45
80—84	**606**	**315**	**291**	**151**	**45**	**107**	**224**	**109**	**115**
80	155	73	82	31	10	21	68	28	40
81	139	62	78	43	10	33	47	19	29
82	121	66	56	27	6	21	48	26	22
83	124	73	50	35	12	24	39	24	16
84	67	41	26	15	7	9	22	14	9
85及以上	**245**	**129**	**117**	**85**	**24**	**62**	**97**	**54**	**44**

4-1a 续表 4 单位：人

年 龄	初 中			普通高中			中 职		
	小计	男	女	小计	男	女	小计	男	女
45—49	**2818**	**1478**	**1341**	**1326**	**667**	**658**	**339**	**187**	**152**
45	672	349	323	311	155	156	84	42	42
46	589	311	277	312	150	162	69	33	35
47	558	294	264	276	145	131	83	45	38
48	510	266	243	208	115	94	43	29	14
49	490	256	233	219	102	117	61	38	23
50—54	**1981**	**1054**	**927**	**992**	**496**	**496**	**235**	**128**	**107**
50	517	280	237	192	93	99	40	23	17
51	477	252	226	191	95	96	55	28	27
52	479	266	213	273	132	141	78	44	34
53	348	168	180	225	118	107	43	27	16
54	160	90	71	110	58	52	19	6	12
55—59	**1108**	**596**	**511**	**653**	**356**	**296**	**171**	**88**	**83**
55	219	121	98	143	86	57	30	15	16
56	192	101	91	124	56	68	31	17	13
57	208	119	89	143	88	55	35	17	19
58	257	132	125	126	64	63	35	18	17
59	232	124	108	116	63	53	39	21	18
60—64	**1051**	**567**	**484**	**259**	**151**	**108**	**134**	**66**	**69**
60	215	114	101	72	37	34	30	15	16
61	265	140	126	57	31	26	39	18	21
62	190	113	77	50	33	16	29	16	13
63	226	117	109	42	26	16	23	8	14
64	154	83	71	38	23	16	14	9	5
65—69	**603**	**346**	**256**	**160**	**81**	**78**	**134**	**65**	**69**
65	176	104	72	31	17	15	22	10	12
66	136	79	57	40	18	22	23	10	13
67	104	66	38	38	20	17	24	13	11
68	99	49	49	21	11	10	38	22	16
69	87	48	39	29	15	15	27	11	16
70—74	**416**	**227**	**190**	**98**	**61**	**37**	**98**	**57**	**41**
70	82	47	35	23	19	4	12	3	8
71	79	40	39	15	10	5	27	11	16
72	90	44	46	27	15	12	24	18	6
73	99	52	47	16	9	8	16	12	4
74	66	44	23	16	9	8	20	14	6
75—79	**272**	**164**	**108**	**56**	**33**	**23**	**67**	**41**	**26**
75	72	38	34	17	14	4	18	9	9
76	63	41	22	13	6	7	14	10	4
77	52	33	19	11	6	4	20	9	10
78	43	23	20	7	2	5	8	7	2
79	42	29	13	8	5	3	8	7	1
80—84	**129**	**89**	**40**	**39**	**24**	**15**	**28**	**22**	**6**
80	28	18	10	9	4	4	10	7	3
81	24	14	10	8	5	4	9	7	2
82	33	23	10	6	4	2	3	3	
83	28	23	6	12	8	3	1		1
84	16	12	5	4	3	2	5	5	
85及以上	**43**	**37**	**6**	**7**	**7**		**3**	**2**	**2**

4−1a 续表 5　　　　单位：人

年　龄	大学专科			大学本科			研究生		
	小计	男	女	小计	男	女	小计	男	女
45−49	**931**	**498**	**434**	**595**	**360**	**236**	**52**	**33**	**18**
45	216	104	112	131	59	71	17	8	8
46	195	107	88	137	93	44	15	10	4
47	218	114	104	141	87	54	10	6	4
48	157	98	59	83	57	26	4	3	1
49	146	74	71	104	63	40	6	5	1
50−54	**755**	**416**	**338**	**477**	**308**	**170**	**29**	**17**	**12**
50	166	94	72	96	61	35	4	2	2
51	191	107	84	164	106	57	3	2	1
52	195	102	93	130	88	42	15	9	6
53	147	80	66	68	39	30	3	2	1
54	57	33	23	19	13	6	3	2	1
55−59	**349**	**225**	**124**	**153**	**97**	**55**	**9**	**9**	
55	73	43	30	41	27	14			
56	49	35	14	25	13	12	2	2	
57	84	56	28	28	19	9	4	4	
58	79	46	33	32	23	9	1	1	
59	63	45	18	25	15	10	2	2	
60−64	**211**	**149**	**62**	**94**	**68**	**26**	**5**	**5**	
60	51	37	14	33	25	9	4	4	
61	55	33	22	22	18	4	1	1	
62	42	35	8	15	11	4			
63	23	10	14	10	6	4			
64	39	34	5	15	8	6			
65−69	**109**	**82**	**27**	**50**	**38**	**13**			
65	35	24	10	20	17	2			
66	26	22	5	6	3	3			
67	20	14	6	11	9	2			
68	18	14	4	2	2				
69	10	8	2	11	6	5			
70−74	**75**	**40**	**35**	**56**	**40**	**16**	**1**	**1**	
70	10	7	3	13	11	3			
71	14	10	4	11	10	1			
72	16	6	10	11	8	3	1	1	
73	18	8	10	9	2	7			
74	17	8	9	12	9	3			
75−79	**54**	**44**	**10**	**30**	**22**	**8**			
75	17	16	1	14	13	1			
76	5	5		4	2	3			
77	4	2	2	4	3	1			
78	7	7		3	2	1			
79	21	14	7	5	3	2			
80−84	**12**	**9**	**3**	**22**	**17**	**5**	**1**		**1**
80	4	3	1	5	3	3			
81	4	3	1	4	4				
82	2	1	1	4	4				
83	1	1		6	6		1		1
84	1	1		3	1	2			
85及以上	**6**	**4**	**2**	**4**	**3**	**1**			

4-1b 全区分年龄、性别、受教育程度的6岁及以上人口(镇)

单位：人

年 龄	6岁及以上人口			未上过学			小 学		
	合计	男	女	小计	男	女	小计	男	女
总 计	**36492**	**19182**	**17310**	**2346**	**646**	**1700**	**10088**	**4696**	**5392**
6-9	**2118**	**1102**	**1016**	**97**	**56**	**41**	**2021**	**1046**	**975**
6	529	275	253	85	50	35	444	226	218
7	553	291	262	5	3	2	549	289	260
8	482	246	236	4	2	2	478	244	234
9	554	289	265	4	2	2	550	287	263
10-14	**2770**	**1465**	**1305**	**8**	**3**	**6**	**1494**	**819**	**675**
10	573	306	268	5	1	4	560	301	258
11	586	325	262	1		1	538	303	235
12	517	275	242	1	1		261	140	121
13	552	290	262				104	56	48
14	542	270	271	1	1	1	31	18	13
15-19	**2564**	**1460**	**1104**	**3**	**2**	**1**	**33**	**14**	**19**
15	435	209	226				3	1	2
16	592	297	295				5	3	2
17	596	329	267				11	5	6
18	453	281	172	1		1	6	2	4
19	487	343	144	1	1		8	3	5
20-24	**3117**	**1850**	**1268**	**16**	**10**	**6**	**157**	**68**	**88**
20	720	495	225	1	1		30	14	15
21	635	401	234	4	3	1	27	11	16
22	617	361	256	3	3		29	9	20
23	577	304	273	6	2	3	29	15	14
24	568	288	280	3	1	2	42	18	24
25-29	**4077**	**2032**	**2045**	**36**	**9**	**27**	**452**	**164**	**288**
25	915	444	472	3	1	2	87	33	54
26	792	390	402	9	3	6	80	28	52
27	745	356	389	6	3	3	87	32	55
28	832	425	407	11	3	9	95	32	63
29	794	418	376	6		6	103	40	63
30-34	**3437**	**1802**	**1635**	**89**	**24**	**65**	**553**	**228**	**326**
30	689	360	329	22	6	16	104	46	59
31	646	348	298	7	1	5	94	37	58
32	674	349	325	22	7	15	99	43	56
33	798	402	397	18	4	13	134	53	81
34	629	343	287	20	5	15	122	50	72
35-39	**3429**	**1815**	**1614**	**131**	**39**	**92**	**649**	**273**	**375**
35	711	366	345	31	8	23	125	46	79
36	666	328	338	22	4	18	138	51	87
37	678	368	310	26	9	17	128	54	74
38	628	335	292	28	8	20	113	54	59
39	747	418	329	24	11	13	145	67	77
40-44	**3614**	**1872**	**1742**	**155**	**45**	**110**	**762**	**313**	**448**
40	803	409	394	27	7	20	145	62	83
41	721	383	338	32	13	19	152	61	91
42	745	378	367	34	10	24	169	65	104
43	668	359	310	28	7	21	142	64	78
44	676	343	333	34	8	26	154	61	92

4-1b 续表 1　　单位：人

年龄	初中			普通高中			中职		
	小计	男	女	小计	男	女	小计	男	女
总计	**13689**	**7729**	**5959**	**4031**	**2169**	**1862**	**1406**	**894**	**512**
6-9									
6									
7									
8									
9									
10-14	**1196**	**620**	**576**	**62**	**17**	**44**	**10**	**6**	**4**
10	9	4	5						
11	48	22	26						
12	254	133	121						
13	439	227	211	9	6	2			
14	446	234	212	53	11	42	10	6	4
15-19	**615**	**387**	**229**	**1114**	**391**	**723**	**431**	**365**	**66**
15	232	139	93	169	45	124	28	23	5
16	138	90	48	315	83	232	129	118	11
17	87	55	32	315	106	208	160	146	14
18	73	48	25	197	91	106	68	49	18
19	85	55	31	119	66	54	47	30	17
20-24	**984**	**544**	**440**	**384**	**212**	**172**	**220**	**112**	**108**
20	154	88	65	89	44	44	39	25	14
21	178	104	74	75	42	34	45	19	26
22	202	116	85	70	42	28	46	24	22
23	207	106	100	77	41	36	47	21	26
24	245	130	115	73	43	29	43	23	20
25-29	**1787**	**922**	**866**	**558**	**321**	**237**	**207**	**86**	**121**
25	396	213	183	130	66	63	51	19	32
26	345	177	167	119	71	48	49	19	31
27	326	157	169	100	57	43	46	20	25
28	383	199	185	112	65	47	35	16	19
29	336	175	161	98	62	36	25	11	14
30-34	**1789**	**973**	**816**	**358**	**226**	**132**	**115**	**68**	**47**
30	349	187	162	72	52	21	22	15	7
31	344	190	155	68	45	23	16	9	7
32	345	187	159	82	49	33	26	12	14
33	418	214	204	75	42	33	32	21	12
34	332	195	137	61	39	23	19	12	7
35-39	**1804**	**1016**	**788**	**334**	**210**	**123**	**95**	**49**	**46**
35	384	208	176	71	46	26	21	13	9
36	350	189	161	62	37	25	20	9	11
37	345	205	139	64	37	26	23	14	10
38	334	187	147	59	40	19	16	6	10
39	391	226	165	77	51	27	14	8	6
40-44	**1836**	**1009**	**827**	**384**	**234**	**150**	**77**	**47**	**31**
40	442	233	208	78	44	34	10	7	3
41	363	211	152	66	36	30	23	13	10
42	368	202	167	76	42	34	11	5	6
43	344	183	161	86	63	23	13	10	3
44	319	180	139	77	48	29	20	12	8

4-1b 续表 2

单位：人

年 龄	大学专科			大学本科			研究生		
	小计	男	女	小计	男	女	小计	男	女
总 计	**2445**	**1349**	**1096**	**2451**	**1678**	**773**	**37**	**20**	**17**
6–9									
6									
7									
8									
9									
10–14									
10									
11									
12									
13									
14									
15–19	**82**	**45**	**36**	**286**	**257**	**29**			
15	2	1	1						
16	5	4	1						
17	12	9	4	12	9	3			
18	20	12	8	89	78	11			
19	42	20	22	185	170	15			
20–24	**490**	**227**	**263**	**861**	**674**	**187**	**5**	**2**	**4**
20	93	45	49	315	278	37			
21	89	45	44	216	177	40			
22	101	43	58	166	124	42	1		1
23	104	49	55	106	69	37	2	1	1
24	102	44	58	57	27	30	3	1	2
25–29	**587**	**288**	**299**	**434**	**235**	**199**	**17**	**7**	**10**
25	150	70	80	91	40	52	6	1	5
26	114	49	65	70	41	29	6	3	3
27	101	44	57	78	43	35	1	1	
28	101	57	45	93	53	40			
29	120	69	51	101	58	43	3	2	1
30–34	**287**	**157**	**130**	**235**	**119**	**117**	**11**	**8**	**3**
30	65	30	34	52	23	29	2	1	1
31	64	38	27	52	29	23	1		1
32	50	31	19	49	20	30	1	1	
33	63	34	29	54	28	26	5	5	
34	44	23	21	28	19	10	2	1	2
35–39	**247**	**141**	**105**	**169**	**85**	**84**	**1**	**1**	
35	41	24	16	36	21	15	1	1	
36	44	25	19	30	12	18			
37	55	31	24	38	18	20			
38	49	25	24	28	15	14			
39	59	36	23	37	20	18			
40–44	**243**	**138**	**104**	**158**	**86**	**72**			
40	71	38	33	29	17	12			
41	51	29	22	35	20	15			
42	46	32	14	40	21	19			
43	34	20	15	22	13	9			
44	40	18	21	32	15	17			

4-1b 续表 3

单位：人

年 龄	6岁及以上人口			未上过学			小 学		
	合计	男	女	小计	男	女	小计	男	女
45—49	**3351**	**1752**	**1600**	**187**	**44**	**142**	**912**	**376**	**537**
45	774	416	358	38	9	29	188	73	115
46	688	334	354	44	9	35	184	72	112
47	704	365	339	32	7	25	204	86	118
48	575	321	254	30	10	21	142	66	75
49	610	316	295	42	9	32	194	78	116
50—54	**2437**	**1237**	**1200**	**177**	**32**	**145**	**735**	**280**	**455**
50	546	297	250	35	8	27	163	71	92
51	554	273	281	37	9	28	167	62	104
52	622	316	306	38	6	33	186	70	116
53	474	235	240	42	4	38	146	52	94
54	241	116	125	24	6	18	73	25	48
55—59	**1554**	**794**	**760**	**228**	**46**	**182**	**576**	**245**	**332**
55	299	145	154	39	5	34	97	38	59
56	258	124	134	36	8	28	89	34	54
57	313	163	150	52	15	37	116	51	65
58	357	195	162	54	7	47	140	70	70
59	327	167	160	47	11	36	135	51	84
60—64	**1552**	**793**	**759**	**360**	**98**	**262**	**688**	**322**	**367**
60	373	185	188	92	22	70	153	70	84
61	333	164	169	82	15	67	152	75	77
62	309	165	144	65	25	39	137	61	76
63	295	143	152	75	20	55	135	60	75
64	242	136	105	47	16	31	111	56	55
65—69	**972**	**459**	**514**	**242**	**63**	**179**	**480**	**210**	**269**
65	254	128	126	50	15	35	127	59	67
66	220	104	117	52	13	39	111	46	65
67	155	71	85	46	11	35	73	34	39
68	182	75	107	52	11	40	90	33	57
69	161	81	80	42	12	30	79	38	41
70—74	**730**	**369**	**361**	**253**	**72**	**181**	**301**	**167**	**134**
70	170	87	83	51	10	41	68	37	31
71	169	84	86	57	18	39	74	39	35
72	152	78	74	54	18	35	60	33	27
73	130	62	69	44	10	33	58	31	27
74	108	58	50	47	15	32	41	27	14
75—79	**460**	**230**	**231**	**197**	**54**	**143**	**174**	**103**	**71**
75	129	69	59	38	6	32	61	38	23
76	94	44	50	40	15	25	38	18	20
77	96	47	49	44	13	31	37	22	15
78	83	36	47	43	8	35	26	16	10
79	59	33	26	31	11	20	13	10	3
80—84	**216**	**107**	**109**	**115**	**37**	**78**	**72**	**46**	**26**
80	68	29	39	30	7	23	25	12	13
81	36	17	18	15	4	11	17	11	6
82	47	25	22	29	11	19	12	9	3
83	37	24	13	23	13	11	10	8	3
84	29	12	17	18	4	14	8	6	2
85及以上	**91**	**44**	**48**	**53**	**13**	**40**	**29**	**22**	**7**

4-1b 续表 4

单位：人

年 龄	初 中			普通高中			中 职		
	小计	男	女	小计	男	女	小计	男	女
45—49	**1527**	**864**	**664**	**311**	**202**	**109**	**50**	**25**	**25**
45	367	213	154	76	52	23	11	6	5
46	299	151	148	71	44	27	15	8	6
47	312	168	145	69	44	25	10	5	4
48	278	171	107	51	32	20	8	3	5
49	271	162	109	44	29	15	6	2	4
50—54	**969**	**569**	**400**	**240**	**147**	**93**	**40**	**21**	**19**
50	235	141	94	38	26	12	8	5	3
51	228	130	98	49	28	21	9	5	5
52	248	146	103	64	39	25	13	5	8
53	169	101	68	55	34	21	7	5	2
54	89	52	37	33	19	14	2	1	2
55—59	**457**	**300**	**156**	**164**	**110**	**54**	**47**	**34**	**13**
55	91	56	35	41	26	15	10	8	1
56	90	50	40	27	18	9	5	3	2
57	92	60	32	33	22	11	9	8	1
58	99	70	29	35	25	10	10	7	3
59	85	64	21	28	20	8	14	9	6
60—64	**365**	**264**	**101**	**63**	**51**	**12**	**33**	**23**	**10**
60	85	59	27	22	18	4	9	6	3
61	64	47	17	13	10	3	12	8	4
62	83	60	23	11	8	3	6	4	1
63	62	44	18	13	11	2	4	3	1
64	71	54	17	4	3	1	2	2	1
65—69	**169**	**121**	**47**	**27**	**20**	**8**	**29**	**20**	**9**
65	52	34	18	8	5	3	6	4	2
66	41	34	7	7	5	3	6	3	3
67	25	18	7	2	1	1	6	4	2
68	25	18	8	5	4	1	5	5	1
69	26	18	8	5	5		5	4	1
70—74	**112**	**81**	**31**	**20**	**15**	**5**	**30**	**21**	**9**
70	37	29	7	6	3	2	4	4	1
71	26	16	10	5	5		6	6	1
72	23	17	6	3	2	1	11	7	4
73	18	11	7	5	4	1	4	3	1
74	9	8	1	2	2		5	2	3
75—79	**52**	**39**	**13**	**9**	**8**	**1**	**15**	**13**	**2**
75	15	12	3	5	4	1	8	8	
76	9	6	3	2	2		3	2	1
77	10	7	3				1	1	1
78	8	7	1	2	2		2	2	
79	10	7	3	1	1		1	1	
80—84	**18**	**13**	**5**	**3**	**3**		**6**	**5**	**1**
80	9	7	2	1	1		1	1	
81	2	1	1				1	1	
82	1	1		1	1		2	1	1
83	3	3					1	1	
84	2	1	1				1	1	
85及以上	**8**	**8**		**1**	**1**		**1**		**1**

4-1b 续表 5

单位：人

年 龄	大学专科			大学本科			研究生		
	小计	男	女	小计	男	女	小计	男	女
45-49	**186**	**118**	**68**	**176**	**122**	**54**	**2**	**2**	
45	53	34	19	41	29	12			
46	41	28	13	34	22	12			
47	37	23	14	39	30	9	1	1	
48	28	14	14	36	24	12	1	1	
49	27	19	8	26	16	10			
50-54	**184**	**118**	**66**	**91**	**69**	**22**	**1**	**1**	
50	47	31	16	19	15	5			
51	36	20	16	26	18	8	1	1	
52	50	31	19	22	19	4			
53	37	24	12	18	14	4			
54	14	11	3	5	3	2			
55-59	**61**	**44**	**16**	**22**	**15**	**7**			
55	17	8	8	5	3	2			
56	10	10		2	2				
57	8	5	3	4	2	2			
58	14	11	3	5	5				
59	12	9	2	6	3	3			
60-64	**34**	**29**	**6**	**8**	**7**	**1**			
60	9	9	1	3	2	1			
61	7	6	1	3	2	1			
62	6	5	1	1	1				
63	6	5	1	1	1				
64	6	5	1	1	1				
65-69	**20**	**20**		**5**	**4**	**1**			
65	8	8		3	3				
66	3	3							
67	3	3							
68	3	3		1	1				
69	4	4		1		1			
70-74	**11**	**10**	**1**	**2**	**2**				
70	3	3		1	1				
71	1	1		1	1				
72	2	1	1						
73	2	2							
74	3	3		1	1				
75-79	**12**	**11**	**1**	**1**	**1**				
75	1	1	1	1	1				
76	3	3							
77	3	3		1	1				
78	1	1							
79	3	3							
80-84	**2**	**2**		**1**	**1**				
80	1	1		1	1				
81	1	1							
82	1	1							
83									
84									
85及以上									

4-1c 全区分年龄、性别、受教育程度的6岁及以上人口(乡村)

单位：人

年龄	6岁及以上人口			未上过学			小学		
	合计	男	女	小计	男	女	小计	男	女
总计	**85731**	**43990**	**41741**	**12446**	**3893**	**8553**	**32091**	**16013**	**16078**
6-9	**5989**	**3182**	**2807**	**209**	**118**	**92**	**5777**	**3063**	**2715**
6	1508	792	716	176	98	78	1332	694	638
7	1504	810	693	20	12	8	1484	798	686
8	1441	779	662	6	2	4	1435	777	659
9	1536	801	735	8	5	2	1526	794	732
10-14	**7403**	**3775**	**3629**	**36**	**19**	**17**	**4408**	**2254**	**2153**
10	1474	759	715	6	2	4	1426	735	691
11	1508	761	747	9	3	6	1392	706	686
12	1493	771	721	6	5	1	955	494	461
13	1392	694	697	7	3	4	419	210	209
14	1538	789	748	8	6	2	215	109	106
15-19	**7940**	**4051**	**3890**	**54**	**29**	**25**	**485**	**220**	**265**
15	1500	753	747	6	3	4	58	30	28
16	1491	766	725	3	3		66	37	29
17	1708	863	845	13	12	1	98	40	58
18	1633	848	785	9	1	8	128	47	80
19	1609	821	788	22	11	12	136	66	70
20-24	**7610**	**3943**	**3667**	**118**	**37**	**80**	**1032**	**398**	**634**
20	1488	763	726	15	5	10	167	64	103
21	1514	806	708	20	10	10	197	70	127
22	1522	800	722	24	6	17	197	81	116
23	1500	789	712	26	9	17	240	101	139
24	1586	786	800	32	8	25	232	83	149
25-29	**7386**	**3811**	**3575**	**259**	**76**	**183**	**1721**	**713**	**1008**
25	1818	926	892	43	16	28	354	137	217
26	1497	766	731	47	19	28	315	121	194
27	1396	728	668	42	14	28	312	134	178
28	1361	705	656	49	11	39	357	149	208
29	1314	686	628	78	17	61	383	172	211
30-34	**6541**	**3468**	**3073**	**573**	**144**	**429**	**2073**	**927**	**1147**
30	1283	647	636	85	17	68	365	141	224
31	1226	644	582	104	18	86	385	172	213
32	1245	691	554	84	28	55	427	188	238
33	1447	756	692	153	39	113	489	220	269
34	1339	730	608	147	42	106	407	205	202
35-39	**6708**	**3481**	**3227**	**704**	**179**	**524**	**2395**	**1107**	**1288**
35	1444	728	717	147	38	109	523	219	304
36	1364	708	656	122	30	91	471	222	249
37	1248	652	596	140	31	109	436	200	236
38	1206	624	582	136	42	94	432	211	221
39	1446	769	677	159	38	121	533	255	278
40-44	**7072**	**3654**	**3418**	**906**	**281**	**625**	**2504**	**1175**	**1328**
40	1420	732	688	155	57	98	505	222	283
41	1437	717	721	178	55	123	495	231	264
42	1433	763	671	194	65	129	491	236	255
43	1470	766	704	177	56	121	528	244	284
44	1312	676	635	201	48	153	485	242	242

4-1c 续表 1

单位：人

年 龄	初 中			普通高中			中 职		
	小计	男	女	小计	男	女	小计	男	女
总 计	**29266**	**17275**	**11991**	**6426**	**3861**	**2566**	**1560**	**828**	**732**
6-9	**2**	**1**	**1**						
6									
7									
8									
9	2	1	1						
10-14	**2875**	**1456**	**1419**	**70**	**35**	**34**	**15**	**9**	**6**
10	41	22	20						
11	107	52	55						
12	532	273	259						
13	937	465	472	23	13	10	5	3	2
14	1258	645	613	46	22	24	10	7	3
15-19	**3500**	**1880**	**1620**	**2877**	**1462**	**1415**	**574**	**269**	**306**
15	1158	596	563	232	99	133	43	26	17
16	726	381	345	560	277	283	109	56	52
17	554	307	247	827	407	420	141	60	81
18	507	286	221	732	399	333	144	68	76
19	554	310	244	526	281	246	138	58	80
20-24	**3227**	**1864**	**1363**	**1084**	**616**	**467**	**459**	**238**	**221**
20	557	320	237	299	163	136	134	73	62
21	628	379	249	209	107	101	85	42	43
22	650	388	262	211	123	88	89	46	43
23	674	375	300	176	111	65	76	41	35
24	717	402	315	189	112	77	75	36	39
25-29	**3736**	**2109**	**1627**	**710**	**441**	**269**	**192**	**90**	**102**
25	876	475	401	230	147	83	61	24	37
26	764	440	324	133	81	52	41	17	23
27	702	396	306	140	85	55	44	15	29
28	739	413	325	108	65	43	20	14	6
29	654	384	270	98	62	36	26	19	8
30-34	**3205**	**1928**	**1278**	**282**	**197**	**84**	**87**	**37**	**49**
30	653	381	272	78	48	30	17	10	7
31	610	366	244	65	44	21	10	4	6
32	591	356	234	46	35	10	20	12	8
33	724	445	280	47	31	16	7	4	3
34	627	379	247	46	40	6	33	8	25
35-39	**3070**	**1826**	**1245**	**224**	**157**	**67**	**24**	**16**	**7**
35	653	398	255	39	26	13	9	6	3
36	645	378	267	46	33	13	2	1	1
37	594	364	231	48	32	16	8	6	2
38	515	282	234	42	24	18	1		1
39	663	404	258	50	42	8	3	3	
40-44	**3185**	**1829**	**1356**	**305**	**239**	**66**	**30**	**25**	**5**
40	651	378	273	57	39	18	3	3	
41	694	375	319	43	31	12	9	8	1
42	644	375	269	66	56	10	2	1	1
43	656	380	276	78	67	10	8	6	1
44	541	321	220	61	45	16	9	8	1

4-1c 续表 2

单位：人

年 龄	大学专科			大学本科			研究生		
	小计	男	女	小计	男	女	小计	男	女
总 计	**2489**	**1329**	**1159**	**1429**	**774**	**655**	**24**	**17**	**7**
6—9									
6									
7									
8									
9									
10—14									
10									
11									
12									
13									
14									
15—19	**268**	**109**	**159**	**180**	**81**	**98**	**1**		**1**
15	2	1	2	1		1			
16	23	10	13	4	2	3			
17	51	23	28	23	15	8			
18	64	26	38	48	20	29			
19	128	50	78	103	46	58	1		1
20—24	**950**	**422**	**528**	**732**	**362**	**370**	**9**	**5**	**4**
20	171	78	93	143	60	84	1		1
21	204	111	93	169	85	84	2	2	
22	200	82	118	150	73	77	1		1
23	176	77	99	128	74	55	4	2	2
24	198	74	124	141	70	71	1	1	
25—29	**437**	**211**	**226**	**327**	**170**	**158**	**3**	**2**	**2**
25	119	58	61	132	68	64	2	1	1
26	120	50	70	76	37	39	1		1
27	96	47	49	59	36	23	1	1	
28	63	40	23	25	13	12			
29	39	16	23	35	16	20			
30—34	**243**	**178**	**66**	**77**	**58**	**20**	**1**		**1**
30	77	46	31	8	4	4			
31	39	33	7	13	8	6			
32	51	47	4	28	24	3			
33	17	11	6	9	6	4			
34	59	41	18	19	16	3	1		1
35—39	**229**	**139**	**90**	**54**	**48**	**6**	**9**	**9**	
35	58	26	32	15	14	1			
36	66	32	33	13	12	2			
37	10	8	2	3	2	1	9	9	
38	68	56	12	11	10	1			
39	27	16	10	12	10	1			
40—44	**119**	**82**	**37**	**24**	**22**	**1**			
40	38	23	14	11	10	1			
41	17	15	2	1	1				
42	35	29	6	1	1				
43	14	2	11	10	10				
44	15	12	2						

4-1c 续表 3

单位：人

年 龄	6岁及以上人口			未上过学			小 学		
	合计	男	女	小计	男	女	小计	男	女
45—49	**7444**	**3752**	**3691**	**1173**	**313**	**860**	**2987**	**1368**	**1619**
45	1603	805	798	249	79	170	612	260	352
46	1491	763	728	221	64	157	603	260	343
47	1549	777	772	263	78	184	615	282	334
48	1342	674	668	209	43	166	537	267	270
49	1458	732	726	231	49	182	620	300	320
50—54	**5977**	**3039**	**2938**	**1151**	**278**	**873**	**2347**	**1072**	**1274**
50	1371	719	652	230	68	162	573	273	300
51	1407	693	714	274	69	206	559	248	312
52	1366	687	679	251	51	200	510	235	274
53	1196	596	599	262	54	208	449	196	254
54	638	343	295	133	37	97	255	120	135
55—59	**4079**	**2152**	**1927**	**1270**	**384**	**886**	**1757**	**911**	**846**
55	754	433	322	153	36	117	302	155	147
56	578	330	248	163	51	112	216	120	96
57	836	419	417	296	96	200	361	173	188
58	981	516	465	309	93	216	454	245	210
59	930	455	475	348	107	241	424	218	205
60—64	**4156**	**2104**	**2052**	**1628**	**500**	**1127**	**1989**	**1153**	**836**
60	1005	498	507	373	101	271	474	263	211
61	876	479	396	302	103	199	448	278	170
62	811	379	432	330	95	235	401	216	185
63	822	409	413	354	109	246	370	216	154
64	643	339	304	268	92	176	296	181	116
65—69	**2854**	**1418**	**1436**	**1374**	**445**	**930**	**1242**	**765**	**477**
65	692	369	323	327	121	206	304	191	113
66	715	354	361	344	112	231	303	183	120
67	466	203	263	226	65	161	218	119	99
68	491	249	242	242	77	165	216	143	73
69	490	243	247	236	69	166	202	129	73
70—74	**2165**	**1049**	**1116**	**1263**	**454**	**809**	**755**	**467**	**288**
70	516	236	281	295	97	198	193	113	80
71	472	236	236	271	101	170	169	108	61
72	469	234	235	255	89	166	174	112	62
73	390	205	185	249	105	144	123	83	40
74	317	138	179	193	62	130	96	51	45
75—79	**1403**	**676**	**728**	**958**	**361**	**596**	**404**	**274**	**130**
75	330	146	184	216	67	148	97	63	34
76	303	153	150	198	79	119	99	68	31
77	318	158	160	225	93	132	85	59	26
78	214	102	112	153	62	91	55	33	22
79	238	116	122	166	60	106	67	51	16
80—84	**700**	**308**	**391**	**521**	**183**	**338**	**167**	**114**	**53**
80	192	80	112	139	43	95	49	32	17
81	169	81	88	131	53	78	38	28	9
82	147	59	88	108	34	74	37	23	14
83	110	53	57	74	29	45	32	20	12
84	82	35	46	69	25	45	12	11	2
85及以上	**302**	**128**	**174**	**250**	**91**	**159**	**48**	**33**	**15**

4-1c 续表 4

单位：人

年龄	初中			普通高中			中职		
	小计	男	女	小计	男	女	小计	男	女
45—49	**2774**	**1701**	**1073**	**299**	**239**	**59**	**49**	**20**	**29**
45	634	376	259	86	74	13	4	2	1
46	549	343	205	74	60	14	11	5	7
47	586	356	231	56	41	16	8	5	2
48	484	303	181	41	30	12	21	2	19
49	520	322	198	41	35	6	6	6	
50—54	**2074**	**1362**	**712**	**308**	**232**	**76**	**36**	**34**	**2**
50	477	303	174	45	30	15	11	11	
51	518	338	180	45	31	15	7	6	1
52	506	322	184	80	59	21	3	2	
53	365	244	122	98	84	15	15	15	
54	208	156	52	39	28	10			
55—59	**786**	**617**	**169**	**187**	**167**	**21**	**51**	**47**	**3**
55	247	196	51	44	40	4	5	3	2
56	143	110	33	53	47	6	1	1	
57	136	111	25	36	31	4	3	3	
58	156	119	36	30	29	1	25	25	1
59	104	80	24	24	20	4	15	15	
60—64	**459**	**376**	**83**	**47**	**43**	**4**	**16**	**15**	**1**
60	131	109	22	16	14	2	4	4	
61	104	78	25	15	13	2	3	3	
62	69	58	12	5	5		2	2	
63	87	74	13	7	7		3	3	
64	68	57	11	3	3		5	4	1
65—69	**195**	**170**	**26**	**19**	**18**	**1**	**18**	**17**	**1**
65	50	47	3	8	8		2	2	
66	64	55	9	2	2		1		1
67	19	16	3	1	1		1	1	
68	27	23	4	5	5		1	1	
69	34	28	6	3	2	1	13	13	
70—74	**133**	**114**	**18**	**8**	**7**	**1**	**5**	**5**	
70	28	25	3	1	1				
71	30	24	6	1	1		1	1	
72	35	29	6	4	3	1	2	2	
73	15	14	1	1	1		2	2	
74	25	22	3	1	1		1	1	
75—79	**30**	**28**	**2**	**7**	**7**		**4**	**4**	
75	12	11	1	3	3		2	2	
76	5	5		1	1		1	1	
77	6	5	1	2	2				
78	5	5		2	2				
79	4	4					1	1	
80—84	**11**	**11**							
80	4	4							
81									
82	2	2							
83	5	5							
84									
85及以上	**3**	**3**							

4-1c 续表 5 单位：人

年 龄	大学专科			大学本科			研究生		
	小计	男	女	小计	男	女	小计	男	女
45-49	**146**	**97**	**49**	**16**	**14**	**2**	**1**	**1**	
45	16	13	3	2	2				
46	33	31	1	1		1			
47	21	16	6						
48	38	18	20	11	10	1	1	1	
49	38	19	20	1	1				
50-54	**49**	**47**	**2**	**13**	**13**				
50	23	23		12	12				
51	2	2							
52	17	17		1	1				
53	5	4	1	1	1				
54	3	2	1						
55-59	**24**	**23**	**2**	**3**	**3**				
55	2	2							
56				1	1				
57	4	4							
58	4	3	1	2	2				
59	14	14	1						
60-64	**15**	**15**		**2**	**2**				
60	5	5		2	2				
61	4	4							
62	3	3							
63	1	1							
64	2	2							
65-69	**4**	**3**	**1**	**1**	**1**				
65	1		1						
66	1	1							
67	1	1							
68									
69	1	1		1	1				
70-74	**1**	**1**							
70									
71									
72									
73									
74	1	1							
75-79	**1**	**1**							
75									
76	1	1							
77									
78									
79									
80-84	**1**	**1**							
80	1	1							
81									
82									
83									
84									
85及以上	**1**	**1**							

4-2 全区分年龄、性别的15岁及以上文盲人口

单位：人、%

年龄	15岁及以上人口			文盲人口			文盲人口占15岁及以上人口比重		
	合计	男	女	合计	男	女	合计	男	女
总计	**166097**	**84974**	**81123**	**15235**	**4513**	**10722**	**9.17**	**5.31**	**13.22**
15-19	**14720**	**7776**	**6944**	**62**	**32**	**29**	**0.42**	**0.41**	**0.42**
15	2498	1297	1201	9	4	5	0.35	0.30	0.41
16	2707	1460	1247	4	4		0.15	0.27	
17	3242	1794	1449	12	10	2	0.37	0.54	0.16
18	3086	1647	1439	12	3	9	0.39	0.17	0.65
19	3187	1578	1609	25	12	13	0.77	0.74	0.80
20-24	**17786**	**9325**	**8461**	**122**	**43**	**79**	**0.69**	**0.47**	**0.93**
20	4139	2089	2050	15	5	10	0.37	0.24	0.49
21	3763	2003	1759	20	12	8	0.54	0.62	0.46
22	3492	1885	1607	22	7	15	0.64	0.39	0.94
23	3249	1735	1514	32	11	20	0.97	0.65	1.35
24	3144	1613	1530	33	7	25	1.04	0.46	1.65
25-29	**18276**	**9182**	**9094**	**308**	**89**	**219**	**1.69**	**0.97**	**2.41**
25	4139	2089	2050	51	18	33	1.23	0.87	1.60
26	3635	1810	1825	60	23	37	1.66	1.27	2.05
27	3568	1774	1793	48	14	34	1.36	0.81	1.90
28	3577	1816	1761	63	17	46	1.75	0.93	2.60
29	3358	1694	1663	86	17	69	2.56	1.01	4.13
30-34	**16066**	**8189**	**7877**	**616**	**142**	**474**	**3.83**	**1.73**	**6.02**
30	3161	1571	1589	99	13	86	3.13	0.83	5.40
31	3107	1564	1543	103	21	82	3.31	1.32	5.33
32	3085	1618	1467	95	29	66	3.08	1.80	4.48
33	3598	1778	1819	158	38	121	4.40	2.11	6.63
34	3116	1657	1459	161	41	120	5.16	2.48	8.20
35-39	**17117**	**8793**	**8324**	**805**	**209**	**595**	**4.70**	**2.38**	**7.15**
35	3542	1813	1730	175	47	128	4.95	2.59	7.42
36	3407	1765	1642	135	27	108	3.97	1.53	6.59
37	3322	1663	1659	164	44	120	4.95	2.65	7.25
38	3187	1633	1554	153	42	111	4.80	2.54	7.16
39	3658	1918	1740	177	50	127	4.84	2.59	7.31
40-44	**18197**	**9461**	**8736**	**1056**	**326**	**730**	**5.81**	**3.44**	**8.36**
40	3652	1900	1753	176	61	115	4.83	3.24	6.56
41	3658	1884	1773	210	66	144	5.75	3.50	8.14
42	3718	1932	1786	223	76	147	6.00	3.95	8.22
43	3690	1913	1776	215	67	148	5.83	3.49	8.35
44	3479	1832	1647	232	56	176	6.66	3.03	10.69

4-2 续表

单位：人、%

年 龄	15岁及以上人口			文盲人口			文盲人口占15岁及以上人口比重		
	合计	男	女	合计	男	女	合计	男	女
45—49	**17715**	**9056**	**8659**	**1345**	**344**	**1001**	**7.59**	**3.79**	**11.56**
45	3983	1999	1984	291	84	207	7.30	4.20	10.43
46	3658	1865	1793	259	73	186	7.07	3.92	10.35
47	3732	1913	1819	292	80	212	7.83	4.19	11.67
48	3083	1625	1458	227	52	175	7.36	3.19	12.01
49	3259	1653	1606	276	55	221	8.46	3.30	13.77
50—54	**13510**	**6908**	**6601**	**1341**	**302**	**1039**	**9.92**	**4.37**	**15.73**
50	3076	1623	1453	272	80	192	8.85	4.95	13.20
51	3188	1604	1584	313	73	241	9.83	4.52	15.20
52	3330	1703	1627	298	57	241	8.94	3.32	14.83
53	2616	1292	1324	296	54	242	11.31	4.16	18.30
54	1299	686	613	161	39	122	12.42	5.67	19.96
55—59	**8817**	**4565**	**4252**	**1571**	**452**	**1120**	**17.82**	**9.89**	**26.33**
55	1661	900	761	193	42	150	11.59	4.68	19.76
56	1357	712	645	204	60	143	15.00	8.48	22.21
57	1807	939	868	363	114	248	20.07	12.19	28.59
58	2069	1065	1004	383	106	276	18.50	9.97	27.53
59	1923	949	974	430	128	301	22.34	13.53	30.92
60—64	**8591**	**4300**	**4291**	**2164**	**634**	**1531**	**25.19**	**14.74**	**35.67**
60	2005	987	1018	494	127	367	24.62	12.88	36.01
61	1909	972	937	429	124	305	22.47	12.77	32.54
62	1655	836	819	425	132	293	25.68	15.79	35.78
63	1665	795	870	463	138	325	27.82	17.40	37.34
64	1357	710	647	354	112	241	26.06	15.83	37.28
65—69	**5795**	**2826**	**2969**	**1763**	**547**	**1216**	**30.43**	**19.37**	**40.96**
65	1444	744	700	415	137	279	28.77	18.36	39.84
66	1398	684	713	421	133	288	30.13	19.49	40.33
67	971	451	521	299	88	211	30.74	19.47	40.48
68	1015	484	532	325	101	225	32.03	20.78	42.27
69	967	463	504	303	89	214	31.34	19.22	42.49
70—74	**4362**	**2112**	**2250**	**1656**	**564**	**1092**	**37.96**	**26.70**	**48.53**
70	959	456	503	364	112	252	37.98	24.66	50.07
71	936	460	477	360	126	234	38.43	27.47	48.99
72	925	454	472	330	113	217	35.67	24.93	46.00
73	832	402	430	329	123	206	39.57	30.62	47.93
74	709	341	368	272	89	183	38.41	26.12	49.79
75—79	**2985**	**1450**	**1535**	**1314**	**453**	**861**	**44.01**	**31.22**	**56.09**
75	729	354	375	275	77	198	37.68	21.74	52.74
76	623	304	318	266	93	173	42.70	30.45	54.39
77	649	319	330	310	124	186	47.76	38.77	56.44
78	487	226	261	235	79	155	48.16	35.11	59.46
79	497	247	250	228	80	148	45.96	32.49	59.29
80—84	**1522**	**730**	**792**	**747**	**253**	**494**	**49.09**	**34.65**	**62.42**
80	415	182	233	196	60	136	47.24	32.82	58.53
81	344	160	184	170	60	110	49.58	37.56	60.02
82	315	149	166	157	50	107	49.95	33.64	64.63
83	271	150	121	123	49	74	45.54	32.65	61.64
84	178	89	89	100	34	66	56.40	38.26	74.44
85及以上	**638**	**300**	**338**	**366**	**123**	**243**	**57.26**	**40.88**	**71.83**

4-2ab 全区分年龄、性别的15岁及以上文盲人口(城镇)

单位：人、%

年龄	15岁及以上人口			文盲人口			文盲人口占15岁及以上人口比重		
	合计	男	女	合计	男	女	合计	男	女
总计	**93758**	**47940**	**45818**	**3827**	**1054**	**2773**	**4.08**	**2.20**	**6.05**
15—19	**6779**	**3725**	**3054**	**7**	**4**	**3**	**0.10**	**0.11**	**0.09**
15	998	543	454	2	1	1	0.24	0.24	0.25
16	1216	694	521	1	1		0.07	0.12	
17	1535	931	604						
18	1453	799	654	1	1	1	0.10	0.09	0.10
19	1578	758	821	2	1	1	0.14	0.16	0.13
20—24	**10176**	**5382**	**4794**	**23**	**11**	**11**	**0.22**	**0.21**	**0.24**
20	2651	1326	1325	3		3	0.10		0.21
21	2249	1198	1051	3	2	1	0.13	0.15	0.10
22	1970	1085	885	5	5		0.25	0.45	
23	1748	946	803	8	4	4	0.44	0.38	0.51
24	1558	828	730	5	1	3	0.29	0.14	0.47
25—29	**10890**	**5372**	**5519**	**62**	**19**	**43**	**0.57**	**0.36**	**0.78**
25	2321	1163	1158	10	3	6	0.41	0.29	0.54
26	2138	1043	1095	13	4	9	0.63	0.38	0.86
27	2171	1046	1125	9	4	5	0.42	0.39	0.46
28	2216	1111	1105	15	6	9	0.67	0.53	0.82
29	2044	1009	1035	15	2	13	0.74	0.21	1.26
30—34	**9525**	**4721**	**4804**	**108**	**26**	**82**	**1.13**	**0.55**	**1.71**
30	1878	925	953	26	5	21	1.39	0.54	2.21
31	1880	920	961	10	3	7	0.54	0.37	0.70
32	1840	927	913	24	7	17	1.31	0.79	1.85
33	2150	1023	1128	22	5	18	1.04	0.44	1.58
34	1777	927	850	25	6	20	1.43	0.60	2.33
35—39	**10409**	**5312**	**5097**	**168**	**57**	**110**	**1.61**	**1.08**	**2.17**
35	2098	1085	1013	42	14	28	2.00	1.33	2.73
36	2043	1057	986	26	4	21	1.25	0.42	2.14
37	2074	1011	1063	35	16	19	1.71	1.61	1.81
38	1981	1009	972	31	7	25	1.58	0.66	2.53
39	2212	1149	1063	33	15	18	1.51	1.34	1.68
40—44	**11125**	**5807**	**5318**	**204**	**65**	**139**	**1.84**	**1.13**	**2.61**
40	2233	1168	1065	31	9	22	1.39	0.81	2.04
41	2220	1168	1053	40	15	25	1.82	1.28	2.42
42	2285	1169	1116	40	14	26	1.77	1.22	2.35
43	2220	1147	1073	50	14	36	2.24	1.21	3.35
44	2167	1155	1012	43	13	30	1.96	1.11	2.93

4-2ab 续表 单位：人、%

年 龄	15岁及以上人口			文盲人口			文盲人口占15岁及以上人口比重		
	合计	男	女	合计	男	女	合计	男	女
45—49	**10271**	**5303**	**4968**	**264**	**62**	**202**	**2.57**	**1.17**	**4.07**
45	2380	1194	1186	54	12	42	2.27	0.98	3.58
46	2167	1102	1065	55	15	40	2.54	1.34	3.78
47	2182	1136	1047	47	8	39	2.16	0.71	3.73
48	1741	952	790	39	12	27	2.21	1.25	3.37
49	1801	920	880	70	16	54	3.86	1.73	6.09
50—54	**7532**	**3869**	**3663**	**283**	**53**	**230**	**3.76**	**1.38**	**6.28**
50	1705	904	802	56	15	41	3.31	1.69	5.12
51	1781	911	871	57	11	46	3.18	1.19	5.27
52	1964	1016	947	74	14	60	3.77	1.35	6.36
53	1421	696	725	58	5	54	4.11	0.71	7.38
54	661	343	319	38	8	29	5.71	2.46	9.21
55—59	**4738**	**2412**	**2325**	**387**	**91**	**296**	**8.16**	**3.77**	**12.72**
55	907	468	440	52	9	43	5.76	1.93	9.84
56	779	382	397	55	12	42	7.02	3.24	10.66
57	971	520	451	87	27	60	8.98	5.16	13.38
58	1088	549	539	91	19	73	8.39	3.37	13.51
59	993	494	499	101	24	77	10.21	4.90	15.47
60—64	**4435**	**2196**	**2239**	**636**	**178**	**458**	**14.34**	**8.10**	**20.47**
60	1001	489	511	141	32	109	14.08	6.51	21.34
61	1033	492	541	144	33	111	13.90	6.71	20.45
62	844	457	387	120	44	76	14.25	9.74	19.58
63	843	386	457	134	41	93	15.87	10.54	20.38
64	714	371	343	98	28	70	13.65	7.49	20.32
65—69	**2941**	**1408**	**1533**	**470**	**135**	**335**	**15.99**	**9.60**	**21.86**
65	752	375	377	110	26	84	14.63	7.02	22.20
66	682	330	352	100	31	69	14.71	9.40	19.70
67	505	248	258	83	25	58	16.50	10.26	22.51
68	525	235	290	95	28	67	18.09	11.87	23.14
69	477	220	257	81	24	57	17.09	11.13	22.21
70—74	**2197**	**1063**	**1133**	**438**	**127**	**311**	**19.95**	**11.97**	**27.45**
70	442	221	222	83	21	62	18.66	9.47	27.81
71	464	224	240	97	30	67	20.87	13.50	27.72
72	456	220	237	85	27	58	18.58	12.12	24.58
73	442	197	245	86	22	65	19.57	10.98	26.47
74	393	203	190	88	28	60	22.36	13.77	31.53
75—79	**1582**	**775**	**807**	**393**	**107**	**286**	**24.87**	**13.84**	**35.45**
75	400	208	191	67	12	56	16.87	5.69	29.03
76	319	151	168	76	21	55	23.75	13.85	32.63
77	331	161	170	93	32	62	28.17	19.74	36.13
78	273	124	149	87	19	68	31.98	15.28	45.91
79	259	131	128	69	24	46	26.86	18.20	35.70
80—84	**823**	**422**	**401**	**251**	**80**	**171**	**30.54**	**19.01**	**42.67**
80	223	103	121	61	17	44	27.53	17.05	36.46
81	175	79	96	53	13	39	30.16	16.89	41.07
82	168	90	78	53	17	36	31.49	18.57	46.45
83	161	97	64	52	23	29	32.16	23.44	45.50
84	96	53	43	32	10	22	33.81	18.64	52.74
85及以上	**336**	**172**	**164**	**131**	**37**	**95**	**38.99**	**21.20**	**57.69**

4-2a 全区分年龄、性别的15岁及以上文盲人口(城市)

单位：人、%

年 龄	15岁及以上人口			文盲人口			文盲人口占15岁及以上人口比重		
	合计	男	女	合计	男	女	合计	男	女
总 计	**62154**	**31326**	**30829**	**1724**	**499**	**1226**	**2.77**	**1.59**	**3.98**
15-19	**4215**	**2265**	**1951**	**5**	**3**	**2**	**0.12**	**0.15**	**0.09**
15	563	334	229	2	1	1	0.43	0.39	0.49
16	623	397	226	1	1		0.09	0.13	
17	939	602	337						
18	1000	518	482	1	1		0.07	0.14	
19	1091	414	677	1	1	1	0.13	0.19	0.09
20-24	**7059**	**3532**	**3526**	**10**	**4**	**5**	**0.14**	**0.12**	**0.15**
20	1931	831	1100	3		3	0.14		0.25
21	1614	796	817						
22	1353	724	629	2	2		0.15	0.29	
23	1171	641	530	3	2	1	0.24	0.32	0.13
24	990	540	450	2		2	0.19		0.42
25-29	**6813**	**3339**	**3474**	**29**	**11**	**17**	**0.42**	**0.33**	**0.50**
25	1406	719	687	6	2	4	0.44	0.30	0.59
26	1346	653	693	5	1	3	0.35	0.20	0.50
27	1427	690	736	5	2	3	0.38	0.32	0.43
28	1384	686	699	5	3	1	0.33	0.49	0.17
29	1250	591	659	8	2	6	0.62	0.36	0.85
30-34	**6088**	**2919**	**3169**	**25**	**6**	**19**	**0.40**	**0.19**	**0.60**
30	1189	565	624	4		4	0.33		0.62
31	1234	572	662	3	2	2	0.28	0.34	0.23
32	1165	578	588	3	1	3	0.28	0.13	0.43
33	1352	621	731	8	2	6	0.61	0.32	0.86
34	1147	584	564	6	1	5	0.49	0.15	0.83
35-39	**6980**	**3497**	**3483**	**41**	**17**	**24**	**0.59**	**0.49**	**0.70**
35	1387	719	669	10	6	4	0.70	0.77	0.62
36	1378	730	648	5	1	4	0.35	0.15	0.59
37	1396	643	753	13	7	6	0.95	1.08	0.84
38	1353	674	679	6		6	0.44		0.88
39	1465	732	734	7	3	4	0.51	0.47	0.54
40-44	**7511**	**3935**	**3576**	**66**	**24**	**42**	**0.87**	**0.61**	**1.17**
40	1429	759	671	8	2	6	0.58	0.29	0.90
41	1499	784	715	8	2	6	0.54	0.26	0.85
42	1540	791	749	10	5	5	0.66	0.69	0.62
43	1552	789	763	27	9	18	1.74	1.16	2.34
44	1491	812	679	12	5	7	0.81	0.61	1.05

4-2a 续表 单位：人、%

年龄	15岁及以上人口			文盲人口			文盲人口占15岁及以上人口比重		
	合计	男	女	合计	男	女	合计	男	女
45—49	**6919**	**3551**	**3368**	**94**	**23**	**72**	**1.36**	**0.64**	**2.13**
45	1606	778	828	23	3	19	1.42	0.44	2.35
46	1479	767	711	15	6	9	1.02	0.84	1.23
47	1478	771	707	20	2	18	1.35	0.30	2.49
48	1166	631	536	10	4	6	0.85	0.62	1.11
49	1190	605	586	27	7	20	2.23	1.10	3.41
50—54	**5095**	**2632**	**2463**	**111**	**20**	**91**	**2.18**	**0.76**	**3.70**
50	1159	607	552	24	6	18	2.05	0.92	3.29
51	1227	637	590	23	4	20	1.88	0.56	3.31
52	1342	700	642	34	7	27	2.51	1.00	4.16
53	946	461	485	17	1	16	1.79	0.24	3.26
54	421	227	194	14	3	11	3.25	1.22	5.62
55—59	**3184**	**1618**	**1566**	**179**	**50**	**130**	**5.63**	**3.06**	**8.29**
55	609	323	286	17	5	12	2.79	1.67	4.05
56	521	258	263	23	5	18	4.37	1.83	6.85
57	657	357	301	39	12	27	6.00	3.48	8.99
58	731	354	377	43	13	30	5.89	3.65	8.00
59	666	327	339	57	14	43	8.58	4.32	12.68
60—64	**2883**	**1404**	**1480**	**301**	**86**	**215**	**10.43**	**6.13**	**14.51**
60	627	304	323	53	12	41	8.51	3.92	12.84
61	700	329	371	71	20	52	10.20	6.02	13.90
62	535	292	243	57	19	38	10.71	6.60	15.64
63	548	244	305	64	21	43	11.68	8.47	14.24
64	472	235	237	55	14	40	11.56	6.15	16.91
65—69	**1968**	**950**	**1019**	**246**	**78**	**168**	**12.50**	**8.19**	**16.51**
65	498	247	251	63	14	50	12.71	5.55	19.76
66	462	227	235	52	18	33	11.19	8.13	14.14
67	350	177	173	43	15	28	12.26	8.61	16.00
68	343	160	183	47	17	30	13.74	10.75	16.34
69	315	139	177	41	13	28	12.99	9.52	15.71
70—74	**1467**	**695**	**772**	**198**	**56**	**143**	**13.53**	**8.00**	**18.50**
70	272	133	139	32	11	21	11.72	8.06	15.24
71	295	140	155	43	13	31	14.67	9.03	19.78
72	304	141	163	36	8	28	11.92	5.93	17.11
73	311	135	176	43	10	33	13.85	7.21	18.94
74	284	145	139	44	14	30	15.43	9.70	21.39
75—79	**1121**	**545**	**576**	**204**	**58**	**146**	**18.19**	**10.57**	**25.40**
75	271	139	132	31	8	24	11.62	5.58	17.99
76	225	107	118	36	7	30	16.14	6.31	24.97
77	235	114	122	51	18	33	21.72	16.21	26.86
78	190	88	102	45	12	33	23.67	13.74	32.24
79	200	98	102	40	13	27	20.04	12.91	26.90
80—84	**606**	**315**	**291**	**138**	**41**	**96**	**22.70**	**13.11**	**33.07**
80	155	73	82	32	10	21	20.34	14.11	25.90
81	139	62	78	37	9	29	26.83	13.89	37.11
82	121	66	56	22	5	17	17.97	7.55	30.25
83	124	73	50	31	11	21	25.49	14.79	41.19
84	67	41	26	15	7	9	22.99	16.07	34.03
85及以上	**245**	**129**	**117**	**78**	**23**	**55**	**31.86**	**17.71**	**47.48**

4-2b 全区分年龄、性别的15岁及以上文盲人口(镇)

单位：人、%

年　龄	15岁及以上人口			文盲人口			文盲人口占15岁及以上人口比重		
	合计	男	女	合计	男	女	合计	男	女
总　计	**31604**	**16615**	**14989**	**2102**	**556**	**1547**	**6.65**	**3.34**	**10.32**
15-19	**2564**	**1460**	**1104**	**2**	**1**	**1**	**0.07**	**0.05**	**0.10**
15	435	209	226						
16	592	297	295				0.05	0.11	
17	596	329	267						
18	453	281	172	1		1	0.15		0.40
19	487	343	144	1			0.18	0.13	0.28
20-24	**3117**	**1850**	**1268**	**13**	**7**	**6**	**0.42**	**0.39**	**0.47**
20	720	495	225						
21	635	401	234	3	2	1	0.46	0.46	0.45
22	617	361	256	3	3		0.45	0.77	
23	577	304	273	5	1	3	0.84	0.49	1.23
24	568	288	280	3	1	2	0.47	0.41	0.55
25-29	**4077**	**2032**	**2045**	**34**	**8**	**25**	**0.83**	**0.41**	**1.25**
25	915	444	472	3	1	2	0.37	0.27	0.47
26	792	390	402	9	3	6	1.09	0.69	1.48
27	745	356	389	4	2	2	0.52	0.52	0.51
28	832	425	407	10	3	8	1.25	0.60	1.94
29	794	418	376	7		7	0.94		1.99
30-34	**3437**	**1802**	**1635**	**84**	**20**	**63**	**2.43**	**1.12**	**3.87**
30	689	360	329	22	5	17	3.22	1.40	5.22
31	646	348	298	7	1	5	1.02	0.41	1.74
32	674	349	325	21	7	14	3.09	1.88	4.40
33	798	402	397	14	3	12	1.77	0.64	2.91
34	629	343	287	20	5	15	3.14	1.36	5.28
35-39	**3429**	**1815**	**1614**	**126**	**40**	**86**	**3.69**	**2.22**	**5.34**
35	711	366	345	32	9	23	4.55	2.43	6.80
36	666	328	338	21	3	17	3.10	1.02	5.11
37	678	368	310	22	9	13	3.27	2.53	4.16
38	628	335	292	25	7	19	4.03	1.99	6.37
39	747	418	329	26	12	14	3.47	2.87	4.23
40-44	**3614**	**1872**	**1742**	**139**	**42**	**97**	**3.84**	**2.22**	**5.58**
40	803	409	394	23	7	16	2.85	1.77	3.97
41	721	383	338	32	13	19	4.47	3.36	5.73
42	745	378	367	30	9	22	4.07	2.33	5.87
43	668	359	310	23	5	18	3.41	1.31	5.85
44	676	343	333	30	8	23	4.50	2.30	6.77

4-2b 续表 单位：人、%

年龄	15岁及以上人口			文盲人口			文盲人口占15岁及以上人口比重		
	合计	男	女	合计	男	女	合计	男	女
45-49	**3351**	**1752**	**1600**	**170**	**40**	**130**	**5.07**	**2.26**	**8.14**
45	774	416	358	31	8	23	4.04	1.98	6.43
46	688	334	354	40	8	32	5.79	2.50	8.91
47	704	365	339	27	6	21	3.86	1.57	6.32
48	575	321	254	29	8	21	4.98	2.49	8.12
49	610	316	295	43	9	34	7.03	2.94	11.42
50-54	**2437**	**1237**	**1200**	**172**	**33**	**139**	**7.07**	**2.68**	**11.58**
50	546	297	250	33	10	23	5.98	3.28	9.17
51	554	273	281	34	7	26	6.06	2.64	9.39
52	622	316	306	40	7	34	6.49	2.14	11.00
53	474	235	240	42	4	38	8.75	1.63	15.73
54	241	116	125	24	6	18	10.02	4.88	14.80
55-59	**1554**	**794**	**760**	**207**	**41**	**166**	**13.35**	**5.21**	**21.86**
55	299	145	154	35	4	32	11.83	2.50	20.59
56	258	124	134	32	8	24	12.38	6.18	18.12
57	313	163	150	48	14	33	15.23	8.84	22.16
58	357	195	162	48	6	43	13.51	2.87	26.36
59	327	167	160	44	10	34	13.53	6.01	21.40
60-64	**1552**	**793**	**759**	**335**	**92**	**244**	**21.61**	**11.58**	**32.09**
60	373	185	188	88	20	68	23.45	10.76	35.96
61	333	164	169	72	13	59	21.68	8.08	34.81
62	309	165	144	63	25	38	20.39	15.30	26.21
63	295	143	152	70	20	50	23.67	14.07	32.68
64	242	136	105	43	13	30	17.75	9.81	28.00
65-69	**972**	**459**	**514**	**224**	**57**	**167**	**23.06**	**12.52**	**32.46**
65	254	128	126	47	13	34	18.40	9.86	27.07
66	220	104	117	49	13	36	22.10	12.19	30.89
67	155	71	85	40	10	30	26.07	14.40	35.79
68	182	75	107	48	11	37	26.30	14.25	34.81
69	161	81	80	41	11	29	25.13	13.87	36.56
70-74	**730**	**369**	**361**	**240**	**72**	**168**	**32.88**	**19.44**	**46.61**
70	170	87	83	51	10	40	29.78	11.64	48.89
71	169	84	86	54	18	36	31.65	20.99	42.07
72	152	78	74	48	18	30	31.95	23.30	41.14
73	130	62	69	43	12	31	33.24	19.23	45.83
74	108	58	50	44	14	30	40.54	23.94	59.68
75-79	**460**	**230**	**231**	**189**	**50**	**140**	**41.12**	**21.60**	**60.56**
75	129	69	59	36	4	32	27.91	5.93	53.53
76	94	44	50	39	14	25	41.95	31.94	50.88
77	96	47	49	42	13	29	43.98	28.21	59.30
78	83	36	47	42	7	35	51.06	19.05	75.73
79	59	33	26	29	11	18	50.08	34.06	70.23
80-84	**216**	**107**	**109**	**114**	**39**	**75**	**52.48**	**36.39**	**68.21**
80	68	29	39	30	7	23	43.96	24.36	58.87
81	36	17	18	15	5	11	43.19	27.60	57.81
82	47	25	22	31	12	19	66.60	48.01	87.20
83	37	24	13	20	12	8	54.36	50.27	61.58
84	29	12	17	17	3	14	58.74	27.35	81.26
85及以上	**91**	**44**	**48**	**53**	**14**	**39**	**58.15**	**31.44**	**82.74**

4-2c 全区分年龄、性别的15岁及以上文盲人口(乡村)

单位：人、%

年 龄	15岁及以上人口			文盲人口			文盲人口占15岁及以上人口比重		
	合计	男	女	合计	男	女	合计	男	女
总 计	**72339**	**37034**	**35305**	**11408**	**3458**	**7949**	**15.77**	**9.34**	**22.52**
15-19	**7940**	**4051**	**3890**	**55**	**28**	**27**	**0.69**	**0.69**	**0.68**
15	1500	753	747	6	3	4	0.42	0.34	0.51
16	1491	766	725	3	3		0.21	0.41	
17	1708	863	845	12	10	2	0.71	1.13	0.28
18	1633	848	785	11	2	9	0.66	0.25	1.10
19	1609	821	788	22	11	12	1.39	1.28	1.50
20-24	**7610**	**3943**	**3667**	**100**	**32**	**68**	**1.31**	**0.81**	**1.84**
20	1488	763	726	12	5	7	0.83	0.67	1.00
21	1514	806	708	18	11	7	1.16	1.32	0.98
22	1522	800	722	18	2	15	1.15	0.30	2.10
23	1500	789	712	24	8	16	1.60	0.97	2.30
24	1586	786	800	28	6	22	1.77	0.79	2.73
25-29	**7386**	**3811**	**3575**	**246**	**70**	**176**	**3.33**	**1.84**	**4.92**
25	1818	926	892	41	15	27	2.28	1.59	2.99
26	1497	766	731	47	19	28	3.14	2.48	3.83
27	1396	728	668	39	10	29	2.80	1.41	4.32
28	1361	705	656	48	11	37	3.51	1.55	5.60
29	1314	686	628	71	15	56	5.38	2.20	8.86
30-34	**6541**	**3468**	**3073**	**507**	**116**	**392**	**7.76**	**3.34**	**12.75**
30	1283	647	636	73	8	65	5.67	1.23	10.19
31	1226	644	582	93	17	75	7.56	2.69	12.96
32	1245	691	554	71	22	49	5.68	3.15	8.83
33	1447	756	692	136	33	103	9.39	4.37	14.86
34	1339	730	608	135	36	100	10.11	4.87	16.39
35-39	**6708**	**3481**	**3227**	**637**	**152**	**485**	**9.49**	**4.36**	**15.03**
35	1444	728	717	133	32	101	9.22	4.46	14.06
36	1364	708	656	110	23	87	8.04	3.18	13.29
37	1248	652	596	129	28	101	10.33	4.26	16.96
38	1206	624	582	122	35	87	10.08	5.58	14.90
39	1446	769	677	144	34	109	9.93	4.45	16.15
40-44	**7072**	**3654**	**3418**	**852**	**261**	**592**	**12.05**	**7.13**	**17.30**
40	1420	732	688	145	52	93	10.23	7.11	13.55
41	1437	717	721	170	51	119	11.82	7.11	16.51
42	1433	763	671	183	62	121	12.75	8.13	17.99
43	1470	766	704	165	53	112	11.24	6.90	15.96
44	1312	676	635	189	43	146	14.41	6.31	23.03

4−2c 续表 单位：人、%

年 龄	15岁及以上人口			文盲人口			文盲人口占15岁及以上人口比重		
	合计	男	女	合计	男	女	合计	男	女
45—49	**7444**	**3752**	**3691**	**1080**	**281**	**799**	**14.51**	**7.50**	**21.64**
45	1603	805	798	237	72	164	14.77	8.98	20.62
46	1491	763	728	204	58	145	13.66	7.65	19.98
47	1549	777	772	245	72	173	15.82	9.27	22.42
48	1342	674	668	188	40	149	14.04	5.93	22.22
49	1458	732	726	206	39	168	14.14	5.27	23.09
50—54	**5977**	**3039**	**2938**	**1057**	**249**	**809**	**17.69**	**8.19**	**27.52**
50	1371	719	652	216	65	151	15.74	9.03	23.14
51	1407	693	714	257	62	195	18.25	8.91	27.32
52	1366	687	679	224	43	181	16.37	6.22	26.64
53	1196	596	599	238	49	189	19.87	8.19	31.50
54	638	343	295	124	30	93	19.37	8.87	31.61
55—59	**4079**	**2152**	**1927**	**1184**	**361**	**824**	**29.03**	**16.76**	**42.74**
55	754	433	322	140	33	107	18.60	7.67	33.30
56	578	330	248	149	48	101	25.77	14.53	40.74
57	836	419	417	276	88	188	32.95	20.91	45.03
58	981	516	465	291	88	204	29.71	17.01	43.77
59	930	455	475	328	104	224	35.29	22.90	47.16
60—64	**4156**	**2104**	**2052**	**1528**	**456**	**1072**	**36.77**	**21.67**	**52.25**
60	1005	498	507	353	95	257	35.11	19.13	50.80
61	876	479	396	285	91	194	32.59	18.99	49.02
62	811	379	432	305	87	217	37.59	23.08	50.32
63	822	409	413	329	98	232	40.07	23.88	56.10
64	643	339	304	256	85	172	39.84	24.96	56.41
65—69	**2854**	**1418**	**1436**	**1293**	**412**	**881**	**45.30**	**29.07**	**61.34**
65	692	369	323	305	110	195	44.13	29.87	60.44
66	715	354	361	321	102	218	44.83	28.91	60.42
67	466	203	263	215	62	153	46.17	30.72	58.08
68	491	249	242	230	73	158	46.93	29.20	65.16
69	490	243	247	222	65	157	45.19	26.54	63.57
70—74	**2165**	**1049**	**1116**	**1217**	**437**	**781**	**56.23**	**41.64**	**69.93**
70	516	236	281	282	92	190	54.53	38.89	67.64
71	472	236	236	263	96	167	55.69	40.73	70.61
72	469	234	235	245	87	159	52.27	36.94	67.55
73	390	205	185	243	101	141	62.20	49.45	76.31
74	317	138	179	185	61	124	58.32	44.27	69.17
75—79	**1403**	**676**	**728**	**920**	**346**	**575**	**65.58**	**51.16**	**78.96**
75	330	146	184	207	65	142	62.90	44.63	77.41
76	303	153	150	190	72	118	62.64	46.83	78.76
77	318	158	160	217	92	125	68.18	58.15	78.08
78	214	102	112	147	60	87	68.75	59.22	77.41
79	238	116	122	159	57	102	66.71	48.52	84.11
80—84	**700**	**308**	**391**	**496**	**173**	**323**	**70.91**	**56.03**	**82.62**
80	192	80	112	135	42	92	70.14	53.09	82.26
81	169	81	88	118	47	71	69.68	57.70	80.71
82	147	59	88	104	33	71	71.09	56.69	80.75
83	110	53	57	72	26	45	65.03	49.42	79.60
84	82	35	46	68	24	44	82.84	67.72	94.37
85及以上	**302**	**128**	**174**	**234**	**86**	**148**	**77.62**	**67.37**	**85.18**

4-3 全区分学业完成情况、性别、受教育程度的6岁及以上人口

单位：人

学业完成情况	合计			小学		
	合计	男	女	小计	男	女
总计	**173714**	**92603**	**81111**	**52574**	**25470**	**27104**
在校	42468	22121	20347	17826	9375	8451
毕业	122471	65904	56567	29283	13497	15786
肄业	2155	1084	1070	1485	673	812
辍学	4377	2344	2034	2949	1415	1535
其他	2243	1151	1093	1030	511	519

4-3 续表 1

单位：人

学业完成情况	初中			普通高中			中职		
	小计	男	女	小计	男	女	小计	男	女
总计	**63975**	**36042**	**27933**	**20707**	**11164**	**9543**	**7395**	**4342**	**3053**
在校	8426	4343	4083	6280	2712	3568	2057	1536	521
毕业	52984	30143	22841	13989	8183	5806	5236	2756	2480
肄业	568	350	218	65	43	21	11	7	3
辍学	1254	814	441	158	104	54	6	4	2
其他	742	392	350	215	122	94	85	38	47

4-3 续表 2

单位：人

学业完成情况	大学专科			大学本科			研究生		
	小计	男	女	小计	男	女	小计	男	女
总计	**14524**	**7294**	**7231**	**13953**	**7985**	**5967**	**586**	**306**	**280**
在校	2381	818	1563	5394	3289	2105	103	47	56
毕业	11999	6405	5594	8500	4663	3837	479	256	223
肄业	21	9	13	4	2	2	1	1	
辍学	5	4	1	5	3	2			
其他	118	58	60	49	28	21	3	2	1

4-3ab 全区分学业完成情况、性别、受教育程度的6岁及以上人口(城镇)

单位：人

学业完成情况	合计			小学		
	合计	男	女	小计	男	女
总计	**100727**	**52673**	**48054**	**20621**	**9530**	**11090**
在校	22470	11983	10487	7869	4186	3683
毕业	75191	39220	35972	11278	4757	6520
肄业	664	304	360	409	159	250
辍学	981	475	506	639	250	389
其他	1421	692	729	426	178	248

4-3ab 续表 1

单位：人

学业完成情况	初中			普通高中			中职		
	小计	男	女	小计	男	女	小计	男	女
总计	**34830**	**18836**	**15994**	**14302**	**7322**	**6981**	**5840**	**3518**	**2323**
在校	3764	2033	1732	3236	1210	2026	1366	1188	178
毕业	30025	16213	13812	10796	5953	4843	4384	2287	2097
肄业	193	114	79	34	21	13	8	6	3
辍学	291	193	98	46	28	18	3	3	
其他	556	283	273	191	110	81	80	35	45

4-3ab 续表 2

单位：人

学业完成情况	大学专科			大学本科			研究生		
	小计	男	女	小计	男	女	小计	男	女
总计	**12039**	**5965**	**6074**	**12532**	**7212**	**5320**	**562**	**290**	**272**
在校	1536	427	1109	4610	2899	1710	89	41	48
毕业	10367	5476	4891	7873	4287	3586	469	246	223
肄业	17	4	13	2		2	1	1	
辍学	2	1	1						
其他	116	57	60	48	27	21	3	2	1

4–3a 全区分学业完成情况、性别、受教育程度的6岁及以上人口(城市)

单位：人

学业完成情况	合计			小学		
	合计	男	女	小计	男	女
总计	**66621**	**34161**	**32460**	**10544**	**4842**	**5702**
在校	14471	7514	6956	4383	2339	2044
毕业	50598	25918	24681	5585	2288	3297
肄业	301	133	168	184	61	123
辍学	347	173	175	214	84	130
其他	903	423	480	178	69	108

4–3a 续表 1

单位：人

学业完成情况	初中			普通高中			中职		
	小计	男	女	小计	男	女	小计	男	女
总计	**21154**	**11114**	**10040**	**10280**	**5160**	**5120**	**4437**	**2624**	**1813**
在校	2269	1240	1029	2028	792	1236	913	811	101
毕业	18335	9576	8760	8055	4256	3798	3443	1774	1668
肄业	81	52	29	16	10	6	6	4	2
辍学	112	77	36	19	11	8			
其他	357	170	187	162	91	72	76	34	42

4–3a 续表 2

单位：人

学业完成情况	大学专科			大学本科			研究生		
	小计	男	女	小计	男	女	小计	男	女
总计	**9597**	**4617**	**4980**	**10083**	**5535**	**4548**	**525**	**270**	**256**
在校	1249	291	957	3555	2004	1551	74	37	37
毕业	8245	4283	3962	6489	3511	2977	447	230	217
肄业	12	4	8	1		1	1	1	
辍学	2	1	1						
其他	89	37	52	38	20	18	3	2	1

4-3b 全区分学业完成情况、性别、受教育程度的6岁及以上人口(镇)

单位：人

学业完成情况	合计			小学		
	合计	男	女	小计	男	女
总　计	**34106**	**18512**	**15594**	**10077**	**4689**	**5388**
在　校	7999	4469	3530	3485	1846	1639
毕　业	24593	13302	11291	5693	2470	3223
肄　业	363	171	192	224	97	127
辍　学	634	302	332	425	166	259
其　他	517	268	249	249	109	140

4-3b 续表 1

单位：人

学业完成情况	初中			普通高中			中职		
	小计	男	女	小计	男	女	小计	男	女
总　计	**13676**	**7722**	**5954**	**4022**	**2162**	**1861**	**1403**	**894**	**509**
在　校	1496	793	703	1208	418	790	454	377	77
毕　业	11690	6638	5052	2741	1697	1044	941	513	428
肄　业	112	62	50	17	11	7	2	1	1
辍　学	179	116	63	27	17	10	3	3	
其　他	199	113	86	28	19	9	4	1	3

4-3b 续表 2

单位：人

学业完成情况	大学专科			大学本科			研究生		
	小计	男	女	小计	男	女	小计	男	女
总　计	**2442**	**1348**	**1094**	**2449**	**1678**	**772**	**37**	**20**	**17**
在　校	287	136	151	1055	895	159	15	4	11
毕　业	2122	1193	929	1384	775	608	22	17	6
肄　业	5		5	1		1			
辍　学									
其　他	27	19	8	9	7	3			

4–3c 全区分学业完成情况、性别、受教育程度的6岁及以上人口(乡村)

单位：人

学业完成情况	合计			小学		
	合计	男	女	小计	男	女
总计	**72987**	**39930**	**33057**	**31953**	**15939**	**16014**
在校	19998	10137	9860	9958	5189	4769
毕业	47279	26684	20595	18005	8740	9266
肄业	1491	780	711	1076	514	562
辍学	3396	1869	1527	2310	1165	1145
其他	823	459	364	604	332	272

4–3c 续表 1

单位：人

学业完成情况	初中			普通高中			中职		
	小计	男	女	小计	男	女	小计	男	女
总计	**29145**	**17206**	**11939**	**6405**	**3843**	**2562**	**1555**	**824**	**731**
在校	4662	2311	2351	3044	1503	1542	691	348	343
毕业	22959	13930	9029	3194	2230	964	852	469	383
肄业	375	236	139	31	22	8	3	2	1
辍学	963	621	342	112	76	36	4	2	2
其他	186	108	78	25	12	13	5	3	2

4–3c 续表 2

单位：人

学业完成情况	大学专科			大学本科			研究生		
	小计	男	女	小计	男	女	小计	男	女
总计	**2485**	**1328**	**1157**	**1420**	**773**	**647**	**24**	**17**	**7**
在校	845	390	455	784	390	394	14	7	7
毕业	1632	929	702	628	377	251	10	10	
肄业	4	4		2	2				
辍学	3	3		5	3	2			
其他	2	2		2	2				

5 就业

5-1 各地区分性别、行业门类的就业人口

单位：人

地　区	就业人口			一、农、林、牧、渔业			二、采矿业		
	合计	男	女	小计	男	女	小计	男	女
全　区	**102693**	**59945**	**42748**	**40161**	**20547**	**19614**	**3186**	**2614**	**572**
银川市	**34759**	**19804**	**14955**	**6976**	**3337**	**3638**	**1257**	**986**	**271**
兴庆区	11187	6399	4788	580	310	270	566	391	176
西夏区	4678	2684	1994	865	434	431	52	46	6
金凤区	4805	2696	2109	442	224	218	126	97	28
永宁县	4450	2484	1966	1884	902	983	25	22	3
贺兰县	4362	2473	1889	1698	806	892	103	88	15
灵武市	5278	3068	2210	1506	662	844	386	342	44
石嘴山市	**12659**	**7780**	**4879**	**2935**	**1486**	**1449**	**1361**	**1245**	**116**
大武口区	4535	3029	1507	98	58	40	1110	1015	95
惠农区	3174	1877	1298	389	182	207	196	180	17
平罗县	4950	2875	2075	2448	1246	1201	55	51	4
吴忠市	**20180**	**12227**	**7953**	**9303**	**4997**	**4306**	**395**	**225**	**170**
利通区	5161	3254	1907	1076	612	464	89	79	10
红寺堡区	2987	1624	1363	1996	977	1019	13	13	1
盐池县	2843	1679	1164	1382	737	645	206	53	153
同心县	4099	2630	1469	2439	1458	981	45	44	1
青铜峡市	5090	3040	2050	2409	1212	1197	42	36	6
固原市	**18527**	**10415**	**8112**	**12168**	**6207**	**5960**	**75**	**67**	**8**
原州区	5771	3254	2518	3162	1520	1642	7	7	
西吉县	5959	3299	2660	4447	2266	2181	10	8	2
隆德县	2621	1468	1152	1817	971	847	11	11	
泾源县	799	598	201	378	289	90	5	4	
彭阳县	3377	1796	1581	2364	1163	1201	42	36	6
中卫市	**16568**	**9719**	**6849**	**8780**	**4519**	**4261**	**98**	**91**	**7**
沙坡头区	6161	3650	2511	2544	1310	1235	30	28	2
中宁县	5721	3145	2576	3523	1747	1776	30	29	2
海原县	4686	2924	1762	2712	1462	1250	38	34	4

5-1 续表 1 单位：人

地区	三、制造业			四、电力、热力、燃气及水生产和供应业			五、建筑业		
	小计	男	女	小计	男	女	小计	男	女
全区	**8282**	**5633**	**2649**	**1776**	**1246**	**530**	**9573**	**8288**	**1286**
银川市	**3260**	**2071**	**1188**	**821**	**554**	**267**	**3160**	**2654**	**506**
兴庆区	626	408	217	370	242	128	932	762	169
西夏区	715	482	233	84	57	28	488	408	80
金凤区	311	201	110	217	143	73	378	314	64
永宁县	537	351	186	38	29	9	465	398	67
贺兰县	373	241	132	42	31	11	417	350	66
灵武市	697	387	310	71	52	18	481	421	60
石嘴山市	**1920**	**1391**	**529**	**371**	**260**	**111**	**930**	**777**	**153**
大武口区	561	420	141	124	79	44	468	375	92
惠农区	967	683	285	190	138	51	146	121	25
平罗县	392	288	104	58	43	15	316	281	35
吴忠市	**1357**	**932**	**426**	**356**	**245**	**111**	**2154**	**1908**	**246**
利通区	558	363	195	100	78	22	860	740	119
红寺堡区	65	41	24	19	13	6	252	224	27
盐池县	64	47	17	11	7	4	202	169	34
同心县	116	90	26	29	24	5	378	352	26
青铜峡市	554	391	164	197	122	75	462	422	40
固原市	**441**	**302**	**139**	**101**	**86**	**15**	**1673**	**1451**	**222**
原州区	122	94	29	59	50	9	753	641	111
西吉县	132	104	28	5	4	1	213	192	21
隆德县	109	53	56	24	22	2	223	192	30
泾源县	22	14	8	5	4	1	169	159	11
彭阳县	56	38	18	7	5	2	315	266	49
中卫市	**1304**	**936**	**367**	**127**	**100**	**27**	**1656**	**1499**	**157**
沙坡头区	655	470	184	75	55	19	772	702	69
中宁县	577	417	159	35	29	5	264	230	33
海原县	72	49	23	18	16	2	621	566	55

5-1 续表 2 单位：人

地 区	六、批发和零售业			七、交通运输、仓储和邮政业			八、住宿和餐饮业		
	小计	男	女	小计	男	女	小计	男	女
全 区	**12225**	**5499**	**6726**	**4920**	**4238**	**682**	**3620**	**1688**	**1932**
银川市	**6431**	**2960**	**3471**	**1967**	**1583**	**384**	**1548**	**752**	**796**
兴庆区	3014	1483	1530	595	468	127	621	323	298
西夏区	741	317	424	378	279	99	161	75	85
金凤区	850	384	467	254	200	54	189	93	96
永宁县	594	235	359	200	176	24	150	90	60
贺兰县	625	286	340	331	287	43	167	64	103
灵武市	607	255	351	209	173	36	260	106	154
石嘴山市	**1677**	**762**	**915**	**678**	**585**	**93**	**574**	**231**	**343**
大武口区	580	242	338	237	194	43	226	98	128
惠农区	397	110	287	213	191	22	147	51	95
平罗县	701	410	290	228	200	28	201	82	119
吴忠市	**1768**	**784**	**984**	**1071**	**993**	**78**	**600**	**313**	**287**
利通区	763	336	428	298	259	39	288	161	127
红寺堡区	182	83	99	62	55	7	75	42	33
盐池县	166	66	101	223	218	5	72	28	44
同心县	301	147	155	152	148	4	58	31	28
青铜峡市	356	153	202	336	313	23	106	50	56
固原市	**942**	**416**	**526**	**420**	**369**	**52**	**431**	**175**	**256**
原州区	383	176	207	243	205	38	159	66	93
西吉县	171	87	83	47	45	2	102	45	57
隆德县	107	38	69	36	32	4	71	26	44
泾源县	41	22	19	32	31	1	38	19	19
彭阳县	240	92	147	62	55	7	60	18	42
中卫市	**1407**	**577**	**830**	**784**	**708**	**76**	**468**	**218**	**249**
沙坡头区	635	229	406	376	323	53	237	96	141
中宁县	496	213	283	115	104	11	113	53	60
海原县	276	135	141	293	281	12	117	69	49

5-1 续表 3

单位：人

地　区	九、信息传输、软件和信息技术服务业			十、金融业			十一、房地产业		
	小计	男	女	小计	男	女	小计	男	女
全　区	**801**	**464**	**337**	**1331**	**574**	**756**	**1491**	**864**	**627**
银川市	**540**	**323**	**217**	**737**	**289**	**449**	**947**	**520**	**427**
兴庆区	316	203	113	331	133	199	422	248	175
西夏区	57	28	28	36	13	23	100	59	41
金凤区	95	59	36	255	98	157	222	122	100
永宁县	16	8	7	29	12	17	58	27	30
贺兰县	24	12	11	38	13	25	61	30	31
灵武市	33	13	21	48	20	29	84	34	50
石嘴山市	**71**	**40**	**32**	**179**	**75**	**104**	**199**	**117**	**81**
大武口区	45	25	20	95	41	54	126	79	46
惠农区	15	8	7	53	23	29	40	21	20
平罗县	11	6	5	31	11	20	32	17	15
吴忠市	**65**	**39**	**26**	**247**	**126**	**121**	**132**	**77**	**55**
利通区	26	14	11	82	37	45	49	30	19
红寺堡区	7	5	2	16	4	11	28	18	10
盐池县	1	1		28	11	16	5		4
同心县	7	6	1	86	58	28	14	9	5
青铜峡市	24	13	11	36	16	20	35	19	16
固原市	**47**	**22**	**25**	**58**	**38**	**21**	**49**	**33**	**16**
原州区	23	9	14	25	17	9	27	19	8
西吉县	6	5	1	3	2	2	2	1	2
隆德县	14	7	7	6	5	1	8	6	2
泾源县	1		1	4	1	2	2	1	1
彭阳县	3	1	2	19	13	6	9	6	3
中卫市	**78**	**40**	**39**	**109**	**47**	**62**	**164**	**116**	**48**
沙坡头区	35	15	20	61	23	37	44	24	20
中宁县	28	14	14	39	19	20	111	89	22
海原县	15	11	4	9	5	4	9	3	6

5-1 续表 4

单位：人

地 区	十二、租赁和商务服务业			十三、科学研究和技术服务业			十四、水利、环境和公共设施管理业		
	小计	男	女	小计	男	女	小计	男	女
全 区	**1241**	**800**	**441**	**636**	**441**	**195**	**872**	**471**	**401**
银川市	**751**	**479**	**272**	**433**	**298**	**135**	**365**	**203**	**163**
兴庆区	351	208	143	216	155	62	108	60	49
西夏区	122	81	41	67	48	19	66	37	28
金凤区	123	78	45	104	66	37	45	20	25
永宁县	26	14	12	6	4	2	26	19	7
贺兰县	51	35	15	16	9	7	79	43	35
灵武市	78	63	16	25	16	9	41	23	18
石嘴山市	**122**	**72**	**50**	**50**	**36**	**14**	**136**	**62**	**74**
大武口区	74	45	29	36	26	10	83	36	47
惠农区	9	5	4	3	2	1	32	16	15
平罗县	39	22	17	11	8	4	21	10	12
吴忠市	**199**	**150**	**48**	**70**	**48**	**22**	**188**	**108**	**80**
利通区	133	103	30	45	32	13	57	28	30
红寺堡区	9	7	2	7	4	3	4		4
盐池县	8	6	2	5	2	3	5	1	4
同心县	10	8	2	4	3	1	14	10	4
青铜峡市	39	27	12	9	7	2	109	70	39
固原市	**70**	**31**	**39**	**31**	**24**	**7**	**76**	**40**	**36**
原州区	51	22	29	25	19	6	24	9	15
西吉县	9	5	4				9	6	2
隆德县	2	1	1	3	3		13	7	6
泾源县	1	1		1			5	3	2
彭阳县	7	3	4	2	1	1	25	15	10
中卫市	**99**	**67**	**32**	**52**	**35**	**17**	**106**	**58**	**48**
沙坡头区	58	40	18	18	13	6	52	33	19
中宁县	35	24	11	2	2		36	19	17
海原县	6	3	3	32	21	11	18	7	11

5-1 续表 5

单位：人

地 区	十五、居民服务、修理和其他服务业			十六、教育			十七、卫生和社会工作		
	小计	男	女	小计	男	女	小计	男	女
全 区	**2380**	**1439**	**941**	**3365**	**1351**	**2014**	**1832**	**589**	**1243**
银川市	**1166**	**722**	**445**	**1381**	**481**	**900**	**781**	**240**	**541**
兴庆区	282	118	164	432	134	298	371	116	255
西夏区	91	50	40	345	143	202	126	34	92
金凤区	115	62	53	318	120	198	160	50	109
永宁县	148	91	56	101	23	78	43	14	28
贺兰县	124	72	51	67	18	49	28	7	21
灵武市	406	327	79	117	43	75	54	18	36
石嘴山市	**343**	**179**	**164**	**338**	**112**	**225**	**256**	**65**	**191**
大武口区	176	83	93	143	51	92	119	30	89
惠农区	73	33	40	104	29	75	68	18	50
平罗县	93	62	32	91	32	59	68	17	51
吴忠市	**382**	**250**	**133**	**541**	**209**	**333**	**306**	**102**	**204**
利通区	126	87	39	172	69	102	129	39	91
红寺堡区	29	20	10	96	39	57	25	11	14
盐池县	74	44	30	36	7	28	21	6	15
同心县	31	22	9	140	61	79	68	28	39
青铜峡市	122	77	44	98	32	66	63	18	45
固原市	**218**	**116**	**101**	**664**	**355**	**310**	**316**	**132**	**184**
原州区	88	57	31	245	124	121	122	46	76
西吉县	30	21	9	285	174	111	151	66	85
隆德县	39	13	26	69	32	37	15	8	7
泾源县	7	3	4	35	12	23	10	4	6
彭阳县	53	21	32	30	13	17	19	9	10
中卫市	**271**	**173**	**98**	**441**	**195**	**246**	**173**	**50**	**123**
沙坡头区	147	92	55	148	57	91	74	20	54
中宁县	79	50	29	100	38	62	50	14	35
海原县	45	31	15	192	100	92	49	15	34

5-1 续表 6

单位：人

地　区	十八、文化、体育和娱乐业			十九、公共管理、社会保障和社会组织			二十、国际组织		
	小计	男	女	小计	男	女	小计	男	女
全　区	**586**	**313**	**273**	**4414**	**2885**	**1529**			
银川市	**381**	**220**	**161**	**1855**	**1132**	**723**			
兴庆区	186	112	75	865	525	340			
西夏区	40	18	22	144	74	70			
金凤区	87	49	38	513	313	200			
永宁县	16	8	8	89	60	30			
贺兰县	24	16	8	97	63	34			
灵武市	27	17	10	147	98	49			
石嘴山市	**60**	**27**	**33**	**460**	**258**	**203**			
大武口区	28	11	17	207	119	88			
惠农区	11	4	7	121	61	60			
平罗县	21	12	9	132	78	54			
吴忠市	**77**	**40**	**37**	**968**	**681**	**288**			
利通区	40	19	21	269	169	100			
红寺堡区	6	3	4	97	64	33			
盐池县	6	4	3	327	270	57			
同心县	9	6	3	197	125	72			
青铜峡市	15	9	6	79	53	26			
固原市	**31**	**13**	**17**	**717**	**538**	**179**			
原州区	18	7	11	237	168	69			
西吉县	2	1	2	334	266	67			
隆德县	4	2	2	50	40	10			
泾源县	4	2	2	36	26	10			
彭阳县	3	2	1	61	38	23			
中卫市	**37**	**13**	**25**	**413**	**276**	**137**			
沙坡头区	24	6	18	176	112	65			
中宁县	9	4	5	80	51	29			
海原县	5	3	2	157	113	43			

5-1ab 各地区分性别、行业门类的就业人口(城镇)

单位：人

地 区	就业人口			一、农、林、牧、渔业			二、采矿业		
	合计	男	女	小计	男	女	小计	男	女
全 区	**54480**	**32158**	**22322**	**7809**	**4065**	**3744**	**2631**	**2235**	**396**
银川市	**25606**	**14618**	**10988**	**2241**	**1153**	**1088**	**1147**	**881**	**266**
兴庆区	10793	6132	4660	533	280	253	558	382	176
西夏区	4231	2409	1822	679	361	318	52	46	6
金凤区	4113	2282	1832	135	84	51	118	90	28
永宁县	1780	1018	761	378	180	197	11	9	2
贺兰县	1936	1148	788	279	132	147	81	68	14
灵武市	2753	1629	1124	239	117	122	327	286	41
石嘴山市	**8845**	**5571**	**3274**	**551**	**287**	**265**	**1305**	**1194**	**111**
大武口区	4223	2818	1405	66	40	26	1101	1007	94
惠农区	2564	1469	1095	160	66	94	168	153	15
平罗县	2059	1284	775	326	180	145	36	34	1
吴忠市	**8493**	**5160**	**3332**	**1769**	**980**	**790**	**101**	**89**	**12**
利通区	3095	1896	1199	235	145	91	61	53	8
红寺堡区	862	472	390	282	125	158	7	7	
盐池县	924	585	339	111	55	57	9	8	
同心县	1619	1002	616	633	388	245	8	8	
青铜峡市	1993	1206	787	507	268	239	17	13	4
固原市	**4806**	**2813**	**1993**	**1440**	**705**	**735**	**31**	**27**	**4**
原州区	1913	1198	715	156	84	72	3	3	
西吉县	1039	573	466	650	307	344	1		1
隆德县	608	334	273	144	67	77	6	6	
泾源县	258	184	74	60	51	9	4	4	
彭阳县	988	524	464	429	195	234	17	14	3
中卫市	**6731**	**3996**	**2735**	**1808**	**942**	**867**	**47**	**44**	**3**
沙坡头区	3325	1978	1348	752	377	375	16	15	1
中宁县	2235	1284	951	700	346	354	24	23	2
海原县	1171	734	436	356	218	138	7	6	1

5-1ab 续表 1

单位：人

地 区	三、制造业			四、电力、热力、燃气及水生产和供应业			五、建筑业		
	小计	男	女	小计	男	女	小计	男	女
全 区	**5835**	**3962**	**1873**	**1500**	**1025**	**475**	**5246**	**4444**	**801**
银川市	**2519**	**1635**	**884**	**767**	**507**	**260**	**2179**	**1782**	**397**
兴庆区	598	389	209	365	237	128	875	716	158
西夏区	689	470	219	82	56	26	330	265	65
金凤区	284	182	102	215	142	73	260	202	57
永宁县	240	150	90	22	16	6	232	190	41
贺兰县	209	146	62	29	19	11	186	160	26
灵武市	499	298	202	54	37	16	297	248	49
石嘴山市	**1559**	**1106**	**453**	**339**	**234**	**106**	**616**	**510**	**106**
大武口区	521	391	130	120	77	43	323	257	66
惠农区	794	535	259	175	127	49	131	109	22
平罗县	244	180	65	44	30	14	162	144	19
吴忠市	**774**	**541**	**233**	**216**	**143**	**72**	**956**	**834**	**122**
利通区	354	239	115	88	66	22	397	344	53
红寺堡区	21	16	6	10	4	6	68	56	11
盐池县	49	37	12	11	7	4	153	124	29
同心县	29	25	3	11	10	1	123	111	12
青铜峡市	321	224	97	95	55	40	215	198	17
固原市	**184**	**104**	**80**	**79**	**65**	**14**	**770**	**664**	**106**
原州区	66	46	21	51	42	9	380	319	61
西吉县	41	29	12	1	1		76	70	6
隆德县	55	15	40	18	16	2	113	96	17
泾源县	4	2	2	4	3	1	57	55	2
彭阳县	17	12	5	6	4	2	144	124	20
中卫市	**799**	**576**	**222**	**99**	**77**	**23**	**723**	**654**	**70**
沙坡头区	378	277	101	67	49	18	484	443	41
中宁县	388	279	109	24	21	3	129	108	20
海原县	33	20	12	8	7	1	111	103	8

5-1ab 续表 2

单位：人

地 区	六、批发和零售业			七、交通运输、仓储和邮政业			八、住宿和餐饮业		
	小计	男	女	小计	男	女	小计	男	女
全 区	**10146**	**4551**	**5596**	**3380**	**2791**	**589**	**2603**	**1207**	**1396**
银川市	**5653**	**2621**	**3032**	**1549**	**1203**	**346**	**1252**	**602**	**650**
兴庆区	2969	1470	1499	522	409	114	600	315	285
西夏区	716	307	409	367	267	99	151	70	82
金凤区	796	364	431	214	162	52	146	66	80
永宁县	349	139	210	111	94	16	81	53	29
贺兰县	448	207	242	196	164	32	98	41	56
灵武市	375	135	241	139	108	32	176	58	118
石嘴山市	**1521**	**696**	**825**	**511**	**432**	**78**	**459**	**190**	**269**
大武口区	559	236	323	230	188	42	208	94	115
惠农区	364	98	266	158	137	21	134	47	87
平罗县	597	361	236	123	108	16	117	49	68
吴忠市	**1321**	**568**	**753**	**619**	**556**	**64**	**402**	**215**	**187**
利通区	589	254	336	227	194	33	216	122	94
红寺堡区	113	52	61	49	43	6	45	26	19
盐池县	131	51	80	116	112	5	55	23	31
同心县	240	114	126	79	75	3	36	17	20
青铜峡市	248	98	149	148	131	17	50	27	23
固原市	**626**	**274**	**353**	**284**	**240**	**44**	**216**	**85**	**130**
原州区	291	132	159	191	156	36	84	32	53
西吉县	86	48	38	26	26	1	52	25	27
隆德县	59	20	39	21	19	2	49	18	31
泾源县	23	12	11	12	11	1	12	7	5
彭阳县	168	62	106	33	28	5	19	4	14
中卫市	**1025**	**391**	**634**	**417**	**360**	**57**	**274**	**114**	**159**
沙坡头区	516	186	330	266	223	42	167	65	103
中宁县	359	144	215	75	66	9	74	33	41
海原县	150	62	88	77	70	6	32	17	16

5-1ab 续表 3

单位：人

地 区	九、信息传输、软件和信息技术服务业			十、金融业			十一、房地产业		
	小计	男	女	小计	男	女	小计	男	女
全 区	**705**	**408**	**297**	**1252**	**544**	**708**	**1355**	**793**	**562**
银川市	**508**	**306**	**201**	**714**	**282**	**431**	**878**	**481**	**397**
兴庆区	316	203	113	330	131	199	418	245	173
西夏区	57	28	28	35	12	23	100	58	41
金凤区	89	55	34	254	97	157	206	115	92
永宁县	7	3	4	21	11	10	32	13	19
贺兰县	11	7	5	31	13	18	46	21	25
灵武市	27	10	18	43	18	25	77	30	47
石嘴山市	**64**	**35**	**29**	**169**	**72**	**97**	**188**	**113**	**75**
大武口区	43	25	18	93	40	53	125	79	46
惠农区	14	7	7	50	23	26	36	20	16
平罗县	7	3	4	27	8	18	27	14	12
吴忠市	**41**	**23**	**18**	**224**	**118**	**106**	**95**	**56**	**39**
利通区	17	7	10	76	35	41	40	26	15
红寺堡区	4	3	1	16	4	11	23	15	9
盐池县	1	1		24	11	13	1		1
同心县	5	5		80	55	25	10	5	5
青铜峡市	14	8	6	28	12	15	20	10	11
固原市	**30**	**13**	**18**	**51**	**32**	**19**	**40**	**29**	**11**
原州区	17	7	11	24	16	9	25	19	7
西吉县	2	1	1	1		1	1		1
隆德县	8	4	3	6	4	1	5	5	1
泾源县	1		1	4	1	2	1		
彭阳县	3	1	2	17	11	6	8	5	3
中卫市	**62**	**30**	**32**	**94**	**39**	**55**	**154**	**114**	**40**
沙坡头区	32	14	18	55	22	33	41	23	18
中宁县	18	8	9	31	14	17	107	89	19
海原县	12	8	4	8	4	4	6	2	3

5-1ab 续表 4

单位：人

地 区	十二、租赁和商务服务业			十三、科学研究和技术服务业			十四、水利、环境和公共设施管理业		
	小计	男	女	小计	男	女	小计	男	女
全 区	**1025**	**642**	**383**	**593**	**410**	**183**	**574**	**295**	**279**
银川市	**656**	**404**	**251**	**424**	**293**	**131**	**237**	**134**	**103**
兴庆区	313	180	133	215	153	62	72	40	32
西夏区	117	77	40	66	47	19	60	34	27
金凤区	121	76	45	101	65	36	29	15	14
永宁县	20	10	10	6	4	2	11	9	2
贺兰县	39	26	13	14	9	5	44	24	20
灵武市	47	36	11	22	15	7	21	12	9
石嘴山市	**113**	**67**	**46**	**47**	**35**	**13**	**119**	**55**	**64**
大武口区	70	43	27	35	26	9	81	35	46
惠农区	9	4	4	3	2	1	29	15	14
平罗县	35	20	15	10	6	4	10	5	5
吴忠市	**133**	**101**	**32**	**50**	**31**	**19**	**97**	**40**	**57**
利通区	97	74	23	38	24	13	55	26	28
红寺堡区	7	6	1	7	4	3	3		3
盐池县	6	4	2	3	2	1	5	1	4
同心县	9	7	2				5	3	1
青铜峡市	14	10	4	3	1	2	30	9	21
固原市	**45**	**18**	**27**	**22**	**17**	**5**	**57**	**32**	**25**
原州区	38	14	23	20	15	5	19	8	11
西吉县	3	2	1				6	6	1
隆德县	1	1	1				12	6	5
泾源县							4	2	2
彭阳县	3	1	1	1	1	1	16	11	6
中卫市	**78**	**52**	**27**	**50**	**34**	**16**	**64**	**34**	**30**
沙坡头区	47	33	14	17	12	6	37	21	15
中宁县	29	18	11	2	2		26	13	13
海原县	3	1	1	31	21	10	2	1	1

5-1ab 续表 5

单位：人

地　区	十五、居民服务、修理和其他服务业			十六、教育			十七、卫生和社会工作		
	小计	男	女	小计	男	女	小计	男	女
全　区	**1616**	**888**	**728**	**2732**	**1037**	**1695**	**1475**	**445**	**1030**
银川市	**756**	**400**	**356**	**1293**	**451**	**842**	**742**	**229**	**514**
兴庆区	278	114	164	429	133	297	366	112	254
西夏区	87	48	39	340	140	199	124	34	90
金凤区	105	53	52	310	115	196	156	50	105
永宁县	97	62	34	63	16	48	31	12	19
贺兰县	79	49	29	51	11	40	17	5	12
灵武市	110	73	37	99	37	63	49	16	33
石嘴山市	**285**	**136**	**150**	**308**	**101**	**207**	**227**	**56**	**170**
大武口区	166	75	91	137	49	88	116	29	87
惠农区	57	23	34	98	27	71	64	17	47
平罗县	62	38	25	73	25	48	47	11	36
吴忠市	**262**	**168**	**94**	**454**	**172**	**283**	**231**	**68**	**163**
利通区	90	58	32	153	56	97	102	25	77
红寺堡区	22	15	7	76	32	44	18	7	11
盐池县	54	32	22	31	7	23	14	4	10
同心县	16	11	5	110	46	65	54	22	32
青铜峡市	81	52	28	85	31	54	42	10	33
固原市	**114**	**63**	**51**	**308**	**145**	**162**	**150**	**58**	**92**
原州区	58	38	20	159	72	87	107	42	65
西吉县	8	6	1	46	32	14	12	3	9
隆德县	15	7	8	51	22	29	10	4	5
泾源县	2	1	1	27	8	19	7	2	5
彭阳县	32	11	21	25	11	14	14	6	8
中卫市	**198**	**122**	**77**	**369**	**167**	**202**	**125**	**34**	**91**
沙坡头区	108	65	43	125	49	76	52	13	40
中宁县	65	41	24	78	26	52	40	12	28
海原县	26	15	10	167	93	74	32	9	23

5-1ab 续表 6　　单位：人

地　区	十八、文化、体育和娱乐业			十九、公共管理、社会保障和社会组织			二十、国际组织		
	小计	男	女	小计	男	女	小计	男	女
全　区	**528**	**281**	**247**	**3475**	**2134**	**1340**			
银川市	**352**	**201**	**151**	**1740**	**1051**	**689**			
兴庆区	185	110	75	851	514	337			
西夏区	40	18	22	141	72	69			
金凤区	82	47	36	492	301	191			
永宁县	6	2	4	64	44	20			
贺兰县	17	12	5	62	35	27			
灵武市	23	13	10	129	85	44			
石嘴山市	**56**	**25**	**31**	**407**	**227**	**181**			
大武口区	28	11	16	202	115	87			
惠农区	11	4	7	110	54	56			
平罗县	17	10	7	96	58	38			
吴忠市	**67**	**37**	**30**	**678**	**420**	**258**			
利通区	37	19	18	224	129	94			
红寺堡区	6	3	3	85	55	30			
盐池县	5	4	1	145	100	45			
同心县	9	5	3	162	95	67			
青铜峡市	11	6	5	62	41	21			
固原市	**20**	**8**	**12**	**339**	**235**	**105**			
原州区	12	4	7	210	149	62			
西吉县	1		1	27	19	8			
隆德县	2	1	1	34	25	9			
泾源县	3	1	2	31	21	10			
彭阳县	2	1	1	37	21	16			
中卫市	**33**	**10**	**24**	**310**	**202**	**108**			
沙坡头区	24	6	18	142	87	55			
中宁县	6	2	4	61	40	21			
海原县	4	2	2	108	75	32			

5-1a 各地区分性别、行业门类的就业人口(城市)

单位：人

地　区	就业人口			一、农、林、牧、渔业			二、采矿业		
	合计	男	女	小计	男	女	小计	男	女
全　区	**34656**	**20342**	**14314**	**1958**	**1040**	**918**	**2209**	**1860**	**349**
银川市	**19730**	**11182**	**8547**	**1034**	**551**	**483**	**867**	**638**	**229**
兴庆区	10334	5865	4469	288	151	137	558	382	176
西夏区	4030	2285	1745	664	354	311	48	43	5
金凤区	3854	2136	1718	19	13	6	117	89	28
永宁县									
贺兰县	91	70	21				2	1	1
灵武市	1420	826	594	63	34	28	143	123	20
石嘴山市	**6188**	**3920**	**2268**	**89**	**53**	**37**	**1249**	**1141**	**108**
大武口区	3977	2647	1330	66	40	26	1089	997	92
惠农区	2212	1274	938	24	13	11	160	144	15
平罗县									
吴忠市	**4738**	**2794**	**1943**	**604**	**308**	**296**	**77**	**65**	**12**
利通区	2649	1589	1060	103	54	49	55	47	8
红寺堡区	727	398	329	208	100	108	7	7	
盐池县									
同心县									
青铜峡市	1362	807	555	293	154	139	14	11	4
固原市	**1637**	**1023**	**614**	**32**	**20**	**12**	**3**	**3**	
原州区	1637	1023	614	32	20	12	3	3	
西吉县									
隆德县									
泾源县									
彭阳县									
中卫市	**2362**	**1422**	**941**	**199**	**108**	**91**	**13**	**13**	
沙坡头区	2362	1422	941	199	108	91	13	13	
中宁县									
海原县									

5−1a 续表 1

单位：人

地 区	三、制造业			四、电力、热力、燃气及水生产和供应业			五、建筑业		
	小计	男	女	小计	男	女	小计	男	女
全 区	**3855**	**2601**	**1254**	**1173**	**783**	**390**	**3191**	**2667**	**523**
银川市	**1854**	**1186**	**668**	**674**	**439**	**235**	**1572**	**1274**	**299**
兴庆区	583	376	207	361	233	128	848	692	156
西夏区	676	461	215	80	55	26	293	240	52
金凤区	282	180	102	211	139	72	247	189	57
永宁县									
贺兰县	13	10	3	2	2		20	18	2
灵武市	300	159	141	19	11	9	165	134	30
石嘴山市	**1221**	**855**	**366**	**290**	**200**	**90**	**320**	**258**	**62**
大武口区	492	370	122	119	76	43	208	165	43
惠农区	729	485	244	171	124	47	113	93	20
平罗县									
吴忠市	**434**	**308**	**125**	**113**	**76**	**38**	**587**	**509**	**79**
利通区	273	192	81	72	51	22	363	311	52
红寺堡区	10	7	3	10	4	6	65	53	11
盐池县									
同心县									
青铜峡市	150	110	41	31	21	10	159	144	15
固原市	**57**	**37**	**19**	**47**	**39**	**9**	**325**	**272**	**52**
原州区	57	37	19	47	39	9	325	272	52
西吉县									
隆德县									
泾源县									
彭阳县									
中卫市	**289**	**214**	**75**	**49**	**31**	**18**	**386**	**355**	**31**
沙坡头区	289	214	75	49	31	18	386	355	31
中宁县									
海原县									

5-1a 续表 2

单位：人

地 区	六、批发和零售业			七、交通运输、仓储和邮政业			八、住宿和餐饮业		
	小计	男	女	小计	男	女	小计	男	女
全 区	**7002**	**3128**	**3874**	**2222**	**1753**	**469**	**1727**	**835**	**893**
银川市	**4526**	**2157**	**2369**	**1150**	**865**	**285**	**924**	**466**	**458**
兴庆区	2893	1432	1461	508	394	114	571	298	273
西夏区	672	284	387	355	256	98	126	58	69
金凤区	761	349	412	206	154	52	125	65	60
永宁县									
贺兰县	33	24	9	5	5	1	3	2	1
灵武市	167	67	99	76	56	20	99	43	56
石嘴山市	**883**	**317**	**567**	**352**	**290**	**61**	**315**	**132**	**183**
大武口区	540	224	316	218	177	42	189	88	101
惠农区	343	93	251	134	114	20	126	45	82
平罗县									
吴忠市	**882**	**377**	**505**	**323**	**274**	**49**	**263**	**150**	**113**
利通区	548	241	307	198	167	31	190	107	83
红寺堡区	112	52	60	22	16	6	41	25	16
盐池县									
同心县									
青铜峡市	223	85	138	104	92	12	32	18	13
固原市	**263**	**120**	**143**	**169**	**135**	**35**	**74**	**26**	**48**
原州区	263	120	143	169	135	35	74	26	48
西吉县									
隆德县									
泾源县									
彭阳县									
中卫市	**448**	**158**	**290**	**228**	**188**	**40**	**151**	**60**	**91**
沙坡头区	448	158	290	228	188	40	151	60	91
中宁县									
海原县									

5-1a 续表 3 单位：人

地　区	九、信息传输、软件和信息技术服务业			十、金融业			十一、房地产业		
	小计	男	女	小计	男	女	小计	男	女
全　区	**597**	**351**	**246**	**970**	**395**	**575**	**1023**	**594**	**429**
银川市	**471**	**289**	**182**	**652**	**255**	**397**	**730**	**419**	**311**
兴庆区	312	199	113	328	131	197	404	233	171
西夏区	53	27	26	35	12	23	100	58	41
金凤区	87	54	33	252	97	155	194	110	85
永宁县									
贺兰县				3	1	2	3	2	1
灵武市	20	9	11	34	13	21	29	16	13
石嘴山市	**52**	**28**	**23**	**128**	**54**	**73**	**155**	**93**	**61**
大武口区	41	24	18	92	40	52	119	74	45
惠农区	10	4	6	36	14	21	36	20	16
平罗县									
吴忠市	**29**	**15**	**14**	**115**	**51**	**64**	**77**	**46**	**32**
利通区	16	7	9	75	34	41	37	23	13
红寺堡区	4	3	1	14	4	10	23	15	9
盐池县									
同心县									
青铜峡市	9	5	4	26	12	14	17	8	10
固原市	**16**	**7**	**9**	**24**	**16**	**9**	**25**	**19**	**7**
原州区	16	7	9	24	16	9	25	19	7
西吉县									
隆德县									
泾源县									
彭阳县									
中卫市	**29**	**13**	**17**	**52**	**20**	**32**	**36**	**17**	**18**
沙坡头区	29	13	17	52	20	32	36	17	18
中宁县									
海原县									

5-1a 续表 4

单位：人

地 区	十二、租赁和商务服务业			十三、科学研究和技术服务业			十四、水利、环境和公共设施管理业		
	小计	男	女	小计	男	女	小计	男	女
全 区	**787**	**484**	**303**	**496**	**343**	**153**	**397**	**190**	**206**
银川市	**560**	**342**	**218**	**383**	**264**	**119**	**168**	**88**	**80**
兴庆区	304	178	126	215	153	62	72	40	32
西夏区	112	73	39	62	43	19	53	27	27
金凤区	117	73	45	100	65	35	28	14	14
永宁县									
贺兰县	1	1					2		1
灵武市	26	17	9	6	2	3	13	7	6
石嘴山市	**76**	**46**	**30**	**37**	**28**	**9**	**101**	**45**	**56**
大武口区	67	42	26	34	26	8	76	33	43
惠农区	9	4	4	3	2	1	25	12	12
平罗县									
吴忠市	**74**	**53**	**21**	**43**	**27**	**16**	**81**	**31**	**49**
利通区	60	44	16	33	22	11	52	24	28
红寺堡区	3	1	1	7	4	3	3		3
盐池县									
同心县									
青铜峡市	11	7	4	3	1	2	26	8	18
固原市	**33**	**13**	**20**	**18**	**13**	**5**	**18**	**8**	**10**
原州区	33	13	20	18	13	5	18	8	10
西吉县									
隆德县									
泾源县									
彭阳县									
中卫市	**44**	**30**	**14**	**16**	**11**	**6**	**30**	**19**	**11**
沙坡头区	44	30	14	16	11	6	30	19	11
中宁县									
海原县									

5-1a 续表 5

单位：人

地　区	十五、居民服务、修理和其他服务业			十六、教育			十七、卫生和社会工作		
	小计	男	女	小计	男	女	小计	男	女
全　区	**994**	**492**	**502**	**1924**	**712**	**1212**	**1146**	**339**	**807**
银川市	**472**	**209**	**263**	**1142**	**412**	**730**	**665**	**202**	**463**
兴庆区	273	108	164	424	133	291	362	112	250
西夏区	79	39	39	335	139	196	121	32	88
金凤区	88	40	49	301	113	188	149	47	102
永宁县									
贺兰县	4	4					1	1	
灵武市	28	18	11	82	27	55	33	10	24
石嘴山市	**210**	**93**	**118**	**214**	**71**	**144**	**170**	**43**	**127**
大武口区	159	73	86	129	47	82	114	28	86
惠农区	51	20	31	85	24	61	56	15	42
平罗县									
吴忠市	**174**	**109**	**65**	**302**	**117**	**185**	**156**	**41**	**115**
利通区	82	50	32	145	54	92	98	25	73
红寺堡区	16	10	6	76	32	44	18	7	11
盐池县									
同心县									
青铜峡市	76	48	27	80	31	49	40	9	31
固原市	**54**	**35**	**20**	**153**	**68**	**85**	**105**	**42**	**63**
原州区	54	35	20	153	68	85	105	42	63
西吉县									
隆德县									
泾源县									
彭阳县									
中卫市	**84**	**47**	**37**	**113**	**45**	**68**	**49**	**11**	**38**
沙坡头区	84	47	37	113	45	68	49	11	38
中宁县									
海原县									

5-1a 续表 6

单位：人

地 区	十八、文化、体育和娱乐业			十九、公共管理、社会保障和社会组织			二十、国际组织		
	小计	男	女	小计	男	女	小计	男	女
全 区	**433**	**232**	**200**	**2551**	**1541**	**1010**			
银川市	**313**	**181**	**132**	**1572**	**947**	**625**			
兴庆区	185	110	75	846	510	336			
西夏区	37	17	20	130	66	64			
金凤区	81	47	35	489	298	190			
永宁县									
贺兰县									
灵武市	10	8	2	108	73	35			
石嘴山市	**35**	**14**	**20**	**292**	**159**	**132**			
大武口区	25	11	15	198	114	85			
惠农区	10	4	6	93	46	48			
平罗县									
吴忠市	**52**	**27**	**25**	**354**	**211**	**142**			
利通区	35	18	17	212	119	93			
红寺堡区	6	3	3	83	55	29			
盐池县									
同心县									
青铜峡市	11	6	5	58	38	20			
固原市	**12**	**4**	**7**	**208**	**146**	**62**			
原州区	12	4	7	208	146	62			
西吉县									
隆德县									
泾源县									
彭阳县									
中卫市	**22**	**5**	**16**	**125**	**77**	**48**			
沙坡头区	22	5	16	125	77	48			
中宁县									
海原县									

5-1b　各地区分性别、行业门类的就业人口(镇)

单位：人

地　区	就业人口			一、农、林、牧、渔业			二、采矿业		
	合计	男	女	小计	男	女	小计	男	女
全　区	**19825**	**11816**	**8009**	**5851**	**3025**	**2826**	**422**	**375**	**47**
银川市	**5876**	**3436**	**2440**	**1206**	**601**	**605**	**280**	**244**	**36**
兴庆区	458	267	191	245	129	116			
西夏区	201	124	77	14	7	7	4	3	1
金凤区	259	146	113	115	71	45	1	1	
永宁县	1780	1018	761	378	180	197	11	9	2
贺兰县	1845	1078	767	279	132	147	80	67	13
灵武市	1333	803	530	176	82	94	184	163	21
石嘴山市	**2657**	**1651**	**1006**	**462**	**234**	**228**	**56**	**53**	**3**
大武口区	246	171	75				11	10	2
惠农区	352	195	157	136	54	83	9	9	
平罗县	2059	1284	775	326	180	145	36	34	1
吴忠市	**3755**	**2366**	**1389**	**1166**	**672**	**494**	**25**	**24**	
利通区	446	306	140	132	91	41	6	6	
红寺堡区	136	74	62	75	25	50			
盐池县	924	585	339	111	55	57	9	8	
同心县	1619	1002	616	633	388	245	8	8	
青铜峡市	630	398	232	214	114	101	3	3	
固原市	**3168**	**1789**	**1379**	**1407**	**684**	**723**	**27**	**23**	**4**
原州区	275	175	101	124	64	60			
西吉县	1039	573	466	650	307	344	1		1
隆德县	608	334	273	144	67	77	6	6	
泾源县	258	184	74	60	51	9	4	4	
彭阳县	988	524	464	429	195	234	17	14	3
中卫市	**4368**	**2574**	**1794**	**1610**	**834**	**776**	**34**	**31**	**3**
沙坡头区	963	556	407	554	270	284	3	2	1
中宁县	2235	1284	951	700	346	354	24	23	2
海原县	1171	734	436	356	218	138	7	6	1

5-1b 续表 1

单位：人

地 区	三、制造业			四、电力、热力、燃气及水生产和供应业			五、建筑业		
	小计	男	女	小计	男	女	小计	男	女
全 区	**1980**	**1361**	**619**	**327**	**242**	**85**	**2055**	**1777**	**278**
银川市	**665**	**448**	**216**	**94**	**68**	**25**	**607**	**509**	**98**
兴庆区	15	13	2	4	4		27	25	2
西夏区	13	8	5	1	1		37	24	12
金凤区	2	2		4	3	1	13	13	
永宁县	240	150	90	22	16	6	232	190	41
贺兰县	196	136	59	28	17	11	166	143	24
灵武市	199	139	60	34	27	8	133	114	19
石嘴山市	**338**	**251**	**87**	**49**	**34**	**15**	**296**	**252**	**44**
大武口区	29	21	8	1	1		115	92	23
惠农区	65	51	14	4	3	1	18	16	2
平罗县	244	180	65	44	30	14	162	144	19
吴忠市	**341**	**233**	**108**	**102**	**68**	**35**	**369**	**325**	**44**
利通区	81	48	33	16	16		34	33	1
红寺堡区	11	8	3				3	3	
盐池县	49	37	12	11	7	4	153	124	29
同心县	29	25	3	11	10	1	123	111	12
青铜峡市	171	114	57	64	34	30	56	54	2
固原市	**127**	**66**	**61**	**31**	**26**	**5**	**446**	**392**	**54**
原州区	10	9	1	3	3		55	47	9
西吉县	41	29	12	1	1		76	70	6
隆德县	55	15	40	18	16	2	113	96	17
泾源县	4	2	2	4	3	1	57	55	2
彭阳县	17	12	5	6	4	2	144	124	20
中卫市	**510**	**362**	**147**	**50**	**46**	**4**	**337**	**299**	**39**
沙坡头区	89	63	26	18	18		98	88	10
中宁县	388	279	109	24	21	3	129	108	20
海原县	33	20	12	8	7	1	111	103	8

5−1b　续表 2　　单位：人

地　区	六、批发和零售业			七、交通运输、仓储和邮政业			八、住宿和餐饮业		
	小计	男	女	小计	男	女	小计	男	女
全　区	**3144**	**1422**	**1722**	**1158**	**1038**	**120**	**876**	**372**	**503**
银川市	**1127**	**464**	**663**	**399**	**338**	**61**	**327**	**136**	**192**
兴庆区	76	38	38	14	14		29	17	12
西夏区	45	23	22	12	11	1	25	12	13
金凤区	34	15	19	8	8		21	1	20
永宁县	349	139	210	111	94	16	81	53	29
贺兰县	415	182	233	190	159	32	94	39	56
灵武市	208	67	141	63	52	12	77	14	62
石嘴山市	**637**	**379**	**258**	**159**	**142**	**17**	**144**	**58**	**86**
大武口区	19	12	7	11	11		20	6	14
惠农区	21	6	16	24	23	1	8	3	5
平罗县	597	361	236	123	108	16	117	49	68
吴忠市	**439**	**191**	**248**	**296**	**281**	**15**	**140**	**65**	**75**
利通区	42	13	29	29	27	2	26	15	11
红寺堡区	1		1	28	28		5	2	3
盐池县	131	51	80	116	112	5	55	23	31
同心县	240	114	126	79	75	3	36	17	20
青铜峡市	25	14	11	44	40	5	19	9	10
固原市	**363**	**154**	**210**	**115**	**106**	**9**	**141**	**59**	**82**
原州区	28	12	16	22	21	1	10	5	5
西吉县	86	48	38	26	26	1	52	25	27
隆德县	59	20	39	21	19	2	49	18	31
泾源县	23	12	11	12	11	1	12	7	5
彭阳县	168	62	106	33	28	5	19	4	14
中卫市	**577**	**234**	**343**	**189**	**171**	**18**	**123**	**54**	**69**
沙坡头区	68	28	40	38	35	3	16	4	12
中宁县	359	144	215	75	66	9	74	33	41
海原县	150	62	88	77	70	6	32	17	16

5-1b 续表 3　　　　单位：人

地　区	九、信息传输、软件和信息技术服务业			十、金融业			十一、房地产业		
	小计	男	女	小计	男	女	小计	男	女
全　区	**108**	**57**	**51**	**282**	**149**	**133**	**332**	**199**	**133**
银川市	**36**	**18**	**19**	**62**	**28**	**34**	**148**	**62**	**86**
兴庆区	4	4		2		2	14	12	2
西夏区	4	1	2						
金凤区	2	1	1	2		2	12	5	7
永宁县	7	3	4	21	11	10	32	13	19
贺兰县	11	7	5	28	12	16	43	19	24
灵武市	8	1	7	9	5	4	48	14	34
石嘴山市	**13**	**7**	**5**	**42**	**18**	**24**	**33**	**20**	**13**
大武口区	2	1	1	1		1	6	6	1
惠农区	4	3	1	14	9	5			
平罗县	7	3	4	27	8	18	27	14	12
吴忠市	**12**	**8**	**3**	**109**	**68**	**41**	**18**	**10**	**8**
利通区	1		1	1	1		4	2	1
红寺堡区				1		1			
盐池县	1	1		24	11	13	1		1
同心县	5	5		80	55	25	10	5	5
青铜峡市	6	3	3	2		2	3	2	1
固原市	**14**	**6**	**8**	**27**	**17**	**10**	**15**	**10**	**4**
原州区	1		1						
西吉县	2	1	1	1		1	1		1
隆德县	8	4	3	6	4	1	5	5	1
泾源县	1		1	4	1	2	1		
彭阳县	3	1	2	17	11	6	8	5	3
中卫市	**32**	**17**	**15**	**42**	**20**	**23**	**118**	**96**	**22**
沙坡头区	3	1	2	3	2	1	5	5	
中宁县	18	8	9	31	14	17	107	89	19
海原县	12	8	4	8	4	4	6	2	3

5-1b 续表 4　　　　单位：人

地 区	十二、租赁和商务服务业			十三、科学研究和技术服务业			十四、水利、环境和公共设施管理业		
	小计	男	女	小计	男	女	小计	男	女
全 区	**238**	**158**	**80**	**97**	**67**	**30**	**178**	**105**	**73**
银川市	**96**	**63**	**33**	**41**	**29**	**12**	**69**	**46**	**23**
兴庆区	9	2	7						
西夏区	5	4	1	4	4		7	7	
金凤区	3	3		1		1	1	1	
永宁县	20	10	10	6	4	2	11	9	2
贺兰县	38	25	13	14	9	5	42	24	19
灵武市	21	19	2	16	12	4	8	5	2
石嘴山市	**37**	**21**	**16**	**10**	**6**	**4**	**19**	**10**	**9**
大武口区	2	2	1	1		1	5	2	2
惠农区							4	3	1
平罗县	35	20	15	10	6	4	10	5	5
吴忠市	**58**	**47**	**11**	**8**	**5**	**3**	**17**	**9**	**8**
利通区	36	30	7	4	2	2	2	2	
红寺堡区	4	4							
盐池县	6	4	2	3	2	1	5	1	4
同心县	9	7	2				5	3	1
青铜峡市	3	3					5	2	3
固原市	**12**	**5**	**7**	**4**	**3**	**1**	**39**	**24**	**15**
原州区	4	1	3	2	2		1		1
西吉县	3	2	1				6	6	1
隆德县	1	1	1				12	6	5
泾源县							4	2	2
彭阳县	3	1	1	1	1	1	16	11	6
中卫市	**34**	**21**	**13**	**34**	**24**	**10**	**35**	**16**	**19**
沙坡头区	3	2	1	1	1		7	3	4
中宁县	29	18	11	2	2		26	13	13
海原县	3	1	1	31	21	10	2	1	1

5–1b 续表 5 单位：人

地 区	十五、居民服务、修理和其他服务业			十六、教育			十七、卫生和社会工作		
	小计	男	女	小计	男	女	小计	男	女
全 区	**622**	**396**	**226**	**808**	**325**	**484**	**329**	**106**	**223**
银川市	**284**	**191**	**93**	**151**	**40**	**111**	**77**	**27**	**50**
兴庆区	6	6		5		5	3		3
西夏区	8	8		5	1	4	3	1	2
金凤区	17	14	3	10	2	8	7	3	4
永宁县	97	62	34	63	16	48	31	12	19
贺兰县	75	45	29	51	11	40	16	4	12
灵武市	82	56	26	17	10	8	16	6	9
石嘴山市	**75**	**43**	**32**	**94**	**30**	**63**	**57**	**14**	**43**
大武口区	8	3	5	7	2	6	2	1	1
惠农区	5	3	2	13	4	10	8	2	5
平罗县	62	38	25	73	25	48	47	11	36
吴忠市	**89**	**59**	**30**	**153**	**55**	**98**	**75**	**27**	**48**
利通区	8	8		7	2	5	4		4
红寺堡区	6	4	2						
盐池县	54	32	22	31	7	23	14	4	10
同心县	16	11	5	110	46	65	54	22	32
青铜峡市	5	4	1	5		5	3	1	2
固原市	**60**	**28**	**31**	**155**	**77**	**77**	**45**	**15**	**29**
原州区	3	3		6	4	2	2		2
西吉县	8	6	1	46	32	14	12	3	9
隆德县	15	7	8	51	22	29	10	4	5
泾源县	2	1	1	27	8	19	7	2	5
彭阳县	32	11	21	25	11	14	14	6	8
中卫市	**115**	**75**	**40**	**256**	**122**	**134**	**76**	**23**	**53**
沙坡头区	24	18	5	12	4	8	3	2	2
中宁县	65	41	24	78	26	52	40	12	28
海原县	26	15	10	167	93	74	32	9	23

5-1b 续表 6 单位：人

地　区	十八、文化、体育和娱乐业			十九、公共管理、社会保障和社会组织			二十、国际组织		
	小计	男	女	小计	男	女	小计	男	女
全　区	**95**	**48**	**47**	**923**	**593**	**330**			
银川市	**39**	**20**	**19**	**168**	**104**	**63**			
兴庆区				5	4	1			
西夏区	2	1	1	11	6	5			
金凤区	1		1	4	3	1			
永宁县	6	2	4	64	44	20			
贺兰县	17	12	5	62	35	27			
灵武市	13	5	8	21	12	9			
石嘴山市	**21**	**11**	**10**	**115**	**67**	**48**			
大武口区	3	1	2	3	1	2			
惠农区	1		1	17	9	8			
平罗县	17	10	7	96	58	38			
吴忠市	**15**	**10**	**5**	**324**	**208**	**116**			
利通区	2	1	1	11	10	1			
红寺堡区				2		2			
盐池县	5	4	1	145	100	45			
同心县	9	5	3	162	95	67			
青铜峡市				4	3	1			
固原市	**8**	**3**	**5**	**131**	**88**	**43**			
原州区				2	2				
西吉县	1		1	27	19	8			
隆德县	2	1	1	34	25	9			
泾源县	3	1	2	31	21	10			
彭阳县	2	1	1	37	21	16			
中卫市	**12**	**4**	**8**	**185**	**125**	**60**			
沙坡头区	3	1	2	17	10	7			
中宁县	6	2	4	61	40	21			
海原县	4	2	2	108	75	32			

5-1c 各地区分性别、行业门类的就业人口(乡村)

单位：人

地 区	就业人口			一、农、林、牧、渔业			二、采矿业		
	合计	男	女	小计	男	女	小计	男	女
全 区	**48212**	**27787**	**20426**	**32352**	**16482**	**15870**	**555**	**379**	**177**
银川市	**9153**	**5185**	**3967**	**4735**	**2185**	**2550**	**110**	**105**	**5**
兴庆区	394	267	127	48	31	17	8	8	
西夏区	448	275	172	186	73	113			
金凤区	691	414	277	308	141	167	7	7	
永宁县	2670	1466	1204	1507	721	786	14	13	1
贺兰县	2425	1324	1101	1419	674	745	21	20	1
灵武市	2524	1439	1085	1268	545	722	59	56	3
石嘴山市	**3814**	**2209**	**1605**	**2384**	**1199**	**1184**	**57**	**52**	**5**
大武口区	312	211	102	33	18	15	9	8	1
惠农区	611	408	203	229	115	114	28	27	1
平罗县	2891	1591	1300	2122	1066	1056	19	16	3
吴忠市	**11687**	**7066**	**4621**	**7534**	**4018**	**3516**	**293**	**135**	**158**
利通区	2066	1358	707	841	468	373	28	26	1
红寺堡区	2125	1152	973	1714	853	861	6	6	1
盐池县	1919	1094	825	1271	683	588	197	45	152
同心县	2481	1628	853	1806	1070	735	37	36	1
青铜峡市	3097	1834	1263	1902	944	958	25	22	2
固原市	**13721**	**7602**	**6119**	**10728**	**5503**	**5225**	**44**	**40**	**4**
原州区	3859	2056	1803	3006	1436	1570	4	4	
西吉县	4920	2726	2194	3796	1959	1837	9	8	1
隆德县	2013	1134	879	1674	904	770	6	6	
泾源县	541	414	127	318	237	81	1	1	
彭阳县	2389	1272	1117	1934	967	967	25	22	3
中卫市	**9837**	**5724**	**4114**	**6972**	**3578**	**3394**	**51**	**47**	**4**
沙坡头区	2836	1673	1163	1792	932	860	14	13	1
中宁县	3486	1861	1625	2823	1400	1423	6	6	
海原县	3516	2190	1326	2357	1245	1112	31	28	3

5-1c 续表 1

单位：人

地 区	三、制造业			四、电力、热力、燃气及水生产和供应业			五、建筑业		
	小计	男	女	小计	男	女	小计	男	女
全 区	**2447**	**1671**	**776**	**276**	**221**	**55**	**4328**	**3844**	**484**
银川市	**741**	**436**	**304**	**54**	**47**	**7**	**981**	**871**	**109**
兴庆区	28	19	9	5	5		57	46	11
西夏区	26	13	13	3	1	2	158	143	15
金凤区	27	19	8	1	1		118	112	6
永宁县	297	201	96	15	12	3	233	208	25
贺兰县	164	95	70	12	12		230	190	40
灵武市	198	89	109	17	15	2	184	173	11
石嘴山市	**361**	**285**	**76**	**32**	**27**	**5**	**314**	**267**	**47**
大武口区	40	29	11	3	3	1	145	118	27
惠农区	173	147	26	15	12	3	16	12	3
平罗县	148	109	39	13	13	1	154	137	17
吴忠市	**583**	**390**	**193**	**141**	**102**	**39**	**1198**	**1074**	**124**
利通区	204	123	81	12	12		462	396	66
红寺堡区	43	26	18	9	9		184	168	16
盐池县	15	10	5				49	44	5
同心县	87	65	23	18	14	4	254	241	14
青铜峡市	233	167	66	102	67	35	247	224	23
固原市	**257**	**199**	**58**	**22**	**21**	**1**	**903**	**787**	**116**
原州区	56	48	8	8	8		373	322	50
西吉县	91	75	15	4	4	1	137	122	15
隆德县	54	38	16	6	6		109	96	13
泾源县	17	11	6	1	1		113	104	9
彭阳县	39	26	13	2	2		171	142	29
中卫市	**505**	**360**	**145**	**28**	**24**	**4**	**933**	**845**	**88**
沙坡头区	276	193	83	8	7	1	288	259	29
中宁县	189	139	50	10	8	2	135	122	13
海原县	40	29	11	10	9	1	510	464	46

5-1c 续表 2

单位：人

地　区	六、批发和零售业			七、交通运输、仓储和邮政业			八、住宿和餐饮业		
	小计	男	女	小计	男	女	小计	男	女
全　区	**2079**	**949**	**1130**	**1540**	**1447**	**93**	**1017**	**481**	**536**
银川市	**778**	**338**	**439**	**418**	**380**	**38**	**296**	**150**	**146**
兴庆区	45	14	31	72	59	13	21	8	13
西夏区	25	10	15	12	12		9	6	4
金凤区	55	19	35	40	38	3	43	28	16
永宁县	245	96	149	89	82	7	69	37	32
贺兰县	177	79	98	135	124	11	69	23	47
灵武市	231	121	111	70	65	4	84	49	36
石嘴山市	**156**	**66**	**90**	**167**	**153**	**14**	**114**	**40**	**74**
大武口区	20	6	15	7	6	1	18	4	14
惠农区	32	12	21	55	54	1	13	4	9
平罗县	104	49	55	105	92	13	84	32	51
吴忠市	**447**	**216**	**231**	**452**	**438**	**14**	**198**	**98**	**100**
利通区	174	82	92	71	66	6	72	39	33
红寺堡区	68	31	37	13	11	1	30	16	14
盐池县	36	15	21	106	106		17	5	12
同心县	61	33	28	74	73	1	22	14	8
青铜峡市	108	55	53	187	181	6	56	23	33
固原市	**315**	**142**	**173**	**136**	**128**	**8**	**215**	**90**	**126**
原州区	92	44	48	52	49	3	75	34	41
西吉县	85	40	46	20	20	1	50	20	30
隆德县	48	18	30	15	13	2	22	9	13
泾源县	18	10	8	20	20		26	12	14
彭阳县	72	30	42	29	27	3	42	14	28
中卫市	**382**	**186**	**196**	**367**	**348**	**19**	**194**	**104**	**90**
沙坡头区	118	43	75	110	100	10	70	32	38
中宁县	137	69	68	40	38	2	39	20	19
海原县	126	74	53	216	210	6	85	52	33

5-1c 续表 3　　　　单位：人

地　区	九、信息传输、软件和信息技术服务业			十、金融业			十一、房地产业		
	小计	男	女	小计	男	女	小计	男	女
全　区	**97**	**56**	**40**	**79**	**30**	**49**	**136**	**71**	**65**
银川市	**33**	**17**	**16**	**24**	**6**	**17**	**69**	**39**	**30**
兴庆区				1	1		4	3	1
西夏区				1	1		1	1	
金凤区	6	4	3	1	1		16	8	8
永宁县	8	5	3	8	1	7	26	14	12
贺兰县	12	5	7	7		7	15	10	6
灵武市	6	3	3	5	2	3	7	4	3
石嘴山市	**7**	**4**	**3**	**10**	**3**	**7**	**11**	**4**	**7**
大武口区	2		1	2		2			
惠农区	2	1	1	3		3	5	1	3
平罗县	4	3	1	5	3	2	6	3	3
吴忠市	**24**	**16**	**8**	**23**	**7**	**16**	**37**	**21**	**16**
利通区	9	7	2	6	1	4	9	4	4
红寺堡区	2	2	1				5	4	1
盐池县				3		3	3		3
同心县	3	2	1	5	3	3	5	4	1
青铜峡市	10	5	5	8	3	5	15	9	6
固原市	**16**	**9**	**7**	**7**	**5**	**2**	**9**	**4**	**5**
原州区	6	2	4	1	1		1		1
西吉县	4	4		3	2	1	2	1	1
隆德县	6	3	3	1	1		2	1	2
泾源县							2	1	1
彭阳县				2	2	1	2	1	1
中卫市	**17**	**10**	**7**	**15**	**8**	**7**	**10**	**3**	**8**
沙坡头区	3	2	2	6	2	4	3	2	2
中宁县	10	5	5	8	5	3	3		3
海原县	3	3		1	1		4	1	3

5-1c 续表 4　　　　单位：人

地　区	十二、租赁和商务服务业			十三、科学研究和技术服务业			十四、水利、环境和公共设施管理业		
	小计	男	女	小计	男	女	小计	男	女
全　区	**216**	**158**	**58**	**43**	**31**	**12**	**298**	**176**	**122**
银川市	**95**	**74**	**21**	**10**	**5**	**5**	**129**	**69**	**60**
兴庆区	38	28	10	1	1		36	19	17
西夏区	5	4	1	1	1		6	4	2
金凤区	2	2		3	1	1	17	5	12
永宁县	6	4	2				15	10	5
贺兰县	12	9	3	1		1	34	19	15
灵武市	32	27	5	3	1	2	20	11	9
石嘴山市	**9**	**5**	**4**	**3**	**2**	**1**	**17**	**7**	**10**
大武口区	4	2	2	1		1	2	1	1
惠农区	1	1					3	1	2
平罗县	4	2	2	2	2		12	5	7
吴忠市	**66**	**50**	**16**	**19**	**16**	**3**	**91**	**68**	**23**
利通区	36	29	7	7	7		3	1	1
红寺堡区	2	1	1	1		1	1		1
盐池县	2	2		2		2			
同心县	1	1		4	3	1	9	6	3
青铜峡市	25	17	8	6	6		78	60	18
固原市	**25**	**13**	**12**	**9**	**7**	**2**	**19**	**8**	**11**
原州区	13	7	6	5	4	1	5	1	4
西吉县	6	3	3				3	1	2
隆德县	1		1	3	3		2	1	1
泾源县	1	1					1	1	1
彭阳县	4	2	2	1	1		8	4	4
中卫市	**21**	**16**	**5**	**2**	**1**	**1**	**42**	**24**	**18**
沙坡头区	11	8	3	1	1		15	12	3
中宁县	6	6					10	6	4
海原县	4	2	2	1		1	16	6	10

5-1c 续表 5　　单位：人

地　区	十五、居民服务、修理和其他服务业			十六、教育			十七、卫生和社会工作		
	小计	男	女	小计	男	女	小计	男	女
全　区	**764**	**551**	**213**	**633**	**314**	**318**	**357**	**144**	**213**
银川市	**410**	**322**	**89**	**88**	**29**	**59**	**39**	**11**	**28**
兴庆区	4	4		3	1	2	6	4	1
西夏区	4	3	1	6	3	3	2		2
金凤区	10	9	1	8	5	3	4		4
永宁县	51	29	22	38	7	30	12	2	9
贺兰县	45	23	22	16	7	10	11	3	8
灵武市	296	254	42	18	6	12	5	2	3
石嘴山市	**57**	**43**	**14**	**29**	**11**	**19**	**29**	**9**	**21**
大武口区	10	8	2	6	2	4	3	1	2
惠农区	16	11	6	5	2	3	5	1	4
平罗县	31	24	7	18	7	11	21	7	15
吴忠市	**120**	**82**	**38**	**87**	**37**	**50**	**75**	**34**	**41**
利通区	36	29	7	19	13	6	27	13	14
红寺堡区	8	5	2	20	7	13	7	4	3
盐池县	21	12	9	5		5	7	2	5
同心县	15	11	4	30	15	15	14	6	7
青铜峡市	41	25	16	13	1	12	20	8	12
固原市	**104**	**53**	**50**	**357**	**209**	**147**	**166**	**75**	**91**
原州区	30	19	11	86	51	34	14	3	11
西吉县	23	15	7	239	142	97	139	63	76
隆德县	24	6	18	18	10	8	5	3	2
泾源县	5	2	3	8	4	4	3	1	1
彭阳县	22	10	12	5	2	3	5	3	2
中卫市	**73**	**51**	**22**	**72**	**28**	**44**	**48**	**16**	**32**
沙坡头区	40	27	12	24	9	15	22	8	14
中宁县	14	8	5	23	12	10	9	2	7
海原县	19	15	4	25	7	18	17	6	11

5-1c 续表 6

单位：人

地 区	十八、文化、体育和娱乐业			十九、公共管理、社会保障和社会组织			二十、国际组织		
	小计	男	女	小计	男	女	小计	男	女
全 区	**58**	**32**	**26**	**939**	**751**	**189**			
银川市	**29**	**18**	**10**	**115**	**81**	**34**			
兴庆区	1	1		14	11	3			
西夏区	1		1	4	3	1			
金凤区	5	3	3	20	11	9			
永宁县	11	6	4	25	16	9			
贺兰县	7	4	3	34	27	7			
灵武市	4	4		18	13	5			
石嘴山市	**4**	**2**	**2**	**53**	**31**	**22**			
大武口区				5	4	1			
惠农区				11	7	4			
平罗县	4	2	2	37	20	17			
吴忠市	**10**	**3**	**7**	**291**	**261**	**30**			
利通区	3		3	46	40	6			
红寺堡区	1		1	12	9	3			
盐池县	2		2	182	170	12			
同心县	1	1		34	30	5			
青铜峡市	4	3	1	17	12	5			
固原市	**11**	**5**	**6**	**378**	**304**	**74**			
原州区	6	2	4	26	19	7			
西吉县	2	1	1	307	247	60			
隆德县	2	1	1	15	15	1			
泾源县	1	1		5	5				
彭阳县	1	1		24	17	7			
中卫市	**4**	**3**	**1**	**103**	**74**	**29**			
沙坡头区				34	25	9			
中宁县	3	2	1	20	11	8			
海原县	1	1		49	38	11			

5-2 全区分年龄、性别、行业门类的就业人口

单位：人

年 龄	就业人口			一、农、林、牧、渔业			二、采矿业		
	合计	男	女	小计	男	女	小计	男	女
总 计	**102693**	**59945**	**42748**	**40161**	**20547**	**19614**	**3186**	**2614**	**572**
16-19	**2307**	**1446**	**861**	**941**	**489**	**451**	**19**	**19**	
16	257	176	81	125	70	55	1	1	
17	485	313	172	210	114	96	1	1	
18	687	430	256	271	133	138	3	3	
19	878	527	351	335	173	162	14	14	
20-24	**8532**	**4925**	**3607**	**2670**	**1374**	**1297**	**236**	**187**	**49**
20	1140	678	462	421	222	199	19	19	
21	1414	828	586	508	260	247	14	12	2
22	1663	964	699	505	263	242	36	35	1
23	2022	1168	853	572	290	283	73	69	4
24	2293	1286	1006	664	339	325	94	51	43
25-29	**14675**	**8318**	**6358**	**3941**	**1952**	**1989**	**419**	**358**	**61**
25	3133	1787	1346	869	430	439	71	66	6
26	2900	1640	1260	792	398	394	73	64	10
27	2929	1626	1303	760	378	382	94	87	7
28	2935	1681	1254	792	392	400	96	80	17
29	2778	1584	1194	729	354	375	84	62	22
30-34	**13385**	**7642**	**5743**	**4122**	**2030**	**2092**	**456**	**366**	**89**
30	2613	1456	1157	721	355	366	108	70	38
31	2590	1472	1119	782	371	411	97	82	15
32	2616	1506	1110	788	391	396	73	59	14
33	2969	1663	1306	1006	483	522	92	81	11
34	2597	1546	1051	826	430	396	85	74	11
35-39	**14425**	**8204**	**6221**	**4747**	**2298**	**2449**	**533**	**403**	**130**
35	2970	1700	1270	943	440	504	134	95	39
36	2873	1641	1232	939	450	488	122	85	36
37	2771	1551	1220	912	448	463	99	77	21
38	2700	1520	1180	865	411	453	72	57	15
39	3111	1792	1319	1088	548	540	106	89	18

5-2 续表 1

单位：人

年 龄	三、制造业			四、电力、热力、燃气及水生产和供应业			五、建筑业		
	小计	男	女	小计	男	女	小计	男	女
总 计	**8282**	**5633**	**2649**	**1776**	**1246**	**530**	**9573**	**8288**	**1286**
16–19	**107**	**73**	**34**	**20**	**18**	**1**	**208**	**198**	**10**
16	5	3	2				14	14	
17	19	14	6	7	7		33	30	2
18	30	20	10	2	2		77	75	2
19	52	36	16	10	9	1	85	79	6
20–24	**776**	**562**	**214**	**109**	**90**	**19**	**990**	**894**	**96**
20	96	72	24	11	10	1	134	126	7
21	109	84	25	13	11	2	176	162	13
22	143	103	41	22	17	6	177	164	13
23	187	139	48	36	31	5	248	216	32
24	240	165	76	28	22	5	255	225	30
25–29	**1472**	**1005**	**467**	**277**	**200**	**77**	**1647**	**1419**	**228**
25	303	217	86	44	32	13	339	286	52
26	286	193	93	58	43	15	318	277	41
27	304	196	108	53	39	14	339	285	54
28	299	198	102	61	44	17	318	279	39
29	280	202	77	60	41	19	334	291	42
30–34	**1213**	**797**	**417**	**244**	**153**	**91**	**1397**	**1211**	**186**
30	258	160	98	60	28	32	252	209	43
31	236	164	72	43	28	15	270	234	37
32	225	142	82	40	28	12	295	262	33
33	258	168	91	57	38	19	318	279	39
34	236	163	74	44	31	13	262	228	34
35–39	**1231**	**768**	**463**	**272**	**181**	**91**	**1499**	**1270**	**229**
35	249	156	94	40	27	13	281	243	38
36	238	144	93	53	34	19	308	247	61
37	248	150	98	71	46	25	285	250	35
38	232	139	93	47	34	12	280	235	45
39	264	179	85	61	40	21	345	294	51

5-2 续表 2

单位：人

年　龄	六、批发和零售业			七、交通运输、仓储和邮政业			八、住宿和餐饮业		
	小计	男	女	小计	男	女	小计	男	女
总　计	**12225**	**5499**	**6726**	**4920**	**4238**	**682**	**3620**	**1688**	**1932**
16–19	**174**	**81**	**93**	**44**	**41**	**3**	**350**	**233**	**117**
16	10	6	4				49	44	5
17	35	18	17	8	8		99	68	30
18	58	28	29	15	14	2	102	68	34
19	71	28	42	21	19	2	100	53	48
20–24	**1080**	**429**	**651**	**316**	**260**	**56**	**537**	**290**	**248**
20	114	42	71	25	19	7	107	58	50
21	173	75	98	50	44	6	96	54	41
22	204	76	128	65	55	10	115	62	53
23	279	116	164	73	58	15	121	62	60
24	309	119	190	104	85	20	98	54	44
25–29	**2160**	**860**	**1300**	**748**	**644**	**105**	**638**	**293**	**345**
25	466	201	265	157	133	24	139	73	65
26	414	156	258	131	109	22	115	48	66
27	409	140	269	135	116	19	127	47	80
28	438	178	260	169	142	27	131	60	72
29	433	185	248	156	143	13	126	64	62
30–34	**1939**	**794**	**1145**	**892**	**792**	**101**	**536**	**242**	**294**
30	365	148	217	162	150	12	112	55	57
31	394	158	237	185	159	25	101	48	54
32	373	149	224	184	160	24	110	48	62
33	435	176	259	179	152	27	116	49	67
34	371	163	208	183	170	13	97	43	54
35–39	**2157**	**969**	**1188**	**962**	**824**	**137**	**452**	**183**	**269**
35	450	198	252	213	196	17	114	54	60
36	430	210	220	209	173	36	83	36	47
37	430	173	257	172	148	24	86	36	50
38	389	185	204	186	160	25	100	34	66
39	459	204	255	182	148	34	69	23	46

5-2 续表 3

单位：人

年 龄	九、信息传输、软件和信息技术服务业			十、金融业			十一、房地产业		
	小计	男	女	小计	男	女	小计	男	女
总 计	**801**	**464**	**337**	**1331**	**574**	**756**	**1491**	**864**	**627**
16—19	**9**	**2**	**7**	**6**	**1**	**5**	**8**	**5**	**3**
16							2	1	1
17	1	1		3		3	1	1	
18	1		1	1		1	2	1	1
19	6	1	5	2	1	2	3	2	1
20—24	**149**	**90**	**60**	**93**	**28**	**65**	**94**	**50**	**43**
20	10	6	4	4	2	2	7	5	2
21	34	29	5	13	1	13	12	6	6
22	27	19	8	17	2	15	26	13	13
23	31	12	19	32	11	20	21	13	8
24	48	24	24	27	12	15	27	13	14
25—29	**231**	**129**	**102**	**336**	**142**	**194**	**215**	**115**	**100**
25	48	25	23	65	29	36	35	19	17
26	67	45	22	69	34	35	48	31	17
27	51	25	26	70	28	43	52	22	30
28	37	19	19	63	27	36	38	17	21
29	28	15	13	68	25	44	41	26	15
30—34	**137**	**83**	**54**	**214**	**84**	**130**	**193**	**89**	**103**
30	28	19	9	38	9	29	43	24	19
31	24	18	6	58	21	37	27	11	16
32	25	11	14	35	14	21	34	11	23
33	29	18	11	50	20	30	38	25	13
34	31	17	14	32	20	13	50	19	32
35—39	**106**	**56**	**50**	**159**	**61**	**98**	**175**	**101**	**75**
35	37	16	21	37	14	23	35	23	11
36	24	17	8	37	16	21	35	22	13
37	16	10	6	21	9	12	23	13	10
38	13	6	7	34	13	21	38	19	19
39	16	7	8	28	9	19	45	24	21

5-2 续表 4 单位：人

年 龄	十二、租赁和商务服务业			十三、科学研究和技术服务业			十四、水利、环境和公共设施管理业		
	小计	男	女	小计	男	女	小计	男	女
总 计	**1241**	**800**	**441**	**636**	**441**	**195**	**872**	**471**	**401**
16–19	**19**	**14**	**6**	**6**	**5**	**1**	**6**	**6**	
16	1	1							
17	3	2	1				1	1	
18	4	1	3	3	2	1	3	3	
19	12	9	2	2	2		3	2	
20–24	**146**	**76**	**70**	**61**	**35**	**26**	**41**	**23**	**18**
20	13	5	8	5	4	1	3	2	1
21	22	9	13	7	3	4	4	2	3
22	35	18	18	10	8	2	13	8	5
23	38	22	16	26	10	16	9	6	3
24	38	23	15	13	10	3	11	6	6
25–29	**324**	**196**	**128**	**146**	**90**	**56**	**79**	**46**	**33**
25	78	51	27	28	14	14	19	9	11
26	57	25	31	32	20	12	18	14	4
27	82	53	29	21	12	9	13	9	4
28	60	36	24	36	26	10	17	11	6
29	47	30	17	29	18	10	13	5	8
30–34	**167**	**95**	**71**	**97**	**74**	**23**	**105**	**58**	**47**
30	48	29	19	25	17	8	27	17	10
31	37	23	14	22	16	6	12	10	2
32	32	16	15	11	8	2	25	18	7
33	30	15	14	22	17	5	14	6	8
34	21	12	9	18	16	2	26	6	20
35–39	**161**	**103**	**58**	**80**	**48**	**32**	**118**	**67**	**51**
35	35	24	11	18	10	8	11	9	2
36	26	18	8	14	11	3	18	7	11
37	27	19	9	23	12	11	21	13	8
38	31	18	14	18	11	7	38	27	10
39	40	24	16	7	4	3	29	10	19

5-2 续表 5

单位：人

年 龄	十五、居民服务、修理和其他服务业			十六、教育			十七、卫生和社会工作		
	小计	男	女	小计	男	女	小计	男	女
总 计	**2380**	**1439**	**941**	**3365**	**1351**	**2014**	**1832**	**589**	**1243**
16–19	**212**	**178**	**34**	**74**	**29**	**44**	**39**	**4**	**36**
16	32	28	4	14	6	7			
17	39	31	8	15	9	6	4	1	3
18	39	34	5	20	7	12	17	2	15
19	103	85	18	26	7	19	18	1	17
20–24	**372**	**277**	**95**	**330**	**44**	**285**	**193**	**18**	**175**
20	68	52	16	29	3	27	33	2	31
21	73	56	17	43	6	38	30	4	26
22	79	56	23	65	7	58	50	4	46
23	75	54	20	73	10	63	44	4	39
24	78	59	20	118	19	100	36	4	33
25–29	**464**	**286**	**178**	**559**	**138**	**421**	**340**	**71**	**269**
25	126	80	46	110	19	90	71	9	63
26	97	61	35	121	41	80	75	17	57
27	96	57	39	110	31	79	63	13	49
28	79	47	32	106	30	75	66	22	45
29	66	40	26	113	18	96	65	10	55
30–34	**373**	**213**	**160**	**433**	**138**	**294**	**322**	**91**	**230**
30	92	67	25	88	20	68	99	29	70
31	60	32	28	78	25	53	59	10	49
32	87	51	36	111	40	71	47	17	30
33	79	40	40	84	31	53	65	19	46
34	54	23	31	71	22	49	52	17	35
35–39	**244**	**143**	**102**	**537**	**216**	**321**	**248**	**85**	**163**
35	55	38	18	128	48	80	61	30	31
36	39	20	19	129	61	68	34	7	26
37	55	32	23	92	32	60	40	9	30
38	48	23	25	99	49	50	63	20	43
39	48	30	18	90	27	64	51	18	32

5-2 续表 6

单位：人

年龄	十八、文化、体育和娱乐业			十九、公共管理、社会保障和社会组织			二十、国际组织		
	小计	男	女	小计	男	女	小计	男	女
总　计	**586**	**313**	**273**	**4414**	**2885**	**1529**			
16—19	**16**	**9**	**7**	**49**	**43**	**6**			
16	2	1	1	1	1				
17	1			6	6				
18	6	6		33	32	1			
19	7	2	6	9	4	5			
20—24	**59**	**35**	**23**	**280**	**163**	**117**			
20	12	5	7	27	24	4			
21	4	2	2	34	8	26			
22	12	8	3	62	47	15			
23	14	8	6	70	37	33			
24	16	11	5	87	47	40			
25—29	**100**	**66**	**33**	**580**	**308**	**272**			
25	28	20	7	137	74	63			
26	16	11	5	115	52	63			
27	23	14	10	128	75	53			
28	14	8	6	114	66	48			
29	18	13	6	86	41	45			
30—34	**78**	**37**	**41**	**468**	**294**	**174**			
30	10	3	7	77	47	30			
31	27	15	11	78	47	31			
32	12	5	7	108	72	35			
33	15	6	9	82	41	42			
34	14	7	7	123	87	36			
35—39	**102**	**42**	**60**	**643**	**387**	**255**			
35	20	9	11	108	72	36			
36	18	7	10	119	75	44			
37	24	11	14	124	62	62			
38	28	9	19	120	70	50			
39	12	7	6	171	108	63			

5-2 续表 7

单位：人

年 龄	就业人口			一、农、林、牧、渔业			二、采矿业		
	合计	男	女	小计	男	女	小计	男	女
40-44	**15371**	**8691**	**6680**	**5429**	**2640**	**2788**	**603**	**513**	**90**
40	3082	1755	1327	1078	534	545	92	77	14
41	3120	1724	1396	1061	483	578	119	100	19
42	3137	1775	1362	1100	554	546	140	119	21
43	3081	1749	1332	1128	554	575	142	121	21
44	2951	1688	1263	1060	516	545	110	95	15
45-49	**14560**	**8307**	**6253**	**6077**	**2951**	**3126**	**569**	**436**	**133**
45	3365	1856	1509	1261	604	656	128	107	21
46	3038	1740	1298	1240	599	642	127	106	21
47	3064	1752	1312	1265	589	677	120	105	15
48	2522	1471	1051	1085	539	546	112	68	44
49	2571	1489	1083	1225	620	605	81	50	31
50-54	**9642**	**5963**	**3679**	**4948**	**2456**	**2492**	**297**	**282**	**14**
50	2311	1432	879	1121	564	557	107	104	3
51	2316	1404	913	1190	580	610	66	59	7
52	2335	1454	881	1122	540	581	56	54	2
53	1781	1091	690	977	473	505	47	46	1
54	898	581	316	538	300	238	21	19	2
55-59	**4881**	**3248**	**1633**	**3223**	**1832**	**1391**	**44**	**41**	**3**
55	1023	697	326	619	368	251	16	14	1
56	766	530	236	471	278	193	9	8	1
57	979	634	345	648	354	295	6	6	
58	1116	764	352	773	456	318	8	8	
59	998	623	375	711	377	335	6	5	1
60-64	**3067**	**1955**	**1112**	**2481**	**1485**	**996**	**10**	**7**	**3**
60	847	531	316	668	383	285	2	2	
61	674	450	224	544	349	195	6	4	2
62	574	352	222	471	274	197	1		1
63	544	340	204	458	274	185			
64	428	281	147	340	205	135	1	1	
65及以上	**1848**	**1246**	**601**	**1583**	**1040**	**544**	**1**	**1**	**1**

5-2 续表 8

单位：人

年 龄	三、制造业			四、电力、热力、燃气及水生产和供应业			五、建筑业		
	小计	男	女	小计	男	女	小计	男	女
40—44	**1426**	**894**	**532**	**304**	**185**	**119**	**1555**	**1301**	**254**
40	283	170	112	57	29	28	352	295	57
41	282	175	107	55	37	19	324	273	51
42	288	178	109	74	45	29	309	251	58
43	264	162	102	58	40	18	286	245	40
44	309	208	102	60	35	25	285	236	48
45—49	**1170**	**790**	**380**	**326**	**222**	**103**	**1275**	**1087**	**188**
45	298	186	112	76	44	31	331	264	68
46	260	171	89	55	39	16	253	219	34
47	260	176	84	61	41	20	277	239	38
48	181	130	51	75	55	20	213	186	27
49	172	128	44	60	44	16	202	180	21
50—54	**579**	**475**	**104**	**164**	**138**	**26**	**627**	**564**	**63**
50	133	106	27	41	29	12	164	141	23
51	144	116	28	47	43	4	161	151	10
52	154	124	30	42	37	6	164	149	15
53	100	86	14	16	13	3	91	80	10
54	48	43	5	18	16	2	48	43	5
55—59	**213**	**189**	**24**	**50**	**47**	**2**	**251**	**231**	**20**
55	47	37	10	12	11	1	62	57	5
56	52	49	2	8	8		44	40	4
57	49	43	6	12	12		50	46	3
58	30	26	4	13	11	1	66	60	6
59	36	33	2	4	4		31	28	2
60—64	**69**	**59**	**10**	**9**	**8**		**98**	**89**	**10**
60	29	26	3	3	3		25	22	4
61	12	9	3	2	2		26	22	3
62	10	9	1				21	18	3
63	9	6	3	3	3		17	17	
64	10	9	1				10	10	
65及以上	**26**	**22**	**4**	**3**	**3**		**25**	**24**	**1**

5-2 续表 9 单位：人

年 龄	六、批发和零售业			七、交通运输、仓储和邮政业			八、住宿和餐饮业		
	小计	男	女	小计	男	女	小计	男	女
40–44	**1953**	**843**	**1111**	**900**	**754**	**146**	**498**	**181**	**317**
40	387	176	211	167	140	27	111	43	68
41	403	163	240	190	153	37	103	38	66
42	403	161	242	188	162	26	111	40	72
43	394	165	229	197	172	25	88	31	57
44	367	178	189	157	127	30	84	29	55
45–49	**1578**	**752**	**826**	**624**	**525**	**98**	**391**	**148**	**242**
45	415	188	227	171	148	24	102	36	65
46	316	133	183	131	109	22	83	34	48
47	328	160	168	123	106	17	76	29	47
48	260	135	125	108	93	15	73	23	50
49	259	135	123	90	70	20	57	26	32
50–54	**726**	**456**	**270**	**325**	**298**	**27**	**137**	**61**	**76**
50	202	129	73	76	66	10	36	15	21
51	146	85	61	65	60	6	35	10	25
52	181	111	70	96	87	9	36	21	15
53	139	97	41	64	62	2	21	10	12
54	58	33	25	23	23		9	6	3
55–59	**268**	**197**	**71**	**83**	**79**	**5**	**55**	**38**	**17**
55	64	44	20	30	27	4	11	6	5
56	53	37	16	13	12	1	16	12	4
57	56	40	15	18	18		13	9	3
58	52	44	8	14	14		9	6	3
59	43	31	11	8	8		6	5	1
60–64	**116**	**69**	**46**	**22**	**18**	**4**	**20**	**14**	**6**
60	29	20	10	3	3		5	5	
61	30	18	11	9	7	2	2	1	1
62	21	12	9	6	4	2	5	3	2
63	21	12	9	2	2		2	1	1
64	15	8	7	3	3		6	5	1
65及以上	**74**	**50**	**24**	**4**	**4**		**5**	**5**	

5-2 续表 10　　　　　　　　　　　　　　　　　　　　　　　　单位：人

年　龄	九、信息传输、软件和信息技术服务业			十、金融业			十一、房地产业		
	小计	男	女	小计	男	女	小计	男	女
40—44	**77**	**43**	**34**	**198**	**81**	**116**	**258**	**124**	**135**
40	19	10	9	33	17	16	48	12	37
41	17	9	8	51	20	31	54	30	24
42	9	3	6	37	15	23	66	34	32
43	10	7	3	39	17	22	45	25	20
44	22	14	8	38	13	25	45	23	22
45—49	**59**	**34**	**25**	**178**	**80**	**98**	**249**	**146**	**103**
45	21	9	12	46	23	23	59	37	22
46	10	6	4	29	11	18	57	36	21
47	12	7	5	39	20	19	41	22	19
48	5	4	1	34	18	17	46	27	19
49	10	7	3	29	8	21	46	25	21
50—54	**21**	**18**	**3**	**119**	**72**	**48**	**154**	**106**	**47**
50	7	6	1	23	10	14	38	28	9
51	4	4		33	26	7	37	23	14
52	8	7	1	37	18	19	32	24	8
53	1	1		19	12	7	38	25	13
54	1		1	7	7		8	6	2
55—59	**11**	**9**	**2**	**25**	**22**	**3**	**90**	**79**	**11**
55	3	3		10	9	1	28	24	4
56				5	5		14	10	4
57				5	5	1	11	10	2
58	7	5	2	1	1		25	24	1
59				3	2	1	13	11	1
60—64				**3**	**3**		**44**	**38**	**6**
60				2	2		14	11	3
61				1	1		7	7	
62							6	6	
63							10	7	3
64							7	7	
65及以上				**1**	**1**		**10**	**10**	**1**

5-2 续表 11 单位：人

年 龄	十二、租赁和商务服务业			十三、科学研究和技术服务业			十四、水利、环境和公共设施管理业		
	小计	男	女	小计	男	女	小计	男	女
40–44	**149**	**102**	**47**	**86**	**58**	**28**	**159**	**66**	**92**
40	19	10	9	33	26	8	33	12	21
41	37	30	7	13	10	3	34	16	18
42	40	26	13	8	3	5	17	6	11
43	30	19	11	11	5	6	38	14	24
44	24	17	7	21	15	6	37	19	18
45–49	**139**	**95**	**43**	**69**	**52**	**17**	**178**	**79**	**99**
45	35	21	14	6	4	2	45	19	26
46	28	19	9	19	13	7	42	19	23
47	25	21	4	14	11	3	28	15	12
48	20	14	6	17	14	3	29	11	18
49	31	20	11	12	10	2	34	14	20
50–54	**86**	**71**	**15**	**65**	**54**	**11**	**106**	**62**	**43**
50	18	15	4	15	12	3	24	12	12
51	25	22	3	16	16		29	14	15
52	24	19	5	17	14	4	30	21	9
53	11	9	2	8	5	3	13	8	5
54	7	6	1	9	8	1	9	7	3
55–59	**39**	**37**	**2**	**20**	**20**		**46**	**35**	**11**
55	9	9		3	3		12	11	1
56	6	6		5	5		6	6	1
57	8	8		6	6		11	6	5
58	7	7		3	3		11	11	1
59	9	7	2	3	3		5	1	3
60–64	**11**	**11**	**1**	**2**	**2**		**21**	**19**	**2**
60	5	5					11	9	2
61	2	2					2	2	
62	3	3					5	5	
63	1		1	1	1		2	2	
64	1	1		1	1		1	1	
65及以上				**3**	**3**		**15**	**10**	**4**

5-2 续表 12

单位：人

年 龄	十五、居民服务、修理和其他服务业			十六、教育			十七、卫生和社会工作		
	小计	男	女	小计	男	女	小计	男	女
40—44	**274**	**125**	**149**	**467**	**217**	**250**	**210**	**71**	**139**
40	50	29	22	122	59	62	46	18	28
41	57	28	29	89	33	56	39	15	24
42	47	24	22	95	48	47	39	13	26
43	64	21	44	71	30	41	49	15	34
44	56	23	32	89	46	44	36	10	26
45—49	**230**	**91**	**139**	**466**	**226**	**241**	**196**	**89**	**107**
45	63	17	46	102	46	56	48	19	28
46	54	27	27	111	56	55	39	19	20
47	47	17	30	102	46	56	38	16	21
48	34	19	15	74	35	39	29	17	12
49	31	11	21	77	43	34	43	17	26
50—54	**112**	**61**	**51**	**349**	**214**	**136**	**169**	**72**	**96**
50	33	16	17	89	52	37	27	11	17
51	26	14	12	92	49	44	45	18	27
52	28	17	11	84	57	27	56	24	32
53	19	8	11	57	41	16	28	13	16
54	6	5	1	27	15	12	12	7	5
55—59	**50**	**37**	**13**	**117**	**102**	**15**	**65**	**47**	**18**
55	11	7	4	21	15	6	12	8	3
56	5	1	3	16	13	3	10	9	2
57	11	10	1	12	10	2	13	7	6
58	7	6	1	25	24	1	10	9	1
59	16	13	3	44	41	3	21	14	7
60—64	**26**	**21**	**5**	**26**	**21**	**5**	**28**	**19**	**9**
60	6	6		9	8	1	13	8	4
61	7	5	2	4	4		5	3	3
62	4	2	2	7	3	4	1	1	
63	6	5	1	3	3		5	3	1
64	3	3		3	3		5	4	1
65及以上	**24**	**9**	**15**	**7**	**5**	**2**	**23**	**23**	**1**

5-2 续表 13 单位：人

年 龄	十八、文化、体育和娱乐业			十九、公共管理、社会保障和社会组织			二十、国际组织		
	小计	男	女	小计	男	女	小计	男	女
40-44	**72**	**34**	**38**	**754**	**459**	**295**			
40	13	10	4	139	90	49			
41	17	8	9	174	102	71			
42	10	4	6	155	88	67			
43	20	10	10	146	96	51			
44	11	3	9	140	82	58			
45-49	**81**	**35**	**46**	**707**	**469**	**238**			
45	11	5	6	147	79	68			
46	19	8	11	163	116	47			
47	27	10	17	181	122	59			
48	13	6	6	115	79	37			
49	11	5	6	101	73	27			
50-54	**55**	**35**	**19**	**604**	**467**	**137**			
50	11	5	6	145	112	33			
51	19	13	6	136	102	34			
52	13	10	4	154	120	33			
53	9	6	3	123	97	26			
54	2	1	1	46	36	10			
55-59	**19**	**15**	**4**	**211**	**189**	**21**			
55	6	6		46	37	9			
56	3	3		30	28	3			
57	4	2	3	47	43	4			
58	4	2	2	51	47	3			
59	2	2		37	35	2			
60-64	**2**	**1**	**1**	**79**	**71**	**8**			
60	1		1	23	19	4			
61				15	14	1			
62	1	1		13	12	1			
63				6	6				
64				24	21	2			
65及以上	**3**	**3**		**40**	**34**	**6**			

5-2ab 全区分年龄、性别、行业门类的就业人口(城镇)

单位：人

年龄	就业人口			一、农、林、牧、渔业			二、采矿业		
	合计	男	女	小计	男	女	小计	男	女
总　计	**54480**	**32158**	**22322**	**7809**	**4065**	**3744**	**2631**	**2235**	**396**
16-19	**570**	**377**	**193**	**66**	**39**	**26**	**7**	**7**	
16	61	51	10	14	9	5			
17	132	91	41	15	10	5	1	1	
18	159	105	54	12	6	6	1	1	
19	218	129	88	24	14	10	5	5	
20-24	**3805**	**2159**	**1647**	**373**	**205**	**167**	**127**	**116**	**11**
20	422	251	171	59	38	21	7	7	
21	594	333	261	70	40	30	10	8	2
22	724	411	313	68	34	34	25	24	1
23	980	551	429	82	42	40	45	42	4
24	1085	612	472	94	51	43	41	36	5
25-29	**8665**	**4832**	**3834**	**780**	**384**	**396**	**327**	**273**	**54**
25	1707	970	736	170	95	75	42	38	4
26	1688	937	751	157	71	86	55	47	9
27	1770	956	814	160	76	84	80	76	4
28	1824	1024	800	156	71	85	81	64	17
29	1677	945	732	138	71	66	69	48	21
30-34	**7822**	**4396**	**3426**	**817**	**412**	**405**	**361**	**297**	**64**
30	1545	851	694	153	85	67	75	59	16
31	1550	861	688	147	69	77	65	52	13
32	1532	857	675	156	78	79	62	47	14
33	1746	968	778	206	102	103	82	72	10
34	1449	859	591	156	78	78	77	66	11
35-39	**8638**	**4947**	**3691**	**1016**	**507**	**509**	**460**	**372**	**88**
35	1731	1017	714	186	88	98	106	87	18
36	1678	971	707	192	92	99	93	77	16
37	1715	945	769	198	95	103	92	70	21
38	1652	932	720	191	91	100	69	54	15
39	1862	1081	781	249	140	108	100	83	18

5-2ab 续表 1

单位：人

年 龄	三、制造业			四、电力、热力、燃气及水生产和供应业			五、建筑业		
	小计	男	女	小计	男	女	小计	男	女
总 计	**5835**	**3962**	**1873**	**1500**	**1025**	**475**	**5246**	**4444**	**801**
16-19	**44**	**30**	**13**	**12**	**12**		**42**	**40**	**1**
16	1						3	3	
17	9	6	3	5	4		5	5	
18	15	12	3	2	2		14	14	
19	19	11	8	6	6		20	19	1
20-24	**416**	**310**	**106**	**69**	**58**	**11**	**380**	**329**	**51**
20	43	37	6	5	5		45	41	3
21	55	38	17	8	7	1	61	58	3
22	79	60	19	14	10	4	57	52	5
23	108	78	30	25	23	2	102	80	22
24	131	96	35	17	13	4	115	98	18
25-29	**1008**	**690**	**318**	**222**	**155**	**67**	**880**	**735**	**144**
25	188	140	48	36	25	12	174	137	37
26	194	133	61	44	31	13	168	145	23
27	217	139	78	41	28	12	172	143	30
28	217	141	76	51	36	15	181	157	25
29	191	136	55	50	35	15	184	154	30
30-34	**911**	**602**	**309**	**220**	**137**	**84**	**778**	**659**	**119**
30	181	122	60	57	27	30	149	117	32
31	183	125	58	40	26	14	147	124	23
32	176	115	61	33	23	10	167	148	19
33	190	118	71	53	36	17	185	159	25
34	180	121	59	37	24	13	130	110	20
35-39	**905**	**561**	**345**	**249**	**160**	**89**	**884**	**736**	**148**
35	176	113	63	37	24	13	149	126	23
36	177	110	67	46	28	18	174	141	34
37	183	107	76	62	38	24	174	150	24
38	182	108	75	46	33	12	177	143	34
39	187	123	65	58	37	21	210	177	33

5-2ab 续表 2

单位：人

年龄	六、批发和零售业			七、交通运输、仓储和邮政业			八、住宿和餐饮业		
	小计	男	女	小计	男	女	小计	男	女
总 计	**10146**	**4551**	**5596**	**3380**	**2791**	**589**	**2603**	**1207**	**1396**
16—19	**91**	**42**	**49**	**16**	**14**	**2**	**159**	**118**	**41**
16	4	3	1				24	24	
17	22	11	12	3	3		47	37	10
18	27	13	15	3	2	1	48	33	15
19	37	16	22	9	8	1	40	25	15
20—24	**796**	**329**	**468**	**175**	**133**	**43**	**295**	**161**	**134**
20	77	33	44	10	6	4	58	30	28
21	125	50	75	28	22	6	49	28	21
22	141	59	82	33	28	6	61	36	25
23	215	94	120	42	31	11	65	32	32
24	238	93	146	62	46	16	63	34	28
25—29	**1801**	**734**	**1067**	**492**	**404**	**87**	**453**	**208**	**245**
25	373	173	200	104	84	20	92	50	42
26	348	129	219	87	72	15	77	29	48
27	353	127	226	92	75	17	93	36	57
28	364	146	218	112	89	23	99	45	54
29	364	160	204	96	84	12	91	48	43
30—34	**1628**	**657**	**971**	**569**	**490**	**79**	**405**	**181**	**224**
30	307	120	187	99	88	11	76	37	39
31	338	135	203	115	95	21	82	38	44
32	314	127	187	114	100	14	81	36	45
33	365	140	225	119	97	22	93	38	55
34	303	135	168	121	109	12	72	32	40
35—39	**1875**	**835**	**1040**	**689**	**563**	**126**	**375**	**160**	**215**
35	385	166	219	148	134	14	91	49	42
36	380	183	197	147	111	36	67	30	37
37	378	149	228	127	105	22	75	31	44
38	332	165	167	134	112	22	85	30	54
39	401	172	229	134	102	32	57	20	37

5-2ab 续表 3

单位：人

年 龄	九、信息传输、软件和信息技术服务业			十、金融业			十一、房地产业		
	小计	男	女	小计	男	女	小计	男	女
总 计	**705**	**408**	**297**	**1252**	**544**	**708**	**1355**	**793**	**562**
16–19	**4**		**4**	**5**	**1**	**4**	**4**	**3**	**1**
16									
17				3		3	1	1	
18	1		1				1	1	
19	2		2	2	1	2	2	1	1
20–24	**120**	**74**	**46**	**81**	**26**	**55**	**64**	**34**	**30**
20	7	6	1	2	2		7	5	2
21	32	27	4	12	1	12	7	4	3
22	20	16	4	16	2	14	17	8	9
23	21	6	15	27	11	16	16	10	5
24	41	18	23	24	10	14	17	7	10
25–29	**197**	**111**	**86**	**311**	**127**	**185**	**187**	**104**	**83**
25	39	21	18	56	23	33	26	15	11
26	57	40	17	61	29	32	44	29	16
27	42	20	22	68	27	41	44	20	25
28	34	17	16	62	26	36	33	15	18
29	24	12	12	65	22	44	39	25	14
30–34	**125**	**74**	**50**	**206**	**83**	**124**	**178**	**83**	**95**
30	26	19	7	38	9	28	41	22	19
31	22	16	6	56	21	34	26	10	16
32	21	9	12	35	14	21	33	11	22
33	28	17	11	49	20	29	36	24	12
34	27	15	13	29	19	10	41	16	25
35–39	**101**	**52**	**49**	**148**	**57**	**91**	**167**	**98**	**69**
35	37	16	21	34	12	22	33	23	10
36	19	13	7	35	15	20	33	22	12
37	16	10	6	21	9	12	21	11	10
38	13	6	7	33	13	20	34	18	16
39	16	7	8	24	8	17	45	24	21

5-2ab 续表 4

单位：人

年 龄	十二、租赁和商务服务业			十三、科学研究和技术服务业			十四、水利、环境和公共设施管理业		
	小计	男	女	小计	男	女	小计	男	女
总 计	**1025**	**642**	**383**	**593**	**410**	**183**	**574**	**295**	**279**
16-19	**8**	**5**	**3**	**1**	**1**		**2**	**2**	
16	1	1							
17	1	1					1	1	
18	3	1	2	1	1				
19	3	2	1				1	1	
20-24	**101**	**48**	**53**	**52**	**30**	**23**	**30**	**16**	**15**
20	12	4	8	5	4	1	3	2	
21	18	6	12	4	2	2	4	2	3
22	18	7	11	9	7	2	8	4	4
23	30	17	12	25	9	16	6	4	2
24	24	14	10	9	7	2	10	4	6
25-29	**271**	**163**	**108**	**137**	**84**	**54**	**53**	**38**	**15**
25	59	38	21	24	10	14	12	5	7
26	49	23	25	29	19	10	14	12	2
27	69	45	24	21	12	9	9	7	2
28	54	31	23	34	25	9	13	10	3
29	41	25	15	29	18	10	5	4	1
30-34	**151**	**85**	**66**	**90**	**69**	**21**	**40**	**22**	**18**
30	39	25	14	24	17	6	11	4	7
31	35	21	14	19	14	5	6	6	
32	28	13	15	10	8	2	10	4	6
33	29	14	14	22	17	5	9	5	3
34	20	11	9	16	14	2	5	3	2
35-39	**144**	**91**	**53**	**77**	**46**	**31**	**76**	**44**	**32**
35	31	21	10	17	10	7	9	7	2
36	22	15	7	12	9	3	11	6	5
37	26	17	9	23	12	11	18	12	6
38	29	16	13	18	11	7	18	11	7
39	36	22	14	7	4	3	20	9	11

5-2ab 续表 5

单位：人

年 龄	十五、居民服务、修理和其他服务业			十六、教育			十七、卫生和社会工作		
	小计	男	女	小计	男	女	小计	男	女
总 计	**1616**	**888**	**728**	**2732**	**1037**	**1695**	**1475**	**445**	**1030**
16-19	**62**	**48**	**13**	**17**	**3**	**14**	**16**	**1**	**14**
16	10	9	1	2	2				
17	14	10	4	2	1	2	2	1	1
18	15	13	2	2		2	6		6
19	23	16	7	11		11	7	1	7
20-24	**207**	**150**	**57**	**175**	**26**	**149**	**142**	**12**	**130**
20	28	22	6	17	1	17	23	2	21
21	44	30	14	25		25	24	1	23
22	41	30	11	37	4	34	38	4	35
23	44	31	13	40	6	34	27	3	24
24	49	37	12	56	16	40	29	2	27
25-29	**314**	**180**	**134**	**455**	**110**	**345**	**269**	**58**	**210**
25	81	47	34	77	15	63	52	6	46
26	53	26	27	104	35	69	54	16	38
27	71	40	31	86	18	68	44	10	34
28	58	35	23	94	26	67	60	18	42
29	51	31	20	94	15	79	59	8	51
30-34	**255**	**124**	**131**	**397**	**118**	**278**	**255**	**70**	**185**
30	50	29	21	87	19	67	60	15	44
31	43	21	22	74	24	50	53	7	46
32	62	32	30	90	26	65	46	17	29
33	58	22	36	79	28	51	60	17	44
34	42	20	22	66	21	45	36	15	22
35-39	**197**	**115**	**82**	**440**	**149**	**291**	**204**	**57**	**147**
35	41	30	11	95	30	65	48	18	30
36	34	18	17	93	36	58	31	6	25
37	41	24	17	87	32	56	37	8	29
38	41	19	23	78	28	50	39	9	30
39	41	26	15	87	23	64	49	16	32

5-2ab 续表 6

单位：人

年 龄	十八、文化、体育和娱乐业			十九、公共管理、社会保障和社会组织			二十、国际组织		
	小计	男	女	小计	男	女	小计	男	女
总 计	**528**	**281**	**247**	**3475**	**2134**	**1340**			
16-19	**6**	**4**	**2**	**8**	**6**	**2**			
16	1		1						
17	1								
18	3	3		3	2	1			
19	1		1	4	3	1			
20-24	**45**	**27**	**18**	**156**	**76**	**81**			
20	9	4	5	4	2	2			
21	3	1	2	16	6	10			
22	8	6	2	34	21	13			
23	11	6	5	52	26	26			
24	14	10	4	50	21	29			
25-29	**90**	**60**	**30**	**419**	**215**	**204**			
25	25	18	7	75	29	46			
26	14	11	3	78	41	38			
27	22	12	10	87	46	41			
28	12	7	5	109	64	45			
29	17	12	6	70	36	34			
30-34	**72**	**35**	**37**	**364**	**198**	**166**			
30	10	3	7	62	33	29			
31	26	14	11	72	42	30			
32	12	5	7	79	44	35			
33	14	6	8	72	35	36			
34	10	6	4	79	44	35			
35-39	**98**	**39**	**59**	**532**	**305**	**228**			
35	18	7	11	92	57	34			
36	18	7	10	93	54	39			
37	23	11	12	112	53	59			
38	28	9	19	104	57	48			
39	11	6	6	131	84	48			

5-2ab 续表 7

单位：人

年 龄	就业人口			一、农、林、牧、渔业			二、采矿业		
	合计	男	女	小计	男	女	小计	男	女
40-44	**9220**	**5258**	**3962**	**1195**	**587**	**608**	**545**	**460**	**86**
40	1843	1067	776	246	116	130	86	73	13
41	1862	1058	804	221	120	101	110	93	17
42	1897	1059	838	242	116	126	128	108	21
43	1807	1026	781	246	122	124	115	95	20
44	1811	1048	762	241	113	127	106	91	15
45-49	**8143**	**4805**	**3338**	**1322**	**648**	**674**	**481**	**408**	**73**
45	1962	1097	864	272	139	133	124	104	20
46	1735	1016	719	272	121	151	119	97	21
47	1734	1035	699	260	119	141	115	100	15
48	1376	852	524	246	129	117	68	62	7
49	1337	805	532	272	141	131	55	45	10
50-54	**4671**	**3186**	**1485**	**1001**	**507**	**495**	**281**	**267**	**14**
50	1151	777	374	221	117	104	103	100	3
51	1141	772	369	247	134	112	63	56	7
52	1194	825	369	241	119	122	52	50	2
53	820	550	270	197	91	107	43	42	1
54	365	261	104	94	45	49	21	19	2
55-59	**1856**	**1406**	**450**	**629**	**363**	**266**	**35**	**33**	**2**
55	430	313	117	122	65	57	14	12	1
56	325	240	85	101	55	46	8	7	1
57	363	278	84	125	73	52	4	4	
58	397	317	80	141	88	53	5	5	
59	342	258	84	140	81	59	4	4	
60-64	**763**	**550**	**213**	**422**	**281**	**141**	**6**	**4**	**3**
60	218	159	59	114	73	41	2	2	
61	181	126	55	101	67	34	4	2	2
62	139	101	38	80	56	25	1		1
63	121	85	36	70	47	23			
64	103	78	25	56	38	18			
65及以上	**327**	**244**	**83**	**189**	**132**	**58**			

5-2ab 续表 8

单位：人

年 龄	三、制造业			四、电力、热力、燃气及水生产和供应业			五、建筑业		
	小计	男	女	小计	男	女	小计	男	女
40-44	**1083**	**680**	**403**	**272**	**163**	**109**	**986**	**819**	**166**
40	213	138	74	49	23	26	230	192	38
41	206	126	81	47	30	16	196	159	37
42	224	137	87	66	39	27	202	164	37
43	206	127	79	52	37	16	177	151	25
44	234	152	82	58	33	24	181	152	30
45-49	**874**	**583**	**291**	**267**	**179**	**88**	**760**	**646**	**115**
45	216	132	85	65	36	29	182	144	38
46	202	128	74	42	32	10	159	138	21
47	205	138	67	47	31	16	172	148	24
48	135	102	33	66	47	18	124	104	20
49	116	83	33	48	33	15	123	112	11
50-54	**415**	**347**	**68**	**141**	**118**	**23**	**352**	**309**	**44**
50	100	84	16	39	28	11	89	72	17
51	104	84	20	41	37	4	84	77	7
52	107	90	17	31	26	5	106	94	12
53	71	59	12	16	13	3	49	41	7
54	32	30	2	14	13	1	25	24	
55-59	**131**	**119**	**12**	**40**	**37**	**2**	**132**	**121**	**12**
55	25	22	4	7	6	1	40	36	4
56	29	27	2	7	7		20	16	4
57	32	28	3	11	11		24	23	1
58	19	16	3	11	9	1	33	30	3
59	26	26		4	4		15	15	1
60-64	**34**	**29**	**5**	**7**	**7**		**41**	**40**	**1**
60	15	15		3	3		10	10	
61	6	3	3	1	1		10	9	1
62	4	3	1				10	9	
63	4	3	2	2	2		9	9	
64	4	4					3	3	
65及以上	**16**	**12**	**4**				**10**	**10**	

5-2ab 续表 9

单位：人

年 龄	六、批发和零售业			七、交通运输、仓储和邮政业			八、住宿和餐饮业		
	小计	男	女	小计	男	女	小计	男	女
40–44	**1682**	**701**	**981**	**645**	**514**	**131**	**419**	**152**	**267**
40	329	145	184	123	102	22	90	37	53
41	342	134	209	140	104	35	88	32	56
42	354	135	219	131	108	23	92	32	60
43	335	135	200	140	115	25	73	25	48
44	322	153	170	112	85	26	76	26	50
45–49	**1351**	**634**	**717**	**489**	**399**	**90**	**328**	**130**	**198**
45	359	159	200	127	106	21	82	31	51
46	259	112	148	103	82	21	70	30	40
47	287	137	151	97	80	16	65	27	39
48	220	112	108	86	71	14	65	20	46
49	225	115	110	77	59	18	45	22	23
50–54	**593**	**381**	**212**	**219**	**195**	**24**	**103**	**50**	**53**
50	166	109	56	56	46	10	29	13	16
51	119	68	50	47	43	5	24	6	17
52	145	94	51	63	55	8	26	18	8
53	117	82	36	36	35	1	17	9	8
54	46	28	18	17	17		8	5	3
55–59	**209**	**160**	**49**	**69**	**65**	**5**	**46**	**33**	**13**
55	49	35	14	27	23	4	10	5	5
56	45	32	13	12	11	1	14	10	4
57	42	32	10	13	13		9	9	
58	43	36	7	12	12		8	5	3
59	30	24	6	6	6		5	5	1
60–64	**74**	**43**	**30**	**13**	**11**	**2**	**18**	**13**	**5**
60	13	9	4	2	2		4	4	
61	20	12	9	6	5	2	1	1	
62	13	9	5	2	1	1	5	3	2
63	14	7	7	1	1		2	1	1
64	13	7	6	2	2		6	5	1
65及以上	**46**	**34**	**12**	**4**	**4**		**3**	**3**	

5-2ab 续表 10

单位：人

年 龄	九、信息传输、软件和信息技术服务业			十、金融业			十一、房地产业		
	小计	男	女	小计	男	女	小计	男	女
40—44	**75**	**41**	**34**	**186**	**80**	**106**	**246**	**121**	**125**
40	18	9	9	32	17	16	45	11	35
41	17	9	8	45	20	25	53	30	23
42	9	3	6	34	13	20	63	34	29
43	8	5	3	39	17	22	42	23	19
44	22	14	8	36	13	24	42	23	19
45—49	**56**	**31**	**25**	**167**	**75**	**92**	**238**	**138**	**100**
45	20	8	12	42	21	21	56	35	21
46	10	6	4	29	11	18	55	34	21
47	12	7	5	36	18	17	40	20	19
48	4	4	1	31	17	15	43	26	18
49	9	6	3	29	8	21	44	22	21
50—54	**19**	**18**	**1**	**118**	**70**	**48**	**145**	**99**	**46**
50	6	6		23	10	14	36	27	9
51	4	4		33	26	7	34	20	14
52	8	7	1	36	17	19	29	21	8
53	1	1		18	11	7	37	25	12
54				7	7		8	6	2
55—59	**8**	**6**	**2**	**25**	**22**	**3**	**82**	**72**	**10**
55	3	3		10	9	1	24	21	4
56				5	5		12	9	3
57				5	5	1	11	10	2
58	5	3	2	1	1		22	21	1
59				3	2	1	13	11	1
60—64				**3**	**3**		**37**	**33**	**4**
60				2	2		12	9	3
61				1	1		6	6	
62							5	5	
63							8	7	1
64							6	6	
65及以上				**1**	**1**		**8**	**7**	**1**

5-2ab 续表 11 单位：人

年 龄	十二、租赁和商务服务业			十三、科学研究和技术服务业			十四、水利、环境和公共设施管理业		
	小计	男	女	小计	男	女	小计	男	女
40–44	**126**	**84**	**42**	**83**	**55**	**28**	**125**	**50**	**76**
40	16	8	8	33	26	7	25	10	15
41	28	21	7	13	10	3	23	9	13
42	36	24	12	7	2	5	13	4	9
43	26	16	9	11	5	6	35	12	23
44	21	15	6	20	14	6	31	15	15
45–49	**119**	**78**	**41**	**68**	**51**	**16**	**130**	**46**	**84**
45	31	17	14	6	4	2	34	12	23
46	26	17	9	19	13	7	24	6	18
47	23	18	4	13	10	3	22	10	11
48	15	12	3	17	14	3	22	7	15
49	25	14	11	12	10	2	27	11	17
50–54	**66**	**53**	**13**	**61**	**51**	**11**	**67**	**41**	**26**
50	15	12	3	14	11	3	14	5	8
51	19	16	3	14	14		17	8	9
52	19	13	5	16	13	4	24	17	7
53	8	7	1	8	5	3	7	5	2
54	5	4	1	9	8	1	5	5	
55–59	**27**	**25**	**2**	**19**	**19**		**32**	**25**	**7**
55	5	5		3	3		8	6	1
56	2	2		5	5		5	4	1
57	5	5		6	6		5	3	2
58	6	6		3	3		10	9	1
59	8	6	2	2	2		4	1	2
60–64	**11**	**11**	**1**	**2**	**2**		**10**	**9**	**2**
60	5	5					5	3	2
61	2	2					2	2	
62	3	3					4	4	
63	1		1	1	1				
64	1	1		1	1				
65及以上				**2**	**2**		**9**	**5**	**4**

5-2ab 续表 12

单位：人

年 龄	十五、居民服务、修理和其他服务业			十六、教育			十七、卫生和社会工作		
	小计	男	女	小计	男	女	小计	男	女
40–44	**234**	**105**	**129**	**414**	**179**	**235**	**182**	**62**	**120**
40	46	26	20	90	38	51	43	17	26
41	49	22	26	85	30	55	34	14	20
42	37	20	17	83	38	44	37	12	25
43	57	18	39	68	27	41	34	11	24
44	46	18	28	88	45	44	34	9	25
45–49	**196**	**76**	**120**	**432**	**198**	**234**	**166**	**63**	**103**
45	57	14	42	99	44	55	43	17	26
46	47	24	23	98	44	54	39	19	20
47	34	13	22	94	40	54	36	15	21
48	30	15	15	70	33	37	19	7	12
49	28	11	18	71	37	33	29	5	24
50–54	**94**	**49**	**45**	**302**	**174**	**128**	**163**	**68**	**96**
50	26	12	14	75	38	37	26	10	16
51	22	13	9	85	43	42	45	18	27
52	27	16	11	74	51	23	55	24	32
53	15	5	11	44	29	15	28	12	16
54	3	3		24	13	11	9	5	5
55–59	**36**	**24**	**11**	**83**	**69**	**15**	**55**	**38**	**16**
55	8	4	4	19	13	6	10	7	3
56	3		3	14	11	3	10	9	2
57	5	5		10	8	2	11	6	6
58	6	5	1	20	19	1	8	6	1
59	14	10	3	20	18	2	15	11	5
60–64	**13**	**11**	**2**	**15**	**11**	**4**	**15**	**7**	**8**
60	2	2		4	3	1	8	3	4
61	5	3	2	1	1		3	2	2
62	1		1	4	1	3	1	1	
63	3	3		3	3		2	1	1
64	3	3		2	2		1	1	1
65及以上	**8**	**6**	**2**	**2**	**1**	**2**	**8**	**7**	**1**

5-2ab 续表 13

单位：人

年龄	十八、文化、体育和娱乐业			十九、公共管理、社会保障和社会组织			二十、国际组织		
	小计	男	女	小计	男	女	小计	男	女
40—44	**68**	**33**	**35**	**652**	**372**	**280**			
40	13	10	4	116	70	46			
41	13	7	7	153	87	66			
42	10	4	6	130	66	65			
43	20	10	10	123	74	49			
44	11	3	9	130	76	54			
45—49	**77**	**32**	**45**	**623**	**390**	**232**			
45	11	5	6	136	71	65			
46	19	8	11	141	94	47			
47	27	10	17	149	92	57			
48	9	4	5	105	69	37			
49	11	5	6	91	64	27			
50—54	**50**	**33**	**16**	**480**	**357**	**123**			
50	9	5	4	104	73	31			
51	18	13	5	121	92	29			
52	12	9	4	122	91	31			
53	9	6	3	98	73	25			
54	1		1	35	29	7			
55—59	**18**	**14**	**4**	**182**	**163**	**19**			
55	6	6		39	30	9			
56	3	3		29	26	3			
57	3	1	3	41	37	4			
58	4	2	2	41	39	2			
59	2	2		31	29	1			
60—64	**1**	**1**		**41**	**36**	**5**			
60				17	12	4			
61				12	11	1			
62	1	1		6	6				
63				1	1				
64				6	6				
65及以上	**3**	**3**		**17**	**16**	**1**			

5-2a 全区分年龄、性别、行业门类的就业人口(城市)

单位：人

年龄	就业人口			一、农、林、牧、渔业			二、采矿业		
	合计	男	女	小计	男	女	小计	男	女
总计	**34656**	**20342**	**14314**	**1958**	**1040**	**918**	**2209**	**1860**	**349**
16-19	**288**	**184**	**103**	**9**	**5**	**4**	**3**	**3**	
16	23	19	4	1		1			
17	69	47	22	1	1				
18	82	54	28	2	1	1	1	1	
19	113	64	49	6	4	2	1	1	
20-24	**2248**	**1251**	**997**	**78**	**44**	**33**	**90**	**82**	**8**
20	224	133	92	12	7	5	5	5	
21	342	177	165	11	7	4	5	5	1
22	411	222	188	13	7	6	15	15	
23	607	346	261	23	11	12	34	33	2
24	665	373	291	18	12	6	30	24	5
25-29	**5401**	**2965**	**2436**	**155**	**84**	**71**	**240**	**196**	**44**
25	1006	575	431	27	19	8	28	24	4
26	1063	577	486	33	18	15	34	29	6
27	1173	633	540	36	17	19	66	63	3
28	1137	626	511	30	14	16	58	44	13
29	1023	554	469	29	16	13	54	35	19
30-34	**4979**	**2709**	**2270**	**162**	**81**	**81**	**280**	**224**	**56**
30	984	516	469	27	14	12	57	42	15
31	1015	537	478	30	14	16	48	37	10
32	962	528	433	33	19	14	50	39	11
33	1085	590	495	42	21	20	64	54	9
34	934	539	395	31	12	19	61	52	10
35-39	**5756**	**3244**	**2513**	**306**	**150**	**156**	**395**	**314**	**81**
35	1158	669	489	48	23	25	86	69	17
36	1133	666	467	63	32	30	82	67	15
37	1126	598	528	50	18	32	81	63	19
38	1123	628	495	65	32	32	59	44	15
39	1216	682	534	80	43	37	88	71	17

5-2a 续表 1

单位：人

年 龄	三、制造业			四、电力、热力、燃气及水生产和供应业			五、建筑业		
	小计	男	女	小计	男	女	小计	男	女
总 计	**3855**	**2601**	**1254**	**1173**	**783**	**390**	**3191**	**2667**	**523**
16—19	**24**	**16**	**8**	**11**	**11**		**19**	**18**	
16							1	1	
17	6	4	2	5	4		3	3	
18	10	7	2	1	1		4	3	
19	9	5	4	6	6		11	11	
20—24	**246**	**179**	**67**	**54**	**44**	**10**	**213**	**176**	**37**
20	27	24	3	4	4		28	26	2
21	26	17	8	5	5	1	29	27	1
22	42	31	11	10	7	4	25	22	3
23	76	56	20	21	20	1	55	38	17
24	77	52	25	14	9	4	75	62	13
25—29	**608**	**417**	**191**	**164**	**105**	**59**	**517**	**411**	**106**
25	107	80	27	22	13	10	96	68	28
26	115	75	40	27	17	10	110	90	21
27	152	105	47	34	22	12	112	91	21
28	135	88	48	39	26	13	91	76	15
29	98	68	30	42	27	14	108	87	21
30—34	**560**	**359**	**201**	**183**	**109**	**73**	**463**	**384**	**78**
30	120	81	39	49	20	29	85	63	22
31	118	78	40	37	23	14	80	64	16
32	97	57	39	22	15	7	107	94	13
33	113	68	45	44	31	13	111	96	15
34	112	75	37	31	19	11	79	67	12
35—39	**585**	**351**	**234**	**185**	**117**	**68**	**556**	**458**	**98**
35	118	71	48	27	18	9	92	77	15
36	105	65	40	41	23	18	110	90	19
37	118	67	51	47	28	18	108	92	16
38	122	70	52	33	24	9	119	95	24
39	121	79	42	37	23	14	128	103	24

5-2a　续表 2　　　　单位：人

年　龄	六、批发和零售业			七、交通运输、仓储和邮政业			八、住宿和餐饮业		
	小计	男	女	小计	男	女	小计	男	女
总　计	**7002**	**3128**	**3874**	**2222**	**1753**	**469**	**1727**	**835**	**893**
16-19	**57**	**26**	**31**	**8**	**7**		**90**	**69**	**21**
16	2	1	1				13	13	
17	15	7	8	3	3		26	22	5
18	15	9	7	1	1		31	22	10
19	25	10	15	4	4		19	12	6
20-24	**483**	**200**	**283**	**98**	**76**	**22**	**185**	**109**	**76**
20	42	19	23	6	4	2	32	15	17
21	78	31	47	17	13	3	30	18	12
22	80	29	51	17	13	4	36	22	13
23	136	63	74	25	19	6	45	25	20
24	145	58	88	33	26	7	42	28	13
25-29	**1192**	**505**	**687**	**293**	**224**	**69**	**286**	**145**	**142**
25	245	125	120	67	49	18	60	41	19
26	240	92	148	53	41	11	40	15	26
27	243	86	157	54	41	12	62	23	40
28	233	97	136	67	50	18	67	34	33
29	231	106	126	52	42	10	56	32	24
30-34	**1118**	**450**	**668**	**338**	**278**	**60**	**266**	**122**	**145**
30	208	78	130	56	49	8	47	24	22
31	237	101	136	69	51	18	58	26	32
32	220	88	132	65	55	9	52	21	30
33	244	94	150	71	56	16	64	28	35
34	209	89	120	77	68	9	46	22	24
35-39	**1350**	**603**	**747**	**440**	**339**	**101**	**258**	**115**	**143**
35	280	123	157	79	69	10	68	37	31
36	270	138	132	97	67	30	50	24	26
37	266	101	165	79	61	18	50	21	28
38	233	113	120	99	80	18	53	20	33
39	302	128	174	86	61	25	37	12	25

5-2a 续表 3

单位：人

年 龄	九、信息传输、软件和信息技术服务业			十、金融业			十一、房地产业		
	小计	男	女	小计	男	女	小计	男	女
总 计	**597**	**351**	**246**	**970**	**395**	**575**	**1023**	**594**	**429**
16–19	**3**		**3**	**4**		**4**	**1**	**1**	
16									
17				3		3			
18	1		1						
19	2		2	2		2	1	1	
20–24	**99**	**65**	**35**	**61**	**15**	**46**	**45**	**21**	**24**
20	5	5		1	1		4	2	2
21	30	26	4	12		12	5	2	3
22	15	13	1	14	1	13	13	6	7
23	15	3	12	18	7	11	10	6	4
24	34	16	18	16	6	11	13	5	8
25–29	**165**	**95**	**70**	**234**	**88**	**146**	**133**	**74**	**59**
25	29	15	14	44	21	23	16	10	6
26	50	37	12	46	20	26	31	19	12
27	38	17	20	47	15	33	34	16	18
28	29	15	14	49	19	30	24	12	12
29	20	11	10	48	14	34	28	17	11
30–34	**105**	**64**	**40**	**159**	**61**	**98**	**136**	**60**	**76**
30	21	16	6	25	7	19	31	17	14
31	19	15	4	42	13	29	20	7	13
32	17	7	10	27	10	17	27	10	18
33	24	15	9	40	15	25	28	17	11
34	24	12	12	25	16	9	30	9	20
35–39	**89**	**46**	**43**	**130**	**47**	**83**	**135**	**80**	**55**
35	34	15	19	32	11	20	27	20	6
36	18	11	7	33	15	18	27	19	8
37	13	8	4	18	5	12	16	9	7
38	11	6	5	31	12	19	29	14	15
39	13	6	7	18	4	14	36	18	19

5−2a 续表 4 单位：人

年 龄	十二、租赁和商务服务业			十三、科学研究和技术服务业			十四、水利、环境和公共设施管理业		
	小计	男	女	小计	男	女	小计	男	女
总 计	**787**	**484**	**303**	**496**	**343**	**153**	**397**	**190**	**206**
16–19	**3**	**2**	**2**	**1**	**1**		**1**		
16	1	1							
17									
18	2		2	1	1				
19	1	1					1		
20–24	**78**	**35**	**42**	**39**	**22**	**16**	**18**	**7**	**10**
20	7	3	4	1	1		1	1	
21	14	3	12	4	2	2	4	2	3
22	12	4	8	8	7	1	2		2
23	24	15	9	20	8	12	3	2	1
24	21	12	10	5	4	2	8	3	5
25–29	**204**	**120**	**85**	**119**	**72**	**47**	**28**	**18**	**11**
25	41	29	12	20	8	12	7	2	5
26	38	16	22	24	15	9	8	8	
27	55	35	20	19	11	8	2	1	1
28	41	21	19	32	22	9	10	7	3
29	29	18	12	25	15	10	1		1
30–34	**128**	**70**	**58**	**80**	**61**	**20**	**24**	**13**	**11**
30	30	19	11	21	15	6	8	3	5
31	34	20	14	18	13	5	4	4	
32	24	12	12	10	8	2	5	2	3
33	21	9	12	18	14	4	5	4	1
34	18	9	9	14	11	2	3	1	2
35–39	**113**	**70**	**44**	**60**	**39**	**21**	**57**	**33**	**23**
35	24	15	9	13	9	5	8	6	2
36	18	12	6	11	9	2	6	2	4
37	22	15	7	16	9	7	10	6	4
38	23	14	10	13	8	5	15	11	4
39	27	14	13	6	4	2	17	8	9

5-2a 续表 5

单位：人

年 龄	十五、居民服务、修理和其他服务业			十六、教育			十七、卫生和社会工作		
	小计	男	女	小计	男	女	小计	男	女
总 计	**994**	**492**	**502**	**1924**	**712**	**1212**	**1146**	**339**	**807**
16–19	**27**	**17**	**9**	**10**	**2**	**8**	**9**	**1**	**8**
16	2	1		1	1				
17	6	4	3	1		1	1		1
18	7	6	1	1		1	3		3
19	12	7	5	6		6	5	1	4
20–24	**113**	**78**	**35**	**116**	**21**	**94**	**99**	**8**	**91**
20	14	9	5	10		10	15	2	13
21	24	15	9	16		16	19	1	18
22	28	20	8	26	4	22	27	3	24
23	21	18	4	25	5	20	18	1	17
24	27	17	10	39	13	25	19	1	19
25–29	**167**	**90**	**77**	**322**	**83**	**239**	**200**	**42**	**157**
25	46	23	23	46	11	36	33	4	28
26	27	14	13	87	31	56	36	9	27
27	37	24	14	64	12	52	33	9	24
28	25	14	11	59	17	41	51	15	36
29	32	15	16	66	13	54	47	6	41
30–34	**155**	**63**	**92**	**276**	**82**	**195**	**220**	**57**	**163**
30	29	12	17	60	13	47	55	14	41
31	25	8	17	56	18	38	47	4	43
32	35	19	16	64	21	43	42	15	27
33	36	12	24	47	14	33	47	12	35
34	30	12	18	50	16	34	29	11	17
35–39	**132**	**72**	**60**	**310**	**93**	**217**	**166**	**49**	**117**
35	27	20	7	68	19	50	43	15	27
36	22	10	12	67	25	41	24	4	20
37	30	17	13	59	17	42	35	8	27
38	26	9	17	54	16	38	34	6	27
39	26	16	10	62	16	46	30	14	16

5−2a 续表 6

单位：人

年 龄	十八、文化、体育和娱乐业			十九、公共管理、社会保障和社会组织			二十、国际组织		
	小计	男	女	小计	男	女	小计	男	女
总 计	**433**	**232**	**200**	**2551**	**1541**	**1010**			
16−19	**4**	**2**	**2**	**4**	**3**	**1**			
16	1		1						
17									
18	2	2		1	1				
19	1		1	3	2	1			
20−24	**32**	**18**	**14**	**102**	**50**	**53**			
20	7	3	4	3	2	1			
21	1		1	13	3	9			
22	4	3	2	23	15	8			
23	7	3	5	28	13	14			
24	12	9	3	36	16	20			
25−29	**77**	**54**	**23**	**297**	**144**	**153**			
25	22	16	6	50	18	32			
26	11	8	2	54	24	30			
27	18	12	6	65	32	33			
28	12	7	4	87	49	38			
29	15	11	5	40	21	19			
30−34	**59**	**28**	**31**	**267**	**143**	**124**			
30	8	3	5	47	26	21			
31	20	9	11	54	31	23			
32	9	4	5	56	33	24			
33	13	6	7	54	24	30			
34	9	6	3	56	30	27			
35−39	**87**	**35**	**52**	**402**	**233**	**169**			
35	14	6	8	71	46	25			
36	17	7	10	73	44	30			
37	22	9	12	86	42	45			
38	26	8	18	78	44	34			
39	8	4	4	93	57	36			

5-2a 续表 7

单位：人

年 龄	就业人口			一、农、林、牧、渔业			二、采矿业		
	合计	男	女	小计	男	女	小计	男	女
40–44	**6196**	**3543**	**2653**	**324**	**166**	**158**	**482**	**404**	**78**
40	1173	690	483	59	26	33	76	64	12
41	1258	706	552	60	36	25	99	84	16
42	1273	710	563	63	35	28	111	94	17
43	1256	700	556	80	35	44	104	84	20
44	1237	736	500	62	34	28	91	78	13
45–49	**5421**	**3203**	**2218**	**377**	**187**	**190**	**433**	**367**	**66**
45	1300	706	594	75	39	37	106	87	20
46	1184	713	471	82	42	40	110	91	19
47	1164	698	466	73	33	40	105	91	14
48	907	558	349	67	30	36	62	56	6
49	865	527	338	80	42	38	49	41	8
50–54	**2947**	**2102**	**845**	**257**	**139**	**118**	**251**	**239**	**12**
50	740	508	232	66	31	34	89	87	2
51	743	529	214	72	49	23	55	51	5
52	756	550	205	53	28	25	46	45	2
53	498	349	149	51	24	27	40	39	1
54	210	165	45	15	7	8	20	18	2
55–59	**1043**	**855**	**188**	**172**	**101**	**71**	**31**	**30**	**2**
55	256	204	51	30	19	11	12	11	1
56	196	154	41	31	18	13	8	7	1
57	206	172	35	35	21	14	3	3	
58	206	176	31	34	19	15	5	5	
59	180	149	31	43	24	18	4	4	
60–64	**278**	**209**	**69**	**90**	**61**	**29**	**4**	**1**	**3**
60	83	65	18	22	15	7	1	1	
61	66	47	18	23	17	6	3	1	2
62	54	39	15	18	12	6	1		1
63	41	29	12	13	9	4			
64	34	27	6	14	8	6			
65及以上	**99**	**78**	**21**	**29**	**23**	**6**			

5-2a 续表 8

单位：人

年 龄	三、制造业			四、电力、热力、燃气及水生产和供应业			五、建筑业		
	小计	男	女	小计	男	女	小计	男	女
40—44	**764**	**482**	**281**	**207**	**121**	**86**	**632**	**526**	**106**
40	137	88	49	40	17	22	161	135	26
41	139	90	49	39	24	14	122	99	23
42	163	95	68	48	29	19	120	97	22
43	151	96	55	42	27	15	112	96	16
44	173	113	60	39	22	16	117	98	19
45—49	**628**	**419**	**210**	**207**	**138**	**69**	**480**	**414**	**66**
45	143	86	57	43	21	22	112	88	24
46	151	99	51	30	23	7	107	96	11
47	150	101	49	36	23	13	110	95	15
48	95	70	24	57	42	15	75	62	13
49	90	63	27	42	30	12	76	73	3
50—54	**314**	**265**	**49**	**124**	**102**	**22**	**213**	**184**	**29**
50	75	62	13	36	25	10	47	34	13
51	79	64	15	36	32	4	48	45	4
52	84	74	10	29	24	5	73	66	7
53	52	41	10	13	11	2	29	24	5
54	24	23	1	11	10	1	15	15	
55—59	**91**	**85**	**6**	**31**	**29**	**2**	**74**	**71**	**3**
55	16	15	1	5	4	1	27	26	1
56	22	20	2	6	6		10	10	
57	25	22	3	9	9		12	12	
58	8	8		8	7	1	18	16	2
59	19	19		4	4		7	6	1
60—64	**22**	**16**	**5**	**6**	**6**		**22**	**22**	
60	7	7		3	3		5	5	
61	4	1	3	1	1		6	6	
62	4	3	1				5	5	
63	4	2	2	2	2		3	3	
64	3	3					2	2	
65及以上	**14**	**11**	**3**				**3**	**3**	

5-2a 续表 9

单位：人

年龄	六、批发和零售业			七、交通运输、仓储和邮政业			八、住宿和餐饮业		
	小计	男	女	小计	男	女	小计	男	女
40—44	**1221**	**491**	**730**	**463**	**349**	**114**	**295**	**118**	**177**
40	216	95	121	79	61	17	62	26	36
41	253	89	164	100	69	31	57	24	34
42	273	103	170	94	75	19	70	26	44
43	239	86	154	106	83	23	50	21	29
44	239	117	122	85	61	24	56	22	34
45—49	**992**	**453**	**539**	**360**	**282**	**78**	**247**	**99**	**147**
45	269	109	160	91	74	18	62	24	38
46	188	78	110	76	59	17	58	26	32
47	206	98	108	69	57	13	44	20	24
48	167	83	84	68	54	14	52	16	36
49	163	85	78	55	40	16	31	14	17
50—54	**404**	**260**	**144**	**157**	**140**	**17**	**59**	**28**	**31**
50	111	75	36	40	32	8	17	7	10
51	82	44	37	34	31	3	16	4	13
52	101	68	33	43	37	6	14	10	4
53	76	50	25	27	27		8	4	4
54	34	22	12	13	13		4	4	
55—59	**136**	**108**	**29**	**53**	**49**	**4**	**35**	**26**	**9**
55	27	18	9	21	18	3	8	4	4
56	34	22	12	9	8	1	12	9	3
57	28	24	3	11	11		6	6	
58	29	26	2	8	8		5	3	2
59	19	17	2	4	4		5	4	1
60—64	**30**	**19**	**11**	**9**	**6**	**2**	**7**	**4**	**2**
60	7	5	2	1	1		1	1	
61	6	3	3	5	3	2	1	1	
62	8	5	3	2	1	1	2	1	1
63	6	3	3	1	1		1		1
64	2	2	1				2	2	
65及以上	**19**	**14**	**5**	**3**	**3**				

5-2a 续表 10

单位：人

年龄	九、信息传输、软件和信息技术服务业			十、金融业			十一、房地产业		
	小计	男	女	小计	男	女	小计	男	女
40—44	**63**	**32**	**31**	**154**	**67**	**87**	**181**	**93**	**88**
40	16	7	8	28	16	12	34	9	24
41	14	8	6	36	17	19	41	22	18
42	5		5	26	9	17	44	26	18
43	7	4	3	33	16	17	31	18	12
44	20	12	8	32	11	21	33	17	15
45—49	**49**	**28**	**21**	**123**	**49**	**74**	**187**	**105**	**81**
45	18	7	11	31	13	17	41	27	14
46	9	6	3	22	8	14	40	23	17
47	11	7	4	27	12	15	34	16	18
48	3	2	1	19	10	9	38	24	14
49	7	5	2	25	6	19	32	15	17
50—54	**17**	**16**	**1**	**85**	**50**	**35**	**113**	**77**	**36**
50	6	6		19	7	12	29	24	5
51	3	3		22	21	1	25	14	11
52	7	7	1	26	9	17	18	12	7
53	1	1		14	8	6	34	23	10
54				4	4		6	4	2
55—59	**7**	**5**	**2**	**18**	**16**	**2**	**61**	**55**	**6**
55	2	2		9	8	1	22	19	3
56				3	3		8	7	1
57				5	5		10	10	1
58	5	3	2				13	13	
59				2	1	1	7	6	1
60—64				**1**	**1**		**24**	**21**	**3**
60				1	1		9	7	2
61							5	5	
62							3	3	
63							5	4	1
64							3	3	
65及以上							**7**	**6**	**1**

5-2a 续表 11　　单位：人

年 龄	十二、租赁和商务服务业			十三、科学研究和技术服务业			十四、水利、环境和公共设施管理业		
	小计	男	女	小计	男	女	小计	男	女
40—44	**93**	**62**	**30**	**69**	**45**	**24**	**93**	**33**	**60**
40	7	5	2	24	20	4	18	6	12
41	22	15	7	13	10	3	14	2	12
42	30	20	10	6	1	5	9	3	6
43	20	13	7	6	1	5	30	10	19
44	14	10	5	20	14	6	23	11	11
45—49	**90**	**61**	**30**	**53**	**39**	**14**	**101**	**35**	**65**
45	23	13	10	6	4	2	26	9	17
46	20	12	8	16	11	5	18	4	14
47	15	14	1	8	5	3	19	8	11
48	12	9	3	13	11	2	18	6	12
49	20	12	8	10	8	2	19	8	11
50—54	**49**	**40**	**10**	**57**	**46**	**11**	**43**	**26**	**18**
50	9	6	3	14	11	3	9	5	3
51	16	14	2	14	14		12	5	7
52	13	9	4	16	13	4	18	12	6
53	7	6	1	6	3	3	3	2	1
54	4	4		6	5	1	1	1	
55—59	**18**	**16**	**2**	**16**	**16**		**20**	**17**	**4**
55	4	4		3	3		7	6	1
56	1	1		5	5		3	3	
57	2	2		5	5		3	2	1
58	5	5		3	3		6	6	1
59	5	3	2	1	1		2	1	1
60—64	**11**	**10**	**1**	**2**	**2**		**6**	**5**	**1**
60	4	4					4	3	1
61	2	2							
62	3	3					2	2	
63	1		1	1	1				
64	1	1		1	1				
65及以上				**1**	**1**		**6**	**3**	**3**

5−2a 续表 12

单位：人

年 龄	十五、居民服务、修理和其他服务业			十六、教育			十七、卫生和社会工作		
	小计	男	女	小计	男	女	小计	男	女
40−44	**171**	**72**	**100**	**282**	**119**	**163**	**146**	**53**	**93**
40	29	16	13	59	27	32	32	13	19
41	40	20	20	58	19	39	26	12	14
42	26	15	11	50	22	28	32	10	22
43	44	11	33	55	20	35	29	9	20
44	33	10	22	60	31	30	27	9	18
45−49	**134**	**46**	**88**	**315**	**136**	**179**	**124**	**44**	**80**
45	35	8	27	76	32	44	32	12	20
46	31	14	17	72	30	43	33	16	18
47	24	8	16	73	27	45	24	8	16
48	23	9	13	49	23	25	13	5	8
49	21	7	14	45	23	22	22	3	19
50−54	**63**	**33**	**30**	**225**	**123**	**102**	**128**	**47**	**80**
50	18	9	9	52	23	29	21	7	14
51	16	10	6	66	32	35	35	13	22
52	18	10	8	59	40	19	43	16	27
53	10	3	7	28	18	10	22	8	13
54	1	1		19	10	9	8	3	5
55−59	**21**	**14**	**7**	**58**	**47**	**11**	**43**	**32**	**11**
55	6	4	3	13	8	5	9	7	3
56	2		2	8	6	3	8	7	1
57	2	2		6	4	2	10	5	5
58	2	1	1	16	15	1	6	5	1
59	10	8	2	15	14	1	10	8	2
60−64	**6**	**4**	**2**	**9**	**6**	**3**	**9**	**4**	**5**
60	1	1					6	2	4
61	3	1	2	1	1		1	1	
62				4	1	3			
63				2	2		2	1	1
64	3	3		2	2				
65及以上	**4**	**2**	**2**	**1**		**1**	**3**	**3**	

5-2a 续表 13

单位：人

年 龄	十八、文化、体育和娱乐业			十九、公共管理、社会保障和社会组织			二十、国际组织		
	小计	男	女	小计	男	女	小计	男	女
40—44	**52**	**28**	**24**	**506**	**283**	**223**			
40	10	8	2	87	50	37			
41	10	5	5	114	61	53			
42	7	4	3	97	46	51			
43	17	8	9	101	61	40			
44	8	2	6	107	65	42			
45—49	**67**	**28**	**39**	**453**	**272**	**181**			
45	9	4	4	101	49	52			
46	16	6	10	103	67	36			
47	26	10	15	109	65	44			
48	7	2	5	73	44	29			
49	10	5	5	67	47	21			
50—54	**35**	**25**	**11**	**353**	**262**	**91**			
50	6	4	2	78	54	24			
51	16	12	4	95	72	23			
52	9	7	2	86	66	20			
53	5	2	3	71	51	20			
54				22	19	4			
55—59	**17**	**13**	**4**	**138**	**125**	**14**			
55	6	6		29	22	7			
56	3	3		22	20	2			
57	3	1	3	32	29	3			
58	3	2	1	32	30	2			
59	1	1		23	23				
60—64	**1**	**1**		**21**	**19**	**2**			
60				11	9	2			
61				5	5				
62	1	1		3	3				
63				1	1				
64				2	2				
65及以上	**2**	**2**		**8**	**8**				

5-2b 全区分年龄、性别、行业门类的就业人口(镇)

单位：人

年 龄	就业人口			一、农、林、牧、渔业			二、采矿业		
	合计	男	女	小计	男	女	小计	男	女
总 计	**19825**	**11816**	**8009**	**5851**	**3025**	**2826**	**422**	**375**	**47**
16-19	**282**	**192**	**90**	**56**	**34**	**23**	**4**	**4**	
16	38	32	6	13	9	5			
17	63	44	19	15	9	5	1	1	
18	77	51	26	10	6	5			
19	105	66	39	18	10	8	4	4	
20-24	**1557**	**908**	**649**	**295**	**161**	**134**	**37**	**34**	**3**
20	198	118	80	47	31	16	2	2	
21	253	156	96	59	33	26	5	4	1
22	314	189	124	54	27	28	9	8	1
23	373	205	168	59	31	27	11	9	2
24	420	239	181	76	39	37	11	11	
25-29	**3264**	**1866**	**1397**	**624**	**300**	**324**	**87**	**77**	**10**
25	701	395	306	143	76	67	14	14	
26	625	359	265	124	53	71	21	18	3
27	597	323	274	124	59	65	14	12	2
28	687	398	289	126	57	69	23	20	3
29	654	391	263	108	55	53	15	13	2
30-34	**2843**	**1686**	**1157**	**655**	**331**	**324**	**81**	**73**	**9**
30	561	336	225	126	71	55	18	17	2
31	535	324	210	116	55	61	18	15	2
32	570	328	242	124	58	65	11	8	3
33	661	378	283	164	81	83	18	18	1
34	516	320	196	125	66	59	16	14	1
35-39	**2882**	**1704**	**1178**	**710**	**357**	**352**	**65**	**58**	**7**
35	573	348	225	138	65	73	20	18	2
36	545	305	240	129	60	69	11	10	2
37	589	347	242	148	76	71	10	8	3
38	530	305	225	126	59	68	10	10	
39	646	399	247	168	97	71	13	12	1

5-2b 续表 1

单位：人

年 龄	三、制造业			四、电力、热力、燃气及水生产和供应业			五、建筑业		
	小计	男	女	小计	男	女	小计	男	女
总 计	**1980**	**1361**	**619**	**327**	**242**	**85**	**2055**	**1777**	**278**
16–19	**19**	**14**	**5**	**1**	**1**		**23**	**22**	**1**
16	1						1	1	
17	3	2	1				1	1	
18	5	5		1	1		11	11	
19	10	6	4				9	9	1
20–24	**169**	**131**	**39**	**15**	**14**	**1**	**167**	**153**	**14**
20	16	13	3	1	1		16	15	1
21	29	21	8	2	2		32	31	1
22	37	29	8	4	3	1	32	30	2
23	33	23	10	4	3	1	46	41	5
24	54	45	10	3	3		40	35	5
25–29	**400**	**273**	**127**	**57**	**50**	**8**	**363**	**324**	**38**
25	81	60	21	14	12	2	78	69	9
26	80	58	21	17	14	3	58	55	3
27	64	34	30	6	6		60	52	8
28	82	53	29	12	10	2	90	81	9
29	93	68	25	8	7	1	76	68	9
30–34	**351**	**243**	**108**	**37**	**27**	**10**	**316**	**274**	**41**
30	61	41	20	8	6	2	64	54	10
31	65	47	18	3	3		67	60	7
32	79	58	21	11	8	3	59	54	6
33	77	51	27	8	5	4	74	64	10
34	68	46	22	7	5	2	51	43	8
35–39	**320**	**209**	**111**	**64**	**43**	**21**	**329**	**278**	**50**
35	57	42	15	10	5	4	57	49	8
36	72	45	27	5	5		64	50	14
37	65	40	24	15	10	5	66	58	8
38	60	38	22	13	9	4	58	47	11
39	66	44	22	21	13	8	83	73	9

5-2b 续表 2

单位：人

年 龄	六、批发和零售业			七、交通运输、仓储和邮政业			八、住宿和餐饮业		
	小计	男	女	小计	男	女	小计	男	女
总 计	**3144**	**1422**	**1722**	**1158**	**1038**	**120**	**876**	**372**	**503**
16–19	**34**	**16**	**18**	**8**	**7**	**1**	**70**	**49**	**20**
16	2	2					11	10	
17	7	4	4				21	15	6
18	12	4	8	2	1	1	17	11	6
19	13	6	7	5	5		21	12	9
20–24	**313**	**129**	**185**	**77**	**57**	**20**	**110**	**52**	**58**
20	35	13	22	4	2	3	26	15	11
21	46	19	27	12	9	2	19	10	9
22	60	30	31	16	15	2	25	14	12
23	78	31	47	17	12	5	19	7	12
24	93	35	58	29	20	9	21	6	15
25–29	**610**	**229**	**381**	**199**	**181**	**18**	**167**	**63**	**103**
25	128	48	79	37	35	3	31	9	23
26	108	37	71	35	31	4	37	14	23
27	111	41	70	38	34	4	31	13	18
28	131	49	82	45	40	5	33	11	21
29	132	54	78	44	42	2	35	16	19
30–34	**510**	**207**	**303**	**231**	**212**	**19**	**138**	**59**	**79**
30	99	42	57	43	40	3	30	13	17
31	102	34	67	46	43	2	24	12	12
32	94	39	55	49	45	5	30	15	15
33	121	46	75	48	42	6	29	10	19
34	94	46	48	45	42	3	26	10	16
35–39	**525**	**232**	**293**	**249**	**224**	**24**	**117**	**45**	**73**
35	105	43	62	69	65	4	23	12	11
36	110	45	65	50	44	6	17	6	12
37	112	48	64	48	44	4	25	9	16
38	100	52	48	35	31	4	32	10	22
39	99	45	54	47	41	7	19	7	12

5-2b 续表 3

单位：人

年 龄	九、信息传输、软件和信息技术服务业			十、金融业			十一、房地产业		
	小计	男	女	小计	男	女	小计	男	女
总 计	**108**	**57**	**51**	**282**	**149**	**133**	**332**	**199**	**133**
16–19	**1**		**1**	**1**	**1**		**2**	**2**	**1**
16									
17							1	1	
18	1		1				1	1	
19				1	1		1		1
20–24	**21**	**9**	**11**	**20**	**11**	**9**	**19**	**13**	**6**
20	1	1	1	1	1		4	3	1
21	2	1	1	1	1		2	2	
22	5	3	2	2	1	1	4	2	2
23	5	3	3	9	4	5	5	4	1
24	7	2	5	8	4	3	4	2	2
25–29	**32**	**16**	**15**	**77**	**38**	**39**	**54**	**31**	**24**
25	11	7	4	12	3	9	10	5	5
26	8	3	5	15	9	6	13	10	3
27	5	3	2	20	12	8	10	3	7
28	5	3	2	12	7	6	9	4	5
29	3	1	3	17	8	10	12	8	3
30–34	**20**	**10**	**10**	**47**	**22**	**25**	**42**	**23**	**19**
30	5	3	2	12	3	10	10	5	5
31	3	1	3	13	8	5	6	3	3
32	4	2	3	9	4	4	6	1	4
33	4	2	2	9	5	4	8	7	1
34	3	3	1	4	3	2	11	6	5
35–39	**12**	**6**	**6**	**18**	**10**	**8**	**32**	**18**	**14**
35	3	1	2	3	1	1	7	3	4
36	1	1		3		3	6	2	3
37	4	2	2	4	4		5	2	3
38	2	1	2	3	1	2	6	4	1
39	2	1	1	6	4	3	8	6	2

5-2b 续表 4

单位：人

年 龄	十二、租赁和商务服务业			十三、科学研究和技术服务业			十四、水利、环境和公共设施管理业		
	小计	男	女	小计	男	女	小计	男	女
总 计	**238**	**158**	**80**	**97**	**67**	**30**	**178**	**105**	**73**
16–19	**5**	**4**	**2**				**1**	**1**	
16									
17	1	1					1	1	
18	1	1							
19	3	2	1						
20–24	**23**	**13**	**11**	**14**	**7**	**6**	**13**	**8**	**4**
20	5	1	4	4	3	1	2	1	
21	3	3							
22	6	3	3	1		1	7	4	2
23	6	3	3	5		4	2	1	1
24	3	2	1	4	4		2	1	1
25–29	**67**	**43**	**24**	**18**	**12**	**6**	**24**	**20**	**4**
25	18	9	9	5	2	3	5	3	2
26	10	7	3	5	4	1	6	4	2
27	14	9	4	2	1	2	7	6	1
28	13	10	4	3	3		3	3	
29	11	8	4	4	3	1	4	4	
30–34	**23**	**15**	**8**	**10**	**9**	**1**	**16**	**8**	**7**
30	9	6	3	2	2		3	1	2
31	1	1		1	1		2	2	
32	4	1	3				5	2	3
33	7	5	2	4	3	1	4	1	2
34	1	1		2	2		2	2	
35–39	**30**	**22**	**9**	**17**	**7**	**10**	**19**	**10**	**9**
35	8	6	1	3	1	2	1	1	
36	4	3	1	1	1	1	4	3	1
37	4	3	1	7	3	4	8	6	3
38	5	2	3	5	3	2	3		3
39	10	8	2	1		1	3	1	2

5-2b 续表 5

单位：人

年 龄	十五、居民服务、修理和其他服务业			十六、教育			十七、卫生和社会工作		
	小计	男	女	小计	男	女	小计	男	女
总 计	**622**	**396**	**226**	**808**	**325**	**484**	**329**	**106**	**223**
16–19	**35**	**31**	**4**	**7**	**1**	**6**	**7**	**1**	**6**
16	8	8							
17	7	6	1	1	1		1	1	1
18	9	8	1	1		1	3		3
19	11	9	2	5		5	3		3
20–24	**94**	**72**	**22**	**60**	**5**	**55**	**42**	**4**	**38**
20	15	13	1	7	1	6	8	1	8
21	20	15	5	9		9	5		5
22	14	11	3	11		11	11	1	11
23	23	13	10	15	1	13	9	2	7
24	22	20	2	17	3	15	9	1	8
25–29	**147**	**89**	**58**	**133**	**26**	**106**	**69**	**16**	**53**
25	35	24	11	31	4	27	20	2	18
26	27	12	15	17	4	13	17	7	10
27	33	16	17	22	6	15	11	2	9
28	32	21	12	35	9	26	9	4	6
29	20	16	4	28	3	25	12	2	10
30–34	**100**	**61**	**39**	**120**	**37**	**83**	**36**	**13**	**23**
30	21	17	4	27	7	20	5	1	4
31	18	13	5	18	6	12	6	3	3
32	27	13	14	27	5	22	4	2	2
33	22	10	12	32	14	18	13	4	9
34	12	8	4	16	5	11	7	3	4
35–39	**65**	**43**	**22**	**130**	**56**	**74**	**38**	**9**	**30**
35	13	10	4	26	12	15	5	2	3
36	12	8	4	27	10	16	7	1	5
37	10	7	4	28	14	14	2		2
38	15	10	5	24	12	12	6	3	3
39	15	10	5	25	7	18	18	2	16

5-2b 续表 6

单位：人

年 龄	十八、文化、体育和娱乐业			十九、公共管理、社会保障和社会组织			二十、国际组织		
	小计	男	女	小计	男	女	小计	男	女
总 计	**95**	**48**	**47**	**923**	**593**	**330**			
16—19	**2**	**2**		**4**	**3**	**1**			
16									
17	1								
18	1	1		2	1	1			
19				2	2				
20—24	**13**	**9**	**4**	**54**	**26**	**28**			
20	2	1	1	1		1			
21	2	1	1	4	3	1			
22	3	3		11	6	5			
23	4	3	1	24	13	11			
24	2	1	1	14	4	10			
25—29	**13**	**6**	**7**	**122**	**71**	**51**			
25	3	3	1	25	11	14			
26	4	2	1	25	17	8			
27	4		4	21	13	8			
28	1		1	22	15	7			
29	2	1	1	29	15	14			
30—34	**13**	**7**	**6**	**97**	**55**	**42**			
30	2		2	15	7	8			
31	6	5	1	18	11	7			
32	3	1	2	23	11	12			
33	1		1	18	11	6			
34	1		1	23	14	9			
35—39	**11**	**4**	**7**	**130**	**72**	**59**			
35	4	1	3	20	11	9			
36	1		1	20	10	10			
37	2	2		26	12	14			
38	2		2	26	12	13			
39	3	2	2	38	26	12			

5-2b 续表 7

单位：人

年 龄	就业人口			一、农、林、牧、渔业			二、采矿业		
	合计	男	女	小计	男	女	小计	男	女
40—44	**3023**	**1715**	**1308**	**871**	**421**	**450**	**63**	**55**	**8**
40	670	376	294	186	90	97	9	8	1
41	604	352	252	161	85	76	10	10	1
42	624	348	275	179	81	98	17	13	4
43	551	326	226	166	87	79	11	11	
44	574	312	262	179	80	100	15	13	2
45—49	**2723**	**1602**	**1121**	**945**	**462**	**483**	**48**	**42**	**7**
45	662	391	270	196	100	97	18	17	1
46	550	303	248	190	79	112	8	6	2
47	570	337	233	187	86	101	10	9	1
48	469	294	175	179	99	81	6	6	1
49	472	278	194	192	99	93	6	4	2
50—54	**1724**	**1084**	**640**	**744**	**367**	**377**	**30**	**28**	**2**
50	411	269	142	156	86	70	14	14	1
51	398	244	155	175	86	89	7	5	2
52	439	275	164	188	91	97	5	5	
53	322	201	121	147	66	80	3	3	
54	155	96	59	79	38	41			
55—59	**813**	**551**	**262**	**457**	**262**	**195**	**3**	**3**	**1**
55	174	109	66	92	46	46	2	1	1
56	129	86	44	70	38	33			
57	157	107	50	90	52	38	1	1	
58	191	141	49	107	69	38			
59	162	109	53	97	57	40			
60—64	**485**	**341**	**145**	**332**	**221**	**111**	**2**	**2**	
60	135	94	41	92	58	34	1	1	
61	116	79	37	78	50	28	1	1	
62	85	62	23	63	44	19			
63	80	56	24	57	38	19			
64	69	50	19	43	30	12			
65及以上	**229**	**166**	**62**	**161**	**109**	**52**			

5-2b 续表 8

单位：人

年龄	三、制造业			四、电力、热力、燃气及水生产和供应业			五、建筑业		
	小计	男	女	小计	男	女	小计	男	女
40—44	**320**	**197**	**122**	**66**	**42**	**23**	**354**	**293**	**60**
40	75	50	25	10	6	4	69	57	12
41	67	35	32	8	6	2	74	60	14
42	61	42	19	19	10	9	82	67	15
43	55	31	24	10	9	1	65	55	9
44	61	39	22	19	11	8	64	54	10
45—49	**245**	**164**	**81**	**60**	**41**	**19**	**280**	**231**	**49**
45	73	46	28	22	15	7	70	56	14
46	51	29	23	12	8	3	52	41	10
47	55	37	17	11	8	3	62	53	9
48	40	32	9	9	6	3	50	43	7
49	26	21	5	6	3	3	47	39	8
50—54	**101**	**82**	**20**	**17**	**15**	**2**	**139**	**125**	**15**
50	26	22	4	3	2	1	42	38	4
51	25	20	6	5	5		36	33	3
52	23	16	7	3	3		33	28	5
53	19	17	2	2	2	1	20	17	2
54	8	7	1	3	3		9	9	
55—59	**40**	**34**	**5**	**8**	**8**		**59**	**50**	**9**
55	9	6	3	2	2		13	10	3
56	7	7		2	2		10	6	4
57	7	7		2	2		13	12	1
58	11	8	3	3	2		15	14	1
59	7	7					8	8	
60—64	**12**	**12**		**1**			**19**	**18**	**1**
60	8	8					5	5	
61	2	2					4	3	1
62							4	4	
63	1	1					5	5	
64	1	1					1	1	
65及以上	**2**	**1**	**1**				**7**	**7**	

5-2b 续表 9

单位：人

年龄	六、批发和零售业			七、交通运输、仓储和邮政业			八、住宿和餐饮业		
	小计	男	女	小计	男	女	小计	男	女
40–44	**461**	**210**	**251**	**182**	**165**	**17**	**124**	**34**	**90**
40	113	49	63	45	40	4	28	12	16
41	89	44	45	40	35	4	30	8	22
42	80	32	49	37	33	4	22	5	16
43	96	49	46	34	32	2	23	5	19
44	83	36	48	27	24	3	20	4	16
45–49	**359**	**181**	**178**	**129**	**116**	**13**	**81**	**30**	**51**
45	90	50	40	35	33	3	20	7	13
46	72	34	38	27	23	4	11	4	7
47	81	38	43	27	24	4	22	7	15
48	53	28	25	18	18		14	4	10
49	62	31	32	22	20	2	15	8	6
50–54	**189**	**121**	**68**	**62**	**56**	**6**	**44**	**22**	**22**
50	54	35	20	16	14	2	12	6	6
51	37	24	13	13	11	2	7	2	5
52	44	26	19	20	18	2	12	8	4
53	42	31	10	9	8	1	9	5	4
54	12	5	6	4	4		4	1	3
55–59	**73**	**53**	**20**	**16**	**16**	**1**	**10**	**7**	**4**
55	22	18	5	6	5	1	2	1	2
56	11	10	1	3	3		2	2	1
57	14	8	6	1	1		2	2	
58	14	10	4	3	3		3	2	1
59	11	7	4	3	3				
60–64	**44**	**24**	**19**	**4**	**4**		**11**	**9**	**3**
60	6	3	2	1	1		3	3	
61	14	9	5	1	1				
62	6	3	2				4	2	2
63	9	4	5				1	1	
64	10	5	5	2	2		4	3	1
65及以上	**27**	**20**	**7**	**1**	**1**		**3**	**3**	

5−2b 续表 10

单位：人

年 龄	九、信息传输、软件和信息技术服务业			十、金融业			十一、房地产业		
	小计	男	女	小计	男	女	小计	男	女
40−44	**12**	**9**	**3**	**32**	**12**	**20**	**64**	**28**	**36**
40	2	2	1	4	1	3	12	2	10
41	2	1	1	10	3	6	13	8	5
42	4	3	1	7	5	3	19	8	11
43	1	1		6	1	5	11	5	6
44	3	3		5	2	3	9	5	4
45−49	**7**	**3**	**4**	**44**	**26**	**19**	**51**	**32**	**19**
45	2	1	1	12	8	4	15	9	6
46	1		1	7	3	4	15	11	4
47	1		1	8	6	2	5	4	1
48	1	1		13	7	6	5	2	3
49	1	1	1	4	3	2	11	7	4
50−54	**2**	**2**		**33**	**20**	**12**	**32**	**22**	**10**
50				4	2	2	7	3	4
51	1	1		11	5	6	9	6	3
52	1	1		10	8	2	11	10	1
53				5	3	2	3	2	2
54				2	2		2	2	
55−59	**1**	**1**		**6**	**6**	**1**	**21**	**17**	**4**
55	1	1		1	1		3	2	1
56				2	2		4	2	2
57				1		1	1		1
58				1	1		8	8	1
59				1	1		6	5	1
60−64				**2**	**2**		**13**	**12**	**1**
60				1	1		3	2	1
61				1	1		1	1	
62							2	2	
63							3	3	
64							3	3	
65及以上				**1**	**1**		**1**	**1**	

5-2b 续表 11

单位：人

年 龄	十二、租赁和商务服务业			十三、科学研究和技术服务业			十四、水利、环境和公共设施管理业		
	小计	男	女	小计	男	女	小计	男	女
40–44	**34**	**22**	**12**	**14**	**11**	**4**	**33**	**17**	**16**
40	8	3	5	9	6	3	7	4	3
41	7	7					9	7	2
42	6	4	2	1	1		4	1	3
43	6	3	3	5	4	1	5	1	3
44	6	5	1				8	4	4
45–49	**28**	**17**	**11**	**15**	**12**	**2**	**29**	**11**	**18**
45	8	4	4				8	2	6
46	6	4	1	4	2	2	6	2	4
47	8	5	3	5	5		2	2	
48	3	3		4	3	1	4	1	3
49	4	2	2	2	2		8	3	5
50–54	**17**	**13**	**4**	**5**	**5**		**24**	**15**	**9**
50	6	6					5		5
51	3	2	1				5	3	2
52	6	5	1				5	5	1
53	1	1		1	1		4	3	1
54	1		1	3	3		4	4	
55–59	**9**	**9**		**3**	**3**		**11**	**8**	**3**
55	1	1					1	1	1
56	1	1					2	1	1
57	3	3		1	1		2	1	1
58	1	1					4	4	
59	3	2		1	1		2	1	1
60–64	**1**	**1**					**5**	**4**	**1**
60	1	1					1	1	1
61							2	2	
62							2	2	
63									
64									
65及以上				**1**	**1**		**3**	**2**	**1**

5-2b 续表 12

单位：人

年 龄	十五、居民服务、修理和其他服务业			十六、教育			十七、卫生和社会工作		
	小计	男	女	小计	男	女	小计	男	女
40-44	**63**	**33**	**30**	**133**	**60**	**73**	**36**	**9**	**27**
40	17	10	7	31	11	20	11	3	8
41	8	2	6	27	11	16	9	2	6
42	11	5	6	33	16	17	5	2	3
43	14	8	6	13	7	6	5	1	3
44	13	8	5	28	14	14	7		7
45-49	**62**	**30**	**32**	**117**	**62**	**55**	**42**	**19**	**23**
45	22	6	15	23	11	11	11	5	6
46	16	9	6	26	15	11	6	4	2
47	10	5	5	21	13	9	13	7	5
48	7	6	1	21	9	12	6	2	5
49	7	4	4	26	14	12	7	2	5
50-54	**31**	**16**	**15**	**77**	**51**	**26**	**36**	**21**	**15**
50	8	3	5	23	15	8	5	3	2
51	7	3	3	19	12	7	10	5	6
52	10	7	3	15	11	4	13	8	5
53	5	2	3	16	11	5	6	3	3
54	2	2		5	3	2	2	2	
55-59	**14**	**10**	**4**	**25**	**21**	**4**	**11**	**6**	**5**
55	1		1	6	5	1	1		1
56	1		1	5	5		2	1	1
57	3	3		4	4	1	1	1	1
58	4	4		4	3	1	2	1	
59	4	2	1	5	4	1	5	3	3
60-64	**7**	**6**	**1**	**6**	**5**	**1**	**7**	**4**	**3**
60	1	1		4	3	1	2	1	1
61	2	2					2	1	2
62	1		1				1	1	
63	3	3		1	1				
64							1	1	1
65及以上	**4**	**4**		**1**	**1**		**5**	**4**	**1**

5-2b 续表 13

单位：人

年龄	十八、文化、体育和娱乐业			十九、公共管理、社会保障和社会组织			二十、国际组织		
	小计	男	女	小计	男	女	小计	男	女
40-44	**16**	**6**	**11**	**146**	**90**	**57**			
40	3	2	2	29	20	9			
41	3	2	1	39	26	13			
42	3		3	33	20	13			
43	4	2	2	22	13	9			
44	3	1	3	23	11	12			
45-49	**10**	**5**	**5**	**170**	**118**	**51**			
45	2	1	1	35	22	13			
46	3	2	1	38	27	11			
47	1		1	40	27	12			
48	2	2	1	33	25	8			
49	2	1	1	24	17	7			
50-54	**14**	**8**	**6**	**127**	**96**	**32**			
50	3	1	2	26	19	7			
51	3	1	1	25	20	6			
52	4	2	2	36	26	11			
53	4	4		27	22	5			
54	1		1	13	10	3			
55-59	**1**	**1**	**1**	**43**	**38**	**5**			
55				11	8	2			
56				7	6	1			
57				9	8	1			
58	1		1	9	9				
59	1	1		7	6	1			
60-64				**20**	**17**	**3**			
60				5	3	3			
61				7	6	1			
62				3	3				
63									
64				4	4				
65及以上	**1**	**1**		**9**	**9**	**1**			

5-2c 全区分年龄、性别、行业门类的就业人口(乡村)

单位：人

年龄	就业人口			一、农、林、牧、渔业			二、采矿业		
	合计	男	女	小计	男	女	小计	男	女
总计	**48212**	**27787**	**20426**	**32352**	**16482**	**15870**	**555**	**379**	**177**
16-19	**1737**	**1070**	**667**	**875**	**450**	**425**	**12**	**12**	
16	196	125	71	111	61	50	1	1	
17	353	222	131	195	104	91	1	1	
18	528	326	202	259	126	132	2	2	
19	660	397	263	311	159	152	9	9	
20-24	**4727**	**2766**	**1961**	**2298**	**1168**	**1129**	**109**	**71**	**38**
20	718	427	291	362	184	178	12	12	
21	820	495	325	438	220	218	4	4	
22	939	553	386	437	229	209	11	11	
23	1042	617	424	490	247	243	28	28	
24	1208	674	534	570	288	282	53	16	38
25-29	**6010**	**3486**	**2524**	**3162**	**1568**	**1593**	**92**	**85**	**7**
25	1427	817	610	699	335	364	30	28	2
26	1212	703	509	635	327	308	18	17	1
27	1159	670	489	600	302	298	14	11	2
28	1111	657	454	636	321	315	16	16	
29	1101	639	462	591	283	308	15	13	1
30-34	**5563**	**3247**	**2317**	**3305**	**1618**	**1688**	**94**	**69**	**25**
30	1068	605	463	568	269	299	33	11	21
31	1041	611	430	635	301	334	32	30	2
32	1084	649	435	631	314	318	11	11	
33	1223	695	528	800	381	419	10	9	1
34	1148	687	460	671	352	318	8	8	1
35-39	**5787**	**3257**	**2530**	**3731**	**1791**	**1940**	**73**	**31**	**41**
35	1239	683	556	757	351	406	28	8	21
36	1195	670	526	747	358	389	29	9	20
37	1056	606	450	714	353	360	7	7	
38	1048	588	460	673	320	353	3	2	1
39	1249	711	538	840	408	432	6	6	

5-2c 续表 1　　　　单位：人

年 龄	三、制造业			四、电力、热力、燃气及水生产和供应业			五、建筑业		
	小计	男	女	小计	男	女	小计	男	女
总 计	**2447**	**1671**	**776**	**276**	**221**	**55**	**4328**	**3844**	**484**
16—19	**63**	**42**	**21**	**7**	**6**	**1**	**166**	**157**	**9**
16	4	2	2				11	11	
17	10	7	3	3	3		28	26	2
18	15	7	8				62	61	2
19	34	25	8	4	4	1	65	60	5
20—24	**360**	**252**	**108**	**40**	**33**	**7**	**610**	**565**	**45**
20	54	35	19	6	5	1	89	85	4
21	54	46	8	5	4	1	115	104	11
22	65	43	22	8	6	1	120	112	8
23	78	60	18	11	8	3	146	137	10
24	109	68	41	11	10	1	140	127	13
25—29	**464**	**315**	**149**	**55**	**45**	**10**	**768**	**684**	**84**
25	115	77	39	8	7	1	165	149	16
26	91	59	32	14	12	2	150	132	18
27	87	57	30	12	11	1	167	143	24
28	82	57	25	10	8	2	137	122	14
29	88	66	22	10	6	4	150	137	12
30—34	**303**	**195**	**108**	**24**	**17**	**7**	**619**	**553**	**67**
30	76	38	38	3	1	1	103	92	11
31	53	39	13	3	2	1	123	110	14
32	49	27	22	7	5	2	128	114	14
33	69	49	19	5	2	3	133	120	14
34	56	41	15	7	7		132	117	14
35—39	**326**	**207**	**119**	**23**	**20**	**2**	**615**	**533**	**81**
35	74	43	31	3	3		132	117	15
36	61	35	26	7	6	1	134	106	27
37	65	43	23	9	7	1	111	100	11
38	49	31	18	1	1		103	92	10
39	77	56	21	3	3		135	117	17

5-2c 续表 2

单位：人

年 龄	六、批发和零售业			七、交通运输、仓储和邮政业			八、住宿和餐饮业		
	小计	男	女	小计	男	女	小计	男	女
总 计	**2079**	**949**	**1130**	**1540**	**1447**	**93**	**1017**	**481**	**536**
16–19	**82**	**39**	**43**	**29**	**27**	**2**	**191**	**115**	**76**
16	6	3	3				25	20	5
17	13	8	5	5	5		51	32	20
18	30	16	15	13	12	1	54	35	19
19	33	13	20	11	10	1	61	28	33
20–24	**284**	**100**	**184**	**141**	**127**	**14**	**242**	**129**	**113**
20	36	9	27	15	13	2	49	28	21
21	49	25	24	21	21		47	26	21
22	64	18	46	31	28	4	54	26	28
23	65	21	43	31	27	4	57	29	27
24	71	26	44	42	38	4	35	20	15
25–29	**359**	**126**	**233**	**257**	**239**	**17**	**185**	**85**	**100**
25	94	28	65	53	49	3	47	24	23
26	66	27	39	44	36	7	38	20	18
27	56	13	43	43	41	2	33	11	22
28	74	32	42	57	53	4	32	15	17
29	70	26	44	60	59	1	35	16	19
30–34	**311**	**137**	**174**	**323**	**302**	**21**	**132**	**61**	**70**
30	58	28	30	62	61	1	36	18	18
31	56	23	34	69	65	5	19	10	9
32	59	22	37	70	60	10	29	12	17
33	70	36	34	60	55	5	23	10	13
34	68	28	40	62	61	2	24	11	14
35–39	**282**	**134**	**148**	**272**	**261**	**11**	**77**	**24**	**54**
35	65	32	33	65	62	3	23	5	18
36	50	27	23	61	61		16	6	10
37	52	23	29	46	43	3	11	6	6
38	57	20	37	52	49	3	16	4	12
39	58	31	27	48	46	2	12	3	9

5-2c 续表 3

单位：人

年 龄	九、信息传输、软件和信息技术服务业			十、金融业			十一、房地产业		
	小计	男	女	小计	男	女	小计	男	女
总 计	**97**	**56**	**40**	**79**	**30**	**49**	**136**	**71**	**65**
16-19	**5**	**2**	**3**	**1**		**1**	**4**	**2**	**2**
16							2	1	1
17	1	1							
18				1		1	1		1
19	4	1	3				1	1	
20-24	**30**	**16**	**14**	**12**	**2**	**10**	**30**	**16**	**14**
20	3		3	2		2			
21	2	1	1	1		1	5	2	3
22	7	3	4	1		1	9	5	4
23	10	6	4	5		5	5	3	2
24	7	6	2	3	2	1	10	6	4
25-29	**34**	**18**	**16**	**25**	**15**	**10**	**27**	**11**	**17**
25	9	4	5	9	5	4	9	3	6
26	9	5	4	9	5	4	4	3	1
27	8	4	4	3	1	2	7	2	5
28	4	1	2	1	1		5	2	3
29	5	4	1	3	3		2	1	1
30-34	**12**	**8**	**4**	**7**	**1**	**6**	**15**	**6**	**8**
30	2		2	1		1	2	2	
31	2	2		2		2	1	1	
32	4	3	1				1		1
33	1	1		1		1	2	1	1
34	3	2	1	3	1	2	10	3	7
35-39	**5**	**4**	**1**	**10**	**4**	**6**	**8**	**2**	**6**
35				3	2	1	1		1
36	5	4	1	2	1	1	2		2
37							1	1	
38				1		1	4	1	3
39				4	1	3			

5-2c 续表 4

单位：人

年 龄	十二、租赁和商务服务业			十三、科学研究和技术服务业			十四、水利、环境和公共设施管理业		
	小计	男	女	小计	男	女	小计	男	女
总 计	**216**	**158**	**58**	**43**	**31**	**12**	**298**	**176**	**122**
16–19	**11**	**9**	**3**	**4**	**4**	**1**	**4**	**4**	
16									
17	2	2							
18	1		1	2	1	1	3	3	
19	8	7	1	2	2		1	1	
20–24	**45**	**28**	**17**	**9**	**5**	**4**	**10**	**7**	**3**
20	1	1					1		1
21	4	3	1	3	1	2			
22	18	10	7	1	1		5	4	1
23	8	4	4	2	1		4	2	1
24	14	9	5	3	2	1	1	1	
25–29	**53**	**33**	**20**	**8**	**6**	**3**	**26**	**9**	**18**
25	19	13	6	4	4		7	3	3
26	8	2	6	3	1	2	4	2	2
27	13	8	5				4	2	2
28	6	5	1	2	1	1	4	1	3
29	6	5	1				8	1	7
30–34	**16**	**11**	**5**	**7**	**5**	**2**	**65**	**36**	**29**
30	9	4	5	1		1	17	14	3
31	1	1		2	2	1	6	4	2
32	4	4		1	1		15	14	1
33	1	1					5	1	4
34	1	1		2	2		21	3	18
35–39	**17**	**12**	**5**	**3**	**2**	**1**	**42**	**23**	**19**
35	4	4	1	1		1	2	2	
36	4	3	1	2	2		8	2	6
37	1	1					3	1	2
38	3	1	1				20	16	3
39	4	3	2				9	1	8

5-2c 续表 5

单位：人

年 龄	十五、居民服务、修理和其他服务业			十六、教育			十七、卫生和社会工作		
	小计	男	女	小计	男	女	小计	男	女
总 计	**764**	**551**	**213**	**633**	**314**	**318**	**357**	**144**	**213**
16—19	**150**	**130**	**21**	**57**	**26**	**30**	**23**	**2**	**21**
16	22	19	3	12	5	7			
17	25	21	4	13	8	4	2		2
18	23	21	3	18	7	10	11	2	9
19	80	69	11	14	6	8	11		11
20—24	**165**	**127**	**38**	**154**	**18**	**136**	**51**	**6**	**45**
20	39	30	10	12	2	10	10		10
21	29	26	3	18	6	13	5	2	3
22	37	26	12	28	4	24	11		11
23	31	24	7	33	4	30	17	1	15
24	29	22	7	62	3	59	8	2	6
25—29	**150**	**106**	**43**	**104**	**29**	**75**	**71**	**13**	**58**
25	44	33	12	32	5	28	19	3	16
26	43	35	8	17	6	11	21	1	20
27	26	17	9	24	12	11	19	3	16
28	21	12	9	12	4	8	6	4	3
29	15	9	6	19	2	17	6	2	4
30—34	**117**	**89**	**29**	**36**	**20**	**16**	**66**	**21**	**45**
30	43	38	5	2	1	1	39	14	25
31	16	11	6	4	1	3	6	4	3
32	25	19	6	21	14	7	1		1
33	21	17	4	5	3	2	4	2	2
34	12	4	8	5	1	4	16	2	13
35—39	**47**	**27**	**20**	**97**	**67**	**30**	**44**	**28**	**16**
35	15	8	7	33	17	15	13	12	1
36	5	2	2	35	25	10	3	2	1
37	14	9	6	5	1	4	2	1	1
38	7	4	2	21	21		24	11	13
39	7	4	3	3	3		2	2	

5-2c 续表 6

单位：人

年 龄	十八、文化、体育和娱乐业			十九、公共管理、社会保障和社会组织			二十、国际组织		
	小计	男	女	小计	男	女	小计	男	女
总 计	**58**	**32**	**26**	**939**	**751**	**189**			
16—19	**10**	**5**	**5**	**41**	**37**	**4**			
16	1	1		1	1				
17				5	5				
18	3	3		30	30				
19	6	1	5	4	1	4			
20—24	**13**	**8**	**5**	**124**	**87**	**36**			
20	3	1	2	23	22	1			
21	1	1		18	2	16			
22	4	2	2	28	26	2			
23	4	3	1	18	11	7			
24	2	1	1	37	26	11			
25—29	**10**	**7**	**3**	**161**	**92**	**69**			
25	3	2	1	62	45	17			
26	2	1	1	37	11	25			
27	2	2		41	30	12			
28	2	1	1	5	2	3			
29	1	1		16	5	12			
30—34	**6**	**2**	**3**	**104**	**96**	**8**			
30				15	14	1			
31	1	1		7	6	1			
32				28	28				
33	1		1	11	6	5			
34	3	1	2	43	43	1			
35—39	**4**	**3**	**1**	**110**	**83**	**27**			
35	2	2		17	15	2			
36				25	21	5			
37	1		1	12	9	3			
38				15	13	2			
39	1	1		40	25	15			

5-2c 续表 7 单位：人

年 龄	就业人口			一、农、林、牧、渔业			二、采矿业		
	合计	男	女	小计	男	女	小计	男	女
40—44	**6151**	**3433**	**2718**	**4233**	**2053**	**2180**	**58**	**53**	**5**
40	1240	689	551	833	418	415	6	5	1
41	1257	665	592	840	363	478	10	7	3
42	1240	717	524	858	439	420	12	12	
43	1274	723	551	883	432	451	27	26	1
44	1140	639	501	819	402	417	4	4	
45—49	**6416**	**3502**	**2914**	**4754**	**2302**	**2452**	**87**	**28**	**60**
45	1403	758	645	989	466	523	4	3	1
46	1303	724	579	968	478	491	9	9	
47	1330	717	613	1006	470	536	5	5	
48	1146	619	527	839	410	429	44	7	37
49	1234	684	550	952	479	474	26	5	21
50—54	**4971**	**2777**	**2194**	**3947**	**1950**	**1997**	**15**	**15**	
50	1160	655	505	899	447	453	4	4	
51	1175	631	544	944	446	498	3	3	
52	1141	629	512	880	421	459	4	4	
53	962	542	420	780	382	398	4	4	
54	533	320	213	444	254	189			
55—59	**3025**	**1842**	**1183**	**2594**	**1469**	**1125**	**10**	**9**	**1**
55	593	384	209	497	303	195	2	2	
56	441	290	151	370	223	146	1	1	
57	616	356	260	523	280	243	2	2	
58	719	447	272	633	368	265	2	2	
59	656	365	291	571	295	276	2	1	1
60—64	**2304**	**1405**	**899**	**2059**	**1204**	**855**	**3**	**3**	
60	629	372	257	554	310	244			
61	492	324	169	442	282	161	2	2	
62	435	251	184	391	218	172			
63	423	255	168	388	227	162			
64	325	203	121	284	167	117	1	1	
65及以上	**1520**	**1003**	**518**	**1394**	**908**	**486**	**1**	**1**	**1**

5-2c 续表 8

单位：人

年 龄	三、制造业			四、电力、热力、燃气及水生产和供应业			五、建筑业		
	小计	男	女	小计	男	女	小计	男	女
40—44	**342**	**214**	**128**	**32**	**22**	**10**	**569**	**482**	**88**
40	70	32	38	8	5	2	122	103	19
41	76	50	26	8	6	2	128	114	14
42	63	41	22	7	6	1	107	86	21
43	58	35	23	6	4	2	109	94	15
44	75	56	19	3	1	1	103	85	19
45—49	**296**	**207**	**89**	**59**	**43**	**16**	**515**	**442**	**73**
45	81	54	27	11	8	2	149	120	29
46	58	42	15	13	7	6	94	81	13
47	55	38	17	15	10	5	105	91	13
48	46	28	18	9	7	2	89	81	7
49	56	45	12	12	11	1	79	69	10
50—54	**164**	**128**	**36**	**23**	**20**	**3**	**275**	**255**	**19**
50	33	22	11	2	1	1	75	69	5
51	40	32	8	6	6		77	73	3
52	47	33	13	11	10	1	58	55	4
53	29	27	2				42	39	3
54	15	13	2	4	3	1	23	19	4
55—59	**82**	**70**	**13**	**10**	**10**		**119**	**111**	**8**
55	22	16	6	5	5		22	21	1
56	23	23		1	1		23	23	
57	17	14	2	1	1		25	23	2
58	11	10	1	2	2		33	30	3
59	10	7	2				15	14	2
60—64	**35**	**30**	**5**	**2**	**2**		**57**	**49**	**8**
60	14	11	3				15	12	4
61	6	6		1	1		16	13	3
62	5	5					11	9	2
63	5	4	1	1	1		8	8	
64	6	5	1				7	7	
65及以上	**10**	**10**		**3**	**3**		**14**	**14**	**1**

5-2c 续表 9

单位：人

年 龄	六、批发和零售业			七、交通运输、仓储和邮政业			八、住宿和餐饮业		
	小计	男	女	小计	男	女	小计	男	女
40-44	**272**	**142**	**130**	**254**	**240**	**14**	**79**	**29**	**51**
40	58	31	27	44	38	6	21	6	15
41	61	29	31	50	49	2	16	6	10
42	50	26	24	58	54	3	19	8	11
43	59	30	29	57	57		16	6	10
44	44	25	19	45	42	3	8	3	5
45-49	**227**	**118**	**109**	**134**	**126**	**8**	**63**	**19**	**44**
45	56	29	27	45	42	3	20	5	15
46	57	21	35	28	27	1	13	4	9
47	41	24	17	26	25	1	11	2	8
48	40	23	16	22	21	1	8	4	4
49	34	20	14	13	11	2	12	4	8
50-54	**134**	**75**	**58**	**106**	**102**	**3**	**34**	**11**	**23**
50	36	20	16	20	20		7	2	5
51	28	17	10	18	17	1	11	3	8
52	36	17	19	33	32	1	10	4	7
53	21	16	6	28	27	1	4	1	3
54	12	6	7	6	6		1	1	
55-59	**59**	**37**	**22**	**14**	**14**		**9**	**6**	**4**
55	15	9	6	3	3		1	1	
56	8	5	3	1	1		2	1	
57	14	9	5	5	5		4	1	3
58	9	8	2	2	2		1	1	
59	13	7	6	2	2		1	1	
60-64	**42**	**26**	**16**	**9**	**8**	**1**	**2**	**1**	**1**
60	17	11	5	1	1		1	1	
61	9	7	3	3	3		1		1
62	8	3	5	4	2	1			
63	6	4	2	1	1				
64	2	1	1	1	1				
65及以上	**28**	**16**	**12**				**2**	**2**	

5-2c 续表 10 单位：人

年 龄	九、信息传输、软件和信息技术服务业			十、金融业			十一、房地产业		
	小计	男	女	小计	男	女	小计	男	女
40-44	**2**	**2**		**11**	**1**	**10**	**13**	**3**	**10**
40	1	1		1		1	3	1	2
41				6		6	1		1
42				4	1	3	3		3
43	1	1					3	1	1
44				1		1	3	1	3
45-49	**4**	**4**		**11**	**5**	**6**	**11**	**8**	**3**
45	1	1		4	2	2	3	1	1
46							2	2	
47				3	2	2	1	1	
48	1	1		3	1	2	3	1	2
49	1	1					3	3	
50-54	**3**		**3**	**2**	**2**		**9**	**7**	**2**
50	1		1				2	1	1
51							3	3	
52				1	1		3	3	
53				1	1		1		1
54	1		1						
55-59	**2**	**2**					**8**	**7**	**1**
55							3	3	
56							2	1	1
57									
58	2	2					3	3	
59									
60-64							**8**	**5**	**2**
60							2	2	
61							1	1	
62							1	1	
63							2		2
64							1	1	
65及以上							**2**	**2**	

5-2c 续表 11

单位：人

年龄	十二、租赁和商务服务业			十三、科学研究和技术服务业			十四、水利、环境和公共设施管理业		
	小计	男	女	小计	男	女	小计	男	女
40–44	**22**	**18**	**4**	**3**	**3**		**33**	**17**	**16**
40	3	2	1				8	2	6
41	8	8					11	7	4
42	4	3	1	1	1		4	2	2
43	4	3	1				4	2	1
44	3	2	1	1	1		6	4	2
45–49	**20**	**18**	**3**	**1**	**1**		**48**	**33**	**15**
45	3	3					11	7	4
46	2	2					18	13	5
47	3	3		1	1		6	5	1
48	5	2	3				7	4	3
49	7	7					6	4	3
50–54	**20**	**18**	**2**	**3**	**3**		**39**	**22**	**17**
50	3	3	1	1	1		10	7	3
51	6	6		1	1		11	6	6
52	5	5		1	1		7	4	2
53	3	2	1				6	3	3
54	2	2					4	1	3
55–59	**12**	**12**		**1**	**1**		**14**	**10**	**4**
55	4	4					4	4	
56	4	4					1	1	
57	3	3					6	3	3
58	1	1					1	1	
59	1	1		1	1		1		1
60–64							**10**	**10**	
60							5	5	
61							1	1	
62							1	1	
63							2	2	
64							1	1	
65及以上				**1**	**1**		**6**	**5**	**1**

5-2c 续表 12 单位：人

年 龄	十五、居民服务、修理和其他服务业			十六、教育			十七、卫生和社会工作		
	小计	男	女	小计	男	女	小计	男	女
40-44	**40**	**20**	**20**	**52**	**38**	**14**	**28**	**8**	**20**
40	5	3	2	32	21	11	3	1	2
41	9	6	3	4	3	1	5	1	4
42	10	4	6	13	10	3	3	1	2
43	7	3	5	3	3		15	4	11
44	10	5	5	1	1		3	1	1
45-49	**34**	**15**	**19**	**35**	**28**	**7**	**30**	**26**	**4**
45	7	3	4	3	2	1	5	3	2
46	7	3	4	13	12	1			
47	12	4	9	8	6	2	1	1	
48	5	5		4	2	2	10	10	
49	3		3	7	6	1	14	12	2
50-54	**18**	**11**	**7**	**47**	**40**	**8**	**5**	**5**	**1**
50	7	4	3	14	14		2	1	1
51	3	1	3	7	6	2			
52	1	1		10	7	4	1	1	
53	3	3		13	12	1	1	1	
54	3	2	1	3	2	1	2	2	
55-59	**14**	**13**	**2**	**34**	**33**	**1**	**11**	**9**	**2**
55	3	3	1	2	2		1	1	
56	1	1		2	2				
57	6	5	1	2	2		1	1	
58	1	1		5	5		2	2	
59	3	3		23	23	1	6	4	2
60-64	**12**	**10**	**2**	**11**	**10**	**1**	**13**	**12**	**1**
60	4	4		5	5		5	5	
61	2	2		3	3		2	1	1
62	4	2	1	3	1	1			
63	3	2	1				3	3	
64				1	1		3	3	
65及以上	**16**	**3**	**13**	**5**	**5**		**15**	**15**	

5-2c 续表 13

单位：人

年 龄	十八、文化、体育和娱乐业			十九、公共管理、社会保障和社会组织			二十、国际组织		
	小计	男	女	小计	男	女	小计	男	女
40—44	**4**	**1**	**3**	**102**	**86**	**15**			
40				23	20	3			
41	4	1	3	21	16	6			
42				25	23	2			
43				23	21	1			
44				10	6	3			
45—49	**3**	**2**	**1**	**84**	**79**	**5**			
45				11	8	3			
46				22	22				
47				32	29	2			
48	3	2	1	10	10				
49				10	10				
50—54	**5**	**2**	**3**	**124**	**110**	**14**			
50	2		2	41	39	2			
51	1		1	16	10	5			
52	1	1		32	29	3			
53				25	24	1			
54	1	1		11	7	3			
55—59	**1**	**1**		**29**	**27**	**2**			
55				7	7				
56				1	1				
57	1	1		6	6				
58				9	8	1			
59	1	1		6	5	1			
60—64	**1**		**1**	**38**	**35**	**3**			
60	1		1	6	6				
61				3	3				
62				7	6	1			
63				4	4				
64				18	15	2			
65及以上				**23**	**18**	**5**			

5-3 全区分受教育程度、性别、行业门类的就业人口

单位：人

行业门类	就业人口			未上过学			小学		
	合计	男	女	小计	男	女	小计	男	女
总计	**102693**	**59945**	**42748**	**6353**	**2270**	**4083**	**22054**	**11545**	**10510**
农、林、牧、渔业	40161	20547	19614	5471	1782	3688	15447	7271	8176
采矿业	3186	2614	572	17	13	4	146	124	22
制造业	8282	5633	2649	73	38	35	812	485	326
电力、热力、燃气及水生产和供应业	1776	1246	530	9	6	3	58	43	15
建筑业	9573	8288	1286	359	265	93	2052	1738	314
批发和零售业	12225	5499	6726	168	53	115	1386	622	764
交通运输、仓储和邮政业	4920	4238	682	50	45	5	539	489	51
住宿和餐饮业	3620	1688	1932	64	17	47	616	215	401
信息传输、软件和信息技术服务业	801	464	337	1	1		9	7	3
金融业	1331	574	756				14	5	9
房地产业	1491	864	627	16	8	8	127	74	53
租赁和商务服务业	1241	800	441	7	6	1	88	70	18
科学研究和技术服务业	636	441	195				10	10	1
水利、环境和公共设施管理业	872	471	401	32	7	25	150	71	80
居民服务、修理和其他服务业	2380	1439	941	39	9	29	295	134	161
教育	3365	1351	2014	5		5	68	35	32
卫生和社会工作	1832	589	1243	5	1	4	35	10	25
文化、体育和娱乐业	586	313	273	4	2	2	29	16	14
公共管理、社会保障和社会组织	4414	2885	1529	34	16	18	172	127	45
国际组织									

5-3 续表 1

单位：人

行业门类	初中			普通高中			中职		
	小计	男	女	小计	男	女	小计	男	女
总 计	**41733**	**26708**	**15025**	**10562**	**7073**	**3489**	**3800**	**2173**	**1627**
农、林、牧、渔业	16582	9630	6953	1955	1362	592	277	179	98
采矿业	1231	1109	122	540	479	61	273	212	61
制造业	3948	2717	1231	1371	991	380	532	376	156
电力、热力、燃气及水生产和供应业	361	276	85	299	231	67	142	102	40
建筑业	4949	4455	493	968	893	75	287	221	66
批发和零售业	5714	2471	3244	2139	1016	1123	719	282	437
交通运输、仓储和邮政业	2729	2489	240	769	638	131	245	176	68
住宿和餐饮业	2042	1012	1030	471	242	229	167	74	92
信息传输、软件和信息技术服务业	141	72	69	122	90	32	81	45	36
金融业	144	53	91	134	40	93	68	28	40
房地产业	564	350	215	253	155	98	81	43	38
租赁和商务服务业	368	288	80	153	94	60	85	46	40
科学研究和技术服务业	82	64	18	66	49	17	35	18	17
水利、环境和公共设施管理业	327	157	169	76	49	27	38	27	11
居民服务、修理和其他服务业	1379	886	493	373	241	132	102	62	40
教育	266	101	164	187	89	98	209	71	138
卫生和社会工作	170	78	92	122	46	77	210	52	157
文化、体育和娱乐业	152	73	79	95	57	38	43	24	19
公共管理、社会保障和社会组织	584	426	157	469	309	160	206	134	72
国际组织									

5-3 续表 2

单位：人

行业门类	大学专科			大学本科			研究生		
	小计	男	女	小计	男	女	小计	男	女
总 计	**10066**	**5650**	**4415**	**7658**	**4270**	**3388**	**467**	**256**	**212**
农、林、牧、渔业	324	237	87	101	81	20	4	4	
采矿业	648	431	217	319	236	83	12	9	3
制造业	971	639	332	540	357	183	35	30	5
电力、热力、燃气及水生产和供应业	490	318	173	405	264	141	13	6	6
建筑业	604	447	157	350	265	85	5	3	1
批发和零售业	1447	692	755	637	354	283	14	8	6
交通运输、仓储和邮政业	395	280	115	191	121	70	2		2
住宿和餐饮业	175	84	91	83	42	42	2	2	
信息传输、软件和信息技术服务业	234	124	111	204	123	81	8	2	6
金融业	397	173	224	551	263	288	23	12	11
房地产业	253	127	126	191	104	87	5	4	1
租赁和商务服务业	299	152	146	225	135	91	15	9	6
科学研究和技术服务业	185	125	60	251	173	77	6	3	3
水利、环境和公共设施管理业	182	117	64	64	42	22	3	1	2
居民服务、修理和其他服务业	151	84	67	39	22	17	2	1	1
教育	1108	477	630	1373	516	857	149	60	90
卫生和社会工作	711	189	522	504	174	330	75	39	36
文化、体育和娱乐业	101	56	44	150	79	71	13	6	6
公共管理、社会保障和社会组织	1391	899	492	1480	919	561	80	56	24
国际组织									

5−3ab 全区分受教育程度、性别、行业门类的就业人口(城镇)

单位：人

行业门类	就业人口			未上过学			小学		
	合计	男	女	小计	男	女	小计	男	女
总计	**54480**	**32158**	**22322**	**874**	**331**	**543**	**5975**	**3105**	**2870**
农、林、牧、渔业	7809	4065	3744	520	169	351	2555	1138	1416
采矿业	2631	2235	396	4	2	2	84	71	14
制造业	5835	3962	1873	24	15	9	390	216	174
电力、热力、燃气及水生产和供应业	1500	1025	475	5	3	1	26	15	11
建筑业	5246	4444	801	101	68	33	733	593	140
批发和零售业	10146	4551	5596	104	31	73	932	417	515
交通运输、仓储和邮政业	3380	2791	589	13	9	4	270	240	30
住宿和餐饮业	2603	1207	1396	32	8	24	372	115	257
信息传输、软件和信息技术服务业	705	408	297	1	1		6	5	1
金融业	1252	544	708				6	2	3
房地产业	1355	793	562	12	8	4	106	63	43
租赁和商务服务业	1025	642	383	5	4	1	45	34	11
科学研究和技术服务业	593	410	183				6	5	1
水利、环境和公共设施管理业	574	295	279	12	2	10	72	33	39
居民服务、修理和其他服务业	1616	888	728	25	5	20	205	88	117
教育	2732	1037	1695	4		4	48	18	29
卫生和社会工作	1475	445	1030	2		2	26	4	22
文化、体育和娱乐业	528	281	247	1	1	1	22	9	13
公共管理、社会保障和社会组织	3475	2134	1340	10	4	6	73	40	33
国际组织									

5−3ab 续表 1

单位：人

行业门类	初中			普通高中			中职		
	小计	男	女	小计	男	女	小计	男	女
总计	**20926**	**13166**	**7760**	**7605**	**4907**	**2698**	**3070**	**1746**	**1324**
农、林、牧、渔业	3956	2218	1738	523	362	161	94	61	32
采矿业	1011	920	91	485	424	61	236	193	42
制造业	2506	1736	770	1063	751	312	447	315	133
电力、热力、燃气及水生产和供应业	244	182	62	263	200	63	120	85	35
建筑业	2653	2349	304	683	623	59	219	173	46
批发和零售业	4542	1908	2633	1928	925	1002	650	261	389
交通运输、仓储和邮政业	1699	1512	188	620	496	124	219	155	64
住宿和餐饮业	1418	697	721	393	204	189	146	64	81
信息传输、软件和信息技术服务业	95	45	50	114	84	29	70	39	31
金融业	118	46	72	120	34	86	60	26	34
房地产业	504	310	194	234	145	89	77	40	37
租赁和商务服务业	249	190	59	136	82	54	81	44	36
科学研究和技术服务业	65	51	15	65	48	17	31	15	16
水利、环境和公共设施管理业	223	99	124	64	39	25	32	23	10
居民服务、修理和其他服务业	846	480	366	285	169	115	84	52	32
教育	186	64	122	117	49	68	152	44	108
卫生和社会工作	114	50	63	92	28	64	148	34	115
文化、体育和娱乐业	125	57	68	82	51	31	38	21	17
公共管理、社会保障和社会组织	371	251	120	339	192	147	166	100	66
国际组织									

5-3ab 续表 2

单位：人

行业门类	大学专科			大学本科			研究生		
	小计	男	女	小计	男	女	小计	男	女
总　计	**8520**	**4751**	**3769**	**7052**	**3905**	**3147**	**457**	**246**	**212**
农、林、牧、渔业	111	75	36	47	37	10	4	4	
采矿业	490	390	100	308	227	82	12	9	3
制造业	883	581	302	497	329	168	26	20	5
电力、热力、燃气及水生产和供应业	444	282	161	387	251	136	13	6	6
建筑业	528	388	140	323	246	78	5	3	1
批发和零售业	1371	662	709	606	338	269	14	8	6
交通运输、仓储和邮政业	377	269	108	181	112	69	2		2
住宿和餐饮业	160	75	84	80	41	39	2	2	
信息传输、软件和信息技术服务业	219	115	104	191	115	76	8	2	6
金融业	385	168	217	540	255	285	23	12	11
房地产业	236	122	114	180	100	80	5	4	1
租赁和商务服务业	278	146	132	216	133	83	15	9	6
科学研究和技术服务业	177	121	56	243	168	75	6	3	3
水利、环境和公共设施管理业	109	58	50	59	40	19	3	1	2
居民服务、修理和其他服务业	136	73	62	34	19	15	2	1	1
教育	819	321	498	1257	481	777	149	60	90
卫生和社会工作	553	141	412	465	149	316	75	39	36
文化、体育和娱乐业	99	56	42	148	79	70	13	6	6
公共管理、社会保障和社会组织	1147	705	442	1289	787	502	79	55	24
国际组织									

5-3a 全区分受教育程度、性别、行业门类的就业人口(城市)

单位：人

行业门类	就业人口			未上过学			小学		
	合计	男	女	小计	男	女	小计	男	女
总　计	**34656**	**20342**	**14314**	**254**	**106**	**148**	**2213**	**1171**	**1042**
农、林、牧、渔业	1958	1040	918	78	27	51	551	227	325
采矿业	2209	1860	349	3	1	2	40	34	6
制造业	3855	2601	1254	9	6	3	193	101	91
电力、热力、燃气及水生产和供应业	1173	783	390	3	2	1	9	5	4
建筑业	3191	2667	523	36	27	9	362	294	69
批发和零售业	7002	3128	3874	46	15	31	436	198	238
交通运输、仓储和邮政业	2222	1753	469	8	5	3	121	105	16
住宿和餐饮业	1727	835	893	19	4	15	187	63	124
信息传输、软件和信息技术服务业	597	351	246				2	2	
金融业	970	395	575				2	1	1
房地产业	1023	594	429	7	5	2	62	38	23
租赁和商务服务业	787	484	303	4	4		22	19	3
科学研究和技术服务业	496	343	153				4	4	
水利、环境和公共设施管理业	397	190	206	8	1	7	35	12	23
居民服务、修理和其他服务业	994	492	502	19	3	16	104	35	69
教育	1924	712	1212	3		3	29	11	18
卫生和社会工作	1146	339	807	1		1	9		9
文化、体育和娱乐业	433	232	200	1	1		13	5	8
公共管理、社会保障和社会组织	2551	1541	1010	7	4	4	33	17	16
国际组织									

5-3a 续表 1

单位：人

行业门类	初中			普通高中			中职		
	小计	男	女	小计	男	女	小计	男	女
总　计	**11508**	**7202**	**4305**	**5445**	**3415**	**2031**	**2388**	**1362**	**1026**
农、林、牧、渔业	1050	586	464	170	123	47	39	26	13
采矿业	800	729	71	414	360	54	212	171	41
制造业	1419	991	428	774	531	244	353	252	101
电力、热力、燃气及水生产和供应业	168	120	48	198	141	57	99	73	26
建筑业	1489	1320	169	433	390	43	164	127	38
批发和零售业	2902	1173	1729	1455	695	760	500	194	306
交通运输、仓储和邮政业	998	865	133	434	328	106	185	132	53
住宿和餐饮业	903	454	449	293	159	135	117	54	64
信息传输、软件和信息技术服务业	65	35	30	95	72	23	61	36	25
金融业	83	34	49	92	24	68	49	21	28
房地产业	319	194	125	193	119	75	62	32	30
租赁和商务服务业	143	107	36	103	59	45	67	38	29
科学研究和技术服务业	49	42	7	52	38	15	28	13	15
水利、环境和公共设施管理业	144	57	88	52	30	22	23	14	9
居民服务、修理和其他服务业	478	242	236	200	110	90	58	31	27
教育	109	39	70	89	34	54	110	31	79
卫生和社会工作	72	28	44	69	20	49	112	31	81
文化、体育和娱乐业	82	36	46	70	45	25	30	17	13
公共管理、社会保障和社会组织	235	152	83	258	140	118	119	71	48
国际组织									

5-3a 续表 2

单位：人

行业门类	大学专科			大学本科			研究生		
	小计	男	女	小计	男	女	小计	男	女
总　计	**6669**	**3690**	**2979**	**5744**	**3167**	**2578**	**434**	**229**	**204**
农、林、牧、渔业	39	26	13	27	23	4	3	3	
采矿业	440	348	92	288	210	79	11	8	3
制造业	674	439	235	410	262	148	22	18	5
电力、热力、燃气及水生产和供应业	345	215	130	339	221	118	13	6	6
建筑业	437	312	126	265	196	69	5	3	1
批发和零售业	1125	547	577	525	298	226	13	7	6
交通运输、仓储和邮政业	322	225	97	152	94	58	2		2
住宿和餐饮业	135	62	73	70	36	34	2	2	
信息传输、软件和信息技术服务业	197	103	94	169	101	68	8	2	6
金融业	286	110	176	437	193	244	20	11	9
房地产业	208	109	99	167	93	74	5	4	1
租赁和商务服务业	236	127	109	197	122	75	15	9	6
科学研究和技术服务业	133	90	43	224	155	69	6	2	3
水利、环境和公共设施管理业	83	42	41	49	33	16	2	1	1
居民服务、修理和其他服务业	105	52	53	28	18	11	2	1	1
教育	549	206	343	889	334	555	147	57	90
卫生和社会工作	421	107	314	390	118	272	72	36	36
文化、体育和娱乐业	87	49	38	138	74	65	13	6	6
公共管理、社会保障和社会组织	846	519	326	981	586	395	72	51	21
国际组织									

5-3b 全区分受教育程度、性别、行业门类的就业人口(镇)

单位：人

行业门类	就业人口			未上过学			小学		
	合计	男	女	小计	男	女	小计	男	女
总计	**19825**	**11816**	**8009**	**621**	**225**	**395**	**3762**	**1934**	**1828**
农、林、牧、渔业	5851	3025	2826	441	142	300	2003	912	1091
采矿业	422	375	47	1	1		44	36	8
制造业	1980	1361	619	15	8	6	197	114	83
电力、热力、燃气及水生产和供应业	327	242	85	1	1		17	9	7
建筑业	2055	1777	278	65	41	23	371	299	72
批发和零售业	3144	1422	1722	58	16	42	496	219	277
交通运输、仓储和邮政业	1158	1038	120	5	4	1	148	135	14
住宿和餐饮业	876	372	503	13	4	9	185	52	133
信息传输、软件和信息技术服务业	108	57	51	1	1		4	3	1
金融业	282	149	133				4	1	2
房地产业	332	199	133	5	3	2	45	25	20
租赁和商务服务业	238	158	80	1		1	23	15	8
科学研究和技术服务业	97	67	30				2	1	1
水利、环境和公共设施管理业	178	105	73	4	1	3	37	21	17
居民服务、修理和其他服务业	622	396	226	6	2	4	101	53	48
教育	808	325	484	1		1	19	7	12
卫生和社会工作	329	106	223	1		1	17	4	13
文化、体育和娱乐业	95	48	47	1		1	10	5	5
公共管理、社会保障和社会组织	923	593	330	3	1	2	40	23	17
国际组织									

5-3b 续表 1

单位：人

行业门类	初中			普通高中			中职		
	小计	男	女	小计	男	女	小计	男	女
总计	**9418**	**5964**	**3454**	**2160**	**1492**	**667**	**682**	**384**	**298**
农、林、牧、渔业	2906	1632	1274	354	240	114	55	36	19
采矿业	211	191	20	71	65	7	24	23	1
制造业	1087	745	342	288	220	69	94	63	31
电力、热力、燃气及水生产和供应业	77	63	14	65	59	6	20	12	8
建筑业	1165	1029	136	250	234	16	55	46	8
批发和零售业	1640	735	904	473	230	242	150	67	83
交通运输、仓储和邮政业	701	647	55	186	168	18	33	23	11
住宿和餐饮业	515	243	272	99	45	54	29	11	18
信息传输、软件和信息技术服务业	31	10	20	19	12	6	9	3	6
金融业	34	12	23	28	10	17	11	5	6
房地产业	185	116	68	41	26	14	15	8	7
租赁和商务服务业	106	83	23	33	23	9	14	7	7
科学研究和技术服务业	16	9	7	12	10	2	3	2	1
水利、环境和公共设施管理业	78	42	36	13	9	4	10	9	1
居民服务、修理和其他服务业	369	238	130	85	60	25	26	21	5
教育	77	25	52	28	15	14	42	13	29
卫生和社会工作	42	22	20	24	9	15	37	3	33
文化、体育和娱乐业	43	21	22	12	6	6	8	4	4
公共管理、社会保障和社会组织	136	99	37	80	52	29	47	29	18
国际组织									

5-3b 续表 2

单位：人

行业门类	大学专科			大学本科			研究生		
	小计	男	女	小计	男	女	小计	男	女
总　计	**1851**	**1061**	**790**	**1307**	**738**	**569**	**24**	**17**	**7**
农、林、牧、渔业	71	49	22	20	14	6	1	1	
采矿业	50	42	8	20	17	3	1	1	
制造业	209	142	67	87	66	20	3	3	1
电力、热力、燃气及水生产和供应业	99	67	31	48	30	18			
建筑业	91	77	14	59	50	9			
批发和零售业	246	114	131	82	39	43	1	1	
交通运输、仓储和邮政业	55	44	11	29	18	11			
住宿和餐饮业	25	13	12	10	5	6			
信息传输、软件和信息技术服务业	22	12	10	22	14	7			
金融业	99	58	41	103	62	41	3	1	2
房地产业	28	14	14	13	7	6			
租赁和商务服务业	42	19	23	19	11	8			
科学研究和技术服务业	44	31	13	19	13	6			
水利、环境和公共设施管理业	26	17	9	9	6	3	1		1
居民服务、修理和其他服务业	30	21	9	5	1	4			
教育	270	115	155	368	147	221	3	3	
卫生和社会工作	132	34	97	75	31	44	3	3	
文化、体育和娱乐业	12	7	5	10	5	5			
公共管理、社会保障和社会组织	302	186	116	308	201	108	7	4	3
国际组织									

5-3c 全区分受教育程度、性别、行业门类的就业人口(乡村)

单位：人

行业门类	就业人口			未上过学			小　学		
	合计	男	女	小计	男	女	小计	男	女
总　计	**48212**	**27787**	**20426**	**5479**	**1939**	**3539**	**16079**	**8439**	**7640**
农、林、牧、渔业	32352	16482	15870	4951	1613	3338	12893	6133	6760
采矿业	555	379	177	13	11	2	62	53	8
制造业	2447	1671	776	49	23	26	422	270	152
电力、热力、燃气及水生产和供应业	276	221	55	4	2	2	32	28	4
建筑业	4328	3844	484	258	197	61	1319	1145	174
批发和零售业	2079	949	1130	64	22	42	455	206	249
交通运输、仓储和邮政业	1540	1447	93	37	36	1	270	249	21
住宿和餐饮业	1017	481	536	32	9	23	244	100	144
信息传输、软件和信息技术服务业	97	56	40				3	2	1
金融业	79	30	49				8	3	5
房地产业	136	71	65	4		4	21	11	10
租赁和商务服务业	216	158	58	2	2		43	36	7
科学研究和技术服务业	43	31	12				4	4	
水利、环境和公共设施管理业	298	176	122	20	5	15	78	38	40
居民服务、修理和其他服务业	764	551	213	14	4	10	90	45	45
教育	633	314	318	1		1	20	17	3
卫生和社会工作	357	144	213	3	1	2	9	6	3
文化、体育和娱乐业	58	32	26	2	1	1	7	6	1
公共管理、社会保障和社会组织	939	751	189	24	12	12	98	87	12
国际组织									

5-3c 续表 1　　单位：人

行 业 门 类	初 中			普通高中			中 职		
	小计	男	女	小计	男	女	小计	男	女
总 计	**20807**	**13542**	**7265**	**2956**	**2166**	**790**	**730**	**426**	**304**
农、林、牧、渔业	12626	7411	5215	1431	1000	431	183	117	66
采矿业	220	189	31	55	55		38	19	19
制造业	1442	981	461	308	241	68	85	61	24
电力、热力、燃气及水生产和供应业	117	94	23	36	32	4	22	17	5
建筑业	2295	2106	189	285	270	15	68	48	20
批发和零售业	1173	563	610	211	90	120	69	21	48
交通运输、仓储和邮政业	1030	977	53	149	142	7	26	22	4
住宿和餐饮业	623	315	309	78	39	40	21	10	11
信息传输、软件和信息技术服务业	46	27	18	8	6	3	11	6	5
金融业	26	7	19	14	6	8	8	2	6
房地产业	61	39	21	19	10	9	4	3	1
租赁和商务服务业	118	98	21	17	12	6	5	1	3
科学研究和技术服务业	17	13	4	1	1		4	3	1
水利、环境和公共设施管理业	104	58	46	12	10	2	6	4	2
居民服务、修理和其他服务业	533	406	127	88	72	16	18	10	9
教育	80	37	42	70	40	30	57	27	30
卫生和社会工作	56	28	29	30	17	12	61	19	42
文化、体育和娱乐业	27	16	11	13	6	7	5	3	2
公共管理、社会保障和社会组织	213	175	38	130	117	13	39	34	6
国际组织									

5-3c 续表 2　　单位：人

行 业 门 类	大学专科			大学本科			研究生		
	小计	男	女	小计	男	女	小计	男	女
总 计	**1546**	**899**	**647**	**606**	**365**	**241**	**10**	**10**	
农、林、牧、渔业	213	162	51	55	45	10			
采矿业	158	42	116	10	9	1			
制造业	89	58	31	43	28	15	9	9	
电力、热力、燃气及水生产和供应业	47	35	11	18	13	5			
建筑业	76	58	17	27	19	7			
批发和零售业	77	30	47	31	17	14			
交通运输、仓储和邮政业	18	11	7	10	10	1			
住宿和餐饮业	15	8	7	3	1	3			
信息传输、软件和信息技术服务业	15	8	7	13	7	6			
金融业	12	5	7	10	7	3			
房地产业	17	4	13	11	3	8			
租赁和商务服务业	21	7	14	9	2	7			
科学研究和技术服务业	8	4	5	7	5	2			
水利、环境和公共设施管理业	73	59	14	5	2	3			
居民服务、修理和其他服务业	15	11	5	5	3	2			
教育	289	156	132	116	36	80			
卫生和社会工作	158	47	111	39	25	14			
文化、体育和娱乐业	2		2	2		2			
公共管理、社会保障和社会组织	243	193	50	191	132	59	1	1	
国际组织									

5−4 各地区分性别、职业大类的就业人口

单位：人

地 区	就业人口			一、党的机关、国家机关、群众团体和社会组织、企事业单位负责人		
	合计	男	女	小计	男	女
全 区	**102693**	**59945**	**42748**	**1557**	**1258**	**300**
银川市	**34759**	**19804**	**14955**	**594**	**478**	**116**
兴庆区	11187	6399	4788	167	139	28
西夏区	4678	2684	1994	119	96	23
金凤区	4805	2696	2109	153	118	35
永宁县	4450	2484	1966	36	31	5
贺兰县	4362	2473	1889	85	69	17
灵武市	5278	3068	2210	33	26	8
石嘴山市	**12659**	**7780**	**4879**	**242**	**180**	**62**
大武口区	4535	3029	1507	110	80	29
惠农区	3174	1877	1298	53	35	18
平罗县	4950	2875	2075	79	65	14
吴忠市	**20180**	**12227**	**7953**	**339**	**301**	**38**
利通区	5161	3254	1907	86	71	16
红寺堡区	2987	1624	1363	41	35	6
盐池县	2843	1679	1164	88	83	5
同心县	4099	2630	1469	59	55	4
青铜峡市	5090	3040	2050	64	57	7
固原市	**18527**	**10415**	**8112**	**257**	**192**	**65**
原州区	5771	3254	2518	60	45	16
西吉县	5959	3299	2660	144	100	44
隆德县	2621	1468	1152	28	27	1
泾源县	799	598	201	10	9	1
彭阳县	3377	1796	1581	14	11	4
中卫市	**16568**	**9719**	**6849**	**125**	**105**	**20**
沙坡头区	6161	3650	2511	64	53	11
中宁县	5721	3145	2576	40	33	7
海原县	4686	2924	1762	22	20	2

5-4 续表 1

单位：人

地 区	二、专业技术人员			三、办事人员和有关人员			四、社会生产服务和生活服务人员		
	小计	男	女	小计	男	女	小计	男	女
全 区	**9661**	**4748**	**4913**	**5414**	**3495**	**1919**	**29864**	**16732**	**13133**
银川市	**4471**	**2076**	**2395**	**2982**	**1775**	**1207**	**14372**	**7944**	**6428**
兴庆区	1862	837	1025	1553	915	638	5687	3157	2531
西夏区	814	397	417	281	142	138	1748	914	834
金凤区	981	457	524	703	421	282	1995	1035	959
永宁县	203	61	142	124	82	42	1381	782	599
贺兰县	253	130	123	144	99	46	1513	851	662
灵武市	358	195	163	176	116	60	2048	1206	842
石嘴山市	**1353**	**695**	**658**	**821**	**612**	**209**	**4409**	**2401**	**2009**
大武口区	549	262	286	493	379	114	1836	1002	834
惠农区	460	231	228	177	126	52	1247	634	613
平罗县	344	201	143	151	108	44	1327	764	562
吴忠市	**1558**	**726**	**832**	**853**	**597**	**256**	**5014**	**3029**	**1985**
利通区	514	244	270	299	204	95	1895	1084	811
红寺堡区	157	75	82	62	40	22	461	263	198
盐池县	267	74	193	220	178	43	635	412	223
同心县	275	136	139	165	103	61	713	461	252
青铜峡市	345	198	147	107	72	35	1309	808	501
固原市	**1409**	**854**	**555**	**378**	**265**	**113**	**2510**	**1334**	**1176**
原州区	569	302	267	161	110	51	1010	572	438
西吉县	486	328	158	68	58	10	525	296	229
隆德县	161	94	67	75	48	27	296	129	168
泾源县	121	88	33	35	24	11	163	94	69
彭阳县	72	43	29	39	25	14	516	243	273
中卫市	**871**	**397**	**473**	**380**	**246**	**134**	**3559**	**2024**	**1535**
沙坡头区	315	124	191	187	123	65	1748	927	821
中宁县	251	110	141	57	36	21	1034	549	485
海原县	305	164	141	135	87	48	777	548	229

5-4 续表 2

单位：人

地　区	五、农、林、牧、渔业生产及辅助人员			六、生产制造及有关人员			七、不便分类的其他从业人员		
	小计	男	女	小计	男	女	小计	男	女
全　区	**39484**	**20035**	**19450**	**16649**	**13638**	**3010**	**63**	**40**	**24**
银川市	**6861**	**3245**	**3616**	**5471**	**4280**	**1191**	**7**	**5**	**3**
兴庆区	551	283	268	1367	1070	297			
西夏区	824	408	416	888	724	164	4	2	1
金凤区	432	215	217	540	449	91			
永宁县	1866	889	976	840	639	201			
贺兰县	1678	793	885	683	529	154	4	2	1
灵武市	1511	657	853	1152	869	283			
石嘴山市	**2829**	**1417**	**1413**	**3005**	**2476**	**529**			
大武口区	85	50	35	1464	1255	209			
惠农区	381	179	202	856	672	185			
平罗县	2363	1187	1176	685	550	136			
吴忠市	**9120**	**4832**	**4288**	**3292**	**2738**	**555**	**4**	**4**	
利通区	1038	578	460	1328	1073	255			
红寺堡区	1988	969	1019	278	241	37			
盐池县	1381	736	645	251	196	55			
同心县	2435	1455	980	452	420	32			
青铜峡市	2277	1092	1185	983	808	176	4	4	
固原市	**12003**	**6093**	**5910**	**1962**	**1671**	**291**	**8**	**5**	**2**
原州区	3157	1515	1642	811	708	103	2	2	
西吉县	4421	2240	2181	315	278	37			
隆德县	1721	915	806	339	254	84	1	1	
泾源县	343	266	77	122	114	8	4	2	2
彭阳县	2362	1158	1204	375	317	58			
中卫市	**8671**	**4448**	**4223**	**2918**	**2473**	**445**	**44**	**25**	**19**
沙坡头区	2508	1281	1228	1339	1143	196			
中宁县	3458	1712	1746	836	681	156	44	25	19
海原县	2705	1456	1249	742	650	93			

5–4ab 各地区分性别、职业大类的就业人口(城镇)

单位：人

地　区	就业人口			一、党的机关、国家机关、群众团体和社会组织、企事业单位负责人		
	合计	男	女	小计	男	女
全　区	**54480**	**32158**	**22322**	**1174**	**930**	**244**
银川市	**25606**	**14618**	**10988**	**543**	**432**	**111**
兴庆区	10793	6132	4660	164	136	28
西夏区	4231	2409	1822	117	95	23
金凤区	4113	2282	1832	144	111	34
永宁县	1780	1018	761	19	15	4
贺兰县	1936	1148	788	69	54	16
灵武市	2753	1629	1124	28	22	7
石嘴山市	**8845**	**5571**	**3274**	**223**	**167**	**56**
大武口区	4223	2818	1405	108	78	29
惠农区	2564	1469	1095	47	30	18
平罗县	2059	1284	775	68	58	9
吴忠市	**8493**	**5160**	**3332**	**238**	**201**	**37**
利通区	3095	1896	1199	84	68	16
红寺堡区	862	472	390	37	32	6
盐池县	924	585	339	28	24	5
同心县	1619	1002	616	41	37	3
青铜峡市	1993	1206	787	48	41	7
固原市	**4806**	**2813**	**1993**	**77**	**54**	**23**
原州区	1913	1198	715	51	36	14
西吉县	1039	573	466	8	4	4
隆德县	608	334	273	2	1	1
泾源县	258	184	74	8	7	1
彭阳县	988	524	464	9	6	3
中卫市	**6731**	**3996**	**2735**	**94**	**77**	**17**
沙坡头区	3325	1978	1348	54	44	10
中宁县	2235	1284	951	30	23	6
海原县	1171	734	436	11	9	1

5-4ab 续表 1 单位：人

地 区	二、专业技术人员			三、办事人员和有关人员			四、社会生产服务和生活服务人员		
	小计	男	女	小计	男	女	小计	男	女
全 区	**7839**	**3718**	**4122**	**4768**	**2998**	**1769**	**22794**	**12252**	**10542**
银川市	**4215**	**1956**	**2260**	**2853**	**1691**	**1162**	**11949**	**6415**	**5534**
兴庆区	1852	830	1022	1546	911	635	5507	3056	2450
西夏区	786	380	406	273	138	135	1687	875	812
金凤区	965	445	519	683	409	274	1801	925	876
永宁县	127	48	78	81	53	28	766	414	352
贺兰县	173	84	89	110	74	36	959	515	444
灵武市	313	169	144	161	107	54	1229	630	599
石嘴山市	**1203**	**605**	**598**	**718**	**533**	**185**	**3747**	**1980**	**1767**
大武口区	533	256	278	486	374	112	1761	970	792
惠农区	428	216	211	108	65	42	1073	506	567
平罗县	242	132	109	125	94	31	913	505	409
吴忠市	**1062**	**486**	**575**	**628**	**398**	**230**	**3281**	**1859**	**1422**
利通区	436	194	242	231	145	86	1441	799	642
红寺堡区	118	53	65	57	36	21	285	155	130
盐池县	82	45	37	111	75	36	438	265	173
同心县	209	93	115	141	85	56	462	278	184
青铜峡市	216	101	115	88	58	30	655	362	293
固原市	**679**	**362**	**317**	**258**	**180**	**78**	**1441**	**757**	**684**
原州区	438	229	209	150	105	45	699	390	309
西吉县	63	39	24	4	3	1	202	123	79
隆德县	89	47	42	38	31	8	160	69	91
泾源县	39	20	18	29	18	11	71	37	34
彭阳县	50	26	24	36	23	14	309	137	172
中卫市	**680**	**309**	**371**	**310**	**195**	**115**	**2375**	**1241**	**1134**
沙坡头区	255	104	151	147	90	57	1334	685	650
中宁县	200	86	114	38	25	14	737	372	364
海原县	225	118	107	124	80	44	304	184	120

5-4ab 续表 2 单位：人

地 区	五、农、林、牧、渔业生产及辅助人员			六、生产制造及有关人员			七、不便分类的其他从业人员		
	小计	男	女	小计	男	女	小计	男	女
全 区	**7561**	**3891**	**3670**	**10298**	**8342**	**1956**	**46**	**26**	**20**
银川市	**2150**	**1083**	**1068**	**3890**	**3038**	**852**	**4**	**3**	**1**
兴庆区	504	253	251	1220	946	273			
西夏区	648	340	308	715	579	136	4	2	1
金凤区	126	76	50	395	316	78			
永宁县	374	177	197	412	310	102			
贺兰县	269	125	144	355	296	60	1	1	
灵武市	229	111	118	793	591	203			
石嘴山市	**501**	**254**	**247**	**2453**	**2033**	**420**			
大武口区	53	33	20	1282	1108	174			
惠农区	158	68	91	750	584	165			
平罗县	290	153	137	421	341	80			
吴忠市	**1752**	**963**	**789**	**1530**	**1251**	**279**	**2**	**2**	
利通区	225	135	89	678	555	124			
红寺堡区	282	125	158	82	72	10			
盐池县	110	54	57	154	122	32			
同心县	634	389	245	132	120	12			
青铜峡市	500	260	240	484	382	102	2	2	
固原市	**1436**	**703**	**733**	**913**	**755**	**158**	**1**	**1**	
原州区	161	87	74	412	348	64	1	1	
西吉县	653	310	342	110	93	16			
隆德县	135	60	75	183	126	57			
泾源县	58	50	8	54	51	3			
彭阳县	430	195	234	154	137	18			
中卫市	**1721**	**888**	**833**	**1512**	**1265**	**246**	**39**	**20**	**19**
沙坡头区	726	357	370	808	698	110			
中宁县	642	316	326	549	440	109	39	20	19
海原县	352	215	137	154	127	27			

5-4a 各地区分性别、职业大类的就业人口(城市)

单位：人

地 区	就业人口			一、党的机关、国家机关、群众团体和社会组织、企事业单位负责人		
	合计	男	女	小计	男	女
全 区	**34656**	**20342**	**14314**	**814**	**638**	**176**
银川市	**19730**	**11182**	**8547**	**447**	**358**	**89**
兴庆区	10334	5865	4469	164	136	28
西夏区	4030	2285	1745	115	93	22
金凤区	3854	2136	1718	143	111	33
永宁县						
贺兰县	91	70	21	1	1	
灵武市	1420	826	594	24	17	7
石嘴山市	**6188**	**3920**	**2268**	**143**	**102**	**41**
大武口区	3977	2647	1330	106	78	29
惠农区	2212	1274	938	37	24	13
平罗县						
吴忠市	**4738**	**2794**	**1943**	**134**	**110**	**23**
利通区	2649	1589	1060	84	68	16
红寺堡区	727	398	329	36	30	6
盐池县						
同心县						
青铜峡市	1362	807	555	14	12	2
固原市	**1637**	**1023**	**614**	**49**	**35**	**14**
原州区	1637	1023	614	49	35	14
西吉县						
隆德县						
泾源县						
彭阳县						
中卫市	**2362**	**1422**	**941**	**41**	**33**	**8**
沙坡头区	2362	1422	941	41	33	8
中宁县						
海原县						

5-4a 续表 1

单位：人

地 区	二、专业技术人员			三、办事人员和有关人员			四、社会生产服务和生活服务人员		
	小计	男	女	小计	男	女	小计	男	女
全 区	**6020**	**2792**	**3228**	**3799**	**2348**	**1451**	**15777**	**8414**	**7363**
银川市	**3761**	**1718**	**2042**	**2600**	**1525**	**1076**	**9267**	**5000**	**4267**
兴庆区	1838	827	1011	1532	905	627	5347	2952	2395
西夏区	770	373	397	262	131	131	1580	810	770
金凤区	947	435	512	674	402	272	1699	880	819
永宁县									
贺兰县	7	3	4	1	1		41	28	13
灵武市	199	80	119	131	87	45	599	329	269
石嘴山市	**905**	**448**	**456**	**577**	**429**	**149**	**2674**	**1386**	**1288**
大武口区	519	250	269	481	370	111	1687	933	754
惠农区	386	199	187	96	59	37	987	453	534
平罗县									
吴忠市	**703**	**314**	**389**	**345**	**212**	**133**	**2068**	**1111**	**957**
利通区	399	174	225	215	128	86	1304	712	591
红寺堡区	118	53	65	52	32	20	243	121	122
盐池县									
同心县									
青铜峡市	186	88	98	79	52	26	522	278	244
固原市	**414**	**216**	**198**	**147**	**103**	**44**	**637**	**349**	**287**
原州区	414	216	198	147	103	44	637	349	287
西吉县									
隆德县									
泾源县									
彭阳县									
中卫市	**238**	**95**	**143**	**130**	**80**	**50**	**1131**	**568**	**563**
沙坡头区	238	95	143	130	80	50	1131	568	563
中宁县									
海原县									

5–4a 续表 2 单位：人

地 区	五、农、林、牧、渔业生产及辅助人员			六、生产制造及有关人员			七、不便分类的其他从业人员		
	小计	男	女	小计	男	女	小计	男	女
全 区	**1862**	**965**	**897**	**6378**	**5181**	**1197**	**6**	**4**	**1**
银川市	**970**	**499**	**472**	**2681**	**2081**	**601**	**4**	**2**	**1**
兴庆区	262	126	136	1191	920	271			
西夏区	635	333	302	664	543	121	4	2	1
金凤区	13	7	5	378	301	77			
永宁县									
贺兰县				41	37	4			
灵武市	61	32	28	407	280	127			
石嘴山市	**76**	**46**	**29**	**1814**	**1510**	**304**			
大武口区	53	33	20	1131	984	147			
惠农区	23	14	9	683	526	157			
平罗县									
吴忠市	**591**	**297**	**294**	**895**	**748**	**147**	**1**	**1**	
利通区	97	49	48	551	458	93			
红寺堡区	208	100	108	71	62	9			
盐池县									
同心县									
青铜峡市	287	148	139	273	228	45	1	1	
固原市	**37**	**24**	**13**	**352**	**294**	**57**	**1**	**1**	
原州区	37	24	13	352	294	57	1	1	
西吉县									
隆德县									
泾源县									
彭阳县									
中卫市	**187**	**99**	**88**	**636**	**548**	**88**			
沙坡头区	187	99	88	636	548	88			
中宁县									
海原县									

5-4b 各地区分性别、职业大类的就业人口(镇)

单位：人

地 区	就业人口			一、党的机关、国家机关、群众团体和社会组织、企事业单位负责人		
	合计	男	女	小计	男	女
全 区	**19825**	**11816**	**8009**	**360**	**292**	**68**
银川市	**5876**	**3436**	**2440**	**95**	**74**	**22**
兴庆区	458	267	191			
西夏区	201	124	77	2	1	1
金凤区	259	146	113	1		1
永宁县	1780	1018	761	19	15	4
贺兰县	1845	1078	767	68	53	16
灵武市	1333	803	530	4	4	
石嘴山市	**2657**	**1651**	**1006**	**80**	**65**	**15**
大武口区	246	171	75	2	1	1
惠农区	352	195	157	11	6	5
平罗县	2059	1284	775	68	58	9
吴忠市	**3755**	**2366**	**1389**	**104**	**91**	**13**
利通区	446	306	140			
红寺堡区	136	74	62	1	1	
盐池县	924	585	339	28	24	5
同心县	1619	1002	616	41	37	3
青铜峡市	630	398	232	33	28	5
固原市	**3168**	**1789**	**1379**	**28**	**19**	**9**
原州区	275	175	101	1	1	
西吉县	1039	573	466	8	4	4
隆德县	608	334	273	2	1	1
泾源县	258	184	74	8	7	1
彭阳县	988	524	464	9	6	3
中卫市	**4368**	**2574**	**1794**	**53**	**44**	**9**
沙坡头区	963	556	407	13	11	2
中宁县	2235	1284	951	30	23	6
海原县	1171	734	436	11	9	1

5-4b 续表 1 单位：人

地区	二、专业技术人员			三、办事人员和有关人员			四、社会生产服务和生活服务人员		
	小计	男	女	小计	男	女	小计	男	女
全 区	**1819**	**926**	**893**	**969**	**650**	**319**	**7017**	**3838**	**3179**
银川市	**455**	**237**	**218**	**253**	**167**	**87**	**2682**	**1416**	**1267**
兴庆区	14	2	12	14	6	7	159	104	55
西夏区	16	7	9	11	7	4	107	65	42
金凤区	18	11	7	9	7	2	102	45	57
永宁县	127	48	78	81	53	28	766	414	352
贺兰县	166	81	86	109	73	36	918	487	431
灵武市	114	88	26	30	20	10	630	300	330
石嘴山市	**298**	**156**	**142**	**141**	**105**	**36**	**1074**	**594**	**479**
大武口区	14	6	8	5	4	1	74	37	38
惠农区	42	18	24	11	7	5	86	53	33
平罗县	242	132	109	125	94	31	913	505	409
吴忠市	**358**	**172**	**186**	**283**	**186**	**97**	**1213**	**748**	**465**
利通区	37	21	17	16	16		138	87	51
红寺堡区				6	4	1	42	34	9
盐池县	82	45	37	111	75	36	438	265	173
同心县	209	93	115	141	85	56	462	278	184
青铜峡市	30	13	17	9	6	4	133	85	48
固原市	**265**	**146**	**119**	**111**	**77**	**34**	**804**	**407**	**397**
原州区	24	13	11	3	2	1	63	41	22
西吉县	63	39	24	4	3	1	202	123	79
隆德县	89	47	42	38	31	8	160	69	91
泾源县	39	20	18	29	18	11	71	37	34
彭阳县	50	26	24	36	23	14	309	137	172
中卫市	**443**	**214**	**228**	**180**	**115**	**65**	**1243**	**673**	**571**
沙坡头区	18	10	8	18	11	7	203	116	87
中宁县	200	86	114	38	25	14	737	372	364
海原县	225	118	107	124	80	44	304	184	120

5-4b 续表 2

单位：人

地 区	五、农、林、牧、渔业生产及辅助人员			六、生产制造及有关人员			七、不便分类的其他从业人员		
	小计	男	女	小计	男	女	小计	男	女
全 区	**5700**	**2927**	**2773**	**3920**	**3161**	**759**	**41**	**22**	**19**
银川市	**1180**	**584**	**596**	**1209**	**958**	**251**	**1**	**1**	
兴庆区	243	127	116	29	27	2			
西夏区	13	7	6	51	36	15			
金凤区	113	68	45	16	15	1			
永宁县	374	177	197	412	310	102			
贺兰县	269	125	144	314	258	56	1	1	
灵武市	168	79	89	386	311	76			
石嘴山市	**425**	**208**	**218**	**638**	**523**	**116**			
大武口区				151	124	27			
惠农区	135	54	81	66	58	8			
平罗县	290	153	137	421	341	80			
吴忠市	**1161**	**666**	**495**	**635**	**502**	**132**	**1**	**1**	
利通区	128	86	41	127	97	31			
红寺堡区	75	25	50	11	10	1			
盐池县	110	54	57	154	122	32			
同心县	634	389	245	132	120	12			
青铜峡市	213	112	102	211	154	57	1	1	
固原市	**1399**	**680**	**720**	**561**	**461**	**101**			
原州区	124	64	60	60	54	7			
西吉县	653	310	342	110	93	16			
隆德县	135	60	75	183	126	57			
泾源县	58	50	8	54	51	3			
彭阳县	430	195	234	154	137	18			
中卫市	**1534**	**790**	**744**	**876**	**718**	**158**	**39**	**20**	**19**
沙坡头区	539	258	281	173	150	22			
中宁县	642	316	326	549	440	109	39	20	19
海原县	352	215	137	154	127	27			

5-4c 各地区分性别、职业大类的就业人口(乡村)

单位：人

地区	就业人口			一、党的机关、国家机关、群众团体和社会组织、企事业单位负责人		
	合计	男	女	小计	男	女
全区	**48212**	**27787**	**20426**	**383**	**327**	**56**
银川市	**9153**	**5185**	**3967**	**51**	**47**	**5**
兴庆区	394	267	127	3	3	
西夏区	448	275	172	2	2	
金凤区	691	414	277	9	8	1
永宁县	2670	1466	1204	16	15	1
贺兰县	2425	1324	1101	16	15	1
灵武市	2524	1439	1085	5	4	1
石嘴山市	**3814**	**2209**	**1605**	**19**	**14**	**5**
大武口区	312	211	102	2	2	
惠农区	611	408	203	6	5	1
平罗县	2891	1591	1300	12	7	5
吴忠市	**11687**	**7066**	**4621**	**101**	**100**	**1**
利通区	2066	1358	707	3	3	
红寺堡区	2125	1152	973	4	4	
盐池县	1919	1094	825	59	59	
同心县	2481	1628	853	18	17	1
青铜峡市	3097	1834	1263	17	17	
固原市	**13721**	**7602**	**6119**	**180**	**138**	**42**
原州区	3859	2056	1803	10	8	1
西吉县	4920	2726	2194	136	97	40
隆德县	2013	1134	879	26	26	
泾源县	541	414	127	2	2	
彭阳县	2389	1272	1117	6	5	1
中卫市	**9837**	**5724**	**4114**	**32**	**29**	**3**
沙坡头区	2836	1673	1163	10	9	1
中宁县	3486	1861	1625	10	9	1
海原县	3516	2190	1326	11	10	1

5-4c 续表 1

单位：人

地 区	二、专业技术人员			三、办事人员和有关人员			四、社会生产服务和生活服务人员		
	小计	男	女	小计	男	女	小计	男	女
全 区	**1822**	**1030**	**792**	**646**	**497**	**149**	**7071**	**4480**	**2591**
银川市	**256**	**120**	**135**	**129**	**84**	**45**	**2423**	**1529**	**894**
兴庆区	10	7	3	7	4	3	181	100	81
西夏区	28	17	10	8	5	4	61	39	22
金凤区	17	11	5	20	13	8	193	110	83
永宁县	76	12	64	44	29	15	614	368	247
贺兰县	80	46	34	34	24	10	554	336	218
灵武市	45	26	19	15	9	6	819	576	243
石嘴山市	**150**	**90**	**60**	**103**	**79**	**24**	**662**	**421**	**241**
大武口区	15	7	9	7	5	2	75	33	42
惠农区	32	15	17	69	60	9	174	128	46
平罗县	103	69	34	26	13	13	413	260	154
吴忠市	**496**	**240**	**257**	**225**	**198**	**27**	**1733**	**1170**	**562**
利通区	78	50	28	68	59	9	454	285	169
红寺堡区	39	22	17	5	4	1	176	109	67
盐池县	185	29	156	109	102	7	197	147	50
同心县	66	42	24	24	18	5	251	184	68
青铜峡市	129	97	32	19	14	5	654	446	208
固原市	**729**	**491**	**238**	**120**	**85**	**35**	**1069**	**577**	**492**
原州区	131	73	58	11	5	6	311	182	129
西吉县	423	289	134	64	54	10	323	172	151
隆德县	72	46	26	37	18	19	137	60	77
泾源县	82	67	15	6	6		92	57	35
彭阳县	21	16	5	2	2		207	106	101
中卫市	**190**	**89**	**102**	**69**	**51**	**19**	**1184**	**783**	**401**
沙坡头区	59	20	40	40	32	8	413	242	171
中宁县	51	24	28	19	11	7	297	176	121
海原县	79	45	34	11	7	4	473	364	109

5-4c 续表 2

单位：人

地区	五、农、林、牧、渔业生产及辅助人员			六、生产制造及有关人员			七、不便分类的其他从业人员		
	小计	男	女	小计	男	女	小计	男	女
全　区	**31923**	**16143**	**15780**	**6351**	**5297**	**1054**	**17**	**13**	**4**
银川市	**4710**	**2162**	**2548**	**1581**	**1241**	**339**	**3**	**1**	**1**
兴庆区	46	29	17	148	123	24			
西夏区	175	68	108	173	145	28			
金凤区	306	139	167	146	133	13			
永宁县	1491	712	779	428	329	99			
贺兰县	1409	668	741	328	233	95	3	1	1
灵武市	1282	546	736	358	278	80			
石嘴山市	**2328**	**1162**	**1166**	**552**	**443**	**109**			
大武口区	32	18	15	181	147	34			
惠农区	223	111	111	107	88	19			
平罗县	2073	1033	1040	264	209	55			
吴忠市	**7368**	**3869**	**3499**	**1762**	**1487**	**275**	**2**	**2**	
利通区	814	443	370	649	519	131			
红寺堡区	1706	845	861	195	169	27			
盐池县	1271	683	588	97	74	24			
同心县	1800	1066	734	321	300	20			
青铜峡市	1777	832	944	499	426	74	2	2	
固原市	**10567**	**5390**	**5177**	**1049**	**916**	**133**	**7**	**4**	**2**
原州区	2996	1427	1569	400	360	39	1	1	
西吉县	3768	1930	1838	205	184	21			
隆德县	1585	855	731	155	128	27	1	1	
泾源县	285	216	70	69	64	5	4	2	2
彭阳县	1932	962	970	220	180	40			
中卫市	**6950**	**3560**	**3390**	**1407**	**1208**	**198**	**5**	**5**	
沙坡头区	1782	924	858	531	446	86			
中宁县	2816	1395	1420	287	240	47	5	5	
海原县	2353	1241	1112	588	522	66			

5−5 全区分年龄、性别、职业大类的就业人口

单位：人

年 龄	就业人口			一、党的机关、国家机关、群众团体和社会组织、企事业单位负责人		
	合计	男	女	小计	男	女
总 计	**102693**	**59945**	**42748**	**1557**	**1258**	**300**
16−19	**2307**	**1446**	**861**	**2**	**2**	
16	257	176	81			
17	485	313	172	1	1	
18	687	430	256			
19	878	527	351	1	1	
20−24	**8532**	**4925**	**3607**	**52**	**32**	**20**
20	1140	678	462	2	1	1
21	1414	828	586	15	3	12
22	1663	964	699	6	5	1
23	2022	1168	853	10	7	4
24	2293	1286	1006	18	16	2
25−29	**14675**	**8318**	**6358**	**200**	**139**	**61**
25	3133	1787	1346	47	43	4
26	2900	1640	1260	42	14	28
27	2929	1626	1303	46	33	14
28	2935	1681	1254	27	20	7
29	2778	1584	1194	38	29	9
30−34	**13385**	**7642**	**5743**	**202**	**165**	**37**
30	2613	1456	1157	31	23	7
31	2590	1472	1119	35	25	10
32	2616	1506	1110	47	40	8
33	2969	1663	1306	31	24	7
34	2597	1546	1051	59	53	5
35−39	**14425**	**8204**	**6221**	**226**	**171**	**56**
35	2970	1700	1270	40	30	10
36	2873	1641	1232	47	39	8
37	2771	1551	1220	33	27	6
38	2700	1520	1180	42	32	10
39	3111	1792	1319	64	43	21

5-5 续表 1　　　　单位：人

年 龄	二、专业技术人员			三、办事人员和有关人员			四、社会生产服务和生活服务人员		
	小计	男	女	小计	男	女	小计	男	女
总 计	**9661**	**4748**	**4913**	**5414**	**3495**	**1919**	**29864**	**16732**	**13133**
16—19	**133**	**47**	**87**	**63**	**42**	**20**	**865**	**591**	**274**
16	14	6	8	1	1		99	84	15
17	22	14	7	5	5		193	132	61
18	44	15	29	40	27	13	235	160	75
19	53	11	42	18	10	8	337	215	123
20—24	**1062**	**349**	**713**	**397**	**237**	**160**	**2793**	**1572**	**1221**
20	98	21	77	36	31	6	364	210	153
21	158	62	96	39	19	20	454	268	185
22	195	62	133	91	59	32	573	323	250
23	247	83	164	111	63	48	679	369	310
24	364	121	243	120	65	55	725	402	322
25—29	**1956**	**856**	**1100**	**842**	**433**	**410**	**5069**	**2747**	**2321**
25	404	146	259	197	106	91	1087	617	469
26	439	211	228	163	87	76	940	500	440
27	389	182	208	173	96	78	1025	514	511
28	347	160	187	188	95	93	1019	561	458
29	377	158	218	121	48	73	997	554	443
30—34	**1369**	**613**	**756**	**560**	**307**	**253**	**4677**	**2576**	**2100**
30	293	122	171	114	59	55	944	527	417
31	289	126	163	116	70	46	913	508	405
32	267	111	156	108	56	52	929	522	407
33	278	132	146	111	59	52	1002	531	471
34	242	122	120	111	63	48	888	489	399
35—39	**1452**	**676**	**777**	**710**	**418**	**292**	**4763**	**2665**	**2098**
35	331	152	179	119	74	45	1042	618	424
36	300	126	174	132	80	51	952	570	383
37	277	127	151	134	65	69	924	494	430
38	305	166	139	132	72	60	897	479	418
39	239	106	133	193	126	67	947	504	443

5-5 续表 2

单位：人

年 龄	五、农、林、牧、渔业生产及辅助人员			六、生产制造及有关人员			七、不便分类的其他从业人员		
	小计	男	女	小计	男	女	小计	男	女
总 计	**39484**	**20035**	**19450**	**16649**	**13638**	**3010**	**63**	**40**	**24**
16–19	**930**	**488**	**441**	**303**	**269**	**34**	**12**	**8**	**4**
16	124	70	54	18	16	2	2		2
17	210	115	96	51	44	7	3	2	1
18	262	133	129	101	92	9	4	3	1
19	333	171	163	133	117	16	3	3	
20–24	**2606**	**1333**	**1273**	**1614**	**1396**	**218**	**9**	**6**	**3**
20	409	219	190	230	194	36	1	1	
21	493	255	238	252	218	34	3	3	1
22	498	257	241	299	258	41	1	1	1
23	561	283	278	411	362	49	3	2	1
24	645	319	326	421	363	57	1		1
25–29	**3833**	**1865**	**1968**	**2765**	**2268**	**497**	**10**	**9**	**1**
25	846	418	428	550	454	96	3	3	
26	772	383	389	542	442	100	2	2	
27	732	350	382	563	451	112			
28	773	372	401	578	470	108	2	2	
29	710	342	368	532	450	82	4	3	1
30–34	**4064**	**1975**	**2089**	**2506**	**2004**	**502**	**7**	**2**	**5**
30	712	349	363	518	376	142	2		2
31	760	350	410	474	392	82	2	1	2
32	777	381	397	486	397	89	1		1
33	1000	474	526	545	441	104	3	1	2
34	814	421	393	483	399	85			
35–39	**4678**	**2248**	**2430**	**2590**	**2025**	**565**	**6**	**3**	**3**
35	932	431	501	504	394	111	1	1	
36	924	437	487	518	389	129	1		1
37	900	442	458	501	396	106	1	1	
38	846	396	449	476	373	103	2	1	1
39	1076	541	535	590	473	117	2		2

5-5 续表 3

单位：人

年 龄	就业人口			一、党的机关、国家机关、群众团体和社会组织、企事业单位负责人		
	合计	男	女	小计	男	女
40—44	**15371**	**8691**	**6680**	**301**	**252**	**49**
40	3082	1755	1327	74	66	9
41	3120	1724	1396	54	43	10
42	3137	1775	1362	57	42	15
43	3081	1749	1332	56	48	8
44	2951	1688	1263	60	53	8
45—49	**14560**	**8307**	**6253**	**285**	**233**	**52**
45	3365	1856	1509	57	46	12
46	3038	1740	1298	62	53	9
47	3064	1752	1312	78	61	17
48	2522	1471	1051	47	40	8
49	2571	1489	1083	41	34	7
50—54	**9642**	**5963**	**3679**	**190**	**171**	**19**
50	2311	1432	879	43	36	6
51	2316	1404	913	50	47	4
52	2335	1454	881	48	45	4
53	1781	1091	690	33	31	2
54	898	581	316	16	13	3
55—59	**4881**	**3248**	**1633**	**64**	**61**	**3**
55	1023	697	326	17	17	
56	766	530	236	10	10	
57	979	634	345	9	8	1
58	1116	764	352	20	18	2
59	998	623	375	8	8	
60—64	**3067**	**1955**	**1112**	**28**	**25**	**3**
60	847	531	316	6	5	1
61	674	450	224	4	4	
62	574	352	222	5	5	
63	544	340	204	7	5	1
64	428	281	147	6	5	1
65及以上	**1848**	**1246**	**601**	**7**	**7**	

5-5 续表 4

单位：人

年 龄	二、专业技术人员			三、办事人员和有关人员			四、社会生产服务和生活服务人员		
	小计	男	女	小计	男	女	小计	男	女
40—44	**1296**	**700**	**596**	**884**	**552**	**332**	**4687**	**2385**	**2302**
40	287	154	133	167	110	57	895	449	445
41	251	127	124	162	94	68	1014	524	490
42	255	143	113	191	111	80	960	485	474
43	258	136	122	182	122	60	941	482	459
44	245	141	104	183	115	68	878	444	434
45—49	**1233**	**669**	**563**	**905**	**624**	**281**	**3903**	**2049**	**1854**
45	280	151	130	180	120	60	1028	506	522
46	275	161	114	213	147	65	826	427	399
47	259	137	122	212	136	75	786	428	358
48	232	122	110	147	111	36	654	367	287
49	186	98	88	154	109	44	609	320	289
50—54	**809**	**539**	**270**	**660**	**518**	**142**	**1941**	**1268**	**672**
50	209	144	65	160	124	36	509	324	186
51	196	113	83	166	128	38	430	260	169
52	229	155	74	162	131	32	503	339	164
53	122	90	32	126	97	29	344	236	108
54	52	37	15	46	39	7	155	109	46
55—59	**252**	**220**	**32**	**256**	**235**	**21**	**701**	**547**	**154**
55	53	39	14	67	61	6	169	128	41
56	34	30	4	36	34	3	129	97	32
57	43	37	6	57	51	6	141	109	33
58	54	53	1	61	57	4	144	121	23
59	68	60	8	35	33	2	117	92	25
60—64	**64**	**51**	**13**	**108**	**103**	**6**	**291**	**204**	**86**
60	21	16	4	32	32		88	66	22
61	14	10	4	23	22	1	61	42	19
62	9	6	3	18	17	1	57	37	20
63	9	7	2	11	9	2	48	34	14
64	12	12		23	23		37	26	11
65及以上	**35**	**29**	**6**	**29**	**27**	**2**	**177**	**127**	**50**

5-5 续表 5

单位：人

年 龄	五、农、林、牧、渔业生产及辅助人员			六、生产制造及有关人员			七、不便分类的其他从业人员		
	小计	男	女	小计	男	女	小计	男	女
40-44	**5336**	**2561**	**2775**	**2858**	**2236**	**622**	**8**	**6**	**3**
40	1066	524	542	592	452	140	2	1	1
41	1055	473	582	581	460	121	3	3	
42	1082	538	544	592	456	136	1	1	
43	1108	540	568	534	419	115	2	1	1
44	1025	486	539	559	448	110	1		1
45-49	**5937**	**2855**	**3082**	**2291**	**1874**	**417**	**6**	**3**	**3**
45	1227	575	652	591	457	134	1	1	
46	1195	577	618	466	374	92	2		2
47	1249	582	667	479	407	72	1	1	
48	1057	516	541	383	315	68	2	1	1
49	1208	605	604	372	322	50	1		1
50-54	**4879**	**2416**	**2464**	**1159**	**1048**	**111**	**4**	**3**	**1**
50	1093	543	551	296	261	35	2	1	1
51	1169	574	595	305	282	24			
52	1109	530	579	282	253	29	3	2	1
53	972	470	502	184	168	16			
54	536	299	237	93	84	8			
55-59	**3181**	**1790**	**1391**	**427**	**394**	**33**	**1**	**1**	
55	603	350	252	114	101	13			
56	467	275	193	89	84	5	1	1	
57	642	349	294	87	81	6			
58	756	441	316	81	75	6			
59	713	376	337	57	53	3			
60-64	**2474**	**1478**	**996**	**103**	**94**	**8**			
60	667	382	285	34	30	4			
61	544	349	195	28	24	4			
62	471	274	197	14	13	1			
63	453	268	185	17	17				
64	340	205	135	11	11				
65及以上	**1565**	**1025**	**541**	**34**	**31**	**3**			

5-5ab 全区分年龄、性别、职业大类的就业人口(城镇)

单位：人

年 龄	就业人口			一、党的机关、国家机关、群众团体和社会组织、企事业单位负责人		
	合计	男	女	小计	男	女
总 计	**54480**	**32158**	**22322**	**1174**	**930**	**244**
16-19						
16	61	51	10			
17	132	91	41			
18	159	105	54			
19	218	129	88	1	1	
20-24						
20	422	251	171	1	1	
21	594	333	261	3	1	2
22	724	411	313	3	3	
23	980	551	429	7	3	4
24	1085	612	472	14	13	1
25-29						
25	1707	970	736	27	24	3
26	1688	937	751	22	14	8
27	1770	956	814	28	14	14
28	1824	1024	800	26	19	7
29	1677	945	732	34	26	8
30-34						
30	1545	851	694	28	21	7
31	1550	861	688	33	23	10
32	1532	857	675	24	16	8
33	1746	968	778	28	22	7
34	1449	859	591	27	24	3
35-39						
35	1731	1017	714	39	29	10
36	1678	971	707	35	27	8
37	1715	945	769	27	21	6
38	1652	932	720	38	30	8
39	1862	1081	781	39	30	9

5-5ab 续表1

单位：人

年龄	二、专业技术人员			三、办事人员和有关人员			四、社会生产服务和生活服务人员		
	小计	男	女	小计	男	女	小计	男	女
总　计	**7839**	**3718**	**4122**	**4768**	**2998**	**1769**	**22794**	**12252**	**10542**
16-19									
16	3	2	2	1	1		40	37	3
17	6	3	4	3	3		94	64	30
18	11	2	9	6	3	3	103	69	34
19	22	3	19	7	4	3	121	70	51
20-24									
20	58	10	48	6	2	4	218	128	90
21	114	43	70	26	13	13	278	149	129
22	130	43	87	58	30	28	350	200	150
23	155	55	100	82	41	41	461	242	219
24	206	88	118	72	31	41	509	268	241
25-29									
25	303	109	194	130	60	70	779	436	343
26	352	173	180	145	76	69	709	355	354
27	307	132	176	144	82	62	802	393	409
28	301	131	169	184	92	91	790	416	374
29	337	144	193	112	43	69	759	414	346
30-34									
30	279	113	165	99	45	54	680	351	330
31	268	115	153	111	67	44	712	367	345
32	247	101	146	103	52	51	712	377	336
33	265	123	143	99	55	43	800	393	407
34	211	100	111	105	60	45	657	361	296
35-39									
35	266	125	141	114	70	43	808	460	348
36	227	90	136	125	75	50	767	439	328
37	249	104	145	128	63	65	773	398	375
38	241	105	136	129	70	59	720	377	343
39	224	94	131	180	112	67	788	401	387

5-5ab 续表 2

单位：人

年 龄	五、农、林、牧、渔业生产及辅助人员			六、生产制造及有关人员			七、不便分类的其他从业人员		
	小计	男	女	小计	男	女	小计	男	女
总 计	**7561**	**3891**	**3670**	**10298**	**8342**	**1956**	**46**	**26**	**20**
16—19									
16	14	9	5	3	3				
17	16	10	5	12	10	2	1	1	
18	13	6	6	26	24	2			
19	24	15	9	41	36	5	1	1	
20—24									
20	59	38	21	80	72	8	1	1	
21	66	37	29	104	87	17	3	3	1
22	64	31	34	118	105	13	1	1	1
23	72	36	36	201	174	27	2	1	1
24	93	49	44	190	164	26	1		1
25—29									
25	164	87	77	302	253	49	1	1	
26	150	68	82	307	249	58	2	2	
27	151	67	83	338	267	71			
28	149	64	85	372	299	73	2	2	
29	127	63	64	305	254	52	2	2	1
30—34									
30	144	80	64	313	241	72	2		2
31	143	68	76	280	221	59	2	1	2
32	154	75	79	291	236	55	1		1
33	200	97	103	351	277	73	3	1	2
34	151	74	78	298	240	58			
35—39									
35	179	84	95	325	248	76	1	1	
36	182	84	99	341	257	84	1		1
37	187	90	97	350	268	81	1	1	
38	183	87	96	339	262	77	2	1	1
39	239	134	105	391	310	80	2		2

5–5ab　续表 3　　　　单位：人

年　龄	就业人口			一、党的机关、国家机关、群众团体和社会组织、企事业单位负责人		
	合计	男	女	小计	男	女
40–44						
40	1843	1067	776	47	39	8
41	1862	1058	804	41	31	10
42	1897	1059	838	50	35	15
43	1807	1026	781	43	35	8
44	1811	1048	762	57	49	8
45–49						
45	1962	1097	864	50	39	11
46	1735	1016	719	44	35	9
47	1734	1035	699	68	50	17
48	1376	852	524	36	29	7
49	1337	805	532	36	29	7
50–54						
50	1151	777	374	35	29	6
51	1141	772	369	42	38	4
52	1194	825	369	42	39	3
53	820	550	270	23	22	1
54	365	261	104	11	8	3
55–59						
55	430	313	117	12	12	
56	325	240	85	10	10	
57	363	278	84	9	8	1
58	397	317	80	13	12	2
59	342	258	84	8	8	
60–64						
60	218	159	59	3	2	1
61	181	126	55	1	1	
62	139	101	38	4	4	
63	121	85	36	1		1
64	103	78	25	2	2	
65及以上	**327**	**244**	**83**	**2**	**2**	

5-5ab 续表 4　　　　单位：人

年 龄	二、专业技术人员			三、办事人员和有关人员			四、社会生产服务和生活服务人员		
	小计	男	女	小计	男	女	小计	男	女
40-44									
40	246	128	118	159	106	53	742	362	380
41	230	110	120	150	87	63	807	392	415
42	218	111	107	176	96	80	789	373	416
43	201	90	111	176	116	60	775	370	405
44	217	118	99	177	111	67	742	354	387
45-49									
45	243	120	123	168	108	60	851	411	440
46	239	133	105	206	142	64	650	327	324
47	219	105	114	203	130	73	652	348	304
48	168	101	67	137	102	35	545	291	254
49	148	80	68	138	94	43	499	250	249
50-54									
50	156	93	63	147	113	35	404	257	147
51	184	103	82	156	121	35	324	204	119
52	187	115	72	148	120	28	393	266	127
53	99	67	32	115	86	29	274	183	91
54	46	30	15	41	36	5	111	84	27
55-59									
55	46	32	14	60	54	6	131	97	34
56	31	27	4	33	31	3	110	83	27
57	35	30	6	51	45	6	95	77	18
58	33	32	1	53	49	4	113	94	19
59	43	36	7	28	26	1	94	78	16
60-64									
60	14	9	4	21	20		52	39	12
61	11	8	3	20	18	1	38	25	14
62	7	4	3	8	8		31	21	10
63	6	4	2	6	6		32	22	10
64	5	5		7	7		26	19	8
65及以上	**24**	**20**	**4**	**19**	**17**	**2**	**82**	**61**	**20**

5-5ab　续表 5　　　　单位：人

年　龄	五、农、林、牧、渔业生产及辅助人员			六、生产制造及有关人员			七、不便分类的其他从业人员		
	小计	男	女	小计	男	女	小计	男	女
40—44									
40	238	110	128	408	320	88	2	1	1
41	218	117	102	413	320	94	3	3	
42	232	110	122	430	333	97	1	1	
43	233	117	116	378	296	82	2	1	1
44	229	104	125	388	312	76	1		1
45—49									
45	264	134	130	386	285	101			
46	253	108	145	342	271	71	2		2
47	256	118	138	336	283	52	1	1	
48	236	123	113	254	206	48	2	1	1
49	268	138	130	247	213	34	1		1
50—54									
50	207	108	99	200	177	23	2	1	1
51	240	128	112	196	179	17			
52	240	120	120	183	164	19	2	1	1
53	197	91	106	112	102	10			
54	94	45	49	61	57	4			
55—59									
55	121	64	57	61	55	6			
56	98	52	46	43	38	5			
57	123	72	52	49	47	2			
58	140	88	52	45	43	2			
59	138	79	59	31	31	1			
60—64									
60	115	74	41	14	14				
61	101	67	34	10	7	3			
62	82	57	25	7	6	1			
63	69	46	23	7	7				
64	56	38	18	7	7				
65及以上	**187**	**131**	**57**	**13**	**12**	**1**			

5-5a 全区分年龄、性别、职业大类的就业人口(城市)

单位：人

年 龄	就业人口			一、党的机关、国家机关、群众团体和社会组织、企事业单位负责人		
	合计	男	女	小计	男	女
总 计	**34656**	**20342**	**14314**	**814**	**638**	**176**
16-19	**288**	**184**	**103**			
16	23	19	4			
17	69	47	22			
18	82	54	28			
19	113	64	49			
20-24	**2248**	**1251**	**997**	**21**	**15**	**6**
20	224	133	92	1	1	
21	342	177	165	3	1	2
22	411	222	188	2	2	
23	607	346	261	5	3	3
24	665	373	291	10	9	1
25-29	**5401**	**2965**	**2436**	**93**	**59**	**34**
25	1006	575	431	16	13	2
26	1063	577	486	18	11	7
27	1173	633	540	21	9	13
28	1137	626	511	20	14	6
29	1023	554	469	18	12	6
30-34	**4979**	**2709**	**2270**	**96**	**69**	**27**
30	984	516	469	23	17	6
31	1015	537	478	21	15	6
32	962	528	433	15	9	7
33	1085	590	495	19	14	5
34	934	539	395	18	15	3
35-39	**5756**	**3244**	**2513**	**125**	**99**	**26**
35	1158	669	489	33	25	8
36	1133	666	467	24	20	5
37	1126	598	528	16	14	3
38	1123	628	495	29	25	4
39	1216	682	534	22	16	6

5-5a 续表 1

单位：人

年 龄	二、专业技术人员			三、办事人员和有关人员			四、社会生产服务和生活服务人员		
	小计	男	女	小计	男	女	小计	男	女
总 计	**6020**	**2792**	**3228**	**3799**	**2348**	**1451**	**15777**	**8414**	**7363**
16–19	**23**	**4**	**19**	**11**	**7**	**4**	**206**	**134**	**71**
16	3	1	2	1	1		18	16	2
17	3	1	2	2	2		57	37	20
18	6	1	6	3	1	2	60	42	17
19	11	1	10	5	3	3	71	39	32
20–24	**468**	**171**	**297**	**168**	**76**	**92**	**1148**	**622**	**525**
20	34	5	28	4	2	3	127	74	53
21	86	33	53	16	7	10	178	91	87
22	94	34	61	39	20	19	207	110	97
23	102	33	69	55	26	30	305	169	136
24	152	67	85	53	22	31	331	178	153
25–29	**1203**	**517**	**686**	**566**	**272**	**294**	**2482**	**1301**	**1181**
25	211	82	128	98	47	51	504	291	213
26	284	140	144	114	53	60	441	219	222
27	236	98	138	120	70	50	536	256	280
28	226	100	126	154	75	78	508	261	246
29	247	97	150	81	27	54	493	274	219
30–34	**1007**	**429**	**578**	**421**	**226**	**195**	**2417**	**1221**	**1196**
30	226	91	135	81	39	42	458	228	230
31	228	95	133	91	53	37	480	235	245
32	194	79	115	83	41	42	470	245	225
33	196	86	110	77	42	35	551	270	281
34	163	79	84	89	50	39	458	243	215
35–39	**974**	**399**	**575**	**550**	**317**	**234**	**2743**	**1460**	**1284**
35	219	96	122	94	57	37	559	313	246
36	180	68	112	107	66	40	556	325	231
37	200	76	124	101	48	53	546	276	269
38	198	84	115	103	55	48	524	272	252
39	177	75	102	146	90	56	559	274	286

5-5a 续表 2

单位：人

年 龄	五、农、林、牧、渔业生产及辅助人员			六、生产制造及有关人员			七、不便分类的其他从业人员		
	小计	男	女	小计	男	女	小计	男	女
总 计	**1862**	**965**	**897**	**6378**	**5181**	**1197**	**6**	**4**	**1**
16–19	**10**	**5**	**4**	**38**	**34**	**4**			
16	1		1	1	1				
17	1	1		7	6	1			
18	3	1	2	11	9	2			
19	6	4	2	20	17	2			
20–24	**71**	**40**	**31**	**371**	**325**	**47**	**1**	**1**	
20	12	7	5	47	44	3			
21	10	6	4	48	39	9	1	1	
22	13	7	6	55	49	6			
23	17	6	10	122	109	13			
24	19	13	6	99	84	16			
25–29	**132**	**62**	**70**	**925**	**753**	**171**	**1**	**1**	
25	25	14	10	153	128	25			
26	29	17	13	177	137	40			
27	29	11	18	231	190	41			
28	25	9	16	204	165	39	1	1	
29	24	11	13	160	134	26			
30–34	**150**	**70**	**80**	**887**	**693**	**195**	**1**	**1**	
30	24	12	12	173	128	44			
31	30	13	16	166	126	40			
32	32	17	15	167	137	30			
33	36	17	19	204	159	45	1	1	
34	29	10	19	177	142	35			
35–39	**281**	**134**	**146**	**1082**	**834**	**248**	**1**	**1**	
35	43	20	23	210	157	53	1	1	
36	56	26	30	210	161	49			
37	44	16	27	220	168	51			
38	60	30	30	209	162	46			
39	78	42	36	234	185	49			

5-5a 续表 3

单位：人

年 龄	就业人口			一、党的机关、国家机关、群众团体和社会组织、企事业单位负责人		
	合计	男	女	小计	男	女
40—44	**6196**	**3543**	**2653**	**165**	**132**	**33**
40	1173	690	483	28	24	4
41	1258	706	552	31	23	8
42	1273	710	563	38	28	10
43	1256	700	556	26	20	6
44	1237	736	500	42	37	5
45—49	**5421**	**3203**	**2218**	**166**	**131**	**35**
45	1300	706	594	37	29	8
46	1184	713	471	33	26	8
47	1164	698	466	47	34	13
48	907	558	349	24	21	4
49	865	527	338	24	21	3
50—54	**2947**	**2102**	**845**	**104**	**93**	**11**
50	740	508	232	27	24	3
51	743	529	214	28	25	3
52	756	550	205	27	24	3
53	498	349	149	13	13	
54	210	165	45	9	7	2
55—59	**1043**	**855**	**188**	**37**	**34**	**3**
55	256	204	51	6	6	
56	196	154	41	8	8	
57	206	172	35	7	6	1
58	206	176	31	9	7	2
59	180	149	31	7	7	
60—64	**278**	**209**	**69**	**7**	**5**	**2**
60	83	65	18	2	1	1
61	66	47	18			
62	54	39	15	4	4	
63	41	29	12	1		1
64	34	27	6			
65及以上	**99**	**78**	**21**	**1**	**1**	

5-5a 续表 4

单位：人

年 龄	二、专业技术人员			三、办事人员和有关人员			四、社会生产服务和生活服务人员		
	小计	男	女	小计	男	女	小计	男	女
40–44	**867**	**440**	**427**	**693**	**415**	**278**	**2800**	**1323**	**1477**
40	199	110	89	123	81	42	491	235	257
41	178	87	91	118	63	54	600	283	317
42	156	78	78	144	73	72	590	279	311
43	168	75	93	147	96	51	578	267	311
44	165	90	75	161	102	59	541	260	281
45–49	**789**	**397**	**392**	**691**	**461**	**229**	**2390**	**1207**	**1183**
45	200	91	110	127	81	45	624	292	332
46	181	99	82	167	112	55	492	246	246
47	168	70	98	172	109	63	482	263	220
48	130	80	50	111	81	30	416	219	197
49	110	58	52	114	78	37	376	187	189
50–54	**510**	**292**	**218**	**490**	**381**	**109**	**1073**	**730**	**343**
50	110	60	50	127	96	31	279	184	95
51	147	78	69	133	103	30	235	154	81
52	144	84	61	116	97	20	280	194	86
53	75	49	26	86	61	25	195	131	64
54	33	21	12	28	24	4	84	67	17
55–59	**144**	**119**	**24**	**164**	**148**	**16**	**383**	**317**	**66**
55	37	26	10	47	42	5	100	78	22
56	24	20	4	21	19	2	84	63	21
57	30	25	5	39	34	5	62	55	7
58	23	22	1	39	35	4	73	64	9
59	30	26	5	17	17		63	56	7
60–64	**25**	**15**	**10**	**40**	**40**		**92**	**66**	**26**
60	9	5	4	16	16		29	23	6
61	5	4	1	11	11		22	13	9
62	5	3	3	5	5		16	11	5
63	3	1	2	4	4		17	12	5
64	3	3		5	5		9	8	1
65及以上	**11**	**8**	**3**	**6**	**5**	**1**	**42**	**32**	**10**

5-5a 续表 5

单位：人

年 龄	五、农、林、牧、渔业生产及辅助人员			六、生产制造及有关人员			七、不便分类的其他从业人员		
	小计	男	女	小计	男	女	小计	男	女
40-44	**316**	**161**	**155**	**1353**	**1072**	**282**	**1**		**1**
40	59	25	34	273	216	57			
41	63	36	27	269	214	55			
42	61	34	27	284	219	65			
43	74	36	38	261	206	55	1		1
44	60	30	30	267	217	50			
45-49	**362**	**176**	**186**	**1022**	**831**	**192**			
45	75	38	37	238	174	63			
46	72	35	37	238	195	43			
47	74	34	40	221	189	32			
48	63	28	34	163	130	33			
49	78	40	38	163	143	20			
50-54	**251**	**133**	**118**	**521**	**473**	**47**			
50	63	28	34	135	117	18			
51	69	46	23	132	123	9			
52	53	28	25	135	124	11			
53	50	24	27	78	71	8			
54	15	7	8	40	38	2			
55-59	**169**	**98**	**71**	**147**	**139**	**8**			
55	28	18	11	37	33	4			
56	30	16	13	29	28	1			
57	33	19	14	34	32	2			
58	35	19	15	28	28				
59	43	24	18	19	18	1			
60-64	**91**	**62**	**29**	**23**	**21**	**2**			
60	23	15	7	5	5				
61	23	17	6	5	4	2			
62	19	13	6	5	4	1			
63	13	9	4	4	4				
64	14	8	6	4	4				
65及以上	**30**	**24**	**6**	**9**	**8**	**1**			

5-5b 全区分年龄、性别、职业大类的就业人口(镇)

单位：人

年龄	就业人口			一、党的机关、国家机关、群众团体和社会组织、企事业单位负责人		
	合计	男	女	小计	男	女
总计	**19825**	**11816**	**8009**	**360**	**292**	**68**
16–19	**282**	**192**	**90**	**1**	**1**	
16	38	32	6			
17	63	44	19			
18	77	51	26			
19	105	66	39	1	1	
20–24	**1557**	**908**	**649**	**7**	**6**	**1**
20	198	118	80			
21	253	156	96	1	1	
22	314	189	124	1	1	
23	373	205	168	1		1
24	420	239	181	4	4	
25–29	**3264**	**1866**	**1397**	**44**	**38**	**6**
25	701	395	306	11	10	1
26	625	359	265	4	3	1
27	597	323	274	6	5	1
28	687	398	289	6	5	1
29	654	391	263	16	14	2
30–34	**2843**	**1686**	**1157**	**44**	**36**	**8**
30	561	336	225	5	4	2
31	535	324	210	12	8	4
32	570	328	242	8	7	1
33	661	378	283	9	8	1
34	516	320	196	9	9	
35–39	**2882**	**1704**	**1178**	**54**	**38**	**16**
35	573	348	225	6	4	2
36	545	305	240	10	7	3
37	589	347	242	11	7	4
38	530	305	225	9	5	4
39	646	399	247	17	14	3

5-5b 续表 1 单位：人

年 龄	二、专业技术人员			三、办事人员和有关人员			四、社会生产服务和生活服务人员		
	小计	男	女	小计	男	女	小计	男	女
总 计	**1819**	**926**	**893**	**969**	**650**	**319**	**7017**	**3838**	**3179**
16–19	**20**	**6**	**15**	**5**	**3**	**2**	**154**	**107**	**47**
16							22	21	1
17	4	2	2	1	1		37	27	10
18	5	1	3	3	1	2	44	27	16
19	11	2	9	1	1		50	32	19
20–24	**195**	**67**	**127**	**76**	**40**	**36**	**668**	**365**	**304**
20	24	4	19	2		2	91	54	37
21	27	11	17	10	6	4	101	58	42
22	36	9	27	19	10	9	143	90	53
23	53	22	31	26	15	11	156	73	83
24	54	21	33	19	9	10	178	89	88
25–29	**397**	**172**	**226**	**149**	**82**	**67**	**1358**	**713**	**645**
25	93	27	66	32	13	18	274	145	130
26	69	33	36	31	23	8	268	136	132
27	71	34	37	24	13	12	266	137	129
28	75	31	44	30	17	13	282	155	128
29	90	47	43	31	16	15	267	140	127
30–34	**263**	**123**	**140**	**95**	**53**	**42**	**1144**	**627**	**517**
30	52	22	30	18	6	12	222	123	99
31	40	21	19	21	14	7	232	132	100
32	53	23	31	20	11	8	242	131	111
33	69	37	33	22	13	9	249	123	126
34	49	21	27	16	9	6	199	118	81
35–39	**234**	**118**	**115**	**124**	**74**	**50**	**1114**	**616**	**498**
35	47	28	19	19	13	6	249	147	102
36	47	22	25	18	9	10	212	114	98
37	49	28	21	27	15	12	227	122	105
38	43	21	22	26	15	11	197	105	91
39	48	18	29	33	22	11	229	128	101

5-5b 续表 2

单位：人

年 龄	五、农、林、牧、渔业生产及辅助人员			六、生产制造及有关人员			七、不便分类的其他从业人员		
	小计	男	女	小计	男	女	小计	男	女
总 计	**5700**	**2927**	**2773**	**3920**	**3161**	**759**	**41**	**22**	**19**
16—19	**57**	**35**	**22**	**43**	**39**	**4**	**2**	**2**	
16	13	9	5	1	1				
17	15	10	5	5	4	1	1	1	
18	10	6	5	15	15				
19	18	11	8	21	18	3	1	1	
20—24	**283**	**150**	**134**	**322**	**276**	**45**	**7**	**4**	**3**
20	47	31	16	33	28	5	1	1	
21	56	31	25	56	48	8	2	1	1
22	51	23	28	63	55	7	1	1	1
23	55	29	26	79	65	15	2	1	1
24	74	36	38	91	80	10	1		1
25—29	**610**	**289**	**321**	**700**	**569**	**132**	**6**	**5**	**1**
25	140	73	67	150	125	24	1	1	
26	121	51	69	130	111	18	2	2	
27	122	57	65	108	78	30			
28	124	55	69	168	134	34	1	1	
29	103	53	51	145	120	25	2	2	1
30—34	**643**	**323**	**320**	**647**	**523**	**123**	**6**	**1**	**5**
30	121	68	53	141	113	28	2		2
31	114	54	60	114	95	19	2	1	2
32	122	58	64	124	99	25	1		1
33	165	80	84	147	118	29	2		2
34	123	64	59	121	98	23			
35—39	**689**	**345**	**344**	**663**	**511**	**151**	**5**	**2**	**3**
35	136	64	72	115	91	24			
36	126	58	69	131	95	36	1		1
37	143	74	69	130	100	30	1	1	
38	123	57	66	131	100	30	2	1	1
39	161	92	69	156	125	31	2		2

5-5b 续表 3 单位：人

年 龄	就业人口			一、党的机关、国家机关、群众团体和社会组织、企事业单位负责人		
	合计	男	女	小计	男	女
40-44	**3023**	**1715**	**1308**	**73**	**58**	**15**
40	670	376	294	19	15	4
41	604	352	252	11	8	3
42	624	348	275	12	7	5
43	551	326	226	16	15	1
44	574	312	262	15	12	2
45-49	**2723**	**1602**	**1121**	**67**	**52**	**15**
45	662	391	270	13	10	3
46	550	303	248	10	10	1
47	570	337	233	21	16	5
48	469	294	175	12	8	3
49	472	278	194	12	8	4
50-54	**1724**	**1084**	**640**	**49**	**44**	**6**
50	411	269	142	8	5	3
51	398	244	155	14	13	1
52	439	275	164	15	15	
53	322	201	121	10	8	1
54	155	96	59	2	1	1
55-59	**813**	**551**	**262**	**15**	**15**	
55	174	109	66	6	6	
56	129	86	44	2	2	
57	157	107	50	2	2	
58	191	141	49	5	5	
59	162	109	53	1	1	
60-64	**485**	**341**	**145**	**5**	**5**	
60	135	94	41	1	1	
61	116	79	37	1	1	
62	85	62	23			
63	80	56	24			
64	69	50	19	2	2	
65及以上	**229**	**166**	**62**	**1**	**1**	

5-5b 续表 4

单位：人

年 龄	二、专业技术人员			三、办事人员和有关人员			四、社会生产服务和生活服务人员		
	小计	男	女	小计	男	女	小计	男	女
40-44	**246**	**118**	**128**	**145**	**101**	**45**	**1053**	**527**	**526**
40	47	18	29	37	25	11	250	127	123
41	52	23	29	32	23	9	207	109	98
42	62	33	29	32	24	8	199	94	105
43	33	16	18	29	20	8	197	103	93
44	52	28	24	16	8	8	200	94	106
45-49	**227**	**141**	**86**	**161**	**114**	**46**	**807**	**420**	**388**
45	43	29	14	41	26	15	228	119	108
46	57	34	23	39	30	10	158	80	78
47	51	35	16	31	21	10	170	85	84
48	38	21	17	26	21	5	129	72	57
49	39	22	16	24	17	7	123	63	60
50-54	**163**	**116**	**47**	**117**	**94**	**23**	**433**	**264**	**169**
50	46	33	13	20	17	4	125	73	52
51	37	25	13	23	18	6	89	51	38
52	43	32	11	31	23	8	113	72	41
53	24	18	6	29	24	4	78	52	27
54	12	9	3	14	12	2	27	17	10
55-59	**44**	**37**	**6**	**61**	**57**	**4**	**160**	**111**	**49**
55	9	6	3	12	12	1	31	18	12
56	7	7		12	11	1	26	20	6
57	5	5	1	11	11		33	22	11
58	10	10		14	14		40	30	10
59	12	10	2	11	9	1	31	21	10
60-64	**18**	**16**	**3**	**22**	**20**	**2**	**87**	**60**	**28**
60	5	5	1	5	4		23	16	7
61	6	4	2	9	8	1	17	12	5
62	2	2		4	3		15	10	4
63	3	3		2	2		15	11	5
64	2	2		3	3		18	11	7
65及以上	**12**	**12**		**13**	**12**	**1**	**40**	**29**	**10**

5–5b 续表 5 单位：人

年 龄	五、农、林、牧、渔业生产及辅助人员			六、生产制造及有关人员			七、不便分类的其他从业人员		
	小计	男	女	小计	男	女	小计	男	女
40–44	**834**	**396**	**438**	**664**	**510**	**155**	**7**	**6**	**2**
40	180	85	94	135	105	31	2	1	1
41	155	80	75	144	106	39	3	3	
42	171	76	95	147	114	33	1	1	
43	159	81	78	117	90	27	1	1	
44	169	74	95	121	95	26	1		1
45–49	**915**	**446**	**469**	**541**	**428**	**113**	**5**	**2**	**3**
45	189	96	93	148	111	38			
46	181	73	108	103	76	27	2		2
47	182	84	98	115	95	20	1	1	
48	173	95	78	90	76	14	2	1	1
49	190	98	92	84	70	14	1		1
50–54	**727**	**359**	**368**	**232**	**206**	**25**	**3**	**2**	**1**
50	144	80	65	65	61	5	2	1	1
51	171	82	88	64	56	8			
52	187	92	95	48	40	8	2	1	1
53	147	67	80	34	31	3			
54	79	38	41	21	19	2			
55–59	**451**	**256**	**195**	**83**	**74**	**9**			
55	92	46	47	24	21	3			
56	68	35	33	14	10	4			
57	90	52	38	15	15				
58	105	68	37	17	15	2			
59	95	55	40	13	13				
60–64	**332**	**221**	**111**	**21**	**20**	**1**			
60	92	59	34	9	9				
61	78	50	28	4	4	1			
62	63	44	19	2	2				
63	56	37	19	3	3				
64	43	30	12	3	3				
65及以上	**158**	**107**	**51**	**4**	**4**				

5-5c 全区分年龄、性别、职业大类的就业人口(乡村)

单位：人

年 龄	就业人口			一、党的机关、国家机关、群众团体和社会组织、企事业单位负责人		
	合计	男	女	小计	男	女
总 计	**48212**	**27787**	**20426**	**383**	**327**	**56**
16–19	**1737**	**1070**	**667**	**1**	**1**	
16	196	125	71			
17	353	222	131	1	1	
18	528	326	202			
19	660	397	263			
20–24	**4727**	**2766**	**1961**	**24**	**11**	**13**
20	718	427	291	1		1
21	820	495	325	12	2	10
22	939	553	386	3	3	1
23	1042	617	424	4	4	
24	1208	674	534	4	3	1
25–29	**6010**	**3486**	**2524**	**63**	**42**	**21**
25	1427	817	610	20	20	1
26	1212	703	509	20		20
27	1159	670	489	19	19	
28	1111	657	454	1	1	
29	1101	639	462	4	3	1
30–34	**5563**	**3247**	**2317**	**62**	**60**	**2**
30	1068	605	463	2	2	
31	1041	611	430	2	2	
32	1084	649	435	24	24	
33	1223	695	528	2	2	
34	1148	687	460	32	30	2
35–39	**5787**	**3257**	**2530**	**48**	**34**	**14**
35	1239	683	556	1	1	
36	1195	670	526	12	12	
37	1056	606	450	6	6	
38	1048	588	460	4	2	2
39	1249	711	538	25	13	12

5-5c 续表 1

单位：人

年 龄	二、专业技术人员			三、办事人员和有关人员			四、社会生产服务和生活服务人员		
	小计	男	女	小计	男	女	小计	男	女
总 计	**1822**	**1030**	**792**	**646**	**497**	**149**	**7071**	**4480**	**2591**
16–19	**90**	**37**	**53**	**47**	**32**	**14**	**505**	**349**	**156**
16	11	4	7				58	46	12
17	15	12	4	2	2		99	68	31
18	33	13	20	34	24	10	132	91	41
19	31	8	23	11	7	5	216	144	72
20–24	**399**	**110**	**289**	**153**	**121**	**33**	**977**	**585**	**392**
20	40	11	29	30	29	1	146	82	64
21	44	19	26	13	6	7	175	119	56
22	65	19	46	33	30	4	223	122	100
23	92	28	64	29	22	7	217	127	90
24	157	33	125	48	34	14	216	135	81
25–29	**355**	**167**	**188**	**128**	**79**	**49**	**1229**	**734**	**495**
25	101	36	64	67	46	21	308	181	127
26	86	38	48	18	11	7	231	145	86
27	82	50	32	29	13	16	223	121	102
28	46	28	18	5	3	2	229	145	84
29	40	14	26	9	6	4	238	141	97
30–34	**99**	**61**	**38**	**43**	**27**	**16**	**1115**	**728**	**387**
30	14	9	5	15	13	2	264	176	88
31	22	11	11	5	3	2	202	141	61
32	20	10	10	5	4	1	217	145	71
33	12	10	3	13	4	8	202	138	64
34	31	21	10	6	3	3	231	128	103
35–39	**245**	**158**	**87**	**36**	**27**	**8**	**906**	**590**	**316**
35	65	27	38	5	3	2	234	158	76
36	73	35	38	7	6	1	185	131	55
37	28	23	5	7	2	4	151	96	55
38	64	61	3	3	2	1	177	103	74
39	15	12	3	14	14		159	103	56

5-5c 续表 2

单位：人

年龄	五、农、林、牧、渔业生产及辅助人员			六、生产制造及有关人员			七、不便分类的其他从业人员		
	小计	男	女	小计	男	女	小计	男	女
总　计	**31923**	**16143**	**15780**	**6351**	**5297**	**1054**	**17**	**13**	**4**
16-19	**863**	**448**	**415**	**221**	**196**	**25**	**10**	**6**	**4**
16	110	61	49	16	14	2	2		2
17	195	104	91	39	34	5	2	2	1
18	249	127	123	75	68	7	4	3	1
19	309	156	153	92	81	11	2	2	
20-24	**2252**	**1144**	**1108**	**921**	**795**	**126**	**1**	**1**	
20	350	182	168	151	123	28			
21	427	218	209	149	131	17			
22	434	226	208	181	153	28			
23	489	247	241	210	189	22	1	1	
24	552	271	282	231	199	31			
25-29	**3092**	**1515**	**1577**	**1140**	**946**	**194**	**3**	**3**	
25	681	331	351	247	201	46	2	2	
26	622	315	307	235	194	41			
27	581	283	298	225	184	41			
28	624	308	316	206	171	35			
29	583	279	304	226	196	30	1	1	
30-34	**3271**	**1582**	**1689**	**972**	**788**	**184**			
30	568	269	299	204	135	70			
31	616	282	334	194	171	23			
32	624	306	318	195	161	34			
33	800	378	422	194	163	30			
34	663	347	316	185	158	26			
35-39	**3708**	**1768**	**1940**	**845**	**679**	**166**			
35	753	347	406	180	146	34			
36	742	353	389	177	133	44			
37	713	352	361	152	127	24			
38	662	309	353	137	111	26			
39	837	407	431	199	163	37			

5-5c 续表 3

单位：人

年 龄	就业人口			一、党的机关、国家机关、群众团体和社会组织、企事业单位负责人		
	合计	男	女	小计	男	女
40-44	**6151**	**3433**	**2718**	**63**	**62**	**1**
40	1240	689	551	27	26	1
41	1257	665	592	12	12	
42	1240	717	524	7	7	
43	1274	723	551	13	13	
44	1140	639	501	4	4	
45-49	**6416**	**3502**	**2914**	**52**	**50**	**2**
45	1403	758	645	7	6	1
46	1303	724	579	18	18	
47	1330	717	613	10	10	
48	1146	619	527	12	11	1
49	1234	684	550	5	5	
50-54	**4971**	**2777**	**2194**	**37**	**35**	**2**
50	1160	655	505	8	8	
51	1175	631	544	9	9	
52	1141	629	512	6	6	1
53	962	542	420	10	9	1
54	533	320	213	4	4	
55-59	**3025**	**1842**	**1183**	**11**	**11**	
55	593	384	209	5	5	
56	441	290	151			
57	616	356	260			
58	719	447	272	7	7	
59	656	365	291			
60-64	**2304**	**1405**	**899**	**16**	**15**	**1**
60	629	372	257	3	3	
61	492	324	169	3	3	
62	435	251	184	1	1	
63	423	255	168	5	5	
64	325	203	121	4	3	1
65及以上	**1520**	**1003**	**518**	**5**	**5**	

5-5c 续表 4

单位：人

年 龄	二、专业技术人员			三、办事人员和有关人员			四、社会生产服务和生活服务人员		
	小计	男	女	小计	男	女	小计	男	女
40-44	**183**	**142**	**41**	**45**	**36**	**9**	**834**	**534**	**300**
40	41	26	15	7	4	3	153	87	65
41	21	17	4	12	7	5	207	132	75
42	37	31	6	14	14		171	113	58
43	56	46	11	6	6		167	112	55
44	27	23	5	6	5	1	136	90	46
45-49	**216**	**131**	**85**	**54**	**48**	**5**	**705**	**422**	**283**
45	37	31	6	13	13		177	95	82
46	37	28	8	7	6	1	176	101	75
47	40	32	8	9	7	2	134	80	53
48	64	22	43	10	9	1	109	76	33
49	38	18	20	16	15	1	110	70	40
50-54	**137**	**131**	**6**	**53**	**44**	**9**	**436**	**274**	**161**
50	53	51	2	12	11	1	106	67	38
51	12	11	1	10	8	2	106	56	50
52	42	40	2	15	11	4	110	73	37
53	23	23		11	11		70	53	17
54	7	7		5	3	2	44	25	19
55-59	**65**	**63**	**1**	**31**	**30**	**1**	**158**	**118**	**39**
55	7	7		7	7		39	31	7
56	3	3		3	3		19	14	5
57	7	7		6	6		46	31	15
58	21	21	1	8	8		31	27	4
59	25	24	1	7	6	1	23	15	8
60-64	**21**	**20**	**1**	**46**	**43**	**3**	**111**	**78**	**33**
60	7	7		12	12		36	26	10
61	3	2	1	4	4		22	17	5
62	2	2		10	9	1	26	15	11
63	3	3		5	3	2	16	12	4
64	7	7		16	16		11	7	3
65及以上	**12**	**9**	**2**	**9**	**9**		**95**	**66**	**29**

5−5c 续表 5 单位：人

年龄	五、农、林、牧、渔业生产及辅助人员			六、生产制造及有关人员			七、不便分类的其他从业人员		
	小计	男	女	小计	男	女	小计	男	女
40—44	**4186**	**2004**	**2182**	**840**	**654**	**186**			
40	828	414	414	184	132	52			
41	837	357	480	168	140	27			
42	849	428	421	162	123	38			
43	875	423	452	156	123	33			
44	796	382	414	171	136	34			
45—49	**4661**	**2233**	**2427**	**727**	**616**	**111**	**1**	**1**	
45	962	441	522	205	171	34	1	1	
46	943	469	473	124	103	21			
47	993	464	529	144	123	20			
48	822	393	429	130	110	20			
49	941	467	474	125	109	16			
50—54	**3901**	**1924**	**1978**	**407**	**368**	**38**	**1**	**1**	
50	887	435	452	95	83	12			
51	929	446	483	109	103	7			
52	869	410	459	98	89	9	1	1	
53	775	379	396	72	66	5			
54	441	253	188	32	27	4			
55—59	**2562**	**1437**	**1125**	**197**	**180**	**17**	**1**	**1**	
55	482	287	195	53	47	6			
56	369	223	146	46	45		1	1	
57	519	277	242	37	34	3			
58	617	353	264	35	31	4			
59	575	297	278	25	23	3			
60—64	**2051**	**1195**	**855**	**59**	**54**	**5**			
60	552	308	244	20	16	4			
61	442	282	161	18	16	1			
62	389	217	172	7	7				
63	384	222	162	10	10				
64	284	167	117	4	4				
65及以上	**1378**	**894**	**484**	**21**	**19**	**2**			

5–6 全区分受教育程度、性别、职业大类的就业人口

单位：人

职 业 大 类	就业人口			未上过学			小 学		
	合计	男	女	小计	男	女	小计	男	女
总 计	**102693**	**59945**	**42748**	**6353**	**2270**	**4083**	**22054**	**11545**	**10510**
党的机关、国家机关、群众团体和社会组织、企事业单位负责人	1557	1258	300	3	2	1	66	62	4
专业技术人员	9661	4748	4913	24	19	5	202	158	44
办事人员和有关人员	5414	3495	1919	24	18	6	204	174	30
社会生产服务和生活服务人员	29864	16732	13133	419	161	258	3483	1719	1764
农、林、牧、渔业生产及辅助人员	39484	20035	19450	5468	1778	3690	15329	7203	8127
生产制造及有关人员	16649	13638	3010	414	293	122	2767	2227	539
不便分类的其他从业人员	63	40	24				3	2	2

5–6 续表 1

单位：人

职 业 大 类	初 中			普通高中			中 职		
	小计	男	女	小计	男	女	小计	男	女
总 计	**41733**	**26708**	**15025**	**10562**	**7073**	**3489**	**3800**	**2173**	**1627**
党的机关、国家机关、群众团体和社会组织、企事业单位负责人	394	323	70	208	171	36	73	54	18
专业技术人员	1070	725	345	798	488	309	789	338	450
办事人员和有关人员	883	675	208	744	530	213	309	165	144
社会生产服务和生活服务人员	14384	8320	6063	4729	2734	1995	1628	848	779
农、林、牧、渔业生产及辅助人员	16295	9406	6888	1891	1307	583	222	142	80
生产制造及有关人员	8668	7234	1434	2180	1834	346	778	623	155
不便分类的其他从业人员	40	24	15	13	8	5	3	2	1

5–6 续表 2

单位：人

职 业 大 类	大学专科			大学本科			研究生		
	小计	男	女	小计	男	女	小计	男	女
总 计	**10066**	**5650**	**4415**	**7658**	**4270**	**3388**	**467**	**256**	**212**
党的机关、国家机关、群众团体和社会组织、企事业单位负责人	465	370	95	331	259	72	18	15	3
专业技术人员	3194	1340	1854	3299	1538	1760	285	141	144
办事人员和有关人员	1552	925	628	1602	951	651	96	57	39
社会生产服务和生活服务人员	3352	1865	1487	1813	1050	762	58	35	23
农、林、牧、渔业生产及辅助人员	206	138	68	74	61	13			
生产制造及有关人员	1294	1012	282	537	408	129	10	8	2
不便分类的其他从业人员	3	1	1	2	2				

5−6ab 全区分受教育程度、性别、职业大类的就业人口(城镇)

单位：人

职业大类	就业人口			未上过学			小学		
	合计	男	女	小计	男	女	小计	男	女
总计	**54480**	**32158**	**22322**	**874**	**331**	**543**	**5975**	**3105**	**2870**
党的机关、国家机关、群众团体和社会组织、企事业单位负责人	1174	930	244	2	1	1	25	21	4
专业技术人员	7839	3718	4122	10	8	2	96	65	32
办事人员和有关人员	4768	2998	1769	10	8	2	123	106	17
社会生产服务和生活服务人员	22794	12252	10542	217	67	150	2088	947	1140
农、林、牧、渔业生产及辅助人员	7561	3891	3670	517	167	350	2529	1125	1404
生产制造及有关人员	10298	8342	1956	118	81	38	1110	838	272
不便分类的其他从业人员	46	26	20				3	2	2

5−6ab 续表 1

单位：人

职业大类	初中			普通高中			中职		
	小计	男	女	小计	男	女	小计	男	女
总计	**20926**	**13166**	**7760**	**7605**	**4907**	**2698**	**3070**	**1746**	**1324**
党的机关、国家机关、群众团体和社会组织、企事业单位负责人	287	228	59	172	139	33	71	52	18
专业技术人员	692	460	232	618	366	252	588	235	353
办事人员和有关人员	690	522	169	581	382	199	279	152	127
社会生产服务和生活服务人员	10235	5520	4716	4049	2281	1769	1415	741	674
农、林、牧、渔业生产及辅助人员	3838	2135	1702	496	344	152	82	51	31
生产制造及有关人员	5150	4282	868	1683	1392	291	635	514	120
不便分类的其他从业人员	33	19	15	5	3	2	1	1	

5−6ab 续表 2

单位：人

职业大类	大学专科			大学本科			研究生		
	小计	男	女	小计	男	女	小计	男	女
总计	**8520**	**4751**	**3769**	**7052**	**3905**	**3147**	**457**	**246**	**212**
党的机关、国家机关、群众团体和社会组织、企事业单位负责人	359	285	74	240	188	52	18	15	3
专业技术人员	2488	1018	1469	3070	1432	1638	276	132	144
办事人员和有关人员	1463	868	596	1526	904	622	95	57	39
社会生产服务和生活服务人员	3019	1667	1352	1712	995	717	58	35	23
农、林、牧、渔业生产及辅助人员	77	52	25	22	17	5			
生产制造及有关人员	1111	860	252	479	367	112	10	8	2
不便分类的其他从业人员	2	1	1	1	1				

5-6a 全区分受教育程度、性别、职业大类的就业人口(城市)

单位：人

职业大类	就业人口			未上过学			小学		
	合计	男	女	小计	男	女	小计	男	女
总计	**34656**	**20342**	**14314**	**254**	**106**	**148**	**2213**	**1171**	**1042**
党的机关、国家机关、群众团体和社会组织、企事业单位负责人	814	638	176	1		1	12	11	2
专业技术人员	6020	2792	3228	4	3	1	53	33	20
办事人员和有关人员	3799	2348	1451	8	6	2	66	56	10
社会生产服务和生活服务人员	15777	8414	7363	118	37	81	1030	472	558
农、林、牧、渔业生产及辅助人员	1862	965	897	78	27	51	549	224	324
生产制造及有关人员	6378	5181	1197	45	33	12	503	376	128
不便分类的其他从业人员	6	4	1						

5-6a 续表 1

单位：人

职业大类	初中			普通高中			中职		
	小计	男	女	小计	男	女	小计	男	女
总计	**11508**	**7202**	**4305**	**5445**	**3415**	**2031**	**2388**	**1362**	**1026**
党的机关、国家机关、群众团体和社会组织、企事业单位负责人	172	131	41	138	110	28	59	45	14
专业技术人员	453	302	151	490	280	210	454	189	265
办事人员和有关人员	503	378	125	460	291	169	230	124	105
社会生产服务和生活服务人员	6449	3377	3071	3064	1698	1366	1122	586	536
农、林、牧、渔业生产及辅助人员	1007	555	452	157	114	43	35	21	14
生产制造及有关人员	2922	2457	465	1134	920	214	488	396	92
不便分类的其他从业人员	1	1		2	1	1	1	1	

5-6a 续表 2

单位：人

职业大类	大学专科			大学本科			研究生		
	小计	男	女	小计	男	女	小计	男	女
总计	**6669**	**3690**	**2979**	**5744**	**3167**	**2578**	**434**	**229**	**204**
党的机关、国家机关、群众团体和社会组织、企事业单位负责人	254	200	54	166	133	33	13	10	3
专业技术人员	1897	754	1143	2401	1106	1295	268	125	143
办事人员和有关人员	1159	691	468	1282	746	536	91	55	35
社会生产服务和生活服务人员	2457	1342	1115	1483	869	614	54	33	21
农、林、牧、渔业生产及辅助人员	29	18	11	7	5	2			
生产制造及有关人员	873	686	188	404	307	97	8	6	2
不便分类的其他从业人员				1	1				

5−6b　全区分受教育程度、性别、职业大类的就业人口(镇)

单位：人

职业大类	就业人口			未上过学			小学		
	合计	男	女	小计	男	女	小计	男	女
总　计	**19825**	**11816**	**8009**	**621**	**225**	**395**	**3762**	**1934**	**1828**
党的机关、国家机关、群众团体和社会组织、企事业单位负责人	360	292	68	1	1		13	11	2
专业技术人员	1819	926	893	6	5	1	44	32	12
办事人员和有关人员	969	650	319	2	2		57	50	7
社会生产服务和生活服务人员	7017	3838	3179	99	30	69	1058	476	582
农、林、牧、渔业生产及辅助人员	5700	2927	2773	439	140	299	1980	901	1079
生产制造及有关人员	3920	3161	759	74	48	26	607	463	144
不便分类的其他从业人员	41	22	19				3	2	2

5−6b　续表 1

单位：人

职业大类	初中			普通高中			中职		
	小计	男	女	小计	男	女	小计	男	女
总　计	**9418**	**5964**	**3454**	**2160**	**1492**	**667**	**682**	**384**	**298**
党的机关、国家机关、群众团体和社会组织、企事业单位负责人	115	98	17	35	29	5	12	8	4
专业技术人员	239	158	81	128	86	42	134	46	88
办事人员和有关人员	187	143	44	121	91	30	49	27	22
社会生产服务和生活服务人员	3787	2142	1644	985	582	403	293	155	138
农、林、牧、渔业生产及辅助人员	2830	1580	1250	339	229	110	47	30	17
生产制造及有关人员	2228	1825	403	549	472	78	147	118	29
不便分类的其他从业人员	32	17	15	3	2	1			

5−6b　续表 2

单位：人

职业大类	大学专科			大学本科			研究生		
	小计	男	女	小计	男	女	小计	男	女
总　计	**1851**	**1061**	**790**	**1307**	**738**	**569**	**24**	**17**	**7**
党的机关、国家机关、群众团体和社会组织、企事业单位负责人	105	86	20	74	56	19	5	5	
专业技术人员	591	264	326	669	326	343	8	7	1
办事人员和有关人员	304	176	128	244	159	86	4	1	3
社会生产服务和生活服务人员	562	326	236	229	126	103	4	1	3
农、林、牧、渔业生产及辅助人员	48	34	14	15	12	3			
生产制造及有关人员	238	174	64	75	60	15	2	2	
不便分类的其他从业人员	2	1	1						

5-6c 全区分受教育程度、性别、职业大类的就业人口(乡村)

单位：人

职业大类	就业人口			未上过学			小学		
	合计	男	女	小计	男	女	小计	男	女
总计	**48212**	**27787**	**20426**	**5479**	**1939**	**3539**	**16079**	**8439**	**7640**
党的机关、国家机关、群众团体和社会组织、企事业单位负责人	383	327	56	2	2		41	41	
专业技术人员	1822	1030	792	14	11	3	106	93	13
办事人员和有关人员	646	497	149	14	10	4	81	68	13
社会生产服务和生活服务人员	7071	4480	2591	201	93	108	1395	771	624
农、林、牧、渔业生产及辅助人员	31923	16143	15780	4951	1611	3340	12800	6077	6723
生产制造及有关人员	6351	5297	1054	296	212	84	1656	1389	267
不便分类的其他从业人员	17	13	4						

5-6c 续表 1

单位：人

职业大类	初中			普通高中			中职		
	小计	男	女	小计	男	女	小计	男	女
总计	**20807**	**13542**	**7265**	**2956**	**2166**	**790**	**730**	**426**	**304**
党的机关、国家机关、群众团体和社会组织、企事业单位负责人	107	95	12	35	32	3	2	2	
专业技术人员	378	264	114	180	122	58	200	103	97
办事人员和有关人员	193	153	40	163	148	15	30	14	17
社会生产服务和生活服务人员	4149	2801	1348	680	453	226	213	107	105
农、林、牧、渔业生产及辅助人员	12457	7271	5186	1395	964	431	139	91	49
生产制造及有关人员	3518	2952	566	497	442	55	143	108	35
不便分类的其他从业人员	6	6	1	7	5	3	2	1	1

5-6c 续表 2

单位：人

职业大类	大学专科			大学本科			研究生		
	小计	男	女	小计	男	女	小计	男	女
总计	**1546**	**899**	**647**	**606**	**365**	**241**	**10**	**10**	
党的机关、国家机关、群众团体和社会组织、企事业单位负责人	106	84	22	91	71	20			
专业技术人员	706	321	385	228	106	122	9	9	
办事人员和有关人员	89	57	32	76	46	29	1	1	
社会生产服务和生活服务人员	333	198	135	100	56	45			
农、林、牧、渔业生产及辅助人员	129	86	43	52	44	8			
生产制造及有关人员	182	152	30	58	41	17			
不便分类的其他从业人员	1	1		1	1				

5-7 各地区分性别、受教育程度的就业人口

单位：人

地　区	就业人口			未上过学			小　学		
	合计	男	女	小计	男	女	小计	男	女
全　区	**102693**	**59945**	**42748**	**6353**	**2270**	**4083**	**22054**	**11545**	**10510**
银川市	**34759**	**19804**	**14955**	**733**	**262**	**471**	**4487**	**2221**	**2266**
兴庆区	11187	6399	4788	116	44	72	631	341	290
西夏区	4678	2684	1994	22	6	16	553	249	304
金凤区	4805	2696	2109	134	61	73	446	266	180
永宁县	4450	2484	1966	166	51	115	967	486	481
贺兰县	4362	2473	1889	119	42	77	1020	502	518
灵武市	5278	3068	2210	176	58	118	869	377	493
石嘴山市	**12659**	**7780**	**4879**	**399**	**149**	**250**	**1702**	**915**	**788**
大武口区	4535	3029	1507	49	20	28	325	194	131
惠农区	3174	1877	1298	29	8	22	357	197	160
平罗县	4950	2875	2075	321	122	200	1020	524	496
吴忠市	**20180**	**12227**	**7953**	**1233**	**483**	**751**	**5169**	**2820**	**2349**
利通区	5161	3254	1907	211	90	121	933	573	360
红寺堡区	2987	1624	1363	245	78	167	1316	649	666
盐池县	2843	1679	1164	121	30	91	687	338	349
同心县	4099	2630	1469	291	127	164	1510	870	640
青铜峡市	5090	3040	2050	366	157	208	723	390	334
固原市	**18527**	**10415**	**8112**	**2258**	**763**	**1495**	**6463**	**3209**	**3255**
原州区	5771	3254	2518	742	221	522	1757	901	856
西吉县	5959	3299	2660	733	288	446	2342	1110	1232
隆德县	2621	1468	1152	216	63	153	917	455	462
泾源县	799	598	201	112	81	31	285	218	66
彭阳县	3377	1796	1581	454	110	344	1162	524	638
中卫市	**16568**	**9719**	**6849**	**1730**	**614**	**1116**	**4233**	**2380**	**1852**
沙坡头区	6161	3650	2511	286	85	201	1040	554	487
中宁县	5721	3145	2576	570	163	408	1491	767	725
海原县	4686	2924	1762	874	366	508	1701	1060	641

5-7 续表 1

单位：人

地区	初中			普通高中			中职		
	小计	男	女	小计	男	女	小计	男	女
全 区	**41733**	**26708**	**15025**	**10562**	**7073**	**3489**	**3800**	**2173**	**1627**
银川市	**12986**	**7888**	**5098**	**4538**	**2852**	**1686**	**1900**	**1039**	**860**
兴庆区	3112	1895	1217	1776	1073	702	823	449	374
西夏区	1516	950	566	733	462	271	341	195	146
金凤区	1028	614	414	565	348	217	246	132	114
永宁县	2494	1486	1008	321	218	102	136	59	76
贺兰县	2178	1311	867	477	311	166	149	81	68
灵武市	2657	1632	1026	667	440	228	204	122	82
石嘴山市	**6089**	**3967**	**2122**	**1680**	**1126**	**554**	**659**	**394**	**265**
大武口区	1872	1366	506	701	475	225	327	211	116
惠农区	1515	907	608	587	388	198	180	104	76
平罗县	2702	1694	1008	392	262	130	151	79	72
吴忠市	**9132**	**6060**	**3072**	**1554**	**1129**	**425**	**473**	**278**	**195**
利通区	2555	1698	857	455	329	126	213	131	83
红寺堡区	1006	629	377	166	119	47	41	20	21
盐池县	1215	816	399	291	232	59	67	28	39
同心县	1467	1110	357	256	199	58	44	25	19
青铜峡市	2889	1807	1083	385	250	135	107	74	33
固原市	**6108**	**4052**	**2056**	**1345**	**973**	**372**	**422**	**248**	**174**
原州区	1923	1302	621	437	318	119	213	112	101
西吉县	1712	1129	583	317	221	95	84	60	25
隆德县	911	563	348	294	210	84	57	32	25
泾源县	244	195	50	36	28	8	34	23	11
彭阳县	1318	864	454	261	196	65	34	21	13
中卫市	**7418**	**4741**	**2677**	**1445**	**993**	**452**	**346**	**214**	**133**
沙坡头区	3342	2067	1275	748	516	232	155	97	58
中宁县	2686	1626	1060	475	311	164	120	76	44
海原县	1390	1048	342	222	165	57	72	41	31

5-7 续表 2 单位：人

地 区	大学专科			大学本科			研究生		
	小计	男	女	小计	男	女	小计	男	女
全 区	**10066**	**5650**	**4415**	**7658**	**4270**	**3388**	**467**	**256**	**212**
银川市	**5185**	**2835**	**2351**	**4525**	**2490**	**2036**	**405**	**217**	**188**
兴庆区	2350	1264	1087	2209	1241	968	170	92	78
西夏区	844	464	380	586	312	273	83	45	38
金凤区	1045	579	466	1209	630	579	132	66	65
永宁县	254	122	131	109	59	50	3	2	2
贺兰县	281	150	131	133	74	60	5	3	2
灵武市	412	256	155	280	174	106	13	9	3
石嘴山市	**1285**	**758**	**527**	**826**	**461**	**366**	**18**	**10**	**8**
大武口区	725	444	281	521	310	211	16	8	7
惠农区	317	181	136	187	91	96	2	1	1
平罗县	244	134	110	118	60	59			
吴忠市	**1554**	**827**	**727**	**1048**	**618**	**430**	**16**	**11**	**5**
利通区	428	228	200	358	202	157	7	3	3
红寺堡区	99	63	37	113	64	50	1	1	
盐池县	335	142	193	124	92	32	2	1	2
同心县	226	120	107	301	176	125	3	3	
青铜峡市	466	275	191	151	86	65	2	2	
固原市	**1257**	**775**	**482**	**654**	**381**	**272**	**19**	**14**	**6**
原州区	428	253	174	262	143	119	10	4	6
西吉县	531	350	181	240	142	98			
隆德县	140	82	57	77	53	24	9	9	
泾源县	76	46	30	11	6	5			
彭阳县	83	43	40	64	38	27			
中卫市	**783**	**455**	**328**	**604**	**319**	**285**	**9**	**4**	**5**
沙坡头区	346	203	143	238	128	111	6	1	5
中宁县	216	114	101	163	88	75			
海原县	221	138	84	203	104	99	3	3	

5-7ab 各地区分性别、受教育程度的就业人口(城镇)

单位：人

地　区	就业人口			未上过学			小　学		
	合计	男	女	小计	男	女	小计	男	女
全　区	**54480**	**32158**	**22322**	**874**	**331**	**543**	**5975**	**3105**	**2870**
银川市	**25606**	**14618**	**10988**	**227**	**78**	**149**	**1853**	**916**	**937**
兴庆区	10793	6132	4660	102	39	64	509	266	244
西夏区	4231	2409	1822	20	6	14	415	184	231
金凤区	4113	2282	1832	30	10	20	186	117	70
永宁县	1780	1018	761	46	15	31	201	105	96
贺兰县	1936	1148	788	16	5	11	249	128	121
灵武市	2753	1629	1124	13	3	10	294	117	177
石嘴山市	**8845**	**5571**	**3274**	**85**	**30**	**55**	**778**	**437**	**341**
大武口区	4223	2818	1405	32	13	19	246	144	103
惠农区	2564	1469	1095	19	3	15	231	116	114
平罗县	2059	1284	775	34	14	20	301	177	124
吴忠市	**8493**	**5160**	**3332**	**188**	**93**	**95**	**1330**	**712**	**619**
利通区	3095	1896	1199	55	26	30	318	189	129
红寺堡区	862	472	390	7	4	3	180	72	108
盐池县	924	585	339	15	4	11	154	86	68
同心县	1619	1002	616	37	26	11	454	247	207
青铜峡市	1993	1206	787	74	33	40	224	117	107
固原市	**4806**	**2813**	**1993**	**170**	**68**	**102**	**1084**	**519**	**565**
原州区	1913	1198	715	23	12	11	262	150	112
西吉县	1039	573	466	24	9	15	364	156	208
隆德县	608	334	273	13	5	8	132	62	70
泾源县	258	184	74	25	21	4	56	41	14
彭阳县	988	524	464	85	21	64	270	109	160
中卫市	**6731**	**3996**	**2735**	**205**	**62**	**143**	**930**	**522**	**409**
沙坡头区	3325	1978	1348	80	20	61	370	206	164
中宁县	2235	1284	951	69	22	47	297	158	139
海原县	1171	734	436	55	20	35	264	158	106

5-7ab 续表 1 单位：人

地 区	初 中			普通高中			中 职		
	小计	男	女	小计	男	女	小计	男	女
全 区	**20926**	**13166**	**7760**	**7605**	**4907**	**2698**	**3070**	**1746**	**1324**
银川市	**8019**	**4830**	**3189**	**3931**	**2430**	**1501**	**1700**	**937**	**762**
兴庆区	2909	1749	1159	1737	1041	695	816	445	371
西夏区	1275	786	489	705	438	267	320	182	137
金凤区	768	446	322	544	336	208	222	116	106
永宁县	988	584	404	186	123	63	82	38	44
贺兰县	910	563	347	289	193	96	104	59	45
灵武市	1170	702	468	470	299	172	156	97	58
石嘴山市	**4027**	**2691**	**1336**	**1373**	**906**	**467**	**584**	**352**	**232**
大武口区	1722	1254	468	671	456	215	314	204	110
惠农区	1170	674	496	488	312	175	170	99	71
平罗县	1135	764	371	215	138	77	100	49	51
吴忠市	**3777**	**2464**	**1312**	**892**	**618**	**274**	**310**	**173**	**136**
利通区	1455	932	524	336	233	102	179	104	75
红寺堡区	383	219	164	83	57	26	26	11	15
盐池县	428	291	138	109	78	32	25	14	10
同心县	536	382	154	116	87	29	18	7	10
青铜峡市	974	641	333	248	163	85	62	37	25
固原市	**1756**	**1145**	**612**	**549**	**370**	**179**	**241**	**138**	**103**
原州区	621	436	186	257	175	83	164	90	75
西吉县	463	291	173	70	47	22	20	12	9
隆德县	214	115	99	90	59	31	23	15	8
泾源县	90	69	21	11	7	4	12	9	3
彭阳县	367	234	133	122	83	39	22	13	9
中卫市	**3346**	**2035**	**1311**	**860**	**583**	**277**	**236**	**146**	**90**
沙坡头区	1730	1037	694	499	341	158	121	78	42
中宁县	1253	741	512	257	166	91	75	47	28
海原县	363	258	105	104	77	28	41	21	20

5-7ab 续表 2

单位：人

地 区	大学专科			大学本科			研究生		
	小计	男	女	小计	男	女	小计	男	女
全 区	**8520**	**4751**	**3769**	**7052**	**3905**	**3147**	**457**	**246**	**212**
银川市	**5000**	**2746**	**2253**	**4471**	**2463**	**2008**	**405**	**217**	**188**
兴庆区	2343	1261	1082	2206	1239	967	170	92	78
西夏区	832	458	374	580	309	271	83	45	38
金凤区	1026	564	462	1204	627	577	132	66	65
永宁县	185	103	82	90	50	40	3	2	2
贺兰县	242	129	114	123	70	53	5	3	2
灵武市	371	232	139	268	169	99	13	9	3
石嘴山市	**1191**	**704**	**487**	**790**	**441**	**349**	**18**	**10**	**8**
大武口区	707	432	275	515	307	207	16	8	7
惠农区	302	174	128	182	88	93	2	1	1
平罗县	182	99	83	93	45	48			
吴忠市	**1076**	**569**	**508**	**903**	**520**	**383**	**16**	**11**	**5**
利通区	404	214	190	341	194	147	7	3	3
红寺堡区	81	50	30	101	57	44	1	1	
盐池县	116	64	52	74	47	27	2	1	2
同心县	188	96	92	267	154	113	3	3	
青铜峡市	288	144	144	120	68	52	2	2	
固原市	**632**	**359**	**273**	**363**	**210**	**153**	**10**	**4**	**6**
原州区	363	207	156	212	124	88	10	4	6
西吉县	59	37	22	39	21	17			
隆德县	89	52	37	46	26	20			
泾源县	56	32	23	9	4	4			
彭阳县	65	30	35	58	34	24			
中卫市	**620**	**373**	**247**	**525**	**271**	**254**	**8**	**3**	**5**
沙坡头区	301	180	121	220	116	104	5		5
中宁县	152	82	70	132	68	64			
海原县	167	111	56	173	87	86	3	3	

5-7a 各地区分性别、受教育程度的就业人口(城市)

单位：人

地区	就业人口			未上过学			小学		
	合计	男	女	小计	男	女	小计	男	女
全区	**34656**	**20342**	**14314**	**254**	**106**	**148**	**2213**	**1171**	**1042**
银川市	**19730**	**11182**	**8547**	**128**	**49**	**79**	**1030**	**515**	**515**
兴庆区	10334	5865	4469	97	39	58	453	244	209
西夏区	4030	2285	1745	14	4	11	350	152	198
金凤区	3854	2136	1718	7	3	4	104	64	41
永宁县									
贺兰县	91	70	21	2	2	1	16	11	5
灵武市	1420	826	594	7	2	5	106	44	62
石嘴山市	**6188**	**3920**	**2268**	**40**	**15**	**25**	**380**	**204**	**176**
大武口区	3977	2647	1330	29	12	18	191	111	81
惠农区	2212	1274	938	10	3	7	188	93	95
平罗县									
吴忠市	**4738**	**2794**	**1943**	**63**	**27**	**35**	**447**	**226**	**220**
利通区	2649	1589	1060	41	18	23	216	123	93
红寺堡区	727	398	329	7	4	3	113	42	71
盐池县									
同心县									
青铜峡市	1362	807	555	15	6	9	118	61	57
固原市	**1637**	**1023**	**614**	**12**	**9**	**3**	**201**	**120**	**81**
原州区	1637	1023	614	12	9	3	201	120	81
西吉县									
隆德县									
泾源县									
彭阳县									
中卫市	**2362**	**1422**	**941**	**12**	**6**	**6**	**157**	**107**	**50**
沙坡头区	2362	1422	941	12	6	6	157	107	50
中宁县									
海原县									

5-7a 续表 1

单位：人

地区	初中			普通高中			中职		
	小计	男	女	小计	男	女	小计	男	女
全 区	**11508**	**7202**	**4305**	**5445**	**3415**	**2031**	**2388**	**1362**	**1026**
银川市	**5062**	**3066**	**1996**	**3147**	**1901**	**1246**	**1419**	**776**	**643**
兴庆区	2642	1586	1056	1652	986	665	796	431	365
西夏区	1205	738	466	682	417	265	306	176	130
金凤区	644	377	266	535	328	207	219	114	105
永宁县									
贺兰县	41	36	5	13	10	2	8	6	1
灵武市	531	329	202	266	159	107	90	50	41
石嘴山市	**2553**	**1716**	**836**	**1096**	**722**	**374**	**465**	**295**	**169**
大武口区	1587	1156	431	644	434	210	312	203	109
惠农区	966	560	406	452	288	164	153	92	60
平罗县									
吴忠市	**2231**	**1381**	**851**	**573**	**382**	**191**	**233**	**132**	**102**
利通区	1217	764	453	289	196	93	159	91	67
红寺堡区	318	178	139	80	54	26	26	11	15
盐池县									
同心县									
青铜峡市	697	438	259	204	132	73	49	30	19
固原市	**463**	**325**	**138**	**239**	**158**	**82**	**160**	**86**	**73**
原州区	463	325	138	239	158	82	160	86	73
西吉县									
隆德县									
泾源县									
彭阳县									
中卫市	**1199**	**715**	**484**	**390**	**252**	**138**	**111**	**72**	**39**
沙坡头区	1199	715	484	390	252	138	111	72	39
中宁县									
海原县									

5-7a 续表 2 单位：人

地　区	大学专科			大学本科			研究生		
	小计	男	女	小计	男	女	小计	男	女
全　区	**6669**	**3690**	**2979**	**5744**	**3167**	**2578**	**434**	**229**	**204**
银川市	**4400**	**2399**	**2001**	**4153**	**2269**	**1884**	**392**	**208**	**184**
兴庆区	2326	1251	1075	2200	1237	963	170	92	78
西夏区	818	450	368	572	303	269	83	45	38
金凤区	1021	563	458	1195	624	571	129	64	65
永宁县									
贺兰县	10	4	5	2	2	1			
灵武市	226	131	94	184	104	80	9	7	2
石嘴山市	**967**	**577**	**390**	**671**	**381**	**290**	**18**	**10**	**8**
大武口区	693	422	272	504	301	204	16	8	7
惠农区	274	156	118	167	80	87	2	1	1
平罗县									
吴忠市	**677**	**356**	**322**	**503**	**284**	**219**	**10**	**7**	**3**
利通区	385	204	181	336	190	147	7	3	3
红寺堡区	81	50	30	101	57	44	1	1	
盐池县									
同心县									
青铜峡市	212	101	110	66	37	28	2	2	
固原市	**350**	**201**	**150**	**204**	**121**	**83**	**9**	**4**	**4**
原州区	350	201	150	204	121	83	9	4	4
西吉县									
隆德县									
泾源县									
彭阳县									
中卫市	**275**	**158**	**117**	**214**	**112**	**101**	**5**		**5**
沙坡头区	275	158	117	214	112	101	5		5
中宁县									
海原县									

5-7b 各地区分性别、受教育程度的就业人口(镇)

单位：人

地 区	就业人口			未上过学			小 学		
	合计	男	女	小计	男	女	小计	男	女
全 区	**19825**	**11816**	**8009**	**621**	**225**	**395**	**3762**	**1934**	**1828**
银川市	**5876**	**3436**	**2440**	**99**	**29**	**70**	**824**	**401**	**422**
兴庆区	458	267	191	6		6	56	21	35
西夏区	201	124	77	6	2	4	65	32	33
金凤区	259	146	113	23	7	16	82	53	29
永宁县	1780	1018	761	46	15	31	201	105	96
贺兰县	1845	1078	767	14	4	10	233	117	115
灵武市	1333	803	530	5	1	4	188	73	114
石嘴山市	**2657**	**1651**	**1006**	**45**	**15**	**30**	**398**	**233**	**165**
大武口区	246	171	75	2	1	2	55	33	22
惠农区	352	195	157	9	1	8	42	23	19
平罗县	2059	1284	775	34	14	20	301	177	124
吴忠市	**3755**	**2366**	**1389**	**125**	**66**	**59**	**884**	**485**	**398**
利通区	446	306	140	15	8	7	102	66	36
红寺堡区	136	74	62				67	31	37
盐池县	924	585	339	15	4	11	154	86	68
同心县	1619	1002	616	37	26	11	454	247	207
青铜峡市	630	398	232	59	28	31	107	56	51
固原市	**3168**	**1789**	**1379**	**158**	**59**	**99**	**883**	**399**	**484**
原州区	275	175	101	11	3	7	61	30	31
西吉县	1039	573	466	24	9	15	364	156	208
隆德县	608	334	273	13	5	8	132	62	70
泾源县	258	184	74	25	21	4	56	41	14
彭阳县	988	524	464	85	21	64	270	109	160
中卫市	**4368**	**2574**	**1794**	**193**	**56**	**137**	**774**	**415**	**358**
沙坡头区	963	556	407	69	14	55	213	99	114
中宁县	2235	1284	951	69	22	47	297	158	139
海原县	1171	734	436	55	20	35	264	158	106

5-7b 续表 1 单位：人

地区	初中			普通高中			中职		
	小计	男	女	小计	男	女	小计	男	女
全 区	**9418**	**5964**	**3454**	**2160**	**1492**	**667**	**682**	**384**	**298**
银川市	**2958**	**1764**	**1194**	**784**	**529**	**254**	**280**	**161**	**119**
兴庆区	267	163	103	85	55	30	20	14	6
西夏区	71	48	22	23	21	2	13	6	7
金凤区	125	69	56	10	8	1	3	2	1
永宁县	988	584	404	186	123	63	82	38	44
贺兰县	869	527	342	276	182	94	96	53	43
灵武市	639	373	266	204	139	64	65	48	18
石嘴山市	**1474**	**975**	**499**	**277**	**184**	**93**	**120**	**57**	**63**
大武口区	135	98	37	27	22	6	2	1	1
惠农区	204	114	90	36	25	11	18	7	11
平罗县	1135	764	371	215	138	77	100	49	51
吴忠市	**1545**	**1084**	**462**	**319**	**236**	**83**	**76**	**42**	**35**
利通区	239	168	71	47	37	10	21	13	8
红寺堡区	66	41	25	3	3				
盐池县	428	291	138	109	78	32	25	14	10
同心县	536	382	154	116	87	29	18	7	10
青铜峡市	277	203	74	44	32	12	13	7	6
固原市	**1294**	**820**	**474**	**310**	**212**	**98**	**81**	**51**	**29**
原州区	159	111	48	18	17	1	4	3	1
西吉县	463	291	173	70	47	22	20	12	9
隆德县	214	115	99	90	59	31	23	15	8
泾源县	90	69	21	11	7	4	12	9	3
彭阳县	367	234	133	122	83	39	22	13	9
中卫市	**2147**	**1321**	**826**	**470**	**331**	**139**	**125**	**74**	**51**
沙坡头区	531	322	209	109	89	20	9	7	3
中宁县	1253	741	512	257	166	91	75	47	28
海原县	363	258	105	104	77	28	41	21	20

5-7b 续表 2

单位：人

地 区	大学专科			大学本科			研究生		
	小计	男	女	小计	男	女	小计	男	女
全 区	**1851**	**1061**	**790**	**1307**	**738**	**569**	**24**	**17**	**7**
银川市	**600**	**348**	**253**	**318**	**194**	**124**	**13**	**9**	**4**
兴庆区	18	10	7	6	2	4			
西夏区	15	9	6	8	6	2			
金凤区	5	1	4	10	3	6	2	2	
永宁县	185	103	82	90	50	40	3	2	2
贺兰县	233	124	109	120	68	52	5	3	2
灵武市	145	101	44	83	65	18	3	2	1
石嘴山市	**224**	**127**	**97**	**119**	**60**	**59**			
大武口区	14	10	4	11	7	4			
惠农区	28	18	10	15	8	7			
平罗县	182	99	83	93	45	48			
吴忠市	**399**	**213**	**186**	**400**	**236**	**164**	**6**	**4**	**2**
利通区	19	10	9	5	5				
红寺堡区									
盐池县	116	64	52	74	47	27	2	1	2
同心县	188	96	92	267	154	113	3	3	
青铜峡市	76	42	34	55	31	24			
固原市	**282**	**158**	**124**	**159**	**89**	**70**	**1**		**1**
原州区	13	7	7	8	3	4	1		1
西吉县	59	37	22	39	21	17			
隆德县	89	52	37	46	26	20			
泾源县	56	32	23	9	4	4			
彭阳县	65	30	35	58	34	24			
中卫市	**345**	**216**	**130**	**311**	**159**	**153**	**3**	**3**	
沙坡头区	26	22	4	6	4	3			
中宁县	152	82	70	132	68	64			
海原县	167	111	56	173	87	86	3	3	

5−7c 各地区分性别、受教育程度的就业人口(乡村)

单位：人

地区	就业人口			未上过学			小学		
	合计	男	女	小计	男	女	小计	男	女
全 区	**48212**	**27787**	**20426**	**5479**	**1939**	**3539**	**16079**	**8439**	**7640**
银川市	**9153**	**5185**	**3967**	**506**	**184**	**322**	**2634**	**1305**	**1329**
兴庆区	394	267	127	14	6	8	122	75	47
西夏区	448	275	172	2		2	138	65	73
金凤区	691	414	277	103	50	53	260	150	110
永宁县	2670	1466	1204	121	36	84	766	381	385
贺兰县	2425	1324	1101	103	37	66	772	374	397
灵武市	2524	1439	1085	163	55	108	576	260	316
石嘴山市	**3814**	**2209**	**1605**	**315**	**119**	**195**	**925**	**478**	**447**
大武口区	312	211	102	17	8	9	79	50	29
惠农区	611	408	203	11	4	6	127	81	46
平罗县	2891	1591	1300	287	108	179	720	348	372
吴忠市	**11687**	**7066**	**4621**	**1045**	**389**	**656**	**3839**	**2108**	**1730**
利通区	2066	1358	707	155	65	91	615	383	232
红寺堡区	2125	1152	973	238	74	164	1136	577	559
盐池县	1919	1094	825	106	25	80	533	252	281
同心县	2481	1628	853	254	101	153	1056	624	432
青铜峡市	3097	1834	1263	292	124	168	499	272	226
固原市	**13721**	**7602**	**6119**	**2088**	**695**	**1393**	**5380**	**2690**	**2690**
原州区	3859	2056	1803	720	209	511	1495	750	744
西吉县	4920	2726	2194	709	279	430	1978	954	1024
隆德县	2013	1134	879	203	58	145	785	393	392
泾源县	541	414	127	87	60	27	229	177	52
彭阳县	2389	1272	1117	369	89	279	893	415	478
中卫市	**9837**	**5724**	**4114**	**1525**	**552**	**973**	**3302**	**1858**	**1444**
沙坡头区	2836	1673	1163	205	66	140	671	348	323
中宁县	3486	1861	1625	501	141	360	1195	608	586
海原县	3516	2190	1326	818	346	473	1437	902	535

5-7c 续表 1

单位：人

地 区	初 中			普通高中			中 职		
	小计	男	女	小计	男	女	小计	男	女
全 区	**20807**	**13542**	**7265**	**2956**	**2166**	**790**	**730**	**426**	**304**
银川市	**4967**	**3058**	**1909**	**607**	**422**	**185**	**200**	**102**	**98**
兴庆区	203	146	57	39	32	7	7	4	3
西夏区	241	164	77	28	24	4	21	13	8
金凤区	260	168	92	20	11	9	24	16	8
永宁县	1506	902	604	135	95	40	54	22	32
贺兰县	1268	748	520	188	118	70	45	22	24
灵武市	1488	929	558	197	141	56	48	25	23
石嘴山市	**2063**	**1276**	**786**	**307**	**220**	**87**	**74**	**41**	**33**
大武口区	151	112	38	30	20	10	13	7	6
惠农区	345	233	112	99	76	23	10	5	5
平罗县	1567	931	636	178	125	53	51	30	22
吴忠市	**5355**	**3596**	**1759**	**662**	**512**	**151**	**163**	**104**	**59**
利通区	1099	766	333	120	96	24	34	27	8
红寺堡区	623	410	213	83	63	21	15	9	6
盐池县	787	525	261	182	155	27	43	14	29
同心县	931	728	203	140	112	28	26	18	8
青铜峡市	1915	1166	749	137	87	51	45	37	8
固原市	**4352**	**2907**	**1445**	**795**	**603**	**192**	**182**	**110**	**71**
原州区	1301	866	435	179	143	36	49	23	26
西吉县	1249	838	411	247	174	73	64	48	16
隆德县	697	448	249	204	151	53	34	17	17
泾源县	154	125	29	25	21	4	23	15	8
彭阳县	951	629	322	140	113	26	12	8	4
中卫市	**4072**	**2706**	**1366**	**585**	**410**	**176**	**111**	**68**	**43**
沙坡头区	1611	1030	582	249	175	74	34	19	16
中宁县	1433	885	548	218	146	72	45	29	16
海原县	1027	791	237	118	89	29	31	20	11

5-7c 续表 2 单位：人

地区	大学专科			大学本科			研究生		
	小计	男	女	小计	男	女	小计	男	女
全 区	**1546**	**899**	**647**	**606**	**365**	**241**	**10**	**10**	
银川市	**186**	**88**	**97**	**55**	**27**	**28**			
兴庆区	7	3	4	3	1	1			
西夏区	12	6	6	6	4	2			
金凤区	19	15	4	5	4	1			
永宁县	69	20	49	19	9	10			
贺兰县	39	21	18	11	4	7			
灵武市	41	24	17	12	5	7			
石嘴山市	**94**	**54**	**40**	**37**	**20**	**16**			
大武口区	18	12	6	6	3	3			
惠农区	14	7	8	5	2	3			
平罗县	62	35	27	25	15	11			
吴忠市	**478**	**259**	**219**	**145**	**98**	**47**			
利通区	24	14	10	17	7	10			
红寺堡区	18	12	6	12	7	6			
盐池县	219	78	141	50	45	5			
同心县	38	23	15	34	22	13			
青铜峡市	178	131	47	31	17	13			
固原市	**625**	**416**	**209**	**291**	**172**	**119**	**9**	**9**	
原州区	64	46	18	51	19	32			
西吉县	472	312	159	201	120	80			
隆德县	51	31	20	31	27	4	9	9	
泾源县	20	14	6	2	2				
彭阳县	18	13	5	6	4	2			
中卫市	**163**	**82**	**81**	**79**	**48**	**31**	**1**	**1**	
沙坡头区	46	23	23	18	12	7	1	1	
中宁县	63	32	31	31	20	11			
海原县	54	26	28	30	17	13			

6 婚姻

6-1 全区分年龄、性别、婚姻状况的人口

单位：人

年 龄	合 计			未 婚		
	合计	男	女	小计	男	女
总 计	**165732**	**84773**	**80959**	**34004**	**19916**	**14088**
15-19	**14701**	**7765**	**6936**	**14215**	**7692**	**6523**
15	2496	1296	1200	2486	1290	1196
16	2704	1460	1244	2684	1457	1227
17	3238	1792	1446	3165	1782	1383
18	3084	1645	1438	2945	1632	1313
19	3180	1572	1608	2935	1531	1404
20-24	**17754**	**9307**	**8447**	**13286**	**7784**	**5502**
20	4131	2084	2047	3747	2006	1741
21	3757	2000	1757	3128	1836	1293
22	3492	1885	1607	2665	1622	1044
23	3239	1727	1512	2056	1295	761
24	3135	1610	1524	1689	1025	663
25-29	**18229**	**9163**	**9066**	**4667**	**3048**	**1619**
25	4128	2088	2041	1676	1044	632
26	3633	1808	1825	1142	750	392
27	3556	1768	1788	844	573	271
28	3560	1809	1751	555	368	187
29	3351	1690	1661	449	313	137
30-34	**16017**	**8160**	**7857**	**875**	**606**	**269**
30	3148	1569	1580	265	167	98
31	3097	1556	1540	211	149	62
32	3082	1615	1467	163	121	42
33	3586	1771	1815	121	90	31
34	3105	1650	1455	116	79	36
35-39	**17074**	**8765**	**8309**	**321**	**241**	**80**
35	3532	1805	1727	75	50	25
36	3400	1763	1638	76	56	21
37	3313	1659	1654	59	46	13
38	3178	1627	1551	46	35	11
39	3650	1911	1739	66	55	11

6-1 续表 1 单位：人

年 龄	有配偶			离 婚			丧 偶		
	小计	男	女	小计	男	女	小计	男	女
总 计	**121697**	**61406**	**60292**	**3288**	**1672**	**1617**	**6743**	**1780**	**4963**
15—19	**477**	**69**	**409**	**7**	**3**	**4**	**1**	**1**	
15	9	5	4						
16	20	3	17						
17	69	7	62	3	3	1			
18	138	14	124	1		1			
19	241	40	201	3		3	1	1	
20—24	**4394**	**1492**	**2902**	**72**	**30**	**42**	**2**	**1**	**1**
20	378	75	303	5	2	3	1	1	
21	625	163	462	3	1	2	1		1
22	813	257	555	14	6	8			
23	1165	426	739	18	6	12			
24	1413	571	842	32	14	18	1		1
25—29	**13276**	**5959**	**7318**	**271**	**153**	**118**	**14**	**3**	**11**
25	2403	1022	1381	47	21	25	2		2
26	2439	1031	1408	48	26	22	3		3
27	2672	1168	1504	39	25	13	2	1	1
28	2942	1409	1532	59	29	30	4	2	2
29	2820	1327	1493	78	51	28	3		3
30—34	**14692**	**7309**	**7383**	**400**	**235**	**165**	**50**	**10**	**40**
30	2809	1369	1440	63	31	32	11	2	9
31	2803	1358	1445	76	47	28	7	2	5
32	2834	1446	1388	72	46	26	13	1	12
33	3348	1617	1731	110	64	47	7	1	6
34	2898	1520	1378	79	47	32	12	4	8
35—39	**16093**	**8192**	**7902**	**562**	**316**	**246**	**98**	**17**	**81**
35	3328	1679	1649	114	74	40	16	2	13
36	3184	1635	1549	120	68	52	20	5	16
37	3118	1546	1571	115	59	56	22	8	14
38	3032	1547	1485	83	43	39	17	2	15
39	3431	1784	1647	131	72	59	22	1	22

6-1 续表 2

单位：人

年 龄	合 计			未 婚		
	合计	男	女	小计	男	女
40—44	**18160**	**9440**	**8720**	**256**	**213**	**43**
40	3646	1897	1749	59	45	15
41	3654	1882	1772	56	50	6
42	3709	1926	1782	52	41	11
43	3680	1908	1772	39	35	4
44	3472	1827	1645	49	42	7
45—49	**17678**	**9037**	**8641**	**179**	**152**	**27**
45	3972	1993	1979	51	35	15
46	3655	1864	1791	44	39	5
47	3724	1910	1814	44	41	4
48	3076	1622	1454	18	17	1
49	3252	1649	1603	23	21	2
50—54	**13484**	**6892**	**6593**	**90**	**74**	**17**
50	3068	1617	1452	23	18	5
51	3182	1599	1583	20	15	5
52	3326	1701	1625	30	24	6
53	2614	1291	1323	9	9	
54	1294	684	610	8	8	
55—59	**8796**	**4554**	**4242**	**41**	**38**	**3**
55	1655	897	759	6	6	
56	1354	710	644	5	5	
57	1801	937	864	11	9	3
58	2067	1065	1003	10	10	
59	1919	946	973	9	8	1
60—64	**8569**	**4288**	**4281**	**35**	**32**	**2**
60	2002	986	1016	7	6	1
61	1905	971	934	8	8	
62	1648	831	817	8	6	2
63	1661	793	868	5	5	
64	1353	707	646	7	7	
65及以上	**15269**	**7402**	**7867**	**38**	**35**	**3**

6-1 续表 3

单位：人

年龄	有配偶			离婚			丧偶		
	小计	男	女	小计	男	女	小计	男	女
40–44	**17112**	**8885**	**8227**	**622**	**296**	**326**	**170**	**46**	**124**
40	3433	1794	1639	121	50	71	32	7	25
41	3458	1763	1695	120	64	56	21	6	14
42	3495	1817	1678	123	59	64	38	9	29
43	3449	1787	1662	143	73	71	48	13	35
44	3277	1724	1553	115	50	64	30	10	21
45–49	**16652**	**8555**	**8097**	**550**	**256**	**294**	**296**	**73**	**223**
45	3735	1893	1842	143	57	86	43	8	36
46	3453	1768	1685	110	46	64	48	11	37
47	3499	1798	1700	118	54	64	63	16	47
48	2901	1535	1366	89	48	41	68	21	47
49	3065	1560	1504	90	50	40	74	17	57
50–54	**12656**	**6576**	**6079**	**378**	**163**	**216**	**360**	**79**	**281**
50	2889	1538	1350	83	42	41	73	18	55
51	2984	1525	1459	96	39	57	83	20	63
52	3117	1614	1504	102	45	56	77	18	59
53	2448	1245	1203	64	23	42	93	15	78
54	1218	653	564	33	13	20	35	9	27
55–59	**8072**	**4282**	**3790**	**197**	**107**	**90**	**486**	**127**	**359**
55	1510	830	680	52	34	18	87	27	61
56	1246	678	568	35	13	21	69	14	55
57	1651	873	778	45	23	22	93	32	61
58	1910	1018	892	29	13	16	119	24	95
59	1755	883	872	37	24	12	118	30	88
60–64	**7642**	**3995**	**3647**	**109**	**57**	**52**	**784**	**204**	**579**
60	1830	932	898	25	13	12	140	34	106
61	1718	901	817	30	16	15	148	46	102
62	1480	776	703	17	10	7	143	39	104
63	1450	735	716	20	10	10	186	43	142
64	1163	651	513	17	8	8	167	42	125
65及以上	**10630**	**6091**	**4539**	**120**	**57**	**63**	**4481**	**1218**	**3262**

6-1ab 全区分年龄、性别、婚姻状况的人口(城镇)

单位：人

年 龄	合 计			未 婚		
	合计	男	女	小计	男	女
总 计	**93677**	**47893**	**45784**	**19247**	**11155**	**8092**
15–19	**6777**	**3724**	**3053**	**6687**	**3708**	**2979**
15	997	543	454	995	543	452
16	1216	694	521	1212	694	518
17	1535	931	604	1516	926	590
18	1452	798	653	1429	796	633
19	1578	757	821	1535	749	786
20–24	**10173**	**5380**	**4793**	**8480**	**4809**	**3671**
20	2650	1326	1324	2555	1305	1250
21	2249	1198	1051	2042	1153	890
22	1970	1085	885	1670	998	672
23	1746	944	803	1264	780	484
24	1558	828	730	948	573	375
25–29	**10883**	**5367**	**5515**	**3067**	**1936**	**1131**
25	2318	1162	1157	1078	655	423
26	2138	1043	1095	748	481	267
27	2169	1045	1124	549	356	193
28	2214	1110	1105	407	257	150
29	2042	1007	1035	285	187	97
30–34	**9513**	**4713**	**4800**	**551**	**361**	**190**
30	1874	924	950	167	108	59
31	1878	919	959	137	85	52
32	1838	926	913	110	78	32
33	2149	1022	1127	80	56	23
34	1773	923	850	57	33	24
35–39	**10403**	**5307**	**5095**	**175**	**121**	**54**
35	2096	1083	1013	38	21	17
36	2043	1057	986	40	26	14
37	2074	1011	1063	33	23	10
38	1978	1007	971	28	21	7
39	2212	1149	1063	36	30	6

6−1ab 续表 1

单位：人

年 龄	有配偶			离 婚			丧 偶		
	小计	男	女	小计	男	女	小计	男	女
总 计	**68721**	**34861**	**33860**	**2378**	**1055**	**1323**	**3331**	**823**	**2508**
15−19	**89**	**14**	**74**	**2**	**2**				
15	2	1	2						
16	4		3						
17	17	3	14	1	1				
18	23	2	21						
19	42	8	35						
20−24	**1670**	**560**	**1110**	**23**	**11**	**12**			
20	93	20	73	1	1				
21	205	45	160	2		2			
22	295	85	210	5	2	3			
23	477	162	315	5	2	3			
24	599	248	352	10	7	4			
25−29	**7670**	**3359**	**4311**	**139**	**72**	**67**	**7**		**7**
25	1217	496	721	24	11	13			
26	1366	552	814	22	11	11	3		3
27	1603	680	923	16	9	7	1		1
28	1776	840	936	30	12	18	1		1
29	1708	790	918	48	30	18	2		2
30−34	**8692**	**4224**	**4468**	**245**	**124**	**120**	**25**	**3**	**22**
30	1665	795	870	36	19	17	6	2	4
31	1693	809	885	45	25	20	3		3
32	1678	824	854	45	23	21	5		5
33	1996	932	1065	70	34	36	3		3
34	1659	865	794	50	23	26	7	1	6
35−39	**9779**	**4986**	**4793**	**391**	**193**	**198**	**58**	**8**	**51**
35	1978	1019	959	71	43	28	9		9
36	1908	987	921	78	39	38	18	5	13
37	1944	948	996	87	38	50	10	3	7
38	1884	957	927	59	29	30	6		6
39	2065	1075	989	96	43	53	15	1	15

6-1ab 续表 2 单位：人

年龄	合计			未婚		
	合计	男	女	小计	男	女
40-44	**11117**	**5804**	**5313**	**126**	**98**	**29**
40	2231	1167	1064	32	23	9
41	2219	1167	1052	27	23	4
42	2283	1168	1115	26	18	8
43	2218	1147	1071	19	15	4
44	2166	1155	1011	22	19	3
45-49	**10254**	**5293**	**4961**	**79**	**60**	**19**
45	2375	1192	1183	22	10	12
46	2165	1100	1064	21	19	2
47	2180	1134	1045	13	10	3
48	1738	950	789	11	10	1
49	1797	917	879	13	11	2
50-54	**7528**	**3867**	**3661**	**40**	**25**	**15**
50	1705	904	802	11	5	5
51	1780	910	871	8	5	3
52	1963	1016	947	14	8	6
53	1420	696	724	2	2	
54	659	341	317	5	5	
55-59	**4729**	**2407**	**2322**	**11**	**11**	**1**
55	903	465	438			
56	777	380	397	2	2	
57	970	520	450	3	3	
58	1087	549	538	5	5	
59	992	492	499	2	1	1
60-64	**4432**	**2194**	**2238**	**13**	**10**	**2**
60	999	489	510	5	4	1
61	1033	492	541	4	4	
62	842	455	387	2		2
63	843	386	457	1	1	
64	714	371	343	1	1	
65及以上	**7869**	**3838**	**4031**	**18**	**16**	**2**

6-1ab 续表 3

单位：人

年 龄	有配偶			离 婚			丧 偶		
	小计	男	女	小计	男	女	小计	男	女
40-44	**10411**	**5488**	**4922**	**487**	**195**	**292**	**93**	**22**	**70**
40	2093	1106	987	86	33	54	19	5	14
41	2089	1102	987	90	38	52	13	5	8
42	2141	1107	1033	95	38	58	21	5	16
43	2057	1078	979	119	52	67	23	3	20
44	2031	1095	936	97	36	61	17	5	12
45-49	**9593**	**5040**	**4553**	**436**	**170**	**266**	**145**	**22**	**123**
45	2212	1141	1071	116	38	78	25	3	22
46	2032	1048	984	89	31	58	22	2	20
47	2039	1087	952	93	33	61	35	5	30
48	1632	900	732	70	36	35	25	4	21
49	1678	865	812	67	33	34	39	8	31
50-54	**6984**	**3683**	**3302**	**321**	**120**	**200**	**183**	**38**	**144**
50	1596	860	735	66	29	36	33	9	24
51	1653	870	783	80	27	53	40	8	31
52	1812	961	852	92	37	55	45	11	34
53	1316	670	646	54	17	37	48	7	41
54	608	322	286	29	10	18	17	4	13
55-59	**4306**	**2258**	**2048**	**163**	**82**	**81**	**248**	**56**	**192**
55	815	434	382	41	23	18	47	8	38
56	704	361	343	31	11	20	40	7	33
57	879	478	401	38	20	18	50	18	32
58	1004	527	477	23	8	15	55	9	46
59	904	458	445	31	20	11	56	14	42
60-64	**3958**	**2050**	**1908**	**87**	**44**	**44**	**374**	**90**	**284**
60	911	464	447	20	10	11	63	11	52
61	921	453	468	20	11	9	88	24	64
62	755	423	332	15	9	6	70	23	48
63	732	354	378	19	9	10	92	23	69
64	639	356	283	13	5	8	61	8	52
65及以上	**5570**	**3199**	**2371**	**84**	**40**	**43**	**2198**	**583**	**1615**

6-1a 全区分年龄、性别、婚姻状况的人口(城市)

单位：人

年 龄	合 计			未 婚		
	合计	男	女	小计	男	女
总 计	**62113**	**31301**	**30812**	**13336**	**7325**	**6010**
15-19	**4214**	**2264**	**1950**	**4174**	**2256**	**1918**
15	562	334	228	561	333	228
16	623	397	226	622	397	225
17	939	602	337	932	599	333
18	998	517	481	989	517	472
19	1091	414	677	1069	409	659
20-24	**7057**	**3532**	**3526**	**6190**	**3220**	**2969**
20	1930	831	1099	1889	822	1067
21	1614	796	817	1515	775	739
22	1353	724	629	1222	689	533
23	1171	641	530	892	535	358
24	990	540	450	672	399	272
25-29	**6809**	**3337**	**3473**	**2244**	**1372**	**872**
25	1406	719	687	777	473	304
26	1346	653	693	558	344	214
27	1424	689	735	412	250	162
28	1384	686	699	285	167	118
29	1249	590	659	213	138	75
30-34	**6080**	**2914**	**3166**	**414**	**266**	**148**
30	1186	564	622	121	76	45
31	1233	571	662	116	69	47
32	1165	577	588	82	58	24
33	1352	621	731	60	41	19
34	1145	581	564	35	22	13
35-39	**6976**	**3493**	**3483**	**127**	**83**	**44**
35	1385	717	669	27	14	12
36	1378	730	648	32	19	13
37	1396	643	753	22	15	8
38	1351	672	679	15	9	6
39	1465	732	734	32	26	5

6-1a 续表 1

单位：人

年 龄	有配偶			离 婚			丧 偶		
	小计	男	女	小计	男	女	小计	男	女
总 计	**44739**	**22658**	**22081**	**1845**	**775**	**1070**	**2194**	**543**	**1651**
15-19	**39**	**6**	**32**	**1**	**1**				
15	1	1							
16	1		1						
17	5	1	4	1	1				
18	9		9						
19	22	5	17						
20-24	**860**	**307**	**553**	**7**	**4**	**3**			
20	41	9	32						
21	98	21	77	1		1			
22	129	34	95	2	1	1			
23	276	105	171	2	1	1			
24	315	138	178	2	2				
25-29	**4484**	**1924**	**2560**	**77**	**41**	**37**	**4**		**4**
25	615	239	376	13	7	7			
26	774	304	470	13	5	8	1		1
27	1007	435	571	6	4	2			
28	1084	512	572	16	7	9			
29	1005	434	571	29	18	11	2		2
30-34	**5483**	**2566**	**2917**	**171**	**79**	**92**	**12**	**2**	**9**
30	1039	476	563	24	11	13	2	1	1
31	1084	485	599	32	17	15	1		1
32	1044	502	542	34	17	17	4		4
33	1243	559	684	49	21	28			
34	1073	545	529	32	13	19	4	1	3
35-39	**6514**	**3266**	**3248**	**295**	**139**	**156**	**39**	**5**	**34**
35	1299	667	632	53	36	18	6		6
36	1273	677	596	60	30	30	12	3	8
37	1300	602	698	67	25	42	8	2	6
38	1291	645	646	43	18	24	3		3
39	1351	675	676	72	30	42	10		10

6-1a 续表 2 单位：人

年 龄	合 计			未 婚		
	合计	男	女	小计	男	女
40—44	**7507**	**3934**	**3573**	**87**	**62**	**26**
40	1429	759	670	24	14	9
41	1499	784	715	20	16	4
42	1539	791	749	17	10	8
43	1550	789	761	11	9	2
44	1491	812	679	15	12	3
45—49	**6912**	**3547**	**3365**	**53**	**35**	**17**
45	1602	776	826	18	6	12
46	1478	767	711	14	12	2
47	1476	769	707	6	4	2
48	1166	631	536	6	6	
49	1189	604	585	9	7	2
50—54	**5092**	**2630**	**2461**	**25**	**12**	**13**
50	1159	607	552	7	3	5
51	1226	637	590	5	2	3
52	1342	700	642	8	2	5
53	946	461	485	1	1	
54	418	225	193	4	4	
55—59	**3179**	**1615**	**1565**	**7**	**6**	**1**
55	606	322	284			
56	520	257	263			
57	657	357	301	2	2	
58	731	354	377	3	3	
59	665	326	339	2	1	1
60—64	**2883**	**1404**	**1480**	**7**	**5**	**2**
60	627	304	323	3	3	
61	700	329	371	1	1	
62	535	292	243	2		2
63	548	244	305	1	1	
64	472	235	237	1	1	
65及以上	**5404**	**2632**	**2771**	**8**	**8**	

6-1a 续表 3 单位：人

年 龄	有配偶			离 婚			丧 偶		
	小计	男	女	小计	男	女	小计	男	女
40–44	**6985**	**3712**	**3273**	**381**	**146**	**235**	**55**	**15**	**40**
40	1331	718	613	64	23	41	10	4	6
41	1404	739	665	68	27	41	7	3	5
42	1431	748	683	75	28	47	16	5	11
43	1423	736	687	101	41	60	14	2	12
44	1395	770	625	73	28	45	8	2	6
45–49	**6406**	**3363**	**3043**	**363**	**135**	**228**	**90**	**13**	**77**
45	1474	739	734	95	28	67	15	2	13
46	1376	730	646	75	23	53	13	2	11
47	1371	735	635	79	28	51	21	2	19
48	1088	595	493	57	28	28	16	1	15
49	1098	563	535	57	28	29	25	5	20
50–54	**4687**	**2501**	**2186**	**268**	**93**	**175**	**111**	**24**	**87**
50	1078	578	500	51	21	30	22	6	17
51	1135	613	522	65	19	47	22	3	19
52	1223	658	564	81	29	51	31	10	21
53	868	442	426	48	15	33	29	3	26
54	384	210	174	23	9	14	8	3	5
55–59	**2862**	**1495**	**1368**	**143**	**70**	**72**	**167**	**44**	**124**
55	539	295	244	36	20	15	32	7	25
56	465	242	223	27	9	17	28	5	23
57	587	324	263	35	18	18	33	13	20
58	673	336	336	21	8	12	35	6	29
59	599	298	301	25	15	10	39	12	28
60–64	**2559**	**1306**	**1253**	**68**	**32**	**36**	**249**	**60**	**189**
60	574	289	285	16	6	10	34	6	29
61	614	301	313	17	10	7	69	18	51
62	476	270	206	13	7	6	45	16	29
63	479	220	259	14	6	7	55	17	38
64	417	226	190	9	4	6	46	4	41
65及以上	**3859**	**2212**	**1648**	**70**	**34**	**36**	**1467**	**379**	**1088**

6–1b 全区分年龄、性别、婚姻状况的人口(镇)

单位：人

年 龄	合 计			未 婚		
	合计	男	女	小计	男	女
总 计	**31564**	**16592**	**14971**	**5911**	**3829**	**2082**
15–19	**2563**	**1460**	**1104**	**2513**	**1452**	**1061**
15	435	209	226	434	209	225
16	592	297	295	589	297	293
17	596	329	267	584	327	257
18	453	281	172	440	279	160
19	487	343	144	466	340	126
20–24	**3116**	**1849**	**1268**	**2291**	**1589**	**701**
20	720	495	225	667	483	184
21	635	401	234	528	377	150
22	617	361	256	448	309	139
23	576	303	273	372	245	126
24	568	288	280	276	174	102
25–29	**4073**	**2030**	**2043**	**822**	**564**	**259**
25	913	443	470	300	181	119
26	792	390	402	190	137	53
27	745	356	389	137	106	31
28	830	424	406	123	90	33
29	794	418	376	72	50	22
30–34	**3433**	**1799**	**1634**	**137**	**95**	**42**
30	689	360	329	46	31	15
31	645	348	297	22	17	5
32	674	349	325	27	20	7
33	797	401	396	20	16	4
34	628	342	287	22	11	11
35–39	**3427**	**1814**	**1613**	**47**	**37**	**10**
35	710	366	344	11	7	4
36	666	328	338	8	7	1
37	678	368	310	11	8	3
38	627	335	291	13	12	1
39	747	418	329	4	4	1

6−1b 续表 1

单位：人

年 龄	有配偶			离 婚			丧 偶		
	小计	男	女	小计	男	女	小计	男	女
总 计	**23982**	**12203**	**11779**	**533**	**280**	**253**	**1137**	**280**	**857**
15−19	**50**	**8**	**42**						
15	1		1						
16	3		2						
17	12	2	10						
18	14	2	12						
19	20	3	18						
20−24	**809**	**252**	**557**	**16**	**7**	**9**			
20	52	11	41	1	1				
21	107	24	83	1		1			
22	166	51	115	3	1	2			
23	201	57	144	3	1	2			
24	284	110	174	8	4	4			
25−29	**3186**	**1435**	**1751**	**62**	**32**	**30**	**3**		**3**
25	602	257	345	10	4	6			
26	592	248	344	9	6	3	1		1
27	597	245	352	10	5	5	1		1
28	693	329	364	14	5	9	1		1
29	703	356	347	18	12	7			
30−34	**3209**	**1658**	**1551**	**74**	**45**	**29**	**14**	**1**	**12**
30	626	319	307	12	8	4	4	1	3
31	609	324	285	13	7	5	2		2
32	635	322	313	11	7	4	1		1
33	753	373	381	21	12	9	3		3
34	586	320	265	18	11	7	3		3
35−39	**3265**	**1721**	**1544**	**96**	**54**	**42**	**19**	**3**	**17**
35	679	352	327	17	7	10	3		3
36	634	310	324	17	9	8	6	1	5
37	644	346	298	21	13	8	2		2
38	594	313	281	16	11	5	3		3
39	714	400	314	24	13	11	5	1	4

6–1b 续表 2

单位：人

年 龄	合 计			未 婚		
	合计	男	女	小计	男	女
40–44	**3609**	**1869**	**1740**	**39**	**36**	**3**
40	802	408	394	9	9	
41	720	383	337	8	7	
42	744	377	367	9	8	1
43	668	358	310	7	5	2
44	675	343	333	7	7	
45–49	**3342**	**1746**	**1596**	**27**	**25**	**2**
45	772	416	357	4	4	
46	687	333	353	7	7	
47	703	365	338	7	6	1
48	572	319	253	4	3	1
49	608	313	295	4	4	
50–54	**2436**	**1236**	**1200**	**15**	**14**	**2**
50	546	297	250	3	3	1
51	554	273	281	3	3	
52	621	316	306	6	5	1
53	474	235	239	1	1	
54	240	116	124	1	1	
55–59	**1549**	**792**	**757**	**4**	**4**	
55	297	143	154			
56	257	124	133	2	2	
57	313	163	149	1	1	
58	356	195	161	1	1	
59	327	167	160			
60–64	**1549**	**791**	**758**	**6**	**5**	**1**
60	372	185	187	2	1	1
61	333	164	169	3	3	
62	307	163	144			
63	295	143	152			
64	242	136	105	1	1	
65及以上	**2465**	**1206**	**1260**	**10**	**8**	**2**

6-1b 续表 3

单位：人

年 龄	有配偶			离 婚			丧 偶		
	小计	男	女	小计	男	女	小计	男	女
40—44	**3426**	**1777**	**1650**	**106**	**50**	**57**	**38**	**7**	**31**
40	762	388	374	22	10	12	9	1	8
41	685	362	322	22	11	11	6	2	4
42	710	359	351	21	10	11	4		4
43	633	341	292	18	11	7	9	1	8
44	636	325	311	23	8	15	9	3	6
45—49	**3187**	**1677**	**1510**	**73**	**35**	**38**	**56**	**9**	**46**
45	738	401	337	21	10	11	9	1	9
46	656	318	338	14	8	5	10		10
47	668	351	317	15	5	10	14	3	11
48	545	305	240	14	7	6	9	3	6
49	580	302	278	10	4	6	14	3	11
50—54	**2297**	**1181**	**1116**	**52**	**27**	**25**	**71**	**14**	**57**
50	517	282	235	15	8	6	11	3	8
51	518	257	261	15	8	7	18	6	13
52	590	302	288	11	8	4	14	1	13
53	447	228	220	6	2	4	19	4	15
54	224	113	112	5	2	4	9		9
55—59	**1443**	**763**	**680**	**21**	**12**	**9**	**81**	**12**	**68**
55	276	139	138	6	3	3	15	1	13
56	239	119	120	4	1	3	12	1	11
57	292	154	137	3	3		17	5	12
58	331	190	141	3		3	21	3	18
59	305	160	144	5	5	1	17	2	15
60—64	**1399**	**744**	**655**	**19**	**11**	**8**	**125**	**30**	**95**
60	337	175	162	4	3	1	28	5	23
61	307	153	154	4	1	2	19	7	13
62	279	153	126	2	2		25	7	18
63	253	134	119	5	2	3	37	7	31
64	223	130	93	4	2	2	15	4	11
65及以上	**1710**	**987**	**724**	**14**	**7**	**7**	**731**	**204**	**527**

6-1c 全区分年龄、性别、婚姻状况的人口(乡村)

单位：人

年 龄	合 计			未 婚		
	合计	男	女	小计	男	女
总 计	**72055**	**36879**	**35176**	**14757**	**8761**	**5996**
15-19	**7924**	**4041**	**3883**	**7528**	**3984**	**3544**
15	1498	752	746	1491	748	743
16	1488	766	723	1472	763	709
17	1703	861	842	1649	856	793
18	1632	847	785	1516	835	681
19	1602	815	787	1400	782	618
20-24	**7581**	**3926**	**3654**	**4805**	**2974**	**1831**
20	1481	758	723	1192	701	491
21	1508	802	706	1086	683	403
22	1522	800	722	995	623	372
23	1493	783	710	792	515	277
24	1577	783	794	741	452	289
25-29	**7346**	**3796**	**3550**	**1601**	**1113**	**488**
25	1810	926	884	598	389	209
26	1494	765	730	395	270	125
27	1387	723	664	295	218	78
28	1346	699	646	148	111	37
29	1309	683	626	165	125	40
30-34	**6505**	**3447**	**3057**	**324**	**245**	**79**
30	1274	645	629	98	59	39
31	1218	638	581	73	64	10
32	1244	689	554	53	43	10
33	1437	749	688	41	33	8
34	1331	727	604	59	46	13
35-39	**6672**	**3458**	**3214**	**147**	**121**	**26**
35	1436	722	714	37	29	8
36	1357	706	652	36	29	7
37	1239	648	591	26	23	2
38	1200	620	580	18	14	4
39	1438	762	676	30	25	5

6−1c　续表 1　　单位：人

年　龄	有配偶			离　婚			丧　偶		
	小计	男	女	小计	男	女	小计	男	女
总　计	**52976**	**26544**	**26432**	**910**	**617**	**293**	**3412**	**957**	**2455**
15−19	**389**	**55**	**334**	**6**	**1**	**4**	**1**	**1**	
15	7	5	3						
16	16	3	14						
17	52	4	48	2	1	1			
18	115	12	103	1		1			
19	198	32	166	3		3	1	1	
20−24	**2724**	**933**	**1792**	**49**	**19**	**30**	**2**	**1**	**1**
20	285	55	230	4	1	3	1	1	
21	420	118	302	1	1		1		1
22	518	172	346	9	5	5			
23	688	264	424	13	4	9			
24	814	324	490	22	7	14	1		1
25−29	**5606**	**2599**	**3006**	**132**	**81**	**51**	**8**	**3**	**5**
25	1187	527	660	23	10	12	2		2
26	1073	479	594	26	16	11			
27	1069	488	581	22	16	6	1	1	
28	1165	569	596	29	17	12	4	2	2
29	1112	537	575	31	21	10	1		1
30−34	**6000**	**3085**	**2915**	**156**	**111**	**45**	**25**	**7**	**18**
30	1144	574	570	27	12	15	5		5
31	1110	550	560	31	22	9	4	2	2
32	1156	622	534	27	23	4	8	1	6
33	1352	685	667	40	30	10	4	1	3
34	1239	655	584	30	24	6	4	3	2
35−39	**6314**	**3205**	**3109**	**171**	**123**	**48**	**39**	**9**	**30**
35	1350	660	690	43	31	12	6	2	4
36	1276	648	629	42	29	14	3		3
37	1174	599	575	28	21	6	12	5	7
38	1148	590	558	24	14	10	11	2	9
39	1366	709	657	35	28	7	7		7

6-1c 续表 2 单位：人

年 龄	合 计			未 婚		
	合计	男	女	小计	男	女
40-44	**7043**	**3636**	**3407**	**130**	**116**	**14**
40	1415	730	685	27	22	5
41	1435	715	720	29	27	2
42	1426	759	667	26	23	3
43	1463	761	701	21	21	
44	1305	672	634	27	23	4
45-49	**7424**	**3744**	**3680**	**100**	**92**	**8**
45	1597	801	796	29	25	4
46	1490	763	727	23	19	3
47	1544	776	769	32	31	1
48	1337	672	665	7	7	
49	1455	732	724	10	10	
50-54	**5957**	**3025**	**2932**	**50**	**48**	**2**
50	1363	713	650	12	12	
51	1402	689	713	12	10	2
52	1363	685	678	16	16	
53	1194	595	598	7	7	
54	635	343	293	3	3	
55-59	**4067**	**2148**	**1920**	**30**	**27**	**3**
55	752	432	321	6	6	
56	577	330	247	3	3	
57	831	417	414	8	5	3
58	980	516	464	5	5	
59	927	453	474	7	7	
60-64	**4137**	**2094**	**2043**	**22**	**22**	
60	1003	497	506	2	2	
61	872	478	393	5	5	
62	805	376	429	6	6	
63	818	406	411	4	4	
64	639	336	303	5	5	
65及以上	**7400**	**3564**	**3836**	**21**	**19**	**1**

6-1c　续表 3　　　　单位：人

年　龄	有配偶			离　婚			丧　偶		
	小计	男	女	小计	男	女	小计	男	女
40-44	**6702**	**3397**	**3305**	**135**	**100**	**34**	**77**	**23**	**54**
40	1340	688	652	35	18	17	13	2	11
41	1369	661	708	30	26	4	8	2	6
42	1354	709	645	28	21	7	18	5	13
43	1393	710	683	24	21	3	25	10	15
44	1246	629	617	18	15	4	14	5	9
45-49	**7059**	**3515**	**3544**	**114**	**85**	**28**	**151**	**51**	**100**
45	1523	753	770	27	19	8	18	5	14
46	1421	720	701	21	15	6	26	9	17
47	1460	712	748	24	21	3	28	11	17
48	1269	635	633	19	13	6	43	17	26
49	1387	695	692	23	17	6	35	9	26
50-54	**5671**	**2894**	**2778**	**58**	**42**	**16**	**178**	**41**	**137**
50	1293	678	615	18	13	4	40	9	30
51	1331	656	676	16	12	4	43	11	32
52	1305	653	652	10	8	2	32	7	25
53	1132	575	557	10	5	5	45	8	37
54	609	331	278	4	3	1	18	5	13
55-59	**3766**	**2024**	**1742**	**34**	**25**	**9**	**238**	**71**	**167**
55	694	396	298	11	11		41	18	22
56	542	317	224	4	3	1	29	7	22
57	773	395	378	7	3	5	43	14	29
58	906	491	415	6	4	1	63	15	48
59	852	425	427	6	4	1	63	17	46
60-64	**3684**	**1945**	**1739**	**21**	**13**	**8**	**410**	**114**	**295**
60	919	468	451	5	4	1	77	23	54
61	797	448	350	10	4	6	60	22	38
62	725	353	371	2	1	1	73	16	57
63	719	381	338	1	1		94	20	73
64	524	295	229	4	3	1	106	33	73
65及以上	**5060**	**2893**	**2168**	**36**	**17**	**19**	**2283**	**635**	**1648**

6–2 全区分性别、受教育程度、婚姻状况的人口

单位：人

受教育程度	合计			未婚		
	合计	男	女	小计	男	女
总　　计	**165732**	**84773**	**80959**	**34004**	**19916**	**14088**
未上过学	16282	4869	11413	472	349	123
小　　学	34507	15959	18548	1370	979	391
初　　中	57999	32944	25055	8692	5945	2746
普通高中	20525	11099	9426	8342	4201	4141
中　　职	7357	4316	3040	3088	2126	962
大学专科	14524	7294	7231	4593	1927	2665
大学本科	13953	7985	5967	7281	4311	2970
研 究 生	586	306	280	167	76	91

6–2 续表

单位：人

受教育程度	有配偶			离婚			丧偶		
	小计	男	女	小计	男	女	小计	男	女
总　　计	**121697**	**61406**	**60292**	**3288**	**1672**	**1617**	**6743**	**1780**	**4963**
未上过学	12495	3842	8652	143	57	86	3172	620	2551
小　　学	30358	13992	16366	529	295	235	2250	693	1557
初　　中	46820	25767	21053	1576	896	679	912	336	576
普通高中	11509	6619	4890	508	223	286	165	56	110
中　　职	3994	2093	1902	162	64	99	112	34	79
大学专科	9595	5250	4345	249	93	157	88	24	64
大学本科	6519	3619	2899	114	40	75	39	15	24
研 究 生	408	223	185	6	5	1	4	2	2

6−2ab 全区分性别、受教育程度、婚姻状况的人口(城镇)

单位：人

受教育程度	合计			未婚		
	合计	男	女	小计	男	女
总 计	**93677**	**47893**	**45784**	**19247**	**11155**	**8092**
未上过学	4131	1135	2996	137	99	39
小 学	12685	5308	7377	294	224	69
初 中	31722	17190	14532	2922	2116	806
普通高中	14188	7291	6897	4298	1991	2306
中 职	5817	3502	2315	2056	1603	453
大学专科	12039	5965	6074	3217	1299	1918
大学本科	12532	7212	5320	6169	3753	2416
研 究 生	562	290	272	154	69	85

6−2ab 续表

单位：人

受教育程度	有配偶			离婚			丧偶		
	小计	男	女	小计	男	女	小计	男	女
总 计	**68721**	**34861**	**33860**	**2378**	**1055**	**1323**	**3331**	**823**	**2508**
未上过学	2918	820	2097	41	14	27	1035	201	834
小 学	10909	4679	6230	266	113	153	1217	293	924
初 中	27019	14315	12704	1088	543	545	693	216	477
普通高中	9270	5062	4208	471	195	276	149	42	106
中 职	3499	1808	1691	153	59	94	110	32	77
大学专科	8499	4560	3940	238	86	153	84	21	63
大学本科	6210	3404	2806	114	40	75	39	15	24
研 究 生	397	213	184	6	5	1	4	2	2

6–2a 全区分性别、受教育程度、婚姻状况的人口(城市)

单位：人

受教育程度	合计			未婚		
	合计	男	女	小计	男	女
总　计	**62113**	**31301**	**30812**	**13336**	**7325**	**6010**
未上过学	1893	548	1345	75	50	25
小　学	6121	2483	3639	136	107	30
初　中	19242	10088	9153	1478	1052	426
普通高中	10228	5147	5081	2744	1303	1441
中　职	4424	2614	1810	1412	1112	301
大学专科	9597	4617	4980	2511	929	1582
大学本科	10083	5535	4548	4843	2711	2133
研究生	525	270	256	135	62	72

6–2a 续表

单位：人

受教育程度	有配偶			离婚			丧偶		
	小计	男	女	小计	男	女	小计	男	女
总　计	**44739**	**22658**	**22081**	**1845**	**775**	**1070**	**2194**	**543**	**1651**
未上过学	1225	360	865	25	7	18	567	131	436
小　学	5051	2155	2895	154	57	97	781	164	617
初　中	16442	8503	7939	803	377	426	518	156	362
普通高中	6950	3639	3311	405	168	236	129	36	93
中　职	2786	1428	1358	136	51	85	90	24	66
大学专科	6804	3598	3205	213	73	140	69	16	53
大学本科	5102	2775	2327	102	36	67	35	13	22
研究生	380	200	180	6	5	1	4	2	2

6–2b 全区分性别、受教育程度、婚姻状况的人口(镇)

单位：人

受教育程度	合计			未婚		
	合计	男	女	小计	男	女
总　计	**31564**	**16592**	**14971**	**5911**	**3829**	**2082**
未上过学	2238	587	1651	62	49	13
小　学	6564	2826	3738	157	118	39
初　中	12480	7102	5378	1443	1064	379
普通高中	3961	2144	1816	1553	688	866
中　职	1393	888	506	644	491	152
大学专科	2442	1348	1094	706	370	336
大学本科	2449	1678	772	1326	1043	283
研究生	37	20	17	20	7	12

6–2b 续表

单位：人

受教育程度	有配偶			离婚			丧偶		
	小计	男	女	小计	男	女	小计	男	女
总　计	**23982**	**12203**	**11779**	**533**	**280**	**253**	**1137**	**280**	**857**
未上过学	1693	461	1232	16	7	8	468	70	397
小　学	5858	2523	3335	112	56	56	436	129	308
初　中	10578	5813	4765	285	166	119	174	59	115
普通高中	2320	1423	897	67	27	40	20	7	13
中　职	713	380	332	17	7	10	20	8	11
大学专科	1696	961	734	25	12	12	16	5	10
大学本科	1108	629	478	12	4	8	4	2	2
研究生	17	13	4						

6–2c 全区分性别、受教育程度、婚姻状况的人口(乡村)

单位：人

受教育程度	合 计			未 婚		
	合计	男	女	小计	男	女
总 计	**72055**	**36879**	**35176**	**14757**	**8761**	**5996**
未上过学	12151	3734	8416	335	251	84
小 学	21821	10650	11171	1076	755	321
初 中	26277	15754	10523	5770	3830	1940
普通高中	6336	3808	2528	4044	2210	1834
中 职	1540	814	725	1032	523	509
大学专科	2485	1328	1157	1375	629	747
大学本科	1420	773	647	1111	557	554
研 究 生	24	17	7	13	7	6

6–2c 续表

单位：人

受教育程度	有配偶			离 婚			丧 偶		
	小计	男	女	小计	男	女	小计	男	女
总 计	**52976**	**26544**	**26432**	**910**	**617**	**293**	**3412**	**957**	**2455**
未上过学	9577	3022	6555	102	43	59	2137	419	1718
小 学	19449	9313	10136	263	182	82	1033	401	632
初 中	19800	11451	8349	487	353	134	220	120	100
普通高中	2239	1558	681	37	27	9	16	13	3
中 职	496	285	211	10	5	4	2	1	1
大学专科	1095	690	405	11	7	4	3	3	1
大学本科	309	215	93						
研 究 生	11	10	1						

6−3 全区分性别、职业、婚姻状况的人口

单位：人

职业大类	合计			未婚		
	合计	男	女	小计	男	女
总计	**102812**	**60023**	**42789**	**12671**	**8512**	**4159**
党的机关、国家机关、群众团体和社会组织、企事业单位负责人	1557	1258	300	90	52	38
专业技术人员	9676	4752	4924	1985	829	1157
办事人员和有关人员	5414	3495	1919	796	474	322
社会生产服务和生活服务人员	29910	16767	13143	4448	2858	1590
农、林、牧、渔业生产及辅助人员	39541	20072	19469	3023	2217	805
生产制造及有关人员	16650	13640	3010	2302	2063	240
不便分类的其他从业人员	64	40	24	26	20	7

6−3 续表

单位：人

职业大类	有配偶			离婚			丧偶		
	小计	男	女	小计	男	女	小计	男	女
总计	**86550**	**49781**	**36769**	**2288**	**1294**	**993**	**1303**	**436**	**867**
党的机关、国家机关、群众团体和社会组织、企事业单位负责人	1439	1189	249	20	11	9	8	5	3
专业技术人员	7462	3842	3619	187	71	116	42	10	31
办事人员和有关人员	4421	2909	1513	148	84	64	48	29	19
社会生产服务和生活服务人员	24228	13442	10787	971	402	569	263	65	197
农、林、牧、渔业生产及辅助人员	35119	17182	17938	536	397	139	863	276	587
生产制造及有关人员	13847	11200	2648	422	327	95	79	50	28
不便分类的其他从业人员	33	18	15	3	2	1	2		2

6–3ab 全区分性别、职业、婚姻状况的人口(城镇)

单位：人

职业大类	合计			未婚		
	合计	男	女	小计	男	女
总　计	**54503**	**32176**	**22327**	**6418**	**4085**	**2333**
党的机关、国家机关、群众团体和社会组织、企事业单位负责人	1174	930	244	58	43	15
专业技术人员	7841	3719	4122	1381	622	759
办事人员和有关人员	4768	2998	1769	537	284	254
社会生产服务和生活服务人员	22810	12266	10544	2908	1825	1083
农、林、牧、渔业生产及辅助人员	7566	3894	3672	410	303	107
生产制造及有关人员	10298	8342	1956	1112	999	113
不便分类的其他从业人员	46	26	20	12	9	2

6–3ab 续表

单位：人

职业大类	有配偶			离婚			丧偶		
	小计	男	女	小计	男	女	小计	男	女
总　计	**46088**	**27213**	**18875**	**1560**	**759**	**801**	**436**	**119**	**317**
党的机关、国家机关、群众团体和社会组织、企事业单位负责人	1091	873	218	19	11	8	6	3	3
专业技术人员	6264	3037	3228	165	57	107	31	3	28
办事人员和有关人员	4054	2622	1432	144	80	64	32	13	19
社会生产服务和生活服务人员	18887	10091	8796	822	308	514	193	42	151
农、林、牧、渔业生产及辅助人员	6899	3466	3433	128	87	41	129	37	92
生产制造及有关人员	8863	7110	1753	280	213	67	43	20	23
不便分类的其他从业人员	30	15	15	3	2	1	2		2

6−3a　全区分性别、职业、婚姻状况的人口(城市)

单位：人

职业大类	合计			未婚		
	合计	男	女	小计	男	女
总　计	**34660**	**20347**	**14314**	**4257**	**2582**	**1675**
党的机关、国家机关、群众团体和社会组织、企事业单位负责人	814	638	176	41	27	14
专业技术人员	6021	2793	3228	1061	486	575
办事人员和有关人员	3799	2348	1451	406	205	201
社会生产服务和生活服务人员	15781	8418	7363	2013	1222	792
农、林、牧、渔业生产及辅助人员	1862	965	897	76	55	21
生产制造及有关人员	6378	5181	1197	658	586	72
不便分类的其他从业人员	6	4	1	1	1	

6−3a　续表

单位：人

职业大类	有配偶			离婚			丧偶		
	小计	男	女	小计	男	女	小计	男	女
总　计	**29027**	**17169**	**11858**	**1159**	**540**	**619**	**217**	**56**	**162**
党的机关、国家机关、群众团体和社会组织、企事业单位负责人	750	599	152	17	9	8	6	3	3
专业技术人员	4797	2258	2539	142	48	94	22	1	21
办事人员和有关人员	3247	2062	1184	123	70	53	23	10	13
社会生产服务和生活服务人员	13014	6939	6075	633	234	399	121	24	97
农、林、牧、渔业生产及辅助人员	1712	868	844	48	33	14	26	8	18
生产制造及有关人员	5503	4439	1063	196	146	51	20	10	11
不便分类的其他从业人员	5	3	1						

6-3b 全区分性别、职业、婚姻状况的人口(镇)

单位：人

职业大类	合计			未婚		
	合计	男	女	小计	男	女
总 计	**19843**	**11830**	**8013**	**2161**	**1503**	**658**
党的机关、国家机关、群众团体和社会组织、企事业单位负责人	360	292	68	17	15	1
专业技术人员	1820	926	893	320	136	184
办事人员和有关人员	969	650	319	131	79	52
社会生产服务和生活服务人员	7029	3848	3181	894	603	291
农、林、牧、渔业生产及辅助人员	5704	2929	2775	334	248	86
生产制造及有关人员	3920	3161	759	453	413	40
不便分类的其他从业人员	41	22	19	11	8	2

6-3b 续表

单位：人

职业大类	有配偶			离婚			丧偶		
	小计	男	女	小计	男	女	小计	男	女
总 计	**17061**	**10044**	**7017**	**401**	**219**	**183**	**219**	**64**	**155**
党的机关、国家机关、群众团体和社会组织、企事业单位负责人	340	274	66	2	2		1	1	
专业技术人员	1468	779	689	23	9	14	9	3	7
办事人员和有关人员	808	560	248	21	9	12	9	3	6
社会生产服务和生活服务人员	5874	3152	2722	189	74	115	73	19	54
农、林、牧、渔业生产及辅助人员	5187	2598	2589	80	54	26	103	29	74
生产制造及有关人员	3360	2670	690	83	68	16	23	10	13
不便分类的其他从业人员	25	11	14	3	2	1	2		2

6–3c　全区分性别、职业、婚姻状况的人口(乡村)

单位：人

职业大类	合计			未婚		
	合计	男	女	小计	男	女
总　计	**48309**	**27847**	**20462**	**6253**	**4427**	**1826**
党的机关、国家机关、群众团体和社会组织、企事业单位负责人	383	327	56	32	9	23
专业技术人员	1835	1033	802	604	207	398
办事人员和有关人员	646	497	149	259	190	69
社会生产服务和生活服务人员	7100	4501	2599	1540	1033	507
农、林、牧、渔业生产及辅助人员	31975	16178	15798	2613	1914	698
生产制造及有关人员	6352	5298	1054	1190	1063	127
不便分类的其他从业人员	17	13	4	14	10	4

6–3c　续表

单位：人

职业大类	有配偶			离婚			丧偶		
	小计	男	女	小计	男	女	小计	男	女
总　计	**40462**	**22568**	**17894**	**727**	**535**	**192**	**867**	**317**	**550**
党的机关、国家机关、群众团体和社会组织、企事业单位负责人	348	316	32	1		1	2	2	
专业技术人员	1197	806	392	22	13	9	10	7	3
办事人员和有关人员	367	287	80	4	4		16	16	
社会生产服务和生活服务人员	5341	3351	1991	149	95	55	69	23	47
农、林、牧、渔业生产及辅助人员	28220	13715	14505	408	309	99	734	239	495
生产制造及有关人员	4984	4090	894	142	114	28	36	31	5
不便分类的其他从业人员	3	3							

7

家庭

7-1 各地区家庭户规模

单位：户

地 区	家庭户户 数	一人户	二人户	三人户	四人户	五人户	六人户	七人户	八人户	九人户	十人及以上户
全 区	**61093**	**5781**	**14680**	**17189**	**13014**	**6063**	**2937**	**955**	**314**	**97**	**62**
银川市	**21564**	**2367**	**5725**	**7566**	**3819**	**1337**	**568**	**125**	**42**	**6**	**8**
兴庆区	7884	1090	2077	3111	1155	317	94	31	6		3
西夏区	3331	384	918	1166	524	219	92	18	5	3	3
金凤区	3166	281	840	1273	539	168	55	9	1		
永宁县	2213	205	547	651	481	194	98	24	12		1
贺兰县	2410	231	682	642	513	225	83	25	8	2	
灵武市	2561	177	661	723	608	214	145	20	11	1	1
石嘴山市	**8072**	**1065**	**2306**	**2569**	**1486**	**431**	**143**	**42**	**13**	**7**	**9**
大武口区	3120	457	861	1018	541	177	46	16	4		1
惠农区	2187	335	656	749	331	84	22	9			1
平罗县	2766	273	790	802	614	170	75	17	9	7	8
吴忠市	**12178**	**1041**	**3009**	**2845**	**2969**	**1270**	**687**	**222**	**82**	**29**	**25**
利通区	3741	299	991	1003	899	309	183	26	23	6	4
红寺堡区	1388	55	167	230	441	255	147	60	15	9	8
盐池县	1617	202	566	371	350	88	29	9	2		
同心县	2480	122	417	450	668	401	258	104	36	13	12
青铜峡市	2952	363	868	792	613	217	70	23	6	1	1
固原市	**9738**	**668**	**1691**	**1991**	**2468**	**1638**	**819**	**321**	**98**	**34**	**11**
原州区	3499	256	694	837	879	503	217	82	21	7	2
西吉县	2460	132	316	376	617	506	301	144	48	14	5
隆德县	1375	114	284	323	304	203	106	26	13	2	
泾源县	804	60	133	128	213	156	74	27	9	3	1
彭阳县	1600	107	264	327	454	269	121	40	7	6	3
中卫市	**9541**	**640**	**1949**	**2218**	**2272**	**1386**	**720**	**245**	**78**	**21**	**9**
沙坡头区	3744	319	895	1096	802	383	168	47	26	5	3
中宁县	2810	193	553	603	703	407	242	82	21	4	2
海原县	2987	128	501	519	768	596	310	117	32	12	5

7-1ab 各地区家庭户规模(城镇)

单位：户

地　区	家庭户户数	一人户	二人户	三人户	四人户	五人户	六人户	七人户	八人户	九人户	十人及以上户
全　区	**36008**	**4077**	**9269**	**12404**	**6802**	**2236**	**873**	**243**	**68**	**19**	**17**
银川市	**17074**	**2081**	**4637**	**6612**	**2658**	**755**	**261**	**53**	**12**	**2**	**2**
兴庆区	7529	1080	2016	3030	1049	262	64	19	6		2
西夏区	3086	381	893	1106	464	175	55	8	1	1	
金凤区	2800	274	779	1196	395	115	34	6			
永宁县	1012	104	252	361	202	63	21	5	3		
贺兰县	1186	128	318	417	227	64	25	7	1	1	
灵武市	1462	115	378	502	321	76	61	7	1		
石嘴山市	**6057**	**859**	**1746**	**2106**	**1003**	**254**	**62**	**22**	**4**		**1**
大武口区	2944	451	835	990	479	144	30	12	3		1
惠农区	1805	262	534	651	257	74	19	8			1
平罗县	1308	147	378	465	267	37	13	1	1		
吴忠市	**5702**	**537**	**1415**	**1644**	**1336**	**433**	**231**	**65**	**22**	**10**	**10**
利通区	2371	228	685	730	502	133	67	11	8	6	1
红寺堡区	432	15	54	84	166	64	38	8	1		
盐池县	578	82	133	160	142	40	17	4			
同心县	956	40	162	231	266	127	81	29	10	3	7
青铜峡市	1366	171	379	440	260	68	29	13	3	1	1
固原市	**3239**	**273**	**638**	**870**	**839**	**404**	**149**	**46**	**15**	**4**	**2**
原州区	1608	148	351	525	384	144	41	10	4	1	1
西吉县	509	17	68	92	144	110	49	23	4	1	
隆德县	388	37	80	109	86	46	24	3	3		
泾源县	228	21	47	35	66	34	16	5	3	1	
彭阳县	507	49	93	109	160	70	20	5	1	1	1
中卫市	**3935**	**327**	**833**	**1171**	**965**	**390**	**170**	**58**	**15**	**4**	**2**
沙坡头区	2112	201	526	720	443	150	50	14	6		2
中宁县	1219	98	234	336	328	136	61	22	3	1	
海原县	605	27	73	116	194	103	60	22	6	3	1

7-1a 各地区家庭户规模(城市)

单位：户

地 区	家庭户户 数	一人户	二人户	三人户	四人户	五人户	六人户	七人户	八人户	九人户	十人及以上户
全 区	**24232**	**2988**	**6598**	**9139**	**3966**	**1114**	**326**	**76**	**19**	**3**	**3**
银川市	**13554**	**1687**	**3736**	**5469**	**1933**	**543**	**149**	**31**	**6**		
兴庆区	7185	1020	1923	2933	975	251	60	17	6		
西夏区	2858	355	851	1057	403	147	38	7			
金凤区	2636	252	745	1166	344	98	26	5			
永宁县											
贺兰县	58	5	22	19	8	3	1				
灵武市	817	55	195	294	203	44	24	1			
石嘴山市	**4355**	**687**	**1271**	**1529**	**630**	**183**	**37**	**15**	**3**		**1**
大武口区	2768	447	819	947	409	116	20	7	3		
惠农区	1587	240	451	582	221	67	18	8			1
平罗县											
吴忠市	**3331**	**328**	**872**	**1042**	**762**	**201**	**88**	**25**	**8**	**3**	**2**
利通区	2030	199	596	647	428	99	45	9	4	2	1
红寺堡区	370	14	42	73	144	61	28	7	1		
盐池县											
同心县											
青铜峡市	932	116	235	323	190	41	15	9	2	1	1
固原市	**1396**	**126**	**297**	**489**	**338**	**110**	**30**	**3**	**2**		
原州区	1396	126	297	489	338	110	30	3	2		
西吉县											
隆德县											
泾源县											
彭阳县											
中卫市	**1596**	**160**	**422**	**610**	**303**	**78**	**22**	**2**			
沙坡头区	1596	160	422	610	303	78	22	2			
中宁县											
海原县											

7-1b 各地区家庭户规模(镇)

单位：户

地　区	家庭户户　数	一人户	二人户	三人户	四人户	五人户	六人户	七人户	八人户	九人户	十人及以上户
全　区	**11776**	**1088**	**2671**	**3266**	**2836**	**1122**	**547**	**167**	**49**	**16**	**14**
银川市	**3520**	**394**	**901**	**1143**	**725**	**212**	**112**	**22**	**6**	**2**	**2**
兴庆区	344	60	93	97	74	12	4	2			2
西夏区	228	26	42	49	61	28	18	1	1	1	
金凤区	164	22	34	30	51	17	8	1			
永宁县	1012	104	252	361	202	63	21	5	3		
贺兰县	1128	123	296	398	219	61	24	7	1	1	
灵武市	645	60	183	208	118	32	37	6	1		
石嘴山市	**1703**	**172**	**476**	**578**	**373**	**71**	**24**	**7**	**1**		**1**
大武口区	177	4	16	43	70	28	10	5			1
惠农区	218	22	82	69	35	7	1	1			
平罗县	1308	147	378	465	267	37	13	1	1		
吴忠市	**2371**	**208**	**542**	**602**	**575**	**232**	**143**	**40**	**14**	**7**	**7**
利通区	342	30	90	83	74	34	21	2	3	3	
红寺堡区	61	1	13	11	22	3	10	1			
盐池县	578	82	133	160	142	40	17	4			
同心县	956	40	162	231	266	127	81	29	10	3	7
青铜峡市	434	56	144	117	70	28	14	4	1		
固原市	**1843**	**146**	**341**	**381**	**502**	**293**	**119**	**42**	**13**	**4**	**2**
原州区	212	21	54	36	46	33	11	6	2	1	1
西吉县	509	17	68	92	144	110	49	23	4	1	
隆德县	388	37	80	109	86	46	24	3	3		
泾源县	228	21	47	35	66	34	16	5	3	1	
彭阳县	507	49	93	109	160	70	20	5	1	1	1
中卫市	**2339**	**167**	**410**	**562**	**662**	**312**	**149**	**56**	**15**	**4**	**2**
沙坡头区	516	41	104	110	140	73	29	12	6		2
中宁县	1219	98	234	336	328	136	61	22	3	1	
海原县	605	27	73	116	194	103	60	22	6	3	1

7-1c 各地区家庭户规模(乡村)

单位：户

地 区	家庭户户数	一人户	二人户	三人户	四人户	五人户	六人户	七人户	八人户	九人户	十人及以上户
全 区	**25085**	**1705**	**5411**	**4785**	**6212**	**3827**	**2064**	**712**	**246**	**78**	**45**
银川市	**4491**	**286**	**1088**	**954**	**1161**	**582**	**307**	**72**	**30**	**4**	**6**
兴庆区	355	10	61	81	106	55	30	11			1
西夏区	246	3	25	60	59	44	37	9	4	2	3
金凤区	366	6	61	77	144	53	21	3	1		
永宁县	1201	101	295	291	278	131	77	19	8		1
贺兰县	1224	104	363	225	286	162	58	18	7	1	
灵武市	1099	62	283	220	287	138	84	12	10	1	1
石嘴山市	**2015**	**206**	**560**	**462**	**483**	**177**	**81**	**20**	**9**	**7**	**8**
大武口区	175	6	26	27	62	33	16	4			
惠农区	382	73	122	98	74	11	3	1			
平罗县	1458	127	412	337	347	133	62	16	9	7	8
吴忠市	**6476**	**504**	**1594**	**1201**	**1633**	**837**	**456**	**157**	**60**	**19**	**15**
利通区	1370	70	306	273	396	176	116	15	15		3
红寺堡区	956	40	112	146	274	191	110	52	14	9	8
盐池县	1039	120	433	211	208	48	12	5	2		
同心县	1524	82	254	219	402	274	177	75	26	10	5
青铜峡市	1587	191	489	352	353	148	41	10	4		
固原市	**6498**	**396**	**1052**	**1121**	**1628**	**1234**	**670**	**275**	**83**	**30**	**9**
原州区	1891	108	344	312	495	359	176	73	17	6	1
西吉县	1951	114	248	284	473	396	252	122	44	14	5
隆德县	987	76	204	214	218	157	82	23	10	2	
泾源县	577	39	86	93	147	122	58	23	6	2	1
彭阳县	1093	58	171	219	295	199	101	35	7	6	3
中卫市	**5605**	**313**	**1116**	**1047**	**1307**	**997**	**550**	**187**	**63**	**18**	**7**
沙坡头区	1632	118	369	377	359	233	118	33	20	5	1
中宁县	1591	95	319	267	375	271	182	60	18	3	2
海原县	2382	101	428	403	574	493	250	94	26	9	4

7-2 各地区家庭户类别

单位：户

地　　区	家庭户户数	一代户	二代户	三代户	四代户	五代及以上户
全　区	**61093**	**18098**	**34723**	**8080**	**191**	
银川市	**21564**	**7313**	**11970**	**2228**	**53**	
兴庆区	7884	2849	4450	573	13	
西夏区	3331	1194	1777	353	8	
金凤区	3166	983	1921	256	5	
永宁县	2213	688	1177	342	6	
贺兰县	2410	825	1247	334	4	
灵武市	2561	774	1399	371	16	
石嘴山市	**8072**	**2977**	**4303**	**772**	**19**	
大武口区	3120	1145	1681	288	6	
惠农区	2187	877	1135	173	2	
平罗县	2766	955	1488	312	11	
吴忠市	**12178**	**3542**	**6956**	**1639**	**40**	
利通区	3741	1100	2109	529	3	
红寺堡区	1388	190	910	276	12	
盐池县	1617	691	794	127	6	
同心县	2480	454	1610	403	13	
青铜峡市	2952	1107	1534	305	6	
固原市	**9738**	**1932**	**5938**	**1835**	**33**	
原州区	3499	793	2178	523	5	
西吉县	2460	367	1583	500	9	
隆德县	1375	322	739	308	5	
泾源县	804	156	454	190	5	
彭阳县	1600	293	983	314	9	
中卫市	**9541**	**2334**	**5556**	**1605**	**46**	
沙坡头区	3744	1102	2084	544	14	
中宁县	2810	681	1549	565	15	
海原县	2987	551	1923	496	17	

7-2ab 各地区家庭户类别(城镇)

单位：户

地 区	家庭户户数	一代户	二代户	三代户	四代户	五代及以上户
全 区	**36008**	**11860**	**20713**	**3380**	**54**	
银川市	**17074**	**6061**	**9626**	**1368**	**18**	
兴庆区	7529	2785	4225	509	10	
西夏区	3086	1170	1639	275	2	
金凤区	2800	917	1670	210	4	
永宁县	1012	327	577	107		
贺兰县	1186	409	656	121		
灵武市	1462	453	860	147	2	
石嘴山市	**6057**	**2313**	**3258**	**482**	**5**	
大武口区	2944	1124	1563	255	3	
惠农区	1805	713	944	146	2	
平罗县	1308	476	751	81		
吴忠市	**5702**	**1684**	**3387**	**620**	**12**	
利通区	2371	766	1365	240		
红寺堡区	432	66	288	74	4	
盐池县	578	188	335	54	1	
同心县	956	171	637	144	4	
青铜峡市	1366	493	762	107	3	
固原市	**3239**	**760**	**2055**	**415**	**9**	
原州区	1608	419	1030	158	1	
西吉县	509	77	343	86	3	
隆德县	388	96	216	76	1	
泾源县	228	56	135	35	2	
彭阳县	507	113	331	61	2	
中卫市	**3935**	**1043**	**2388**	**496**	**9**	
沙坡头区	2112	665	1245	201	1	
中宁县	1219	297	735	181	5	
海原县	605	80	408	114	3	

7-2a 各地区家庭户类别(城市)

单位：户

地　区	家庭户户数	一代户	二代户	三代户	四代户	五代及以上户
全　区	**24232**	**8510**	**13803**	**1892**	**27**	
银川市	**13554**	**4877**	**7681**	**978**	**17**	
兴庆区	7185	2651	4050	474	10	
西夏区	2858	1103	1513	240	2	
金凤区	2636	866	1575	192	4	
永宁县						
贺兰县	58	26	26	6		
灵武市	817	231	518	66	1	
石嘴山市	**4355**	**1725**	**2269**	**355**	**5**	
大武口区	2768	1109	1429	226	3	
惠农区	1587	616	840	129	2	
平罗县						
吴忠市	**3331**	**1018**	**1991**	**319**	**3**	
利通区	2030	655	1188	186		
红寺堡区	370	53	253	63	1	
盐池县						
同心县						
青铜峡市	932	310	550	69	2	
固原市	**1396**	**352**	**923**	**120**	**1**	
原州区	1396	352	923	120	1	
西吉县						
隆德县						
泾源县						
彭阳县						
中卫市	**1596**	**537**	**939**	**120**		
沙坡头区	1596	537	939	120		
中宁县						
海原县						

7-2b 各地区家庭户类别(镇)

单位：户

地 区	家庭户户数	一代户	二代户	三代户	四代户	五代及以上户
全 区	**11776**	**3351**	**6910**	**1488**	**27**	
银川市	**3520**	**1184**	**1945**	**390**	**1**	
兴庆区	344	134	175	35		
西夏区	228	67	126	35		
金凤区	164	51	95	18		
永宁县	1012	327	577	107		
贺兰县	1128	383	630	115		
灵武市	645	222	342	80	1	
石嘴山市	**1703**	**588**	**989**	**126**		
大武口区	177	15	133	28		
惠农区	218	97	104	17		
平罗县	1308	476	751	81		
吴忠市	**2371**	**665**	**1396**	**301**	**9**	
利通区	342	111	177	53		
红寺堡区	61	13	35	11	3	
盐池县	578	188	335	54	1	
同心县	956	171	637	144	4	
青铜峡市	434	183	212	38	1	
固原市	**1843**	**409**	**1132**	**295**	**8**	
原州区	212	68	107	38		
西吉县	509	77	343	86	3	
隆德县	388	96	216	76	1	
泾源县	228	56	135	35	2	
彭阳县	507	113	331	61	2	
中卫市	**2339**	**505**	**1448**	**376**	**9**	
沙坡头区	516	128	306	81	1	
中宁县	1219	297	735	181	5	
海原县	605	80	408	114	3	

7−2c 各地区家庭户类别(乡村)

单位：户

地　区	家庭户户数	一代户	二代户	三代户	四代户	五代及以上户
全　区	**25085**	**6237**	**14010**	**4700**	**137**	
银川市	**4491**	**1252**	**2344**	**860**	**34**	
兴庆区	355	64	225	64	3	
西夏区	246	24	138	78	6	
金凤区	366	66	252	47	1	
永宁县	1201	360	599	235	6	
贺兰县	1224	416	591	213	4	
灵武市	1099	322	539	224	14	
石嘴山市	**2015**	**665**	**1045**	**291**	**14**	
大武口区	175	21	118	33	3	
惠农区	382	164	191	27		
平罗县	1458	479	737	231	11	
吴忠市	**6476**	**1859**	**3569**	**1019**	**28**	
利通区	1370	334	744	289	3	
红寺堡区	956	124	622	202	8	
盐池县	1039	503	459	72	5	
同心县	1524	283	974	259	8	
青铜峡市	1587	614	772	197	4	
固原市	**6498**	**1172**	**3883**	**1420**	**24**	
原州区	1891	374	1148	365	4	
西吉县	1951	291	1240	414	5	
隆德县	987	226	523	233	4	
泾源县	577	100	319	155	3	
彭阳县	1093	181	651	253	8	
中卫市	**5605**	**1291**	**3168**	**1109**	**37**	
沙坡头区	1632	436	839	343	13	
中宁县	1591	383	814	384	9	
海原县	2382	471	1515	382	14	

7−3 各地区家庭户中民族混合户户数

单位：户、%

地 区	合 计	单一民族户		二个民族户		三个民族户		四个及以上民族户	
		户数	比重	户数	比重	户数	比重	户数	比重
全 区	**61093**	**59766**	**97.83**	**1320**	**2.16**	**6**	**0.01**		
银川市	**21564**	**20653**	**95.77**	**908**	**4.21**	**3**	**0.02**		
兴庆区	7884	7410	93.99	474	6.01				
西夏区	3331	3193	95.84	138	4.13	1	0.04		
金凤区	3166	2956	93.37	208	6.56	2	0.07		
永宁县	2213	2182	98.64	30	1.36				
贺兰县	2410	2384	98.91	26	1.09				
灵武市	2561	2528	98.73	33	1.27				
石嘴山市	**8072**	**7861**	**97.39**	**209**	**2.59**	**2**	**0.02**		
大武口区	3120	2997	96.06	121	3.88	2	0.05		
惠农区	2187	2118	96.87	68	3.13				
平罗县	2766	2746	99.29	20	0.71				
吴忠市	**12178**	**12081**	**99.20**	**96**	**0.79**	**1**	**0.01**		
利通区	3741	3694	98.75	46	1.22	1	0.03		
红寺堡区	1388	1375	99.13	12	0.87				
盐池县	1617	1613	99.77	4	0.23				
同心县	2480	2473	99.71	7	0.29				
青铜峡市	2952	2925	99.08	27	0.92				
固原市	**9738**	**9681**	**99.42**	**57**	**0.58**				
原州区	3499	3461	98.92	38	1.08				
西吉县	2460	2450	99.61	10	0.39				
隆德县	1375	1372	99.78	3	0.22				
泾源县	804	802	99.69	2	0.31				
彭阳县	1600	1596	99.76	4	0.24				
中卫市	**9541**	**9490**	**99.47**	**51**	**0.53**				
沙坡头区	3744	3715	99.24	29	0.76				
中宁县	2810	2801	99.68	9	0.32				
海原县	2987	2974	99.56	13	0.44				

7—3ab 各地区家庭户中民族混合户户数(城镇)

单位：户、%

地 区	合 计	单一民族户		二个民族户		三个民族户		四个及以上民族户	
		户数	比重	户数	比重	户数	比重	户数	比重
全 区	**36008**	**34758**	**96.53**	**1244**	**3.45**	**6**	**0.02**		
银川市	**17074**	**16179**	**94.76**	**891**	**5.22**	**3**	**0.02**		
兴庆区	7529	7055	93.70	474	6.30				
西夏区	3086	2947	95.50	138	4.46	1	0.04		
金凤区	2800	2591	92.55	206	7.37	2	0.07		
永宁县	1012	988	97.65	24	2.35				
贺兰县	1186	1164	98.14	22	1.86				
灵武市	1462	1434	98.12	27	1.88				
石嘴山市	**6057**	**5849**	**96.56**	**207**	**3.41**	**2**	**0.03**		
大武口区	2944	2822	95.85	121	4.10	2	0.05		
惠农区	1805	1738	96.28	67	3.72				
平罗县	1308	1289	98.57	19	1.43				
吴忠市	**5702**	**5626**	**98.67**	**75**	**1.31**	**1**	**0.02**		
利通区	2371	2329	98.22	41	1.73	1	0.05		
红寺堡区	432	425	98.38	7	1.62				
盐池县	578	574	99.35	4	0.65				
同心县	956	951	99.44	5	0.56				
青铜峡市	1366	1348	98.71	18	1.29				
固原市	**3239**	**3205**	**98.95**	**34**	**1.05**				
原州区	1608	1581	98.33	27	1.67				
西吉县	509	505	99.21	4	0.79				
隆德县	388	386	99.65	1	0.35				
泾源县	228	227	99.79		0.21				
彭阳县	507	506	99.75	1	0.25				
中卫市	**3935**	**3898**	**99.05**	**37**	**0.95**				
沙坡头区	2112	2085	98.69	28	1.31				
中宁县	1219	1212	99.44	7	0.56				
海原县	605	602	99.51	3	0.49				

7—3a 各地区家庭户中民族混合户户数(城市)

单位：户、%

地 区	合 计	单一民族户		二个民族户		三个民族户		四个及以上民族户	
		户数	比重	户数	比重	户数	比重	户数	比重
全 区	**24232**	**23109**	**95.37**	**1117**	**4.61**	**5**	**0.02**		
银川市	**13554**	**12727**	**93.90**	**824**	**6.08**	**3**	**0.02**		
兴庆区	7185	6719	93.51	466	6.49				
西夏区	2858	2724	95.31	133	4.65	1	0.04		
金凤区	2636	2430	92.17	204	7.75	2	0.08		
永宁县									
贺兰县	58	56	96.20	2	3.80				
灵武市	817	799	97.80	18	2.20				
石嘴山市	**4355**	**4167**	**95.68**	**187**	**4.30**	**1**	**0.02**		
大武口区	2768	2646	95.61	121	4.36	1	0.03		
惠农区	1587	1521	95.81	67	4.19				
平罗县									
吴忠市	**3331**	**3275**	**98.32**	**55**	**1.65**	**1**	**0.03**		
利通区	2030	1991	98.09	38	1.86	1	0.05		
红寺堡区	370	363	98.11	7	1.89				
盐池县									
同心县									
青铜峡市	932	921	98.91	10	1.09				
固原市	**1396**	**1370**	**98.16**	**26**	**1.84**				
原州区	1396	1370	98.16	26	1.84				
西吉县									
隆德县									
泾源县									
彭阳县									
中卫市	**1596**	**1571**	**98.38**	**26**	**1.62**				
沙坡头区	1596	1571	98.38	26	1.62				
中宁县									
海原县									

7-3b 各地区家庭户中民族混合户户数(镇)

单位：户、%

地　区	合　计	单一民族户		二个民族户		三个民族户		四个及以上民族户	
		户数	比重	户数	比重	户数	比重	户数	比重
全　区	**11776**	**11649**	**98.92**	**127**	**1.07**	**1**	**0.01**		
银川市	**3520**	**3453**	**98.08**	**68**	**1.92**				
兴庆区	344	336	97.74	8	2.26				
西夏区	228	223	97.94	5	2.06				
金凤区	164	162	98.73	2	1.27				
永宁县	1012	988	97.65	24	2.35				
贺兰县	1128	1108	98.24	20	1.76				
灵武市	645	635	98.53	9	1.47				
石嘴山市	**1703**	**1682**	**98.81**	**19**	**1.14**	**1**	**0.05**		
大武口区	177	176	99.55			1	0.45		
惠农区	218	217	99.68	1	0.32				
平罗县	1308	1289	98.57	19	1.43				
吴忠市	**2371**	**2351**	**99.16**	**20**	**0.84**				
利通区	342	338	99.03	3	0.97				
红寺堡区	61	61	100.00						
盐池县	578	574	99.35	4	0.65				
同心县	956	951	99.44	5	0.56				
青铜峡市	434	427	98.29	7	1.71				
固原市	**1843**	**1835**	**99.55**	**8**	**0.45**				
原州区	212	211	99.49	1	0.51				
西吉县	509	505	99.21	4	0.79				
隆德县	388	386	99.65	1	0.35				
泾源县	228	227	99.79		0.21				
彭阳县	507	506	99.75	1	0.25				
中卫市	**2339**	**2327**	**99.51**	**12**	**0.49**				
沙坡头区	516	514	99.66	2	0.34				
中宁县	1219	1212	99.44	7	0.56				
海原县	605	602	99.51	3	0.49				

7-3c 各地区家庭户中民族混合户户数(乡村)

单位：户、%

地 区	合 计	单一民族户		二个民族户		三个民族户		四个及以上民族户	
		户数	比重	户数	比重	户数	比重	户数	比重
全 区	**25085**	**25008**	**99.70**	**76**	**0.30**				
银川市	**4491**	**4474**	**99.63**	**17**	**0.37**				
兴庆区	355	355	100.00						
西夏区	246	246	100.00						
金凤区	366	365	99.65	1	0.35				
永宁县	1201	1195	99.47	6	0.53				
贺兰县	1224	1220	99.66	4	0.34				
灵武市	1099	1094	99.54	5	0.46				
石嘴山市	**2015**	**2012**	**99.87**	**3**	**0.13**				
大武口区	175	175	99.74		0.26				
惠农区	382	380	99.69	1	0.31				
平罗县	1458	1457	99.93	1	0.07				
吴忠市	**6476**	**6455**	**99.68**	**21**	**0.32**				
利通区	1370	1365	99.67	4	0.33				
红寺堡区	956	951	99.47	5	0.53				
盐池县	1039	1039	100.00						
同心县	1524	1522	99.88	2	0.12				
青铜峡市	1587	1577	99.39	10	0.61				
固原市	**6498**	**6476**	**99.65**	**23**	**0.35**				
原州区	1891	1880	99.42	11	0.58				
西吉县	1951	1946	99.72	5	0.28				
隆德县	987	985	99.83	2	0.17				
泾源县	577	575	99.65	2	0.35				
彭阳县	1093	1090	99.77	3	0.23				
中卫市	**5605**	**5592**	**99.76**	**13**	**0.24**				
沙坡头区	1632	1631	99.95	1	0.05				
中宁县	1591	1589	99.87	2	0.13				
海原县	2382	2372	99.57	10	0.43				

7−4 各地区分年龄、性别的一人户

单位：户

地 区	合 计			14岁及以下			15−19岁		
	小计	男	女	小计	男	女	小计	男	女
全 区	**5781**	**3096**	**2685**	**142**	**88**	**54**	**77**	**44**	**33**
银川市	**2367**	**1217**	**1150**	**28**	**22**	**6**	**30**	**17**	**13**
兴庆区	1090	544	546	12	10	2	14	6	8
西夏区	384	185	198				5	4	1
金凤区	281	148	133	3	2	1	2		2
永宁县	205	113	92	6	5	1	4	3	1
贺兰县	231	134	97	1	1		3	3	
灵武市	177	93	84	6	4	2	3	2	1
石嘴山市	**1065**	**582**	**483**	**19**	**10**	**9**	**10**	**4**	**6**
大武口区	457	257	200	1		1	2		2
惠农区	335	183	152	1	1		3	1	1
平罗县	273	142	132	17	9	8	5	3	2
吴忠市	**1041**	**572**	**469**	**33**	**18**	**15**	**14**	**6**	**8**
利通区	299	149	149	1	1		3	1	1
红寺堡区	55	35	21	1	1		1	1	1
盐池县	202	125	77	18	10	9	3	1	2
同心县	122	74	48	4	4		4	2	2
青铜峡市	363	189	174	8	2	6	3	1	2
固原市	**668**	**387**	**282**	**32**	**20**	**12**	**18**	**14**	**4**
原州区	256	147	109	13	8	5	6	4	2
西吉县	132	80	52	10	5	5	3	3	
隆德县	114	57	57	3	3		2	2	1
泾源县	60	35	25	1	1		2	1	1
彭阳县	107	67	39	5	4	2	4	3	1
中卫市	**640**	**339**	**301**	**30**	**18**	**12**	**5**	**3**	**2**
沙坡头区	319	148	171	6	5	1	2	1	1
中宁县	193	112	81	10	5	5	2	1	1
海原县	128	79	49	14	8	6	1	1	

7-4 续表 1

单位：户

地　区	20–24岁			25–29岁			30–34岁		
	小计	男	女	小计	男	女	小计	男	女
全　区	**312**	**201**	**111**	**551**	**404**	**147**	**358**	**242**	**116**
银川市	**186**	**109**	**77**	**302**	**211**	**91**	**171**	**104**	**67**
兴庆区	99	54	44	130	80	50	77	38	38
西夏区	27	12	15	50	35	15	24	14	9
金凤区	30	19	11	58	44	15	20	13	7
永宁县	6	3	2	19	16	4	12	11	2
贺兰县	11	8	3	23	21	2	19	15	4
灵武市	14	13	1	21	16	5	20	14	6
石嘴山市	**29**	**17**	**12**	**58**	**49**	**9**	**46**	**37**	**10**
大武口区	10	9	2	29	24	5	23	15	8
惠农区	8	3	5	14	12	2	11	11	1
平罗县	12	6	6	15	13	2	12	11	1
吴忠市	**45**	**39**	**6**	**99**	**81**	**19**	**63**	**41**	**22**
利通区	10	9	1	30	27	3	22	14	8
红寺堡区	4	3	1	7	5	2	3	2	1
盐池县	12	12	1	21	17	4	15	10	5
同心县	8	7	1	13	11	2	7	3	4
青铜峡市	10	9	2	29	21	8	16	12	4
固原市	**19**	**11**	**8**	**42**	**25**	**18**	**42**	**33**	**9**
原州区	11	5	7	23	13	10	22	17	5
西吉县	2	2		6	3	3	7	6	1
隆德县	2	2		5	3	2	3	2	1
泾源县	1	1		2	2		3	1	2
彭阳县	3	1	1	5	4	2	6	6	1
中卫市	**32**	**25**	**7**	**50**	**39**	**11**	**36**	**28**	**8**
沙坡头区	18	14	4	22	17	5	17	14	3
中宁县	8	6	2	18	15	3	12	9	3
海原县	6	5	1	9	6	3	7	5	2

7-4 续表 2

单位：户

地 区	35-39岁			40-44岁			45-49岁		
	小计	男	女	小计	男	女	小计	男	女
全 区	**378**	**272**	**105**	**483**	**333**	**150**	**560**	**328**	**233**
银川市	**161**	**113**	**48**	**176**	**112**	**65**	**209**	**113**	**96**
兴庆区	93	68	25	97	62	35	103	51	52
西夏区	16	11	6	22	13	9	29	14	15
金凤区	18	9	8	19	7	11	21	13	8
永宁县	15	13	2	15	12	3	17	13	4
贺兰县	9	6	3	14	11	4	21	11	10
灵武市	9	6	3	8	6	2	18	11	6
石嘴山市	**70**	**54**	**16**	**123**	**85**	**38**	**143**	**95**	**48**
大武口区	40	32	8	72	51	21	59	36	23
惠农区	16	11	5	31	20	11	63	42	20
平罗县	14	11	4	20	15	5	21	16	5
吴忠市	**65**	**46**	**19**	**89**	**64**	**24**	**96**	**54**	**42**
利通区	16	9	7	25	16	9	30	11	19
红寺堡区	3	3		3	3		6	4	3
盐池县	12	7	6	22	17	5	11	10	1
同心县	10	8	2	15	11	5	7	4	3
青铜峡市	23	18	5	23	18	6	42	25	16
固原市	**54**	**38**	**17**	**48**	**39**	**8**	**60**	**44**	**17**
原州区	16	9	7	14	13	1	24	18	6
西吉县	13	11	3	7	4	3	12	10	2
隆德县	4	3	2	7	5	2	13	7	6
泾源县	4	4		4	4		4	2	1
彭阳县	17	11	5	16	14	2	8	7	1
中卫市	**27**	**21**	**5**	**48**	**32**	**15**	**52**	**22**	**30**
沙坡头区	12	10	3	17	10	7	31	9	22
中宁县	9	7	2	24	19	5	12	8	4
海原县	6	5	1	6	3	3	9	5	4

7-4 续表 3 单位：户

地 区	50-54岁			55-59岁			60-64岁			65岁及以上		
	小计	男	女	小计	男	女	小计	男	女	小计	男	女
全 区	**510**	**273**	**236**	**388**	**188**	**200**	**459**	**199**	**260**	**1563**	**524**	**1040**
银川市	**200**	**94**	**106**	**150**	**72**	**78**	**157**	**60**	**97**	**596**	**191**	**405**
兴庆区	113	43	70	66	31	35	64	31	33	224	71	153
西夏区	26	14	12	28	16	12	28	8	20	128	45	83
金凤区	19	11	7	15	5	9	11	4	7	65	21	44
永宁县	13	8	5	14	5	9	13	5	9	70	20	50
贺兰县	18	11	7	18	10	8	24	8	16	68	27	41
灵武市	11	6	5	9	4	5	15	3	12	41	7	34
石嘴山市	**98**	**60**	**38**	**73**	**37**	**37**	**77**	**38**	**38**	**318**	**95**	**223**
大武口区	37	22	15	33	15	18	23	13	9	128	40	88
惠农区	39	27	12	21	14	8	33	15	18	96	27	69
平罗县	23	12	11	19	8	11	21	10	11	94	29	66
吴忠市	**88**	**53**	**35**	**68**	**31**	**37**	**95**	**43**	**52**	**285**	**96**	**189**
利通区	25	18	7	19	5	14	27	12	16	91	25	66
红寺堡区	4	3	1	5	3	3	2		2	14	7	8
盐池县	17	11	6	15	8	7	10	5	5	46	19	27
同心县	12	5	7	10	4	7	7	6	1	24	9	15
青铜峡市	31	16	15	20	12	8	48	20	28	109	36	73
固原市	**75**	**38**	**37**	**58**	**28**	**29**	**63**	**35**	**28**	**157**	**63**	**95**
原州区	30	16	13	22	11	10	13	9	3	63	24	39
西吉县	13	8	5	14	7	7	16	10	6	29	12	17
隆德县	15	7	8	10	4	6	21	10	11	28	10	18
泾源县	5	3	2	5	2	2	8	3	5	21	10	10
彭阳县	13	4	9	8	4	4	5	3	2	17	7	9
中卫市	**47**	**28**	**19**	**39**	**20**	**19**	**68**	**24**	**45**	**206**	**79**	**128**
沙坡头区	22	10	12	16	9	8	37	12	25	117	37	80
中宁县	19	14	5	14	6	8	15	5	11	50	17	33
海原县	6	4	2	9	6	3	16	7	9	39	24	15

7-4ab 各地区分年龄、性别的一人户(城镇)

单位：户

地 区	合 计			14岁及以下			15-19岁		
	小计	男	女	小计	男	女	小计	男	女
全 区	**4077**	**2170**	**1907**	**42**	**32**	**10**	**49**	**29**	**20**
银川市	**2081**	**1060**	**1021**	**17**	**14**	**3**	**26**	**15**	**11**
兴庆区	1080	540	540	12	10	2	14	6	8
西夏区	381	183	197				5	4	1
金凤区	274	144	130	3	2	1	2		2
永宁县	104	60	43	1	1		2	2	
贺兰县	128	72	56				1	1	
灵武市	115	61	54	1	1		2	2	
石嘴山市	**859**	**478**	**381**	**7**	**4**	**3**	**7**	**3**	**4**
大武口区	451	252	199	1		1	2		2
惠农区	262	148	114	1	1		3	1	1
平罗县	147	78	68	5	3	2	2	2	
吴忠市	**537**	**303**	**234**	**2**	**2**		**4**	**3**	**1**
利通区	228	116	112	1	1				
红寺堡区	15	13	3						
盐池县	82	57	25	1	1		1	1	
同心县	40	25	15				2	1	1
青铜峡市	171	93	79				1	1	
固原市	**273**	**153**	**119**	**6**	**5**	**1**	**10**	**7**	**3**
原州区	148	80	68	3	2	1	6	4	2
西吉县	17	7	10				1	1	
隆德县	37	21	16	1	1				
泾源县	21	14	7						
彭阳县	49	31	18	2	2		1	1	1
中卫市	**327**	**176**	**151**	**10**	**7**	**3**	**2**	**2**	**1**
沙坡头区	201	93	108	4	4		2	1	1
中宁县	98	68	30	1		1	1	1	
海原县	27	14	13	5	2	2			

7-4ab 续表 1

单位：户

地 区	20-24岁			25-29岁			30-34岁		
	小计	男	女	小计	男	女	小计	男	女
全 区	**258**	**159**	**98**	**460**	**338**	**123**	**277**	**175**	**103**
银川市	**180**	**105**	**74**	**285**	**200**	**85**	**150**	**85**	**64**
兴庆区	97	54	43	128	80	49	74	37	37
西夏区	27	12	15	49	34	15	24	14	9
金凤区	30	19	11	58	44	15	20	13	7
永宁县	6	3	2	15	13	2	5	3	2
贺兰县	8	7	1	21	18	2	11	8	3
灵武市	12	11	1	14	11	3	17	11	6
石嘴山市	**25**	**15**	**10**	**52**	**44**	**8**	**37**	**28**	**9**
大武口区	10	9	2	28	23	5	23	15	8
惠农区	6	2	4	11	10	1	7	7	
平罗县	9	5	4	13	11	2	7	6	1
吴忠市	**23**	**19**	**4**	**71**	**60**	**11**	**42**	**26**	**16**
利通区	9	8	1	26	22	3	19	11	8
红寺堡区				4	4				
盐池县	6	5	1	14	12	2	7	5	1
同心县	3	3		6	6		4	1	3
青铜峡市	6	4	2	20	15	6	12	8	4
固原市	**8**	**3**	**5**	**23**	**12**	**11**	**25**	**16**	**9**
原州区	6	2	4	17	9	9	16	11	5
西吉县				1		1	1		1
隆德县	1	1		2	1	1	2	1	1
泾源县				1			2	1	1
彭阳县	1	1	1	2	2		4	3	1
中卫市	**21**	**16**	**5**	**29**	**22**	**7**	**24**	**19**	**4**
沙坡头区	13	10	3	16	11	4	12	10	2
中宁县	7	5	2	12	10	2	10	8	2
海原县	1		1	2	1	1	2	1	1

7-4ab 续表 2 单位：户

地 区	35-39岁			40-44岁			45-49岁		
	小计	男	女	小计	男	女	小计	男	女
全 区	**293**	**206**	**87**	**385**	**249**	**136**	**432**	**245**	**188**
银川市	**149**	**103**	**46**	**162**	**100**	**62**	**192**	**98**	**94**
兴庆区	93	68	25	97	62	35	103	51	52
西夏区	16	11	6	21	12	9	29	14	15
金凤区	18	9	8	19	7	11	21	13	8
永宁县	6	6		8	7	1	9	6	3
贺兰县	7	4	3	12	8	4	17	7	10
灵武市	8	5	3	5	3	2	14	8	5
石嘴山市	**63**	**48**	**15**	**115**	**77**	**37**	**124**	**82**	**42**
大武口区	39	32	8	71	50	21	58	36	22
惠农区	14	10	4	28	17	11	55	39	16
平罗县	9	7	3	16	11	5	11	8	3
吴忠市	**39**	**26**	**14**	**54**	**36**	**19**	**58**	**28**	**29**
利通区	14	8	7	22	13	9	27	11	16
红寺堡区	1	1					1	1	
盐池县	6	3	2	13	10	3	8	7	1
同心县	2	1	1	4	3	1	4	1	3
青铜峡市	16	12	4	15	9	6	18	8	9
固原市	**26**	**17**	**9**	**21**	**16**	**5**	**26**	**20**	**6**
原州区	10	6	3	5	4	1	15	13	2
西吉县	1	1	1	1	1		1	1	
隆德县	3	2	1	3	1	2	5	3	3
泾源县	2	1		3	2		3	2	1
彭阳县	11	6	4	9	7	2	3	2	1
中卫市	**16**	**12**	**3**	**33**	**21**	**12**	**31**	**15**	**16**
沙坡头区	7	4	3	13	7	6	21	7	14
中宁县	7	6	1	14	11	3	8	6	2
海原县	2	2		5	2	3	3	2	1

7-4ab 续表 3 单位：户

地　区	50-54岁			55-59岁			60-64岁			65岁及以上		
	小计	男	女	小计	男	女	小计	男	女	小计	男	女
全　区	**362**	**191**	**171**	**248**	**121**	**127**	**256**	**113**	**144**	**1014**	**313**	**701**
银川市	**179**	**79**	**100**	**127**	**60**	**67**	**119**	**48**	**71**	**496**	**153**	**343**
兴庆区	113	43	70	66	31	35	64	31	33	219	68	152
西夏区	25	14	11	28	16	12	28	8	20	128	45	83
金凤区	19	11	7	15	5	9	11	4	7	58	17	42
永宁县	7	4	3	5	1	4	4	2	2	37	13	25
贺兰县	7	3	4	8	4	4	5	3	2	31	8	23
灵武市	8	4	4	5	2	3	6		6	22	3	19
石嘴山市	**84**	**54**	**30**	**57**	**28**	**29**	**49**	**27**	**22**	**238**	**65**	**173**
大武口区	36	21	15	32	14	18	23	13	9	127	39	88
惠农区	33	24	9	15	11	4	19	11	8	69	16	54
平罗县	14	9	5	10	3	7	7	3	4	41	10	31
吴忠市	**49**	**31**	**18**	**29**	**13**	**16**	**45**	**18**	**27**	**121**	**42**	**80**
利通区	19	12	7	11	3	8	20	9	11	61	18	43
红寺堡区	3	3								6	3	3
盐池县	8	6	2	4	3	1	3	1	2	12	3	8
同心县	6	3	3	2	1	1	2	2		2	1	1
青铜峡市	13	7	6	11	6	6	19	6	14	41	17	24
固原市	**29**	**13**	**16**	**21**	**11**	**10**	**15**	**10**	**5**	**62**	**24**	**38**
原州区	15	6	9	12	6	5	4	3	1	38	13	25
西吉县	2	1	1	2	1	1	2	1	1	6	1	5
隆德县	3	1	2	3	2	1	6	4	2	7	3	3
泾源县	2	2		1	1					6	3	3
彭阳县	6	2	4	3	1	2	2	1	1	6	4	2
中卫市	**21**	**13**	**8**	**14**	**9**	**5**	**28**	**10**	**18**	**98**	**30**	**68**
沙坡头区	11	5	6	10	7	3	23	8	16	69	18	51
中宁县	8	8	1	3	2	2	4	2	2	24	10	14
海原县	2	1	1	1	1		1	1	1	4	2	2

7-4a 各地区分年龄、性别的一人户(城市)

单位：户

地 区	合 计			14岁及以下			15-19岁		
	小计	男	女	小计	男	女	小计	男	女
全 区	**2988**	**1557**	**1431**	**15**	**11**	**4**	**31**	**15**	**16**
银川市	**1687**	**845**	**842**	**11**	**9**	**2**	**19**	**9**	**10**
兴庆区	1020	507	513	10	8	2	14	6	8
西夏区	355	173	182				2	2	
金凤区	252	133	119	1	1		2		2
永宁县									
贺兰县	5	5					1	1	
灵武市	55	26	28						
石嘴山市	**687**	**390**	**297**	**1**	**1**	**1**	**4**	**1**	**3**
大武口区	447	250	197	1		1	2		2
惠农区	240	139	100	1	1		2	1	1
平罗县									
吴忠市	**328**	**182**	**146**	**1**	**1**				
利通区	199	108	91	1	1				
红寺堡区	14	13	1						
盐池县									
同心县									
青铜峡市	116	62	54						
固原市	**126**	**66**	**60**	**1**		**1**	**6**	**4**	**2**
原州区	126	66	60	1		1	6	4	2
西吉县									
隆德县									
泾源县									
彭阳县									
中卫市	**160**	**74**	**86**	**1**	**1**		**1**		**1**
沙坡头区	160	74	86	1	1		1		1
中宁县									
海原县									

7-4a 续表 1

单位：户

地 区	20-24岁			25-29岁			30-34岁		
	小计	男	女	小计	男	女	小计	男	女
全 区	**191**	**110**	**81**	**350**	**244**	**106**	**206**	**125**	**81**
银川市	**145**	**78**	**67**	**233**	**154**	**79**	**124**	**69**	**55**
兴庆区	93	51	43	120	72	49	72	35	37
西夏区	26	11	15	48	34	14	21	14	7
金凤区	24	16	8	57	43	15	19	11	7
永宁县									
贺兰县				1	1		1	1	
灵武市	2	1	1	6	4	2	12	7	4
石嘴山市	**15**	**11**	**4**	**38**	**32**	**6**	**28**	**21**	**8**
大武口区	10	9	2	27	22	5	22	14	8
惠农区	5	2	3	11	10	1	6	6	
平罗县									
吴忠市	**13**	**11**	**3**	**49**	**40**	**9**	**27**	**16**	**10**
利通区	9	8	1	24	21	3	17	10	7
红寺堡区				4	4				
盐池县									
同心县									
青铜峡市	5	3	2	20	15	6	10	6	4
固原市	**6**	**2**	**4**	**15**	**8**	**8**	**15**	**10**	**5**
原州区	6	2	4	15	8	8	15	10	5
西吉县									
隆德县									
泾源县									
彭阳县									
中卫市	**10**	**9**	**2**	**15**	**10**	**4**	**11**	**10**	**2**
沙坡头区	10	9	2	15	10	4	11	10	2
中宁县									
海原县									

7-4a 续表 2

单位：户

地 区	35-39岁			40-44岁			45-49岁		
	小计	男	女	小计	男	女	小计	男	女
全 区	**221**	**154**	**67**	**282**	**177**	**105**	**332**	**187**	**145**
银川市	**129**	**90**	**39**	**141**	**84**	**57**	**160**	**84**	**76**
兴庆区	93	68	25	97	62	35	103	51	52
西夏区	13	9	4	21	12	9	27	14	13
金凤区	17	9	7	19	7	11	21	13	8
永宁县									
贺兰县				1	1		1	1	
灵武市	6	3	3	2	1	1	7	5	2
石嘴山市	**52**	**40**	**12**	**96**	**65**	**31**	**111**	**73**	**38**
大武口区	39	32	8	71	50	21	58	36	22
惠农区	13	8	4	25	15	10	54	38	16
平罗县									
吴忠市	**25**	**15**	**9**	**29**	**19**	**11**	**35**	**16**	**19**
利通区	13	7	7	20	12	8	24	11	13
红寺堡区	1	1					1	1	
盐池县									
同心县									
青铜峡市	10	7	3	9	6	3	9	4	6
固原市	**10**	**6**	**3**	**4**	**3**	**1**	**11**	**9**	**2**
原州区	10	6	3	4	3	1	11	9	2
西吉县									
隆德县									
泾源县									
彭阳县									
中卫市	**5**	**3**	**3**	**12**	**7**	**5**	**15**	**5**	**10**
沙坡头区	5	3	3	12	7	5	15	5	10
中宁县									
海原县									

7-4a 续表 3 单位：户

地 区	50-54岁			55-59岁			60-64岁			65岁及以上		
	小计	男	女	小计	男	女	小计	男	女	小计	男	女
全 区	**257**	**134**	**123**	**184**	**94**	**90**	**180**	**79**	**101**	**740**	**228**	**513**
银川市	**143**	**63**	**81**	**107**	**52**	**55**	**97**	**37**	**59**	**379**	**117**	**261**
兴庆区	105	41	64	62	29	33	58	27	31	192	58	134
西夏区	18	11	7	28	16	12	25	7	18	126	42	83
金凤区	18	10	7	15	5	9	8	3	5	52	15	38
永宁县												
贺兰县												
灵武市	3	1	2	2	1	1	5		5	8	2	6
石嘴山市	**67**	**45**	**23**	**46**	**25**	**21**	**36**	**23**	**13**	**190**	**54**	**136**
大武口区	36	21	15	32	14	18	21	13	7	127	39	88
惠农区	31	23	8	13	11	3	16	9	6	63	15	48
平罗县												
吴忠市	**23**	**16**	**7**	**15**	**7**	**8**	**28**	**10**	**17**	**83**	**31**	**52**
利通区	16	10	6	8	3	4	17	7	10	50	18	32
红寺堡区	3	3								4	3	1
盐池县												
同心县												
青铜峡市	5	3	2	7	4	4	11	4	7	29	10	19
固原市	**14**	**6**	**8**	**10**	**4**	**5**	**3**	**3**		**31**	**11**	**20**
原州区	14	6	8	10	4	5	3	3		31	11	20
西吉县												
隆德县												
泾源县												
彭阳县												
中卫市	**10**	**4**	**5**	**6**	**6**		**16**	**5**	**11**	**58**	**15**	**43**
沙坡头区	10	4	5	6	6		16	5	11	58	15	43
中宁县												
海原县												

7-4b 各地区分年龄、性别的一人户(镇)

单位：户

地 区	合 计			14岁及以下			15-19岁		
	小计	男	女	小计	男	女	小计	男	女
全 区	**1088**	**613**	**476**	**27**	**20**	**6**	**18**	**15**	**4**
银川市	**394**	**216**	**179**	**6**	**5**	**1**	**7**	**6**	**1**
兴庆区	60	33	27	2	2				
西夏区	26	11	15				2	1	1
金凤区	22	10	11	2	1	1			
永宁县	104	60	43	1	1		2	2	
贺兰县	123	67	56				1	1	
灵武市	60	35	25	1	1		2	2	
石嘴山市	**172**	**88**	**84**	**5**	**3**	**2**	**3**	**2**	**1**
大武口区	4	2	2						
惠农区	22	8	13				1		1
平罗县	147	78	68	5	3	2	2	2	
吴忠市	**208**	**121**	**88**	**1**	**1**		**4**	**3**	**1**
利通区	30	9	21						
红寺堡区	1		1						
盐池县	82	57	25	1	1		1	1	
同心县	40	25	15				2	1	1
青铜峡市	56	31	25				1	1	
固原市	**146**	**87**	**59**	**5**	**5**		**3**	**2**	**1**
原州区	21	14	8	2	2				
西吉县	17	7	10				1	1	
隆德县	37	21	16	1	1				
泾源县	21	14	7						
彭阳县	49	31	18	2	2		1	1	1
中卫市	**167**	**101**	**66**	**9**	**6**	**3**	**2**	**2**	
沙坡头区	41	19	22	3	3		1	1	
中宁县	98	68	30	1		1	1	1	
海原县	27	14	13	5	2	2			

7-4b 续表 1

单位：户

地 区	20-24岁			25-29岁			30-34岁		
	小计	男	女	小计	男	女	小计	男	女
全 区	**67**	**49**	**18**	**110**	**94**	**16**	**72**	**50**	**22**
银川市	**34**	**27**	**7**	**52**	**46**	**6**	**26**	**17**	**9**
兴庆区	4	4		8	8		2	2	
西夏区	1	1		1		1	2		2
金凤区	6	3	3	1	1		1	1	
永宁县	6	3	2	15	13	2	5	3	2
贺兰县	8	7	1	20	18	2	10	7	3
灵武市	9	9		7	6	1	5	3	2
石嘴山市	**10**	**5**	**5**	**14**	**12**	**2**	**9**	**8**	**1**
大武口区				1	1		1	1	
惠农区	1		1				1	1	
平罗县	9	5	4	13	11	2	7	6	1
吴忠市	**10**	**9**	**1**	**22**	**20**	**2**	**15**	**9**	**6**
利通区				1	1		2	1	1
红寺堡区									
盐池县	6	5	1	14	12	2	7	5	1
同心县	3	3		6	6		4	1	3
青铜峡市	1	1					2	2	
固原市	**2**	**1**	**1**	**8**	**4**	**4**	**10**	**7**	**3**
原州区				2	1	1	1	1	
西吉县				1		1	1		1
隆德县	1	1		2	1	1	2	1	1
泾源县				1			2	1	1
彭阳县	1	1	1	2	2		4	3	1
中卫市	**11**	**7**	**4**	**15**	**12**	**3**	**12**	**10**	**3**
沙坡头区	3	2	1	1	1		1	1	
中宁县	7	5	2	12	10	2	10	8	2
海原县	1		1	2	1	1	2	1	1

7-4b　续表 2　　　　单位：户

地　区	35-39岁			40-44岁			45-49岁		
	小计	男	女	小计	男	女	小计	男	女
全　区	**72**	**52**	**20**	**103**	**72**	**31**	**101**	**58**	**43**
银川市	**20**	**13**	**6**	**21**	**16**	**6**	**33**	**15**	**18**
兴庆区									
西夏区	4	1	2				2		2
金凤区	1		1						
永宁县	6	6		8	7	1	9	6	3
贺兰县	7	4	3	10	7	4	15	6	10
灵武市	2	2		3	2	1	6	3	3
石嘴山市	**11**	**8**	**3**	**19**	**13**	**6**	**13**	**9**	**3**
大武口区									
惠农区	1	1		3	2	1	1	1	
平罗县	9	7	3	16	11	5	11	8	3
吴忠市	**14**	**10**	**4**	**25**	**17**	**8**	**23**	**12**	**11**
利通区	1	1		2	1	1	2		2
红寺堡区									
盐池县	6	3	2	13	10	3	8	7	1
同心县	2	1	1	4	3	1	4	1	3
青铜峡市	6	5	1	6	3	3	8	5	4
固原市	**17**	**10**	**6**	**17**	**12**	**4**	**16**	**11**	**4**
原州区				1	1		4	4	
西吉县	1	1	1	1	1		1	1	
隆德县	3	2	1	3	1	2	5	3	3
泾源县	2	1		3	2		3	2	1
彭阳县	11	6	4	9	7	2	3	2	1
中卫市	**10**	**10**	**1**	**21**	**14**	**7**	**17**	**10**	**6**
沙坡头区	2	2		1		1	6	2	4
中宁县	7	6	1	14	11	3	8	6	2
海原县	2	2		5	2	3	3	2	1

7-4b 续表 3　　　　单位：户

地 区	50-54岁			55-59岁			60-64岁			65岁及以上		
	小计	男	女	小计	男	女	小计	男	女	小计	男	女
全 区	**104**	**57**	**47**	**64**	**27**	**37**	**76**	**34**	**42**	**274**	**85**	**189**
银川市	**36**	**17**	**19**	**20**	**8**	**12**	**23**	**11**	**12**	**118**	**36**	**82**
兴庆区	8	2	6	4	2	2	6	4	2	27	10	17
西夏区	7	4	4				4	1	2	2	2	
金凤区	1	1					3	1	2	6	2	4
永宁县	7	4	3	5	1	4	4	2	2	37	13	25
贺兰县	7	3	4	8	4	4	5	3	2	31	8	23
灵武市	5	3	2	3	1	2	1		1	14	1	13
石嘴山市	**16**	**9**	**7**	**11**	**3**	**8**	**13**	**5**	**9**	**48**	**11**	**37**
大武口区							2		2			
惠农区	2	1	1	1		1	4	1	2	6	1	6
平罗县	14	9	5	10	3	7	7	3	4	41	10	31
吴忠市	**26**	**16**	**10**	**13**	**6**	**8**	**17**	**8**	**9**	**38**	**11**	**28**
利通区	3	2	1	3		3	3	2	1	11		11
红寺堡区										1		1
盐池县	8	6	2	4	3	1	3	1	2	12	3	8
同心县	6	3	3	2	1	1	2	2		2	1	1
青铜峡市	8	5	4	4	2	2	8	2	6	12	6	6
固原市	**15**	**6**	**8**	**12**	**6**	**5**	**12**	**7**	**5**	**31**	**13**	**18**
原州区	1		1	2	2		1		1	6	2	4
西吉县	2	1	1	2	1	1	2	1	1	6	1	5
隆德县	3	1	2	3	2	1	6	4	2	7	3	3
泾源县	2	2		1	1					6	3	3
彭阳县	6	2	4	3	1	2	2	1	1	6	4	2
中卫市	**12**	**9**	**3**	**8**	**3**	**5**	**12**	**5**	**7**	**40**	**15**	**25**
沙坡头区	2	1	1	4	1	3	7	3	4	11	3	8
中宁县	8	8	1	3	2	2	4	2	2	24	10	14
海原县	2	1	1	1	1		1	1	1	4	2	2

7-4c 各地区分年龄、性别的一人户(乡村)

单位：户

地　区	合　计			14岁及以下			15-19岁		
	小计	男	女	小计	男	女	小计	男	女
全　区	**1705**	**926**	**779**	**100**	**56**	**44**	**28**	**14**	**14**
银川市	**286**	**156**	**130**	**12**	**9**	**3**	**5**	**2**	**2**
兴庆区	10	4	6						
西夏区	3	2	1						
金凤区	6	4	3						
永宁县	101	53	48	5	4	1	2	1	1
贺兰县	104	62	41	1	1		1	1	
灵武市	62	31	30	5	3	2	1		1
石嘴山市	**206**	**104**	**102**	**12**	**6**	**6**	**3**	**1**	**2**
大武口区	6	5	1						
惠农区	73	35	38						
平罗县	127	63	63	12	6	6	3	1	2
吴忠市	**504**	**269**	**235**	**31**	**16**	**15**	**10**	**3**	**7**
利通区	70	33	37				3	1	1
红寺堡区	40	22	18	1	1		1	1	1
盐池县	120	69	52	17	9	9	2		2
同心县	82	49	33	4	4		2	1	1
青铜峡市	191	96	95	8	2	6	2		2
固原市	**396**	**234**	**162**	**25**	**14**	**11**	**8**	**7**	**1**
原州区	108	67	41	10	6	4			
西吉县	114	72	42	10	5	5	2	2	
隆德县	76	36	40	2	2		2	2	1
泾源县	39	22	18	1	1		2	1	1
彭阳县	58	37	21	3	2	2	3	3	
中卫市	**313**	**163**	**150**	**20**	**11**	**9**	**2**	**1**	**1**
沙坡头区	118	55	63	2	1	1			
中宁县	95	44	50	9	5	4	1		1
海原县	101	65	36	9	5	4	1	1	

7-4c 续表 1

单位：户

地 区	20-24岁			25-29岁			30-34岁		
	小计	男	女	小计	男	女	小计	男	女
全 区	**54**	**42**	**13**	**91**	**67**	**24**	**81**	**68**	**13**
银川市	**6**	**3**	**3**	**16**	**11**	**6**	**22**	**19**	**3**
兴庆区	1		1	1		1	3	1	1
西夏区				1	1				
金凤区									
永宁县				4	2	2	7	7	
贺兰县	3	1	1	3	3		8	7	1
灵武市	2	2		7	5	2	3	3	
石嘴山市	**4**	**2**	**3**	**6**	**5**	**1**	**9**	**8**	**1**
大武口区				1	1				
惠农区	1	1	1	3	2	1	4	4	1
平罗县	3	1	2	2	2		5	5	
吴忠市	**22**	**20**	**2**	**29**	**21**	**8**	**21**	**15**	**6**
利通区	1	1		4	4		3	3	
红寺堡区	4	3	1	3	1	2	3	2	1
盐池县	7	7		7	5	2	9	5	3
同心县	5	4	1	6	5	2	3	2	1
青铜峡市	5	5		8	6	2	4	4	
固原市	**11**	**7**	**3**	**20**	**13**	**6**	**17**	**16**	**1**
原州区	5	2	2	6	5	1	6	6	
西吉县	2	2		5	3	3	6	6	
隆德县	2	2		3	2	1	1	1	
泾源县	1	1		2	2		1	1	1
彭阳县	2	1	1	3	2	2	3	3	
中卫市	**11**	**10**	**2**	**20**	**16**	**4**	**12**	**9**	**4**
沙坡头区	5	3	2	7	6	1	5	3	2
中宁县	1	1		6	5	1	2	1	1
海原县	5	5		7	5	2	5	4	1

7-4c 续表 2

单位：户

地 区	35-39岁			40-44岁			45-49岁		
	小计	男	女	小计	男	女	小计	男	女
全 区	**85**	**66**	**18**	**98**	**84**	**14**	**128**	**83**	**45**
银川市	**12**	**10**	**2**	**14**	**12**	**2**	**17**	**15**	**2**
兴庆区									
西夏区				1	1				
金凤区									
永宁县	8	6	2	7	5	2	8	7	1
贺兰县	3	3		3	3		4	4	
灵武市	1	1		3	3		4	3	1
石嘴山市	**7**	**6**	**2**	**8**	**8**	**1**	**19**	**12**	**7**
大武口区				1	1		1	1	
惠农区	2	1	1	4	3	1	8	4	4
平罗县	5	4	1	4	4		10	8	2
吴忠市	**26**	**20**	**6**	**34**	**29**	**5**	**38**	**26**	**13**
利通区	1	1		3	3		3		3
红寺堡区	2	2		3	3		5	3	3
盐池县	7	3	3	9	7	2	3	3	
同心县	8	7	1	11	7	4	3	3	
青铜峡市	7	6	1	8	8		24	17	7
固原市	**28**	**21**	**7**	**26**	**24**	**3**	**34**	**24**	**10**
原州区	6	2	4	8	8		8	5	4
西吉县	12	10	2	6	4	3	11	9	2
隆德县	2	1	1	3	3		7	4	3
泾源县	3	3		2	2		1	1	1
彭阳县	6	5	1	7	7		6	5	1
中卫市	**11**	**9**	**2**	**15**	**12**	**3**	**21**	**7**	**14**
沙坡头区	5	5		4	3	1	10	2	9
中宁县	2	1	1	9	7	2	4	2	2
海原县	4	3	1	1	1		6	3	3

7-4c 续表 3 单位：户

地 区	50-54岁			55-59岁			60-64岁			65岁及以上		
	小计	男	女	小计	男	女	小计	男	女	小计	男	女
全 区	**148**	**83**	**65**	**140**	**67**	**73**	**203**	**86**	**117**	**549**	**210**	**339**
银川市	**21**	**15**	**7**	**23**	**12**	**11**	**38**	**12**	**26**	**100**	**37**	**62**
兴庆区										4	3	1
西夏区	1		1									
金凤区										6	4	3
永宁县	6	4	2	9	4	5	9	3	6	33	7	25
贺兰县	11	8	3	10	6	4	19	6	14	37	19	18
灵武市	3	2	1	4	2	2	9	3	6	19	4	15
石嘴山市	**15**	**6**	**8**	**16**	**9**	**7**	**27**	**11**	**16**	**81**	**30**	**50**
大武口区				1	1					1		1
惠农区	5	3	2	6	3	4	14	4	9	27	11	15
平罗县	9	3	6	9	5	4	14	7	7	53	19	34
吴忠市	**39**	**22**	**17**	**40**	**18**	**22**	**50**	**25**	**25**	**164**	**54**	**110**
利通区	6	6		7	1	6	7	3	4	30	7	22
红寺堡区	1	1	1	5	3	3	2		2	9	4	5
盐池县	9	5	3	10	5	5	7	3	3	34	15	19
同心县	6	2	4	8	3	6	5	4	1	22	8	14
青铜峡市	18	8	10	8	6	2	29	14	14	69	19	49
固原市	**47**	**25**	**22**	**37**	**18**	**19**	**48**	**25**	**23**	**96**	**39**	**56**
原州区	15	10	5	10	5	5	8	6	2	25	11	15
西吉县	11	6	5	12	6	5	14	8	5	23	11	12
隆德县	11	6	6	7	2	5	15	6	9	21	7	15
泾源县	3	2	2	4	2	2	8	3	5	15	8	8
彭阳县	7	2	5	5	3	2	3	3	1	11	3	8
中卫市	**26**	**15**	**11**	**25**	**11**	**14**	**40**	**14**	**26**	**109**	**49**	**60**
沙坡头区	11	5	6	6	2	4	14	4	10	48	19	29
中宁县	11	6	4	11	4	6	12	3	8	26	7	19
海原县	4	3	1	8	5	3	14	6	8	35	23	12

7–5　全区不同规模的家庭户类别

单位：户

户规模	家庭户户　数	一代户	二代户	三代户	四代户	五代及以上户
总　计	**61093**	**18098**	**34723**	**8080**	**191**	
一人户	5781	5781				
二人户	14680	12128	2552			
三人户	17189	141	16769	279		
四人户	13014	37	11192	1782	3	
五人户	6063	10	3119	2910	25	
六人户	2937	1	833	2041	62	
七人户	955		204	695	55	
八人户	314		46	247	21	
九人户	97		8	75	14	
十人及以上户	62		1	51	11	

7–5ab　全区不同规模的家庭户类别(城镇)

单位：户

户规模	家庭户户　数	一代户	二代户	三代户	四代户	五代及以上户
总　计	**36008**	**11860**	**20713**	**3380**	**54**	
一人户	4077	4077				
二人户	9269	7644	1625			
三人户	12404	107	12119	178		
四人户	6802	27	5733	1041	1	
五人户	2236	6	996	1223	11	
六人户	873		199	657	17	
七人户	243		35	192	16	
八人户	68		4	59	5	
九人户	19		2	15	2	
十人及以上户	17			16	1	

7–5a 全区不同规模的家庭户类别(城市)

单位：户

户规模	家庭户户 数	一代户	二代户	三代户	四代户	五代及以上户
总 计	**24232**	**8510**	**13803**	**1892**	**27**	
一人户	2988	2988				
二人户	6598	5406	1192			
三人户	9139	91	8921	127		
四人户	3966	21	3224	720	1	
五人户	1114	4	401	701	8	
六人户	326		55	264	7	
七人户	76		9	60	6	
八人户	19		1	14	4	
九人户	3			3		
十人及以上户	3			3		

7–5b 全区不同规模的家庭户类别(镇)

单位：户

户规模	家庭户户 数	一代户	二代户	三代户	四代户	五代及以上户
总 计	**11776**	**3351**	**6910**	**1488**	**27**	
一人户	1088	1088				
二人户	2671	2238	433			
三人户	3266	16	3199	51		
四人户	2836	6	2509	321		
五人户	1122	3	594	522	3	
六人户	547		144	393	10	
七人户	167		26	131	10	
八人户	49		2	45	2	
九人户	16		2	12	2	
十人及以上户	14			13	1	

7–5c 全区不同规模的家庭户类别(乡村)

单位：户

户规模	家庭户户 数	一代户	二代户	三代户	四代户	五代及以上户
总 计	**25085**	**6237**	**14010**	**4700**	**137**	
一人户	1705	1705				
二人户	5411	4484	927			
三人户	4785	34	4650	101		
四人户	6212	10	5459	741	2	
五人户	3827	3	2123	1687	14	
六人户	2064	1	634	1384	45	
七人户	712		169	504	39	
八人户	246		42	188	16	
九人户	78		6	60	13	
十人及以上户	45		1	35	10	

7-6 各地区有60岁及以上老年人口的家庭户

单位：户

地　　区	合　计	一个60岁及以上老年人的户				二个60岁及以上老年人的户				其　他
		小　计	单　身老人户	一个老年人与未成年的亲属户	其　他	小　计	只有一对老夫妇的户	一对老夫妇与未成年的亲属户	其　他	
全　区	**16292**	**8413**	**2022**	**90**	**6300**	**7797**	**4393**	**213**	**3191**	**82**
银川市	**5414**	**2710**	**753**	**22**	**1935**	**2681**	**1681**	**68**	**931**	**22**
兴庆区	1831	885	288	10	588	934	606	18	309	12
西夏区	946	454	156	2	296	487	298	9	179	5
金凤区	656	318	76	2	239	337	211	10	116	1
永宁县	697	380	83	3	294	314	190	13	111	4
贺兰县	674	361	93	4	264	312	195	6	112	1
灵武市	611	313	57	2	254	298	182	12	104	
石嘴山市	**2159**	**1188**	**395**	**7**	**787**	**963**	**607**	**24**	**333**	**8**
大武口区	815	447	151	2	294	364	207	8	148	4
惠农区	577	334	129	3	203	242	159	7	77	1
平罗县	767	407	115	1	291	357	240	9	108	3
吴忠市	**3206**	**1580**	**380**	**20**	**1181**	**1605**	**991**	**44**	**570**	**21**
利通区	1006	491	118	6	367	504	308	11	185	11
红寺堡区	314	169	16		152	144	42	3	99	2
盐池县	503	209	56	4	148	293	231	5	57	1
同心县	521	244	31	5	208	275	127	13	135	2
青铜峡市	862	468	158	5	305	390	283	12	94	5
固原市	**2971**	**1621**	**220**	**27**	**1374**	**1332**	**503**	**48**	**781**	**18**
原州区	946	497	76	18	404	446	213	22	211	2
西吉县	782	380	45	3	333	396	111	10	276	6
隆德县	535	324	49	1	274	209	75	7	127	2
泾源县	274	171	29	1	141	101	37	2	62	2
彭阳县	433	248	22	3	223	179	67	6	105	6
中卫市	**2542**	**1312**	**274**	**15**	**1023**	**1217**	**611**	**30**	**575**	**13**
沙坡头区	964	516	154	5	356	445	268	8	169	4
中宁县	756	396	66	4	326	356	146	10	200	4
海原县	822	401	55	6	341	416	197	12	207	4

7-6ab 各地区有60岁及以上老年人口的家庭户(城镇)

单位：户

地 区	合 计	一个60岁及以上老年人的户				二个60岁及以上老年人的户				其 他
		小 计	单 身老人户	一个老年人与未成年的亲属户	其 他	小 计	只有一对老夫妇的户	一对老夫妇与未成年的亲属户	其 他	
全 区	**8478**	**4272**	**1271**	**53**	**2949**	**4163**	**2562**	**124**	**1477**	**43**
银川市	**3989**	**1921**	**615**	**19**	**1287**	**2049**	**1334**	**54**	**660**	**19**
兴庆区	1729	837	284	10	544	880	575	16	289	12
西夏区	877	416	156	1	259	456	295	9	152	5
金凤区	591	271	70	2	199	319	203	10	105	1
永宁县	261	131	41	2	89	128	89	6	34	2
贺兰县	247	131	36	2	93	116	78	3	34	
灵武市	284	134	28	2	103	150	94	11	45	
石嘴山市	**1510**	**820**	**287**	**7**	**526**	**686**	**434**	**20**	**232**	**5**
大武口区	778	423	150	2	271	351	205	8	138	4
惠农区	447	249	88	3	158	197	124	6	68	1
平罗县	285	148	49	1	98	137	105	6	26	
吴忠市	**1275**	**623**	**166**	**6**	**451**	**643**	**391**	**25**	**227**	**10**
利通区	594	288	81	3	204	303	197	11	94	3
红寺堡区	81	42	6		36	38	14		24	1
盐池县	118	60	15	1	44	57	37	1	19	1
同心县	171	75	4	1	69	96	36	6	53	
青铜峡市	311	158	60	1	97	149	106	6	36	4
固原市	**825**	**439**	**77**	**14**	**349**	**380**	**185**	**14**	**182**	**5**
原州区	382	195	42	12	141	185	104	8	74	1
西吉县	148	69	8		61	77	27	3	47	2
隆德县	125	73	13	1	59	50	20	1	29	1
泾源县	56	34	6		27	22	10	1	10	
彭阳县	114	67	8		60	46	23	1	22	1
中卫市	**879**	**469**	**126**	**7**	**336**	**405**	**219**	**11**	**176**	**4**
沙坡头区	468	249	92	5	151	219	149	4	65	1
中宁县	267	145	28	2	115	120	57	5	59	2
海原县	143	76	5	1	70	66	13	2	52	1

7-6a 各地区有60岁及以上老年人口的家庭户(城市)

单位：户

地区	合计	一个60岁及以上老年人的户				二个60岁及以上老年人的户				其他
		小计	单身老人户	一个老年人与未成年的亲属户	其他	小计	只有一对老夫妇的户	一对老夫妇与未成年的亲属户	其他	
全区	**5681**	**2823**	**920**	**37**	**1866**	**2830**	**1799**	**78**	**953**	**28**
银川市	**3151**	**1478**	**475**	**11**	**991**	**1658**	**1075**	**39**	**543**	**16**
兴庆区	1612	771	251	6	515	829	540	16	274	12
西夏区	831	382	150	1	230	445	290	8	147	4
金凤区	555	249	60	2	187	305	193	10	101	1
永宁县										
贺兰县	9	7			7	2	2			
灵武市	145	69	14	2	53	76	50	5	21	
石嘴山市	**1132**	**632**	**226**	**5**	**401**	**496**	**294**	**13**	**189**	**5**
大武口区	748	406	148	2	256	339	200	8	130	4
惠农区	384	226	79	3	145	157	93	5	59	1
平罗县										
吴忠市	**744**	**371**	**111**	**4**	**256**	**368**	**233**	**15**	**120**	**5**
利通区	489	241	67	3	171	246	161	10	75	2
红寺堡区	67	32	4		28	34	11		22	1
盐池县										
同心县										
青铜峡市	188	98	40	1	57	88	61	5	22	2
固原市	**304**	**159**	**34**	**12**	**113**	**145**	**83**	**6**	**56**	**1**
原州区	304	159	34	12	113	145	83	6	56	1
西吉县										
隆德县										
泾源县										
彭阳县										
中卫市	**349**	**184**	**74**	**4**	**105**	**164**	**115**	**4**	**45**	**1**
沙坡头区	349	184	74	4	105	164	115	4	45	1
中宁县										
海原县										

7–6b 各地区有60岁及以上老年人口的家庭户(镇)

单位：户

地 区	合 计	一个60岁及以上老年人的户				二个60岁及以上老年人的户				其 他
		小 计	单 身老人户	一个老年人与未成年的亲属户	其 他	小 计	只有一对老夫妇的户	一对老夫妇与未成年的亲属户	其 他	
全 区	**2797**	**1449**	**350**	**16**	**1083**	**1333**	**763**	**46**	**524**	**15**
银川市	**838**	**443**	**140**	**8**	**296**	**391**	**259**	**15**	**117**	**3**
兴庆区	117	66	33	4	29	51	35		16	
西夏区	46	34	6		28	11	5	1	5	1
金凤区	36	22	9		13	15	10		4	
永宁县	261	131	41	2	89	128	89	6	34	2
贺兰县	238	125	36	2	87	114	76	3	34	
灵武市	139	65	15		51	74	44	5	24	
石嘴山市	**378**	**188**	**61**	**1**	**125**	**190**	**140**	**7**	**43**	
大武口区	30	17	2		15	13	5		8	
惠农区	63	23	10		13	40	30	1	9	
平罗县	285	148	49	1	98	137	105	6	26	
吴忠市	**531**	**252**	**55**	**2**	**194**	**275**	**158**	**11**	**107**	**4**
利通区	105	48	14		33	57	37	1	19	1
红寺堡区	14	10	1		8	4	3		1	
盐池县	118	60	15	1	44	57	37	1	19	1
同心县	171	75	4	1	69	96	36	6	53	
青铜峡市	123	60	20		40	61	45	2	14	2
固原市	**520**	**280**	**42**	**2**	**236**	**236**	**102**	**7**	**126**	**4**
原州区	77	36	8		29	41	21	1	18	
西吉县	148	69	8		61	77	27	3	47	2
隆德县	125	73	13	1	59	50	20	1	29	1
泾源县	56	34	6		27	22	10	1	10	
彭阳县	114	67	8		60	46	23	1	22	1
中卫市	**530**	**285**	**52**	**3**	**231**	**241**	**104**	**6**	**131**	**3**
沙坡头区	119	65	18	1	46	54	35		20	
中宁县	267	145	28	2	115	120	57	5	59	2
海原县	143	76	5	1	70	66	13	2	52	1

7-6c 各地区有60岁及以上老年人口的家庭户(乡村)

单位：户

地区	合计	一个60岁及以上老年人的户				二个60岁及以上老年人的户				其他
		小计	单身老人户	一个老年人与未成年的亲属户	其他	小计	只有一对老夫妇的户	一对老夫妇与未成年的亲属户	其他	
全区	**7814**	**4141**	**751**	**37**	**3352**	**3634**	**1830**	**90**	**1714**	**39**
银川市	**1425**	**789**	**138**	**3**	**648**	**632**	**347**	**14**	**271**	**3**
兴庆区	102	48	4		44	54	31	3	20	
西夏区	69	38		1	37	31	3		28	
金凤区	65	47	6		40	18	8		10	
永宁县	436	249	42	1	205	185	101	7	77	2
贺兰县	427	229	57	1	171	196	116	3	77	1
灵武市	327	179	28		150	148	88	1	59	
石嘴山市	**649**	**368**	**108**		**261**	**278**	**172**	**4**	**101**	**3**
大武口区	37	24	1		23	13	2		10	
惠农区	130	85	40		45	45	35	1	9	
平罗县	482	259	66		193	220	135	3	82	3
吴忠市	**1931**	**958**	**214**	**14**	**730**	**962**	**600**	**18**	**343**	**11**
利通区	411	203	37	3	162	201	110		91	7
红寺堡区	233	127	11		116	106	28	3	75	1
盐池县	385	149	41	3	105	235	194	3	38	
同心县	350	169	27	4	139	179	91	6	81	2
青铜峡市	551	309	98	4	208	241	177	6	58	1
固原市	**2146**	**1182**	**144**	**13**	**1025**	**951**	**318**	**34**	**599**	**13**
原州区	564	302	34	6	262	261	109	15	137	1
西吉县	634	311	37	3	272	319	84	6	229	4
隆德县	410	251	36		215	158	54	7	98	1
泾源县	218	137	23	1	113	79	26	2	52	2
彭阳县	319	181	14	3	163	133	44	5	84	5
中卫市	**1663**	**843**	**149**	**7**	**687**	**811**	**393**	**19**	**400**	**9**
沙坡头区	496	267	61		205	226	119	3	104	3
中宁县	488	251	38	2	211	235	89	5	141	2
海原县	678	325	49	5	271	350	185	10	155	3

7-7 各地区有65岁及以上老年人口的家庭户

单位：户

地 区	合 计	一个65岁及以上老年人的户				二个65岁及以上老年人的户				其 他
		小 计	单 身 老人户	一个老年人与未成年的亲属户	其 他	小 计	只有一对老夫妇的户	一对老夫妇与未成年的亲属户	其 他	
全 区	**11127**	**6855**	**1563**	**56**	**5236**	**4254**	**2368**	**70**	**1817**	**18**
银川市	**3610**	**2183**	**596**	**11**	**1576**	**1423**	**909**	**18**	**496**	**4**
兴庆区	1244	728	224	4	501	514	331	5	178	2
西夏区	667	387	128	2	256	279	182		97	1
金凤区	413	231	65	2	164	182	121	6	54	
永宁县	454	299	70	1	228	154	94	3	57	1
贺兰县	433	283	68	1	214	150	88	1	60	
灵武市	400	255	41	1	213	145	93	2	49	
石嘴山市	**1523**	**969**	**318**	**4**	**647**	**553**	**360**	**8**	**185**	**1**
大武口区	597	369	128	2	239	228	139	2	87	
惠农区	424	278	96	2	180	146	97	3	46	
平罗县	502	322	94		228	179	124	2	53	1
吴忠市	**2170**	**1315**	**285**	**13**	**1017**	**851**	**505**	**11**	**335**	**4**
利通区	680	425	91	4	330	254	143	2	108	1
红寺堡区	225	139	14		125	85	25	1	59	
盐池县	341	189	46	3	139	152	117	2	33	
同心县	366	192	24	4	164	173	85	2	86	1
青铜峡市	558	370	109	2	258	187	135	4	48	2
固原市	**2104**	**1309**	**157**	**20**	**1132**	**792**	**293**	**22**	**478**	**3**
原州区	668	395	63	15	318	273	124	10	139	
西吉县	560	319	29	1	289	240	66	6	167	2
隆德县	377	257	28	1	228	119	44	2	74	1
泾源县	199	143	21	1	121	56	23	1	33	
彭阳县	299	195	17	3	176	103	35	3	65	1
中卫市	**1720**	**1080**	**206**	**9**	**865**	**635**	**301**	**11**	**323**	**5**
沙坡头区	641	420	117	3	301	221	135	3	83	
中宁县	506	315	50	3	261	189	61	2	127	3
海原县	573	345	39	4	302	225	106	6	113	3

7-7ab 各地区有65岁及以上老年人口的家庭户(城镇)

单位：户

地区	合计	一个65岁及以上老年人的户				二个65岁及以上老年人的户				其他
		小计	单身老人户	一个老年人与未成年的亲属户	其他	小计	只有一对老夫妇的户	一对老夫妇与未成年的亲属户	其他	
全区	**5772**	**3493**	**1014**	**33**	**2445**	**2271**	**1438**	**33**	**799**	**8**
银川市	**2691**	**1581**	**496**	**10**	**1076**	**1106**	**751**	**12**	**344**	**3**
兴庆区	1173	692	219	4	468	480	313	2	165	2
西夏区	623	360	128	1	230	262	182		80	1
金凤区	372	197	58	2	137	175	120	6	49	
永宁县	180	112	37	1	74	69	51	2	15	
贺兰县	159	103	31	1	72	56	38		18	
灵武市	183	118	22	1	95	64	46	1	17	
石嘴山市	**1088**	**676**	**238**	**4**	**435**	**412**	**271**	**7**	**134**	
大武口区	571	349	127	2	220	222	138	2	81	
惠农区	335	211	69	2	139	125	81	3	40	
平罗县	182	116	41		75	66	52	1	13	
吴忠市	**852**	**517**	**121**	**4**	**391**	**333**	**195**	**5**	**133**	**2**
利通区	403	252	61	2	189	151	91	2	58	
红寺堡区	60	34	6		28	27	8		18	
盐池县	82	50	12		38	32	21		10	
同心县	115	59	2	1	56	57	26		31	
青铜峡市	192	123	41	1	81	68	49	3	16	2
固原市	**555**	**336**	**62**	**11**	**263**	**218**	**112**	**6**	**100**	**1**
原州区	263	151	38	10	104	111	69	1	42	
西吉县	99	52	6		46	46	16	3	28	1
隆德县	80	54	7	1	46	26	10	1	15	1
泾源县	39	28	6		22	11	7		4	
彭阳县	74	51	6		45	24	11	1	12	
中卫市	**586**	**383**	**98**	**5**	**280**	**201**	**108**	**4**	**89**	**2**
沙坡头区	312	205	69	3	133	107	79	1	28	
中宁县	176	118	24	2	92	56	23	2	31	2
海原县	98	60	4	1	55	38	7	1	30	1

7-7a 各地区有65岁及以上老年人口的家庭户(城市)

单位：户

地 区	合 计	一个65岁及以上老年人的户				二个65岁及以上老年人的户				其 他
		小 计	单 身老人户	一个老年人与未成年的亲属户	其 他	小 计	只有一对老夫妇的户	一对老夫妇与未成年的亲属户	其 他	
全 区	**3924**	**2324**	**740**	**27**	**1557**	**1595**	**1050**	**20**	**524**	**4**
银川市	**2134**	**1224**	**379**	**8**	**837**	**908**	**611**	**9**	**288**	**2**
兴庆区	1090	637	192	4	441	451	295	2	153	2
西夏区	597	337	126	1	210	260	180		80	
金凤区	350	182	52	2	128	168	115	6	47	
永宁县										
贺兰县	5	4			4	1	1			
灵武市	92	63	8	1	54	28	20	1	7	
石嘴山市	**840**	**520**	**190**	**4**	**326**	**320**	**200**	**5**	**115**	
大武口区	551	333	127	2	204	218	137	2	79	
惠农区	289	187	63	2	122	102	63	3	36	
平罗县										
吴忠市	**497**	**305**	**83**	**3**	**219**	**191**	**114**	**4**	**73**	**2**
利通区	327	206	50	2	154	121	75	2	43	
红寺堡区	52	25	4		21	27	8		18	
盐池县										
同心县										
青铜峡市	118	73	29	1	43	43	31	2	11	2
固原市	**213**	**123**	**31**	**10**	**83**	**90**	**58**	**1**	**31**	
原州区	213	123	31	10	83	90	58	1	31	
西吉县										
隆德县										
泾源县										
彭阳县										
中卫市	**239**	**153**	**58**	**3**	**92**	**86**	**67**	**1**	**18**	
沙坡头区	239	153	58	3	92	86	67	1	18	
中宁县										
海原县										

7–7b 各地区有65岁及以上老年人口的家庭户(镇)

单位：户

地区	合计	一个65岁及以上老年人的户				二个65岁及以上老年人的户				其他
		小计	单身老人户	一个老年人与未成年的亲属户	其他	小计	只有一对老夫妇的户	一对老夫妇与未成年的亲属户	其他	
全　区	**1848**	**1168**	**274**	**6**	**888**	**675**	**387**	**13**	**275**	**5**
银川市	**556**	**357**	**118**	**2**	**238**	**198**	**140**	**2**	**56**	**1**
兴庆区	84	54	27		27	29	17		12	
西夏区	26	22	2		20	2	2			1
金凤区	22	15	6		8	7	5		2	
永宁县	180	112	37	1	74	69	51	2	15	
贺兰县	154	100	31	1	68	54	37		18	
灵武市	91	55	14		41	36	26		9	
石嘴山市	**248**	**156**	**48**		**108**	**92**	**71**	**1**	**19**	
大武口区	20	16			16	4	2		2	
惠农区	47	24	6		18	23	18		4	
平罗县	182	116	41		75	66	52	1	13	
吴忠市	**355**	**212**	**38**	**1**	**173**	**143**	**81**	**1**	**60**	
利通区	75	45	11		34	30	16		14	
红寺堡区	8	8	1		7					
盐池县	82	50	12		38	32	21		10	
同心县	115	59	2	1	56	57	26		31	
青铜峡市	74	50	12		38	24	19	1	5	
固原市	**342**	**213**	**31**	**1**	**181**	**128**	**54**	**4**	**69**	**1**
原州区	49	28	6		21	21	11		11	
西吉县	99	52	6		46	46	16	3	28	1
隆德县	80	54	7	1	46	26	10	1	15	1
泾源县	39	28	6		22	11	7		4	
彭阳县	74	51	6		45	24	11	1	12	
中卫市	**347**	**230**	**40**	**2**	**188**	**115**	**41**	**3**	**70**	**2**
沙坡头区	73	52	11		41	21	11		10	
中宁县	176	118	24	2	92	56	23	2	31	2
海原县	98	60	4	1	55	38	7	1	30	1

7-7c 各地区有65岁及以上老年人口的家庭户(乡村)

单位：户

地 区	合 计	一个65岁及以上老年人的户				二个65岁及以上老年人的户				其 他
		小 计	单身老人户	一个老年人与未成年的亲属户	其 他	小 计	只有一对老夫妇的户	一对老夫妇与未成年的亲属户	其 他	
全 区	**5355**	**3362**	**549**	**23**	**2791**	**1984**	**930**	**36**	**1017**	**9**
银川市	**919**	**601**	**100**	**1**	**501**	**317**	**158**	**6**	**152**	**1**
兴庆区	71	37	4		33	34	18	3	13	
西夏区	44	27		1	26	17			17	
金凤区	40	34	6		27	6	1		5	
永宁县	274	188	33		155	85	42	1	42	1
贺兰县	273	180	37		142	94	50	1	43	
灵武市	217	137	19		118	80	47	1	32	
石嘴山市	**435**	**293**	**81**		**212**	**142**	**89**	**2**	**51**	**1**
大武口区	27	20	1		18	7	1		6	
惠农区	89	67	27		41	22	16	1	5	
平罗县	320	206	53		153	113	72	1	40	1
吴忠市	**1318**	**798**	**164**	**9**	**625**	**518**	**310**	**5**	**202**	**2**
利通区	277	173	30	1	142	103	52		51	1
红寺堡区	165	106	9		97	59	17	1	41	
盐池县	259	139	34	3	101	120	96	2	22	
同心县	251	133	22	3	108	117	59	2	56	1
青铜峡市	366	247	69	1	177	119	85	1	33	
固原市	**1549**	**973**	**96**	**9**	**868**	**574**	**180**	**16**	**378**	**2**
原州区	405	244	25	5	214	161	56	8	97	
西吉县	461	266	23	1	242	194	50	4	140	1
隆德县	297	203	21		182	94	34	1	59	
泾源县	161	115	15	1	100	46	16	1	29	
彭阳县	224	144	11	3	131	80	24	3	53	1
中卫市	**1134**	**697**	**109**	**4**	**584**	**434**	**193**	**7**	**234**	**3**
沙坡头区	329	216	48		168	113	56	2	55	
中宁县	331	196	26	1	169	133	38		96	1
海原县	474	285	35	3	247	187	99	5	83	2

7-8 全区家庭户户主年龄、性别构成

单位：人、%

年 龄	人口数			户 主			户主率		
	合计	男	女	合计	男	女	合计	男	女
总 计	**196364**	**99874**	**96490**	**60369**	**51079**	**9290**	**30.74**	**51.14**	**9.63**
14岁及以下	**41692**	**22036**	**19656**	**25**	**18**	**7**	**0.06**	**0.08**	**0.04**
15—19	**11830**	**6187**	**5643**	**74**	**58**	**16**	**0.63**	**0.94**	**0.29**
15	2354	1243	1111	6	2	4	0.25	0.19	0.33
16	2272	1202	1071	9	8	1	0.38	0.66	0.06
17	2567	1324	1243	12	9	3	0.47	0.67	0.25
18	2374	1260	1114	19	13	6	0.81	1.03	0.55
19	2262	1158	1104	29	26	3	1.27	2.24	0.24
20—24	**13351**	**6886**	**6465**	**1079**	**913**	**167**	**8.08**	**13.25**	**2.58**
20	2516	1301	1215	52	40	13	2.08	3.05	1.04
21	2573	1347	1226	104	78	26	4.05	5.78	2.16
22	2681	1377	1304	200	160	40	7.46	11.65	3.04
23	2800	1448	1352	329	291	38	11.75	20.09	2.82
24	2781	1412	1369	394	344	50	14.15	24.34	3.64
25—29	**17237**	**8479**	**8758**	**4574**	**4026**	**547**	**26.53**	**47.49**	**6.25**
25	3859	1917	1942	730	645	85	18.92	33.67	4.37
26	3398	1642	1756	760	662	98	22.37	40.31	5.59
27	3359	1622	1737	937	809	127	27.89	49.91	7.33
28	3438	1724	1714	1088	971	117	31.65	56.33	6.83
29	3183	1575	1608	1059	939	120	33.26	59.61	7.45
30—34	**15458**	**7763**	**7695**	**6363**	**5547**	**815**	**41.16**	**71.46**	**10.60**
30	2971	1460	1511	1105	968	137	37.21	66.31	9.09
31	3007	1495	1512	1212	1028	184	40.31	68.79	12.16
32	2969	1516	1453	1244	1095	149	41.89	72.21	10.26
33	3523	1720	1803	1454	1252	202	41.27	72.79	11.20
34	2987	1571	1416	1347	1204	143	45.09	76.63	10.11
35—39	**16538**	**8375**	**8163**	**7855**	**6777**	**1078**	**47.50**	**80.92**	**13.21**
35	3428	1737	1692	1523	1347	176	44.41	77.53	10.41
36	3274	1685	1590	1570	1356	214	47.95	80.46	13.48
37	3228	1597	1632	1527	1282	245	47.29	80.27	15.00
38	3059	1530	1529	1445	1255	189	47.23	82.04	12.38
39	3547	1826	1721	1791	1537	254	50.49	84.18	14.74

7-8 续表

单位：人、%

年 龄	人口数			户 主			户主率		
	合计	男	女	合计	男	女	合计	男	女
40—44	**17657**	**9040**	**8617**	**9018**	**7674**	**1344**	**51.07**	**84.89**	**15.60**
40	3539	1828	1711	1801	1556	245	50.89	85.10	14.34
41	3579	1818	1760	1795	1530	265	50.17	84.14	15.07
42	3623	1853	1770	1845	1576	269	50.93	85.07	15.19
43	3541	1807	1734	1848	1545	303	52.19	85.52	17.46
44	3376	1734	1642	1729	1467	262	51.21	84.60	15.94
45—49	**17025**	**8519**	**8506**	**8707**	**7418**	**1290**	**51.15**	**87.07**	**15.16**
45	3816	1867	1949	1931	1604	327	50.59	85.89	16.77
46	3499	1735	1764	1758	1499	259	50.23	86.38	14.67
47	3617	1812	1805	1848	1589	259	51.08	87.68	14.34
48	2943	1528	1414	1554	1335	219	52.83	87.38	15.49
49	3150	1576	1574	1617	1391	226	51.33	88.25	14.37
50—54	**13160**	**6579**	**6580**	**6881**	**5888**	**993**	**52.29**	**89.50**	**15.09**
50	2954	1502	1452	1522	1324	198	51.53	88.16	13.63
51	3142	1573	1569	1677	1423	254	53.36	90.46	16.18
52	3258	1634	1625	1703	1462	241	52.27	89.49	14.85
53	2548	1224	1324	1305	1097	208	51.22	89.63	15.72
54	1258	647	611	674	582	92	53.60	90.04	15.05
55—59	**8655**	**4410**	**4245**	**4544**	**3882**	**662**	**52.50**	**88.02**	**15.60**
55	1610	850	760	872	742	130	54.16	87.32	17.06
56	1335	694	641	719	618	100	53.83	89.12	15.66
57	1785	919	866	931	800	131	52.16	87.06	15.14
58	2041	1037	1004	1076	914	162	52.74	88.14	16.18
59	1885	910	974	946	807	139	50.18	88.65	14.23
60—64	**8528**	**4245**	**4282**	**4266**	**3619**	**647**	**50.02**	**85.24**	**15.12**
60	2003	985	1018	997	856	141	49.76	86.86	13.86
61	1878	943	935	968	823	145	51.53	87.25	15.48
62	1648	831	817	843	719	124	51.14	86.48	15.20
63	1661	792	870	783	651	131	47.11	82.27	15.10
64	1337	694	643	676	570	106	50.55	82.10	16.48
65及以上	**15235**	**7354**	**7880**	**6983**	**5260**	**1723**	**45.84**	**71.52**	**21.87**

7-8ab 全区家庭户户主年龄、性别构成(城镇)

单位：人、%

年 龄	人口数			户 主			户主率		
	合计	男	女	合计	男	女	合计	男	女
总 计	**104665**	**53163**	**51501**	**36241**	**28819**	**7422**	**34.63**	**54.21**	**14.41**
14岁及以下	**19998**	**10714**	**9284**	**12**	**10**	**2**	**0.06**	**0.09**	**0.03**
15–19	**3992**	**2230**	**1763**	**40**	**30**	**11**	**1.01**	**1.33**	**0.61**
15	854	490	364	2	1	1	0.19	0.11	0.31
16	794	448	345	5	5	1	0.67	1.05	0.18
17	871	473	398	10	8	2	1.11	1.68	0.43
18	771	432	339	14	10	5	1.86	2.26	1.34
19	702	386	316	9	7	3	1.33	1.72	0.85
20–24	**5995**	**3063**	**2932**	**638**	**497**	**141**	**10.65**	**16.23**	**4.81**
20	1075	575	500	32	20	12	2.93	3.45	2.34
21	1089	553	537	58	38	20	5.32	6.84	3.75
22	1188	596	592	112	77	35	9.42	12.92	5.89
23	1324	673	651	198	164	34	14.97	24.37	5.26
24	1318	666	653	239	198	40	18.10	29.80	6.15
25–29	**10197**	**4890**	**5308**	**3046**	**2567**	**480**	**29.87**	**52.49**	**9.04**
25	2135	1054	1081	473	400	72	22.14	37.99	6.68
26	1971	915	1055	488	406	83	24.78	44.31	7.84
27	2057	955	1102	644	529	115	31.33	55.40	10.48
28	2113	1042	1071	730	629	101	34.56	60.39	9.43
29	1922	924	999	711	603	108	36.97	65.24	10.84
30–34	**9267**	**4543**	**4724**	**3984**	**3279**	**705**	**42.99**	**72.18**	**14.92**
30	1799	870	929	706	593	113	39.27	68.16	12.22
31	1830	890	940	790	624	165	43.15	70.13	17.59
32	1801	902	899	796	668	128	44.21	74.05	14.26
33	2099	988	1111	900	719	181	42.86	72.77	16.27
34	1737	892	845	792	675	117	45.56	75.61	13.83
35–39	**10143**	**5099**	**5044**	**4988**	**4060**	**928**	**49.18**	**79.63**	**18.40**
35	2056	1051	1005	954	812	142	46.40	77.26	14.12
36	2004	1027	977	996	807	189	49.71	78.60	19.35
37	2010	960	1050	976	761	214	48.54	79.28	20.42
38	1928	971	957	937	775	162	48.62	79.89	16.91
39	2144	1089	1054	1125	904	221	52.46	82.95	20.96

7-8ab 续表

单位：人、%

年 龄	人口数			户 主			户主率		
	合计	男	女	合计	男	女	合计	男	女
40—44	**10849**	**5578**	**5270**	**5661**	**4487**	**1174**	**52.18**	**80.44**	**22.27**
40	2172	1127	1045	1131	922	208	52.08	81.88	19.94
41	2177	1124	1053	1145	903	241	52.59	80.39	22.91
42	2221	1122	1099	1136	904	232	51.15	80.55	21.14
43	2164	1098	1067	1141	880	261	52.71	80.15	24.48
44	2114	1108	1006	1108	878	230	52.40	79.20	22.90
45—49	**9946**	**5008**	**4939**	**5158**	**4117**	**1041**	**51.86**	**82.21**	**21.09**
45	2310	1133	1178	1204	925	279	52.11	81.69	23.66
46	2095	1033	1062	1053	834	219	50.28	80.73	20.65
47	2105	1067	1038	1089	878	212	51.76	82.27	20.41
48	1674	891	783	898	737	161	53.65	82.73	20.59
49	1762	884	878	913	743	170	51.84	84.04	19.41
50—54	**7348**	**3693**	**3655**	**3915**	**3134**	**781**	**53.28**	**84.86**	**21.37**
50	1631	831	800	840	689	152	51.51	82.83	18.96
51	1748	880	868	952	752	201	54.47	85.44	23.10
52	1931	986	945	1049	842	207	54.32	85.43	21.88
53	1392	667	725	727	572	155	52.22	85.74	21.36
54	646	329	317	347	280	67	53.71	84.94	21.26
55—59	**4696**	**2377**	**2318**	**2437**	**1972**	**465**	**51.91**	**82.95**	**20.08**
55	895	457	438	474	376	99	52.97	82.16	22.49
56	768	374	394	395	319	76	51.42	85.25	19.32
57	962	513	449	504	412	92	52.37	80.20	20.53
58	1082	544	539	564	454	110	52.10	83.47	20.44
59	988	489	499	501	412	89	50.66	84.25	17.75
60—64	**4395**	**2165**	**2230**	**2223**	**1791**	**433**	**50.59**	**82.72**	**19.40**
60	998	487	511	493	398	95	49.39	81.78	18.51
61	1016	477	539	508	405	102	49.97	84.92	18.99
62	837	452	385	463	383	80	55.27	84.67	20.75
63	839	383	457	398	310	88	47.45	81.03	19.32
64	704	366	339	362	294	68	51.39	80.48	20.00
65及以上	**7839**	**3804**	**4034**	**4137**	**2877**	**1261**	**52.78**	**75.61**	**31.25**

7-8a 全区家庭户户主年龄、性别构成(城市)

单位：人、%

年 龄	人口数			户 主			户主率		
	合计	男	女	合计	男	女	合计	男	女
总 计	**66983**	**33818**	**33165**	**24419**	**18515**	**5904**	**36.46**	**54.75**	**17.80**
14岁及以下	**11445**	**6181**	**5264**	**10**	**8**	**2**	**0.09**	**0.14**	**0.04**
15-19	**2395**	**1324**	**1071**	**25**	**16**	**8**	**1.03**	**1.23**	**0.78**
15	530	302	229	1		1	0.21		0.49
16	475	265	210	3	2	1	0.59	0.83	0.30
17	522	279	243	9	7	2	1.69	2.54	0.71
18	458	257	201	7	4	3	1.50	1.38	1.65
19	409	220	189	5	3	2	1.24	1.59	0.84
20-24	**3523**	**1814**	**1709**	**416**	**310**	**107**	**11.82**	**17.06**	**6.25**
20	621	341	280	23	13	10	3.73	3.92	3.50
21	621	309	312	41	25	15	6.54	8.14	4.95
22	694	351	343	68	42	26	9.86	11.99	7.67
23	810	419	392	137	112	25	16.89	26.73	6.37
24	777	394	383	147	117	30	18.95	29.70	7.90
25-29	**6350**	**3017**	**3333**	**1957**	**1583**	**375**	**30.82**	**52.46**	**11.24**
25	1270	642	628	295	241	54	23.22	37.53	8.61
26	1217	558	659	317	251	66	26.05	45.09	9.94
27	1337	614	723	454	354	100	33.96	57.60	13.86
28	1337	653	684	480	406	74	35.89	62.16	10.83
29	1189	551	639	412	331	81	34.60	60.07	12.63
30-34	**5958**	**2827**	**3131**	**2559**	**2008**	**551**	**42.95**	**71.03**	**17.61**
30	1154	540	613	464	377	87	40.23	69.81	14.18
31	1207	558	649	510	378	132	42.29	67.81	20.36
32	1155	567	588	511	406	104	44.25	71.72	17.76
33	1323	602	721	572	436	136	43.22	72.44	18.83
34	1121	560	560	502	410	92	44.83	73.19	16.45
35-39	**6862**	**3400**	**3462**	**3379**	**2632**	**747**	**49.24**	**77.42**	**21.56**
35	1368	700	669	651	537	114	47.57	76.76	17.01
36	1356	708	648	695	543	152	51.26	76.64	23.53
37	1373	627	746	653	476	177	47.59	76.02	23.70
38	1332	659	673	642	512	130	48.17	77.66	19.27
39	1432	705	727	738	564	174	51.50	79.90	23.94

7-8a 续表 单位：人、%

年 龄	人口数			户 主			户主率		
	合计	男	女	合计	男	女	合计	男	女
40–44	**7349**	**3787**	**3561**	**3873**	**2927**	**946**	**52.71**	**77.29**	**26.56**
40	1397	737	660	746	581	165	53.39	78.77	25.04
41	1474	759	715	787	593	195	53.41	78.04	27.24
42	1497	752	745	762	578	184	50.94	76.94	24.70
43	1523	760	763	806	584	222	52.92	76.93	29.03
44	1458	779	679	772	591	181	52.92	75.84	26.61
45–49	**6723**	**3367**	**3355**	**3469**	**2635**	**834**	**51.61**	**78.26**	**24.86**
45	1555	733	822	790	565	225	50.79	77.10	27.32
46	1437	726	711	725	555	170	50.48	76.49	23.95
47	1433	732	701	747	581	166	52.12	79.34	23.70
48	1126	591	536	593	460	133	52.68	77.89	24.89
49	1172	586	586	614	474	140	52.42	80.92	23.89
50–54	**4974**	**2511**	**2463**	**2667**	**2039**	**628**	**53.62**	**81.21**	**25.50**
50	1101	549	552	552	428	123	50.13	78.03	22.38
51	1206	616	590	665	505	160	55.16	82.03	27.10
52	1320	679	642	732	561	171	55.44	82.61	26.69
53	931	446	485	489	366	123	52.54	82.22	25.28
54	416	221	194	229	178	51	55.05	80.46	26.09
55–59	**3164**	**1601**	**1563**	**1643**	**1267**	**376**	**51.93**	**79.16**	**24.05**
55	606	320	286	331	252	78	54.56	78.75	27.41
56	518	255	263	277	211	65	53.36	82.79	24.80
57	650	352	298	331	260	71	50.86	73.88	23.73
58	729	352	377	371	282	89	50.93	80.15	23.68
59	661	322	339	334	262	72	50.54	81.38	21.31
60–64	**2864**	**1387**	**1477**	**1446**	**1109**	**336**	**50.48**	**79.99**	**22.77**
60	627	304	323	306	235	71	48.80	77.20	22.09
61	693	322	371	351	267	84	50.64	83.01	22.60
62	528	287	241	299	239	60	56.64	83.38	24.76
63	546	241	305	253	186	68	46.41	76.90	22.26
64	470	233	237	236	183	54	50.27	78.50	22.60
65及以上	**5376**	**2601**	**2775**	**2974**	**1980**	**994**	**55.32**	**76.12**	**35.81**

7-8b 全区家庭户户主年龄、性别构成(镇)

单位：人、%

年龄	人口数			户主			户主率		
	合计	男	女	合计	男	女	合计	男	女
总计	**37682**	**19346**	**18336**	**11822**	**10304**	**1518**	**31.37**	**53.26**	**8.28**
14岁及以下	**8553**	**4534**	**4020**	**2**	**1**	**1**	**0.02**	**0.03**	**0.01**
15—19	**1598**	**906**	**692**	**16**	**13**	**2**	**0.98**	**1.47**	**0.34**
15	324	188	136	1	1		0.16	0.28	
16	318	183	135	3	3		0.79	1.37	
17	349	194	156	1	1		0.24	0.44	
18	314	175	138	7	6	1	2.38	3.56	0.89
19	293	166	127	4	3	1	1.45	1.90	0.87
20—24	**2472**	**1249**	**1223**	**222**	**188**	**34**	**8.98**	**15.02**	**2.81**
20	454	234	220	8	6	2	1.84	2.76	0.86
21	469	244	225	17	13	5	3.70	5.19	2.09
22	494	245	249	43	35	9	8.80	14.26	3.43
23	514	254	260	61	52	9	11.95	20.49	3.59
24	542	272	270	91	82	10	16.88	29.96	3.67
25—29	**3847**	**1872**	**1975**	**1089**	**984**	**105**	**28.30**	**52.54**	**5.32**
25	865	413	452	178	160	18	20.55	38.71	3.99
26	754	358	396	171	154	17	22.72	43.08	4.34
27	719	340	379	190	175	15	26.45	51.43	4.02
28	776	389	387	250	223	27	32.26	57.42	6.97
29	733	373	360	299	272	28	40.82	72.87	7.66
30—34	**3308**	**1716**	**1592**	**1424**	**1271**	**153**	**43.05**	**74.08**	**9.62**
30	645	330	315	242	216	27	37.56	65.46	8.40
31	623	332	291	279	246	33	44.81	74.02	11.39
32	647	336	311	285	262	24	44.14	77.98	7.64
33	776	386	390	328	283	45	42.25	73.29	11.55
34	617	332	285	289	264	25	46.88	79.69	8.68
35—39	**3281**	**1699**	**1582**	**1610**	**1428**	**182**	**49.06**	**84.04**	**11.49**
35	688	352	337	303	275	28	44.09	78.26	8.39
36	648	319	329	301	264	37	46.46	82.96	11.14
37	638	334	304	323	285	38	50.60	85.42	12.39
38	596	311	285	296	263	32	49.63	84.62	11.34
39	711	384	327	387	340	47	54.39	88.55	14.32

7-8b 续表 单位：人、%

年 龄	人口数			户 主			户主率		
	合计	男	女	合计	男	女	合计	男	女
40—44	**3500**	**1791**	**1709**	**1788**	**1560**	**228**	**51.08**	**87.11**	**13.32**
40	774	389	385	385	342	43	49.70	87.77	11.21
41	703	364	338	357	311	47	50.87	85.30	13.77
42	725	370	355	374	325	48	51.59	87.88	13.68
43	642	338	304	335	295	40	52.22	87.41	13.06
44	656	329	328	336	286	50	51.25	87.18	15.20
45—49	**3224**	**1640**	**1584**	**1689**	**1482**	**207**	**52.39**	**90.33**	**13.08**
45	755	400	356	414	360	54	54.83	90.10	15.22
46	658	308	350	328	279	49	49.85	90.73	13.94
47	672	335	337	343	297	46	50.98	88.67	13.56
48	548	300	248	305	277	28	55.64	92.26	11.29
49	590	298	292	299	269	30	50.68	90.18	10.43
50—54	**2375**	**1182**	**1193**	**1248**	**1095**	**153**	**52.56**	**92.63**	**12.86**
50	531	282	248	289	260	28	54.36	92.17	11.36
51	542	264	279	287	246	41	52.95	93.41	14.64
52	610	307	304	317	281	35	51.88	91.68	11.69
53	461	221	240	238	206	32	51.59	92.84	13.44
54	230	108	123	118	101	17	51.29	94.17	13.60
55—59	**1531**	**776**	**755**	**794**	**705**	**90**	**51.86**	**90.77**	**11.86**
55	289	137	153	144	123	20	49.63	90.14	13.27
56	249	118	131	118	107	11	47.40	90.53	8.29
57	312	162	150	173	152	21	55.53	93.96	14.18
58	353	192	162	193	172	21	54.51	89.56	12.89
59	327	167	160	167	150	16	50.89	89.77	10.21
60—64	**1530**	**778**	**753**	**777**	**681**	**96**	**50.80**	**87.59**	**12.80**
60	371	183	188	187	164	23	50.37	89.40	12.36
61	323	156	167	157	138	18	48.52	88.86	10.97
62	309	165	144	164	143	20	52.92	86.92	14.04
63	293	141	152	145	124	20	49.38	88.08	13.44
64	234	133	101	126	112	14	53.62	83.94	13.92
65及以上	**2463**	**1203**	**1260**	**1163**	**896**	**267**	**47.25**	**74.52**	**21.20**

7-8c 全区家庭户户主年龄、性别构成(乡村)

单位：人、%

年 龄	人口数			户 主			户主率		
	合计	男	女	合计	男	女	合计	男	女
总 计	**91699**	**46710**	**44989**	**24128**	**22260**	**1868**	**26.31**	**47.66**	**4.15**
14岁及以下	**21694**	**11321**	**10372**	**13**	**8**	**5**	**0.06**	**0.07**	**0.04**
15—19	**7837**	**3957**	**3880**	**34**	**29**	**6**	**0.44**	**0.72**	**0.14**
15	1500	753	747	4	2	3	0.29	0.24	0.34
16	1479	753	725	3	3		0.22	0.44	
17	1696	851	845	2	1	1	0.14	0.12	0.17
18	1602	827	775	5	3	2	0.30	0.39	0.20
19	1560	772	788	19	19		1.24	2.50	
20—24	**7356**	**3823**	**3533**	**441**	**416**	**25**	**5.99**	**10.87**	**0.72**
20	1441	726	715	21	20	1	1.44	2.73	0.13
21	1484	794	689	46	40	6	3.12	5.04	0.91
22	1493	781	712	88	83	5	5.90	10.67	0.67
23	1476	776	700	131	127	4	8.87	16.38	0.54
24	1463	746	716	155	145	10	10.59	19.46	1.35
25—29	**7039**	**3589**	**3450**	**1527**	**1460**	**68**	**21.70**	**40.67**	**1.96**
25	1724	862	862	257	245	13	14.93	28.39	1.47
26	1427	726	701	272	256	15	19.03	35.28	2.21
27	1302	667	636	292	280	12	22.44	42.04	1.88
28	1325	682	643	358	342	16	27.01	50.12	2.50
29	1260	652	609	348	336	12	27.61	51.62	1.90
30—34	**6191**	**3220**	**2971**	**2379**	**2268**	**111**	**38.43**	**70.45**	**3.73**
30	1172	590	582	399	375	24	34.04	63.59	4.09
31	1177	605	572	423	404	19	35.91	66.81	3.25
32	1168	614	554	447	426	21	38.31	69.50	3.79
33	1424	732	692	554	533	21	38.93	72.82	3.04
34	1250	679	571	556	529	26	44.45	77.97	4.61
35—39	**6395**	**3276**	**3119**	**2867**	**2717**	**150**	**44.83**	**82.92**	**4.81**
35	1372	685	687	568	534	34	41.43	77.94	4.98
36	1270	658	612	574	549	25	45.17	83.38	4.10
37	1218	636	582	551	520	30	45.21	81.76	5.22
38	1131	560	571	507	480	27	44.86	85.78	4.80
39	1404	737	667	666	634	33	47.47	85.99	4.91

7-8c 续表

单位：人、%

年 龄	人口数			户 主			户主率		
	合计	男	女	合计	男	女	合计	男	女
40-44	**6808**	**3462**	**3346**	**3357**	**3187**	**170**	**49.31**	**92.06**	**5.08**
40	1368	702	666	670	633	37	49.01	90.26	5.55
41	1402	695	707	651	627	24	46.41	90.21	3.38
42	1401	731	671	709	672	36	50.58	92.02	5.43
43	1376	709	667	707	666	41	51.37	93.81	6.22
44	1261	626	635	621	589	31	49.21	94.17	4.93
45-49	**7079**	**3511**	**3567**	**3549**	**3301**	**248**	**50.14**	**94.00**	**6.96**
45	1506	735	771	727	678	48	48.26	92.36	6.25
46	1404	702	702	704	665	39	50.16	94.69	5.62
47	1512	746	767	758	711	47	50.15	95.42	6.12
48	1268	637	631	656	598	58	51.74	93.87	9.17
49	1388	692	696	704	648	56	50.69	93.63	8.03
50-54	**5811**	**2886**	**2925**	**2966**	**2754**	**212**	**51.04**	**95.43**	**7.24**
50	1322	671	652	682	636	46	51.56	94.76	7.09
51	1393	693	700	724	671	53	51.97	96.83	7.60
52	1328	648	679	654	620	34	49.30	95.65	5.08
53	1156	557	599	578	525	53	50.02	94.29	8.88
54	612	317	295	327	303	25	53.48	95.33	8.38
55-59	**3960**	**2033**	**1927**	**2106**	**1910**	**197**	**53.19**	**93.94**	**10.21**
55	714	393	322	397	366	31	55.65	93.32	9.66
56	568	320	248	324	300	24	57.08	93.65	9.84
57	823	406	417	427	388	39	51.92	95.75	9.33
58	958	493	465	512	460	52	53.46	93.29	11.25
59	897	422	475	445	395	50	49.66	93.76	10.53
60-64	**4133**	**2081**	**2052**	**2043**	**1828**	**215**	**49.42**	**87.85**	**10.45**
60	1005	498	507	504	457	46	50.14	91.83	9.17
61	862	466	396	460	418	42	53.36	89.65	10.71
62	811	379	432	380	336	44	46.89	88.63	10.27
63	822	409	413	384	341	43	46.76	83.43	10.43
64	633	329	304	314	276	38	49.63	83.91	12.57
65及以上	**7396**	**3550**	**3846**	**2846**	**2383**	**463**	**38.48**	**67.13**	**12.03**

8 生育

8-1 各地区分性别、孩次的出生人口
(2014.11.1-2015.10.31)

单位：人

地 区	出生人数				第一孩			
	合计	男	女	性别比（女=100）	合计	男	女	性别比（女=100）
全 区	**2175**	**1165**	**1010**	**115.32**	**1052**	**554**	**497**	**111.47**
银川市	**643**	**374**	**270**	**138.54**	**394**	**230**	**164**	**140.68**
兴庆区	214	140	74	191.01	122	84	38	220.13
西夏区	90	50	40	126.04	62	38	24	155.72
金凤区	127	71	56	127.07	86	42	43	97.57
永宁县	51	31	20	154.59	30	18	12	153.93
贺兰县	60	33	27	122.97	42	25	17	154.46
灵武市	101	48	53	89.43	51	22	29	75.24
石嘴山市	**172**	**88**	**84**	**105.02**	**98**	**53**	**45**	**119.61**
大武口区	46	28	18	154.54	28	17	11	159.57
惠农区	43	22	21	106.79	29	16	12	132.83
平罗县	82	38	45	84.05	41	20	22	92.01
吴忠市	**517**	**265**	**252**	**105.10**	**231**	**103**	**128**	**80.31**
利通区	126	60	66	91.40	65	29	36	80.84
红寺堡区	75	39	35	110.97	36	20	16	122.80
盐池县	52	23	29	81.04	22	7	16	41.98
同心县	192	107	85	125.95	74	36	38	95.42
青铜峡市	71	35	37	94.58	34	11	23	49.98
固原市	**439**	**223**	**216**	**103.05**	**153**	**75**	**78**	**95.38**
原州区	153	80	74	107.81	53	23	30	75.14
西吉县	138	71	66	107.49	45	23	22	105.55
隆德县	43	22	21	106.03	15	9	6	145.90
泾源县	29	20	10	198.24	15	10	5	224.63
彭阳县	76	31	46	67.01	25	10	16	62.07
中卫市	**404**	**216**	**188**	**114.43**	**175**	**93**	**82**	**112.87**
沙坡头区	126	69	58	119.22	63	33	30	108.76
中宁县	124	70	54	128.87	60	35	25	138.09
海原县	154	77	77	100.62	52	25	27	93.79

8-1 续表 1

单位：人

地区	第二孩				第三孩			
	合计	男	女	性别比(女=100)	合计	男	女	性别比(女=100)
全 区	**816**	**432**	**384**	**112.57**	**226**	**126**	**101**	**124.95**
银川市	**232**	**134**	**98**	**137.13**	**14**	**6**	**8**	**71.59**
兴庆区	89	55	34	162.23	3	1	1	94.21
西夏区	24	11	13	85.70	2		2	
金凤区	41	29	13	228.49				
永宁县	20	12	8	143.25	1	1		
贺兰县	16	6	10	58.99	1	1		
灵武市	41	22	20	108.02	6	2	4	50.25
石嘴山市	**72**	**33**	**39**	**84.30**				
大武口区	18	11	7	147.18				
惠农区	14	5	8	61.26				
平罗县	40	17	23	72.58				
吴忠市	**184**	**99**	**86**	**115.46**	**65**	**37**	**28**	**128.60**
利通区	49	25	24	102.15	8	4	4	90.82
红寺堡区	23	10	13	80.44	11	6	5	113.17
盐池县	29	16	13	119.90				
同心县	55	32	23	142.26	38	20	18	113.01
青铜峡市	29	16	13	123.22	7	6	1	526.19
固原市	**178**	**86**	**92**	**92.89**	**90**	**52**	**39**	**133.41**
原州区	59	30	28	108.21	35	23	12	190.99
西吉县	47	20	27	73.11	35	21	15	142.87
隆德县	24	11	13	86.93	3	2	2	101.79
泾源县	9	6	3	203.33	6	4	3	144.86
彭阳县	40	18	21	86.53	10	3	8	31.55
中卫市	**150**	**80**	**69**	**116.35**	**57**	**31**	**25**	**125.08**
沙坡头区	44	25	18	137.53	15	7	8	85.58
中宁县	46	26	20	129.56	14	8	6	133.61
海原县	60	29	31	95.23	28	16	11	148.78

8-1 续表 2

单位：人

地 区	第四孩				第五孩及以上			
	合计	男	女	性别比(女=100)	合计	男	女	性别比(女=100)
全 区	**57**	**40**	**17**	**240.07**	**24**	**13**	**12**	**106.82**
银川市	**2**	**2**			**1**	**1**		
兴庆区								
西夏区	1	1						
金凤区								
永宁县								
贺兰县								
灵武市	1	1			1	1		
石嘴山市	**2**	**2**						
大武口区								
惠农区	1	1						
平罗县	1	1						
吴忠市	**29**	**22**	**7**	**331.28**	**8**	**4**	**3**	**144.55**
利通区	4	3	2	170.67				
红寺堡区	4	3	1	204.92	1	1		
盐池县								
同心县	19	15	4	390.06	7	4	3	123.36
青铜峡市	1	1						
固原市	**11**	**7**	**4**	**158.85**	**7**	**4**	**3**	**144.04**
原州区	6	2	4	66.65	1	1		
西吉县	6	5	1	525.93	5	3	2	150.87
隆德县								
泾源县								
彭阳县					1		1	
中卫市	**13**	**8**	**6**	**131.51**	**9**	**3**	**6**	**51.46**
沙坡头区	4	4	1	397.73				
中宁县	3	1	2	56.18	1		1	
海原县	6	3	3	98.88	8	3	5	63.46

8-1ab　各地区分性别、孩次的出生人口 (2014.11.1–2015.10.31)(城镇)

单位：人

地　区	出生人数				第一孩			
	合计	男	女	性别比 (女=100)	合计	男	女	性别比 (女=100)
全　区	**1046**	**591**	**454**	**130.10**	**594**	**331**	**263**	**125.94**
银川市	**478**	**290**	**189**	**153.50**	**306**	**185**	**121**	**152.41**
兴庆区	194	131	64	205.13	113	80	33	243.92
西夏区	76	43	33	128.69	52	33	19	177.60
金凤区	98	53	45	119.63	72	35	37	93.41
永宁县	30	18	12	147.43	20	12	8	153.27
贺兰县	39	21	19	110.76	28	16	12	127.07
灵武市	41	24	17	148.18	21	9	12	72.79
石嘴山市	**112**	**57**	**56**	**102.29**	**68**	**35**	**33**	**106.02**
大武口区	40	25	16	158.07	25	15	10	147.31
惠农区	35	17	18	94.52	23	12	11	115.98
平罗县	38	15	22	69.28	21	8	13	65.27
吴忠市	**219**	**113**	**106**	**106.46**	**111**	**49**	**62**	**78.10**
利通区	71	37	34	106.93	42	21	21	103.09
红寺堡区	21	9	12	81.80	15	7	8	81.36
盐池县	20	10	10	93.98	9	3	6	58.70
同心县	78	44	34	131.01	28	11	17	62.50
青铜峡市	29	13	16	79.87	17	6	11	61.73
固原市	**95**	**53**	**42**	**127.19**	**39**	**24**	**15**	**164.09**
原州区	43	25	18	144.08	18	12	6	190.32
西吉县	12	7	5	127.58	5	3	2	121.95
隆德县	6	5	1	328.40	3	2	1	265.86
泾源县	10	6	4	166.13	5	4	1	427.84
彭阳县	23	10	14	72.18	9	4	5	81.90
中卫市	**141**	**78**	**62**	**126.29**	**70**	**39**	**32**	**121.69**
沙坡头区	72	42	30	138.97	39	21	18	119.59
中宁县	49	27	22	123.79	26	14	12	119.57
海原县	19	9	10	92.62	6	4	2	146.59

8-1ab 续表 1 单位：人

地 区	第二孩				第三孩			
	合计	男	女	性别比（女=100）	合计	男	女	性别比（女=100）
全 区	**379**	**218**	**161**	**135.10**	**55**	**30**	**26**	**115.12**
银川市	**167**	**103**	**64**	**160.43**	**5**	**1**	**4**	**31.93**
兴庆区	82	51	31	164.03				
西夏区	21	9	12	69.95	2		2	
金凤区	26	19	7	249.79				
永宁县	10	6	4	136.71				
贺兰县	11	5	6	77.19				
灵武市	18	14	3	452.31	2	1	1	104.75
石嘴山市	**44**	**22**	**22**	**96.75**				
大武口区	16	10	6	177.08				
惠农区	12	5	7	63.03				
平罗县	17	7	9	74.64				
吴忠市	**73**	**41**	**33**	**124.44**	**24**	**14**	**9**	**157.58**
利通区	24	12	12	93.59	3	2	1	235.04
红寺堡区	4	1	2	69.99	3	1	1	101.17
盐池县	10	5	5	115.38				
同心县	24	16	8	201.11	17	10	7	151.04
青铜峡市	12	7	6	112.73				
固原市	**44**	**21**	**23**	**93.80**	**11**	**6**	**4**	**151.44**
原州区	21	11	10	110.49	2	1	1	97.46
西吉县	3		3		5	4	1	601.70
隆德县	4	3	1	390.94				
泾源县	3	1	2	71.43	2	1	1	100.00
彭阳县	13	6	7	79.06	1		1	
中卫市	**51**	**31**	**19**	**161.93**	**16**	**8**	**9**	**86.73**
沙坡头区	26	17	9	184.72	6	3	3	123.35
中宁县	16	10	6	187.86	7	3	4	72.93
海原县	9	4	5	88.79	3	1	2	63.08

8−1ab 续表 2　　　　单位：人

地　区	第四孩				第五孩及以上			
	合计	男	女	性别比(女=100)	合计	男	女	性别比(女=100)
全　区	**14**	**12**	**3**	**412.53**	**3**	**1**	**2**	**63.31**
银川市	**1**	**1**						
兴庆区								
西夏区	1	1						
金凤区								
永宁县								
贺兰县								
灵武市								
石嘴山市								
大武口区								
惠农区								
平罗县								
吴忠市	**11**	**9**	**1**	**842.20**	**1**		**1**	
利通区	1	1						
红寺堡区								
盐池县								
同心县	9	8	1	693.99	1		1	
青铜峡市								
固原市					**1**	**1**		
原州区					1	1		
西吉县								
隆德县								
泾源县								
彭阳县								
中卫市	**3**	**1**	**2**	**55.53**	**1**		**1**	
沙坡头区	2	1	1	104.75				
中宁县	1		1					
海原县					1		1	

8-1a 各地区分性别、孩次的出生人口 (2014.11.1-2015.10.31)(城市)

单位：人

地 区	出生人数				第一孩			
	合计	男	女	性别比(女=100)	合计	男	女	性别比(女=100)
全 区	**623**	**360**	**263**	**136.71**	**389**	**227**	**162**	**139.97**
银川市	**365**	**223**	**142**	**156.91**	**234**	**143**	**91**	**157.51**
兴庆区	183	121	62	194.76	103	72	31	232.00
西夏区	63	36	26	137.61	49	31	18	177.16
金凤区	93	51	42	123.30	69	34	35	96.25
永宁县								
贺兰县	4	2	1	164.00	2	2	1	241.17
灵武市	23	12	11	115.07	11	5	7	70.23
石嘴山市	**69**	**39**	**30**	**127.35**	**44**	**26**	**18**	**140.09**
大武口区	37	23	14	164.24	24	15	9	158.60
惠农区	32	16	16	95.46	20	11	9	121.23
平罗县								
吴忠市	**100**	**48**	**52**	**93.41**	**63**	**29**	**34**	**84.74**
利通区	55	28	26	107.99	33	17	16	104.71
红寺堡区	21	9	12	81.80	15	7	8	81.36
盐池县								
同心县								
青铜峡市	24	10	14	75.27	15	5	10	55.01
固原市	**35**	**19**	**16**	**122.42**	**16**	**10**	**6**	**183.08**
原州区	35	19	16	122.42	16	10	6	183.08
西吉县								
隆德县								
泾源县								
彭阳县								
中卫市	**53**	**30**	**23**	**131.59**	**32**	**19**	**13**	**144.60**
沙坡头区	53	30	23	131.59	32	19	13	144.60
中宁县								
海原县								

8-1a 续表 1

单位：人

地 区	第二孩				第三孩			
	合计	男	女	性别比 (女=100)	合计	男	女	性别比 (女=100)
全 区	**222**	**127**	**95**	**132.80**	**9**	**4**	**6**	**67.88**
银川市	**130**	**80**	**50**	**159.24**	**1**		**1**	
兴庆区	80	49	31	157.41				
西夏区	14	5	9	57.01				
金凤区	24	18	7	268.32				
永宁县								
贺兰县	2	1	1	100.00				
灵武市	11	8	3	246.28	1		1	
石嘴山市	**25**	**13**	**12**	**107.94**				
大武口区	13	8	5	175.07				
惠农区	12	5	7	63.03				
平罗县								
吴忠市	**31**	**15**	**16**	**96.67**	**4**	**3**	**1**	**182.24**
利通区	19	9	10	90.19	1	1		
红寺堡区	4	1	2	69.99	3	1	1	101.17
盐池县								
同心县								
青铜峡市	9	5	4	128.39				
固原市	**16**	**7**	**9**	**76.02**	**2**	**1**	**1**	**97.46**
原州区	16	7	9	76.02	2	1	1	97.46
西吉县								
隆德县								
泾源县								
彭阳县								
中卫市	**20**	**12**	**8**	**140.57**	**2**		**2**	
沙坡头区	20	12	8	140.57	2		2	
中宁县								
海原县								

8-1a 续表 2

单位：人

地 区	第四孩				第五孩及以上			
	合计	男	女	性别比(女=100)	合计	男	女	性别比(女=100)
全 区	**1**	**1**			**1**	**1**		
银川市								
兴庆区								
西夏区								
金凤区								
永宁县								
贺兰县								
灵武市								
石嘴山市								
大武口区								
惠农区								
平罗县								
吴忠市	**1**	**1**						
利通区	1	1						
红寺堡区								
盐池县								
同心县								
青铜峡市								
固原市					**1**	**1**		
原州区					1	1		
西吉县								
隆德县								
泾源县								
彭阳县								
中卫市								
沙坡头区								
中宁县								
海原县								

8-1b 各地区分性别、孩次的出生人口 (2014.11.1-2015.10.31)(镇)

单位：人

地区	出生人数				第一孩			
	合计	男	女	性别比(女=100)	合计	男	女	性别比(女=100)
全 区	**423**	**232**	**191**	**121.02**	**205**	**104**	**101**	**103.41**
银川市	**113**	**67**	**47**	**143.08**	**72**	**41**	**30**	**137.06**
兴庆区	12	10	2	573.81	10	8	2	456.29
西夏区	14	7	7	95.52	3	2	1	185.07
金凤区	5	2	3	68.81	3	1	2	45.33
永宁县	30	18	12	147.43	20	12	8	153.27
贺兰县	35	18	17	106.24	26	14	12	120.72
灵武市	18	12	6	210.97	10	4	6	75.72
石嘴山市	**43**	**18**	**25**	**72.11**	**24**	**10**	**15**	**64.10**
大武口区	3	2	2	101.12	1		1	
惠农区	3	1	2	84.37	3	1	2	84.37
平罗县	38	15	22	69.28	21	8	13	65.27
吴忠市	**119**	**65**	**54**	**118.88**	**47**	**19**	**28**	**69.90**
利通区	16	8	8	103.31	9	4	5	97.36
红寺堡区								
盐池县	20	10	10	93.98	9	3	6	58.70
同心县	78	44	34	131.01	28	11	17	62.50
青铜峡市	5	3	3	104.89	2	1	1	187.00
固原市	**60**	**34**	**26**	**130.08**	**23**	**14**	**9**	**152.66**
原州区	8	6	2	335.43	2	2	1	255.08
西吉县	12	7	5	127.58	5	3	2	121.95
隆德县	6	5	1	328.40	3	2	1	265.86
泾源县	10	6	4	166.13	5	4	1	427.84
彭阳县	23	10	14	72.18	9	4	5	81.90
中卫市	**87**	**48**	**39**	**123.15**	**39**	**20**	**19**	**105.93**
沙坡头区	19	12	7	162.57	7	2	5	49.98
中宁县	49	27	22	123.79	26	14	12	119.57
海原县	19	9	10	92.62	6	4	2	146.59

8-1b 续表 1 单位：人

地 区	第二孩				第三孩			
	合计	男	女	性别比(女=100)	合计	男	女	性别比(女=100)
全 区	**157**	**91**	**66**	**138.43**	**46**	**26**	**20**	**128.13**
银川市	**37**	**23**	**14**	**164.69**	**4**	**1**	**2**	**45.93**
兴庆区	2	2						
西夏区	7	4	4	101.63	2		2	
金凤区	2	1	1	120.58				
永宁县	10	6	4	136.71				
贺兰县	9	4	5	73.76				
灵武市	7	7			1	1		
石嘴山市	**19**	**9**	**10**	**83.69**				
大武口区	2	2	1	188.95				
惠农区								
平罗县	17	7	9	74.64				
吴忠市	**42**	**25**	**17**	**151.04**	**20**	**12**	**8**	**152.99**
利通区	5	2	2	109.33	2	1	1	117.52
红寺堡区								
盐池县	10	5	5	115.38				
同心县	24	16	8	201.11	17	10	7	151.04
青铜峡市	4	2	2	82.93				
固原市	**28**	**14**	**14**	**105.50**	**8**	**5**	**3**	**171.82**
原州区	6	4	1	378.40				
西吉县	3		3		5	4	1	601.70
隆德县	4	3	1	390.94				
泾源县	3	1	2	71.43	2	1	1	100.00
彭阳县	13	6	7	79.06	1		1	
中卫市	**31**	**20**	**11**	**177.91**	**14**	**8**	**7**	**110.19**
沙坡头区	6	5	1	656.29	4	3	1	378.48
中宁县	16	10	6	187.86	7	3	4	72.93
海原县	9	4	5	88.79	3	1	2	63.08

8−1b 续表 2　　单位：人

地　区	第四孩				第五孩及以上			
	合计	男	女	性别比（女=100）	合计	男	女	性别比（女=100）
全　区	**13**	**10**	**3**	**370.75**	**2**		**2**	
银川市	**1**	**1**						
兴庆区								
西夏区	1	1						
金凤区								
永宁县								
贺兰县								
灵武市								
石嘴山市								
大武口区								
惠农区								
平罗县								
吴忠市	**9**	**8**	**1**	**737.41**	**1**		**1**	
利通区								
红寺堡区								
盐池县								
同心县	9	8	1	693.99	1		1	
青铜峡市								
固原市								
原州区								
西吉县								
隆德县								
泾源县								
彭阳县								
中卫市	**3**	**1**	**2**	**55.53**	**1**		**1**	
沙坡头区	2	1	1	104.75				
中宁县	1		1					
海原县					1		1	

8-1c 各地区分性别、孩次的出生人口 (2014.11.1-2015.10.31)(乡村)

单位：人

地 区	出生人数				第一孩			
	合计	男	女	性别比 (女=100)	合计	男	女	性别比 (女=100)
全 区	**1130**	**574**	**556**	**103.23**	**458**	**223**	**234**	**95.23**
银川市	**165**	**84**	**81**	**103.64**	**88**	**46**	**42**	**107.26**
兴庆区	20	10	10	99.15	10	4	5	77.49
西夏区	14	7	6	112.38	10	5	6	82.16
金凤区	29	18	11	156.11	14	8	6	122.15
永宁县	22	13	8	165.11	10	6	4	155.20
贺兰县	20	12	8	150.82	14	10	4	239.94
灵武市	60	23	37	63.15	30	13	17	77.00
石嘴山市	**59**	**31**	**28**	**110.41**	**30**	**18**	**11**	**158.95**
大武口区	6	4	3	133.65	3	3	1	300.12
惠农区	8	5	3	181.82	6	4	2	237.00
平罗县	45	22	23	98.52	20	12	9	130.13
吴忠市	**298**	**152**	**146**	**104.11**	**121**	**54**	**66**	**82.37**
利通区	55	24	32	74.57	23	8	15	50.00
红寺堡区	54	30	24	125.21	22	13	8	163.63
盐池县	33	14	19	73.98	13	3	10	32.78
同心县	114	63	51	122.61	46	25	21	122.56
青铜峡市	42	22	20	106.36	17	5	12	39.69
固原市	**345**	**170**	**175**	**97.29**	**114**	**51**	**64**	**79.44**
原州区	111	54	56	96.53	35	11	24	45.35
西吉县	126	64	61	105.70	41	21	20	103.76
隆德县	36	17	19	88.98	13	7	6	129.99
泾源县	19	13	6	218.52	10	6	4	171.71
彭阳县	53	21	32	64.84	17	6	11	53.33
中卫市	**263**	**137**	**126**	**108.59**	**105**	**54**	**51**	**107.33**
沙坡头区	54	27	27	97.29	25	12	13	93.78
中宁县	75	42	32	132.37	34	21	14	154.11
海原县	135	68	67	101.79	46	22	24	88.43

8-1c 续表 1

单位：人

地区	第二孩				第三孩			
	合计	男	女	性别比（女=100）	合计	男	女	性别比（女=100）
全 区	**437**	**214**	**223**	**96.25**	**171**	**96**	**75**	**128.31**
银川市	**65**	**31**	**34**	**92.99**	**9**	**5**	**5**	**102.51**
兴庆区	7	4	3	142.91	3	1	1	94.21
西夏区	4	3	1	299.94				
金凤区	15	10	5	197.56				
永宁县	10	6	4	150.03	1	1		
贺兰县	5	1	4	32.28	1	1		
灵武市	24	7	17	42.26	4	1	3	31.29
石嘴山市	**28**	**11**	**17**	**67.63**				
大武口区	3	1	2	51.69				
惠农区	2	1	1	50.59				
平罗县	23	10	14	71.16				
吴忠市	**111**	**58**	**53**	**109.90**	**41**	**22**	**19**	**114.80**
利通区	25	13	12	111.08	5	1	3	45.50
红寺堡区	19	9	11	82.49	8	4	4	117.73
盐池县	19	11	9	122.33				
同心县	31	16	15	110.64	21	10	11	89.98
青铜峡市	17	9	7	131.67	7	6	1	526.19
固原市	**134**	**64**	**69**	**92.60**	**80**	**45**	**35**	**131.20**
原州区	37	19	18	106.91	33	22	11	200.93
西吉县	44	20	24	80.70	31	17	14	119.49
隆德县	20	8	12	68.31	3	2	2	101.79
泾源县	5	4	1	455.07	4	3	1	175.69
彭阳县	27	13	14	90.51	9	3	7	37.98
中卫市	**99**	**49**	**50**	**98.64**	**40**	**24**	**16**	**145.30**
沙坡头区	18	9	9	91.68	9	3	5	65.75
中宁县	30	15	14	107.21	7	5	2	254.86
海原县	51	25	26	96.40	24	15	9	166.26

8-1c 续表 2

单位：人

地 区	第四孩				第五孩及以上			
	合计	男	女	性别比（女=100）	合计	男	女	性别比（女=100）
全 区	**43**	**29**	**14**	**205.73**	**21**	**11**	**10**	**114.43**
银川市	**1**	**1**			**1**	**1**		
兴庆区								
西夏区								
金凤区								
永宁县								
贺兰县								
灵武市	1	1			1	1		
石嘴山市	**2**	**2**						
大武口区								
惠农区	1	1						
平罗县	1	1						
吴忠市	**18**	**13**	**6**	**228.13**	**6**	**4**	**2**	**225.66**
利通区	3	1	2	94.21				
红寺堡区	4	3	1	204.92	1	1		
盐池县								
同心县	10	7	3	267.71	6	4	2	192.57
青铜峡市	1	1						
固原市	**11**	**7**	**4**	**158.85**	**6**	**3**	**3**	**104.06**
原州区	6	2	4	66.65				
西吉县	6	5	1	525.93	5	3	2	150.87
隆德县								
泾源县								
彭阳县					1		1	
中卫市	**11**	**7**	**4**	**162.51**	**8**	**3**	**5**	**57.79**
沙坡头区	3	3						
中宁县	2	1	1	99.94	1		1	
海原县	6	3	3	98.88	7	3	4	73.36

8-2 全区育龄妇女分年龄、孩次的生育状况
(2014.11.1-2015.10.31)

单位：人、‰

年 龄	平均育龄妇女人数	出生人数	生育率	第一孩		第二孩		第三孩及以上	
				出生数	生育率	出生数	生育率	出生数	生育率
总 计	**58221**	**2178**	**37.40**	**1052**	**18.06**	**817**	**14.03**	**309**	**5.31**
15–19	**7369**	**173**	**23.48**	**152**	**20.59**	**20**	**2.75**	**1**	**0.13**
15	1224	2	1.90	2	1.90				
16	1348	9	6.71	9	6.71				
17	1444	26	18.09	25	17.15	1	0.94		
18	1524	55	36.29	50	32.55	6	3.74		
19	1830	80	43.83	66	36.09	13	7.22	1	0.52
20–24	**8461**	**675**	**79.82**	**385**	**45.55**	**239**	**28.30**	**50**	**5.96**
20	1905	106	55.61	75	39.14	29	15.14	3	1.34
21	1683	127	75.37	76	45.41	46	27.50	4	2.46
22	1560	139	88.83	76	48.49	52	33.47	11	6.88
23	1522	137	89.97	72	47.09	49	32.31	16	10.58
24	1790	167	93.27	87	48.64	63	35.16	17	9.46
25–29	**8863**	**809**	**91.29**	**388**	**43.82**	**307**	**34.59**	**114**	**12.88**
25	1938	196	101.23	101	52.24	77	39.99	17	8.99
26	1809	172	95.02	91	50.05	63	34.70	19	10.27
27	1777	166	93.49	83	46.84	56	31.45	27	15.20
28	1712	156	90.98	66	38.72	62	36.10	28	16.15
29	1626	119	73.24	47	28.93	49	29.86	23	14.45
30–34	**7947**	**358**	**45.03**	**90**	**11.36**	**172**	**21.58**	**96**	**12.08**
30	1566	91	58.10	33	21.16	39	24.78	19	12.17
31	1505	80	53.30	24	16.10	40	26.30	16	10.90
32	1643	76	46.02	15	9.43	38	23.11	22	13.48
33	1639	60	36.90	8	4.67	32	19.34	21	12.89
34	1594	51	31.73	10	6.15	23	14.72	17	10.86
35–39	**8336**	**122**	**14.68**	**28**	**3.40**	**63**	**7.51**	**31**	**3.76**
35	1686	43	25.35	11	6.72	21	12.54	10	6.09
36	1650	27	16.30	8	4.63	16	9.54	4	2.13
37	1606	21	13.32	4	2.50	11	6.91	6	3.90
38	1647	19	11.25	3	1.59	9	5.22	7	4.43
39	1746	13	7.35	3	1.59	6	3.47	4	2.30
40–44	**8852**	**33**	**3.70**	**7**	**0.80**	**14**	**1.53**	**12**	**1.37**
40	1763	9	5.28	2	0.90	5	2.78	3	1.60
41	1780	8	4.66	1	0.68	3	1.87	4	2.11
42	1781	7	4.10	2	1.11	3	1.41	3	1.58
43	1712	5	2.80	2	1.10	2	1.08	1	0.62
44	1815	3	1.68			1	0.52	2	0.91
45–49	**8394**	**7**	**0.84**			**3**	**0.33**	**4**	**0.46**
45	1888	2	1.09			1	0.27	2	0.82
46	1806	1	0.28					1	0.28
47	1638								
48	1532	1	0.59			1	0.39		
49	1530	4	2.37			2	1.11	2	1.00

8-2ab 全区育龄妇女分年龄、孩次的生育状况 (2014.11.1-2015.10.31)(城镇)

单位：人、‰

年 龄	平均育龄妇女人数	出生人数	生育率	第一孩		第二孩		第三孩及以上	
				出生数	生育率	出生数	生育率	出生数	生育率
总 计	**33727**	**1047**	**31.04**	**595**	**17.63**	**380**	**11.25**	**73**	**2.16**
15-19	**3490**	**28**	**8.17**	**25**	**7.21**	**3**	**0.95**		
15	488	1	1.24	1	1.24				
16	563	3	4.46	3	4.46				
17	629	5	8.24	5	7.74				
18	737	8	10.69	7	9.46	1	1.23		
19	1073	12	11.48	10	9.52	2	1.96		
20-24	**4711**	**250**	**53.00**	**185**	**39.21**	**58**	**12.38**	**7**	**1.41**
20	1188	27	22.37	22	18.41	5	3.95		
21	968	47	48.16	36	37.40	9	9.65	1	1.10
22	844	51	59.97	37	43.92	12	14.20	2	1.85
23	766	48	62.58	34	43.98	13	17.10	1	1.50
24	944	78	82.49	56	59.14	19	20.35	3	3.01
25-29	**5416**	**466**	**86.10**	**285**	**52.53**	**155**	**28.59**	**27**	**4.99**
25	1127	103	91.46	68	60.71	31	27.18	4	3.57
26	1110	99	89.01	64	57.39	30	27.27	5	4.35
27	1115	102	91.17	64	57.06	30	27.20	8	6.90
28	1070	93	87.11	51	47.96	36	33.83	6	5.32
29	994	70	70.03	37	37.67	27	27.56	5	4.79
30-34	**4834**	**207**	**42.81**	**69**	**14.35**	**110**	**22.68**	**28**	**5.78**
30	957	58	60.10	27	28.13	24	25.47	6	6.51
31	937	51	54.06	19	20.47	26	28.11	5	5.49
32	1020	41	39.88	12	11.56	23	22.39	6	5.93
33	989	31	31.32	5	5.16	20	19.96	6	6.20
34	932	27	29.14	6	6.85	16	17.58	4	4.72
35-39	**5123**	**79**	**15.52**	**25**	**4.82**	**47**	**9.24**	**7**	**1.45**
35	1000	26	26.38	9	8.97	16	15.78	2	1.63
36	1025	19	18.94	7	6.61	13	12.33		
37	1018	13	13.02	4	3.51	8	7.48	2	2.03
38	1017	11	11.19	3	2.57	6	6.03	3	2.59
39	1064	9	8.53	3	2.61	5	4.87	1	1.05
40-44	**5378**	**14**	**2.62**	**6**	**1.06**	**6**	**1.04**	**3**	**0.52**
40	1059	5	4.38	1	1.25	3	2.60	1	0.53
41	1084	3	2.65	1	0.88	1	0.73	1	1.04
42	1094	4	3.88	2	1.80	1	1.05	1	1.03
43	1042	2	2.23	1	1.37	1	0.86		
44	1099								
45-49	**4775**	**2**	**0.39**			**1**	**0.11**	**1**	**0.20**
45	1126								
46	1056								
47	918								
48	835								
49	841	2	1.83			1	0.61	1	0.76

8–2a 全区育龄妇女分年龄、孩次的生育状况(2014.11.1–2015.10.31)(城市)

单位：人、‰

年 龄	平均育龄妇女人数	出生人数	生育率	第一孩		第二孩		第三孩及以上	
				出生数	生育率	出生数	生育率	出生数	生育率
总 计	**22708**	**624**	**27.46**	**389**	**17.14**	**223**	**9.81**	**12**	**0.51**
15–19	**2386**	**10**	**4.30**	**9**	**3.96**	**1**	**0.34**		
15	228	1	2.67	1	2.67				
16	282	1	4.38	1	4.38				
17	409	2	3.91	2	3.91				
18	579	3	4.71	2	4.02				
19	888	4	4.59	4	4.14				
20–24	**3320**	**115**	**34.50**	**96**	**28.90**	**19**	**5.61**		
20	959	10	10.94	10	9.91	1	1.02		
21	723	20	27.95	17	24.05	3	3.90		
22	579	24	41.37	20	33.80	4	7.57		
23	490	21	43.48	18	35.77	4	7.71		
24	568	39	67.86	32	56.17	7	11.69		
25–29	**3443**	**299**	**86.99**	**209**	**60.70**	**88**	**25.68**	**2**	**0.61**
25	690	60	87.20	43	62.89	16	23.63		
26	715	65	90.54	48	67.28	16	22.61		
27	717	67	93.85	51	70.72	16	22.32	1	0.81
28	679	61	90.14	39	57.15	22	32.13	1	0.85
29	642	46	71.83	28	43.59	18	28.24		
30–34	**3191**	**131**	**40.93**	**51**	**16.07**	**75**	**23.39**	**5**	**1.47**
30	643	37	58.26	20	31.22	17	27.05		
31	625	32	51.82	15	23.38	18	28.45		
32	659	24	37.11	9	12.90	15	23.39	1	0.83
33	647	18	27.71	3	5.39	13	19.50	2	2.81
34	616	18	29.74	5	7.46	11	18.52	2	3.76
35–39	**3484**	**57**	**16.48**	**18**	**5.15**	**36**	**10.38**	**3**	**0.96**
35	658	21	32.65	6	9.47	14	21.60	1	1.58
36	701	16	22.13	5	7.22	10	14.90		
37	716	8	11.78	3	3.96	4	6.22	1	1.61
38	706	6	9.16	2	2.57	4	4.97	1	1.63
39	702	6	7.84	2	2.83	4	5.01		
40–44	**3655**	**10**	**2.86**	**5**	**1.45**	**4**	**1.00**	**1**	**0.40**
40	693	3	4.29	1	1.38	2	2.90		
41	732	2	3.05	1	1.31	1	0.74	1	1.00
42	756	3	4.31	2	2.61	1	0.73	1	0.97
43	721	2	2.75	1	1.98	1	0.77		
44	754								
45–49	**3230**	**1**	**0.28**		**0.12**	**1**	**0.16**		
45	770								
46	709								
47	621								
48	561								
49	569	1	1.59		0.68	1	0.90		

8-2b 全区育龄妇女分年龄、孩次的生育状况 (2014.11.1-2015.10.31)(镇)

单位：人、‰

年 龄	平均育龄妇女人数	出生人数	生育率	第一孩		第二孩		第三孩及以上	
				出生数	生育率	出生数	生育率	出生数	生育率
总 计	**11019**	**423**	**38.41**	**205**	**18.63**	**157**	**14.23**	**61**	**5.55**
15-19	**1103**	**18**	**16.53**	**16**	**14.26**	**3**	**2.28**		
15	260								
16	281	1	4.54	1	4.54				
17	220	4	16.30	3	14.89				
18	158	5	32.61	5	29.42	1	3.19		
19	184	8	44.65	7	35.44	2	9.20		
20-24	**1391**	**135**	**97.14**	**89**	**63.81**	**40**	**28.57**	**7**	**4.77**
20	230	16	70.11	12	53.91	4	16.19		
21	245	26	107.81	19	76.81	7	26.65	1	4.35
22	264	27	100.75	17	66.10	8	28.73	2	5.92
23	276	27	96.48	16	58.55	9	33.75	1	4.18
24	376	39	104.64	24	63.62	13	33.45	3	7.57
25-29	**1973**	**167**	**84.56**	**76**	**38.28**	**66**	**33.66**	**25**	**12.62**
25	437	43	98.19	25	57.26	14	32.79	4	8.14
26	395	34	86.24	16	39.53	14	35.68	4	11.03
27	398	34	86.33	13	32.44	14	36.01	7	17.89
28	391	32	81.86	13	32.02	14	36.78	5	13.06
29	352	24	66.75	9	26.89	9	26.33	5	13.52
30-34	**1643**	**76**	**46.46**	**18**	**11.00**	**35**	**21.32**	**23**	**14.15**
30	314	20	63.88	7	21.78	7	22.24	6	19.85
31	312	18	58.55	5	14.63	9	27.43	5	16.49
32	361	16	44.92	3	9.10	7	20.57	6	15.25
33	342	13	38.15	2	4.72	7	20.82	4	12.61
34	316	9	27.98	2	5.65	5	15.74	2	6.59
35-39	**1639**	**22**	**13.47**	**7**	**4.14**	**11**	**6.83**	**4**	**2.50**
35	341	5	14.29	3	8.01	2	4.56	1	1.71
36	324	4	12.05	2	5.29	2	6.76		
37	301	5	15.96	1	2.46	3	10.46	1	3.05
38	311	5	15.81	1	2.59	3	8.46	1	4.76
39	362	4	9.87	1	2.18	2	4.59	1	3.10
40-44	**1724**	**4**	**2.12**			**2**	**1.12**	**1**	**0.78**
40	366	2	4.57			1	2.04	1	1.52
41	353	1	1.82						
42	338	1	2.93			1	1.76		
43	321								
44	345								
45-49	**1546**	**1**	**0.61**					**1**	**0.61**
45	356								
46	347								
47	297								
48	274								
49	272	1	2.34					1	2.34

8–2c 全区育龄妇女分年龄、孩次的生育状况 (2014.11.1–2015.10.31)(乡村)

单位：人、‰

年 龄	平均育龄妇女人数	出生人数	生育率	第一孩		第二孩		第三孩及以上	
				出生数	生育率	出生数	生育率	出生数	生育率
总 计	**24494**	**1131**	**46.16**	**457**	**18.67**	**437**	**17.85**	**236**	**9.64**
15–19	**3879**	**144**	**37.25**	**127**	**32.63**	**17**	**4.37**	**1**	**0.25**
15	736	2	2.34	2	2.34				
16	785	7	8.33	7	8.33				
17	815	21	25.69	20	24.41	1	1.28		
18	786	47	60.29	43	54.20	5	6.10		
19	757	68	89.69	56	73.74	11	14.69	1	1.26
20–24	**3750**	**426**	**113.51**	**201**	**53.52**	**181**	**48.30**	**44**	**11.69**
20	717	79	110.72	53	73.49	24	33.68	3	3.55
21	715	80	112.23	40	56.26	37	51.68	3	4.29
22	717	88	122.81	39	53.86	40	56.16	9	12.79
23	756	89	117.74	38	50.23	36	47.72	15	19.78
24	846	89	105.28	31	36.93	44	51.69	14	16.66
25–29	**3447**	**343**	**99.44**	**104**	**30.14**	**152**	**44.02**	**87**	**25.29**
25	811	93	114.78	33	40.49	47	57.77	13	16.53
26	699	73	104.57	27	38.40	33	46.49	14	19.68
27	662	64	97.39	20	29.61	26	38.61	19	29.17
28	642	63	97.42	15	23.32	26	39.89	22	34.21
29	632	50	78.30	10	15.19	21	33.48	19	29.62
30–34	**3113**	**151**	**48.49**	**21**	**6.73**	**62**	**19.88**	**68**	**21.88**
30	609	33	54.96	6	10.22	14	23.68	13	21.06
31	568	30	52.05	5	8.91	13	23.33	11	19.82
32	623	35	56.08	4	5.94	15	24.29	16	25.85
33	650	30	45.39	3	3.92	12	18.41	15	23.06
34	663	23	35.36	3	5.17	7	10.70	13	19.49
35–39	**3213**	**43**	**13.35**	**4**	**1.14**	**15**	**4.76**	**24**	**7.45**
35	686	16	23.85	2	3.43	5	7.82	9	12.60
36	626	7	11.97	1	1.40	3	4.97	4	5.61
37	589	8	13.83			3	5.93	4	7.14
38	630	7	11.34			2	3.91	5	7.42
39	683	4	5.53			1	1.29	3	4.24
40–44	**3473**	**19**	**5.37**	**1**	**0.41**	**8**	**2.29**	**9**	**2.67**
40	704	5	6.62			2	3.04	2	3.22
41	696	5	7.80			3	3.66	3	3.78
42	687	3	4.45			1	2.00	2	2.45
43	670	2	3.69			1	1.41	1	1.59
44	717	3	4.26			1	1.32	2	2.30
45–49	**3618**	**5**	**1.45**			**2**	**0.63**	**3**	**0.81**
45	763	2	2.70			1	0.67	2	2.03
46	750	1	0.67					1	0.67
47	720								
48	697	1	0.85			1	0.85		
49	689	2	3.02			1	1.72	1	1.30

8–3 各地区按活产子女数分的15–50岁妇女人数

单位：人

地 区	合 计	活产0个	活产1个	活产2个	活产3个	活产4个	活产5个及以上	妇女平均活产子女数
全 区	**59428**	**18255**	**17540**	**16264**	**5284**	**1563**	**522**	**1.26**
银川市	**20806**	**6884**	**8331**	**4645**	**743**	**167**	**35**	**0.99**
兴庆区	7622	2673	3455	1310	142	32	10	0.88
西夏区	3788	1710	1300	571	164	35	8	0.82
金凤区	2827	772	1409	532	94	19	2	1.00
永宁县	1999	626	645	595	99	31	3	1.14
贺兰县	2155	678	691	676	83	23	6	1.12
灵武市	2414	425	832	960	163	27	6	1.40
石嘴山市	**6822**	**1779**	**2932**	**1782**	**241**	**66**	**23**	**1.11**
大武口区	2589	695	1236	546	94	15	3	1.04
惠农区	1786	477	888	373	36	10	1	1.00
平罗县	2448	607	808	863	111	41	18	1.28
吴忠市	**11431**	**2844**	**2805**	**3920**	**1327**	**402**	**133**	**1.48**
利通区	3395	751	1027	1281	280	52	4	1.37
红寺堡区	1647	559	215	483	272	90	28	1.52
盐池县	1312	367	358	484	85	13	6	1.26
同心县	2629	648	379	746	532	231	94	1.85
青铜峡市	2448	520	826	926	158	15	2	1.32
固原市	**10935**	**4258**	**1471**	**2906**	**1630**	**481**	**188**	**1.38**
原州区	3819	1424	653	1017	513	161	51	1.34
西吉县	3250	1544	259	601	523	217	106	1.36
隆德县	1352	437	210	478	174	38	15	1.42
泾源县	822	325	117	218	140	18	4	1.29
彭阳县	1692	529	232	592	280	48	12	1.48
中卫市	**9433**	**2491**	**2000**	**3011**	**1342**	**446**	**143**	**1.54**
沙坡头区	3432	802	1056	1146	331	80	16	1.38
中宁县	2776	652	595	1019	371	101	37	1.56
海原县	3225	1036	348	847	640	265	89	1.70

8-4　全区按年龄和活产子女数分的15-50岁妇女人数

单位：人

年　龄	合　计	活产0个	活产1个	活产2个	活产3个	活产4个	活产5个及以上
总　计	**59428**	**18255**	**17540**	**16264**	**5284**	**1563**	**522**
15-19	**6936**	**6700**	**214**	**22**			
15	1200	1198	1				
16	1244	1238	6	1			
17	1446	1420	25				
18	1438	1370	62	6			
19	1608	1473	120	14			
20-24	**8447**	**6241**	**1515**	**600**	**83**	**7**	**1**
20	2047	1836	166	42	3		
21	1757	1400	267	85	5		1
22	1607	1191	286	118	9	2	
23	1512	963	364	158	25	2	1
24	1524	851	432	197	41	4	
25-29	**9066**	**2912**	**3552**	**2052**	**459**	**79**	**12**
25	2041	960	672	338	62	7	2
26	1825	685	680	371	69	17	3
27	1788	541	753	397	80	14	3
28	1751	399	738	470	124	18	2
29	1661	326	709	475	124	23	4
30-34	**7857**	**902**	**3050**	**2841**	**804**	**197**	**63**
30	1580	270	652	466	155	28	9
31	1540	193	640	545	125	29	8
32	1467	159	566	557	147	30	9
33	1815	161	637	729	210	61	18
34	1455	120	554	545	167	50	18
35-39	**8309**	**554**	**3004**	**3280**	**1043**	**319**	**109**
35	1727	118	616	695	209	64	25
36	1638	123	571	663	200	70	12
37	1654	101	614	654	204	57	25
38	1551	102	608	573	197	57	14
39	1739	110	595	696	233	72	33
40-44	**8720**	**444**	**3043**	**3539**	**1202**	**366**	**127**
40	1749	93	588	709	261	77	21
41	1772	87	618	709	257	77	23
42	1782	104	648	703	234	61	32
43	1772	79	609	744	233	85	22
44	1645	81	579	674	216	66	29
45-49	**8641**	**426**	**2744**	**3366**	**1429**	**498**	**179**
45	1979	109	663	791	284	92	39
46	1791	90	605	683	281	93	39
47	1814	77	567	730	308	99	33
48	1454	77	445	555	252	91	34
49	1603	73	463	607	302	124	35
50	**1452**	**76**	**419**	**565**	**264**	**97**	**32**

8-5　各地区按存活子女数分的15-50岁妇女人数

单位：人

地　　区	合　计	存活0个	存活1个	存活2个	存活3个	存活4个	存活5个及以上	妇女平均存活子女数
全　区	**59428**	**18489**	**17530**	**16179**	**5210**	**1527**	**494**	**1.25**
银川市	**20806**	**6942**	**8328**	**4613**	**726**	**163**	**35**	**0.99**
兴庆区	7622	2694	3448	1297	144	29	10	0.87
西夏区	3788	1717	1302	566	161	35	8	0.82
金凤区	2827	776	1410	530	90	19	2	1.00
永宁县	1999	634	644	592	95	31	3	1.13
贺兰县	2155	691	690	664	82	23	6	1.11
灵武市	2414	430	834	965	153	26	6	1.39
石嘴山市	**6822**	**1814**	**2932**	**1772**	**225**	**58**	**21**	**1.10**
大武口区	2589	706	1232	542	91	14	3	1.03
惠农区	1786	487	883	371	35	9	1	0.99
平罗县	2448	621	817	859	99	36	16	1.25
吴忠市	**11431**	**2895**	**2809**	**3900**	**1309**	**397**	**121**	**1.46**
利通区	3395	764	1031	1273	274	51	3	1.36
红寺堡区	1647	569	215	480	269	91	23	1.49
盐池县	1312	388	343	480	82	13	6	1.24
同心县	2629	650	384	749	530	228	88	1.83
青铜峡市	2448	523	836	919	153	14	2	1.31
固原市	**10935**	**4309**	**1459**	**2896**	**1617**	**472**	**182**	**1.36**
原州区	3819	1450	643	1012	506	159	50	1.33
西吉县	3250	1548	260	605	521	214	103	1.35
隆德县	1352	444	207	474	176	36	15	1.41
泾源县	822	327	118	219	138	17	4	1.28
彭阳县	1692	541	231	586	276	46	11	1.46
中卫市	**9433**	**2529**	**2003**	**2998**	**1334**	**436**	**135**	**1.53**
沙坡头区	3432	817	1056	1144	322	77	16	1.37
中宁县	2776	666	596	1007	371	102	34	1.55
海原县	3225	1046	350	847	640	257	85	1.68

8-6 全区按年龄和存活子女数分的15-50岁妇女人数

单位：人

年龄	合计	存活0个	存活1个	存活2个	存活3个	存活4个	存活5个及以上
总计	**59428**	**18489**	**17530**	**16179**	**5210**	**1527**	**494**
15-19	**6936**	**6703**	**214**	**19**			
15	1200	1198	1				
16	1244	1238	6	1			
17	1446	1420	25				
18	1438	1370	62	6			
19	1608	1476	120	12			
20-24	**8447**	**6258**	**1511**	**591**	**80**	**6**	**1**
20	2047	1837	165	42	3		
21	1757	1402	267	82	5		1
22	1607	1192	287	116	10	1	
23	1512	967	364	159	21	2	1
24	1524	860	428	192	41	4	
25-29	**9066**	**2955**	**3541**	**2031**	**453**	**76**	**10**
25	2041	970	670	331	62	7	1
26	1825	692	679	365	70	16	2
27	1788	546	753	393	80	14	3
28	1751	410	734	467	121	16	2
29	1661	336	705	474	121	22	3
30-34	**7857**	**937**	**3051**	**2822**	**796**	**189**	**61**
30	1580	278	650	468	150	26	8
31	1540	202	639	537	125	29	8
32	1467	163	567	552	150	26	8
33	1815	171	638	723	207	58	18
34	1455	124	557	541	164	50	18
35-39	**8309**	**594**	**2997**	**3272**	**1023**	**319**	**104**
35	1727	124	617	690	208	65	23
36	1638	131	570	657	198	70	12
37	1654	110	608	657	197	58	24
38	1551	109	606	573	192	57	14
39	1739	119	596	695	228	70	32
40-44	**8720**	**472**	**3057**	**3533**	**1188**	**354**	**117**
40	1749	97	595	704	264	68	20
41	1772	91	619	710	254	76	22
42	1782	114	643	706	232	59	28
43	1772	84	614	744	223	85	21
44	1645	85	586	668	214	65	26
45-49	**8641**	**491**	**2737**	**3346**	**1411**	**488**	**169**
45	1979	122	666	781	285	88	37
46	1791	101	609	676	276	92	37
47	1814	84	565	733	302	99	31
48	1454	84	447	553	253	86	32
49	1603	100	449	604	295	123	32
50	**1452**	**80**	**422**	**564**	**260**	**95**	**31**

8-7 全区按年龄分的15-50岁妇女平均活产子女数和平均存活子女数

单位：人

年 龄	活产子女总数			存活子女总数			存活子女数占活产子女数的百分比	妇女平均活产子女数	妇女平均存活子女数
	合计	男	女	合计	男	女			
总 计	**74970**	**39906**	**35064**	**74250**	**39519**	**34731**	**99.04**	**1.26**	**1.25**
15-19	**259**	**143**	**117**	**254**	**141**	**112**	**97.92**	**0.04**	**0.04**
15	2	2		2	2		100.00		
16	7	4	3	7	4	3	100.00	0.01	0.01
17	26	16	10	26	16	10	100.00	0.02	0.02
18	76	43	33	76	43	33	100.00	0.05	0.05
19	148	78	70	143	77	66	96.36	0.09	0.09
20-24	**3001**	**1575**	**1426**	**2966**	**1557**	**1409**	**98.83**	**0.36**	**0.35**
20	259	141	118	258	141	117	99.65	0.13	0.13
21	455	241	214	449	238	212	98.69	0.26	0.26
22	558	294	264	554	291	263	99.22	0.35	0.34
23	765	393	372	755	388	367	98.69	0.51	0.50
24	964	506	457	950	499	451	98.55	0.63	0.62
25-29	**9410**	**5039**	**4371**	**9318**	**4990**	**4328**	**99.02**	**1.04**	**1.03**
25	1569	874	695	1550	864	687	98.80	0.77	0.76
26	1709	892	818	1693	884	809	99.04	0.94	0.93
27	1858	995	863	1849	990	860	99.55	1.04	1.03
28	2132	1137	995	2108	1121	987	98.88	1.22	1.20
29	2142	1141	1000	2118	1132	986	98.87	1.29	1.27
30-34	**12263**	**6497**	**5766**	**12159**	**6450**	**5709**	**99.16**	**1.56**	**1.55**
30	2209	1160	1049	2183	1151	1031	98.80	1.40	1.38
31	2263	1249	1014	2247	1243	1004	99.28	1.47	1.46
32	2286	1222	1063	2270	1215	1055	99.34	1.56	1.55
33	3061	1598	1462	3030	1582	1448	98.99	1.69	1.67
34	2444	1266	1178	2429	1259	1171	99.40	1.68	1.67
35-39	**14538**	**7709**	**6830**	**14427**	**7655**	**6773**	**99.23**	**1.75**	**1.74**
35	3024	1612	1412	3002	1601	1400	99.27	1.75	1.74
36	2835	1503	1332	2816	1496	1320	99.34	1.73	1.72
37	2890	1586	1304	2871	1579	1291	99.34	1.75	1.74
38	2643	1371	1272	2626	1361	1265	99.38	1.70	1.69
39	3147	1637	1511	3113	1617	1496	98.89	1.81	1.79
40-44	**15864**	**8426**	**7438**	**15720**	**8344**	**7377**	**99.09**	**1.82**	**1.80**
40	3208	1717	1490	3174	1693	1481	98.94	1.83	1.81
41	3242	1674	1568	3221	1663	1558	99.34	1.83	1.82
42	3166	1689	1477	3135	1676	1459	99.02	1.78	1.76
43	3252	1763	1489	3223	1746	1478	99.13	1.83	1.82
44	2996	1583	1413	2967	1567	1400	99.03	1.82	1.80
45-49	**16737**	**8931**	**7806**	**16531**	**8809**	**7721**	**98.77**	**1.94**	**1.91**
45	3685	1922	1763	3635	1895	1740	98.63	1.86	1.84
46	3393	1810	1583	3352	1789	1563	98.78	1.89	1.87
47	3532	1862	1670	3507	1847	1660	99.30	1.95	1.93
48	2857	1558	1299	2824	1543	1281	98.85	1.96	1.94
49	3269	1779	1490	3213	1736	1477	98.28	2.04	2.00
50	**2898**	**1587**	**1311**	**2874**	**1572**	**1302**	**99.18**	**2.00**	**1.98**

8−8 全区按年龄、夫妇为独生子女情况和存活子女数分的15−50岁妇女人数

单位：人

年 龄	合 计							双 独	
	合 计	存活0个	存活1个	存活2个	存活3个	存活4个	存活5个及以上	小 计	存活0个
总 计	**43587**	**4124**	**16588**	**15791**	**5108**	**1499**	**478**	**453**	**109**
15−19	**409**	**176**	**213**	**19**				**1**	**1**
15	4	3	1						
16	17	11	6	1				1	
17	62	36	25						
18	124	55	62	6					
19	201	71	119	12				1	1
20−24	**2902**	**731**	**1495**	**591**	**79**	**6**	**1**	**29**	**14**
20	303	94	165	42	2			3	2
21	462	108	267	82	5			3	1
22	555	143	284	116	10	1		8	5
23	739	199	358	159	21	2	1	7	4
24	842	186	420	192	41	4		8	2
25−29	**7318**	**1284**	**3473**	**2022**	**453**	**76**	**10**	**156**	**53**
25	1381	326	655	329	62	7	1	28	15
26	1408	292	663	365	70	16	2	19	10
27	1504	267	749	391	80	14	3	31	6
28	1532	211	717	465	121	16	2	42	13
29	1493	186	690	472	121	22	3	37	9
30−34	**7383**	**609**	**2954**	**2785**	**788**	**187**	**60**	**131**	**27**
30	1440	165	627	465	149	25	8	39	13
31	1445	133	622	529	124	29	8	36	5
32	1388	109	555	541	148	26	8	23	4
33	1731	124	613	711	207	58	18	24	4
34	1378	79	535	538	160	49	17	9	1
35−39	**7902**	**474**	**2804**	**3195**	**1010**	**316**	**104**	**57**	**11**
35	1649	92	589	674	206	65	23	16	3
36	1549	99	528	645	196	69	12	9	2
37	1571	90	566	641	193	56	24	7	1
38	1485	91	577	556	190	57	13	8	3
39	1647	101	544	678	224	69	32	17	2
40−44	**8227**	**382**	**2783**	**3434**	**1167**	**348**	**113**	**44**	**2**
40	1639	72	530	687	262	68	19	7	1
41	1695	77	575	697	251	73	21	4	
42	1678	90	589	686	226	58	28	11	
43	1662	71	551	718	219	83	19	12	1
44	1553	72	537	645	209	65	25	10	1
45−49	**8097**	**403**	**2483**	**3215**	**1362**	**472**	**162**	**32**	**1**
45	1842	93	601	750	275	87	36	5	
46	1685	87	551	651	269	89	37	11	
47	1700	64	503	713	292	97	31	5	
48	1366	69	413	532	242	80	29	7	1
49	1504	88	414	571	283	119	29	5	
50	**1350**	**66**	**384**	**530**	**250**	**93**	**29**	**4**	

8-8 续表 1

单位：人

年 龄	双 独					单 独			
	存活1个	存活2个	存活3个	存活4个	存活5个及以上	小 计	存活0个	存活1个	存活2个
总 计	**213**	**100**	**27**	**4**		**1170**	**236**	**764**	**144**
15–19		**1**				**8**	**6**	**1**	**1**
15									
16		1							
17						1	1		
18						2	2	1	
19						5	3	1	1
20–24	**9**	**6**				**93**	**28**	**57**	**6**
20		1				13	5	7	1
21	1	2				10	1	8	
22	2	1				16	5	9	1
23	2	1				26	7	17	3
24	5	1				27	10	16	1
25–29	**86**	**16**				**424**	**147**	**255**	**19**
25	11	2				80	31	42	5
26	8					83	39	39	5
27	21	4				95	37	53	4
28	22	7				92	26	64	2
29	23	4				74	14	57	3
30–34	**73**	**27**	**2**	**1**		**327**	**44**	**242**	**36**
30	24	2				74	9	57	8
31	19	11		1		74	17	49	8
32	15	3	1			53	10	41	2
33	12	8		1		76	6	57	11
34	4	3	2			49	2	39	7
35–39	**23**	**17**	**5**	**1**		**172**	**8**	**120**	**41**
35	5	7	1			61	3	50	9
36	4	2	1	1		39	2	20	15
37	3	2	2			28	1	21	6
38	1	3	2			25	2	13	10
39	11	4				19		17	2
40–44	**10**	**21**	**11**	**1**		**81**	**3**	**47**	**28**
40	3	3	1			16	2	7	6
41	1	2	2			15	1	5	8
42	3	5	4			18		13	5
43	2	8	1			13		8	5
44	2	4	3	1		19	1	14	4
45–49	**10**	**10**	**9**	**1**		**56**	**2**	**37**	**8**
45	3	1	1			10		8	2
46	1	6	3	1		10		5	3
47	3	1	2			9		5	2
48	3		2			10	2	6	1
49		3	1			16		14	1
50	**2**	**2**				**10**		**4**	**5**

8-8 续表 2 单位：人

年 龄	单独			均非独生子女						
	存活3个	存活4个	存活5个及以上	小 计	存活0个	存活1个	存活2个	存活3个	存活4个	存活5个及以上
总 计	**19**	**3**	**3**	**41964**	**3778**	**15611**	**15547**	**5062**	**1492**	**475**
15—19				**399**	**170**	**212**	**17**			
15				4	3	1				
16				17	11	6				
17				61	36	25				
18				122	54	62	6			
19				195	67	118	10			
20—24	**1**	**1**		**2781**	**689**	**1429**	**579**	**77**	**5**	**1**
20				288	88	158	40	2		
21	1			449	106	259	80	4		
22		1		531	133	274	114	10		
23				706	189	340	154	21	2	1
24				807	174	399	190	41	4	
25—29	**3**			**6739**	**1084**	**3132**	**1987**	**450**	**76**	**10**
25	2			1274	281	602	323	60	7	1
26				1306	243	615	360	70	16	2
27				1378	225	674	382	80	14	3
28	1			1399	173	631	456	120	16	2
29				1383	162	610	465	121	22	3
30—34	**2**	**1**	**1**	**6925**	**537**	**2638**	**2722**	**784**	**185**	**59**
30		1		1327	143	547	455	149	24	8
31				1335	110	554	510	124	28	8
32				1312	94	500	536	147	26	8
33	2			1631	114	545	692	205	57	18
34			1	1320	76	493	528	158	49	16
35—39	**3**	**1**		**7673**	**455**	**2661**	**3137**	**1001**	**315**	**104**
35				1572	86	534	659	206	65	23
36	2	1		1501	96	504	628	193	68	12
37	1			1537	89	543	634	191	56	24
38				1452	87	564	543	189	57	13
39	1			1611	99	516	673	223	69	32
40—44	**2**		**1**	**8103**	**377**	**2726**	**3385**	**1155**	**347**	**112**
40			1	1616	70	520	679	261	68	18
41	1			1677	76	570	687	249	73	21
42				1649	90	574	677	222	58	28
43				1637	70	541	705	218	83	19
44	1			1524	70	521	638	205	65	25
45—49	**7**		**1**	**8009**	**400**	**2435**	**3197**	**1345**	**471**	**161**
45				1826	93	590	747	274	87	36
46	1		1	1665	87	545	642	266	88	36
47	3			1686	64	496	710	287	97	31
48	1			1349	66	404	531	239	80	29
49	2			1483	88	400	567	280	119	29
50	**1**			**1336**	**65**	**378**	**523**	**249**	**93**	**29**

9 老年人口

9-1 各地区分性别、身体健康状况的60岁及以上老年人口

单位：人

地　区	合　计			健　康		
	合计	男	女	小计	男	女
全　区	**23838**	**11690**	**12148**	**8105**	**4495**	**3610**
银川市	**7897**	**3875**	**4022**	**3278**	**1761**	**1517**
兴庆区	2682	1338	1344	1293	681	612
西夏区	1391	681	710	539	285	255
金凤区	958	483	475	405	219	186
永宁县	999	472	527	366	205	161
贺兰县	978	474	504	293	161	132
灵武市	888	426	462	382	211	171
石嘴山市	**3115**	**1515**	**1600**	**1153**	**624**	**529**
大武口区	1201	594	608	378	198	180
惠农区	797	368	429	291	153	138
平罗县	1117	554	563	484	273	212
吴忠市	**4806**	**2360**	**2446**	**1311**	**748**	**563**
利通区	1497	720	778	376	204	172
红寺堡区	458	226	232	63	36	27
盐池县	792	405	387	246	144	102
同心县	789	392	397	209	122	87
青铜峡市	1270	617	652	417	242	175
固原市	**4296**	**2116**	**2180**	**1400**	**782**	**618**
原州区	1373	668	705	493	260	233
西吉县	1191	594	597	471	261	210
隆德县	740	355	385	195	117	78
泾源县	376	185	191	50	26	24
彭阳县	617	314	302	191	119	72
中卫市	**3723**	**1823**	**1900**	**963**	**580**	**383**
沙坡头区	1382	660	721	307	188	119
中宁县	1105	544	561	407	242	165
海原县	1236	618	618	249	150	99

9-1 续表 单位：人

地区	基本健康			不健康，但生活能自理			生活不能自理		
	小计	男	女	小计	男	女	小计	男	女
全区	**10658**	**5121**	**5538**	**4391**	**1808**	**2582**	**684**	**266**	**418**
银川市	**3380**	**1618**	**1761**	**1084**	**437**	**647**	**155**	**59**	**97**
兴庆区	1171	570	600	187	77	110	32	11	21
西夏区	566	266	300	260	114	147	26	17	9
金凤区	476	235	242	64	25	40	12	5	7
永宁县	398	179	219	202	79	123	33	9	23
贺兰县	455	227	228	204	80	124	26	6	21
灵武市	314	142	172	166	63	103	27	11	16
石嘴山市	**1437**	**673**	**764**	**431**	**182**	**249**	**94**	**37**	**58**
大武口区	592	286	306	202	93	108	30	17	14
惠农区	391	171	220	86	33	53	29	10	18
平罗县	454	216	239	143	56	87	35	10	25
吴忠市	**2286**	**1086**	**1199**	**1015**	**447**	**567**	**196**	**79**	**117**
利通区	809	386	423	243	106	138	69	24	45
红寺堡区	214	115	99	143	59	83	39	15	23
盐池县	311	154	157	185	83	102	51	24	26
同心县	418	198	221	153	70	84	9	3	6
青铜峡市	533	233	300	290	130	161	29	13	17
固原市	**1794**	**901**	**893**	**988**	**386**	**602**	**114**	**47**	**67**
原州区	618	306	311	226	87	139	36	15	21
西吉县	442	220	222	253	103	151	25	11	14
隆德县	295	146	149	228	85	144	21	7	14
泾源县	204	110	94	103	42	61	19	7	12
彭阳县	236	118	117	177	70	107	13	7	6
中卫市	**1762**	**842**	**920**	**874**	**357**	**517**	**125**	**44**	**80**
沙坡头区	720	345	376	312	113	199	42	14	28
中宁县	443	204	240	221	88	133	35	11	23
海原县	598	294	304	341	156	185	48	19	29

9-1ab 各地区分性别、身体健康状况的60岁及以上老年人口(城镇)

单位：人

地　区	合　计			健　康		
	合计	男	女	小计	男	女
全　区	**12301**	**6032**	**6269**	**5022**	**2689**	**2334**
银川市	**5836**	**2857**	**2980**	**2677**	**1422**	**1255**
兴庆区	2527	1252	1275	1285	675	610
西夏区	1293	627	666	523	276	247
金凤区	876	431	445	390	207	182
永宁县	373	182	191	162	92	70
贺兰县	353	171	182	144	77	67
灵武市	416	195	221	173	94	79
石嘴山市	**2184**	**1058**	**1125**	**816**	**440**	**376**
大武口区	1147	565	582	371	194	177
惠农区	622	284	338	243	128	115
平罗县	415	209	205	202	118	84
吴忠市	**1863**	**917**	**945**	**532**	**280**	**253**
利通区	868	426	442	217	112	105
红寺堡区	117	58	59	23	13	9
盐池县	172	85	87	81	41	40
同心县	257	133	124	91	53	38
青铜峡市	449	215	233	121	60	61
固原市	**1168**	**581**	**587**	**612**	**322**	**290**
原州区	547	264	283	330	163	167
西吉县	221	114	107	121	69	53
隆德县	171	83	88	76	44	32
泾源县	74	39	35	4	3	2
彭阳县	154	80	74	80	44	36
中卫市	**1250**	**618**	**631**	**385**	**225**	**160**
沙坡头区	665	326	339	173	101	72
中宁县	381	188	192	180	103	77
海原县	204	104	100	33	21	11

9-1ab 续表　　　　单位：人

地　区	基本健康			不健康，但生活能自理			生活不能自理		
	小计	男	女	小计	男	女	小计	男	女
全　区	**5500**	**2597**	**2903**	**1518**	**636**	**882**	**261**	**110**	**151**
银川市	**2456**	**1150**	**1306**	**608**	**243**	**365**	**95**	**42**	**53**
兴庆区	1068	513	554	150	54	96	24	9	15
西夏区	500	228	272	244	105	138	25	17	8
金凤区	422	201	221	52	17	34	12	5	7
永宁县	158	68	90	45	20	25	8	2	6
贺兰县	145	69	76	51	22	29	12	3	9
灵武市	164	71	93	66	24	42	12	5	7
石嘴山市	**1035**	**470**	**566**	**278**	**121**	**157**	**54**	**28**	**27**
大武口区	555	266	289	193	89	104	28	16	12
惠农区	300	126	174	58	21	37	21	9	12
平罗县	181	78	103	27	12	16	5	3	3
吴忠市	**994**	**485**	**509**	**275**	**126**	**149**	**61**	**26**	**35**
利通区	510	245	264	116	58	58	25	11	14
红寺堡区	54	30	24	23	8	15	18	7	11
盐池县	74	36	38	12	6	6	6	2	4
同心县	113	55	58	49	23	27	3	2	1
青铜峡市	244	119	124	74	31	43	10	5	5
固原市	**381**	**186**	**194**	**155**	**67**	**88**	**21**	**6**	**15**
原州区	180	88	92	28	10	18	9	3	6
西吉县	54	26	28	41	18	24	5	2	3
隆德县	55	25	31	36	14	21	5	1	4
泾源县	48	28	20	20	9	12	2		1
彭阳县	43	20	23	30	16	14	1		1
中卫市	**633**	**306**	**327**	**202**	**79**	**123**	**30**	**8**	**21**
沙坡头区	362	177	185	115	42	72	16	5	11
中宁县	151	67	84	42	16	26	8	3	5
海原县	120	62	58	46	21	25	6	1	5

9-1a 各地区分性别、身体健康状况的60岁及以上老年人口(城市)

单位：人

地 区	合 计			健 康		
	合计	男	女	小计	男	女
全 区	**8287**	**4036**	**4251**	**3442**	**1803**	**1639**
银川市	**4651**	**2282**	**2368**	**2210**	**1161**	**1049**
兴庆区	2366	1172	1194	1227	641	585
西夏区	1236	599	638	513	270	244
金凤区	827	409	417	390	207	182
永宁县						
贺兰县	11	5	6	8	4	4
灵武市	211	98	113	72	39	33
石嘴山市	**1629**	**780**	**848**	**522**	**269**	**253**
大武口区	1106	546	560	350	183	167
惠农区	523	234	289	173	86	86
平罗县						
吴忠市	**1079**	**526**	**553**	**311**	**163**	**147**
利通区	710	353	357	203	106	97
红寺堡区	100	50	50	23	13	9
盐池县						
同心县						
青铜峡市	269	123	146	85	44	41
固原市	**434**	**208**	**227**	**263**	**129**	**134**
原州区	434	208	227	263	129	134
西吉县						
隆德县						
泾源县						
彭阳县						
中卫市	**495**	**240**	**255**	**135**	**80**	**55**
沙坡头区	495	240	255	135	80	55
中宁县						
海原县						

9-1a 续表 单位：人

地区	基本健康			不健康，但生活能自理			生活不能自理		
	小计	男	女	小计	男	女	小计	男	女
全区	**3696**	**1747**	**1949**	**980**	**407**	**573**	**169**	**79**	**90**
银川市	**1909**	**902**	**1007**	**468**	**187**	**281**	**63**	**32**	**31**
兴庆区	968	466	502	147	54	92	24	9	15
西夏区	469	211	258	232	103	129	22	15	7
金凤区	374	179	195	51	17	33	12	5	7
永宁县									
贺兰县	3	1	1						
灵武市	95	43	51	39	12	27	5	3	2
石嘴山市	**824**	**384**	**440**	**240**	**105**	**135**	**43**	**23**	**20**
大武口区	545	263	282	185	85	100	26	15	11
惠农区	279	120	158	55	20	35	17	8	9
平罗县									
吴忠市	**576**	**274**	**303**	**149**	**71**	**78**	**43**	**17**	**26**
利通区	391	187	204	94	51	43	22	9	13
红寺堡区	43	23	20	16	7	10	18	7	11
盐池县									
同心县									
青铜峡市	142	64	78	38	13	25	4	2	2
固原市	**136**	**66**	**71**	**25**	**9**	**16**	**9**	**3**	**6**
原州区	136	66	71	25	9	16	9	3	6
西吉县									
隆德县									
泾源县									
彭阳县									
中卫市	**251**	**122**	**129**	**98**	**35**	**63**	**11**	**3**	**8**
沙坡头区	251	122	129	98	35	63	11	3	8
中宁县									
海原县									

9-1b 各地区分性别、身体健康状况的60岁及以上老年人口(镇)

单位：人

地区	合计			健康		
	合计	男	女	小计	男	女
全区	**4014**	**1996**	**2018**	**1581**	**886**	**695**
银川市	**1186**	**574**	**611**	**467**	**261**	**206**
兴庆区	161	80	81	58	34	24
西夏区	56	28	28	10	7	3
金凤区	49	22	27			
永宁县	373	182	191	162	92	70
贺兰县	342	166	177	137	73	63
灵武市	204	97	108	101	55	46
石嘴山市	**555**	**278**	**277**	**293**	**171**	**123**
大武口区	41	19	22	22	11	11
惠农区	99	50	50	70	41	28
平罗县	415	209	205	202	118	84
吴忠市	**784**	**392**	**392**	**222**	**116**	**105**
利通区	158	73	84	14	6	7
红寺堡区	17	8	9			
盐池县	172	85	87	81	41	40
同心县	257	133	124	91	53	38
青铜峡市	180	92	88	36	16	20
固原市	**734**	**374**	**361**	**348**	**193**	**156**
原州区	113	56	57	67	34	33
西吉县	221	114	107	121	69	53
隆德县	171	83	88	76	44	32
泾源县	74	39	35	4	3	2
彭阳县	154	80	74	80	44	36
中卫市	**755**	**379**	**377**	**250**	**145**	**105**
沙坡头区	171	86	85	38	21	17
中宁县	381	188	192	180	103	77
海原县	204	104	100	33	21	11

9-1b 续表

单位：人

地　区	基本健康			不健康，但生活能自理			生活不能自理		
	小计	男	女	小计	男	女	小计	男	女
全　区	**1803**	**850**	**954**	**538**	**229**	**309**	**92**	**32**	**60**
银川市	**547**	**248**	**299**	**140**	**56**	**84**	**31**	**9**	**22**
兴庆区	99	47	53	4		4			
西夏区	31	17	15	11	2	9	3	2	1
金凤区	48	22	26	1		1			
永宁县	158	68	90	45	20	25	8	2	6
贺兰县	142	68	75	51	22	29	12	3	9
灵武市	69	27	42	27	12	15	7	2	5
石嘴山市	**212**	**86**	**126**	**38**	**17**	**22**	**11**	**5**	**7**
大武口区	10	3	7	8	4	4	2	1	1
惠农区	21	5	16	3	1	2	5	1	3
平罗县	181	78	103	27	12	16	5	3	3
吴忠市	**418**	**212**	**207**	**126**	**55**	**71**	**19**	**9**	**9**
利通区	119	58	61	22	6	15	3	2	1
红寺堡区	11	7	4	7	1	5			
盐池县	74	36	38	12	6	6	6	2	4
同心县	113	55	58	49	23	27	3	2	1
青铜峡市	102	56	46	36	18	18	6	3	4
固原市	**244**	**120**	**124**	**130**	**57**	**73**	**12**	**3**	**9**
原州区	43	22	22	3	1	2			
西吉县	54	26	28	41	18	24	5	2	3
隆德县	55	25	31	36	14	21	5	1	4
泾源县	48	28	20	20	9	12	2		1
彭阳县	43	20	23	30	16	14	1		1
中卫市	**382**	**184**	**198**	**104**	**44**	**60**	**19**	**5**	**14**
沙坡头区	111	55	56	17	8	9	5	2	3
中宁县	151	67	84	42	16	26	8	3	5
海原县	120	62	58	46	21	25	6	1	5

9-1c　各地区分性别、身体健康状况的60岁及以上老年人口(乡村)

单位：人

地　区	合　计			健　康		
	合计	男	女	小计	男	女
全　区	**11537**	**5658**	**5879**	**3083**	**1807**	**1276**
银川市	**2061**	**1019**	**1042**	**601**	**339**	**262**
兴庆区	155	86	69	8	6	3
西夏区	99	55	44	16	8	7
金凤区	82	52	30	15	12	4
永宁县	626	291	335	205	113	91
贺兰县	625	303	322	149	85	64
灵武市	473	232	241	208	116	92
石嘴山市	**931**	**457**	**475**	**337**	**184**	**153**
大武口区	55	28	26	6	4	3
惠农区	175	84	91	48	26	23
平罗县	702	345	358	283	155	128
吴忠市	**2943**	**1443**	**1501**	**778**	**468**	**310**
利通区	629	293	336	159	91	67
红寺堡区	341	168	173	40	23	17
盐池县	620	320	299	165	103	62
同心县	532	259	274	118	69	49
青铜峡市	821	402	419	296	182	114
固原市	**3128**	**1535**	**1593**	**788**	**460**	**328**
原州区	826	404	422	163	97	66
西吉县	969	480	490	350	192	157
隆德县	568	272	297	119	74	46
泾源县	302	146	156	45	23	22
彭阳县	462	234	228	111	74	36
中卫市	**2474**	**1205**	**1269**	**578**	**355**	**223**
沙坡头区	716	334	382	134	87	47
中宁县	725	356	369	227	139	88
海原县	1032	514	518	217	129	88

9-1c 续表

单位：人

地 区	基本健康			不健康，但生活能自理			生活不能自理		
	小计	男	女	小计	男	女	小计	男	女
全 区	**5159**	**2524**	**2635**	**2873**	**1172**	**1701**	**423**	**155**	**268**
银川市	**923**	**469**	**455**	**475**	**194**	**281**	**61**	**17**	**44**
兴庆区	103	57	46	37	22	15	7	1	6
西夏区	65	38	27	17	8	8	1		1
金凤区	54	33	21	13	8	5			
永宁县	240	111	129	157	59	98	24	7	17
贺兰县	310	158	152	152	58	94	14	3	11
灵武市	150	71	79	100	39	61	14	6	8
石嘴山市	**401**	**203**	**198**	**153**	**61**	**92**	**40**	**9**	**31**
大武口区	36	20	17	9	5	4	3		2
惠农区	91	45	46	28	12	16	7	1	6
平罗县	274	138	135	116	44	72	30	7	23
吴忠市	**1291**	**601**	**690**	**740**	**321**	**419**	**134**	**53**	**81**
利通区	300	141	159	127	48	79	44	13	31
红寺堡区	160	85	75	120	51	68	21	9	12
盐池县	237	119	119	172	76	96	45	22	23
同心县	305	142	163	104	47	57	6	1	5
青铜峡市	290	114	176	216	98	118	19	8	11
固原市	**1414**	**715**	**699**	**833**	**319**	**514**	**93**	**41**	**52**
原州区	438	219	219	198	77	122	27	12	15
西吉县	387	193	194	212	85	127	20	9	11
隆德县	240	122	118	193	70	123	16	6	10
泾源县	156	83	73	83	33	50	18	7	11
彭阳县	192	98	94	147	54	93	12	7	5
中卫市	**1129**	**537**	**593**	**672**	**278**	**394**	**95**	**36**	**59**
沙坡头区	358	167	191	198	71	127	26	9	17
中宁县	292	137	155	179	72	107	26	8	18
海原县	479	232	246	295	135	160	42	18	24

9-2 全区分年龄、性别、身体健康状况的60岁及以上老年人口

单位：人

年龄	合计			健康		
	合计	男	女	小计	男	女
总计	**23838**	**11690**	**12148**	**8105**	**4495**	**3610**
60-64	**8569**	**4288**	**4281**	**4094**	**2268**	**1827**
60	2002	986	1016	1005	557	448
61	1905	971	934	982	524	458
62	1648	831	817	781	449	332
63	1661	793	868	763	396	366
64	1353	707	646	564	342	222
65-69	**5786**	**2823**	**2963**	**2056**	**1149**	**907**
65	1441	742	699	576	334	242
66	1397	684	713	530	293	237
67	970	451	520	341	188	153
68	1015	484	531	316	170	145
69	964	462	501	293	163	130
70-74	**4350**	**2108**	**2243**	**1128**	**615**	**513**
70	957	456	501	257	135	122
71	935	459	477	235	123	112
72	921	452	469	244	136	108
73	830	402	428	220	109	111
74	707	339	368	171	111	60
75-79	**2973**	**1441**	**1532**	**589**	**330**	**259**
75	727	353	374	164	98	66
76	622	304	317	131	69	62
77	645	316	329	124	71	53
78	486	225	261	85	47	37
79	493	244	250	86	45	41
80-84	**1521**	**729**	**792**	**179**	**97**	**82**
80	414	182	233	64	31	33
81	344	160	184	36	19	16
82	315	149	166	32	20	13
83	271	150	121	29	17	12
84	177	88	89	18	10	8
85-89	**480**	**227**	**253**	**48**	**29**	**19**
85	177	83	94	23	13	9
86	85	40	45	6	3	2
87	96	48	48	8	5	3
88	71	28	43	7	4	3
89	51	29	23	4	2	2
90-94	**135**	**64**	**71**	**10**	**7**	**3**
90	50	22	27	6	6	
91	35	16	19	3		3
92	25	13	12			
93	15	8	7	1	1	
94	11	5	6			
95-99	**22**	**10**	**13**	**1**	**1**	
95	7	4	3	1	1	
96	5	3	2			
97	5	2	3			
98	5	1	5			
99						
100及以上	**1**		**1**			

9-2 续表 单位：人

年 龄	基本健康			不健康，但生活能自理			生活不能自理		
	小计	男	女	小计	男	女	小计	男	女
总 计	**10658**	**5121**	**5538**	**4391**	**1808**	**2582**	**684**	**266**	**418**
60-64	**3575**	**1678**	**1897**	**820**	**310**	**510**	**79**	**33**	**46**
60	804	362	442	181	66	115	13	1	12
61	756	374	381	148	63	85	19	10	9
62	682	315	366	167	58	109	18	9	9
63	716	332	384	169	59	110	13	6	7
64	618	295	323	155	64	91	16	6	10
65-69	**2785**	**1289**	**1496**	**861**	**351**	**510**	**84**	**35**	**50**
65	680	330	350	162	66	96	22	12	10
66	654	293	362	199	91	108	13	7	6
67	479	206	273	139	53	86	11	4	8
68	502	244	258	179	65	115	17	4	13
69	469	216	254	181	76	105	20	7	13
70-74	**2086**	**1026**	**1060**	**1012**	**418**	**594**	**125**	**48**	**76**
70	468	225	243	213	84	129	18	12	6
71	468	232	236	207	94	114	24	9	15
72	431	214	218	214	93	122	31	9	22
73	381	198	184	198	84	113	30	11	20
74	338	158	180	179	63	115	21	7	14
75-79	**1321**	**653**	**668**	**922**	**401**	**520**	**142**	**57**	**85**
75	361	175	186	177	72	106	25	9	16
76	264	129	135	197	93	104	30	13	17
77	285	148	137	210	84	125	27	13	14
78	210	100	110	164	65	98	28	13	15
79	202	102	99	174	87	87	32	9	23
80-84	**661**	**351**	**310**	**540**	**231**	**310**	**141**	**50**	**90**
80	185	92	93	138	51	87	28	8	19
81	147	68	79	133	62	70	29	10	19
82	123	69	55	118	44	74	41	16	25
83	127	79	48	87	43	43	28	11	17
84	79	44	35	66	30	36	15	4	11
85-89	**173**	**98**	**74**	**184**	**73**	**112**	**75**	**27**	**48**
85	63	37	26	63	20	43	28	13	15
86	32	18	14	38	16	22	10	3	8
87	31	20	11	40	18	22	17	4	13
88	34	14	19	21	7	13	9	1	8
89	14	9	5	23	11	12	11	6	4
90-94	**51**	**22**	**29**	**43**	**23**	**20**	**31**	**11**	**19**
90	19	8	10	12	4	7	13	3	10
91	19	9	10	9	6	3	3	1	3
92	7	2	5	11	8	3	6	2	5
93	2	1	1	5	1	4	7	5	2
94	4	1	3	6	3	3			
95-99	**5**	**2**	**3**	**9**	**3**	**6**	**8**	**4**	**3**
95				3	1	2	3	2	1
96	3	2	1	2	1	1			
97				3		3	2	2	
98	2		2	1	1		3		3
99									
100及以上	**1**		**1**						

9-2ab 全区分年龄、性别、身体健康状况的60岁及以上老年人口(城镇)

单位：人

年 龄	合 计			健 康		
	合计	男	女	小计	男	女
总 计	**12301**	**6032**	**6269**	**5022**	**2689**	**2334**
60-64	**4432**	**2194**	**2238**	**2410**	**1278**	**1132**
60	999	489	510	564	292	272
61	1033	492	541	599	301	298
62	842	455	387	462	268	194
63	843	386	457	447	215	232
64	714	371	343	337	202	136
65-69	**2939**	**1408**	**1531**	**1276**	**684**	**592**
65	752	375	377	345	188	157
66	682	330	352	319	170	149
67	505	248	258	217	125	92
68	525	235	290	213	109	103
69	475	220	255	182	92	90
70-74	**2192**	**1063**	**1129**	**746**	**396**	**350**
70	440	221	220	154	71	83
71	463	223	240	158	82	77
72	455	220	236	158	89	69
73	440	197	244	152	72	79
74	393	203	190	124	82	42
75-79	**1580**	**774**	**806**	**415**	**230**	**185**
75	399	207	191	124	76	48
76	319	151	168	90	44	46
77	330	161	170	89	47	41
78	273	124	149	59	34	25
79	259	131	128	53	28	25
80-84	**821**	**421**	**401**	**136**	**71**	**65**
80	222	102	121	49	22	26
81	175	79	96	21	13	7
82	168	90	78	27	16	12
83	161	97	64	22	10	11
84	95	53	43	17	9	8
85-89	**241**	**125**	**116**	**31**	**23**	**9**
85	87	51	37	15	12	4
86	41	22	19	2	2	
87	45	24	21	6	3	3
88	40	17	23	4	3	1
89	28	12	15	4	2	2
90-94	**82**	**44**	**38**	**7**	**6**	**1**
90	32	18	14	5	5	
91	17	10	8	1		1
92	14	7	7			
93	12	7	5	1	1	
94	7	3	4			
95-99	**13**	**4**	**9**	**1**	**1**	
95	4	1	3	1	1	
96	2	2				
97	3		3			
98	3		3			
99						
100及以上	**1**		**1**			

9-2ab 续表 单位：人

年 龄	基本健康			不健康，但生活能自理			生活不能自理		
	小计	男	女	小计	男	女	小计	男	女
总 计	**5500**	**2597**	**2903**	**1518**	**636**	**882**	**261**	**110**	**151**
60-64	**1727**	**805**	**922**	**269**	**102**	**167**	**26**	**9**	**17**
60	372	174	198	58	22	36	5	1	4
61	378	174	204	51	15	35	5	2	3
62	315	163	153	59	23	36	6	2	4
63	341	151	191	48	19	30	6	2	5
64	320	144	176	53	24	30	3	3	1
65-69	**1359**	**597**	**762**	**272**	**113**	**159**	**32**	**13**	**19**
65	347	156	191	49	22	27	11	9	3
66	302	130	172	57	29	27	4	1	3
67	236	101	135	47	20	27	5	2	4
68	248	113	135	59	12	48	4	1	3
69	226	96	129	61	30	30	7	1	6
70-74	**1081**	**513**	**568**	**317**	**132**	**185**	**48**	**22**	**26**
70	227	119	109	53	25	28	6	5	1
71	238	108	130	60	31	29	7	3	4
72	207	94	114	78	31	47	12	6	6
73	213	98	115	61	22	39	14	4	10
74	194	94	100	65	22	43	9	5	4
75-79	**782**	**378**	**404**	**331**	**146**	**186**	**52**	**21**	**31**
75	202	97	105	61	29	32	12	6	7
76	157	73	84	63	32	30	10	2	8
77	159	85	74	74	25	49	8	3	5
78	129	57	72	76	29	47	8	4	4
79	134	66	69	58	31	27	13	6	8
80-84	**407**	**225**	**183**	**228**	**100**	**129**	**50**	**25**	**24**
80	107	52	55	55	19	35	12	8	4
81	90	36	54	53	26	27	10	3	7
82	77	48	28	51	20	31	13	6	7
83	90	61	30	40	20	20	9	6	3
84	43	27	16	29	14	15	6	3	3
85-89	**102**	**61**	**41**	**73**	**31**	**42**	**35**	**11**	**24**
85	37	22	15	20	10	10	16	7	8
86	18	10	7	17	8	9	4	1	3
87	17	12	4	16	8	8	7	1	6
88	21	9	12	11	4	7	4	1	3
89	10	7	3	9	2	7	5	1	4
90-94	**37**	**18**	**19**	**22**	**12**	**10**	**16**	**8**	**8**
90	16	8	8	7	3	4	5	2	2
91	11	6	5	2	2		3	1	2
92	5	1	4	6	4	2	3	1	2
93	2	1	1	3	1	2	6	4	2
94	3	1	2	3	1	2			
95-99	**3**	**1**	**2**	**6**	**1**	**5**	**2**	**1**	**2**
95				2		2	1	1	1
96	1	1		1	1				
97				3		3			
98	2		2				1		1
99									
100及以上	**1**		**1**						

9–2a　全区分年龄、性别、身体健康状况的60岁及以上老年人口(城市)

单位：人

年　龄	合　计			健　康		
	合计	男	女	小计	男	女
总　计	**8287**	**4036**	**4251**	**3442**	**1803**	**1639**
60–64	**2883**	**1404**	**1480**	**1648**	**852**	**796**
60	627	304	323	370	191	178
61	700	329	371	427	206	221
62	535	292	243	313	181	132
63	548	244	305	307	139	168
64	472	235	237	231	135	96
65–69	**1967**	**950**	**1017**	**884**	**461**	**423**
65	498	247	251	239	120	119
66	462	227	235	220	115	106
67	350	177	173	158	90	68
68	343	160	183	144	77	67
69	314	139	175	123	60	63
70–74	**1465**	**695**	**770**	**497**	**258**	**239**
70	270	133	137	93	40	53
71	295	140	155	103	53	50
72	304	141	163	110	59	51
73	311	135	176	106	53	53
74	284	145	139	85	53	32
75–79	**1121**	**545**	**576**	**287**	**157**	**130**
75	271	139	132	89	54	35
76	225	107	118	59	29	30
77	235	114	122	59	29	30
78	190	88	102	36	22	14
79	200	98	102	44	23	21
80–84	**605**	**314**	**291**	**102**	**56**	**46**
80	154	72	82	33	17	17
81	139	62	78	18	13	6
82	121	66	56	21	12	9
83	124	73	50	16	7	9
84	67	41	26	13	8	5
85–89	**179**	**95**	**84**	**20**	**15**	**5**
85	66	39	27	9	8	2
86	32	18	14	1	1	
87	34	16	17	5	3	2
88	27	12	16	3	3	
89	21	9	11	2	1	1
90–94	**59**	**32**	**27**	**3**	**2**	**1**
90	25	14	11	2	2	
91	15	8	7	1		1
92	5	3	2			
93	9	5	4			
94	5	2	4			
95–99	**7**	**2**	**5**			
95	1	1				
96	1	1				
97	3		3			
98	1		1			
99						
100及以上						

9–2a 续表

单位：人

年 龄	基本健康			不健康，但生活能自理			生活不能自理		
	小计	男	女	小计	男	女	小计	男	女
总 计	**3696**	**1747**	**1949**	**980**	**407**	**573**	**169**	**79**	**90**
60–64	**1053**	**485**	**568**	**167**	**61**	**106**	**16**	**6**	**10**
60	226	101	125	29	11	18	3	1	2
61	234	111	123	34	10	25	5	2	3
62	178	95	83	40	15	25	4	1	4
63	207	93	114	32	11	21	2	1	1
64	208	85	123	33	14	19	1	1	
65–69	**896**	**409**	**488**	**163**	**68**	**95**	**23**	**11**	**12**
65	222	107	115	28	13	15	10	8	2
66	202	91	111	35	20	16	4	1	3
67	162	74	88	28	12	16	2	1	1
68	162	77	85	35	5	29	1	1	1
69	149	60	89	37	18	19	5	1	4
70–74	**745**	**341**	**403**	**189**	**76**	**113**	**34**	**19**	**15**
70	149	78	70	25	12	14	4	4	
71	157	71	86	30	15	16	4	1	3
72	139	57	82	47	21	26	9	5	4
73	153	66	88	43	12	31	9	4	5
74	147	69	78	44	18	27	8	5	3
75–79	**579**	**275**	**304**	**221**	**100**	**121**	**34**	**12**	**21**
75	137	65	72	36	16	19	9	3	6
76	120	53	66	42	24	18	4	1	4
77	119	65	54	51	17	34	6	2	4
78	97	43	54	53	21	32	4	2	2
79	107	49	58	39	22	17	10	4	6
80–84	**308**	**171**	**137**	**168**	**72**	**95**	**28**	**15**	**13**
80	76	37	39	38	14	24	7	5	3
81	71	26	45	44	22	22	6	1	5
82	55	34	21	37	14	23	8	5	3
83	74	51	23	30	13	17	4	3	1
84	33	23	9	18	8	10	4	2	2
85–89	**86**	**51**	**35**	**53**	**21**	**32**	**21**	**9**	**13**
85	32	18	14	15	7	8	9	6	3
86	14	9	5	15	7	8	2	1	1
87	14	10	4	10	3	7	5	1	4
88	17	7	10	6	2	4	2		2
89	8	6	2	7	2	5	4	1	3
90–94	**28**	**16**	**13**	**15**	**8**	**7**	**12**	**6**	**6**
90	13	7	6	5	3	3	4	2	2
91	10	6	4	1	1		3	1	2
92				4	3	1	1	1	1
93	2	1	1	2	1	1	4	2	2
94	3	1	2	3	1	2			
95–99	**1**		**1**	**5**	**1**	**3**	**1**	**1**	
95							1	1	
96				1	1				
97				3		3			
98	1		1						
99									
100及以上									

9-2b 全区分年龄、性别、身体健康状况的60岁及以上老年人口(镇)

单位：人

年龄	合计			健康		
	合计	男	女	小计	男	女
总计	**4014**	**1996**	**2018**	**1581**	**886**	**695**
60-64	**1549**	**791**	**758**	**762**	**426**	**336**
60	372	185	187	195	101	94
61	333	164	169	172	95	77
62	307	163	144	149	86	62
63	295	143	152	140	77	64
64	242	136	105	106	67	40
65-69	**972**	**459**	**514**	**392**	**223**	**169**
65	254	128	126	106	68	38
66	220	104	117	99	55	44
67	155	71	85	59	35	24
68	182	75	107	68	32	36
69	161	81	80	59	32	27
70-74	**727**	**368**	**359**	**249**	**137**	**111**
70	170	87	83	61	31	30
71	169	83	86	55	28	27
72	151	78	73	48	30	18
73	129	62	67	46	19	26
74	108	58	50	39	29	10
75-79	**459**	**229**	**230**	**128**	**73**	**55**
75	128	69	59	35	22	13
76	94	44	50	31	15	15
77	95	47	48	30	18	12
78	83	36	47	23	12	11
79	59	33	26	10	5	4
80-84	**216**	**107**	**109**	**34**	**15**	**19**
80	68	29	39	15	6	10
81	36	17	18	3	1	2
82	47	25	22	6	4	3
83	37	24	13	5	3	2
84	29	12	17	5	1	3
85-89	**61**	**30**	**31**	**12**	**8**	**4**
85	22	12	10	6	4	2
86	9	3	5	2	2	
87	11	7	4	1		1
88	13	5	7	1	1	1
89	7	3	4	2	1	1
90-94	**23**	**12**	**11**	**4**	**4**	
90	7	3	4	3	3	
91	3	2	1			
92	9	3	5			
93	3	2	1	1	1	
94	1	1				
95-99	**6**	**2**	**4**	**1**	**1**	
95	3	1	3	1	1	
96	1	1				
97						
98	2		2			
99						
100及以上	**1**		**1**			

9-2b 续表

单位：人

年 龄	基本健康			不健康，但生活能自理			生活不能自理		
	小计	男	女	小计	男	女	小计	男	女
总 计	**1803**	**850**	**954**	**538**	**229**	**309**	**92**	**32**	**60**
60—64	**674**	**320**	**355**	**102**	**42**	**60**	**11**	**4**	**7**
60	146	73	73	29	11	18	2		2
61	144	62	81	16	6	10	1		1
62	138	68	70	19	8	11	2	1	1
63	134	58	76	17	8	9	4	1	3
64	113	59	54	21	10	11	2	1	1
65—69	**463**	**189**	**274**	**109**	**45**	**63**	**9**	**2**	**7**
65	125	50	75	21	9	11	2	1	1
66	100	39	61	21	10	11			
67	74	27	47	19	8	11	3	1	2
68	86	37	50	25	6	18	3		3
69	77	37	40	24	12	12	1		1
70—74	**336**	**171**	**165**	**128**	**55**	**72**	**15**	**4**	**11**
70	79	41	38	28	14	14	2	2	1
71	81	37	44	30	16	14	3	1	1
72	69	36	32	32	11	21	3	1	2
73	60	32	28	18	10	7	6		6
74	48	25	23	21	4	17	1		1
75—79	**203**	**103**	**100**	**110**	**46**	**65**	**18**	**8**	**10**
75	65	32	33	25	13	13	3	2	1
76	38	20	18	20	8	12	6	1	4
77	41	20	20	23	8	15	2	1	1
78	33	14	19	23	8	15	4	2	2
79	27	17	10	19	9	10	3	2	2
80—84	**100**	**54**	**46**	**61**	**27**	**33**	**22**	**10**	**11**
80	31	15	16	17	5	11	5	3	2
81	20	11	9	9	4	5	4	2	2
82	21	14	7	14	6	8	5	2	4
83	17	10	7	10	7	3	5	3	1
84	11	4	6	11	5	6	2	1	2
85—89	**16**	**10**	**6**	**20**	**10**	**10**	**13**	**2**	**11**
85	5	3	1	4	3	2	7	1	5
86	3	1	2	2	1	1	2		2
87	2	2		6	5	1	2		2
88	4	2	2	5	2	3	2	1	1
89	2	1	1	2		2	1		1
90—94	**9**	**2**	**7**	**7**	**4**	**3**	**3**	**2**	**2**
90	2		2	1		1			
91	1		1	2	2				
92	5	1	4	2	2	1	1		1
93				1		1	2	2	
94	1	1		1	1				
95—99	**2**	**1**	**1**	**2**		**2**	**2**		**2**
95				2		2	1		1
96	1	1							
97									
98	1		1				1		1
99									
100及以上	**1**		**1**						

9–2c 全区分年龄、性别、身体健康状况的60岁及以上老年人口(乡村)

单位：人

年 龄	合 计			健 康		
	合计	男	女	小计	男	女
总 计	**11537**	**5658**	**5879**	**3083**	**1807**	**1276**
60–64	**4137**	**2094**	**2043**	**1685**	**990**	**695**
60	1003	497	506	441	265	176
61	872	478	393	383	223	160
62	805	376	429	319	181	138
63	818	406	411	315	181	135
64	639	336	303	227	141	87
65–69	**2847**	**1415**	**1431**	**779**	**464**	**315**
65	689	367	322	231	146	85
66	714	354	361	210	123	87
67	465	203	262	124	63	61
68	490	249	241	103	61	42
69	488	242	246	111	71	40
70–74	**2158**	**1045**	**1114**	**382**	**219**	**163**
70	516	236	281	103	64	39
71	472	236	236	77	42	35
72	466	232	233	86	48	39
73	389	205	184	68	37	31
74	315	136	179	47	29	18
75–79	**1393**	**667**	**726**	**174**	**100**	**74**
75	328	145	183	40	22	18
76	302	153	149	41	25	16
77	315	155	160	35	24	12
78	213	101	112	25	13	12
79	235	113	122	33	17	16
80–84	**700**	**308**	**391**	**43**	**26**	**17**
80	192	80	112	15	8	7
81	169	81	88	15	6	9
82	147	59	88	5	4	1
83	110	53	57	7	7	1
84	82	35	46	1	1	
85–89	**239**	**102**	**137**	**17**	**6**	**10**
85	89	32	57	8	2	6
86	44	19	26	3	1	2
87	51	24	27	3	3	
88	31	11	20	3	1	2
89	24	17	7			
90–94	**53**	**20**	**33**	**3**	**1**	**2**
90	18	5	13	1	1	
91	17	7	11	2		2
92	11	6	5			
93	3	1	2			
94	4	2	2			
95–99	**10**	**6**	**4**			
95	3	3				
96	3	1	2			
97	2	2				
98	3	1	2			
99						
100及以上						

9-2c 续表　　　　单位：人

年 龄	基本健康			不健康，但生活能自理			生活不能自理		
	小计	男	女	小计	男	女	小计	男	女
总 计	**5159**	**2524**	**2635**	**2873**	**1172**	**1701**	**423**	**155**	**268**
60-64	**1848**	**873**	**975**	**551**	**207**	**344**	**53**	**24**	**29**
60	432	188	244	123	44	79	7		7
61	378	200	177	97	47	50	14	8	6
62	366	152	214	109	35	73	12	8	4
63	374	181	193	121	41	80	7	4	3
64	298	151	147	101	40	61	13	4	9
65-69	**1426**	**692**	**734**	**589**	**237**	**351**	**53**	**22**	**31**
65	334	174	159	113	44	69	11	4	8
66	352	163	189	143	62	81	9	6	3
67	243	105	138	93	33	60	6	2	4
68	254	131	123	120	53	67	13	4	9
69	244	119	125	120	45	75	13	6	7
70-74	**1005**	**514**	**492**	**695**	**286**	**408**	**77**	**26**	**51**
70	240	106	134	160	59	102	12	7	5
71	230	125	106	147	63	85	17	7	11
72	224	120	104	136	61	75	19	3	16
73	168	99	69	137	62	75	16	7	10
74	143	64	80	113	41	72	11	2	9
75-79	**539**	**276**	**263**	**590**	**255**	**335**	**90**	**36**	**54**
75	159	78	81	116	43	74	13	3	10
76	107	56	51	134	61	73	20	11	9
77	125	63	63	136	59	76	19	9	9
78	80	43	38	88	36	51	20	9	11
79	67	37	31	116	56	60	18	3	15
80-84	**254**	**127**	**127**	**312**	**131**	**181**	**91**	**25**	**66**
80	78	40	39	83	31	52	16	1	15
81	56	32	24	79	36	43	19	7	12
82	47	20	26	67	24	43	28	10	18
83	37	18	19	46	23	23	20	5	14
84	35	16	19	37	16	20	9	2	7
85-89	**71**	**38**	**33**	**112**	**42**	**70**	**40**	**16**	**24**
85	26	15	11	44	10	34	12	5	7
86	14	8	6	21	8	12	6	2	5
87	15	8	6	24	10	13	10	3	7
88	12	5	7	10	4	6	5	1	4
89	4	2	2	14	10	4	6	5	1
90-94	**14**	**5**	**9**	**21**	**11**	**10**	**15**	**4**	**11**
90	3	1	2	5	2	3	9	1	8
91	8	3	5	7	4	3	1		1
92	2	1	1	5	4	1	4	1	3
93				2		2	1	1	
94	1		1	3	2	1			
95-99	**2**	**1**	**1**	**3**	**2**	**1**	**5**	**4**	**2**
95				1	1		2	2	
96	2	1	1	1		1			
97							2	2	
98				1	1		2		2
99									
100及以上									

9−3 各地区分性别、主要生活来源的60岁及以上老年人口

单位：人

地区	合计			劳动收入			离退休金养老金		
	合计	男	女	小计	男	女	小计	男	女
全 区	**23838**	**11690**	**12148**	**3483**	**2330**	**1153**	**10653**	**5343**	**5311**
银川市	**7897**	**3875**	**4022**	**895**	**586**	**309**	**5179**	**2615**	**2563**
兴庆区	2682	1338	1344	114	78	37	2175	1106	1069
西夏区	1391	681	710	44	35	9	1142	572	571
金凤区	958	483	475	65	52	13	762	378	384
永宁县	999	472	527	288	174	114	293	156	137
贺兰县	978	474	504	255	154	101	344	177	167
灵武市	888	426	462	128	93	35	461	225	236
石嘴山市	**3115**	**1515**	**1600**	**347**	**234**	**112**	**2158**	**1009**	**1149**
大武口区	1201	594	608	25	19	7	969	468	501
惠农区	797	368	429	33	29	4	688	311	378
平罗县	1117	554	563	289	187	102	501	230	270
吴忠市	**4806**	**2360**	**2446**	**727**	**513**	**214**	**1568**	**795**	**772**
利通区	1497	720	778	92	73	18	703	355	348
红寺堡区	458	226	232	44	32	13	114	59	55
盐池县	792	405	387	175	114	62	100	57	42
同心县	789	392	397	115	93	23	221	110	112
青铜峡市	1270	617	652	299	201	98	429	214	216
固原市	**4296**	**2116**	**2180**	**881**	**572**	**309**	**535**	**317**	**218**
原州区	1373	668	705	240	159	81	260	151	109
西吉县	1191	594	597	342	212	130	110	64	46
隆德县	740	355	385	156	107	49	107	63	44
泾源县	376	185	191	11	8	3	23	14	8
彭阳县	617	314	302	132	86	46	35	25	10
中卫市	**3723**	**1823**	**1900**	**633**	**424**	**209**	**1215**	**606**	**608**
沙坡头区	1382	660	721	162	116	46	629	318	311
中宁县	1105	544	561	238	155	83	391	183	208
海原县	1236	618	618	233	153	80	194	105	89

9-3 续表 单位：人

地 区	最低生活保障金			财产性收入			家庭其他成员供养			其 他		
	小计	男	女	小计	男	女	小计	男	女	小计	男	女
全 区	**2484**	**1167**	**1317**	**104**	**57**	**47**	**6081**	**2276**	**3805**	**1032**	**518**	**514**
银川市	**373**	**151**	**222**	**48**	**23**	**24**	**1184**	**403**	**782**	**218**	**97**	**121**
兴庆区	74	31	43	2	2		215	74	141	101	48	54
西夏区	22	7	14	11	6	5	151	51	100	21	10	11
金凤区	32	18	14	2	1	1	80	26	55	16	8	8
永宁县	108	38	70	4	3	1	282	92	191	24	9	15
贺兰县	98	40	58	25	11	15	239	83	156	15	8	7
灵武市	39	16	23	3	1	2	216	77	139	41	14	27
石嘴山市	**107**	**49**	**58**	**7**	**4**	**3**	**393**	**142**	**251**	**104**	**78**	**26**
大武口区	19	8	11	4	2	2	113	41	73	71	57	14
惠农区	36	18	19				34	7	26	6	3	3
平罗县	52	24	28	3	2	1	246	94	152	27	17	10
吴忠市	**632**	**306**	**327**	**9**	**4**	**5**	**1573**	**603**	**969**	**298**	**139**	**159**
利通区	85	37	47	2	2		535	209	326	80	42	38
红寺堡区	98	48	50				142	58	84	59	28	31
盐池县	89	45	44	3	2		367	162	205	59	26	33
同心县	124	73	51	1		1	319	111	208	9	5	4
青铜峡市	237	102	135	4		4	209	62	147	91	38	53
固原市	**791**	**392**	**400**	**23**	**15**	**7**	**1816**	**699**	**1117**	**251**	**121**	**129**
原州区	153	75	78	9	6	4	640	250	390	70	27	43
西吉县	174	90	84	4	3	2	486	188	298	73	38	36
隆德县	101	49	52	7	5	2	332	114	218	37	18	20
泾源县	194	95	99	1		1	114	48	66	34	19	15
彭阳县	169	83	86	1	1		243	99	144	36	20	16
中卫市	**581**	**269**	**311**	**18**	**10**	**7**	**1115**	**429**	**686**	**162**	**83**	**78**
沙坡头区	205	88	117	3	2	2	358	122	236	25	15	9
中宁县	89	42	47	9	6	3	320	124	196	58	33	25
海原县	286	139	147	5	3	3	438	183	254	79	35	44

9-3ab 各地区分性别、主要生活来源的60岁及以上老年人口(城镇)

单位：人

地　区	合　计			劳动收入			离退休金养老金		
	合计	男	女	小计	男	女	小计	男	女
全　区	**12301**	**6032**	**6269**	**765**	**567**	**198**	**8441**	**4245**	**4196**
银川市	**5836**	**2857**	**2980**	**300**	**211**	**89**	**4649**	**2348**	**2301**
兴庆区	2527	1252	1275	109	72	37	2095	1065	1030
西夏区	1293	627	666	31	23	8	1141	571	571
金凤区	876	431	445	44	36	8	738	364	373
永宁县	373	182	191	36	25	11	225	116	109
贺兰县	353	171	182	42	24	18	203	103	100
灵武市	416	195	221	38	31	7	247	129	118
石嘴山市	**2184**	**1058**	**1125**	**76**	**61**	**14**	**1824**	**867**	**957**
大武口区	1147	565	582	24	17	7	952	460	492
惠农区	622	284	338	13	12	1	567	258	308
平罗县	415	209	205	38	32	6	305	149	156
吴忠市	**1863**	**917**	**945**	**136**	**110**	**26**	**983**	**506**	**478**
利通区	868	426	442	24	22	2	605	301	304
红寺堡区	117	58	59	8	8		19	12	7
盐池县	172	85	87	20	17	3	50	30	20
同心县	257	133	124	39	33	6	69	41	28
青铜峡市	449	215	233	45	30	15	240	121	119
固原市	**1168**	**581**	**587**	**135**	**96**	**40**	**295**	**181**	**114**
原州区	547	264	283	33	27	5	184	110	74
西吉县	221	114	107	60	36	24	26	18	8
隆德县	171	83	88	14	12	3	44	27	17
泾源县	74	39	35	3	2	1	18	11	7
彭阳县	154	80	74	25	18	7	23	15	7
中卫市	**1250**	**618**	**631**	**118**	**89**	**29**	**690**	**344**	**347**
沙坡头区	665	326	339	46	34	12	426	211	216
中宁县	381	188	192	48	38	10	217	104	114
海原县	204	104	100	24	18	7	47	29	17

9−3ab　续表　　　　　　　　　　　　　　　　　　　　　　单位：人

地　区	最低生活保障金			财产性收入			家庭其他成员供养			其　他		
	小计	男	女	小计	男	女	小计	男	女	小计	男	女
全　区	**672**	**322**	**350**	**36**	**23**	**13**	**1909**	**622**	**1288**	**478**	**253**	**225**
银川市	**181**	**74**	**107**	**18**	**11**	**7**	**570**	**164**	**406**	**120**	**50**	**70**
兴庆区	73	30	43	2	2		204	65	139	45	18	26
西夏区	8	1	7	10	6	4	83	17	66	19	9	10
金凤区	10	4	6	2	1	1	66	18	48	16	8	8
永宁县	45	17	27				55	19	36	12	5	8
贺兰县	37	18	18	2	1	1	57	18	39	11	6	6
灵武市	8	3	5	2	1	1	104	26	78	16	4	12
石嘴山市	**42**	**18**	**24**	**5**	**2**	**3**	**156**	**46**	**110**	**82**	**65**	**17**
大武口区	17	7	10	3	1	2	86	27	59	65	53	12
惠农区	22	9	13				17	3	14	3	2	1
平罗县	3	2	1	2	1	1	53	16	37	13	9	4
吴忠市	**201**	**103**	**98**	**4**	**3**	**2**	**422**	**140**	**282**	**115**	**56**	**60**
利通区	28	17	11	2	2		151	55	96	57	29	29
红寺堡区	30	15	15				54	20	34	7	3	4
盐池县	17	7	10	1			76	27	49	9	4	5
同心县	48	29	19	1		1	95	27	68	4	3	1
青铜峡市	79	35	44				46	11	36	38	18	20
固原市	**118**	**61**	**57**	**4**	**4**	**1**	**507**	**185**	**322**	**109**	**55**	**55**
原州区	12	7	5	1	1		274	100	174	43	18	25
西吉县	35	19	16	3	2	1	91	36	55	6	3	3
隆德县	11	6	5				72	25	47	30	14	16
泾源县	30	15	15				7	1	6	16	9	6
彭阳县	29	14	15	1	1		63	23	39	14	9	5
中卫市	**130**	**66**	**65**	**5**	**4**	**1**	**254**	**87**	**167**	**52**	**29**	**23**
沙坡头区	93	45	48	2	2		87	28	59	12	7	4
中宁县	11	7	4	1	1		71	20	51	33	20	13
海原县	27	15	12	2	2	1	96	39	57	7	2	6

9-3a 各地区分性别、主要生活来源的60岁及以上老年人口(城市)

单位：人

地　区	合　计			劳动收入			离退休金养老金		
	合计	男	女	小计	男	女	小计	男	女
全　区	**8287**	**4036**	**4251**	**305**	**230**	**75**	**6693**	**3333**	**3360**
银川市	**4651**	**2282**	**2368**	**185**	**131**	**54**	**4007**	**2016**	**1990**
兴庆区	2366	1172	1194	100	65	35	2037	1031	1006
西夏区	1236	599	638	29	21	8	1124	560	564
金凤区	827	409	417	41	33	8	716	356	359
永宁县									
贺兰县	11	5	6				6	3	3
灵武市	211	98	113	16	13	3	125	67	58
石嘴山市	**1629**	**780**	**848**	**30**	**22**	**7**	**1406**	**664**	**742**
大武口区	1106	546	560	22	15	7	931	449	481
惠农区	523	234	289	8	7	1	475	214	261
平罗县									
吴忠市	**1079**	**526**	**553**	**50**	**42**	**8**	**721**	**360**	**361**
利通区	710	353	357	21	20	1	554	273	281
红寺堡区	100	50	50	7	7		19	12	7
盐池县									
同心县									
青铜峡市	269	123	146	23	16	7	148	74	74
固原市	**434**	**208**	**227**	**22**	**20**	**2**	**183**	**109**	**74**
原州区	434	208	227	22	20	2	183	109	74
西吉县									
隆德县									
泾源县									
彭阳县									
中卫市	**495**	**240**	**255**	**18**	**14**	**4**	**376**	**185**	**192**
沙坡头区	495	240	255	18	14	4	376	185	192
中宁县									
海原县									

9-3a　续表　　　　单位：人

地　区	最低生活保障金			财产性收入			家庭其他成员供养			其　他		
	小计	男	女	小计	男	女	小计	男	女	小计	男	女
全　区	**252**	**110**	**141**	**24**	**14**	**9**	**780**	**225**	**555**	**233**	**123**	**111**
银川市	**82**	**29**	**52**	**18**	**11**	**7**	**301**	**74**	**226**	**59**	**20**	**39**
兴庆区	62	24	37	2	2		138	39	99	28	11	17
西夏区	6		6	10	6	4	59	9	50	9	3	6
金凤区	8	3	5	2	1	1	49	13	36	11	3	8
永宁县												
贺兰县				2	1	1	3	1	2			
灵武市	6	2	4	2	1	1	51	12	39	11	3	8
石嘴山市	**38**	**15**	**23**	**3**	**1**	**2**	**89**	**25**	**64**	**63**	**54**	**10**
大武口区	16	6	10	3	1	2	73	23	50	61	52	9
惠农区	22	9	13				16	3	14	2	1	1
平罗县												
吴忠市	**71**	**35**	**36**				**169**	**59**	**110**	**67**	**30**	**37**
利通区	14	11	3				87	36	51	34	13	21
红寺堡区	16	8	8				53	20	32	5	3	3
盐池县												
同心县												
青铜峡市	41	16	25				29	3	27	28	14	13
固原市	**10**	**6**	**4**	**1**	**1**		**175**	**54**	**121**	**42**	**17**	**25**
原州区	10	6	4	1	1		175	54	121	42	17	25
西吉县												
隆德县												
泾源县												
彭阳县												
中卫市	**51**	**26**	**26**	**2**	**2**		**46**	**12**	**33**	**2**	**2**	
沙坡头区	51	26	26	2	2		46	12	33	2	2	
中宁县												
海原县												

9-3b 各地区分性别、主要生活来源的60岁及以上老年人口(镇)

单位：人

地 区	合 计			劳动收入			离退休金养老金		
	合计	男	女	小计	男	女	小计	男	女
全 区	**4014**	**1996**	**2018**	**460**	**337**	**123**	**1748**	**912**	**836**
银川市	**1186**	**574**	**611**	**115**	**80**	**35**	**642**	**332**	**310**
兴庆区	161	80	81	9	7	2	58	34	24
西夏区	56	28	28	2	2		18	11	7
金凤区	49	22	27	3	3		22	8	14
永宁县	373	182	191	36	25	11	225	116	109
贺兰县	342	166	177	42	24	18	197	100	97
灵武市	204	97	108	22	18	4	122	63	59
石嘴山市	**555**	**278**	**277**	**46**	**39**	**7**	**418**	**203**	**214**
大武口区	41	19	22	2	2		21	11	11
惠农区	99	50	50	5	5	1	92	44	48
平罗县	415	209	205	38	32	6	305	149	156
吴忠市	**784**	**392**	**392**	**86**	**68**	**18**	**262**	**146**	**116**
利通区	158	73	84	3	2	1	51	28	24
红寺堡区	17	8	9	1	1				
盐池县	172	85	87	20	17	3	50	30	20
同心县	257	133	124	39	33	6	69	41	28
青铜峡市	180	92	88	22	14	8	92	47	45
固原市	**734**	**374**	**361**	**113**	**75**	**37**	**112**	**72**	**40**
原州区	113	56	57	10	7	3	1	1	
西吉县	221	114	107	60	36	24	26	18	8
隆德县	171	83	88	14	12	3	44	27	17
泾源县	74	39	35	3	2	1	18	11	7
彭阳县	154	80	74	25	18	7	23	15	7
中卫市	**755**	**379**	**377**	**100**	**75**	**25**	**314**	**159**	**155**
沙坡头区	171	86	85	28	20	8	50	26	24
中宁县	381	188	192	48	38	10	217	104	114
海原县	204	104	100	24	18	7	47	29	17

9-3b 续表

单位：人

地　区	最低生活保障金			财产性收入			家庭其他成员供养			其　他		
	小计	男	女	小计	男	女	小计	男	女	小计	男	女
全　区	**420**	**211**	**209**	**12**	**9**	**3**	**1129**	**397**	**732**	**245**	**131**	**114**
银川市	**99**	**45**	**55**				**269**	**90**	**180**	**60**	**29**	**31**
兴庆区	11	6	6				65	26	39	17	7	9
西夏区	2	1	1				24	8	16	10	6	5
金凤区	2	1	1				17	5	12	5	5	
永宁县	45	17	27				55	19	36	12	5	8
贺兰县	37	18	18				55	18	37	11	6	6
灵武市	2	1	1				54	14	39	5	1	4
石嘴山市	**4**	**3**	**1**	**2**	**1**	**1**	**67**	**21**	**46**	**18**	**11**	**8**
大武口区	1	1					13	5	8	4	1	3
惠农区							1		1	1	1	1
平罗县	3	2	1	2	1	1	53	16	37	13	9	4
吴忠市	**131**	**69**	**62**	**4**	**3**	**2**	**253**	**81**	**172**	**48**	**26**	**22**
利通区	14	6	8	2	2		64	19	45	23	16	7
红寺堡区	13	7	7				1		1	1		1
盐池县	17	7	10	1			76	27	49	9	4	5
同心县	48	29	19	1		1	95	27	68	4	3	1
青铜峡市	38	20	19				17	8	9	11	4	7
固原市	**108**	**55**	**52**	**3**	**3**	**1**	**332**	**131**	**200**	**67**	**37**	**30**
原州区	2	1	1				99	46	53	1	1	
西吉县	35	19	16	3	2	1	91	36	55	6	3	3
隆德县	11	6	5				72	25	47	30	14	16
泾源县	30	15	15				7	1	6	16	9	6
彭阳县	29	14	15	1	1		63	23	39	14	9	5
中卫市	**79**	**40**	**39**	**3**	**2**	**1**	**209**	**75**	**134**	**50**	**27**	**23**
沙坡头区	41	19	22				41	16	26	10	6	4
中宁县	11	7	4	1	1		71	20	51	33	20	13
海原县	27	15	12	2	2	1	96	39	57	7	2	6

9-3c 各地区分性别、主要生活来源的60岁及以上老年人口(乡村)

单位：人

地　区	合　计			劳动收入			离退休金养老金		
	合计	男	女	小计	男	女	小计	男	女
全　区	**11537**	**5658**	**5879**	**2718**	**1763**	**955**	**2212**	**1097**	**1115**
银川市	**2061**	**1019**	**1042**	**596**	**376**	**220**	**530**	**268**	**263**
兴庆区	155	86	69	6	6		81	42	39
西夏区	99	55	44	13	12	1	1	1	
金凤区	82	52	30	22	17	5	24	14	10
永宁县	626	291	335	252	150	102	68	40	28
贺兰县	625	303	322	213	130	83	141	75	67
灵武市	473	232	241	91	62	28	214	96	119
石嘴山市	**931**	**457**	**475**	**271**	**173**	**98**	**334**	**142**	**192**
大武口区	55	28	26	1	1		17	8	9
惠农区	175	84	91	19	17	2	122	52	69
平罗县	702	345	358	251	155	96	196	82	114
吴忠市	**2943**	**1443**	**1501**	**590**	**403**	**187**	**584**	**289**	**295**
利通区	629	293	336	68	51	16	98	54	44
红寺堡区	341	168	173	37	24	13	95	47	48
盐池县	620	320	299	155	97	58	50	27	23
同心县	532	259	274	76	59	17	152	68	84
青铜峡市	821	402	419	255	171	83	189	93	96
固原市	**3128**	**1535**	**1593**	**746**	**476**	**270**	**239**	**136**	**104**
原州区	826	404	422	208	132	76	75	41	35
西吉县	969	480	490	282	175	107	84	46	38
隆德县	568	272	297	142	95	46	63	36	27
泾源县	302	146	156	8	5	2	5	3	2
彭阳县	462	234	228	106	68	39	12	10	3
中卫市	**2474**	**1205**	**1269**	**515**	**335**	**180**	**524**	**263**	**262**
沙坡头区	716	334	382	116	82	34	203	107	96
中宁县	725	356	369	190	117	73	174	80	94
海原县	1032	514	518	209	136	73	148	76	72

9-3c 续表 单位：人

地区	最低生活保障金			财产性收入			家庭其他成员供养			其他		
	小计	男	女	小计	男	女	小计	男	女	小计	男	女
全　区	**1812**	**845**	**967**	**68**	**34**	**34**	**4172**	**1655**	**2518**	**554**	**264**	**290**
银川市	**192**	**77**	**115**	**30**	**13**	**17**	**614**	**239**	**376**	**98**	**47**	**52**
兴庆区	1	1					11	8	3	56	29	27
西夏区	14	6	8	1		1	68	34	34	2	1	1
金凤区	22	14	8				14	8	7			
永宁县	63	21	42	4	3	1	227	73	155	12	4	7
贺兰县	61	22	40	23	9	14	182	65	117	4	3	1
灵武市	31	13	18	1		1	112	51	61	24	10	14
石嘴山市	**65**	**32**	**34**	**2**	**2**		**237**	**95**	**141**	**22**	**13**	**9**
大武口区	2	1	1	1	1		28	13	14	6	4	2
惠农区	15	9	6				17	5	12	2	1	1
平罗县	49	22	27	1	1		193	77	115	14	8	6
吴忠市	**431**	**203**	**228**	**5**	**2**	**4**	**1150**	**463**	**687**	**182**	**83**	**99**
利通区	57	20	36				384	154	230	22	13	9
红寺堡区	69	34	35				88	38	50	53	26	27
盐池县	72	37	35	2	2		291	135	156	50	22	28
同心县	76	45	31				224	84	139	5	2	3
青铜峡市	157	66	91	4		4	163	52	111	53	20	33
固原市	**673**	**330**	**343**	**19**	**12**	**7**	**1310**	**514**	**795**	**141**	**67**	**75**
原州区	141	68	73	8	5	4	367	150	216	27	8	18
西吉县	139	70	69	2	1	1	395	153	243	67	34	33
隆德县	90	43	47	7	5	2	260	89	171	7	3	4
泾源县	164	80	84	1		1	107	47	60	18	10	8
彭阳县	140	69	71	1	1		181	76	105	22	11	11
中卫市	**450**	**203**	**247**	**13**	**6**	**7**	**861**	**342**	**518**	**110**	**55**	**55**
沙坡头区	112	44	69	2		2	270	94	177	13	8	5
中宁县	79	36	43	8	5	3	249	104	145	25	13	12
海原县	259	124	135	3	1	2	342	144	197	72	33	38

9-4 全区分年龄、性别、主要生活来源的60岁及以上老年人口

单位：人

年 龄	合 计			劳动收入			离退休金养老金		
	合计	男	女	小计	男	女	小计	男	女
总 计	**23838**	**11690**	**12148**	**3483**	**2330**	**1153**	**10653**	**5343**	**5311**
60-64	**8569**	**4288**	**4281**	**2304**	**1496**	**808**	**3568**	**1729**	**1839**
60	2002	986	1016	657	416	241	732	336	396
61	1905	971	934	499	340	159	848	403	445
62	1648	831	817	449	279	171	658	332	326
63	1661	793	868	396	257	139	721	333	388
64	1353	707	646	303	205	98	608	325	283
65-69	**5786**	**2823**	**2963**	**856**	**590**	**266**	**2627**	**1291**	**1335**
65	1441	742	699	264	185	79	671	353	318
66	1397	684	713	235	157	78	606	283	323
67	970	451	520	127	79	48	464	222	242
68	1015	484	531	125	94	31	444	211	233
69	964	462	501	104	75	29	442	223	219
70-74	**4350**	**2108**	**2243**	**233**	**176**	**57**	**2028**	**1022**	**1005**
70	957	456	501	67	45	22	394	206	188
71	935	459	477	60	43	17	420	208	211
72	921	452	469	51	43	8	440	225	215
73	830	402	428	26	21	5	408	198	210
74	707	339	368	29	23	6	366	185	181
75-79	**2973**	**1441**	**1532**	**76**	**58**	**18**	**1417**	**733**	**684**
75	727	353	374	17	13	4	353	202	152
76	622	304	317	23	20	4	293	150	143
77	645	316	329	12	9	2	314	155	159
78	486	225	261	14	9	5	225	108	117
79	493	244	250	10	7	3	231	117	114
80-84	**1521**	**729**	**792**	**12**	**9**	**3**	**735**	**404**	**331**
80	414	182	233	3	2	1	204	98	106
81	344	160	184	4	3	1	165	79	86
82	315	149	166	3	2	1	151	88	63
83	271	150	121	2	2		132	88	44
84	177	88	89				84	52	32
85-89	**480**	**227**	**253**	**3**	**2**	**1**	**214**	**127**	**87**
85	177	83	94	1	1		78	50	28
86	85	40	45	2	1	1	44	24	20
87	96	48	48				41	28	13
88	71	28	43				33	15	19
89	51	29	23				18	11	7
90-94	**135**	**64**	**71**				**56**	**34**	**22**
90	50	22	27				22	13	9
91	35	16	19				15	9	7
92	25	13	12				9	6	3
93	15	8	7				5	4	1
94	11	5	6				5	2	3
95-99	**22**	**10**	**13**				**8**	**2**	**6**
95	7	4	3				2	1	1
96	5	3	2				2	1	1
97	5	2	3				3		3
98	5	1	5				1		1
99									
100及以上	**1**		**1**				**1**		**1**

9-4　续表　　　　单位：人

年　龄	最低生活保障金			财产性收入			家庭其他成员供养			其　他		
	小计	男	女	小计	男	女	小计	男	女	小计	男	女
总　计	**2484**	**1167**	**1317**	**104**	**57**	**47**	**6081**	**2276**	**3805**	**1032**	**518**	**514**
60-64	**713**	**339**	**374**	**52**	**31**	**21**	**1529**	**497**	**1033**	**403**	**196**	**206**
60	158	76	82	12	6	6	351	107	244	92	45	47
61	147	74	72	11	7	5	308	100	207	93	47	46
62	130	62	68	13	7	6	309	101	208	89	51	38
63	163	70	93	7	6	1	311	99	212	63	29	34
64	115	56	59	9	6	3	252	90	162	66	25	41
65-69	**569**	**259**	**310**	**26**	**15**	**11**	**1409**	**517**	**892**	**300**	**151**	**148**
65	122	53	69	6	4	2	304	110	194	73	38	35
66	131	63	68	8	5	4	338	136	202	78	41	37
67	100	37	62	4	2	2	229	85	144	47	26	21
68	110	52	58	4	2	2	278	102	176	53	23	31
69	106	54	52	4	2	1	260	84	176	48	24	24
70-74	**546**	**275**	**271**	**15**	**3**	**12**	**1343**	**536**	**807**	**186**	**95**	**90**
70	122	58	64	2		2	328	122	206	44	25	19
71	118	62	57	3	1	1	293	125	168	42	20	22
72	114	57	57	4	1	3	274	108	166	38	17	20
73	95	52	43	5	1	4	265	113	151	32	17	15
74	97	47	50	1		1	183	68	115	31	16	14
75-79	**378**	**171**	**208**	**4**	**3**	**1**	**1012**	**435**	**577**	**86**	**42**	**44**
75	92	43	50	3	3		246	86	159	15	5	10
76	94	38	55				201	91	110	11	5	6
77	76	38	38				216	97	119	27	16	11
78	53	21	32				170	76	94	24	11	12
79	63	31	33	1		1	178	84	95	9	5	4
80-84	**191**	**82**	**109**	**5**	**3**	**1**	**535**	**204**	**331**	**43**	**26**	**17**
80	59	24	35	1	1		137	53	85	10	4	7
81	43	21	22	1	1		120	49	72	10	7	3
82	42	17	25	1		1	107	34	73	10	8	2
83	32	13	19	1	1		94	40	53	10	6	5
84	15	6	9				76	28	48	3	2	1
85-89	**69**	**29**	**40**	**1**	**1**		**182**	**64**	**118**	**11**	**4**	**7**
85	30	14	17				61	16	45	6	2	4
86	7	5	3				33	11	22			
87	14	4	10				40	15	25	1	1	
88	11	3	8				24	9	15	3	1	2
89	7	3	3	1	1		25	13	12	1		1
90-94	**16**	**10**	**6**	**1**		**1**	**60**	**19**	**41**	**2**	**1**	**1**
90	4	1	3				22	8	15	1		1
91	5	3	2	1		1	13	4	9			
92	4	3	1				13	4	9			
93	1	1					9	2	6	1	1	
94	3	2	1				3	1	2			
95-99	**2**	**2**					**11**	**5**	**7**	**1**	**1**	
95							4	3	2	1	1	
96	2	2					1		1			
97							1	1		1	1	
98							5	1	4			
99												
100及以上												

9-4ab 全区分年龄、性别、主要生活来源的60岁及以上老年人口(城镇)

单位：人

年 龄	合 计			劳动收入			离退休金养老金		
	合计	男	女	小计	男	女	小计	男	女
总 计	**12301**	**6032**	**6269**	**765**	**567**	**198**	**8441**	**4245**	**4196**
60-64	**4432**	**2194**	**2238**	**564**	**415**	**149**	**2857**	**1389**	**1468**
60	999	489	510	173	125	49	586	273	313
61	1033	492	541	132	91	42	684	323	361
62	842	455	387	107	79	28	524	278	247
63	843	386	457	82	63	19	579	257	322
64	714	371	343	69	57	12	484	258	226
65-69	**2939**	**1408**	**1531**	**146**	**108**	**37**	**2045**	**1008**	**1037**
65	752	375	377	45	32	12	523	273	251
66	682	330	352	32	25	7	470	229	241
67	505	248	258	17	12	5	370	185	185
68	525	235	290	30	23	6	344	163	181
69	475	220	255	23	16	7	337	158	179
70-74	**2192**	**1063**	**1129**	**34**	**28**	**5**	**1574**	**786**	**788**
70	440	221	220	8	5	3	286	152	134
71	463	223	240	8	6	2	323	157	166
72	455	220	236	7	7		339	166	173
73	440	197	244	5	4	1	326	154	172
74	393	203	190	6	6		301	157	144
75-79	**1580**	**774**	**806**	**18**	**12**	**6**	**1140**	**589**	**551**
75	399	207	191	3	1	2	286	166	120
76	319	151	168	4	3	1	229	118	110
77	330	161	170	3	3		247	120	127
78	273	124	149	5	4	1	192	89	102
79	259	131	128	3	1	2	187	96	92
80-84	**821**	**421**	**401**	**4**	**3**	**1**	**598**	**336**	**263**
80	222	102	121	1	1	1	161	81	80
81	175	79	96	1	1		130	60	69
82	168	90	78				122	71	51
83	161	97	64	2	2		118	79	39
84	95	53	43				68	44	24
85-89	**241**	**125**	**116**				**169**	**104**	**65**
85	87	51	37				62	42	20
86	41	22	19				32	19	14
87	45	24	21				29	19	10
88	40	17	23				30	15	15
89	28	12	15				15	10	5
90-94	**82**	**44**	**38**				**49**	**31**	**18**
90	32	18	14				18	12	6
91	17	10	8				14	8	6
92	14	7	7				8	5	3
93	12	7	5				5	4	1
94	7	3	4				5	2	3
95-99	**13**	**4**	**9**				**7**	**2**	**5**
95	4	1	3				2	1	1
96	2	2					1	1	
97	3		3				3		3
98	3		3				1		1
99									
100及以上	**1**		**1**				**1**		**1**

9−4ab 续表 单位：人

年龄	最低生活保障金			财产性收入			家庭其他成员供养			其他		
	小计	男	女	小计	男	女	小计	男	女	小计	男	女
总计	**672**	**322**	**350**	**36**	**23**	**13**	**1909**	**622**	**1288**	**478**	**253**	**225**
60−64	**232**	**113**	**119**	**20**	**14**	**6**	**568**	**162**	**405**	**191**	**100**	**91**
60	53	28	25	3	3	1	139	36	102	45	24	22
61	52	24	28	6	4	2	112	25	87	46	25	21
62	47	25	22	5	4	2	123	46	77	36	24	12
63	43	18	25	2	2		105	31	73	33	15	18
64	38	19	19	3	2	2	89	23	66	31	12	19
65−69	**158**	**73**	**85**	**12**	**8**	**4**	**448**	**140**	**309**	**131**	**72**	**59**
65	40	19	22	1	1		109	36	73	33	14	19
66	38	15	23	5	4	1	103	38	65	34	20	15
67	26	12	14	1	1	1	72	25	47	19	13	6
68	31	12	19	2	1	1	95	22	73	23	14	9
69	23	15	8	3	1	1	69	19	50	22	11	10
70−74	**124**	**67**	**57**	**2**		**2**	**373**	**139**	**234**	**85**	**42**	**43**
70	26	15	11	1		1	99	36	63	20	12	8
71	28	18	10				82	32	50	22	10	12
72	27	13	14	1		1	71	29	42	11	4	6
73	18	9	9				77	23	54	15	6	8
74	24	12	12				44	18	25	17	9	8
75−79	**87**	**39**	**49**	**2**	**1**	**1**	**291**	**109**	**182**	**42**	**24**	**18**
75	24	7	17	1	1		81	31	51	4	1	3
76	21	8	12				59	19	40	7	3	4
77	20	12	8				48	16	32	13	10	3
78	12	4	7				52	20	32	12	7	6
79	11	7	5	1		1	51	24	27	5	3	2
80−84	**52**	**21**	**30**				**147**	**49**	**97**	**21**	**11**	**10**
80	13	2	11				44	18	25	4		4
81	13	5	8				27	9	18	4	3	1
82	7	4	2				31	8	22	8	6	2
83	13	8	6				24	8	16	3	1	3
84	6	2	3				20	6	15	1		1
85−89	**14**	**5**	**9**				**52**	**13**	**38**	**6**	**3**	**4**
85	6	2	3				16	5	11	4	2	2
86	1	1					8	2	6			
87	4		3				11	3	8	1	1	
88	1		1				7	2	5	2		2
89	2	1	1				10	1	9			
90−94	**4**	**3**	**1**				**27**	**9**	**18**	**1**	**1**	**1**
90	1		1				12	5	7	1		1
91	2	2					2		2			
92	1	1					5	1	4			
93							7	2	4	1	1	
94							2	1	1			
95−99	**1**	**1**					**4**		**4**	**1**	**1**	
95							2		2	1	1	
96	1	1										
97												
98							2		2			
99												
100及以上												

9-4a 全区分年龄、性别、主要生活来源的60岁及以上老年人口(城市)

单位：人

年龄	合计			劳动收入			离退休金养老金		
	合计	男	女	小计	男	女	小计	男	女
总计	**8287**	**4036**	**4251**	**305**	**230**	**75**	**6693**	**3333**	**3360**
60-64	**2883**	**1404**	**1480**	**224**	**168**	**56**	**2236**	**1084**	**1152**
60	627	304	323	67	52	16	470	219	250
61	700	329	371	53	38	15	549	257	292
62	535	292	243	48	33	15	402	223	179
63	548	244	305	28	23	5	446	195	251
64	472	235	237	27	23	4	369	190	180
65-69	**1967**	**950**	**1017**	**64**	**49**	**16**	**1593**	**787**	**806**
65	498	247	251	22	16	6	403	211	193
66	462	227	235	10	9	1	377	188	189
67	350	177	173	8	6	2	293	149	144
68	343	160	183	14	11	3	266	125	141
69	314	139	175	10	7	4	254	114	140
70-74	**1465**	**695**	**770**	**6**	**6**		**1245**	**605**	**640**
70	270	133	137	1	1		214	107	107
71	295	140	155	1	1		249	119	130
72	304	141	163				268	131	137
73	311	135	176	2	2		264	118	146
74	284	145	139	3	3		251	131	120
75-79	**1121**	**545**	**576**	**8**	**5**	**3**	**930**	**469**	**461**
75	271	139	132				224	127	98
76	225	107	118	2	2		190	95	94
77	235	114	122	1	1		195	95	100
78	190	88	102	3	2	1	156	69	86
79	200	98	102	2		2	165	82	83
80-84	**605**	**314**	**291**	**3**	**2**	**1**	**503**	**277**	**226**
80	154	72	82	1		1	130	64	66
81	139	62	78	1	1		117	53	64
82	121	66	56				99	55	43
83	124	73	50	1	1		102	68	34
84	67	41	26				56	37	19
85-89	**179**	**95**	**84**				**139**	**85**	**54**
85	66	39	27				52	35	17
86	32	18	14				29	16	13
87	34	16	17				23	14	9
88	27	12	16				22	12	10
89	21	9	11				13	7	5
90-94	**59**	**32**	**27**				**42**	**25**	**17**
90	25	14	11				15	9	6
91	15	8	7				14	8	6
92	5	3	2				5	3	2
93	9	5	4				4	3	1
94	5	2	4				4	2	3
95-99	**7**	**2**	**5**				**5**	**2**	**3**
95	1	1					1	1	
96	1	1					1	1	
97	3		3				3		3
98	1		1						
99									
100及以上									

9-4a 续表 单位：人

年 龄	最低生活保障金			财产性收入			家庭其他成员供养			其 他		
	小计	男	女	小计	男	女	小计	男	女	小计	男	女
总 计	**252**	**110**	**141**	**24**	**14**	**9**	**780**	**225**	**555**	**233**	**123**	**111**
60-64	**93**	**42**	**52**	**12**	**8**	**4**	**229**	**57**	**172**	**90**	**45**	**45**
60	22	13	9	1	1		45	9	35	22	10	12
61	23	9	14	4	3	1	51	9	41	20	12	8
62	19	7	12	3	2	1	51	17	34	13	10	3
63	15	7	9	2	2		43	11	33	14	7	7
64	14	6	8	3	1	2	39	11	28	20	5	15
65-69	**57**	**25**	**32**	**9**	**5**	**4**	**183**	**47**	**136**	**61**	**37**	**24**
65	18	8	10	1	1		41	7	34	13	5	8
66	17	3	14	4	3	1	40	15	25	14	9	5
67	6	3	3	1		1	28	10	18	14	9	5
68	7	6	1	2	1	1	42	8	34	12	9	3
69	9	5	3	1		1	31	7	25	9	6	3
70-74	**38**	**22**	**16**	**1**		**1**	**134**	**43**	**92**	**41**	**19**	**22**
70	4	3	1				40	15	25	11	8	3
71	8	7	2				27	10	17	10	4	6
72	10	4	7	1		1	23	7	16	3		3
73	7	5	2				29	6	23	9	3	6
74	8	4	4				16	4	12	8	4	4
75-79	**36**	**13**	**23**	**2**	**1**	**1**	**121**	**45**	**76**	**25**	**13**	**12**
75	10	1	10	1	1		32	9	23	3	1	2
76	7	3	4				24	7	18	2		2
77	7	4	4				21	6	15	11	8	3
78	6	4	2				19	11	9	6	2	4
79	5	2	3	1		1	24	12	12	3	2	1
80-84	**22**	**7**	**14**				**64**	**19**	**45**	**14**	**9**	**5**
80	4	1	3				17	8	9	2		2
81	7	2	5				11	2	9	3	3	
82	3	2	1				15	4	11	5	4	1
83	4	1	4				13	3	10	3	1	2
84	3	2	1				8	2	6			
85-89	**5**	**1**	**4**				**32**	**8**	**24**	**3**	**1**	**2**
85	2		2				10	3	7	2	1	1
86							3	2	1			
87	3		3				8	2	6			
88							4		4	1		1
89	1	1					7	1	6			
90-94	**1**		**1**				**16**	**6**	**10**			
90	1		1				9	5	4			
91							1		1			
92												
93							5	1	3			
94							1		1			
95-99							**1**		**1**			
95												
96												
97												
98							1		1			
99												
100及以上												

9-4b 全区分年龄、性别、主要生活来源的60岁及以上老年人口(镇)

单位：人

年 龄	合 计			劳动收入			离退休金养老金		
	合计	男	女	小计	男	女	小计	男	女
总 计	**4014**	**1996**	**2018**	**460**	**337**	**123**	**1748**	**912**	**836**
60-64	**1549**	**791**	**758**	**340**	**247**	**93**	**622**	**305**	**316**
60	372	185	187	106	73	33	116	54	62
61	333	164	169	79	53	26	135	65	69
62	307	163	144	59	46	13	122	55	67
63	295	143	152	54	40	14	133	63	71
64	242	136	105	42	35	7	115	68	46
65-69	**972**	**459**	**514**	**81**	**59**	**22**	**452**	**221**	**231**
65	254	128	126	23	17	6	120	62	58
66	220	104	117	22	16	6	94	42	52
67	155	71	85	8	6	3	77	36	41
68	182	75	107	15	12	3	78	38	40
69	161	81	80	12	9	3	83	44	39
70-74	**727**	**368**	**359**	**27**	**22**	**5**	**329**	**181**	**148**
70	170	87	83	7	4	3	71	45	26
71	169	83	86	7	5	2	74	38	36
72	151	78	73	7	7		71	36	35
73	129	62	67	3	2	1	62	36	26
74	108	58	50	4	4		51	26	24
75-79	**459**	**229**	**230**	**10**	**7**	**3**	**210**	**121**	**90**
75	128	69	59	3	1	2	61	39	22
76	94	44	50	2	1	1	39	23	16
77	95	47	48	2	2		52	25	27
78	83	36	47	2	2		36	20	16
79	59	33	26	1	1		22	13	9
80-84	**216**	**107**	**109**	**1**	**1**		**95**	**59**	**36**
80	68	29	39	1	1		31	18	13
81	36	17	18				13	7	5
82	47	25	22				23	16	8
83	37	24	13	1	1		16	12	5
84	29	12	17				12	7	5
85-89	**61**	**30**	**31**				**30**	**19**	**10**
85	22	12	10				10	6	3
86	9	3	5				3	2	1
87	11	7	4				6	5	1
88	13	5	7				8	3	5
89	7	3	4				3	3	
90-94	**23**	**12**	**11**				**7**	**6**	**1**
90	7	3	4				3	3	
91	3	2	1						
92	9	3	5				3	2	1
93	3	2	1				1	1	
94	1	1					1	1	
95-99	**6**	**2**	**4**				**2**		**2**
95	3	1	3				1		1
96	1	1							
97									
98	2		2				1		1
99									
100及以上	**1**		**1**				**1**		**1**

9-4b 续表 单位：人

年龄	最低生活保障金			财产性收入			家庭其他成员供养			其他		
	小计	男	女	小计	男	女	小计	男	女	小计	男	女
总计	**420**	**211**	**209**	**12**	**9**	**3**	**1129**	**397**	**732**	**245**	**131**	**114**
60–64	**139**	**72**	**67**	**8**	**6**	**2**	**339**	**105**	**234**	**102**	**55**	**46**
60	31	15	15	2	2	1	94	27	67	23	14	9
61	29	15	15	2	2	1	61	16	46	26	13	13
62	28	18	10	2	2	1	72	29	43	23	14	10
63	27	11	16				61	21	41	19	8	10
64	24	13	11	1	1		50	13	37	11	7	4
65–69	**100**	**47**	**53**	**3**	**3**		**266**	**93**	**173**	**69**	**35**	**34**
65	22	11	11				68	29	39	20	9	11
66	21	12	9	1	1		63	23	40	20	11	10
67	20	9	11	1	1		44	15	29	6	5	1
68	24	6	18	1	1		53	14	39	11	5	6
69	14	10	4	2	1		38	12	26	13	6	7
70–74	**86**	**45**	**41**	**1**		**1**	**239**	**97**	**142**	**44**	**23**	**21**
70	22	12	10	1		1	59	21	38	9	4	5
71	20	11	9				55	22	33	12	7	6
72	17	9	8				48	22	26	8	4	4
73	11	4	7				48	17	31	5	3	2
74	17	8	8				28	14	13	9	5	4
75–79	**52**	**26**	**26**				**170**	**65**	**106**	**16**	**11**	**6**
75	13	6	7				49	21	28	1		1
76	13	5	8				35	12	23	5	3	2
77	12	8	4				27	10	17	2	2	
78	6		5				33	9	24	6	4	2
79	7	5	2				26	12	14	2	1	1
80–84	**30**	**14**	**16**				**82**	**30**	**53**	**7**	**3**	**4**
80	8	1	8				27	11	17	1		1
81	6	3	2				16	7	10	1		1
82	4	3	1				16	4	12	3	2	1
83	9	7	2				11	5	6	1		1
84	3	1	3				12	4	8	1		1
85–89	**9**	**4**	**5**				**20**	**5**	**14**	**4**	**2**	**2**
85	4	2	2				6	2	4	2	1	1
86	1	1					5		5			
87	1		1				3	1	2	1	1	
88	1		1				3	2		1		1
89	1		1				3		3			
90–94	**3**	**3**					**11**	**2**	**9**	**1**	**1**	**1**
90							3		3	1		1
91	2	2					1		1			
92	1	1					5	1	4			
93							2	1	1	1	1	
94							1	1				
95–99	**1**	**1**					**2**		**2**	**1**	**1**	
95							2		2	1	1	
96	1	1										
97												
98							1		1			
99												
100及以上												

9-4c 全区分年龄、性别、主要生活来源的60岁及以上老年人口(乡村)

单位：人

年 龄	合 计			劳动收入			离退休金养老金		
	合计	男	女	小计	男	女	小计	男	女
总 计	**11537**	**5658**	**5879**	**2718**	**1763**	**955**	**2212**	**1097**	**1115**
60–64	**4137**	**2094**	**2043**	**1740**	**1081**	**659**	**710**	**340**	**371**
60	1003	497	506	484	291	192	146	62	83
61	872	478	393	367	249	118	164	80	84
62	805	376	429	342	199	143	134	54	80
63	818	406	411	314	194	121	142	76	66
64	639	336	303	234	148	86	124	67	57
65–69	**2847**	**1415**	**1431**	**710**	**482**	**228**	**582**	**283**	**299**
65	689	367	322	219	152	67	148	80	67
66	714	354	361	203	132	71	135	53	82
67	465	203	262	110	67	43	94	37	58
68	490	249	241	96	71	25	99	48	51
69	488	242	246	81	60	22	105	65	40
70–74	**2158**	**1045**	**1114**	**199**	**147**	**52**	**453**	**236**	**217**
70	516	236	281	59	40	19	109	54	55
71	472	236	236	52	37	15	97	51	45
72	466	232	233	44	37	8	101	59	42
73	389	205	184	21	17	4	82	44	38
74	315	136	179	23	17	6	64	28	37
75–79	**1393**	**667**	**726**	**58**	**46**	**12**	**277**	**144**	**133**
75	328	145	183	14	12	2	67	35	32
76	302	153	149	19	16	3	64	32	32
77	315	155	160	9	7	2	68	35	32
78	213	101	112	9	5	4	34	19	15
79	235	113	122	6	5	1	44	22	22
80–84	**700**	**308**	**391**	**8**	**5**	**2**	**137**	**68**	**69**
80	192	80	112	2	2		43	17	26
81	169	81	88	3	2	1	36	19	17
82	147	59	88	3	2	1	29	17	12
83	110	53	57				13	9	5
84	82	35	46				16	7	8
85–89	**239**	**102**	**137**	**3**	**2**	**1**	**45**	**23**	**22**
85	89	32	57	1	1		16	8	8
86	44	19	26	2	1	1	11	5	6
87	51	24	27				12	9	4
88	31	11	20				3		3
89	24	17	7				2	1	1
90–94	**53**	**20**	**33**				**7**	**3**	**4**
90	18	5	13				4	1	3
91	17	7	11				2	1	1
92	11	6	5				1	1	
93	3	1	2						
94	4	2	2						
95–99	**10**	**6**	**4**				**1**		**1**
95	3	3							
96	3	1	2				1		1
97	2	2							
98	3	1	2						
99									
100及以上									

9-4c 续表　　单位：人

年龄	最低生活保障金			财产性收入			家庭其他成员供养			其他		
	小计	男	女	小计	男	女	小计	男	女	小计	男	女
总计	**1812**	**845**	**967**	**68**	**34**	**34**	**4172**	**1655**	**2518**	**554**	**264**	**290**
60—64	**481**	**226**	**255**	**32**	**17**	**15**	**962**	**334**	**628**	**212**	**96**	**115**
60	106	48	57	9	4	5	212	70	142	47	21	26
61	94	50	44	5	2	3	195	75	120	46	21	25
62	83	37	46	8	3	4	185	55	130	53	27	26
63	120	53	68	5	4	1	206	67	139	30	13	17
64	78	37	41	5	4	1	163	67	96	35	13	22
65—69	**411**	**187**	**225**	**14**	**7**	**7**	**961**	**377**	**583**	**169**	**79**	**89**
65	82	35	47	4	2	2	195	74	121	40	24	17
66	93	49	45	4	1	2	235	97	138	44	21	22
67	74	25	48	3	1	1	157	60	97	27	13	15
68	79	40	40	2	1	1	183	80	103	31	9	21
69	83	39	44	1	1		191	65	126	27	13	14
70—74	**422**	**208**	**214**	**13**	**3**	**10**	**970**	**396**	**574**	**101**	**53**	**47**
70	96	43	53	1		1	229	85	143	23	13	10
71	90	44	46	3	1	1	211	93	118	20	10	10
72	87	44	43	3	1	2	203	79	124	27	13	14
73	76	42	34	5	1	4	187	90	98	17	11	7
74	73	35	38	1		1	140	49	90	13	7	6
75—79	**291**	**132**	**159**	**2**	**2**		**721**	**326**	**395**	**44**	**18**	**26**
75	69	36	33	2	2		164	56	109	11	4	7
76	73	30	43				142	73	70	4	2	2
77	56	26	30				168	82	87	14	6	8
78	41	17	25				118	56	62	11	5	7
79	52	24	28				128	60	68	5	2	3
80—84	**139**	**61**	**78**	**5**	**3**	**1**	**388**	**155**	**233**	**22**	**15**	**7**
80	46	22	24	1	1		93	34	59	7	4	3
81	30	16	14	1	1		93	40	54	6	3	2
82	35	13	22	1		1	76	26	51	2	2	
83	19	6	13	1	1		70	33	37	7	5	2
84	9	4	5				56	23	33	1	1	
85—89	**55**	**24**	**31**	**1**	**1**		**131**	**51**	**80**	**5**	**1**	**3**
85	25	11	13				45	11	34	2		2
86	6	3	3				25	9	16			
87	10	4	6				29	12	17			
88	9	3	7				17	7	10	1	1	
89	4	2	2	1	1		15	12	3	1		1
90—94	**12**	**7**	**5**	**1**		**1**	**33**	**10**	**22**	**1**		**1**
90	2	1	1				10	2	8	1		1
91	3	1	2	1		1	11	4	7			
92	3	2	1				8	3	5			
93	1	1					2		2			
94	3	2	1				1		1			
95—99	**1**	**1**					**7**	**5**	**3**	**1**	**1**	
95							3	3				
96	1	1					1		1			
97							1	1		1	1	
98							3	1	2			
99												
100及以上												

9–5 各地区分性别、婚姻状况的60岁及以上老年人口

单位：人

地 区	合 计			未 婚		
	合计	男	女	小计	男	女
全 区	**23838**	**11690**	**12148**	**73**	**67**	**5**
银川市	**7897**	**3875**	**4022**	**15**	**12**	**3**
兴庆区	2682	1338	1344	2		2
西夏区	1391	681	710	9	8	1
金凤区	958	483	475			
永宁县	999	472	527	2	2	
贺兰县	978	474	504	2	2	
灵武市	888	426	462			
石嘴山市	**3115**	**1515**	**1600**	**11**	**11**	
大武口区	1201	594	608	6	6	
惠农区	797	368	429	2	2	
平罗县	1117	554	563	3	3	
吴忠市	**4806**	**2360**	**2446**	**9**	**8**	**1**
利通区	1497	720	778	3	3	
红寺堡区	458	226	232	3	2	1
盐池县	792	405	387			
同心县	789	392	397			
青铜峡市	1270	617	652	4	4	
固原市	**4296**	**2116**	**2180**	**30**	**28**	**2**
原州区	1373	668	705	6	6	
西吉县	1191	594	597	7	5	1
隆德县	740	355	385	8	8	
泾源县	376	185	191	5	5	1
彭阳县	617	314	302	4	4	
中卫市	**3723**	**1823**	**1900**	**8**	**8**	
沙坡头区	1382	660	721	3	3	
中宁县	1105	544	561	3	3	
海原县	1236	618	618	2	2	

9–5 续表 单位：人

地区	有配偶			离婚			丧偶		
	小计	男	女	小计	男	女	小计	男	女
全区	**18272**	**10086**	**8186**	**228**	**114**	**115**	**5265**	**1423**	**3842**
银川市	**6190**	**3433**	**2756**	**111**	**54**	**57**	**1582**	**376**	**1205**
兴庆区	2142	1196	946	53	20	33	485	122	363
西夏区	1079	583	496	25	13	11	278	77	201
金凤区	801	449	352	10	8	2	146	26	120
永宁县	738	409	328	3	1	2	256	60	196
贺兰县	743	412	331	18	10	8	215	50	165
灵武市	686	384	302	2	2		200	41	160
石嘴山市	**2264**	**1253**	**1011**	**48**	**25**	**23**	**792**	**227**	**566**
大武口区	828	449	379	28	14	14	339	125	215
惠农区	573	315	258	13	7	6	209	43	165
平罗县	863	489	374	7	4	4	244	59	185
吴忠市	**3760**	**2076**	**1684**	**28**	**11**	**18**	**1009**	**265**	**744**
利通区	1185	647	538	10	4	6	299	66	233
红寺堡区	344	190	154	1		1	111	34	76
盐池县	654	356	299	1	1		136	48	88
同心县	640	358	282	2		2	148	34	113
青铜峡市	937	526	411	13	6	8	316	82	234
固原市	**3205**	**1759**	**1446**	**20**	**9**	**12**	**1041**	**320**	**721**
原州区	1068	579	489	8	3	5	291	80	211
西吉县	915	498	417	2	2	1	267	90	177
隆德县	523	295	228	7	2	4	202	50	152
泾源县	258	142	116	2	1	1	112	37	74
彭阳县	442	246	196	2	1	1	170	64	106
中卫市	**2853**	**1564**	**1289**	**21**	**16**	**5**	**841**	**235**	**606**
沙坡头区	1024	565	460	9	7	3	345	86	259
中宁县	850	471	378	5	5	1	247	65	182
海原县	979	528	451	6	4	2	249	84	164

9–5ab 各地区分性别、婚姻状况的60岁及以上老年人口(城镇)

单位：人

地 区	合 计			未 婚		
	合计	男	女	小计	男	女
全 区	**12301**	**6032**	**6269**	**31**	**26**	**4**
银川市	**5836**	**2857**	**2980**	**12**	**9**	**3**
兴庆区	2527	1252	1275	2		2
西夏区	1293	627	666	9	8	1
金凤区	876	431	445			
永宁县	373	182	191			
贺兰县	353	171	182	1	1	
灵武市	416	195	221			
石嘴山市	**2184**	**1058**	**1125**	**7**	**7**	
大武口区	1147	565	582	6	6	
惠农区	622	284	338	1	1	
平罗县	415	209	205			
吴忠市	**1863**	**917**	**945**	**2**	**2**	
利通区	868	426	442	1	1	
红寺堡区	117	58	59			
盐池县	172	85	87			
同心县	257	133	124			
青铜峡市	449	215	233			
固原市	**1168**	**581**	**587**	**5**	**4**	**1**
原州区	547	264	283	1	1	
西吉县	221	114	107	1		1
隆德县	171	83	88	1	1	
泾源县	74	39	35	1	1	
彭阳县	154	80	74	1	1	
中卫市	**1250**	**618**	**631**	**6**	**6**	
沙坡头区	665	326	339	2	2	
中宁县	381	188	192	3	3	
海原县	204	104	100			

9-5ab　续表　　　　　　　　　　　　　　　　　　　　　　　　　　　　单位：人

地　区	有配偶			离　婚			丧　偶		
	小计	男	女	小计	男	女	小计	男	女
全　区	**9528**	**5249**	**4279**	**171**	**84**	**87**	**2572**	**673**	**1899**
银川市	**4636**	**2555**	**2081**	**95**	**43**	**52**	**1093**	**249**	**844**
兴庆区	2016	1126	890	52	19	33	457	107	350
西夏区	1002	538	463	24	12	11	258	68	190
金凤区	741	407	334	9	7	2	126	17	108
永宁县	288	158	130	2	1	1	84	23	61
贺兰县	269	149	119	7	3	4	76	18	58
灵武市	321	176	144	2	2		93	16	77
石嘴山市	**1571**	**857**	**714**	**42**	**21**	**21**	**564**	**173**	**391**
大武口区	793	426	367	26	13	14	321	120	201
惠农区	448	244	204	10	5	5	163	33	130
平罗县	330	187	143	5	3	3	80	20	60
吴忠市	**1473**	**817**	**656**	**15**	**6**	**9**	**374**	**93**	**281**
利通区	693	384	309	7	4	3	166	37	129
红寺堡区	87	50	38	1		1	29	8	20
盐池县	128	71	57	1	1		42	13	30
同心县	218	125	93	1		1	37	8	29
青铜峡市	345	187	158	4	1	3	99	27	73
固原市	**916**	**501**	**415**	**6**	**3**	**3**	**241**	**73**	**168**
原州区	438	233	205	3	2	1	105	28	77
西吉县	182	101	81	1	1		37	12	25
隆德县	133	73	60	3	1	2	34	8	26
泾源县	53	31	22				21	7	13
彭阳县	109	62	47				44	17	27
中卫市	**932**	**518**	**414**	**13**	**11**	**3**	**299**	**84**	**214**
沙坡头区	500	277	223	7	6	1	157	41	116
中宁县	279	155	123	4	4	1	95	26	68
海原县	154	86	68	2	1	1	47	17	30

9–5a　各地区分性别、婚姻状况的60岁及以上老年人口(城市)

单位：人

地　区	合　计			未　婚		
	合计	男	女	小计	男	女
全　区	**8287**	**4036**	**4251**	**15**	**13**	**2**
银川市	**4651**	**2282**	**2368**	**4**	**2**	**2**
兴庆区	2366	1172	1194	2		2
西夏区	1236	599	638	2	2	
金凤区	827	409	417			
永宁县						
贺兰县	11	5	6			
灵武市	211	98	113			
石嘴山市	**1629**	**780**	**848**	**7**	**7**	
大武口区	1106	546	560	6	6	
惠农区	523	234	289	1	1	
平罗县						
吴忠市	**1079**	**526**	**553**	**1**	**1**	
利通区	710	353	357	1	1	
红寺堡区	100	50	50			
盐池县						
同心县						
青铜峡市	269	123	146			
固原市	**434**	**208**	**227**	**1**	**1**	
原州区	434	208	227	1	1	
西吉县						
隆德县						
泾源县						
彭阳县						
中卫市	**495**	**240**	**255**	**2**	**2**	
沙坡头区	495	240	255	2	2	
中宁县						
海原县						

9-5a 续表　　　　单位：人

地　区	有配偶			离　婚			丧　偶		
	小计	男	女	小计	男	女	小计	男	女
全　区	**6418**	**3518**	**2901**	**138**	**66**	**72**	**1716**	**439**	**1277**
银川市	**3743**	**2060**	**1683**	**83**	**38**	**46**	**820**	**182**	**638**
兴庆区	1897	1061	836	52	19	33	415	92	323
西夏区	972	521	451	21	11	10	241	65	176
金凤区	703	385	318	9	7	2	114	17	97
永宁县									
贺兰县	10	5	5				1		1
灵武市	161	89	72	1	1		49	8	41
石嘴山市	**1128**	**610**	**519**	**36**	**18**	**18**	**457**	**146**	**312**
大武口区	764	411	353	26	13	14	309	116	193
惠农区	364	199	165	10	5	5	148	29	119
平罗县									
吴忠市	**844**	**464**	**380**	**10**	**4**	**6**	**223**	**56**	**167**
利通区	567	315	252	6	3	3	136	33	102
红寺堡区	77	43	34	1		1	22	7	15
盐池县									
同心县									
青铜峡市	201	106	95	3	1	2	65	16	49
固原市	**340**	**181**	**159**	**3**	**2**	**1**	**91**	**24**	**67**
原州区	340	181	159	3	2	1	91	24	67
西吉县									
隆德县									
泾源县									
彭阳县									
中卫市	**363**	**202**	**161**	**5**	**4**	**1**	**125**	**32**	**93**
沙坡头区	363	202	161	5	4	1	125	32	93
中宁县									
海原县									

9−5b 各地区分性别、婚姻状况的60岁及以上老年人口(镇)

单位：人

地 区	合 计			未 婚		
	合计	男	女	小计	男	女
全 区	**4014**	**1996**	**2018**	**16**	**13**	**2**
银川市	**1186**	**574**	**611**	**8**	**6**	**1**
兴庆区	161	80	81			
西夏区	56	28	28	7	6	1
金凤区	49	22	27			
永宁县	373	182	191			
贺兰县	342	166	177	1	1	
灵武市	204	97	108			
石嘴山市	**555**	**278**	**277**			
大武口区	41	19	22			
惠农区	99	50	50			
平罗县	415	209	205			
吴忠市	**784**	**392**	**392**			
利通区	158	73	84			
红寺堡区	17	8	9			
盐池县	172	85	87			
同心县	257	133	124			
青铜峡市	180	92	88			
固原市	**734**	**374**	**361**	**4**	**3**	**1**
原州区	113	56	57			
西吉县	221	114	107	1		1
隆德县	171	83	88	1	1	
泾源县	74	39	35	1	1	
彭阳县	154	80	74	1	1	
中卫市	**755**	**379**	**377**	**4**	**4**	
沙坡头区	171	86	85	1	1	
中宁县	381	188	192	3	3	
海原县	204	104	100			

9-5b 续表 单位：人

地 区	有配偶			离 婚			丧 偶		
	小计	男	女	小计	男	女	小计	男	女
全 区	**3110**	**1731**	**1378**	**33**	**18**	**15**	**856**	**234**	**622**
银川市	**893**	**495**	**398**	**12**	**6**	**6**	**273**	**67**	**206**
兴庆区	119	65	54				42	15	27
西夏区	30	18	12	2	1	1	17	3	14
金凤区	38	22	16				11		11
永宁县	288	158	130	2	1	1	84	23	61
贺兰县	259	144	114	7	3	4	76	18	58
灵武市	160	88	72	1	1		44	8	36
石嘴山市	**443**	**248**	**195**	**5**	**3**	**3**	**107**	**28**	**79**
大武口区	29	15	13				12	4	8
惠农区	84	45	39				15	4	11
平罗县	330	187	143	5	3	3	80	20	60
吴忠市	**628**	**353**	**275**	**4**	**2**	**2**	**151**	**36**	**115**
利通区	126	69	57	1	1		30	3	27
红寺堡区	11	7	4				7	1	5
盐池县	128	71	57	1	1		42	13	30
同心县	218	125	93	1		1	37	8	29
青铜峡市	145	81	63	1		1	34	11	23
固原市	**576**	**320**	**256**	**3**	**1**	**2**	**150**	**49**	**101**
原州区	99	52	46				15	4	10
西吉县	182	101	81	1	1		37	12	25
隆德县	133	73	60	3	1	2	34	8	26
泾源县	53	31	22				21	7	13
彭阳县	109	62	47				44	17	27
中卫市	**569**	**315**	**253**	**8**	**6**	**2**	**174**	**53**	**121**
沙坡头区	136	74	62	2	2		32	9	23
中宁县	279	155	123	4	4	1	95	26	68
海原县	154	86	68	2	1	1	47	17	30

9-5c 各地区分性别、婚姻状况的60岁及以上老年人口(乡村)

单位：人

地　区	合　计			未　婚		
	合计	男	女	小计	男	女
全　区	**11537**	**5658**	**5879**	**42**	**41**	**1**
银川市	**2061**	**1019**	**1042**	**3**	**3**	
兴庆区	155	86	69			
西夏区	99	55	44			
金凤区	82	52	30			
永宁县	626	291	335	2	2	
贺兰县	625	303	322	1	1	
灵武市	473	232	241			
石嘴山市	**931**	**457**	**475**	**4**	**4**	
大武口区	55	28	26			
惠农区	175	84	91	1	1	
平罗县	702	345	358	3	3	
吴忠市	**2943**	**1443**	**1501**	**8**	**7**	**1**
利通区	629	293	336	1	1	
红寺堡区	341	168	173	3	2	1
盐池县	620	320	299			
同心县	532	259	274			
青铜峡市	821	402	419	4	4	
固原市	**3128**	**1535**	**1593**	**24**	**24**	**1**
原州区	826	404	422	5	5	
西吉县	969	480	490	5	5	
隆德县	568	272	297	7	7	
泾源县	302	146	156	4	4	1
彭阳县	462	234	228	2	2	
中卫市	**2474**	**1205**	**1269**	**3**	**3**	
沙坡头区	716	334	382	1	1	
中宁县	725	356	369			
海原县	1032	514	518	2	2	

9-5c 续表 单位：人

地区	有配偶			离婚			丧偶		
	小计	男	女	小计	男	女	小计	男	女
全 区	**8744**	**4837**	**3907**	**57**	**30**	**28**	**2693**	**750**	**1943**
银川市	**1553**	**878**	**675**	**16**	**10**	**5**	**488**	**127**	**361**
兴庆区	126	70	56	1	1		28	15	13
西夏区	78	45	33	1	1		20	9	11
金凤区	60	42	18	1	1		21	9	12
永宁县	450	251	199	1		1	173	37	136
贺兰县	474	263	212	11	7	4	139	32	106
灵武市	365	207	158				107	24	83
石嘴山市	**693**	**396**	**298**	**6**	**4**	**2**	**228**	**53**	**175**
大武口区	35	23	12	1	1		18	4	14
惠农区	125	71	54	3	2	1	45	10	36
平罗县	533	302	231	2	1	1	164	39	125
吴忠市	**2287**	**1259**	**1028**	**14**	**5**	**9**	**635**	**172**	**463**
利通区	492	263	229	3		3	133	29	104
红寺堡区	256	140	116				82	26	56
盐池县	526	285	241				93	35	58
同心县	421	233	189	1		1	110	26	84
青铜峡市	592	339	253	10	5	5	216	55	161
固原市	**2289**	**1259**	**1031**	**14**	**6**	**9**	**800**	**247**	**553**
原州区	630	346	284	5	1	4	186	52	134
西吉县	732	396	336	2	1	1	230	77	152
隆德县	390	222	168	4	2	3	167	41	126
泾源县	205	111	94	2	1	1	91	30	61
彭阳县	332	184	148	2	1	1	126	47	79
中卫市	**1921**	**1046**	**875**	**8**	**5**	**3**	**542**	**151**	**391**
沙坡头区	525	288	237	3	1	2	188	45	143
中宁县	571	316	255	1	1		153	39	114
海原县	825	442	383	4	3	1	201	67	134

9-6 全区分年龄、性别、婚姻状况的60岁及以上老年人口

单位：人

年 龄	合 计			未 婚		
	合计	男	女	小计	男	女
总 计	**23838**	**11690**	**12148**	**73**	**67**	**5**
60–64	**8569**	**4288**	**4281**	**35**	**32**	**2**
60	2002	986	1016	7	6	1
61	1905	971	934	8	8	
62	1648	831	817	8	6	2
63	1661	793	868	5	5	
64	1353	707	646	7	7	
65–69	**5786**	**2823**	**2963**	**19**	**18**	**1**
65	1441	742	699	5	4	1
66	1397	684	713	5	5	
67	970	451	520	5	5	
68	1015	484	531	2	2	
69	964	462	501	2	2	
70–74	**4350**	**2108**	**2243**	**6**	**5**	**1**
70	957	456	501	2	2	
71	935	459	477			
72	921	452	469	1	1	1
73	830	402	428			
74	707	339	368	2	2	
75–79	**2973**	**1441**	**1532**	**8**	**7**	**1**
75	727	353	374	1	1	
76	622	304	317	2	1	1
77	645	316	329	1	1	
78	486	225	261	2	2	
79	493	244	250	2	2	
80–84	**1521**	**729**	**792**	**3**	**3**	
80	414	182	233			
81	344	160	184	1	1	
82	315	149	166	2	2	
83	271	150	121	1	1	
84	177	88	89			
85–89	**480**	**227**	**253**	**3**	**2**	**1**
85	177	83	94	2		1
86	85	40	45			
87	96	48	48	1	1	
88	71	28	43			
89	51	29	23			
90–94	**135**	**64**	**71**			
90	50	22	27			
91	35	16	19			
92	25	13	12			
93	15	8	7			
94	11	5	6			
95–99	**22**	**10**	**13**			
95	7	4	3			
96	5	3	2			
97	5	2	3			
98	5	1	5			
99						
100及以上	**1**		**1**			

9-6 续表

单位：人

年 龄	有配偶			离 婚			丧 偶		
	小计	男	女	小计	男	女	小计	男	女
总 计	**18272**	**10086**	**8186**	**228**	**114**	**115**	**5265**	**1423**	**3842**
60–64	**7642**	**3995**	**3647**	**109**	**57**	**52**	**784**	**204**	**579**
60	1830	932	898	25	13	12	140	34	106
61	1718	901	817	30	16	15	148	46	102
62	1480	776	703	17	10	7	143	39	104
63	1450	735	716	20	10	10	186	43	142
64	1163	651	513	17	8	8	167	42	125
65–69	**4814**	**2553**	**2261**	**51**	**23**	**27**	**903**	**229**	**674**
65	1245	680	565	15	5	10	177	53	124
66	1182	627	555	10	2	8	199	50	150
67	801	404	397	14	7	6	151	35	116
68	802	427	375	5	2	3	206	53	153
69	784	414	370	7	7		170	39	131
70–74	**3168**	**1807**	**1360**	**29**	**19**	**11**	**1148**	**276**	**871**
70	718	397	321	5	3	1	232	53	178
71	716	401	315	6	3	3	213	55	159
72	675	397	278	5	4	1	240	51	189
73	581	336	245	9	7	2	239	59	181
74	478	277	200	5	2	3	223	58	165
75–79	**1775**	**1108**	**667**	**25**	**10**	**16**	**1165**	**317**	**848**
75	486	291	195	5	2	3	235	59	176
76	354	226	128	5	2	3	262	76	186
77	394	240	154	9	4	5	242	71	171
78	278	172	106	4	1	3	203	51	152
79	265	180	85	3	1	2	224	61	163
80–84	**661**	**463**	**199**	**3**	**1**	**2**	**853**	**262**	**592**
80	197	123	74	1		1	217	59	158
81	140	99	40				203	59	144
82	125	93	32				188	54	134
83	120	95	25	2	1	1	148	54	94
84	80	53	27				97	35	62
85–89	**175**	**132**	**43**	**9**	**3**	**5**	**293**	**90**	**203**
85	66	48	18	4	1	3	105	33	71
86	34	27	7	3	1	2	49	12	37
87	39	30	9	2	1	1	54	16	38
88	20	14	6	1	1		50	13	37
89	16	13	3				35	16	20
90–94	**32**	**23**	**9**	**1**		**1**	**102**	**40**	**61**
90	10	7	4				39	16	24
91	8	5	3				27	11	16
92	8	7	1	1		1	16	5	10
93	1	1					13	6	7
94	4	3	1				6	2	4
95–99	**4**	**4**		**1**	**1**	**1**	**17**	**5**	**12**
95	2	2		1	1		4	2	3
96	3	3					2		2
97				1		1	5	2	3
98							5	1	5
99									
100及以上							**1**		**1**

9-6ab 全区分年龄、性别、婚姻状况的60岁及以上老年人口(城镇)

单位：人

年　龄	合　计			未　婚		
	合计	男	女	小计	男	女
总　计	**12301**	**6032**	**6269**	**31**	**26**	**4**
60–64	**4432**	**2194**	**2238**	**13**	**10**	**2**
60	999	489	510	5	4	1
61	1033	492	541	4	4	
62	842	455	387	2		2
63	843	386	457	1	1	
64	714	371	343	1	1	
65–69	**2939**	**1408**	**1531**	**6**	**6**	**1**
65	752	375	377	1	1	1
66	682	330	352	1	1	
67	505	248	258	1	1	
68	525	235	290			
69	475	220	255	2	2	
70–74	**2192**	**1063**	**1129**	**2**	**2**	
70	440	221	220	1	1	
71	463	223	240			
72	455	220	236			
73	440	197	244			
74	393	203	190	2	2	
75–79	**1580**	**774**	**806**	**5**	**5**	
75	399	207	191			
76	319	151	168	1	1	
77	330	161	170			
78	273	124	149	2	2	
79	259	131	128	2	2	
80–84	**821**	**421**	**401**	**2**	**2**	
80	222	102	121			
81	175	79	96			
82	168	90	78	1	1	
83	161	97	64	1	1	
84	95	53	43			
85–89	**241**	**125**	**116**	**2**	**1**	**1**
85	87	51	37	1		1
86	41	22	19			
87	45	24	21	1	1	
88	40	17	23			
89	28	12	15			
90–94	**82**	**44**	**38**			
90	32	18	14			
91	17	10	8			
92	14	7	7			
93	12	7	5			
94	7	3	4			
95–99	**13**	**4**	**9**			
95	4	1	3			
96	2	2				
97	3		3			
98	3		3			
99						
100及以上	**1**		**1**			

9−6ab　续表　　　　　　　　　　　　　　　　　　　　　　　　　单位：人

年　龄	有配偶			离　婚			丧　偶		
	小计	男	女	小计	男	女	小计	男	女
总　计	**9528**	**5249**	**4279**	**171**	**84**	**87**	**2572**	**673**	**1899**
60−64	**3958**	**2050**	**1908**	**87**	**44**	**44**	**374**	**90**	**284**
60	911	464	447	20	10	11	63	11	52
61	921	453	468	20	11	9	88	24	64
62	755	423	332	15	9	6	70	23	48
63	732	354	378	19	9	10	92	23	69
64	639	356	283	13	5	8	61	8	52
65−69	**2442**	**1281**	**1161**	**40**	**19**	**21**	**450**	**102**	**348**
65	649	346	304	11	4	7	90	25	65
66	589	306	282	6	1	5	87	22	64
67	420	225	195	11	6	5	73	16	57
68	406	208	197	5	2	3	114	25	89
69	378	196	183	7	7		88	15	73
70−74	**1613**	**930**	**683**	**20**	**12**	**8**	**556**	**118**	**438**
70	348	199	149	2	2		89	19	70
71	349	196	153	6	3	3	108	23	85
72	339	202	137	4	2	1	113	16	98
73	313	166	148	6	4	2	121	27	94
74	264	167	97	3	1	2	124	33	91
75−79	**987**	**616**	**371**	**15**	**5**	**9**	**573**	**148**	**425**
75	281	177	104	4	2	2	114	28	85
76	189	116	73	1	1	1	128	34	94
77	205	123	83	5	2	3	121	36	84
78	163	100	63	3	1	2	105	21	84
79	149	100	48	2		2	106	29	78
80−84	**406**	**276**	**130**	**3**	**1**	**2**	**411**	**142**	**269**
80	117	69	48	1		1	105	33	72
81	80	52	29				94	27	67
82	76	57	19				91	32	59
83	83	63	19	2	1	1	75	32	43
84	50	35	15				45	18	28
85−89	**97**	**77**	**21**	**3**	**2**	**2**	**138**	**46**	**92**
85	39	29	9	2	1	1	46	21	25
86	20	17	2				21	4	17
87	19	15	4	1		1	24	8	16
88	12	9	3	1	1		27	8	20
89	8	6	2				20	6	14
90−94	**21**	**17**	**4**	**1**		**1**	**60**	**26**	**33**
90	7	6	1				25	12	13
91	5	4	1				13	6	7
92	6	5	1	1		1	7	2	5
93	1	1					11	5	5
94	3	1	1				4	1	3
95−99	**3**	**3**		**1**	**1**	**1**	**8**		**8**
95	1	1		1	1		3		3
96	2	2							
97				1		1	3		3
98							3		3
99									
100及以上							**1**		**1**

9-6a 全区分年龄、性别、婚姻状况的60岁及以上老年人口(城市)

单位：人

年龄	合计			未婚		
	合计	男	女	小计	男	女
总计	**8287**	**4036**	**4251**	**15**	**13**	**2**
60-64	**2883**	**1404**	**1480**	**7**	**5**	**2**
60	627	304	323	3	3	
61	700	329	371	1	1	
62	535	292	243	2		2
63	548	244	305	1	1	
64	472	235	237	1	1	
65-69	**1967**	**950**	**1017**	**3**	**3**	
65	498	247	251			
66	462	227	235			
67	350	177	173	1	1	
68	343	160	183			
69	314	139	175	2	2	
70-74	**1465**	**695**	**770**	**2**	**2**	
70	270	133	137	1	1	
71	295	140	155			
72	304	141	163			
73	311	135	176			
74	284	145	139	2	2	
75-79	**1121**	**545**	**576**	**2**	**2**	
75	271	139	132			
76	225	107	118	1	1	
77	235	114	122			
78	190	88	102			
79	200	98	102	1	1	
80-84	**605**	**314**	**291**			
80	154	72	82			
81	139	62	78			
82	121	66	56			
83	124	73	50			
84	67	41	26			
85-89	**179**	**95**	**84**			
85	66	39	27			
86	32	18	14			
87	34	16	17			
88	27	12	16			
89	21	9	11			
90-94	**59**	**32**	**27**			
90	25	14	11			
91	15	8	7			
92	5	3	2			
93	9	5	4			
94	5	2	4			
95-99	**7**	**2**	**5**			
95	1	1				
96	1	1				
97	3		3			
98	1		1			
99						
100及以上						

9-6a 续表 单位：人

年 龄	有配偶			离 婚			丧 偶		
	小计	男	女	小计	男	女	小计	男	女
总 计	**6418**	**3518**	**2901**	**138**	**66**	**72**	**1716**	**439**	**1277**
60—64	**2559**	**1306**	**1253**	**68**	**32**	**36**	**249**	**60**	**189**
60	574	289	285	16	6	10	34	6	29
61	614	301	313	17	10	7	69	18	51
62	476	270	206	13	7	6	45	16	29
63	479	220	259	14	6	7	55	17	38
64	417	226	190	9	4	6	46	4	41
65—69	**1643**	**869**	**774**	**34**	**16**	**18**	**286**	**61**	**225**
65	429	226	203	10	3	7	59	18	41
66	398	212	186	5		5	59	15	44
67	297	163	134	9	6	3	43	7	35
68	271	146	125	5	2	3	66	12	54
69	247	122	125	6	6		59	8	50
70—74	**1084**	**617**	**467**	**18**	**10**	**8**	**361**	**65**	**295**
70	218	124	95	1	1		50	8	42
71	223	125	98	5	3	3	67	13	54
72	224	130	94	4	2	1	76	9	68
73	223	115	108	6	4	2	83	17	66
74	196	123	72	3	1	2	84	19	65
75—79	**716**	**438**	**278**	**11**	**5**	**6**	**392**	**101**	**291**
75	194	118	75	3	2	1	75	19	56
76	127	79	49	1		1	96	27	69
77	152	89	63	4	2	2	79	23	56
78	122	74	48	3	1	2	66	13	52
79	121	78	43	1		1	77	19	58
80—84	**318**	**211**	**107**	**2**	**1**	**1**	**285**	**102**	**183**
80	85	49	36				69	23	46
81	65	40	25				75	22	52
82	59	44	15				62	21	41
83	66	48	18	2	1	1	55	24	31
84	43	30	13				24	11	13
85—89	**80**	**62**	**18**	**3**	**2**	**2**	**96**	**32**	**65**
85	33	25	8	2	1	1	31	14	18
86	16	14	2				16	4	12
87	15	11	3	1		1	18	5	13
88	10	6	3	1	1		17	5	12
89	7	6	1				14	4	10
90—94	**17**	**14**	**3**				**42**	**18**	**24**
90	6	5	1				19	9	9
91	5	4	1				10	4	6
92	3	3					3	1	2
93	1	1					7	3	4
94	2	1	1				3	1	3
95—99	**2**	**2**		**1**		**1**	**4**		**4**
95	1	1							
96	1	1							
97				1		1	3		3
98							1		1
99									
100及以上									

9−6b　全区分年龄、性别、婚姻状况的60岁及以上老年人口(镇)

单位：人

年　龄	合　计			未　婚		
	合计	男	女	小计	男	女
总　计	**4014**	**1996**	**2018**	**16**	**13**	**2**
60−64	**1549**	**791**	**758**	**6**	**5**	**1**
60	372	185	187	2	1	1
61	333	164	169	3	3	
62	307	163	144			
63	295	143	152			
64	242	136	105	1	1	
65−69	**972**	**459**	**514**	**3**	**2**	**1**
65	254	128	126	1	1	1
66	220	104	117	1	1	
67	155	71	85			
68	182	75	107			
69	161	81	80			
70−74	**727**	**368**	**359**			
70	170	87	83			
71	169	83	86			
72	151	78	73			
73	129	62	67			
74	108	58	50			
75−79	**459**	**229**	**230**	**3**	**3**	
75	128	69	59			
76	94	44	50			
77	95	47	48			
78	83	36	47	2	2	
79	59	33	26	1	1	
80−84	**216**	**107**	**109**	**2**	**2**	
80	68	29	39			
81	36	17	18			
82	47	25	22	1	1	
83	37	24	13	1	1	
84	29	12	17			
85−89	**61**	**30**	**31**	**2**	**1**	**1**
85	22	12	10	1		1
86	9	3	5			
87	11	7	4	1	1	
88	13	5	7			
89	7	3	4			
90−94	**23**	**12**	**11**			
90	7	3	4			
91	3	2	1			
92	9	3	5			
93	3	2	1			
94	1	1				
95−99	**6**	**2**	**4**			
95	3	1	3			
96	1	1				
97						
98	2		2			
99						
100及以上	**1**		**1**			

9-6b 续表

单位：人

年 龄	有配偶			离 婚			丧 偶		
	小计	男	女	小计	男	女	小计	男	女
总 计	**3110**	**1731**	**1378**	**33**	**18**	**15**	**856**	**234**	**622**
60–64	**1399**	**744**	**655**	**19**	**11**	**8**	**125**	**30**	**95**
60	337	175	162	4	3	1	28	5	23
61	307	153	154	4	1	2	19	7	13
62	279	153	126	2	2		25	7	18
63	253	134	119	5	2	3	37	7	31
64	223	130	93	4	2	2	15	4	11
65–69	**800**	**412**	**388**	**6**	**3**	**3**	**164**	**41**	**123**
65	220	120	100	1	1		31	6	25
66	191	95	96	1	1	1	27	7	20
67	123	62	61	2		2	30	8	22
68	135	62	72				47	13	34
69	131	73	58	1	1		29	7	22
70–74	**529**	**313**	**216**	**2**	**2**		**196**	**53**	**143**
70	130	75	55	1	1		39	11	28
71	127	72	55	1	1		41	10	31
72	114	72	43				37	7	30
73	90	51	40				39	11	28
74	68	44	24				40	14	26
75–79	**271**	**178**	**93**	**4**	**1**	**3**	**181**	**47**	**134**
75	88	59	28	1		1	39	9	30
76	62	37	25	1	1		32	7	25
77	53	34	19	1		1	41	13	28
78	41	26	15				40	8	31
79	27	22	5	1		1	29	10	20
80–84	**87**	**65**	**23**	**1**		**1**	**126**	**40**	**86**
80	32	20	12	1		1	36	9	26
81	16	12	4				20	5	15
82	17	12	4				29	11	18
83	17	15	2				20	8	12
84	7	5	2				21	6	15
85–89	**18**	**15**	**3**				**41**	**14**	**27**
85	6	5	2				14	7	7
86	3	3					5		5
87	4	4	1				6	3	3
88	3	3					10	3	7
89	1	1	1				6	2	4
90–94	**4**	**3**	**1**	**1**		**1**	**18**	**8**	**9**
90	1	1					6	2	4
91							3	2	1
92	3	2	1	1		1	5	1	4
93							3	2	1
94	1	1					1	1	
95–99	**1**	**1**		**1**	**1**		**4**		**4**
95				1	1		3		3
96	1	1							
97									
98							2		2
99									
100及以上							**1**		**1**

9-6c 全区分年龄、性别、婚姻状况的60岁及以上老年人口(乡村)

单位：人

年 龄	合 计			未 婚		
	合计	男	女	小计	男	女
总 计	**11537**	**5658**	**5879**	**42**	**41**	**1**
60-64	**4137**	**2094**	**2043**	**22**	**22**	
60	1003	497	506	2	2	
61	872	478	393	5	5	
62	805	376	429	6	6	
63	818	406	411	4	4	
64	639	336	303	5	5	
65-69	**2847**	**1415**	**1431**	**12**	**12**	
65	689	367	322	4	4	
66	714	354	361	4	4	
67	465	203	262	3	3	
68	490	249	241	2	2	
69	488	242	246			
70-74	**2158**	**1045**	**1114**	**3**	**3**	**1**
70	516	236	281	2	2	
71	472	236	236			
72	466	232	233	1	1	1
73	389	205	184			
74	315	136	179			
75-79	**1393**	**667**	**726**	**3**	**2**	**1**
75	328	145	183	1	1	
76	302	153	149	1		1
77	315	155	160	1	1	
78	213	101	112			
79	235	113	122			
80-84	**700**	**308**	**391**	**2**	**2**	
80	192	80	112			
81	169	81	88	1	1	
82	147	59	88	1	1	
83	110	53	57			
84	82	35	46			
85-89	**239**	**102**	**137**			
85	89	32	57			
86	44	19	26			
87	51	24	27			
88	31	11	20			
89	24	17	7			
90-94	**53**	**20**	**33**			
90	18	5	13			
91	17	7	11			
92	11	6	5			
93	3	1	2			
94	4	2	2			
95-99	**10**	**6**	**4**			
95	3	3				
96	3	1	2			
97	2	2				
98	3	1	2			
99						
100及以上						

9-6c 续表 单位：人

年龄	有配偶			离婚			丧偶		
	小计	男	女	小计	男	女	小计	男	女
总计	**8744**	**4837**	**3907**	**57**	**30**	**28**	**2693**	**750**	**1943**
60-64	**3684**	**1945**	**1739**	**21**	**13**	**8**	**410**	**114**	**295**
60	919	468	451	5	4	1	77	23	54
61	797	448	350	10	4	6	60	22	38
62	725	353	371	2	1	1	73	16	57
63	719	381	338	1	1		94	20	73
64	524	295	229	4	3	1	106	33	73
65-69	**2372**	**1272**	**1100**	**10**	**4**	**6**	**452**	**127**	**325**
65	596	335	261	3	1	2	87	28	58
66	594	321	273	5	2	3	112	27	85
67	381	179	202	3	1	1	79	19	59
68	396	219	177				92	28	64
69	406	219	187				82	24	59
70-74	**1555**	**878**	**677**	**9**	**6**	**3**	**592**	**158**	**434**
70	370	198	172	2	1	1	142	34	108
71	367	204	162				106	31	74
72	336	195	141	1	1		127	36	91
73	268	170	98	3	3		118	31	87
74	214	110	104	2	1	1	99	25	73
75-79	**788**	**492**	**296**	**11**	**4**	**6**	**592**	**168**	**423**
75	204	113	91	1		1	121	30	91
76	165	110	54	3	1	2	134	42	92
77	189	117	71	4	2	2	121	34	87
78	115	72	43	1		1	98	29	68
79	116	79	37	1	1		118	32	85
80-84	**256**	**187**	**68**				**443**	**120**	**323**
80	80	54	26				112	26	86
81	59	48	11				109	32	77
82	49	36	13				97	22	75
83	37	31	6				73	22	51
84	30	18	12				52	18	34
85-89	**78**	**55**	**23**	**5**	**2**	**4**	**155**	**44**	**111**
85	28	19	9	2		2	59	12	46
86	14	9	5	3	1	2	28	8	20
87	20	15	6	1	1		30	9	21
88	8	6	2				23	5	18
89	8	7	1				16	10	6
90-94	**11**	**6**	**4**	**1**		**1**	**42**	**14**	**28**
90	3	1	2				14	4	11
91	3	1	2				14	5	9
92	2	2		1		1	8	4	5
93							3	1	2
94	2	2					2		2
95-99	**2**	**2**					**8**	**5**	**4**
95	1	1					2	2	
96	1	1					2		2
97							2	2	
98							3	1	2
99									
100及以上									

9-7 各地区分性别、受教育程度的60岁及以上老年人口

单位：人

地　区	60岁及以上人口			未上过学			小　学		
	合计	男	女	小计	男	女	小计	男	女
全　区	**23893**	**11720**	**12174**	**8477**	**2741**	**5736**	**9052**	**4784**	**4268**
银川市	**7905**	**3878**	**4027**	**1514**	**477**	**1037**	**2850**	**1286**	**1564**
兴庆区	2684	1338	1346	338	111	227	706	297	409
西夏区	1391	681	710	88	13	75	524	206	318
金凤区	958	483	475	138	50	88	231	94	137
永宁县	1003	474	529	324	102	222	498	244	255
贺兰县	978	474	504	263	79	184	524	256	268
灵武市	890	427	463	362	122	240	367	190	178
石嘴山市	**3123**	**1519**	**1604**	**836**	**266**	**570**	**1386**	**664**	**722**
大武口区	1203	594	608	282	108	173	471	205	266
惠农区	798	368	430	144	36	108	412	185	228
平罗县	1123	557	566	410	122	288	502	274	228
吴忠市	**4809**	**2362**	**2448**	**2082**	**669**	**1413**	**1848**	**1032**	**816**
利通区	1497	720	778	680	224	456	466	256	209
红寺堡区	458	226	232	216	76	140	211	122	89
盐池县	795	407	388	305	93	212	382	223	158
同心县	789	392	397	336	104	231	355	197	158
青铜峡市	1270	617	652	545	171	373	436	234	202
固原市	**4315**	**2127**	**2188**	**2211**	**736**	**1475**	**1659**	**1030**	**629**
原州区	1376	669	706	644	210	434	527	310	217
西吉县	1203	601	602	603	224	379	500	292	209
隆德县	743	357	385	331	85	246	341	210	131
泾源县	376	185	191	271	108	163	85	59	26
彭阳县	617	314	302	363	109	253	205	159	46
中卫市	**3741**	**1834**	**1907**	**1834**	**593**	**1241**	**1309**	**772**	**537**
沙坡头区	1395	669	727	568	148	420	506	271	235
中宁县	1109	545	563	445	133	313	459	259	200
海原县	1237	619	618	822	313	509	343	241	102

9-7 续表 1

单位：人

地　区	初　中			普通高中			中　职		
	小计	男	女	小计	男	女	小计	男	女
全　区	**4069**	**2656**	**1412**	**821**	**528**	**293**	**623**	**377**	**246**
银川市	**2023**	**1167**	**856**	**514**	**301**	**212**	**356**	**193**	**163**
兴庆区	880	474	406	271	151	120	153	69	84
西夏区	527	300	227	90	52	38	72	45	26
金凤区	233	127	106	92	48	44	78	44	34
永宁县	117	84	33	20	17	3	31	17	14
贺兰县	153	108	45	20	15	4	7	6	1
灵武市	113	73	39	21	18	3	15	12	3
石嘴山市	**631**	**411**	**221**	**125**	**77**	**48**	**80**	**49**	**31**
大武口区	307	187	120	56	35	22	46	27	19
惠农区	167	103	64	42	23	19	20	12	8
平罗县	158	121	36	27	20	7	15	11	4
吴忠市	**663**	**489**	**174**	**78**	**63**	**15**	**72**	**46**	**26**
利通区	254	167	87	38	30	8	35	17	17
红寺堡区	21	20	1	3	2	1	6	6	
盐池县	85	70	16	8	8		4	4	
同心县	62	55	7	11	11		10	9	1
青铜峡市	240	178	62	18	12	6	17	10	7
固原市	**290**	**236**	**55**	**43**	**34**	**9**	**68**	**52**	**15**
原州区	133	96	37	16	13	3	36	24	12
西吉县	59	51	8	10	7	3	22	19	3
隆德县	47	39	8	8	8	1	6	6	
泾源县	13	12		3	2	1	3	2	
彭阳县	39	37	1	6	5	1	1	1	
中卫市	**461**	**354**	**107**	**61**	**53**	**8**	**47**	**37**	**11**
沙坡头区	235	179	56	39	33	7	28	21	7
中宁县	173	128	45	16	14	2	9	6	3
海原县	53	46	6	6	6		11	10	1

9-7 续表 2

单位：人

地 区	大学专科			大学本科			研究生及以上		
	小计	男	女	小计	男	女	小计	男	女
全 区	**568**	**421**	**148**	**277**	**206**	**71**	**7**	**6**	**1**
银川市	**420**	**291**	**130**	**221**	**157**	**65**	**7**	**6**	**1**
兴庆区	203	143	60	130	89	41	4	4	
西夏区	54	37	17	37	28	9			
金凤区	136	86	50	46	32	14	3	2	1
永宁县	11	10	1	2	1	1			
贺兰县	8	6	1	3	3				
灵武市	9	9		3	3				
石嘴山市	**42**	**34**	**8**	**23**	**18**	**5**			
大武口区	27	23	5	14	11	3			
惠农区	7	6	1	5	4	1			
平罗县	8	6	2	3	3	1			
吴忠市	**51**	**47**	**3**	**15**	**15**				
利通区	15	15		10	10				
红寺堡区									
盐池县	9	8	1	2	2				
同心县	14	14		3	3				
青铜峡市	13	11	2	1	1				
固原市	**33**	**29**	**4**	**10**	**10**				
原州区	12	9	3	7	7				
西吉县	9	8	1	1	1				
隆德县	8	8		2	2				
泾源县	1	1							
彭阳县	3	2	1	1	1				
中卫市	**22**	**20**	**2**	**7**	**6**	**1**			
沙坡头区	15	13	2	5	5				
中宁县	5	5		1	1	1			
海原县	2	2		1	1				

9-7ab 各地区分性别、受教育程度的60岁及以上老年人口(城镇)

单位：人

地区	60岁及以上人口			未上过学			小学		
	合计	男	女	小计	男	女	小计	男	女
全区	**12313**	**6037**	**6276**	**2484**	**707**	**1777**	**4447**	**1979**	**2468**
银川市	**5842**	**2858**	**2984**	**724**	**199**	**525**	**1775**	**708**	**1067**
兴庆区	2529	1252	1277	266	82	184	631	248	383
西夏区	1293	627	666	82	10	72	436	160	276
金凤区	876	431	445	86	21	65	207	76	131
永宁县	377	183	194	107	36	71	142	63	79
贺兰县	353	171	182	62	13	49	181	83	98
灵武市	416	195	221	121	37	84	179	79	100
石嘴山市	**2186**	**1059**	**1127**	**421**	**138**	**283**	**964**	**416**	**548**
大武口区	1148	566	582	250	96	154	454	195	260
惠农区	623	284	339	86	21	65	323	137	186
平罗县	415	209	205	85	21	64	187	85	102
吴忠市	**1866**	**919**	**947**	**587**	**173**	**413**	**710**	**346**	**364**
利通区	868	426	442	313	104	209	267	132	135
红寺堡区	117	58	59	22	4	18	77	36	40
盐池县	176	87	89	44	7	37	91	47	44
同心县	257	133	124	76	20	56	128	67	60
青铜峡市	449	215	233	132	39	93	148	64	84
固原市	**1168**	**581**	**587**	**366**	**102**	**264**	**517**	**264**	**253**
原州区	547	264	283	134	31	103	251	122	129
西吉县	221	114	107	47	11	36	120	60	60
隆德县	171	83	88	64	15	49	70	34	35
泾源县	74	39	35	44	22	22	20	9	11
彭阳县	154	80	74	78	23	55	55	38	17
中卫市	**1250**	**619**	**631**	**385**	**95**	**290**	**481**	**244**	**237**
沙坡头区	666	327	339	191	43	148	246	118	128
中宁县	381	188	192	91	22	69	170	81	89
海原县	204	104	100	103	29	74	65	45	20

9-7ab 续表 1

单位：人

地区	初中			普通高中			中职		
	小计	男	女	小计	男	女	小计	男	女
全区	**3237**	**1955**	**1283**	**740**	**453**	**287**	**579**	**335**	**244**
银川市	**1848**	**1026**	**822**	**496**	**284**	**212**	**353**	**191**	**162**
兴庆区	874	469	406	268	148	120	153	69	84
西夏区	522	295	227	90	52	38	72	45	26
金凤区	230	125	105	90	46	44	78	44	34
永宁县	69	44	25	19	16	3	30	17	13
贺兰县	77	48	28	15	11	4	7	6	1
灵武市	77	46	31	14	11	3	13	10	3
石嘴山市	**546**	**340**	**206**	**112**	**66**	**45**	**79**	**48**	**31**
大武口区	302	182	120	56	35	22	45	26	19
惠农区	144	85	59	38	20	18	19	11	8
平罗县	100	72	28	17	12	5	15	11	4
吴忠市	**392**	**263**	**128**	**61**	**48**	**14**	**61**	**36**	**26**
利通区	200	127	72	32	24	8	33	16	17
红寺堡区	12	12		3	1	1	4	4	
盐池县	19	14	5	6	6		4	4	
同心县	32	26	6	7	7		5	4	1
青铜峡市	129	85	44	13	9	4	15	8	7
固原市	**163**	**121**	**42**	**31**	**23**	**8**	**51**	**36**	**15**
原州区	93	60	33	14	11	3	35	23	12
西吉县	31	26	5	6	4	3	10	7	3
隆德县	19	16	3	5	5	1	3	3	
泾源县	5	4		1	1		2	2	
彭阳县	14	13	1	4	2	1	1	1	
中卫市	**288**	**205**	**84**	**39**	**32**	**7**	**34**	**25**	**9**
沙坡头区	164	116	48	30	23	7	22	15	7
中宁县	98	67	31	8	7	1	8	6	2
海原县	26	21	5	2	2		5	4	1

9–7ab 续表 2

单位：人

地 区	大学专科			大学本科			研究生及以上		
	小计	男	女	小计	男	女	小计	男	女
全 区	**546**	**399**	**146**	**274**	**203**	**71**	**7**	**6**	**1**
银川市	**417**	**288**	**130**	**221**	**157**	**65**	**7**	**6**	**1**
兴庆区	203	143	60	130	89	41	4	4	
西夏区	54	37	17	37	28	9			
金凤区	136	86	50	46	32	14	3	2	1
永宁县	9	8	1	2	1	1			
贺兰县	8	6	1	3	3				
灵武市	8	8		3	3				
石嘴山市	**42**	**34**	**8**	**22**	**17**	**5**			
大武口区	27	23	5	14	11	3			
惠农区	7	6	1	5	4	1			
平罗县	8	6	2	3	2	1			
吴忠市	**42**	**39**	**2**	**13**	**13**				
利通区	14	14		10	10				
红寺堡区									
盐池县	9	8	1	2	2				
同心县	8	8		1	1				
青铜峡市	11	10	1	1	1				
固原市	**30**	**25**	**4**	**10**	**10**				
原州区	12	9	3	7	7				
西吉县	6	6	1	1	1				
隆德县	8	8		2	2				
泾源县	1	1							
彭阳县	2	1	1	1	1				
中卫市	**15**	**13**	**2**	**7**	**6**	**1**			
沙坡头区	9	7	2	5	5				
中宁县	4	4		1	1	1			
海原县	2	2		1	1				

9-7a 各地区分性别、受教育程度的60岁及以上老年人口(城市)

单位：人

地区	60岁及以上人口			未上过学			小学		
	合计	男	女	小计	男	女	小计	男	女
全区	**8291**	**4037**	**4255**	**1264**	**370**	**894**	**2703**	**1108**	**1594**
银川市	**4653**	**2282**	**2370**	**409**	**110**	**299**	**1249**	**467**	**782**
兴庆区	2368	1172	1196	217	75	143	553	201	351
西夏区	1236	599	638	69	8	61	413	151	263
金凤区	827	409	417	61	11	50	191	71	120
永宁县									
贺兰县	11	5	6	3		3	3	2	1
灵武市	211	98	113	59	16	43	89	41	47
石嘴山市	**1631**	**781**	**850**	**300**	**109**	**192**	**699**	**291**	**407**
大武口区	1107	547	560	234	91	143	432	182	250
惠农区	524	234	289	66	18	49	266	109	157
平罗县									
吴忠市	**1079**	**526**	**553**	**347**	**108**	**239**	**373**	**177**	**196**
利通区	710	353	357	243	81	161	218	109	108
红寺堡区	100	50	50	22	4	18	59	28	31
盐池县									
同心县									
青铜峡市	269	123	146	82	22	60	96	40	56
固原市	**434**	**208**	**227**	**81**	**13**	**68**	**202**	**94**	**108**
原州区	434	208	227	81	13	68	202	94	108
西吉县									
隆德县									
泾源县									
彭阳县									
中卫市	**495**	**240**	**255**	**127**	**31**	**96**	**180**	**79**	**100**
沙坡头区	495	240	255	127	31	96	180	79	100
中宁县									
海原县									

9—7a 续表 1

单位：人

地区	初中			普通高中			中职		
	小计	男	女	小计	男	女	小计	男	女
全区	**2514**	**1429**	**1085**	**617**	**356**	**261**	**465**	**253**	**212**
银川市	**1623**	**878**	**746**	**449**	**244**	**205**	**311**	**164**	**146**
兴庆区	846	448	398	262	143	120	153	69	84
西夏区	509	286	224	88	49	38	72	45	26
金凤区	226	121	105	89	45	44	77	44	33
永宁县									
贺兰县	3	2	1	1	1	1			
灵武市	39	21	18	8	6	2	9	6	3
石嘴山市	**429**	**253**	**176**	**91**	**53**	**38**	**59**	**33**	**27**
大武口区	299	180	119	56	35	22	45	26	19
惠农区	130	73	57	35	18	16	14	7	8
平罗县									
吴忠市	**252**	**164**	**88**	**35**	**26**	**10**	**41**	**22**	**20**
利通区	169	104	65	27	20	6	32	16	16
红寺堡区	12	12		3	1	1	4	4	
盐池县									
同心县									
青铜峡市	71	48	23	6	4	2	5	2	4
固原市	**84**	**52**	**32**	**14**	**11**	**3**	**33**	**21**	**12**
原州区	84	52	32	14	11	3	33	21	12
西吉县									
隆德县									
泾源县									
彭阳县									
中卫市	**126**	**83**	**43**	**27**	**22**	**6**	**21**	**14**	**7**
沙坡头区	126	83	43	27	22	6	21	14	7
中宁县									
海原县									

9—7a 续表 2 单位：人

地 区	大学专科			大学本科			研究生及以上		
	小计	男	女	小计	男	女	小计	男	女
全 区	**466**	**327**	**139**	**256**	**188**	**69**	**7**	**6**	**1**
银川市	**391**	**264**	**127**	**214**	**150**	**64**	**7**	**6**	**1**
兴庆区	203	143	60	130	89	41	4	4	
西夏区	49	33	17	36	27	9			
金凤区	135	85	50	45	31	14	3	2	1
永宁县									
贺兰县									
灵武市	4	4		3	3				
石嘴山市	**34**	**28**	**6**	**19**	**15**	**5**			
大武口区	27	23	5	14	11	3			
惠农区	7	5	1	5	4	1			
平罗县									
吴忠市	**20**	**19**	**1**	**10**	**10**				
利通区	13	13		10	10				
红寺堡区									
盐池县									
同心县									
青铜峡市	7	6	1	1	1				
固原市	**12**	**9**	**3**	**7**	**7**				
原州区	12	9	3	7	7				
西吉县									
隆德县									
泾源县									
彭阳县									
中卫市	**9**	**7**	**2**	**5**	**5**				
沙坡头区	9	7	2	5	5				
中宁县									
海原县									

9-7b　各地区分性别、受教育程度的60岁及以上老年人口(镇)

单位：人

地　区	60岁及以上人口			未上过学			小　学		
	合计	男	女	小计	男	女	小计	男	女
全　区	**4022**	**2000**	**2021**	**1220**	**337**	**883**	**1745**	**871**	**874**
银川市	**1190**	**576**	**614**	**315**	**89**	**226**	**526**	**242**	**284**
兴庆区	161	80	81	49	8	41	79	47	32
西夏区	56	28	28	14	2	11	22	9	13
金凤区	49	22	27	25	10	15	16	5	11
永宁县	377	183	194	107	36	71	142	63	79
贺兰县	342	166	177	59	13	46	177	81	96
灵武市	204	97	108	62	21	41	90	37	53
石嘴山市	**555**	**278**	**277**	**121**	**29**	**92**	**265**	**125**	**140**
大武口区	41	19	22	16	5	11	22	12	10
惠农区	99	50	50	20	3	16	56	28	29
平罗县	415	209	205	85	21	64	187	85	102
吴忠市	**787**	**393**	**394**	**240**	**66**	**174**	**337**	**169**	**168**
利通区	158	73	84	70	22	48	49	22	27
红寺堡区	17	8	9				17	8	9
盐池县	176	87	89	44	7	37	91	47	44
同心县	257	133	124	76	20	56	128	67	60
青铜峡市	180	92	88	50	17	33	51	24	27
固原市	**734**	**374**	**361**	**285**	**88**	**197**	**315**	**170**	**144**
原州区	113	56	57	52	17	35	49	29	21
西吉县	221	114	107	47	11	36	120	60	60
隆德县	171	83	88	64	15	49	70	34	35
泾源县	74	39	35	44	22	22	20	9	11
彭阳县	154	80	74	78	23	55	55	38	17
中卫市	**756**	**379**	**377**	**259**	**64**	**194**	**301**	**165**	**137**
沙坡头区	172	87	85	64	12	52	66	38	28
中宁县	381	188	192	91	22	69	170	81	89
海原县	204	104	100	103	29	74	65	45	20

9-7b 续表 1　　　　单位：人

地　区	初　中			普通高中			中　职		
	小计	男	女	小计	男	女	小计	男	女
全　区	**724**	**526**	**198**	**123**	**98**	**25**	**113**	**82**	**32**
银川市	**225**	**149**	**77**	**48**	**40**	**8**	**42**	**26**	**15**
兴庆区	28	21	7	5	5				
西夏区	12	9	3	2	2				
金凤区	4	4		1	1		1		1
永宁县	69	44	25	19	16	3	30	17	13
贺兰县	74	46	28	14	11	4	7	6	1
灵武市	38	25	13	6	5	1	4	4	
石嘴山市	**117**	**87**	**30**	**21**	**14**	**7**	**20**	**15**	**5**
大武口区	3	2	1						
惠农区	14	12	2	3	1	2	5	4	1
平罗县	100	72	28	17	12	5	15	11	4
吴忠市	**140**	**100**	**40**	**26**	**22**	**4**	**20**	**14**	**6**
利通区	31	23	7	5	4	1	1		1
红寺堡区									
盐池县	19	14	5	6	6		4	4	
同心县	32	26	6	7	7		5	4	1
青铜峡市	58	37	21	7	4	3	10	6	4
固原市	**79**	**68**	**11**	**17**	**12**	**5**	**18**	**15**	**3**
原州区	9	8	1				2	2	
西吉县	31	26	5	6	4	3	10	7	3
隆德县	19	16	3	5	5	1	3	3	
泾源县	5	4		1	1		2	2	
彭阳县	14	13	1	4	2	1	1	1	
中卫市	**162**	**122**	**40**	**12**	**11**	**2**	**13**	**11**	**3**
沙坡头区	38	34	4	2	2	1	1	1	
中宁县	98	67	31	8	7	1	8	6	2
海原县	26	21	5	2	2		5	4	1

9-7b 续表 2 单位：人

地 区	大学专科			大学本科			研究生及以上		
	小计	男	女	小计	男	女	小计	男	女
全 区	**80**	**72**	**7**	**18**	**16**	**2**			
银川市	**26**	**24**	**3**	**7**	**6**	**1**			
兴庆区									
西夏区	5	5		1	1				
金凤区	1	1		1	1				
永宁县	9	8	1	2	1	1			
贺兰县	8	6	1	3	3				
灵武市	4	4							
石嘴山市	**8**	**6**	**2**	**3**	**2**	**1**			
大武口区									
惠农区	1	1							
平罗县	8	6	2	3	2	1			
吴忠市	**22**	**20**	**1**	**3**	**3**				
利通区	1	1							
红寺堡区									
盐池县	9	8	1	2	2				
同心县	8	8		1	1				
青铜峡市	4	4							
固原市	**17**	**16**	**1**	**3**	**3**				
原州区									
西吉县	6	6	1	1	1				
隆德县	8	8		2	2				
泾源县	1	1							
彭阳县	2	1	1	1	1				
中卫市	**6**	**6**		**2**	**1**	**1**			
沙坡头区									
中宁县	4	4		1	1	1			
海原县	2	2		1	1				

9-7c 各地区分性别、受教育程度的60岁及以上老年人口(乡村)

单位：人

地 区	60岁及以上人口			未上过学			小 学		
	合计	男	女	小计	男	女	小计	男	女
全 区	**11580**	**5683**	**5898**	**5993**	**2034**	**3959**	**4605**	**2805**	**1800**
银川市	**2063**	**1020**	**1043**	**789**	**278**	**511**	**1075**	**578**	**497**
兴庆区	155	86	69	72	29	43	75	49	26
西夏区	99	55	44	6	3	3	88	46	41
金凤区	82	52	30	52	29	22	24	18	7
永宁县	626	291	335	217	66	151	356	181	176
贺兰县	625	303	322	201	66	135	343	173	170
灵武市	475	233	242	241	85	156	189	111	78
石嘴山市	**937**	**460**	**478**	**415**	**128**	**286**	**422**	**248**	**174**
大武口区	55	28	26	32	12	19	17	11	6
惠农区	175	84	91	58	15	43	90	48	42
平罗县	708	348	361	325	101	224	315	189	126
吴忠市	**2943**	**1443**	**1501**	**1495**	**495**	**1000**	**1138**	**686**	**453**
利通区	629	293	336	367	120	247	199	125	74
红寺堡区	341	168	173	194	72	123	134	86	49
盐池县	620	320	299	261	86	175	291	176	115
同心县	532	259	274	260	85	175	227	129	97
青铜峡市	821	402	419	413	132	280	288	170	118
固原市	**3146**	**1546**	**1600**	**1845**	**635**	**1211**	**1142**	**766**	**376**
原州区	828	405	423	510	179	331	276	188	88
西吉县	982	487	495	556	213	343	380	232	148
隆德县	572	274	297	267	70	197	272	176	96
泾源县	302	146	156	227	86	141	65	50	15
彭阳县	462	234	228	285	86	199	149	121	29
中卫市	**2491**	**1214**	**1276**	**1449**	**498**	**951**	**827**	**528**	**300**
沙坡头区	729	342	387	377	105	272	260	154	106
中宁县	728	357	371	354	110	244	289	177	112
海原县	1033	515	518	719	284	435	278	196	82

9−7c　续表 1　　　　　　　　　　　　　　　　　　　　　　单位：人

地　区	初　中			普通高中			中　职		
	小计	男	女	小计	男	女	小计	男	女
全　区	**831**	**702**	**130**	**81**	**75**	**6**	**44**	**42**	**2**
银川市	**175**	**141**	**33**	**18**	**18**		**3**	**2**	**1**
兴庆区	6	6		3	3				
西夏区	5	5							
金凤区	4	3	1	3	3				
永宁县	48	41	7	1	1		1		1
贺兰县	77	60	17	4	4				
灵武市	35	27	8	7	7		2	2	
石嘴山市	**85**	**71**	**15**	**13**	**11**	**3**	**1**	**1**	
大武口区	5	4					1	1	
惠农区	23	17	5	3	3	1	1	1	
平罗县	58	49	9	10	8	2			
吴忠市	**272**	**226**	**46**	**17**	**15**	**1**	**10**	**10**	
利通区	55	40	15	6	6		1	1	
红寺堡区	9	8	1	1	1		2	2	
盐池县	66	56	10	2	2				
同心县	30	29	1	4	4		5	5	
青铜峡市	111	93	18	5	4	1	2	2	
固原市	**127**	**115**	**12**	**12**	**11**	**1**	**16**	**16**	
原州区	40	36	4	1	1		1	1	
西吉县	27	24	3	4	3	1	12	12	
隆德县	28	23	5	3	3		2	2	
泾源县	8	8		2	1	1			
彭阳县	25	24	1	2	2				
中卫市	**172**	**149**	**24**	**22**	**21**	**1**	**13**	**12**	**1**
沙坡头区	71	62	9	9	9		6	6	
中宁县	75	61	14	8	7	1	1		1
海原县	26	25	1	4	4		6	6	

9-7c 续表 2

单位：人

地 区	大学专科			大学本科			研究生及以上		
	小计	男	女	小计	男	女	小计	男	女
全 区	**23**	**22**	**1**	**3**	**3**				
银川市	**3**	**3**							
兴庆区									
西夏区									
金凤区									
永宁县	2	2							
贺兰县									
灵武市	1	1							
石嘴山市				**1**	**1**				
大武口区									
惠农区									
平罗县				1	1				
吴忠市	**9**	**8**	**1**	**2**	**2**				
利通区	1	1							
红寺堡区									
盐池县									
同心县	5	5		2	2				
青铜峡市	2	1	1						
固原市	**4**	**4**							
原州区									
西吉县	3	3							
隆德县									
泾源县									
彭阳县	1	1							
中卫市	**7**	**7**							
沙坡头区	6	6							
中宁县	1	1							
海原县									

9−8 全区分年龄、性别、受教育程度的60岁及以上老年人口

单位：人

年 龄	60岁及以上人口			未上过学			小 学		
	合计	男	女	小计	男	女	小计	男	女
总 计	**23893**	**11720**	**12174**	**8477**	**2741**	**5736**	**9052**	**4784**	**4268**
60−64	**8591**	**4300**	**4291**	**2311**	**689**	**1622**	**3483**	**1782**	**1701**
60	2005	987	1018	524	137	387	790	391	399
61	1909	972	937	457	138	319	788	421	367
62	1655	836	819	456	141	315	686	340	345
63	1665	795	870	497	148	349	660	332	329
64	1357	710	647	376	124	252	559	299	260
65−69	**5795**	**2826**	**2969**	**1881**	**595**	**1286**	**2370**	**1225**	**1145**
65	1444	744	700	452	158	294	569	303	266
66	1398	684	713	450	144	305	589	305	284
67	971	451	521	314	91	224	401	192	209
68	1015	484	532	337	105	232	429	222	206
69	967	463	504	327	98	230	382	202	180
70−74	**4362**	**2112**	**2250**	**1733**	**586**	**1147**	**1563**	**843**	**719**
70	959	456	503	382	117	264	359	186	172
71	936	460	477	374	132	241	345	192	153
72	925	454	472	347	116	231	331	184	147
73	832	402	430	341	128	213	287	155	132
74	709	341	368	290	92	198	241	125	116
75−79	**2985**	**1450**	**1535**	**1377**	**478**	**899**	**998**	**556**	**442**
75	729	354	375	288	82	206	257	142	115
76	623	304	318	278	101	177	223	122	101
77	649	319	330	323	126	197	213	121	92
78	487	226	261	247	85	162	152	82	70
79	497	247	250	241	84	157	153	89	64
80−84	**1522**	**730**	**792**	**788**	**266**	**522**	**463**	**269**	**194**
80	415	182	233	200	60	139	142	72	70
81	344	160	184	189	67	122	102	58	44
82	315	149	166	164	51	113	96	58	39
83	271	150	121	133	53	80	81	51	30
84	178	89	89	102	35	67	43	31	12
85−89	**480**	**227**	**253**	**288**	**96**	**191**	**132**	**81**	**51**
85	177	83	94	104	30	74	49	33	16
86	85	40	45	45	15	30	27	12	15
87	96	48	48	67	24	43	24	19	5
88	71	28	43	40	11	29	17	8	9
89	51	29	23	32	16	16	15	9	7
90−94	**135**	**64**	**71**	**81**	**24**	**57**	**38**	**26**	**12**
90	50	22	27	32	8	24	11	10	1
91	35	16	19	21	5	16	10	7	3
92	25	13	12	15	4	11	7	5	1
93	15	8	7	9	3	5	5	3	2
94	11	5	6	4	3	1	6	1	5
95−99	**22**	**10**	**13**	**18**	**8**	**10**	**4**	**2**	**3**
95	7	4	3	6	3	3	1	1	
96	5	3	2	4	2	2	1	1	
97	5	2	3	3	2	1	3		3
98	5	1	5	5	1	5			
99									
100及以上	**1**		**1**	**1**		**1**			

9-8 续表 1

单位：人

年　龄	初　中			普通高中			中　职		
	小计	男	女	小计	男	女	小计	男	女
总　计	**4069**	**2656**	**1412**	**821**	**528**	**293**	**623**	**377**	**246**
60—64	**1876**	**1207**	**669**	**369**	**245**	**124**	**183**	**104**	**80**
60	431	282	149	110	69	40	43	25	18
61	433	265	167	85	55	30	53	28	25
62	342	230	112	66	47	19	37	23	14
63	376	235	141	63	45	18	29	14	15
64	294	194	99	46	29	16	21	14	6
65—69	**967**	**637**	**329**	**206**	**119**	**87**	**181**	**102**	**79**
65	278	185	93	47	30	17	30	16	14
66	241	168	74	50	25	25	30	13	17
67	149	101	48	41	22	19	31	17	13
68	151	90	62	30	20	10	44	27	17
69	147	94	53	37	22	16	46	28	18
70—74	**661**	**422**	**239**	**126**	**83**	**42**	**134**	**84**	**50**
70	146	101	45	29	23	7	16	7	9
71	135	80	55	21	16	5	34	17	17
72	148	90	58	33	20	14	36	27	10
73	132	77	55	23	13	9	21	17	5
74	100	74	26	19	12	8	25	16	9
75—79	**355**	**231**	**123**	**71**	**48**	**24**	**87**	**59**	**28**
75	99	61	38	25	20	4	28	19	9
76	77	51	25	15	8	7	17	12	5
77	67	45	23	12	8	4	21	10	11
78	55	34	21	10	6	5	11	9	2
79	56	40	16	8	5	3	10	9	1
80—84	**157**	**112**	**45**	**42**	**26**	**15**	**34**	**27**	**6**
80	41	28	12	10	5	4	11	8	3
81	26	15	11	9	5	4	10	8	2
82	37	27	10	7	5	2	5	4	1
83	36	30	6	12	8	3	2	1	1
84	18	13	6	4	3	2	6	6	
85—89	**42**	**37**	**5**	**5**	**5**		**3**		**3**
85	17	16	1	2	2		2		2
86	11	10	1						
87	3	3							
88	8	5	3	2	2		1		1
89	3	3		1	1				
90—94	**12**	**10**	**2**	**3**	**3**		**2**	**2**	
90	5	3	2	1	1		1	1	
91	4	4							
92	1	1		2	2				
93	2	2							
94							1	1	
95—99									
95									
96									
97									
98									
99									
100及以上									

9-8 续表 2 单位：人

年 龄	大学专科			大学本科			研究生及以上		
	小计	男	女	小计	男	女	小计	男	女
总 计	**568**	**421**	**148**	**277**	**206**	**71**	**7**	**6**	**1**
60-64	**260**	**192**	**68**	**104**	**77**	**28**	**5**	**5**	
60	65	51	14	38	29	9	4	4	
61	66	43	23	25	20	4	1	1	
62	51	42	9	16	12	4			
63	30	16	15	10	6	4			
64	47	41	6	15	9	6			
65-69	**134**	**105**	**29**	**56**	**43**	**13**			
65	44	32	12	22	20	2			
66	30	25	5	6	3	3			
67	24	18	6	11	9	2			
68	21	17	4	3	3				
69	15	13	2	13	7	6			
70-74	**86**	**51**	**36**	**58**	**42**	**16**	**1**	**1**	
70	13	10	3	14	12	3			
71	15	11	4	12	11	1			
72	18	8	10	11	8	3	1	1	
73	20	10	10	9	2	7			
74	21	12	9	12	9	3			
75-79	**66**	**56**	**11**	**31**	**24**	**8**			
75	18	16	2	15	14	1			
76	9	9		4	2	3			
77	7	5	2	5	4	1			
78	9	9		3	2	1			
79	24	17	7	5	3	2			
80-84	**15**	**13**	**3**	**23**	**18**	**5**	**1**		**1**
80	6	5	1	6	3	3			
81	5	4	1	4	4				
82	2	2	1	4	4				
83	1	1		6	6		1		1
84	1	1		3	1	2			
85-89	**7**	**5**	**2**	**4**	**3**	**1**			
85	2	2		1		1			
86	1	1		2	2				
87	2	2							
88	2		2	1	1				
89									
90-94									
90									
91									
92									
93									
94									
95-99									
95									
96									
97									
98									
99									
100及以上									

9-8ab 全区分年龄、性别、受教育程度的60岁及以上老年人口(城镇)

单位：人

年 龄	60岁及以上人口			未上过学			小 学		
	合计	男	女	小计	男	女	小计	男	女
总 计	**12313**	**6037**	**6276**	**2484**	**707**	**1777**	**4447**	**1979**	**2468**
60-64	**4435**	**2196**	**2239**	**684**	**189**	**495**	**1494**	**630**	**865**
60	1001	489	511	152	36	116	316	128	188
61	1033	492	541	155	35	120	340	143	197
62	844	457	387	126	46	80	285	125	161
63	843	386	457	143	40	103	290	116	175
64	714	371	343	108	32	76	263	118	145
65-69	**2941**	**1408**	**1533**	**507**	**151**	**356**	**1128**	**460**	**668**
65	752	375	377	126	37	89	266	112	153
66	682	330	352	106	32	74	287	122	165
67	505	248	258	88	26	63	183	74	110
68	525	235	290	95	28	67	213	79	134
69	477	220	257	92	29	63	180	73	107
70-74	**2197**	**1063**	**1133**	**470**	**132**	**338**	**808**	**376**	**431**
70	442	221	222	87	21	66	166	73	93
71	464	224	240	103	31	71	176	83	92
72	456	220	237	92	28	64	157	72	85
73	442	197	245	91	22	69	164	72	91
74	393	203	190	97	30	67	145	75	70
75-79	**1582**	**775**	**807**	**419**	**117**	**302**	**594**	**282**	**313**
75	400	208	191	72	15	57	159	79	81
76	319	151	168	80	22	58	124	54	70
77	331	161	170	98	33	64	128	62	66
78	273	124	149	94	23	72	96	49	48
79	259	131	128	75	24	51	86	38	48
80-84	**823**	**422**	**401**	**267**	**82**	**184**	**296**	**155**	**141**
80	223	103	121	61	17	44	93	40	53
81	175	79	96	58	14	44	64	30	34
82	168	90	78	56	17	39	60	35	25
83	161	97	64	58	24	34	49	31	18
84	96	53	43	33	10	22	30	20	11
85-89	**241**	**125**	**116**	**90**	**22**	**69**	**94**	**57**	**37**
85	87	51	37	26	6	20	39	26	12
86	41	22	19	11	2	9	17	8	9
87	45	24	21	24	5	19	15	14	2
88	40	17	23	13	3	10	14	7	7
89	28	12	15	15	5	10	9	3	6
90-94	**82**	**44**	**38**	**39**	**14**	**25**	**28**	**17**	**11**
90	32	18	14	16	5	11	9	8	1
91	17	10	8	8	3	5	6	3	3
92	14	7	7	7	2	6	3	2	1
93	12	7	5	6	2	3	5	3	2
94	7	3	4	1	1		5	1	4
95-99	**13**	**4**	**9**	**8**	**2**	**6**	**4**	**2**	**3**
95	4	1	3	3	1	3	1	1	
96	2	2		1	1		1	1	
97	3		3	1		1	3		3
98	3		3	3		3			
99									
100及以上	**1**		**1**	**1**		**1**			

9-8ab 续表 1 单位：人

年 龄	初 中			普通高中			中 职		
	小计	男	女	小计	男	女	小计	男	女
总 计	**3237**	**1955**	**1283**	**740**	**453**	**287**	**579**	**335**	**244**
60—64	**1416**	**831**	**586**	**322**	**202**	**120**	**167**	**89**	**78**
60	300	172	128	94	56	38	39	21	18
61	329	187	142	70	41	29	51	26	25
62	273	173	100	61	42	19	35	20	14
63	289	161	127	55	37	18	26	11	15
64	225	137	88	42	26	16	16	11	5
65—69	**771**	**468**	**304**	**187**	**101**	**86**	**163**	**85**	**78**
65	228	138	90	39	22	17	28	14	14
66	177	112	65	48	23	25	29	13	16
67	130	84	45	40	21	19	30	16	13
68	124	67	57	25	15	10	43	26	17
69	113	66	47	34	19	15	33	15	18
70—74	**529**	**308**	**221**	**118**	**76**	**41**	**128**	**79**	**50**
70	118	76	42	28	22	7	16	7	9
71	105	56	49	20	15	5	33	17	17
72	113	61	52	29	17	13	35	25	10
73	117	63	54	21	12	9	20	15	5
74	75	52	24	19	11	8	25	16	9
75—79	**324**	**203**	**121**	**65**	**41**	**24**	**83**	**54**	**28**
75	88	51	37	22	18	4	26	17	9
76	72	47	25	15	8	7	17	11	5
77	62	40	22	11	6	4	21	10	11
78	51	29	21	9	4	5	11	9	2
79	52	36	16	8	5	3	9	8	1
80—84	**146**	**101**	**45**	**42**	**26**	**15**	**34**	**27**	**6**
80	37	25	12	10	5	4	11	8	3
81	26	15	11	9	5	4	10	8	2
82	34	24	10	7	5	2	5	4	1
83	31	25	6	12	8	3	2	1	1
84	18	13	6	4	3	2	6	6	
85—89	**40**	**35**	**5**	**5**	**5**		**3**		**3**
85	17	16	1	2	2		2		2
86	10	9	1						
87	3	3							
88	7	4	3	2	2		1		1
89	3	3		1	1				
90—94	**11**	**9**	**2**	**3**	**3**		**2**	**2**	
90	5	3	2	1	1		1	1	
91	3	3							
92	1	1		2	2				
93	2	2							
94							1	1	
95—99									
95									
96									
97									
98									
99									
100及以上									

9-8ab 续表 2　　　　单位：人

年龄	大学专科			大学本科			研究生及以上		
	小计	男	女	小计	男	女	小计	男	女
总计	**546**	**399**	**146**	**274**	**203**	**71**	**7**	**6**	**1**
60–64	**245**	**177**	**68**	**103**	**75**	**28**	**5**	**5**	
60	60	46	14	36	27	9	4	4	
61	62	39	23	25	20	4	1	1	
62	49	40	9	16	12	4			
63	29	15	15	10	6	4			
64	44	38	6	15	9	6			
65–69	**129**	**102**	**28**	**55**	**42**	**13**			
65	43	32	11	22	20	2			
66	29	24	5	6	3	3			
67	23	17	6	11	9	2			
68	21	17	4	3	3				
69	14	12	2	12	6	6			
70–74	**86**	**50**	**36**	**58**	**42**	**16**	**1**	**1**	
70	13	10	3	14	12	3			
71	15	11	4	12	11	1			
72	18	8	10	11	8	3	1	1	
73	20	10	10	9	2	7			
74	20	11	9	12	9	3			
75–79	**65**	**55**	**11**	**31**	**24**	**8**			
75	18	16	2	15	14	1			
76	8	8		4	2	3			
77	7	5	2	5	4	1			
78	9	9		3	2	1			
79	24	17	7	5	3	2			
80–84	**15**	**12**	**3**	**23**	**18**	**5**	**1**		**1**
80	5	4	1	6	3	3			
81	5	4	1	4	4				
82	2	2	1	4	4				
83	1	1		6	6		1		1
84	1	1		3	1	2			
85–89	**6**	**4**	**2**	**4**	**3**	**1**			
85	1	1		1		1			
86	1	1		2	2				
87	2	2							
88	2		2	1	1				
89									
90–94									
90									
91									
92									
93									
94									
95–99									
95									
96									
97									
98									
99									
100及以上									

9-8a 全区分年龄、性别、受教育程度的60岁及以上老年人口(城市)

单位：人

年 龄	60岁及以上人口			未上过学			小 学		
	合计	男	女	小计	男	女	小计	男	女
总 计	**8291**	**4037**	**4255**	**1264**	**370**	**894**	**2703**	**1108**	**1594**
60-64	**2883**	**1404**	**1480**	**324**	**91**	**233**	**806**	**308**	**498**
60	627	304	323	60	14	46	162	59	104
61	700	329	371	73	21	53	188	68	120
62	535	292	243	61	21	40	148	63	85
63	548	244	305	68	20	48	156	56	100
64	472	235	237	61	16	45	152	62	90
65-69	**1968**	**950**	**1019**	**265**	**88**	**177**	**649**	**250**	**399**
65	498	247	251	75	22	53	139	53	86
66	462	227	235	54	19	35	176	76	99
67	350	177	173	42	14	28	110	40	70
68	343	160	183	43	16	27	122	46	77
69	315	139	177	50	16	34	101	35	66
70-74	**1467**	**695**	**772**	**217**	**60**	**157**	**506**	**209**	**297**
70	272	133	139	35	11	25	98	36	61
71	295	140	155	46	14	32	102	45	57
72	304	141	163	38	9	29	97	39	58
73	311	135	176	48	12	36	106	41	65
74	284	145	139	50	15	35	104	48	56
75-79	**1121**	**545**	**576**	**222**	**63**	**159**	**420**	**178**	**242**
75	271	139	132	34	8	26	98	41	57
76	225	107	118	40	7	32	87	36	50
77	235	114	122	54	20	34	92	40	51
78	190	88	102	51	15	36	71	33	38
79	200	98	102	44	13	31	73	28	45
80-84	**606**	**315**	**291**	**151**	**45**	**107**	**224**	**109**	**115**
80	155	73	82	31	10	21	68	28	40
81	139	62	78	43	10	33	47	19	29
82	121	66	56	27	6	21	48	26	22
83	124	73	50	35	12	24	39	24	16
84	67	41	26	15	7	9	22	14	9
85-89	**179**	**95**	**84**	**58**	**14**	**43**	**71**	**40**	**32**
85	66	39	27	15	4	11	30	19	11
86	32	18	14	8	2	6	13	6	7
87	34	16	17	18	3	15	12	10	2
88	27	12	16	6	1	5	9	3	6
89	21	9	11	10	4	5	8	2	6
90-94	**59**	**32**	**27**	**25**	**9**	**16**	**22**	**12**	**9**
90	25	14	11	13	5	9	6	6	
91	15	8	7	5	2	4	6	3	3
92	5	3	2	1		1	2	2	1
93	9	5	4	5	2	2	3	1	2
94	5	2	4	1	1		4		4
95-99	**7**	**2**	**5**	**2**		**2**	**4**	**2**	**3**
95	1	1					1	1	
96	1	1					1	1	
97	3		3	1		1	3		3
98	1		1	1		1			
99									
100及以上									

9-8a 续表 1

单位：人

年龄	初中			普通高中			中职		
	小计	男	女	小计	男	女	小计	男	女
总计	**2514**	**1429**	**1085**	**617**	**356**	**261**	**465**	**253**	**212**
60–64	**1051**	**567**	**484**	**259**	**151**	**108**	**134**	**66**	**69**
60	215	114	101	72	37	34	30	15	16
61	265	140	126	57	31	26	39	18	21
62	190	113	77	50	33	16	29	16	13
63	226	117	109	42	26	16	23	8	14
64	154	83	71	38	23	16	14	9	5
65–69	**603**	**346**	**256**	**160**	**81**	**78**	**134**	**65**	**69**
65	176	104	72	31	17	15	22	10	12
66	136	79	57	40	18	22	23	10	13
67	104	66	38	38	20	17	24	13	11
68	99	49	49	21	11	10	38	22	16
69	87	48	39	29	15	15	27	11	16
70–74	**416**	**227**	**190**	**98**	**61**	**37**	**98**	**57**	**41**
70	82	47	35	23	19	4	12	3	8
71	79	40	39	15	10	5	27	11	16
72	90	44	46	27	15	12	24	18	6
73	99	52	47	16	9	8	16	12	4
74	66	44	23	16	9	8	20	14	6
75–79	**272**	**164**	**108**	**56**	**33**	**23**	**67**	**41**	**26**
75	72	38	34	17	14	4	18	9	9
76	63	41	22	13	6	7	14	10	4
77	52	33	19	11	6	4	20	9	10
78	43	23	20	7	2	5	8	7	2
79	42	29	13	8	5	3	8	7	1
80–84	**129**	**89**	**40**	**39**	**24**	**15**	**28**	**22**	**6**
80	28	18	10	9	4	4	10	7	3
81	24	14	10	8	5	4	9	7	2
82	33	23	10	6	4	2	3	3	
83	28	23	6	12	8	3	1		1
84	16	12	5	4	3	2	5	5	
85–89	**34**	**30**	**5**	**5**	**5**		**2**		**2**
85	14	14	1	2	2		2		2
86	8	8	1						
87	2	2							
88	7	4	3	2	2				
89	2	2		1	1				
90–94	**9**	**7**	**2**	**2**	**2**		**2**	**2**	
90	5	3	2				1	1	
91	3	3							
92				2	2				
93	1	1							
94							1	1	
95–99									
95									
96									
97									
98									
99									
100及以上									

9-8a　续表 2

单位：人

年　龄	大学专科			大学本科			研究生及以上		
	小计	男	女	小计	男	女	小计	男	女
总　计	**466**	**327**	**139**	**256**	**188**	**69**	**7**	**6**	**1**
60-64	**211**	**149**	**62**	**94**	**68**	**26**	**5**	**5**	
60	51	37	14	33	25	9	4	4	
61	55	33	22	22	18	4	1	1	
62	42	35	8	15	11	4			
63	23	10	14	10	6	4			
64	39	34	5	15	8	6			
65-69	**109**	**82**	**27**	**50**	**38**	**13**			
65	35	24	10	20	17	2			
66	26	22	5	6	3	3			
67	20	14	6	11	9	2			
68	18	14	4	2	2				
69	10	8	2	11	6	5			
70-74	**75**	**40**	**35**	**56**	**40**	**16**	**1**	**1**	
70	10	7	3	13	11	3			
71	14	10	4	11	10	1			
72	16	6	10	11	8	3	1	1	
73	18	8	10	9	2	7			
74	17	8	9	12	9	3			
75-79	**54**	**44**	**10**	**30**	**22**	**8**			
75	17	16	1	14	13	1			
76	5	5		4	2	3			
77	4	2	2	4	3	1			
78	7	7		3	2	1			
79	21	14	7	5	3	2			
80-84	**12**	**9**	**3**	**22**	**17**	**5**	**1**		**1**
80	4	3	1	5	3	3			
81	4	3	1	4	4				
82	2	1	1	4	4				
83	1	1		6	6		1		1
84	1	1		3	1	2			
85-89	**6**	**4**	**2**	**4**	**3**	**1**			
85	1	1		1		1			
86	1	1		2	2				
87	2	2							
88	2		2	1	1				
89									
90-94									
90									
91									
92									
93									
94									
95-99									
95									
96									
97									
98									
99									
100及以上									

9-8b 全区分年龄、性别、受教育程度的60岁及以上老年人口(镇)

单位：人

年 龄	60岁及以上人口			未上过学			小 学		
	合计	男	女	小计	男	女	小计	男	女
总 计	**4022**	**2000**	**2021**	**1220**	**337**	**883**	**1745**	**871**	**874**
60-64	**1552**	**793**	**759**	**360**	**98**	**262**	**688**	**322**	**367**
60	373	185	188	92	22	70	153	70	84
61	333	164	169	82	15	67	152	75	77
62	309	165	144	65	25	39	137	61	76
63	295	143	152	75	20	55	135	60	75
64	242	136	105	47	16	31	111	56	55
65-69	**972**	**459**	**514**	**242**	**63**	**179**	**480**	**210**	**269**
65	254	128	126	50	15	35	127	59	67
66	220	104	117	52	13	39	111	46	65
67	155	71	85	46	11	35	73	34	39
68	182	75	107	52	11	40	90	33	57
69	161	81	80	42	12	30	79	38	41
70-74	**730**	**369**	**361**	**253**	**72**	**181**	**301**	**167**	**134**
70	170	87	83	51	10	41	68	37	31
71	169	84	86	57	18	39	74	39	35
72	152	78	74	54	18	35	60	33	27
73	130	62	69	44	10	33	58	31	27
74	108	58	50	47	15	32	41	27	14
75-79	**460**	**230**	**231**	**197**	**54**	**143**	**174**	**103**	**71**
75	129	69	59	38	6	32	61	38	23
76	94	44	50	40	15	25	38	18	20
77	96	47	49	44	13	31	37	22	15
78	83	36	47	43	8	35	26	16	10
79	59	33	26	31	11	20	13	10	3
80-84	**216**	**107**	**109**	**115**	**37**	**78**	**72**	**46**	**26**
80	68	29	39	30	7	23	25	12	13
81	36	17	18	15	4	11	17	11	6
82	47	25	22	29	11	19	12	9	3
83	37	24	13	23	13	11	10	8	3
84	29	12	17	18	4	14	8	6	2
85-89	**61**	**30**	**31**	**33**	**7**	**25**	**22**	**17**	**5**
85	22	12	10	11	2	9	8	7	1
86	9	3	5	3		3	4	2	2
87	11	7	4	6	2	4	4	4	
88	13	5	7	7	2	5	5	3	2
89	7	3	4	5	1	4	1	1	
90-94	**23**	**12**	**11**	**14**	**4**	**9**	**6**	**5**	**2**
90	7	3	4	3		3	3	2	1
91	3	2	1	3	2	1			
92	9	3	5	6	2	5	1		1
93	3	2	1	1		1	1	1	
94	1	1		1	1		1	1	
95-99	**6**	**2**	**4**	**6**	**2**	**4**			
95	3	1	3	3	1	3			
96	1	1		1	1				
97									
98	2		2	2		2			
99									
100及以上	**1**		**1**	**1**		**1**			

9-8b 续表 1

单位：人

年龄	初中			普通高中			中职		
	小计	男	女	小计	男	女	小计	男	女
总计	**724**	**526**	**198**	**123**	**98**	**25**	**113**	**82**	**32**
60-64	**365**	**264**	**101**	**63**	**51**	**12**	**33**	**23**	**10**
60	85	59	27	22	18	4	9	6	3
61	64	47	17	13	10	3	12	8	4
62	83	60	23	11	8	3	6	4	1
63	62	44	18	13	11	2	4	3	1
64	71	54	17	4	3	1	2	2	1
65-69	**169**	**121**	**47**	**27**	**20**	**8**	**29**	**20**	**9**
65	52	34	18	8	5	3	6	4	2
66	41	34	7	7	5	3	6	3	3
67	25	18	7	2	1	1	6	4	2
68	25	18	8	5	4	1	5	5	1
69	26	18	8	5	5		5	4	1
70-74	**112**	**81**	**31**	**20**	**15**	**5**	**30**	**21**	**9**
70	37	29	7	6	3	2	4	4	1
71	26	16	10	5	5		6	6	1
72	23	17	6	3	2	1	11	7	4
73	18	11	7	5	4	1	4	3	1
74	9	8	1	2	2		5	2	3
75-79	**52**	**39**	**13**	**9**	**8**	**1**	**15**	**13**	**2**
75	15	12	3	5	4	1	8	8	
76	9	6	3	2	2		3	2	1
77	10	7	3				1	1	1
78	8	7	1	2	2		2	2	
79	10	7	3	1	1		1	1	
80-84	**18**	**13**	**5**	**3**	**3**		**6**	**5**	**1**
80	9	7	2	1	1		1	1	
81	2	1	1				1	1	
82	1	1		1	1		2	1	1
83	3	3					1	1	
84	2	1	1				1	1	
85-89	**6**	**6**					**1**		**1**
85	2	2							
86	1	1							
87	1	1							
88							1		1
89	1	1							
90-94	**2**	**2**		**1**	**1**				
90				1	1				
91									
92	1	1							
93	1	1							
94									
95-99									
95									
96									
97									
98									
99									
100及以上									

9-8b 续表 2

单位：人

年 龄	大学专科			大学本科			研究生及以上		
	小计	男	女	小计	男	女	小计	男	女
总 计	**80**	**72**	**7**	**18**	**16**	**2**			
60—64	**34**	**29**	**6**	**8**	**7**	**1**			
60	9	9	1	3	2	1			
61	7	6	1	3	2	1			
62	6	5	1	1	1				
63	6	5	1	1	1				
64	6	5	1	1	1				
65—69	**20**	**20**		**5**	**4**	**1**			
65	8	8		3	3				
66	3	3							
67	3	3							
68	3	3		1	1				
69	4	4		1		1			
70—74	**11**	**10**	**1**	**2**	**2**				
70	3	3		1	1				
71	1	1		1	1				
72	2	1	1						
73	2	2							
74	3	3		1	1				
75—79	**12**	**11**	**1**	**1**	**1**				
75	1	1	1	1	1				
76	3	3							
77	3	3		1	1				
78	1	1							
79	3	3							
80—84	**2**	**2**		**1**	**1**				
80	1	1		1	1				
81	1	1							
82	1	1							
83									
84									
85—89									
85									
86									
87									
88									
89									
90—94									
90									
91									
92									
93									
94									
95—99									
95									
96									
97									
98									
99									
100及以上									

9-8c 全区分年龄、性别、受教育程度的60岁及以上老年人口(乡村)

单位：人

年 龄	60岁及以上人口			未上过学			小 学		
	合计	男	女	小计	男	女	小计	男	女
总 计	**11580**	**5683**	**5898**	**5993**	**2034**	**3959**	**4605**	**2805**	**1800**
60-64	**4156**	**2104**	**2052**	**1628**	**500**	**1127**	**1989**	**1153**	**836**
60	1005	498	507	373	101	271	474	263	211
61	876	479	396	302	103	199	448	278	170
62	811	379	432	330	95	235	401	216	185
63	822	409	413	354	109	246	370	216	154
64	643	339	304	268	92	176	296	181	116
65-69	**2854**	**1418**	**1436**	**1374**	**445**	**930**	**1242**	**765**	**477**
65	692	369	323	327	121	206	304	191	113
66	715	354	361	344	112	231	303	183	120
67	466	203	263	226	65	161	218	119	99
68	491	249	242	242	77	165	216	143	73
69	490	243	247	236	69	166	202	129	73
70-74	**2165**	**1049**	**1116**	**1263**	**454**	**809**	**755**	**467**	**288**
70	516	236	281	295	97	198	193	113	80
71	472	236	236	271	101	170	169	108	61
72	469	234	235	255	89	166	174	112	62
73	390	205	185	249	105	144	123	83	40
74	317	138	179	193	62	130	96	51	45
75-79	**1403**	**676**	**728**	**958**	**361**	**596**	**404**	**274**	**130**
75	330	146	184	216	67	148	97	63	34
76	303	153	150	198	79	119	99	68	31
77	318	158	160	225	93	132	85	59	26
78	214	102	112	153	62	91	55	33	22
79	238	116	122	166	60	106	67	51	16
80-84	**700**	**308**	**391**	**521**	**183**	**338**	**167**	**114**	**53**
80	192	80	112	139	43	95	49	32	17
81	169	81	88	131	53	78	38	28	9
82	147	59	88	108	34	74	37	23	14
83	110	53	57	74	29	45	32	20	12
84	82	35	46	69	25	45	12	11	2
85-89	**239**	**102**	**137**	**198**	**75**	**123**	**38**	**24**	**14**
85	89	32	57	77	24	54	11	7	4
86	44	19	26	33	13	20	10	5	5
87	51	24	27	43	19	24	8	5	3
88	31	11	20	27	8	19	3	2	1
89	24	17	7	17	11	6	6	5	1
90-94	**53**	**20**	**33**	**42**	**10**	**32**	**10**	**9**	**1**
90	18	5	13	16	3	13	2	2	
91	17	7	11	13	2	11	4	4	
92	11	6	5	8	3	5	3	3	
93	3	1	2	3	1	2			
94	4	2	2	3	2	1	1		1
95-99	**10**	**6**	**4**	**10**	**6**	**4**			
95	3	3		3	3				
96	3	1	2	3	1	2			
97	2	2		2	2				
98	3	1	2	3	1	2			
99									
100及以上									

9-8c 续表 1

单位：人

年龄	初中			普通高中			中职		
	小计	男	女	小计	男	女	小计	男	女
总计	**831**	**702**	**130**	**81**	**75**	**6**	**44**	**42**	**2**
60–64	**459**	**376**	**83**	**47**	**43**	**4**	**16**	**15**	**1**
60	131	109	22	16	14	2	4	4	
61	104	78	25	15	13	2	3	3	
62	69	58	12	5	5		2	2	
63	87	74	13	7	7		3	3	
64	68	57	11	3	3		5	4	1
65–69	**195**	**170**	**26**	**19**	**18**	**1**	**18**	**17**	**1**
65	50	47	3	8	8		2	2	
66	64	55	9	2	2		1		1
67	19	16	3	1	1		1	1	
68	27	23	4	5	5		1	1	
69	34	28	6	3	2	1	13	13	
70–74	**133**	**114**	**18**	**8**	**7**	**1**	**5**	**5**	
70	28	25	3	1	1				
71	30	24	6	1	1		1	1	
72	35	29	6	4	3	1	2	2	
73	15	14	1	1	1		2	2	
74	25	22	3	1	1		1	1	
75–79	**30**	**28**	**2**	**7**	**7**		**4**	**4**	
75	12	11	1	3	3		2	2	
76	5	5		1	1		1	1	
77	6	5	1	2	2				
78	5	5		2	2				
79	4	4					1	1	
80–84	**11**	**11**							
80	4	4							
81									
82	2	2							
83	5	5							
84									
85–89	**2**	**2**							
85									
86	1	1							
87									
88	1	1							
89									
90–94	**1**	**1**							
90									
91	1	1							
92									
93									
94									
95–99									
95									
96									
97									
98									
99									
100及以上									

9-8c 续表 2 单位：人

年 龄	大学专科			大学本科			研究生及以上		
	小计	男	女	小计	男	女	小计	男	女
总 计	**23**	**22**	**1**	**3**	**3**				
60-64	**15**	**15**		**2**	**2**				
60	5	5		2	2				
61	4	4							
62	3	3							
63	1	1							
64	2	2							
65-69	**4**	**3**	**1**	**1**	**1**				
65	1		1						
66	1	1							
67	1	1							
68									
69	1	1		1	1				
70-74	**1**	**1**							
70									
71									
72									
73									
74	1	1							
75-79	**1**	**1**							
75									
76	1	1							
77									
78									
79									
80-84	**1**	**1**							
80	1	1							
81									
82									
83									
84									
85-89	**1**	**1**							
85	1	1							
86									
87									
88									
89									
90-94									
90									
91									
92									
93									
94									
95-99									
95									
96									
97									
98									
99									
100及以上									

10 死亡

10-1 各地区分年龄、性别的死亡人口 (2014.11.1-2015.10.31)

单位：人

地 区	死亡人口			0岁			1-4岁		
	合计	男	女	小计	男	女	小计	男	女
全 区	**760**	**461**	**298**	**19**	**12**	**7**	**8**	**6**	**2**
银川市	**200**	**127**	**74**	**3**	**2**	**1**			
兴庆区	56	36	21						
西夏区	37	21	16						
金凤区	19	12	7						
永宁县	31	20	10	1		1			
贺兰县	29	19	10	2	2				
灵武市	29	18	11						
石嘴山市	**96**	**52**	**44**						
大武口区	38	20	18						
惠农区	23	13	10						
平罗县	34	19	15						
吴忠市	**165**	**96**	**70**	**4**	**3**	**1**	**5**	**4**	**1**
利通区	45	25	20	1	1				
红寺堡区	18	11	7	2	2				
盐池县	35	19	15				2	2	
同心县	40	22	18	1		1	2	1	1
青铜峡市	28	19	9				1	1	
固原市	**154**	**97**	**58**	**8**	**4**	**4**	**2**	**1**	**1**
原州区	50	30	20	2	1	1			
西吉县	45	30	15	3	3	1			
隆德县	21	15	6	1		1			
泾源县	12	5	7						
彭阳县	25	16	9	2		2	2	1	1
中卫市	**144**	**90**	**53**	**4**	**3**	**1**	**1**	**1**	
沙坡头区	60	39	21	1	1				
中宁县	46	24	22	2	1	1			
海原县	38	27	10	1	1		1	1	

10-1 续表 1　　　　单位：人

地　区	5-9岁			10-14岁			15-19岁			20-24岁		
	小计	男	女	小计	男	女	小计	男	女	小计	男	女
全　区	**4**	**3**	**1**	**4**	**4**		**5**	**4**	**1**	**10**	**9**	**1**
银川市	**2**	**2**								**3**	**3**	
兴庆区										2	2	
西夏区	1	1								1	1	
金凤区												
永宁县	1	1										
贺兰县												
灵武市												
石嘴山市							**1**	**1**		**1**	**1**	
大武口区												
惠农区										1	1	
平罗县							1	1				
吴忠市	**1**		**1**	**1**	**1**		**1**		**1**	**2**	**2**	
利通区												
红寺堡区				1	1					1	1	
盐池县												
同心县	1		1				1		1	1	1	
青铜峡市												
固原市	**1**	**1**		**2**	**2**		**2**	**2**		**1**		**1**
原州区												
西吉县	1	1					2	2		1		1
隆德县				2	2							
泾源县												
彭阳县												
中卫市				**1**	**1**		**1**	**1**		**2**	**2**	
沙坡头区							1	1		2	2	
中宁县												
海原县				1	1					1	1	

10-1 续表 2

单位：人

地 区	25–29岁			30–34岁			35–39岁			40–44岁		
	小计	男	女	小计	男	女	小计	男	女	小计	男	女
全 区	**12**	**10**	**1**	**7**	**7**		**18**	**9**	**8**	**19**	**16**	**4**
银川市	**1**	**1**		**1**	**1**		**5**	**2**	**3**	**7**	**7**	
兴庆区							5	2	3	1	1	
西夏区										1	1	
金凤区												
永宁县	1	1										
贺兰县										3	3	
灵武市				1	1					1	1	
石嘴山市							**2**		**2**	**4**	**3**	**1**
大武口区							1		1	1		1
惠农区							1		1	2	2	
平罗县										1	1	
吴忠市	**2**	**1**	**1**	**1**	**1**		**4**	**2**	**2**	**3**	**2**	**1**
利通区							2		2			
红寺堡区										1		1
盐池县										2	2	
同心县	1		1	1	1		2	2				
青铜峡市	1	1										
固原市	**5**	**5**		**1**	**1**		**2**	**2**		**3**	**1**	**1**
原州区	4	4					1	1		1	1	
西吉县	1	1		1	1		1	1				
隆德县										1		1
泾源县										1		1
彭阳县	1	1										
中卫市	**2**	**2**		**4**	**4**		**4**	**3**	**1**	**3**	**3**	
沙坡头区							1		1	3	3	
中宁县	1	1		2	2		1	1				
海原县	1	1		2	2		2	2				

10-1 续表 3　　　　单位：人

地　区	45-49岁			50-54岁			55-59岁			60-64岁		
	小计	男	女	小计	男	女	小计	男	女	小计	男	女
全　区	**30**	**23**	**7**	**39**	**22**	**16**	**35**	**21**	**15**	**52**	**30**	**23**
银川市	**8**	**6**	**2**	**10**	**4**	**5**	**6**	**4**	**2**	**16**	**10**	**6**
兴庆区				1		1	2	2				
西夏区	2	2		3	1	2				2	1	1
金凤区	1	1		1	1		3	1	2	1		1
永宁县				1	1					4	2	2
贺兰县	2	1	1	1		1				6	4	1
灵武市	2	1	1	1	1		1	1		2	2	
石嘴山市	**5**	**5**	**1**	**3**	**2**	**1**	**6**	**3**	**3**	**4**	**2**	**2**
大武口区	2	2		1	1		3	2	2	2	2	
惠农区	1		1	1	1		1		1	1	1	1
平罗县	3	3		1		1	2	1	1	1		1
吴忠市	**6**	**4**	**2**	**12**	**9**	**3**	**9**	**5**	**4**	**12**	**6**	**6**
利通区	1	1		2	2		7	3	4	4	2	2
红寺堡区	1	1		1		1	1		1	2	1	1
盐池县	2		2	1	1		1	1		2		2
同心县	1	1		4	4		1	1		1		1
青铜峡市	1	1		4	2	2				4	3	1
固原市	**9**	**6**	**3**	**5**	**3**	**2**	**7**	**5**	**2**	**6**	**3**	**3**
原州区	5	4	1	2	1	1	3	2	1	3	1	1
西吉县	1		1	1	1		1	1		1		1
隆德县							1		1	1	1	
泾源县										1	1	
彭阳县	3	2	1	2	1	1	2	2	1	2	1	1
中卫市	**2**	**2**		**9**	**4**	**5**	**7**	**4**	**3**	**14**	**8**	**6**
沙坡头区				4	2	2	4	2	3	5	5	1
中宁县				2	1	1	2	2		5	2	3
海原县	2	2		3	1	2				4	2	2

10-1 续表 4

单位：人

地 区	65-69岁			70-74岁			75-79岁			80-84岁		
	小计	男	女	小计	男	女	小计	男	女	小计	男	女
全 区	**74**	**48**	**25**	**101**	**61**	**39**	**126**	**70**	**56**	**112**	**65**	**47**
银川市	**18**	**13**	**5**	**26**	**16**	**10**	**35**	**24**	**12**	**34**	**18**	**15**
兴庆区	4	4		7	3	4	12	10	2	11	7	4
西夏区	2		2	6	1	5	11	7	4	6	5	1
金凤区	1	1		1	1		3	3		2	1	1
永宁县	4	2	2	8	8		4		4	2	1	1
贺兰县	4	4	1	1	1		2	1	1	6	2	4
灵武市	2	2		2	1	1	3	2	1	6	2	4
石嘴山市	**9**	**6**	**3**	**10**	**5**	**5**	**16**	**6**	**10**	**21**	**11**	**10**
大武口区				6	4	2	7	2	5	10	5	5
惠农区	1	1	1	3	1	1	5	1	4	4	3	1
平罗县	8	5	2	1		1	4	2	2	7	3	4
吴忠市	**20**	**10**	**10**	**20**	**10**	**9**	**29**	**15**	**14**	**19**	**13**	**5**
利通区	7	4	3	3	1	2	8	3	5	4	4	
红寺堡区	1	1	1	3	1	3	3	3				
盐池县	3		2	4	2	2	13	7	5	5	4	2
同心县	5	1	4	4	2	2	5	2	3	5	4	1
青铜峡市	4	4		5	5					4	2	3
固原市	**11**	**9**	**2**	**25**	**14**	**11**	**23**	**15**	**8**	**21**	**12**	**9**
原州区	5	4	1	5	1	4	6	3	2	5	2	3
西吉县	3	3		10	8	2	7	4	3	4	1	3
隆德县				6	4	2	3	3	1	7	6	1
泾源县	1		1	3	1	3	3	2	1	2	1	1
彭阳县	3	3		2	1	1	4	3	1	4	2	2
中卫市	**15**	**10**	**5**	**20**	**16**	**5**	**23**	**10**	**13**	**18**	**10**	**8**
沙坡头区	8	5	3	11	10	1	11	4	7	5	4	1
中宁县	3	3		5	3	2	9	5	5	9	3	6
海原县	4	2	2	4	2	2	2	2	1	4	3	1

10–1　续表 5　　　　单位：人

地　区	85–89岁			90–94岁			95–99岁			100岁及以上		
	小计	男	女	小计	男	女	小计	男	女	小计	男	女
全　区	**60**	**32**	**28**	**18**	**8**	**10**	**6**	**2**	**4**	**1**		**1**
银川市	**15**	**10**	**5**	**8**	**3**	**5**	**2**		**2**			
兴庆区	6	4	2	2		2	2		2			
西夏区												
金凤区	3	1	2	1	1							
永宁县	3	3		1	1							
贺兰县				1		1						
灵武市	3	2	1	3	1	2						
石嘴山市	**9**	**4**	**5**	**3**	**1**	**2**	**1**	**1**				
大武口区	2		2	2	1	1						
惠农区	2	1	1				1	1				
平罗县	4	2	2	1		1						
吴忠市	**9**	**5**	**4**	**2**	**2**		**2**		**2**			
利通区	4	3	1	2	2							
红寺堡区												
盐池县												
同心县	3	2	1				1		1			
青铜峡市	2		2				1		1			
固原市	**15**	**9**	**7**	**4**	**2**	**2**				**1**		**1**
原州区	5	2	3	1	1					1		1
西吉县	7	5	2	2		2						
隆德县	1		1									
泾源县	2		2									
彭阳县	1	1		1	1							
中卫市	**11**	**5**	**7**	**1**		**1**	**1**	**1**				
沙坡头区	3	1	2	1		1	1	1				
中宁县	5		5									
海原县	4	4										

10-1ab 各地区分年龄、性别的死亡人口 (2014.11.1-2015.10.31)(城镇)

单位：人

地 区	死亡人口			0岁			1-4岁		
	合计	男	女	小计	男	女	小计	男	女
全 区	**330**	**198**	**132**	**9**	**7**	**2**			
银川市	**129**	**82**	**47**	**1**	**1**				
兴庆区	47	30	18						
西夏区	36	20	16						
金凤区	16	11	5						
永宁县	6	5	2						
贺兰县	11	6	5	1	1				
灵武市	12	11	1						
石嘴山市	**65**	**35**	**30**						
大武口区	36	18	18						
惠农区	17	10	7						
平罗县	12	7	5						
吴忠市	**57**	**32**	**25**	**3**	**3**				
利通区	29	16	14	1	1				
红寺堡区	7	4	3	1	1				
盐池县	4	3	1						
同心县	10	4	5						
青铜峡市	7	5	2						
固原市	**31**	**18**	**13**	**4**	**2**	**2**			
原州区	12	9	3	2	1	1			
西吉县	5	2	3	1	1	1			
隆德县	4	2	2						
泾源县	2	1	1						
彭阳县	8	4	4	1		1			
中卫市	**49**	**32**	**17**	**2**	**2**				
沙坡头区	26	17	10	1	1				
中宁县	14	7	7	1	1				
海原县	9	8	1						

10−1ab 续表 1

单位：人

地 区	5−9岁			10−14岁			15−19岁			20−24岁		
	小计	男	女	小计	男	女	小计	男	女	小计	男	女
全 区	**2**	**2**					**1**	**1**		**6**	**6**	
银川市	**2**	**2**								**3**	**3**	
兴庆区										2	2	
西夏区	1	1								1	1	
金凤区												
永宁县	1	1										
贺兰县												
灵武市												
石嘴山市										**1**	**1**	
大武口区												
惠农区										1	1	
平罗县												
吴忠市										**1**	**1**	
利通区												
红寺堡区										1	1	
盐池县												
同心县												
青铜峡市												
固原市							**1**	**1**				
原州区												
西吉县							1	1				
隆德县												
泾源县												
彭阳县												
中卫市										**1**	**1**	
沙坡头区												
中宁县												
海原县										1	1	

10-1ab 续表 2

单位：人

地 区	25-29岁			30-34岁			35-39岁			40-44岁		
	小计	男	女	小计	男	女	小计	男	女	小计	男	女
全 区	**2**	**1**	**1**				**9**	**2**	**7**	**9**	**7**	**2**
银川市							**4**	**2**	**2**	**2**	**2**	
兴庆区							4	2	2			
西夏区										1	1	
金凤区												
永宁县												
贺兰县												
灵武市										1	1	
石嘴山市							**2**		**2**	**4**	**3**	**1**
大武口区							1		1	1		1
惠农区							1		1	2	2	
平罗县										1	1	
吴忠市	**1**		**1**				**2**		**2**	**1**		**1**
利通区							2		2			
红寺堡区										1		1
盐池县												
同心县	1		1									
青铜峡市												
固原市	**1**	**1**										
原州区												
西吉县												
隆德县												
泾源县												
彭阳县	1	1										
中卫市							**1**		**1**	**2**	**2**	
沙坡头区							1		1	2	2	
中宁县												
海原县												

10-1ab　续表 3　　　　单位：人

地　区	45-49岁			50-54岁			55-59岁			60-64岁		
	小计	男	女	小计	男	女	小计	男	女	小计	男	女
全　区	**11**	**10**	**1**	**16**	**10**	**6**	**23**	**12**	**12**	**15**	**11**	**4**
银川市	**5**	**5**	**1**	**3**	**1**	**2**	**6**	**4**	**2**	**6**	**4**	**2**
兴庆区							2	2				
西夏区	2	2		2		2				2	1	1
金凤区	1	1					3	1	2	1		1
永宁县				1	1							
贺兰县	1		1							1	1	
灵武市	1	1					1	1		1	1	
石嘴山市	**2**	**2**	**1**	**2**	**2**		**6**	**3**	**3**	**2**	**2**	
大武口区	2	2		1	1		3	2	2	2	2	
惠农区	1		1	1	1		1		1			
平罗县							2	1	1			
吴忠市	**3**	**3**		**4**	**3**	**1**	**4**	**2**	**2**	**2**	**2**	
利通区	1	1					3	1	2	2	2	
红寺堡区												
盐池县				1	1		1	1				
同心县	1	1		1	1							
青铜峡市	1	1		2	1	1						
固原市				**2**	**2**	**1**	**4**	**2**	**2**	**2**	**1**	**1**
原州区				1	1		2	1	1			
西吉县										1		1
隆德县							1		1	1	1	
泾源县												
彭阳县				1		1	1	1	1	1	1	
中卫市				**5**	**3**	**2**	**3**	**1**	**2**	**3**	**2**	**1**
沙坡头区				3	1	2	3	1	2	1	1	
中宁县				1	1					2	2	1
海原县				1	1							

10-1ab 续表 4

单位：人

地 区	65-69岁			70-74岁			75-79岁			80-84岁		
	小计	男	女	小计	男	女	小计	男	女	小计	男	女
全 区	**28**	**16**	**12**	**39**	**20**	**19**	**62**	**37**	**26**	**56**	**34**	**21**
银川市	**12**	**8**	**4**	**15**	**7**	**9**	**27**	**20**	**7**	**24**	**14**	**10**
兴庆区	4	4		6	2	4	12	10	2	8	4	4
西夏区	2		2	6	1	5	11	7	4	6	5	1
金凤区	1	1		1	1		3	3		2	1	1
永宁县	1		1	2	2		1		1			
贺兰县	1	1	1	1	1		1		1	4	2	2
灵武市	2	2								3	2	1
石嘴山市	**3**	**1**	**2**	**8**	**5**	**3**	**13**	**5**	**8**	**14**	**8**	**6**
大武口区				6	4	2	7	2	5	10	5	5
惠农区	1	1	1	1	1	1	4	1	3	2	1	1
平罗县	1		1				2	2		2	1	1
吴忠市	**9**	**3**	**6**	**6**	**2**	**4**	**6**	**3**	**3**	**5**	**5**	
利通区	6	2	3	3	1	2	3	1	2	2	2	
红寺堡区				1		1	1	1				
盐池县	1											
同心县	2		2				1		1	1	1	
青铜峡市				1	1					2	2	
固原市	**1**	**1**		**4**	**2**	**2**	**4**	**3**	**1**	**6**	**2**	**3**
原州区				1	1		3	2	1	1	1	
西吉县	1	1								1		1
隆德县				1	1	1				1	1	1
泾源县												
彭阳县				1		1	1	1		2	1	1
中卫市	**4**	**4**		**6**	**5**	**1**	**12**	**6**	**7**	**7**	**5**	**2**
沙坡头区	2	2		4	4		6	2	4	4	4	
中宁县	1	1		1		1	4	2	2	3	1	2
海原县	2	2		1	1		2	2	1	1	1	

10−1ab 续表 5

单位：人

地 区	85−89岁			90−94岁			95−99岁			100岁及以上		
	小计	男	女	小计	男	女	小计	男	女	小计	男	女
全 区	**27**	**15**	**12**	**9**	**6**	**4**	**5**	**2**	**3**			
银川市	**11**	**8**	**3**	**5**	**2**	**3**	**2**		**2**			
兴庆区	6	4	2	2		2	2		2			
西夏区												
金凤区	2	1	1	1	1							
永宁县	2	2										
贺兰县				1		1						
灵武市	1	1		1	1							
石嘴山市	**7**	**3**	**4**	**2**	**1**	**1**	**1**	**1**				
大武口区	2		2	2	1	1						
惠农区	1	1					1	1				
平罗县	3	1	2									
吴忠市	**4**	**2**	**2**	**2**	**2**		**1**		**1**			
利通区	2	1	1	2	2							
红寺堡区												
盐池县												
同心县	1	1					1		1			
青铜峡市	1		1									
固原市	**2**	**2**		**1**	**1**							
原州区	1	1										
西吉县												
隆德县												
泾源县	1											
彭阳县				1	1							
中卫市	**3**	**1**	**2**				**1**	**1**				
沙坡头区	1		1				1	1				
中宁县	2		2									
海原县	1	1										

10-1a 各地区分年龄、性别的死亡人口 (2014.11.1-2015.10.31)(城市)

单位：人

地 区	死亡人口			0岁			1-4岁		
	合计	男	女	小计	男	女	小计	男	女
全 区	**209**	**124**	**85**	**4**	**4**				
银川市	**96**	**60**	**36**	**1**	**1**				
兴庆区	40	26	14						
西夏区	33	18	16						
金凤区	15	10	5						
永宁县									
贺兰县	1	1		1	1				
灵武市	8	6	1						
石嘴山市	**52**	**27**	**25**						
大武口区	36	18	18						
惠农区	16	9	6						
平罗县									
吴忠市	**32**	**17**	**15**	**3**	**3**				
利通区	26	12	14	1	1				
红寺堡区	4	3	1	1	1				
盐池县									
同心县									
青铜峡市	2	2							
固原市	**9**	**7**	**2**						
原州区	9	7	2						
西吉县									
隆德县									
泾源县									
彭阳县									
中卫市	**20**	**13**	**7**	**1**	**1**				
沙坡头区	20	13	7	1	1				
中宁县									
海原县									

10–1a 续表 1

单位：人

地区	5–9岁			10–14岁			15–19岁			20–24岁		
	小计	男	女	小计	男	女	小计	男	女	小计	男	女
全区	**1**	**1**								**5**	**5**	
银川市	**1**	**1**								**3**	**3**	
兴庆区										2	2	
西夏区	1	1								1	1	
金凤区												
永宁县												
贺兰县												
灵武市												
石嘴山市										**1**	**1**	
大武口区												
惠农区										1	1	
平罗县												
吴忠市										**1**	**1**	
利通区												
红寺堡区										1	1	
盐池县												
同心县												
青铜峡市												
固原市												
原州区												
西吉县												
隆德县												
泾源县												
彭阳县												
中卫市												
沙坡头区												
中宁县												
海原县												

10-1a 续表 2

单位：人

地 区	25-29岁			30-34岁			35-39岁			40-44岁		
	小计	男	女	小计	男	女	小计	男	女	小计	男	女
全 区							**9**	**2**	**7**	**5**	**3**	**2**
银川市							**4**	**2**	**2**			
兴庆区							4	2	2			
西夏区												
金凤区												
永宁县												
贺兰县												
灵武市												
石嘴山市							**2**		**2**	**3**	**2**	**1**
大武口区							1		1	1		1
惠农区							1		1	2	2	
平罗县												
吴忠市							**2**		**2**	**1**		**1**
利通区							2		2			
红寺堡区										1		1
盐池县												
同心县												
青铜峡市												
固原市												
原州区												
西吉县												
隆德县												
泾源县												
彭阳县												
中卫市							**1**		**1**	**1**	**1**	
沙坡头区							1		1	1	1	
中宁县												
海原县												

10-1a 续表 3 单位：人

地 区	45–49岁			50–54岁			55–59岁			60–64岁		
	小计	男	女	小计	男	女	小计	男	女	小计	男	女
全 区	**7**	**6**	**1**	**8**	**4**	**4**	**18**	**9**	**9**	**9**	**7**	**2**
银川市	**5**	**5**		**2**		**2**	**6**	**4**	**2**	**5**	**2**	**2**
兴庆区							2	2				
西夏区	2	2		2		2				2	1	1
金凤区	1	1					3	1	2	1		1
永宁县												
贺兰县												
灵武市	1	1					1	1		1	1	
石嘴山市	**2**	**2**	**1**	**2**	**2**		**3**	**2**	**2**	**2**	**2**	
大武口区	2	2		1	1		3	2	2	2	2	
惠农区	1		1	1	1							
平罗县												
吴忠市							**3**	**1**	**2**	**2**	**2**	
利通区							3	1	2	2	2	
红寺堡区												
盐池县												
同心县												
青铜峡市												
固原市				**1**	**1**		**2**	**1**	**1**			
原州区				1	1		2	1	1			
西吉县												
隆德县												
泾源县												
彭阳县												
中卫市				**3**	**1**	**2**	**3**	**1**	**2**	**1**	**1**	
沙坡头区				3	1	2	3	1	2	1	1	
中宁县												
海原县												

10-1a 续表 4　　　　单位：人

地 区	65-69岁			70-74岁			75-79岁			80-84岁		
	小计	男	女	小计	男	女	小计	男	女	小计	男	女
全 区	**17**	**11**	**6**	**25**	**11**	**14**	**44**	**27**	**16**	**32**	**19**	**13**
银川市	**8**	**6**	**2**	**10**	**1**	**9**	**24**	**20**	**4**	**15**	**8**	**7**
兴庆区	4	4		4		4	10	10		6	2	4
西夏区	2		2	5		5	11	7	4	6	5	1
金凤区	1	1		1	1		3	3		2	1	1
永宁县												
贺兰县												
灵武市	1	1								1		1
石嘴山市	**1**	**1**	**1**	**8**	**5**	**3**	**11**	**3**	**8**	**11**	**6**	**6**
大武口区				6	4	2	7	2	5	10	5	5
惠农区	1	1	1	1	1	1	4	1	3	1	1	1
平罗县												
吴忠市	**6**	**2**	**3**	**4**	**2**	**2**	**3**	**1**	**2**	**2**	**2**	
利通区	6	2	3	3	1	2	3	1	2	1	1	
红寺堡区												
盐池县												
同心县												
青铜峡市				1	1					1	1	
固原市				**1**	**1**		**2**	**1**	**1**	**1**	**1**	
原州区				1	1		2	1	1	1	1	
西吉县												
隆德县												
泾源县												
彭阳县												
中卫市	**2**	**2**		**2**	**2**		**4**	**2**	**2**	**3**	**3**	
沙坡头区	2	2		2	2		4	2	2	3	3	
中宁县												
海原县												

10-1a 续表 5 单位：人

地 区	85-89岁			90-94岁			95-99岁			100岁及以上		
	小计	男	女	小计	男	女	小计	男	女	小计	男	女
全 区	**16**	**9**	**7**	**5**	**4**	**1**	**4**	**2**	**2**			
银川市	**9**	**6**	**3**	**1**	**1**		**2**		**2**			
兴庆区	6	4	2				2		2			
西夏区												
金凤区	2	1	1									
永宁县												
贺兰县												
灵武市	1	1		1	1							
石嘴山市	**4**	**1**	**2**	**2**	**1**	**1**	**1**	**1**				
大武口区	2		2	2	1	1						
惠农区	1	1					1	1				
平罗县												
吴忠市	**1**		**1**	**2**	**2**							
利通区	1		1	2	2							
红寺堡区												
盐池县												
同心县												
青铜峡市												
固原市	**1**	**1**										
原州区	1	1										
西吉县												
隆德县												
泾源县												
彭阳县												
中卫市	**1**		**1**				**1**	**1**				
沙坡头区	1		1				1	1				
中宁县												
海原县												

10-1b 各地区分年龄、性别的死亡人口(2014.11.1-2015.10.31)(镇)

单位：人

地区	死亡人口			0岁			1-4岁		
	合计	男	女	小计	男	女	小计	男	女
全 区	**121**	**74**	**47**	**5**	**3**	**2**			
银川市	**33**	**22**	**11**						
兴庆区	8	4	4						
西夏区	2	2							
金凤区	1	1							
永宁县	6	5	2						
贺兰县	10	5	5						
灵武市	4	4							
石嘴山市	**13**	**8**	**5**						
大武口区									
惠农区	1	1	1						
平罗县	12	7	5						
吴忠市	**25**	**15**	**10**						
利通区	3	3							
红寺堡区	3	1	1						
盐池县	4	3	1						
同心县	10	4	5						
青铜峡市	5	3	2						
固原市	**22**	**12**	**11**	**4**	**2**	**2**			
原州区	3	2	1	2	1	1			
西吉县	5	2	3	1	1	1			
隆德县	4	2	2						
泾源县	2	1	1						
彭阳县	8	4	4	1		1			
中卫市	**29**	**18**	**10**	**1**	**1**				
沙坡头区	6	4	3						
中宁县	14	7	7	1	1				
海原县	9	8	1						

10-1b 续表 1

单位：人

地 区	5-9岁			10-14岁			15-19岁			20-24岁		
	小计	男	女	小计	男	女	小计	男	女	小计	男	女
全 区	**1**	**1**					**1**	**1**		**1**	**1**	
银川市	**1**	**1**										
兴庆区												
西夏区												
金凤区												
永宁县	1	1										
贺兰县												
灵武市												
石嘴山市												
大武口区												
惠农区												
平罗县												
吴忠市												
利通区												
红寺堡区												
盐池县												
同心县												
青铜峡市												
固原市							**1**	**1**				
原州区												
西吉县							1	1				
隆德县												
泾源县												
彭阳县												
中卫市										**1**	**1**	
沙坡头区												
中宁县												
海原县										1	1	

10-1b 续表 2

单位：人

地区	25-29岁			30-34岁			35-39岁			40-44岁		
	小计	男	女	小计	男	女	小计	男	女	小计	男	女
全区	**2**	**1**	**1**							**4**	**4**	
银川市										**2**	**2**	
兴庆区												
西夏区										1	1	
金凤区												
永宁县												
贺兰县												
灵武市										1	1	
石嘴山市										**1**	**1**	
大武口区												
惠农区												
平罗县										1	1	
吴忠市	**1**		**1**									
利通区												
红寺堡区												
盐池县												
同心县	1		1									
青铜峡市												
固原市	**1**	**1**										
原州区												
西吉县												
隆德县												
泾源县												
彭阳县	1	1										
中卫市										**1**	**1**	
沙坡头区										1	1	
中宁县												
海原县												

10−1b 续表 3

单位：人

地 区	45−49岁			50−54岁			55−59岁			60−64岁		
	小计	男	女	小计	男	女	小计	男	女	小计	男	女
全 区	**4**	**4**	**1**	**8**	**6**	**2**	**6**	**3**	**3**	**6**	**4**	**1**
银川市	**1**		**1**	**1**	**1**					**1**	**1**	
兴庆区												
西夏区												
金凤区												
永宁县				1	1							
贺兰县	1		1							1	1	
灵武市												
石嘴山市							**3**	**1**	**1**			
大武口区												
惠农区							1		1			
平罗县							2	1	1			
吴忠市	**3**	**3**		**4**	**3**	**1**	**1**	**1**				
利通区	1	1										
红寺堡区												
盐池县				1	1		1	1				
同心县	1	1		1	1							
青铜峡市	1	1		2	1	1						
固原市				**1**		**1**	**2**	**1**	**1**	**2**	**1**	**1**
原州区												
西吉县										1		1
隆德县							1		1	1	1	
泾源县												
彭阳县				1		1	1	1	1	1	1	
中卫市				**2**	**2**					**2**	**2**	**1**
沙坡头区												
中宁县				1	1					2	2	1
海原县				1	1							

10-1b 续表 4

单位：人

地区	65-69岁			70-74岁			75-79岁			80-84岁		
	小计	男	女	小计	男	女	小计	男	女	小计	男	女
全区	**11**	**6**	**6**	**14**	**9**	**4**	**19**	**9**	**9**	**24**	**15**	**9**
银川市	**3**	**2**	**2**	**6**	**6**		**4**		**4**	**9**	**6**	**2**
兴庆区				2	2		2		2	2	2	
西夏区				1	1							
金凤区												
永宁县	1		1	2	2		1		1			
贺兰县	1	1	1	1	1		1		1	4	2	2
灵武市	1	1								2	2	
石嘴山市	**1**		**1**				**2**	**2**		**3**	**2**	**1**
大武口区												
惠农区										1	1	
平罗县	1		1				2	2		2	1	1
吴忠市	**3**		**3**	**2**		**2**	**3**	**1**	**1**	**3**	**3**	
利通区										1	1	
红寺堡区				1		1	1	1				
盐池县	1											
同心县	2		2				1		1	1	1	
青铜峡市										1	1	
固原市	**1**	**1**		**3**	**1**	**2**	**2**	**2**		**5**	**1**	**3**
原州区							1	1				
西吉县	1	1								1		1
隆德县				1	1	1				1	1	1
泾源县												
彭阳县				1		1	1	1		2	1	1
中卫市	**3**	**3**		**4**	**3**	**1**	**9**	**4**	**5**	**5**	**2**	**2**
沙坡头区				2	2		3		3	1	1	
中宁县	1	1		1		1	4	2	2	3	1	2
海原县	2	2		1	1		2	2	1	1	1	

10−1b 续表 5 单位：人

地 区	85−89岁			90−94岁			95−99岁			100岁及以上		
	小计	男	女	小计	男	女	小计	男	女	小计	男	女
全 区	**11**	**6**	**5**	**4**	**2**	**3**	**1**		**1**			
银川市	**2**	**2**		**4**	**1**	**3**						
兴庆区				2		2						
西夏区												
金凤区				1	1							
永宁县	2	2										
贺兰县				1		1						
灵武市												
石嘴山市	**3**	**1**	**2**									
大武口区												
惠农区												
平罗县	3	1	2									
吴忠市	**3**	**2**	**1**				**1**		**1**			
利通区	1	1										
红寺堡区												
盐池县												
同心县	1	1					1		1			
青铜峡市	1		1									
固原市	**1**			**1**	**1**							
原州区												
西吉县												
隆德县												
泾源县	1											
彭阳县				1	1							
中卫市	**2**	**1**	**2**									
沙坡头区												
中宁县	2		2									
海原县	1	1										

10-1c 各地区分年龄、性别的死亡人口 (2014.11.1-2015.10.31)(乡村)

单位：人

地 区	死亡人口			0岁			1-4岁		
	合计	男	女	小计	男	女	小计	男	女
全 区	**429**	**263**	**166**	**10**	**5**	**5**	**8**	**6**	**2**
银川市	**72**	**44**	**27**	**3**	**1**	**1**			
兴庆区	9	6	3						
西夏区	1	1							
金凤区	3	1	1						
永宁县	24	16	9	1		1			
贺兰县	17	13	4	1	1				
灵武市	17	7	10						
石嘴山市	**31**	**17**	**13**						
大武口区	2	2							
惠农区	6	3	3						
平罗县	23	12	10						
吴忠市	**109**	**64**	**45**	**2**	**1**	**1**	**5**	**4**	**1**
利通区	16	9	6						
红寺堡区	11	7	4	1	1				
盐池县	31	16	14				2	2	
同心县	30	18	13	1		1	2	1	1
青铜峡市	22	14	8				1	1	
固原市	**123**	**79**	**45**	**4**	**2**	**2**	**2**	**1**	**1**
原州区	38	22	17						
西吉县	40	28	13	2	2				
隆德县	17	13	4	1		1			
泾源县	10	4	6						
彭阳县	18	12	5	1		1	2	1	1
中卫市	**95**	**59**	**36**	**2**	**1**	**1**	**1**	**1**	
沙坡头区	34	23	11						
中宁县	32	17	15	1		1			
海原县	29	19	10	1	1		1	1	

10−1c 续表 1 单位：人

地 区	5−9岁			10−14岁			15−19岁			20−24岁		
	小计	男	女	小计	男	女	小计	男	女	小计	男	女
全 区	**2**	**1**	**1**	**3**	**3**		**4**	**3**	**1**	**4**	**3**	**1**
银川市												
兴庆区												
西夏区												
金凤区												
永宁县												
贺兰县												
灵武市												
石嘴山市							**1**	**1**				
大武口区												
惠农区												
平罗县							1	1				
吴忠市	**1**		**1**	**1**	**1**		**1**		**1**	**1**	**1**	
利通区												
红寺堡区				1	1							
盐池县												
同心县	1		1				1		1	1	1	
青铜峡市												
固原市	**1**	**1**		**2**	**2**		**1**	**1**		**1**		**1**
原州区												
西吉县	1	1					1	1		1		1
隆德县				2	2							
泾源县												
彭阳县												
中卫市				**1**	**1**		**1**	**1**		**2**	**2**	
沙坡头区							1	1		2	2	
中宁县												
海原县				1	1							

10-1c　续表 2　　　　单位：人

地　区	25–29岁			30–34岁			35–39岁			40–44岁		
	小计	男	女	小计	男	女	小计	男	女	小计	男	女
全　区	**10**	**10**		**7**	**7**		**9**	**7**	**1**	**10**	**9**	**1**
银川市	**1**	**1**		**1**	**1**		**1**		**1**	**4**	**4**	
兴庆区							1		1	1	1	
西夏区												
金凤区												
永宁县	1	1										
贺兰县										3	3	
灵武市				1	1							
石嘴山市												
大武口区												
惠农区												
平罗县												
吴忠市	**1**	**1**		**1**	**1**		**2**	**2**		**2**	**2**	
利通区												
红寺堡区												
盐池县										2	2	
同心县				1	1		2	2				
青铜峡市	1	1										
固原市	**5**	**5**		**1**	**1**		**2**	**2**		**3**	**1**	**1**
原州区	4	4					1	1		1	1	
西吉县	1	1		1	1		1	1				
隆德县										1		1
泾源县										1		1
彭阳县												
中卫市	**2**	**2**		**4**	**4**		**3**	**3**		**1**	**1**	
沙坡头区										1	1	
中宁县	1	1		2	2		1	1				
海原县	1	1		2	2		2	2				

10-1c 续表 3 单位：人

地 区	45-49岁			50-54岁			55-59岁			60-64岁		
	小计	男	女	小计	男	女	小计	男	女	小计	男	女
全 区	**19**	**13**	**6**	**22**	**12**	**10**	**12**	**9**	**3**	**37**	**18**	**19**
银川市	**3**	**1**	**1**	**6**	**3**	**3**				**10**	**6**	**4**
兴庆区				1		1						
西夏区				1	1							
金凤区				1	1							
永宁县										4	2	2
贺兰县	1	1		1		1				4	3	1
灵武市	1		1	1	1					1	1	
石嘴山市	**3**	**3**		**1**		**1**				**2**	**1**	**2**
大武口区												
惠农区										1	1	1
平罗县	3	3		1		1				1		1
吴忠市	**2**	**1**	**2**	**8**	**6**	**2**	**5**	**3**	**2**	**10**	**4**	**6**
利通区				2	2		3	2	2	2		2
红寺堡区	1	1		1		1	1		1	2	1	1
盐池县	2		2							2		2
同心县				3	3		1	1		1		1
青铜峡市				3	1	1				4	3	1
固原市	**9**	**6**	**3**	**3**	**2**	**1**	**3**	**3**		**4**	**2**	**2**
原州区	5	4	1	1		1	1	1		3	1	1
西吉县	1		1	1	1		1	1				
隆德县												
泾源县										1	1	
彭阳县	3	2	1	1	1		1	1		1		1
中卫市	**2**	**2**		**4**	**1**	**3**	**4**	**3**	**1**	**11**	**6**	**5**
沙坡头区				1	1		2	1	1	5	4	1
中宁县				1		1	2	2		2		2
海原县	2	2		2		2				4	2	2

10-1c 续表 4

单位：人

地 区	65-69岁			70-74岁			75-79岁			80-84岁		
	小计	男	女	小计	男	女	小计	男	女	小计	男	女
全 区	**45**	**32**	**13**	**62**	**41**	**21**	**64**	**33**	**31**	**57**	**31**	**26**
银川市	**6**	**5**	**1**	**10**	**9**	**1**	**8**	**4**	**4**	**10**	**4**	**6**
兴庆区				1	1					3	3	
西夏区												
金凤区												
永宁县	3	2	1	7	7		3		3	2	1	1
贺兰县	3	3					1	1		1		1
灵武市				2	1	1	3	2	1	3		3
石嘴山市	**7**	**6**	**1**	**2**	**1**	**2**	**3**	**1**	**3**	**7**	**4**	**4**
大武口区												
惠农区				1	1	1	1	1	1	2	1	1
平罗县	6	5	1	1		1	2		2	5	2	3
吴忠市	**11**	**7**	**4**	**13**	**8**	**5**	**23**	**13**	**11**	**13**	**8**	**5**
利通区	2	2					5	2	3	2	2	
红寺堡区	1	1	1	2	1	1	2	2				
盐池县	2		2	4	2	2	13	7	5	5	4	2
同心县	3	1	2	4	2	2	4	2	2	4	3	1
青铜峡市	4	4		4	4					3		3
固原市	**10**	**8**	**2**	**21**	**13**	**9**	**19**	**12**	**7**	**15**	**9**	**6**
原州区	5	4	1	4		4	3	1	1	4	1	3
西吉县	2	2		10	8	2	7	4	3	3	1	2
隆德县				4	3	1	3	3	1	5	5	
泾源县	1		1	3	1	2	3	2	1	2	1	1
彭阳县	3	3		1	1		4	3	1	2	1	1
中卫市	**11**	**6**	**5**	**15**	**11**	**4**	**10**	**4**	**6**	**11**	**5**	**5**
沙坡头区	6	4	3	7	6	1	5	2	3	2	1	1
中宁县	2	2		4	3	1	6	2	3	6	2	3
海原县	2		2	3	1	2				3	2	1

10−1c 续表 5 单位：人

地 区	85−89岁			90−94岁			95−99岁			100岁及以上		
	小计	男	女	小计	男	女	小计	男	女	小计	男	女
全 区	**33**	**17**	**16**	**8**	**2**	**6**	**1**		**1**	**1**		**1**
银川市	**5**	**2**	**2**	**3**	**1**	**2**						
兴庆区												
西夏区												
金凤区	1		1									
永宁县	1	1		1	1							
贺兰县												
灵武市	2	1	1	2		2						
石嘴山市	**2**	**1**	**1**	**1**		**1**						
大武口区												
惠农区	1		1									
平罗县	1	1		1		1						
吴忠市	**5**	**3**	**2**				**1**		**1**			
利通区	2	2										
红寺堡区												
盐池县												
同心县	2	1	1									
青铜峡市	1		1				1		1			
固原市	**13**	**7**	**6**	**3**	**1**	**2**				**1**		**1**
原州区	4	1	3	1	1					1		1
西吉县	7	5	2	2		2						
隆德县	1		1									
泾源县	1		1									
彭阳县	1	1										
中卫市	**8**	**4**	**4**	**1**		**1**						
沙坡头区	2	1	1	1		1						
中宁县	3		3									
海原县	3	3										

10-2 全区分年龄、性别的死亡人口状况
(2014.11.1-2015.10.31)

单位：人、‰

年 龄	2015年5月1日人口			死亡人口			死亡率		
	合计	男	女	合计	男	女	合计	男	女
总 计	**207335**	**106789**	**100546**	**760**	**461**	**298**	**3.66**	**4.32**	**2.96**
0-4	**13377**	**7185**	**6191**	**27**	**18**	**9**	**2.02**	**2.49**	**1.49**
	1381	732	649	19	12	7	13.90	16.19	11.33
1	2941	1596	1346	4	3	1	1.31	1.81	0.72
2	2985	1571	1414	1	1		0.30	0.56	
3	3133	1677	1456	1	1		0.40	0.76	
4	2937	1610	1327	2	1	1	0.63	0.61	0.66
5-9	**13538**	**7194**	**6343**	**4**	**3**	**1**	**0.29**	**0.41**	**0.15**
5	2658	1381	1277	2	2		0.75	1.45	
6	2629	1385	1243						
7	2820	1499	1321						
8	2674	1459	1215						
9	2757	1470	1286	2	1	1	0.70	0.65	0.76
10-14	**13936**	**7197**	**6739**	**4**	**4**		**0.28**	**0.55**	
10	2766	1426	1340	1	1		0.48	0.94	
11	2851	1462	1389	1	1		0.30	0.59	
12	2692	1402	1290	2	2		0.65	1.25	
13	2744	1391	1353						
14	2883	1516	1367						
15-19	**14723**	**7778**	**6945**	**5**	**4**	**1**	**0.31**	**0.46**	**0.14**
15	2499	1297	1202	1		1	0.39		0.81
16	2708	1462	1247	2	2		0.59	1.09	
17	3242	1794	1449						
18	3087	1648	1439	1	1		0.33	0.62	
19	3187	1578	1609	1	1		0.30	0.61	
20-24	**17791**	**9329**	**8462**	**10**	**9**	**1**	**0.54**	**0.93**	**0.11**
20	4140	2090	2050	1	1		0.22	0.44	
21	3763	2004	1759	3	3		0.93	1.74	
22	3493	1885	1608	2	1	1	0.55	0.52	0.60
23	3251	1737	1514	3	3		1.03	1.92	
24	3144	1613	1530						
25-29	**18282**	**9188**	**9095**	**12**	**10**	**1**	**0.63**	**1.14**	**0.12**
25	4141	2091	2050	4	4		0.85	1.68	
26	3636	1810	1825	1	1		0.18	0.36	
27	3569	1775	1793	3	3		0.97	1.95	
28	3577	1816	1761	2	2		0.49	0.96	
29	3360	1695	1665	2	1	1	0.65	0.65	0.65

10-2 续表 1

单位：人、‰

年 龄	2015年5月1日人口			死亡人口			死亡率		
	合计	男	女	合计	男	女	合计	男	女
30-34	**16071**	**8195**	**7877**	**7**	**7**		**0.46**	**0.90**	
30	3163	1574	1589	2	2		0.65	1.31	
31	3108	1565	1543	2	2		0.66	1.31	
32	3085	1618	1467						
33	3600	1781	1819	3	3		0.90	1.83	
34	3116	1657	1459						
35-39	**17123**	**8796**	**8327**	**18**	**9**	**8**	**1.03**	**1.07**	**0.98**
35	3544	1813	1731	3	1	1	0.73	0.60	0.86
36	3411	1767	1643	5	3	2	1.40	1.84	0.93
37	3322	1663	1659	2		2	0.60		1.19
38	3187	1633	1554	3	3		0.96	1.87	
39	3660	1919	1740	5	2	3	1.42	1.06	1.80
40-44	**18210**	**9472**	**8737**	**19**	**16**	**4**	**1.06**	**1.66**	**0.41**
40	3655	1903	1753	4	4		1.14	2.19	
41	3660	1886	1773	3	3		0.69	1.34	
42	3720	1934	1786	3	3		0.90	1.73	
43	3693	1915	1778	4	2	1	0.97	1.14	0.79
44	3482	1834	1647	6	4	2	1.65	1.92	1.35
45-49	**17737**	**9072**	**8665**	**30**	**23**	**7**	**1.70**	**2.51**	**0.86**
45	3986	2000	1986	6	3	3	1.62	1.68	1.56
46	3664	1870	1795	8	5	3	2.18	2.92	1.41
47	3738	1919	1820	8	7	1	2.24	3.86	0.53
48	3084	1626	1458	2	2		0.64	1.21	
49	3264	1657	1607	5	5	1	1.66	2.73	0.55
50-54	**13532**	**6920**	**6612**	**39**	**22**	**16**	**2.85**	**3.24**	**2.45**
50	3079	1625	1455	6	3	2	1.80	1.93	1.65
51	3191	1606	1585	10	6	4	3.13	3.93	2.32
52	3337	1706	1631	10	4	5	2.88	2.43	3.35
53	2622	1297	1325	7	5	1	2.50	4.13	0.90
54	1303	687	616	7	3	3	5.30	5.01	5.61
55-59	**8833**	**4575**	**4257**	**35**	**21**	**15**	**4.00**	**4.50**	**3.46**
55	1662	901	761	2	1	1	1.19	1.23	1.16
56	1357	712	645	4	2	1	2.91	3.44	2.32
57	1810	941	870	6	4	2	3.56	4.44	2.60
58	2071	1067	1005	6	3	3	2.81	2.94	2.67
59	1932	955	977	17	10	7	8.86	10.16	7.59
60-64	**8620**	**4319**	**4301**	**52**	**30**	**23**	**6.08**	**6.87**	**5.29**
60	2009	990	1019	6	2	4	3.10	2.50	3.69
61	1919	977	942	16	9	7	8.41	9.56	7.21
62	1658	838	821	13	6	7	7.62	7.06	8.19
63	1669	798	872	6	4	2	3.34	4.72	2.09
64	1364	716	648	12	8	4	8.69	11.45	5.65

10-2 续表 2

单位：人、‰

年 龄	2015年5月1日人口			死亡人口			死亡率		
	合计	男	女	合计	男	女	合计	男	女
65—69	**5840**	**2856**	**2984**	**74**	**48**	**25**	**12.62**	**16.95**	**8.49**
65	1450	750	701	14	11	3	9.75	15.29	3.83
66	1403	689	714	7	7	1	5.18	9.56	0.95
67	979	457	522	13	10	3	13.09	22.14	5.18
68	1030	492	538	20	8	11	19.16	17.27	20.87
69	978	469	509	20	12	8	20.22	25.05	15.77
70—74	**4412**	**2139**	**2273**	**101**	**61**	**39**	**22.82**	**28.67**	**17.31**
70	968	463	505	20	13	7	20.33	28.13	13.19
71	949	469	480	23	18	5	24.61	38.93	10.64
72	937	459	478	22	15	7	23.42	32.34	14.85
73	840	404	435	17	8	8	19.84	20.88	18.88
74	718	344	374	19	7	12	26.49	19.68	32.76
75—79	**3056**	**1489**	**1567**	**126**	**70**	**56**	**41.25**	**46.77**	**35.99**
75	745	360	385	31	16	14	41.03	45.18	37.15
76	640	317	323	30	21	9	46.47	66.84	26.52
77	675	334	341	30	17	13	43.87	50.63	37.23
78	492	228	264	16	6	10	32.67	28.00	36.69
79	503	250	253	20	9	11	39.78	35.56	43.95
80—84	**1580**	**764**	**815**	**112**	**65**	**47**	**71.14**	**85.02**	**58.13**
80	423	188	235	23	14	10	54.56	72.07	40.55
81	359	167	192	28	12	16	78.60	74.51	82.15
82	330	157	173	24	15	10	74.12	92.56	57.34
83	282	159	123	16	13	4	58.34	79.57	30.83
84	186	93	93	20	12	8	108.65	126.46	90.69
85—89	**504**	**242**	**262**	**60**	**32**	**28**	**119.49**	**131.29**	**108.56**
85	181	85	97	12	4	8	64.31	47.26	79.28
86	89	43	45	11	5	6	122.51	114.98	129.72
87	101	50	51	12	7	5	115.84	134.98	96.89
88	76	30	46	11	6	5	142.83	191.11	111.56
89	57	34	23	15	10	5	265.99	304.69	209.28
90—94	**144**	**68**	**76**	**18**	**8**	**10**	**123.24**	**121.40**	**124.88**
90	51	23	27	3	2	1	61.03	88.68	37.38
91	38	17	21	4	1	3	100.42	62.73	131.59
92	28	14	13	4	3	1	137.69	202.50	68.17
93	17	8	9	4	1	3	244.27	136.08	335.65
94	11	5	6	3	1	2	271.17	218.99	318.87
95—99	**23**	**11**	**13**	**6**	**2**	**4**	**253.90**	**150.76**	**339.73**
95	7	4	3						
96	5	3	2	1	1		147.62	248.98	
97	5	2	3	3		3	607.82		931.51
98	6	2	5	2	1	1	308.23	494.54	236.24
99									
100及以上	**2**		**2**	**1**		**1**	**557.14**		**557.14**

10—2ab 全区分年龄、性别的死亡人口状况
(2014.11.1—2015.10.31)(城镇)

单位：人、‰

年 龄	2015年5月1日人口			死亡人口			死亡率		
	合计	男	女	合计	男	女	合计	男	女
总 计	**113606**	**58574**	**55033**	**330**	**198**	**132**	**2.91**	**3.39**	**2.39**
0—4	**7133**	**3883**	**3250**	**9**	**7**	**2**	**1.28**	**1.73**	**0.75**
0	676	387	289	9	7	2	13.52	17.36	8.38
1	1670	916	755						
2	1623	868	755						
3	1651	881	770						
4	1513	832	681						
5—9	**6024**	**3237**	**2787**	**2**	**2**		**0.33**	**0.62**	
5	1135	606	529	2	2		1.76	3.30	
6	1120	593	527						
7	1316	688	628						
8	1233	680	553						
9	1219	669	550						
10—14	**6530**	**3419**	**3111**						
10	1291	667	625						
11	1344	701	643						
12	1198	629	569						
13	1352	697	655						
14	1345	726	619						
15—19	**6780**	**3726**	**3054**	**1**	**1**		**0.10**	**0.18**	
15	998	543	454						
16	1216	695	521	1	1		0.56	0.98	
17	1535	931	604						
18	1453	799	654						
19	1578	758	821						
20—24	**10179**	**5385**	**4794**	**6**	**6**		**0.58**	**1.10**	
20	2651	1326	1325						
21	2250	1198	1051	3	3		1.15	2.16	
22	1970	1085	885						
23	1751	948	803	3	3		1.91	3.52	
24	1558	828	730						
25—29	**10892**	**5372**	**5520**	**2**	**1**	**1**	**0.16**	**0.12**	**0.20**
25	2321	1163	1158						
26	2139	1044	1095	1	1		0.30	0.62	
27	2171	1046	1125						
28	2216	1111	1105						
29	2045	1009	1036	1		1	0.53		1.05

10-2ab 续表 1

单位：人、‰

年 龄	2015年5月1日人口			死亡人口			死亡率		
	合计	男	女	合计	男	女	合计	男	女
30–34	**9525**	**4721**	**4804**						
30	1878	925	953						
31	1880	920	961						
32	1840	927	913						
33	2150	1023	1128						
34	1777	927	850						
35–39	**10412**	**5314**	**5099**	**9**	**2**	**7**	**0.83**	**0.37**	**1.30**
35	2098	1085	1013						
36	2047	1059	987	4	2	2	1.71	1.87	1.54
37	2074	1011	1063	2		2	0.95		1.86
38	1981	1009	972						
39	2212	1149	1063	3		3	1.42		2.95
40–44	**11128**	**5810**	**5318**	**9**	**7**	**2**	**0.82**	**1.18**	**0.42**
40	2234	1170	1065	3	3		1.20	2.29	
41	2220	1168	1053	1	1		0.32	0.62	
42	2286	1170	1116	2	2		0.91	1.77	
43	2220	1147	1073	1	1		0.32	0.63	
44	2168	1156	1012	3	1	2	1.34	0.59	2.20
45–49	**10278**	**5310**	**4968**	**11**	**10**	**1**	**1.09**	**1.84**	**0.30**
45	2381	1195	1186	3	2	1	1.19	1.75	0.63
46	2168	1103	1065	3	2	1	1.40	2.11	0.68
47	2184	1137	1047	2	2		1.05	2.01	
48	1741	952	790						
49	1804	923	880	3	3		1.71	3.33	
50–54	**7542**	**3874**	**3668**	**16**	**10**	**6**	**2.15**	**2.70**	**1.56**
50	1707	905	802	2	1	1	1.08	1.32	0.81
51	1783	912	872	4	3	1	2.22	3.04	1.37
52	1967	1018	949	6	3	3	3.03	3.21	2.84
53	1423	697	726	2	1	1	1.38	1.11	1.65
54	662	343	319	2	2		3.72	7.18	
55–59	**4746**	**2417**	**2329**	**23**	**12**	**12**	**4.92**	**4.87**	**4.97**
55	907	468	440	1		1	0.97		2.00
56	780	382	398	2	1	1	3.05	2.30	3.76
57	974	522	452	6	4	2	6.61	8.01	4.99
58	1089	550	539	4	2	2	3.67	4.03	3.29
59	997	496	501	10	5	5	9.71	9.08	10.33
60–64	**4446**	**2204**	**2243**	**15**	**11**	**4**	**3.40**	**5.17**	**1.65**
60	1002	490	512	1	1	1	1.33	1.32	1.34
61	1036	494	542	4	3	1	3.68	5.57	1.96
62	844	457	387	2	2		2.72	5.03	
63	844	386	458	2	1	1	2.69	2.78	2.61
64	720	376	344	5	5	1	7.48	12.27	2.24

10-2ab 续表 2

单位：人、‰

年 龄	2015年5月1日人口			死亡人口			死亡率		
	合计	男	女	合计	男	女	合计	男	女
65–69	**2961**	**1421**	**1540**	**28**	**16**	**12**	**9.61**	**11.54**	**7.83**
65	756	378	378	5	4	1	6.56	10.13	2.99
66	686	333	353	4	3	1	5.93	10.16	1.93
67	507	249	259	3	2	1	6.56	8.85	4.36
68	529	237	292	7	2	5	13.02	8.34	16.81
69	483	224	259	9	5	4	19.11	22.37	16.29
70–74	**2211**	**1069**	**1142**	**39**	**20**	**19**	**17.43**	**18.63**	**16.30**
70	442	221	222	8	4	4	17.58	16.71	18.45
71	467	226	242	6	5	2	13.18	20.33	6.51
72	462	222	240	10	6	4	22.52	28.81	16.68
73	442	197	246	5	3	2	11.34	15.35	8.14
74	396	204	193	9	2	7	23.13	10.87	36.06
75–79	**1617**	**793**	**824**	**62**	**37**	**26**	**38.64**	**46.25**	**31.31**
75	408	212	196	16	12	5	39.87	54.37	24.20
76	327	157	170	15	11	4	45.08	70.48	21.74
77	343	167	176	13	8	6	38.92	44.98	33.18
78	276	125	151	7	2	5	25.21	17.20	31.85
79	263	133	130	11	4	7	42.45	33.70	51.39
80–84	**848**	**436**	**413**	**56**	**34**	**21**	**65.73**	**78.82**	**51.90**
80	228	106	122	13	8	5	58.40	76.72	42.51
81	183	81	101	13	6	7	68.99	72.54	66.14
82	175	95	80	9	7	3	53.78	70.61	33.78
83	164	98	66	6	4	2	35.93	37.04	34.27
84	100	56	44	15	10	5	146.30	178.71	104.72
85–89	**252**	**131**	**121**	**27**	**15**	**12**	**108.67**	**114.00**	**102.92**
85	89	51	38	5	1	4	55.75	15.82	109.11
86	43	24	19	5	3	2	112.56	121.24	101.92
87	47	25	22	5	4	2	117.04	156.65	71.57
88	43	17	26	6	3	3	143.45	157.13	134.53
89	30	14	16	6	5	1	197.41	329.03	80.77
90–94	**87**	**46**	**40**	**9**	**6**	**4**	**107.98**	**125.97**	**87.32**
90	32	18	14	1	1		25.14	45.85	
91	20	11	10	4	1	3	186.34	101.34	278.45
92	16	8	7	3	3		186.15	346.32	
93	12	7	5	1	1		87.89	153.52	
94	7	3	4	1		1	118.55		211.03
95–99	**13**	**4**	**9**	**5**	**2**	**3**	**345.72**	**358.72**	**339.30**
95	4	1	3						
96	2	2		1	1		333.50	333.50	
97	3		3	2		2	567.63		567.63
98	4	1	3	2	1	1	524.68	1000.00	378.97
99									
100及以上	**1**		**1**						

10–2a 全区分年龄、性别的死亡人口状况 (2014.11.1–2015.10.31)(城市)

单位：人、‰

年 龄	2015年5月1日人口			死亡人口			死亡率		
	合计	男	女	合计	男	女	合计	男	女
总 计	**73484**	**37454**	**36030**	**209**	**124**	**85**	**2.85**	**3.32**	**2.36**
0–4	**4068**	**2243**	**1825**	**4**	**4**		**1.03**	**1.86**	
	369	217	152	4	4		11.32	19.21	
1	992	549	443						
2	918	492	426						
3	952	504	448						
4	838	481	357						
5–9	**3401**	**1870**	**1531**	**1**	**1**		**0.35**	**0.64**	
5	631	342	290	1	1		1.89	3.50	
6	592	318	274						
7	763	397	366						
8	750	433	317						
9	665	380	285						
10–14	**3760**	**1954**	**1806**						
10	718	361	357						
11	757	376	381						
12	681	354	327						
13	800	407	393						
14	804	456	348						
15–19	**4215**	**2265**	**1951**						
15	563	334	229						
16	623	397	226						
17	939	602	337						
18	1000	518	482						
19	1091	414	677						
20–24	**7061**	**3535**	**3526**	**5**	**5**		**0.75**	**1.50**	
20	1931	831	1100						
21	1614	796	817	2	2		1.22	2.48	
22	1353	724	629						
23	1174	644	530	3	3		2.84	5.18	
24	990	540	450						
25–29	**6813**	**3339**	**3474**						
25	1406	719	687						
26	1346	653	693						
27	1427	690	736						
28	1384	686	699						
29	1250	591	659						

10-2a 续表 1 单位：人、‰

年 龄	2015年5月1日人口			死亡人口			死亡率		
	合计	男	女	合计	男	女	合计	男	女
30-34	**6088**	**2919**	**3169**						
30	1189	565	624						
31	1234	572	662						
32	1165	578	588						
33	1352	621	731						
34	1147	584	564						
35-39	**6983**	**3499**	**3484**	**9**	**2**	**7**	**1.23**	**0.56**	**1.90**
35	1387	719	669						
36	1381	732	650	4	2	2	2.53	2.70	2.35
37	1396	643	753	2		2	1.42		2.62
38	1353	674	679						
39	1465	732	734	3		3	2.14		4.28
40-44	**7512**	**3937**	**3576**	**5**	**3**	**2**	**0.70**	**0.77**	**0.62**
40	1430	759	671	1	1		0.50	0.95	
41	1499	784	715	1	1		0.48	0.92	
42	1541	792	749	1	1		0.57	1.11	
43	1552	789	763	1	1		0.46	0.91	
44	1491	812	679	2		2	1.49		3.28
45-49	**6925**	**3557**	**3368**	**7**	**6**	**1**	**0.99**	**1.72**	**0.21**
45	1607	778	828	2	2		1.00	2.06	
46	1480	769	711	2	1	1	1.29	1.56	1.01
47	1479	772	707	1	1		0.81	1.55	
48	1166	631	536						
49	1193	607	586	2	2		1.79	3.52	
50-54	**5101**	**2635**	**2466**	**8**	**4**	**4**	**1.64**	**1.60**	**1.68**
50	1160	608	552	1	1		0.62	1.18	
51	1229	638	591	3	2	1	2.34	2.64	2.02
52	1344	701	642	3	1	2	2.12	1.56	2.74
53	947	461	486	1		1	1.26		2.46
54	421	227	194	1	1		1.71	3.18	
55-59	**3189**	**1621**	**1568**	**18**	**9**	**9**	**5.54**	**5.44**	**5.64**
55	609	323	286	1		1	1.44		3.08
56	521	258	263	2	1	1	3.23	3.41	3.05
57	661	359	302	6	4	2	9.74	11.65	7.48
58	731	354	377	2	1	1	2.94	3.00	2.89
59	668	327	340	7	3	4	9.74	8.24	11.18
60-64	**2890**	**1408**	**1482**	**9**	**7**	**2**	**3.21**	**4.98**	**1.52**
60	627	304	323						
61	703	331	372	3	2	1	4.36	6.07	2.85
62	535	292	243	2	2		3.00	5.50	
63	549	244	306	2	1	1	4.13	4.41	3.91
64	475	237	237	2	2		4.90	9.79	

10-2a 续表 2

单位：人、‰

年 龄	2015年5月1日人口			死亡人口			死亡率		
	合计	男	女	合计	男	女	合计	男	女
65–69	**1983**	**960**	**1023**	**17**	**11**	**6**	**8.74**	**11.28**	**6.35**
65	501	249	252	3	2	1	6.19	7.93	4.48
66	464	229	235	2	2		4.21	8.54	
67	352	178	174	2	1	1	6.41	6.33	6.49
68	346	162	184	4	2	2	12.63	12.22	13.00
69	319	142	177	6	4	2	17.66	26.72	10.42
70–74	**1476**	**697**	**780**	**25**	**11**	**14**	**16.83**	**15.38**	**18.12**
70	272	133	139	5	3	2	17.84	21.60	14.23
71	297	141	155	4	3	1	13.15	21.94	5.17
72	307	141	165	3	1	2	10.42	5.68	14.46
73	312	135	177	4	2	2	13.86	17.23	11.29
74	288	146	143	9	2	7	29.70	11.03	48.77
75–79	**1147**	**560**	**586**	**44**	**27**	**16**	**38.16**	**48.84**	**27.96**
75	276	142	134	11	9	2	40.34	62.13	17.33
76	233	112	121	12	10	2	51.01	86.11	18.39
77	242	118	124	7	5	2	29.02	39.82	18.70
78	193	89	104	6	1	5	30.37	11.91	46.13
79	202	99	103	8	3	5	38.78	31.53	45.72
80–84	**621**	**324**	**297**	**32**	**19**	**13**	**51.49**	**59.17**	**43.12**
80	157	75	82	8	5	3	53.81	71.79	37.24
81	143	63	79	4	2	2	29.63	28.68	30.40
82	126	68	58	7	4	3	57.10	65.86	46.75
83	125	73	52	2	1	2	19.86	11.97	31.07
84	70	43	27	10	7	3	137.11	151.34	114.11
85–89	**182**	**96**	**86**	**16**	**9**	**7**	**88.12**	**89.72**	**86.35**
85	66	39	27	2		2	29.37		72.86
86	33	19	14	4	2	2	113.51	93.31	141.26
87	34	16	17	3	2	1	90.30	131.30	51.18
88	29	12	18	4	2	2	131.08	168.67	106.02
89	21	9	11	4	3	1	170.27	284.28	72.55
90–94	**61**	**34**	**27**	**5**	**4**	**1**	**80.59**	**121.55**	**29.47**
90	25	14	11	1	1		32.00	55.90	
91	16	9	7	1	1		68.13	119.33	
92	6	5	2	2	2		350.27	489.62	
93	9	5	4						
94	5	2	4	1		1	150.48		211.03
95–99	**8**	**3**	**5**	**4**	**2**	**2**	**476.01**	**599.02**	**408.19**
95	1	1							
96	1	1		1	1		675.06	675.06	
97	3		3	2		2	567.63		567.63
98	2	1	1	1	1		392.58	1000.00	
99									
100及以上									

10-2b 全区分年龄、性别的死亡人口状况 (2014.11.1-2015.10.31)(镇)

单位：人、‰

年 龄	2015年5月1日人口			死亡人口			死亡率		
	合计	男	女	合计	男	女	合计	男	女
总 计	**40122**	**21119**	**19002**	**121**	**74**	**47**	**3.02**	**3.51**	**2.47**
0-4	**3065**	**1640**	**1425**	**5**	**3**	**2**	**1.62**	**1.55**	**1.70**
0	307	170	137	5	3	2	16.17	14.99	17.62
1	678	366	312						
2	705	376	329						
3	699	377	323						
4	675	351	324						
5-9	**2623**	**1367**	**1255**	**1**	**1**		**0.31**	**0.59**	
5	504	265	239	1	1		1.60	3.04	
6	529	275	253						
7	553	291	262						
8	482	246	236						
9	554	289	265						
10-14	**2770**	**1465**	**1305**						
10	573	306	268						
11	586	325	262						
12	517	275	242						
13	552	290	262						
14	542	270	271						
15-19	**2565**	**1461**	**1104**	**1**	**1**		**0.27**	**0.47**	
15	435	209	226						
16	593	298	295	1	1		1.15	2.29	
17	596	329	267						
18	453	281	172						
19	487	343	144						
20-24	**3118**	**1850**	**1268**	**1**	**1**		**0.19**	**0.33**	
20	720	495	225						
21	636	402	234	1	1		0.96	1.51	
22	617	361	256						
23	577	304	273						
24	568	288	280						
25-29	**4079**	**2033**	**2046**	**2**	**1**	**1**	**0.43**	**0.32**	**0.53**
25	915	444	472						
26	793	391	402	1	1		0.82	1.66	
27	745	356	389						
28	832	425	407						
29	795	418	377	1		1	1.37		2.88

10-2b 续表 1 单位：人、‰

年 龄	2015年5月1日人口			死亡人口			死亡率		
	合计	男	女	合计	男	女	合计	男	女
30–34	**3437**	**1802**	**1635**						
30	689	360	329						
31	646	348	298						
32	674	349	325						
33	798	402	397						
34	629	343	287						
35–39	**3429**	**1815**	**1614**						
35	711	366	345						
36	666	328	338						
37	678	368	310						
38	628	335	292						
39	747	418	329						
40–44	**3616**	**1874**	**1742**	**4**	**4**		**1.06**	**2.04**	
40	804	410	394	2	2		2.43	4.76	
41	721	383	338						
42	745	378	367	1	1		1.61	3.17	
43	668	359	310						
44	677	344	333	1	1		1.01	1.98	
45–49	**3353**	**1753**	**1600**	**4**	**4**	**1**	**1.31**	**2.07**	**0.47**
45	774	416	358	1		1	1.58		2.09
46	688	334	354	1	1		1.64	3.37	
47	704	365	339	1	1		1.54	2.98	
48	575	321	254						
49	611	316	295	1	1		1.54	2.97	
50–54	**2442**	**1240**	**1202**	**8**	**6**	**2**	**3.21**	**5.04**	**1.32**
50	548	297	251	1		1	2.05		2.58
51	554	273	281	1	1		1.96	3.97	
52	623	316	307	3	2	1	5.00	6.87	3.07
53	475	236	240	1	1		1.62	3.27	
54	242	117	125	2	2		7.23	14.94	
55–59	**1557**	**796**	**761**	**6**	**3**	**3**	**3.66**	**3.72**	**3.60**
55	299	145	154						
56	259	124	135	1		1	2.68		5.14
57	313	163	150						
58	357	196	162	2	1	1	5.15	5.91	4.21
59	329	169	161	3	2	1	9.64	10.71	8.52
60–64	**1556**	**796**	**761**	**6**	**4**	**1**	**3.74**	**5.50**	**1.91**
60	375	186	189	1	1	1	3.55	3.48	3.62
61	333	164	169	1	1		2.24	4.56	
62	309	165	144	1	1		2.24	4.20	
63	295	143	152						
64	245	139	106	3	2	1	12.49	16.51	7.25

10－2b　续表 2　　　　单位：人、‰

年　龄	2015年5月1日人口			死亡人口			死亡率		
	合计	男	女	合计	男	女	合计	男	女
65－69	**978**	**461**	**517**	**11**	**6**	**6**	**11.38**	**12.09**	**10.76**
65	255	129	126	2	2		7.28	14.36	
66	222	104	117	2	1	1	9.52	13.71	5.80
67	155	71	85	1	1		6.91	15.21	
68	183	75	108	3		3	13.74		23.34
69	163	82	82	4	1	2	21.93	14.84	29.04
70－74	**734**	**372**	**362**	**14**	**9**	**4**	**18.63**	**24.70**	**12.39**
70	170	87	83	3	1	2	17.17	9.23	25.53
71	171	84	86	2	1	1	13.22	17.63	8.92
72	155	81	74	7	6	2	46.42	69.12	21.62
73	130	62	69	1	1		5.32	11.23	
74	108	58	50	1	1		5.61	10.48	
75－79	**471**	**233**	**237**	**19**	**9**	**9**	**39.81**	**40.04**	**39.59**
75	132	70	62	5	3	2	38.87	38.66	39.10
76	94	44	50	3	1	1	30.42	31.02	29.89
77	101	49	52	6	3	4	62.72	57.52	67.58
78	83	36	47	1	1		13.18	30.28	
79	61	34	27	3	1	2	54.61	39.98	73.16
80－84	**227**	**112**	**115**	**24**	**15**	**9**	**104.65**	**135.54**	**74.56**
80	70	30	40	5	3	2	68.67	88.99	53.29
81	40	18	22	8	4	4	209.86	228.15	194.97
82	49	27	22	2	2		45.24	82.70	
83	39	24	14	3	3	1	88.11	112.29	46.05
84	30	13	17	5	3	2	168.07	271.96	89.80
85－89	**69**	**35**	**35**	**11**	**6**	**5**	**162.79**	**181.51**	**144.14**
85	23	12	12	3	1	2	130.64	69.29	192.34
86	10	5	5	1	1		109.38	239.65	
87	13	9	5	2	2	1	184.76	204.77	147.36
88	14	5	8	2	1	2	170.25	131.08	194.67
89	9	5	5	2	2		256.78	421.59	
90－94	**26**	**12**	**13**	**4**	**2**	**3**	**173.77**	**138.12**	**207.35**
90	7	3	4						
91	5	2	3	3		3	590.19		902.63
92	9	4	5	1	1		70.67	171.39	
93	3	2	1	1	1		307.79	440.77	
94	1	1							
95－99	**6**	**2**	**4**	**1**		**1**	**181.91**		**259.62**
95	3	1	3						
96	1	1							
97									
98	2		2	1		1	720.90		720.90
99									
100及以上	**1**		**1**						

10-2c　全区分年龄、性别的死亡人口状况 (2014.11.1-2015.10.31)(乡村)

单位：人、‰

年　龄	2015年5月1日人口			死亡人口			死亡率		
	合计	男	女	合计	男	女	合计	男	女
总　计	**93729**	**48216**	**45514**	**429**	**263**	**166**	**4.58**	**5.46**	**3.65**
0-4	**6244**	**3302**	**2942**	**18**	**11**	**7**	**2.87**	**3.37**	**2.31**
	705	345	360	10	5	5	14.26	14.86	13.69
1	1271	680	591	4	3	1	3.04	4.25	1.65
2	1362	703	659	1	1		0.65	1.25	
3	1482	796	686	1	1		0.86	1.59	
4	1424	778	646	2	1	1	1.30	1.25	1.37
5-9	**7514**	**3957**	**3557**	**2**	**1**	**1**	**0.26**	**0.24**	**0.27**
5	1523	775	748						
6	1508	792	716						
7	1504	810	693						
8	1441	779	662						
9	1538	802	736	2	1	1	1.26	1.20	1.32
10-14	**7406**	**3777**	**3629**	**3**	**3**		**0.47**	**0.92**	
10	1474	759	715	1	1		0.59	1.14	
11	1508	761	747	1	1		0.57	1.13	
12	1494	773	721	2	2		1.17	2.26	
13	1392	694	697						
14	1538	789	748						
15-19	**7943**	**4053**	**3891**	**4**	**3**	**1**	**0.49**	**0.72**	**0.25**
15	1501	753	748	1		1	0.65		1.30
16	1492	767	725	1	1		0.61	1.19	
17	1708	863	845						
18	1634	849	785	1	1		0.63	1.21	
19	1609	821	788	1	1		0.60	1.17	
20-24	**7612**	**3944**	**3668**	**4**	**3**	**1**	**0.49**	**0.71**	**0.26**
20	1489	764	726	1	1		0.61	1.19	
21	1514	806	708	1	1		0.60	1.13	
22	1523	800	723	2	1	1	1.27	1.22	1.33
23	1500	789	712						
24	1586	786	800						
25-29	**7390**	**3815**	**3575**	**10**	**10**		**1.33**	**2.58**	
25	1820	928	892	4	4		1.93	3.78	
26	1497	766	731						
27	1397	729	668	3	3		2.48	4.75	
28	1361	705	656	2	2		1.29	2.48	
29	1315	687	628	1	1		0.84	1.61	

10–2c　续表 1　　　　单位：人、‰

年　龄	2015年5月1日人口			死亡人口			死亡率		
	合计	男	女	合计	男	女	合计	男	女
30–34	**6546**	**3474**	**3073**	**7**	**7**		**1.13**	**2.12**	
30	1285	649	636	2	2		1.61	3.19	
31	1227	645	582	2	2		1.67	3.18	
32	1245	691	554						
33	1449	758	692	3	3		2.25	4.29	
34	1339	730	608						
35–39	**6711**	**3482**	**3229**	**9**	**7**	**1**	**1.33**	**2.14**	**0.46**
35	1446	728	718	3	1	1	1.78	1.48	2.07
36	1364	708	656	1	1		0.94	1.80	
37	1248	652	596						
38	1206	624	582	3	3		2.53	4.90	
39	1447	770	677	2	2		1.41	2.65	
40–44	**7082**	**3662**	**3420**	**10**	**9**	**1**	**1.45**	**2.42**	**0.41**
40	1421	733	688	1	1		1.05	2.03	
41	1439	718	721	2	2		1.26	2.52	
42	1435	764	671	1	1		0.89	1.67	
43	1473	768	705	3	1	1	1.94	1.89	1.98
44	1314	678	635	3	3		2.16	4.18	
45–49	**7460**	**3762**	**3697**	**19**	**13**	**6**	**2.54**	**3.44**	**1.62**
45	1605	805	800	4	1	2	2.26	1.59	2.93
46	1496	767	730	5	3	2	3.30	4.09	2.48
47	1555	781	773	6	5	1	3.92	6.57	1.25
48	1343	675	668	2	2		1.46	2.91	
49	1460	734	726	2	1	1	1.60	1.98	1.21
50–54	**5990**	**3046**	**2944**	**22**	**12**	**10**	**3.74**	**3.92**	**3.55**
50	1372	720	652	4	2	2	2.69	2.69	2.68
51	1408	694	714	6	4	2	4.28	5.11	3.48
52	1370	688	682	4	1	3	2.66	1.28	4.06
53	1199	600	599	5	5		3.82	7.64	
54	640	343	297	4	1	3	6.92	2.84	11.64
55–59	**4087**	**2158**	**1929**	**12**	**9**	**3**	**2.92**	**4.07**	**1.63**
55	755	434	322	1	1		1.46	2.55	
56	578	330	248	2	2		2.72	4.75	
57	836	419	417						
58	983	516	466	2	1	1	1.86	1.77	1.96
59	935	459	476	7	5	2	7.96	11.33	4.70
60–64	**4174**	**2115**	**2059**	**37**	**18**	**19**	**8.95**	**8.65**	**9.25**
60	1007	500	508	5	2	3	4.87	3.65	6.07
61	883	483	400	12	7	6	13.96	13.65	14.33
62	814	381	433	10	4	7	12.70	9.49	15.52
63	825	411	414	3	3	1	4.01	6.54	1.50
64	644	340	304	6	4	3	10.05	10.54	9.50

10-2c 续表 2

单位：人、‰

年 龄	2015年5月1日人口			死亡人口			死亡率		
	合计	男	女	合计	男	女	合计	男	女
65–69	**2879**	**1435**	**1444**	**45**	**32**	**13**	**15.72**	**22.30**	**9.19**
65	694	371	323	9	8	2	13.23	20.54	4.83
66	718	356	361	3	3		4.47	9.01	
67	472	208	264	9	8	2	20.12	38.05	5.99
68	501	254	246	13	7	6	25.64	25.60	25.68
69	495	245	250	11	7	4	21.30	27.49	15.23
70–74	**2201**	**1070**	**1131**	**62**	**41**	**21**	**28.23**	**38.70**	**18.33**
70	525	242	284	12	9	3	22.65	38.54	9.09
71	482	243	239	17	14	4	35.70	56.17	14.83
72	475	237	238	12	8	3	24.30	35.66	13.00
73	397	208	190	12	5	6	29.30	26.11	32.80
74	322	140	181	10	5	5	30.65	32.46	29.24
75–79	**1439**	**696**	**743**	**64**	**33**	**31**	**44.18**	**47.36**	**41.19**
75	338	148	189	14	5	10	42.44	32.08	50.58
76	313	160	153	15	10	5	47.93	63.29	31.84
77	332	167	165	16	9	7	48.98	56.27	41.57
78	216	103	113	9	4	5	42.20	41.18	43.13
79	241	117	123	9	4	4	36.87	37.67	36.10
80–84	**731**	**328**	**403**	**57**	**31**	**26**	**77.42**	**93.25**	**64.52**
80	195	82	113	10	5	4	50.08	66.10	38.44
81	176	85	91	16	7	9	88.57	76.39	100.03
82	155	62	93	15	8	7	96.99	125.99	77.57
83	118	61	57	11	9	2	89.35	147.57	26.86
84	86	37	49	6	2	4	64.97	47.71	78.12
85–89	**252**	**111**	**140**	**33**	**17**	**16**	**130.30**	**151.59**	**113.43**
85	93	34	59	7	3	4	72.54	94.37	59.89
86	45	20	26	6	2	4	131.95	107.40	150.59
87	54	25	29	6	3	3	114.81	113.39	116.04
88	33	13	20	5	3	2	142.03	235.85	81.82
89	27	20	7	9	6	4	342.05	287.38	491.67
90–94	**57**	**21**	**36**	**8**	**2**	**6**	**146.35**	**111.48**	**167.15**
90	19	6	13	2	1	1	121.45	214.79	78.79
91	17	7	11						
92	12	6	6	1		1	75.26		148.10
93	5	1	4	3		3	625.18		761.15
94	4	2	2	2	1	1	541.23	529.23	555.74
95–99	**10**	**6**	**4**	**1**		**1**	**128.41**		**340.77**
95	3	3							
96	3	1	2						
97	2	2		1		1	683.28		
98	3	1	2						
99									
100及以上	**1**		**1**	**1**		**1**	**1000.00**		**1000.00**

10-3 各地区分性别、受教育程度的6岁及以上死亡人口 (2014.11.1-2015.10.31)

单位：人

地 区	6岁及以上死亡人口			未上过学			小 学		
	合计	男	女	小计	男	女	小计	男	女
全 区	**730**	**442**	**289**	**281**	**125**	**157**	**261**	**170**	**92**
银川市	**195**	**122**	**73**	**41**	**20**	**21**	**77**	**43**	**34**
兴庆区	56	36	21	7	3	4	18	9	9
西夏区	36	20	16				19	10	10
金凤区	19	12	7	4	1	2	6	4	2
永宁县	29	20	9	11	8	3	12	7	5
贺兰县	26	17	10	4	3	1	13	7	7
灵武市	29	18	11	15	5	10	8	6	1
石嘴山市	**96**	**52**	**44**	**28**	**8**	**20**	**40**	**20**	**20**
大武口区	38	20	18	6	2	4	19	7	12
惠农区	23	13	10	7	3	5	10	6	4
平罗县	34	19	15	16	4	12	11	8	3
吴忠市	**156**	**89**	**68**	**72**	**33**	**40**	**53**	**35**	**18**
利通区	44	24	20	21	10	11	13	9	4
红寺堡区	16	9	7	5	3	3	7	4	3
盐池县	33	17	15	15	6	10	13	7	5
同心县	37	21	16	18	8	10	13	9	4
青铜峡市	27	17	9	12	6	6	8	6	2
固原市	**145**	**92**	**52**	**75**	**34**	**40**	**50**	**41**	**9**
原州区	48	29	19	18	5	13	21	16	5
西吉县	42	27	15	24	11	13	13	13	1
隆德县	21	15	6	9	7	2	11	8	2
泾源县	12	5	7	9	3	6	2	1	1
彭阳县	22	15	7	15	9	6	4	3	1
中卫市	**139**	**87**	**52**	**65**	**29**	**36**	**41**	**30**	**11**
沙坡头区	59	39	21	24	12	13	13	10	4
中宁县	44	23	21	21	6	15	13	9	5
海原县	36	25	10	19	12	8	14	12	3

10–3 续表 1

单位：人

地 区	初 中			普通高中			中 职		
	小计	男	女	小计	男	女	小计	男	女
全 区	**137**	**108**	**29**	**21**	**16**	**4**	**8**	**7**	**1**
银川市	**55**	**40**	**15**	**7**	**5**	**2**	**2**	**2**	
兴庆区	25	17	8	2	2				
西夏区	11	7	4	2		2	1	1	
金凤区	4	3	1	1	1		1	1	
永宁县	4	3	1	1	1				
贺兰县	9	7	1						
灵武市	2	2		1	1				
石嘴山市	**19**	**16**	**2**	**4**	**3**	**1**	**2**	**2**	
大武口区	9	8	2	1	1		2	2	
惠农区	5	4	1	1	1	1			
平罗县	4	4		2	2		1	1	
吴忠市	**25**	**18**	**6**	**2**	**1**	**1**	**1**	**1**	
利通区	7	3	3	1	1		1	1	
红寺堡区	4	2	1						
盐池县	4	4							
同心县	5	4	1						
青铜峡市	5	5		1		1			
固原市	**14**	**12**	**2**	**1**	**1**		**1**	**1**	
原州区	6	5	1				1	1	
西吉县	3	3		1	1				
隆德县	1		1						
泾源县	1	1							
彭阳县	3	3							
中卫市	**24**	**20**	**4**	**6**	**6**		**1**		**1**
沙坡头区	14	12	3	5	5		1		1
中宁县	9	8	1						
海原县	1	1		1	1				

10−3　续表 2　　　　单位：人

地　区	大学专科			大学本科			研究生		
	小计	男	女	小计	男	女	小计	男	女
全　区	**18**	**14**	**4**	**5**	**3**	**2**			
银川市	**11**	**10**	**1**	**1**	**1**				
兴庆区	4	4							
西夏区	2	2							
金凤区	2	1	1						
永宁县	1	1							
贺兰县									
灵武市	2	2		1	1				
石嘴山市	**1**	**1**	**1**	**1**	**1**				
大武口区	1		1	1	1				
惠农区									
平罗县	1	1							
吴忠市	**2**		**1**	**1**		**1**			
利通区	1		1						
红寺堡区									
盐池县									
同心县				1		1			
青铜峡市									
固原市	**3**	**3**		**1**		**1**			
原州区	3	3							
西吉县				1		1			
隆德县									
泾源县									
彭阳县									
中卫市	**1**		**1**	**1**	**1**				
沙坡头区	1		1						
中宁县				1	1				
海原县									

10-4 各地区分性别、婚姻状况的15岁及以上死亡人口 (2014.11.1-2015.10.31)

单位：人

地 区	15岁及以上死亡人口			未 婚		
	合计	男	女	小计	男	女
全 区	**725**	**437**	**288**	**27**	**23**	**3**
银川市	**195**	**122**	**73**	**4**	**4**	
兴庆区	56	36	21	2	2	
西夏区	36	20	16	1	1	
金凤区	19	12	7			
永宁县	29	20	9			
贺兰县	26	17	10			
灵武市	29	18	11	1	1	
石嘴山市	**96**	**52**	**44**	**3**	**2**	**1**
大武口区	38	20	18	1		1
惠农区	23	13	10	1	1	
平罗县	34	19	15	1	1	
吴忠市	**154**	**87**	**67**	**5**	**4**	**1**
利通区	44	24	20			
红寺堡区	15	8	7	1	1	
盐池县	32	17	15			
同心县	36	21	15	2	1	1
青铜峡市	27	17	9	1	1	
固原市	**142**	**90**	**52**	**6**	**5**	**2**
原州区	48	29	19	1	1	
西吉县	41	26	15	4	3	2
隆德县	19	13	6			
泾源县	12	5	7			
彭阳县	22	15	7	1	1	
中卫市	**138**	**85**	**52**	**8**	**8**	
沙坡头区	59	39	21	5	5	
中宁县	44	23	21	2	2	
海原县	34	24	10	2	2	

10−4 续表 单位：人

地 区	有配偶			离 婚			丧 偶		
	小计	男	女	小计	男	女	小计	男	女
全 区	**472**	**333**	**139**	**5**	**5**		**221**	**76**	**146**
银川市	**132**	**95**	**37**	**1**	**1**		**57**	**22**	**36**
兴庆区	41	30	11				13	3	10
西夏区	25	15	10				10	4	6
金凤区	13	10	3				6	2	3
永宁县	16	12	4				13	8	5
贺兰县	20	14	6	1	1		5	1	4
灵武市	17	14	3				11	3	7
石嘴山市	**61**	**44**	**17**	**1**	**1**		**31**	**4**	**26**
大武口区	24	17	6				13	2	11
惠农区	15	9	6	1	1		7	2	5
平罗县	22	17	5				11	1	10
吴忠市	**109**	**72**	**37**	**1**	**1**		**39**	**10**	**29**
利通区	34	21	13				10	3	7
红寺堡区	12	7	6				1		1
盐池县	17	11	6				15	5	10
同心县	27	19	8				7	1	6
青铜峡市	19	14	4	1	1		6	1	5
固原市	**86**	**60**	**27**				**49**	**25**	**24**
原州区	33	22	11				13	6	7
西吉县	18	14	4				19	10	9
隆德县	14	11	3				5	3	2
泾源县	8	4	5				4	2	2
彭阳县	13	9	4				9	5	3
中卫市	**84**	**62**	**22**	**1**	**1**		**45**	**14**	**31**
沙坡头区	34	26	8				21	8	13
中宁县	27	19	7				15	1	14
海原县	23	17	6	1	1		9	5	4

11 住房

11－1　各地区家庭户按住房间数分的户数

单位：户、间/户

地　区	合 计	住房间数										平均每户住房间数
		一间	二间	三间	四间	五间	六间	七间	八间	九间	十间及以上	
全　区	**60266**	**4192**	**19196**	**19206**	**7976**	**4854**	**2525**	**1048**	**585**	**244**	**438**	**3.15**
银川市	**21314**	**1173**	**8240**	**7423**	**2295**	**1360**	**466**	**115**	**122**	**35**	**86**	**2.89**
兴庆区	7845	582	3111	2775	947	308	93	14	6	5	5	2.71
西夏区	3326	82	1673	1009	224	203	47	15	13	10	49	2.84
金凤区	3160	111	1088	1150	245	339	160	19	39	2	6	3.13
永宁县	2200	73	814	705	311	191	61	22	10	2	9	3.06
贺兰县	2404	88	645	774	416	264	92	44	50	15	15	3.43
灵武市	2380	237	910	1010	151	54	12	1	3		1	2.56
石嘴山市	**7932**	**711**	**3318**	**2696**	**701**	**232**	**106**	**48**	**43**	**17**	**59**	**2.71**
大武口区	3096	422	1224	1087	198	85	38	12	12	2	15	2.56
惠农区	2147	115	1140	709	131	29	12	3	4	1	3	2.49
平罗县	2690	175	953	900	372	118	56	34	27	14	41	3.04
吴忠市	**12001**	**699**	**3103**	**3504**	**2455**	**1162**	**560**	**174**	**182**	**63**	**100**	**3.39**
利通区	3683	218	1092	900	659	315	220	67	127	20	64	3.51
红寺堡区	1374	78	248	463	221	175	116	35	15	16	6	3.63
盐池县	1577	142	388	477	333	126	44	18	17	12	20	3.26
同心县	2430	164	561	742	564	261	86	26	12	9	5	3.29
青铜峡市	2938	97	814	921	678	286	94	28	10	6	5	3.26
固原市	**9588**	**1067**	**2621**	**3266**	**1116**	**699**	**472**	**160**	**76**	**43**	**69**	**3.10**
原州区	3457	632	1132	1013	354	155	115	38	8	5	5	2.67
西吉县	2390	203	714	956	318	107	46	18	10	4	13	2.91
隆德县	1362	104	436	436	137	152	59	29	4	2	2	3.10
泾源县	789	5	38	127	140	193	132	59	48	13	34	5.11
彭阳县	1590	123	301	733	167	92	119	15	5	19	15	3.30
中卫市	**9430**	**542**	**1913**	**2318**	**1409**	**1402**	**921**	**552**	**163**	**86**	**125**	**3.89**
沙坡头区	3708	78	980	793	474	515	501	277	47	16	28	3.95
中宁县	2755	119	392	839	392	500	225	142	60	35	51	4.04
海原县	2967	345	541	686	543	387	195	133	56	35	46	3.68

11-1ab 各地区家庭户按住房间数分的户数(城镇)

单位：户、间/户

地　区	合　计	住房间数										平均每户住房间数
		一间	二间	三间	四间	五间	六间	七间	八间	九间	十　间及以上	
全　区	**35623**	**2615**	**13609**	**12556**	**3141**	**1991**	**995**	**282**	**191**	**78**	**166**	**2.86**
银川市	**16926**	**910**	**7019**	**6413**	**1323**	**887**	**263**	**26**	**47**	**13**	**27**	**2.74**
兴庆区	7490	579	3040	2688	839	274	62		2	4	2	2.66
西夏区	3080	82	1668	965	153	145	27	9	5	7	19	2.65
金凤区	2794	56	975	1043	206	326	143	8	32	1	2	3.15
永宁县	1006	55	446	401	36	36	15	6	5	1	4	2.68
贺兰县	1185	54	438	535	57	92	9	1	1			2.77
灵武市	1371	83	452	781	31	14	7	1	2			2.62
石嘴山市	**5953**	**521**	**2873**	**1960**	**328**	**117**	**43**	**20**	**34**	**14**	**44**	**2.57**
大武口区	2921	419	1201	1014	167	67	24	9	8	2	9	2.48
惠农区	1779	45	1086	542	72	19	7	3	4	1	1	2.43
平罗县	1253	57	586	403	89	31	11	7	23	11	34	2.95
吴忠市	**5636**	**431**	**1673**	**1945**	**861**	**396**	**174**	**60**	**46**	**18**	**33**	**3.08**
利通区	2367	193	891	720	273	154	58	26	29	7	18	2.95
红寺堡区	425	35	20	216	85	39	24	3	1	1		3.40
盐池县	556	125	114	185	54	21	23	9	7	6	11	2.98
同心县	928	43	234	345	161	75	44	15	6	3	2	3.27
青铜峡市	1360	35	414	478	288	106	25	8	2	1	2	3.11
固原市	**3210**	**488**	**910**	**1099**	**253**	**157**	**161**	**85**	**22**	**16**	**20**	**2.95**
原州区	1601	330	561	580	89	24	12	3	1	1	1	2.36
西吉县	509	56	118	191	91	32	13	5	3			3.00
隆德县	382	26	139	118	24	26	27	22			1	3.15
泾源县	216	3	17	23	17	43	47	41	15	5	6	5.43
彭阳县	501	72	76	188	32	32	62	13	3	10	13	3.56
中卫市	**3899**	**266**	**1135**	**1140**	**377**	**435**	**354**	**91**	**43**	**17**	**41**	**3.42**
沙坡头区	2107	66	841	564	190	177	237	18	10	2	2	3.20
中宁县	1188	111	207	499	103	152	54	26	14	4	18	3.39
海原县	604	90	86	77	84	106	64	47	19	12	21	4.20

11-1a 各地区家庭户按住房间数分的户数(城市)

单位：户、间/户

地 区	合 计	住房间数										平均每户住房间数
		一间	二间	三间	四间	五间	六间	七间	八间	九间	十 间及以上	
全 区	**24082**	**1716**	**10294**	**8595**	**1913**	**1064**	**350**	**49**	**56**	**17**	**28**	**2.67**
银川市	**13465**	**661**	**5733**	**5015**	**1077**	**722**	**188**	**9**	**30**	**9**	**21**	**2.73**
兴庆区	7146	579	2886	2616	740	270	51			2	2	2.64
西夏区	2852	24	1556	931	134	141	27	9	4	7	19	2.69
金凤区	2630	56	930	997	200	311	109		26			3.09
永宁县												
贺兰县	58		58									2.00
灵武市	779	2	302	471	3		1					2.62
石嘴山市	**4311**	**458**	**2183**	**1384**	**181**	**73**	**19**	**7**	**6**	**1**	**1**	**2.39**
大武口区	2745	419	1144	949	155	59	13	4	2			2.40
惠农区	1567	39	1039	435	26	13	6	3	4	1	1	2.36
平罗县												
吴忠市	**3319**	**236**	**1063**	**1174**	**513**	**231**	**63**	**18**	**11**	**5**	**4**	**2.94**
利通区	2029	181	738	689	231	128	39	10	9	2	3	2.81
红寺堡区	363	35	10	207	74	28	7		1	1		3.24
盐池县												
同心县												
青铜峡市	927	20	315	278	208	76	18	8	1	1	1	3.11
固原市	**1392**	**298**	**507**	**525**	**39**	**11**	**8**	**2**	**1**	**1**	**1**	**2.29**
原州区	1392	298	507	525	39	11	8	2	1	1	1	2.29
西吉县												
隆德县												
泾源县												
彭阳县												
中卫市	**1595**	**63**	**809**	**497**	**104**	**28**	**72**	**12**	**9**	**2**	**1**	**2.72**
沙坡头区	1595	63	809	497	104	28	72	12	9	2	1	2.72
中宁县												
海原县												

11-1b 各地区家庭户按住房间数分的户数(镇)

单位：户、间/户

地　　区	合　计	住房间数										平均每户住房间数
		一间	二间	三间	四间	五间	六间	七间	八间	九间	十　间及以上	
全　区	**11541**	**899**	**3315**	**3961**	**1228**	**927**	**645**	**233**	**135**	**61**	**138**	**3.25**
银川市	**3461**	**249**	**1286**	**1398**	**245**	**165**	**75**	**16**	**17**	**4**	**6**	**2.78**
兴庆区	344		153	72	99	4	12		2	2		3.03
西夏区	228	59	112	34	19	4			1			2.13
金凤区	164		45	46	6	16	33	8	6	1	2	4.09
永宁县	1006	55	446	401	36	36	15	6	5	1	4	2.68
贺兰县	1127	54	380	535	57	92	9	1	1			2.81
灵武市	592	81	150	310	27	14	6	1	2			2.62
石嘴山市	**1641**	**63**	**690**	**576**	**147**	**44**	**24**	**13**	**28**	**13**	**44**	**3.04**
大武口区	176		57	66	12	8	12	6	6	2	9	3.75
惠农区	212	6	47	107	46	6	1					3.00
平罗县	1253	57	586	403	89	31	11	7	23	11	34	2.95
吴忠市	**2317**	**195**	**610**	**771**	**349**	**164**	**110**	**42**	**34**	**13**	**29**	**3.27**
利通区	338	12	153	31	42	27	19	16	20	4	14	3.78
红寺堡区	61		10	10	11	11	17	3				4.39
盐池县	556	125	114	185	54	21	23	9	7	6	11	2.98
同心县	928	43	234	345	161	75	44	15	6	3	2	3.27
青铜峡市	433	15	99	200	80	31	7		1		1	3.10
固原市	**1817**	**190**	**403**	**573**	**214**	**147**	**153**	**83**	**20**	**15**	**19**	**3.46**
原州区	209	32	54	55	50	13	4	1				2.88
西吉县	509	56	118	191	91	32	13	5	3			3.00
隆德县	382	26	139	118	24	26	27	22			1	3.15
泾源县	216	3	17	23	17	43	47	41	15	5	6	5.43
彭阳县	501	72	76	188	32	32	62	13	3	10	13	3.56
中卫市	**2305**	**203**	**326**	**643**	**273**	**407**	**283**	**79**	**35**	**16**	**41**	**3.90**
沙坡头区	512	3	33	67	86	149	165	6	2		1	4.72
中宁县	1188	111	207	499	103	152	54	26	14	4	18	3.39
海原县	604	90	86	77	84	106	64	47	19	12	21	4.20

11－1c 各地区家庭户按住房间数分的户数(乡村)

单位：户、间/户

地　区	合 计	住房间数										平均每户住房间数
		一间	二间	三间	四间	五间	六间	七间	八间	九间	十 间及以上	
全　区	**24642**	**1577**	**5587**	**6651**	**4835**	**2863**	**1530**	**766**	**394**	**166**	**273**	**3.58**
银川市	**4388**	**263**	**1222**	**1010**	**973**	**473**	**203**	**89**	**75**	**22**	**59**	**3.47**
兴庆区	355	3	71	86	108	34	31	14	4	1	3	3.84
西夏区	246		5	44	71	58	20	6	8	3	31	5.20
金凤区	366	54	113	108	39	13	17	10	6	1	4	3.01
永宁县	1194	18	368	304	275	155	46	16	5	1	5	3.38
贺兰县	1218	35	207	239	359	173	83	43	50	15	15	4.06
灵武市	1010	153	459	229	121	41	5		1		1	2.47
石嘴山市	**1980**	**190**	**446**	**737**	**373**	**115**	**63**	**29**	**9**	**4**	**15**	**3.13**
大武口区	175	3	23	73	31	18	14	2	4	1	6	3.89
惠农区	367	70	55	167	59	9	5		1		2	2.78
平罗县	1437	118	367	497	283	88	45	26	4	3	7	3.12
吴忠市	**6366**	**268**	**1430**	**1559**	**1593**	**767**	**386**	**113**	**137**	**45**	**67**	**3.66**
利通区	1316	25	201	180	386	161	162	42	98	13	46	4.52
红寺堡区	949	43	229	247	136	136	92	32	14	15	6	3.73
盐池县	1020	17	273	292	278	105	21	9	10	7	9	3.42
同心县	1502	121	328	397	403	186	43	11	6	6	3	3.30
青铜峡市	1578	61	400	443	390	179	69	19	8	5	4	3.38
固原市	**6379**	**580**	**1711**	**2167**	**863**	**541**	**311**	**75**	**54**	**27**	**49**	**3.17**
原州区	1856	302	572	433	265	131	103	35	7	4	4	2.94
西吉县	1881	146	596	766	228	75	33	13	7	4	13	2.89
隆德县	979	78	297	318	113	126	33	7	4	2	2	3.08
泾源县	573	2	21	105	123	149	84	18	34	9	28	4.99
彭阳县	1089	51	225	545	135	59	58	3	2	9	3	3.18
中卫市	**5530**	**276**	**778**	**1178**	**1033**	**967**	**567**	**461**	**120**	**69**	**83**	**4.22**
沙坡头区	1601	12	139	229	284	338	264	259	36	15	26	4.92
中宁县	1566	8	185	340	289	348	171	116	45	32	33	4.53
海原县	2363	256	455	609	460	281	131	86	38	23	25	3.55

11–2 各地区家庭户按人均住房面积分的户数

单位：户

地　区	合　计	人均住房建筑面积(平方米)									
		8及以下	9–12	13–16	17–19	20–29	30–39	40–49	50–59	60–69	70及以上
全　区	**60266**	**1584**	**3552**	**5175**	**3366**	**16879**	**11591**	**7673**	**3579**	**2330**	**4538**
银川市	**21314**	**178**	**598**	**1043**	**833**	**5888**	**4409**	**3636**	**1363**	**1110**	**2254**
兴庆区	7845	92	220	348	285	2325	1402	1486	368	393	927
西夏区	3326	13	122	198	159	863	700	541	199	216	315
金凤区	3160	34	56	134	130	786	590	626	238	161	406
永宁县	2200	12	48	143	105	704	512	260	159	90	166
贺兰县	2404	3	50	74	71	598	583	422	176	170	258
灵武市	2380	25	102	146	84	612	623	301	223	81	183
石嘴山市	**7932**	**52**	**209**	**498**	**630**	**2444**	**1607**	**1111**	**603**	**247**	**531**
大武口区	3096	25	105	223	305	883	615	403	257	72	207
惠农区	2147	7	44	113	219	651	435	245	222	72	138
平罗县	2690	20	59	161	106	910	557	464	123	104	186
吴忠市	**12001**	**312**	**737**	**1058**	**588**	**3388**	**2385**	**1453**	**745**	**480**	**855**
利通区	3683	35	119	233	171	1034	857	511	266	131	327
红寺堡区	1374	45	117	148	82	408	267	135	80	40	51
盐池县	1577	36	119	145	85	427	267	145	132	71	148
同心县	2430	134	196	273	151	681	432	232	110	96	124
青铜峡市	2938	62	185	259	99	838	562	430	157	141	205
固原市	**9588**	**633**	**1349**	**1535**	**716**	**2442**	**1433**	**566**	**384**	**206**	**323**
原州区	3457	339	509	499	227	807	529	173	194	66	115
西吉县	2390	97	377	436	210	652	325	129	61	47	55
隆德县	1362	62	174	217	110	374	223	82	53	23	43
泾源县	789	26	107	130	71	217	106	57	28	20	26
彭阳县	1590	108	183	253	98	392	250	125	47	51	83
中卫市	**9430**	**408**	**659**	**1041**	**597**	**2717**	**1756**	**907**	**485**	**286**	**574**
沙坡头区	3708	95	219	313	234	1110	763	441	174	129	231
中宁县	2755	61	137	258	169	781	569	272	215	79	215
海原县	2967	252	304	470	195	826	425	194	96	78	128

11-2ab 各地区家庭户按人均住房面积分的户数(城镇)

单位：户

地 区	合 计	人均住房建筑面积(平方米)									
		8及以下	9-12	13-16	17-19	20-29	30-39	40-49	50-59	60-69	70及以上
全 区	**35623**	**645**	**1211**	**2044**	**1883**	**10188**	**7402**	**5212**	**2459**	**1359**	**3221**
银川市	**16926**	**116**	**413**	**753**	**640**	**4738**	**3506**	**2990**	**1073**	**820**	**1876**
兴庆区	7490	87	210	322	256	2195	1329	1435	355	383	917
西夏区	3080	13	122	195	156	844	666	480	165	180	259
金凤区	2794		17	82	74	680	545	608	233	154	400
永宁县	1006	6	22	53	67	335	269	90	69	30	65
贺兰县	1185	1	9	40	40	338	301	195	97	43	123
灵武市	1371	9	34	60	45	346	396	182	155	31	113
石嘴山市	**5953**	**31**	**147**	**357**	**556**	**1855**	**1141**	**815**	**514**	**141**	**395**
大武口区	2921	24	92	199	291	859	580	377	246	63	189
惠农区	1779	4	39	93	212	536	356	188	204	53	95
平罗县	1253	3	16	65	54	461	205	250	64	25	111
吴忠市	**5636**	**89**	**197**	**323**	**237**	**1574**	**1247**	**834**	**411**	**219**	**505**
利通区	2367	17	64	95	119	651	568	329	194	79	251
红寺堡区	425	4	14	14	14	145	112	57	40	13	11
盐池县	556	14	40	60	11	120	91	63	53	40	64
同心县	928	35	36	69	51	258	200	129	47	41	61
青铜峡市	1360	19	43	84	42	400	277	255	77	46	118
固原市	**3210**	**248**	**299**	**320**	**222**	**786**	**622**	**184**	**230**	**92**	**206**
原州区	1601	164	165	146	91	351	341	78	146	34	86
西吉县	509	17	64	73	56	151	85	26	13	10	12
隆德县	382	12	20	33	36	116	81	22	29	6	28
泾源县	216	13	18	21	15	49	39	19	16	11	15
彭阳县	501	41	31	47	23	120	77	39	27	31	66
中卫市	**3899**	**162**	**154**	**291**	**228**	**1233**	**885**	**389**	**231**	**87**	**238**
沙坡头区	2107	29	68	134	130	698	505	259	107	50	128
中宁县	1188	41	43	98	72	369	289	77	99	18	81
海原县	604	93	43	59	27	166	91	53	24	19	29

11-2a 各地区家庭户按人均住房面积分的户数(城市)

单位：户

地 区	合 计	人均住房建筑面积(平方米)									
		8及以下	9-12	13-16	17-19	20-29	30-39	40-49	50-59	60-69	70及以上
全 区	**24082**	**319**	**716**	**1168**	**1260**	**6812**	**5005**	**3782**	**1744**	**950**	**2326**
银川市	**13465**	**100**	**342**	**567**	**483**	**3651**	**2645**	**2568**	**817**	**704**	**1588**
兴庆区	7146	87	200	284	247	2075	1251	1395	352	369	888
西夏区	2852	12	108	172	142	778	632	454	154	162	237
金凤区	2630		17	81	72	625	503	576	221	151	385
永宁县											
贺兰县	58			1	3	8	19	22			5
灵武市	779	1	17	30	19	166	240	122	91	21	73
石嘴山市	**4311**	**27**	**119**	**266**	**473**	**1306**	**853**	**495**	**423**	**95**	**253**
大武口区	2745	23	80	174	264	818	560	361	233	56	176
惠农区	1567	4	39	93	209	488	293	134	190	39	77
平罗县											
吴忠市	**3319**	**21**	**82**	**137**	**129**	**1009**	**791**	**470**	**279**	**103**	**297**
利通区	2029	14	58	81	96	550	502	264	176	63	223
红寺堡区	363	3	13	13	7	127	102	46	35	8	10
盐池县											
同心县											
青铜峡市	927	4	12	43	26	332	187	160	68	31	64
固原市	**1392**	**153**	**128**	**111**	**75**	**301**	**315**	**58**	**140**	**28**	**83**
原州区	1392	153	128	111	75	301	315	58	140	28	83
西吉县											
隆德县											
泾源县											
彭阳县											
中卫市	**1595**	**17**	**45**	**86**	**99**	**544**	**401**	**190**	**85**	**21**	**106**
沙坡头区	1595	17	45	86	99	544	401	190	85	21	106
中宁县											
海原县											

11-2b 各地区家庭户按人均住房面积分的户数(镇)

单位：户

地 区	合 计	人均住房建筑面积(平方米)									
		8及以下	9-12	13-16	17-19	20-29	30-39	40-49	50-59	60-69	70及以上
全 区	**11541**	**326**	**495**	**876**	**623**	**3376**	**2397**	**1430**	**715**	**409**	**895**
银川市	**3461**	**16**	**72**	**186**	**157**	**1087**	**861**	**421**	**256**	**116**	**288**
兴庆区	344		10	39	10	120	78	41	4	14	29
西夏区	228	1	14	24	14	66	34	26	11	18	21
金凤区	164			1	2	55	43	32	11	3	16
永宁县	1006	6	22	53	67	335	269	90	69	30	65
贺兰县	1127	1	9	39	37	330	282	173	97	43	117
灵武市	592	8	17	31	26	180	156	59	64	9	40
石嘴山市	**1641**	**3**	**28**	**91**	**83**	**549**	**288**	**320**	**90**	**46**	**142**
大武口区	176	1	12	25	27	41	20	17	13	7	13
惠农区	212			1	3	47	63	53	13	14	18
平罗县	1253	3	16	65	54	461	205	250	64	25	111
吴忠市	**2317**	**68**	**115**	**186**	**107**	**565**	**456**	**364**	**133**	**115**	**209**
利通区	338	2	7	14	22	101	65	65	18	16	28
红寺堡区	61	1	1	1	7	18	10	11	6	4	1
盐池县	556	14	40	60	11	120	91	63	53	40	64
同心县	928	35	36	69	51	258	200	129	47	41	61
青铜峡市	433	15	31	41	16	68	90	95	9	15	55
固原市	**1817**	**94**	**171**	**209**	**147**	**485**	**307**	**126**	**90**	**64**	**124**
原州区	209	11	38	34	16	49	26	20	5	6	3
西吉县	509	17	64	73	56	151	85	26	13	10	12
隆德县	382	12	20	33	36	116	81	22	29	6	28
泾源县	216	13	18	21	15	49	39	19	16	11	15
彭阳县	501	41	31	47	23	120	77	39	27	31	66
中卫市	**2305**	**145**	**109**	**205**	**129**	**689**	**484**	**199**	**146**	**67**	**132**
沙坡头区	512	11	23	48	30	154	104	69	22	29	22
中宁县	1188	41	43	98	72	369	289	77	99	18	81
海原县	604	93	43	59	27	166	91	53	24	19	29

11–2c 各地区家庭户按人均住房面积分的户数(乡村)

单位：户

地　区	合　计	人均住房建筑面积(平方米)									
		8及以下	9–12	13–16	17–19	20–29	30–39	40–49	50–59	60–69	70及以上
全　区	**24642**	**939**	**2341**	**3131**	**1483**	**6692**	**4188**	**2461**	**1120**	**971**	**1317**
银川市	**4388**	**62**	**185**	**290**	**194**	**1149**	**904**	**646**	**290**	**290**	**378**
兴庆区	355	4	10	25	28	130	74	51	13	10	10
西夏区	246			3	3	19	33	61	34	36	57
金凤区	366	34	39	52	56	106	44	18	5	6	5
永宁县	1194	6	26	90	38	369	243	170	91	60	101
贺兰县	1218	3	41	35	30	260	282	227	79	127	135
灵武市	1010	15	68	86	39	266	227	120	68	51	70
石嘴山市	**1980**	**22**	**61**	**140**	**74**	**589**	**466**	**296**	**89**	**106**	**136**
大武口区	175	2	13	24	14	24	35	26	11	9	18
惠农区	367	2	5	20	7	116	79	57	18	19	44
平罗县	1437	18	43	96	53	449	352	213	59	79	75
吴忠市	**6366**	**224**	**540**	**736**	**352**	**1814**	**1137**	**619**	**333**	**262**	**350**
利通区	1316	18	55	137	52	383	289	182	72	52	76
红寺堡区	949	41	103	134	68	262	155	77	39	28	40
盐池县	1020	22	79	86	74	307	175	82	79	31	84
同心县	1502	99	160	204	100	423	232	103	63	56	63
青铜峡市	1578	43	142	175	58	438	285	175	81	95	87
固原市	**6379**	**385**	**1051**	**1215**	**495**	**1655**	**811**	**382**	**153**	**114**	**116**
原州区	1856	175	344	353	136	456	188	95	49	32	29
西吉县	1881	80	313	363	154	501	241	102	48	37	43
隆德县	979	51	154	184	74	258	142	61	25	16	16
泾源县	573	13	89	109	56	168	67	38	13	10	11
彭阳县	1089	67	152	206	75	272	173	86	20	20	18
中卫市	**5530**	**246**	**505**	**749**	**369**	**1484**	**871**	**518**	**254**	**198**	**336**
沙坡头区	1601	67	151	179	104	412	258	182	67	79	103
中宁县	1566	20	93	160	97	412	279	194	116	61	134
海原县	2363	159	261	411	168	660	334	142	72	59	99

11-3 各地区家庭户按代数和住房间数分的户数

单位：户

地 区	合 计	一代户				
		一间	二间	三间	四间	五 间 及以上
全 区	**60266**	**2065**	**6522**	**5287**	**1713**	**2062**
银川市	**21314**	**671**	**2922**	**2406**	**588**	**604**
兴庆区	7845	322	1069	1000	273	164
西夏区	3326	43	661	352	45	92
金凤区	3160	48	362	355	68	147
永宁县	2200	40	306	196	67	70
贺兰县	2404	48	259	281	118	115
灵武市	2380	171	265	222	18	15
石嘴山市	**7932**	**452**	**1367**	**748**	**199**	**119**
大武口区	3096	261	501	293	50	23
惠农区	2147	63	508	215	50	13
平罗县	2690	128	357	240	98	83
吴忠市	**12001**	**323**	**1045**	**1052**	**542**	**470**
利通区	3683	117	394	273	130	157
红寺堡区	1374	27	43	66	12	30
盐池县	1577	52	174	211	132	88
同心县	2430	63	123	127	66	49
青铜峡市	2938	64	311	374	202	146
固原市	**9588**	**386**	**589**	**556**	**156**	**176**
原州区	3457	198	257	224	65	33
西吉县	2390	91	130	81	19	12
隆德县	1362	59	117	78	23	36
泾源县	789	4	15	46	21	67
彭阳县	1590	33	70	128	28	29
中卫市	**9430**	**233**	**599**	**525**	**228**	**693**
沙坡头区	3708	45	337	242	111	345
中宁县	2755	57	114	165	57	260
海原县	2967	132	148	118	60	87

11-3 续表 1

单位：户

地　区	二代户					三代户				
	一间	二间	三间	四间	五　间 及以上	一间	二间	三间	四间	五　间 及以上
全　区	**1984**	**11057**	**11577**	**4688**	**5082**	**142**	**1596**	**2293**	**1531**	**2475**
银川市	**469**	**4656**	**4262**	**1342**	**1131**	**33**	**653**	**737**	**354**	**434**
兴庆区	244	1825	1585	565	216	16	212	186	108	50
西夏区	35	859	556	137	184	4	150	100	41	59
金凤区	58	653	694	156	358	5	72	99	20	60
永宁县	31	437	394	176	136	3	70	114	66	88
贺兰县	39	331	426	241	208	1	55	65	56	156
灵武市	62	551	607	67	29	4	95	173	64	22
石嘴山市	**238**	**1726**	**1660**	**377**	**256**	**21**	**223**	**279**	**122**	**126**
大武口区	152	625	655	132	108	9	98	135	14	32
惠农区	48	558	435	60	23	5	72	58	21	16
平罗县	38	543	570	186	125	8	53	86	87	78
吴忠市	**352**	**1853**	**2081**	**1455**	**1156**	**24**	**202**	**365**	**447**	**596**
利通区	96	631	543	407	405	6	67	84	120	251
红寺堡区	42	165	335	156	211	8	41	61	52	113
盐池县	86	192	220	165	124	4	21	44	33	24
同心县	95	403	512	357	221	6	34	101	136	123
青铜峡市	33	462	471	369	194		39	75	105	85
固原市	**635**	**1659**	**2053**	**647**	**872**	**46**	**369**	**647**	**306**	**457**
原州区	409	729	615	206	195	25	145	173	81	97
西吉县	100	461	673	196	126	12	122	200	100	59
隆德县	41	250	238	74	131	3	70	118	38	79
泾源县	1	22	66	93	261		1	15	26	146
彭阳县	84	197	461	77	159	6	32	140	61	75
中卫市	**290**	**1163**	**1521**	**867**	**1667**	**19**	**149**	**266**	**302**	**863**
沙坡头区	31	569	476	265	730	2	73	74	98	297
中宁县	60	237	565	235	430	2	41	107	95	314
海原县	199	356	480	367	507	15	35	85	109	252

11-3 续表 2

单位：户

地 区	四代户					五代及以上户				
	一间	二间	三间	四间	五 间 及以上	一间	二间	三间	四间	五 间 及以上
全 区	**1**	**20**	**49**	**44**	**76**					
银川市		**9**	**19**	**11**	**14**					
兴庆区		5	4	1	2					
西夏区		2	1	2	3					
金凤区		1	2	2						
永宁县			2	2	2					
贺兰县			1	1	1					
灵武市			8	2	6					
石嘴山市	**1**	**2**	**9**	**2**	**5**					
大武口区		1	3	1	1					
惠农区		1	1							
平罗县	1		5	1	4					
吴忠市		**4**	**7**	**11**	**19**					
利通区				1	1					
红寺堡区			1	2	9					
盐池县		2	2	2						
同心县		1	2	5	5					
青铜峡市		1	1	1	3					
固原市		**4**	**10**	**7**	**12**					
原州区		1	1	1	1					
西吉县		1	3	3	2					
隆德县			2	2	2					
泾源县					5					
彭阳县		2	4	1	3					
中卫市		**2**	**5**	**13**	**26**					
沙坡头区		1	1	1	11					
中宁县			2	5	8					
海原县		1	3	7	6					

11-3ab 各地区家庭户按代数和住房间数分的户数(城镇)

单位：户

地　区	合　计	一代户				
		一间	二间	三间	四间	五　间及以上
全　区	**35623**	**1242**	**4804**	**3848**	**844**	**906**
银川市	**16926**	**505**	**2480**	**2188**	**395**	**412**
兴庆区	7490	320	1039	985	264	155
西夏区	3080	43	661	344	40	80
金凤区	2794	28	335	343	64	143
永宁县	1006	30	146	121	10	14
贺兰县	1185	27	161	191	14	15
灵武市	1371	56	138	204	3	5
石嘴山市	**5953**	**331**	**1171**	**554**	**114**	**70**
大武口区	2921	259	496	284	47	22
惠农区	1779	29	471	158	28	6
平罗县	1253	43	204	112	39	42
吴忠市	**5636**	**193**	**553**	**553**	**209**	**141**
利通区	2367	98	318	224	63	63
红寺堡区	425	14	4	34	4	4
盐池县	556	45	38	65	12	13
同心县	928	17	47	54	21	22
青铜峡市	1360	19	145	176	108	39
固原市	**3210**	**115**	**224**	**269**	**63**	**77**
原州区	1601	80	133	162	30	11
西吉县	509	9	32	27	7	1
隆德县	382	10	38	25	8	11
泾源县	216	3	5	5	5	36
彭阳县	501	12	16	50	13	19
中卫市	**3899**	**98**	**376**	**284**	**62**	**205**
沙坡头区	2107	34	300	170	41	117
中宁县	1188	51	58	104	15	55
海原县	604	13	19	9	7	33

11-3ab 续表 1

单位：户

地 区	二代户					三代户				
	一间	二间	三间	四间	五 间及以上	一间	二间	三间	四间	五 间及以上
全 区	**1289**	**7819**	**7552**	**1866**	**2039**	**84**	**975**	**1139**	**424**	**740**
银川市	**378**	**4004**	**3708**	**803**	**674**	**27**	**526**	**508**	**123**	**173**
兴庆区	243	1791	1521	495	159	16	206	179	80	27
西夏区	35	856	537	96	109	4	149	83	16	22
金凤区	24	571	622	131	319	4	68	76	10	51
永宁县	24	264	242	21	26	2	36	38	5	27
贺兰县	26	241	301	40	48		35	43	4	40
灵武市	25	281	485	19	13	2	33	90	8	6
石嘴山市	**178**	**1500**	**1206**	**184**	**158**	**12**	**199**	**196**	**29**	**44**
大武口区	152	609	605	109	80	9	95	122	10	18
惠农区	13	541	338	32	16	4	72	46	12	12
平罗县	13	351	263	43	62		31	28	7	14
吴忠市	**221**	**1032**	**1215**	**515**	**377**	**17**	**87**	**176**	**135**	**201**
利通区	90	516	428	177	150	6	57	68	32	78
红寺堡区	14	15	163	60	35	7		20	20	27
盐池县	76	71	99	33	50	4	5	22	9	14
同心县	26	178	253	92	72		7	36	48	49
青铜峡市	16	252	272	153	70		18	31	26	33
固原市	**350**	**595**	**683**	**127**	**282**	**23**	**90**	**145**	**61**	**96**
原州区	237	377	353	36	24	13	49	65	23	8
西吉县	43	76	136	54	34	4	9	27	27	19
隆德县	14	78	66	9	47	1	24	27	7	17
泾源县		12	13	10	90			4	2	28
彭阳县	55	52	116	17	87	4	8	22	3	25
中卫市	**163**	**687**	**740**	**237**	**548**	**5**	**72**	**114**	**75**	**225**
沙坡头区	30	494	349	113	257	2	48	45	36	71
中宁县	57	132	337	66	132	2	18	56	21	79
海原县	76	61	54	58	159	1	7	13	18	75

11-3ab 续表 2

单位：户

地 区	四代户					五代及以上户				
	一间	二间	三间	四间	五 间 及以上	一间	二间	三间	四间	五 间 及以上
全 区		**12**	**16**	**7**	**19**					
银川市		**7**	**8**	**1**	**2**					
兴庆区		4	4		2					
西夏区		2								
金凤区		1	2	1						
永宁县										
贺兰县										
灵武市			2							
石嘴山市		**2**	**3**							
大武口区		1	2							
惠农区		1	1							
平罗县										
吴忠市		**1**	**2**	**2**	**7**					
利通区										
红寺堡区				1	3					
盐池县										
同心县		1	1		2					
青铜峡市				1	2					
固原市		**1**	**1**	**2**	**4**					
原州区		1								
西吉县			1	2						
隆德县					1					
泾源县					2					
彭阳县					2					
中卫市			**2**	**2**	**5**					
沙坡头区					1					
中宁县			2	1	3					
海原县			1	1	1					

11-3a 各地区家庭户按代数和住房间数分的户数(城市)

单位：户

地 区	合 计	一代户				
		一间	二间	三间	四间	五 间 及以上
全 区	**24082**	**864**	**3736**	**2749**	**569**	**501**
银川市	**13465**	**366**	**2014**	**1750**	**332**	**367**
兴庆区	7146	320	950	971	235	153
西夏区	2852	15	634	340	35	78
金凤区	2630	28	312	327	59	135
永宁县						
贺兰县	58		26			
灵武市	779	2	93	112	2	1
石嘴山市	**4311**	**281**	**937**	**400**	**54**	**22**
大武口区	2745	259	494	279	43	19
惠农区	1567	23	443	121	11	4
平罗县						
吴忠市	**3319**	**115**	**371**	**312**	**143**	**67**
利通区	2029	88	253	214	57	44
红寺堡区	363	14		29	3	1
盐池县						
同心县						
青铜峡市	927	14	118	68	83	21
固原市	**1392**	**68**	**120**	**140**	**16**	**6**
原州区	1392	68	120	140	16	6
西吉县						
隆德县						
泾源县						
彭阳县						
中卫市	**1595**	**34**	**293**	**147**	**24**	**39**
沙坡头区	1595	34	293	147	24	39
中宁县						
海原县						

11-3a 续表 1 单位：户

地 区	二代户					三代户				
	一间	二间	三间	四间	五 间 及以上	一间	二间	三间	四间	五 间 及以上
全 区	**791**	**5813**	**5131**	**1164**	**849**	**60**	**735**	**704**	**178**	**209**
银川市	**274**	**3279**	**2906**	**658**	**527**	**21**	**432**	**352**	**87**	**83**
兴庆区	243	1729	1476	439	148	16	204	165	66	21
西夏区	7	786	518	88	108	1	134	73	11	21
金凤区	24	554	594	129	271	4	64	73	10	41
永宁县										
贺兰县		26					6			
灵武市		185	317	1			24	41		
石嘴山市	**164**	**1088**	**827**	**114**	**63**	**12**	**156**	**154**	**13**	**20**
大武口区	152	564	556	101	48	9	85	111	10	11
惠农区	13	524	271	13	15	4	71	42	3	9
平罗县										
吴忠市	**108**	**633**	**753**	**316**	**180**	**13**	**59**	**109**	**53**	**84**
利通区	88	438	409	148	104	6	47	65	27	42
红寺堡区	14	10	158	53	18	7		20	17	18
盐池县										
同心县										
青铜峡市	6	185	186	116	57		12	24	9	24
固原市	**218**	**341**	**333**	**15**	**14**	**13**	**45**	**51**	**8**	**3**
原州区	218	341	333	15	14	13	45	51	8	3
西吉县										
隆德县										
泾源县										
彭阳县										
中卫市	**28**	**472**	**312**	**61**	**66**	**2**	**44**	**38**	**18**	**18**
沙坡头区	28	472	312	61	66	2	44	38	18	18
中宁县										
海原县										

11-3a 续表 2

单位：户

地 区	四代户					五代及以上户				
	一间	二间	三间	四间	五 间 及以上	一间	二间	三间	四间	五 间 及以上
全 区		**11**	**10**	**2**	**4**					
银川市		**7**	**7**	**1**	**2**					
兴庆区		4	4		2					
西夏区		2								
金凤区		1	2	1						
永宁县										
贺兰县										
灵武市			1							
石嘴山市		**2**	**3**							
大武口区		1	2							
惠农区		1	1							
平罗县										
吴忠市				**1**	**2**					
利通区										
红寺堡区				1						
盐池县										
同心县										
青铜峡市					2					
固原市		**1**								
原州区		1								
西吉县										
隆德县										
泾源县										
彭阳县										
中卫市										
沙坡头区										
中宁县										
海原县										

11－3b　各地区家庭户按代数和住房间数分的户数(镇)

单位：户

地　区	合　计	一代户				
		一间	二间	三间	四间	五　间及以上
全　区	**11541**	**378**	**1068**	**1099**	**275**	**404**
银川市	**3461**	**139**	**466**	**438**	**63**	**46**
兴庆区	344		89	14	29	2
西夏区	228	28	27	5	5	2
金凤区	164		23	16	4	8
永宁县	1006	30	146	121	10	14
贺兰县	1127	27	135	191	14	15
灵武市	592	54	45	92	1	4
石嘴山市	**1641**	**50**	**234**	**155**	**60**	**47**
大武口区	176		2	6	4	3
惠农区	212	6	28	37	18	2
平罗县	1253	43	204	112	39	42
吴忠市	**2317**	**78**	**181**	**241**	**67**	**74**
利通区	338	10	65	10	7	19
红寺堡区	61		4	4	1	3
盐池县	556	45	38	65	12	13
同心县	928	17	47	54	21	22
青铜峡市	433	6	27	107	25	18
固原市	**1817**	**47**	**104**	**129**	**47**	**71**
原州区	209	13	13	21	14	4
西吉县	509	9	32	27	7	1
隆德县	382	10	38	25	8	11
泾源县	216	3	5	5	5	36
彭阳县	501	12	16	50	13	19
中卫市	**2305**	**64**	**83**	**137**	**38**	**166**
沙坡头区	512		7	23	16	78
中宁县	1188	51	58	104	15	55
海原县	604	13	19	9	7	33

11-3b 续表 1

单位：户

地 区	二代户					三代户				
	一间	二间	三间	四间	五 间 及以上	一间	二间	三间	四间	五 间 及以上
全 区	**497**	**2006**	**2421**	**702**	**1189**	**24**	**239**	**435**	**245**	**530**
银川市	**104**	**725**	**802**	**146**	**147**	**6**	**95**	**156**	**36**	**90**
兴庆区		62	45	56	12		2	14	14	6
西夏区	28	69	19	8	1	2	15	11	6	1
金凤区		18	27	2	48		4	3		10
永宁县	24	264	242	21	26	2	36	38	5	27
贺兰县	26	216	301	40	48		29	43	4	40
灵武市	25	96	169	18	13	2	8	49	8	6
石嘴山市	**13**	**413**	**378**	**70**	**95**		**43**	**43**	**16**	**24**
大武口区		45	49	8	32		10	11		7
惠农区		17	67	19	1		1	4	9	3
平罗县	13	351	263	43	62		31	28	7	14
吴忠市	**113**	**399**	**462**	**199**	**197**	**4**	**28**	**67**	**82**	**116**
利通区	2	78	19	30	45		10	2	6	35
红寺堡区		6	6	7	17				3	8
盐池县	76	71	99	33	50	4	5	22	9	14
同心县	26	178	253	92	72		7	36	48	49
青铜峡市	9	67	86	37	13		6	6	17	9
固原市	**132**	**254**	**350**	**112**	**268**	**10**	**45**	**93**	**54**	**93**
原州区	19	36	19	21	10		4	14	15	4
西吉县	43	76	136	54	34	4	9	27	27	19
隆德县	14	78	66	9	47	1	24	27	7	17
泾源县		12	13	10	90			4	2	28
彭阳县	55	52	116	17	87	4	8	22	3	25
中卫市	**135**	**215**	**428**	**176**	**482**	**3**	**28**	**76**	**57**	**207**
沙坡头区	3	22	37	52	192		3	7	18	53
中宁县	57	132	337	66	132	2	18	56	21	79
海原县	76	61	54	58	159	1	7	13	18	75

11-3b 续表 2

单位：户

地区	四代户					五代及以上户				
	一间	二间	三间	四间	五间及以上	一间	二间	三间	四间	五间及以上
全区		**1**	**6**	**5**	**15**					
银川市			**1**							
兴庆区										
西夏区										
金凤区										
永宁县										
贺兰县										
灵武市			1							
石嘴山市										
大武口区										
惠农区										
平罗县										
吴忠市		**1**	**2**	**1**	**5**					
利通区										
红寺堡区					3					
盐池县										
同心县		1	1		2					
青铜峡市				1						
固原市			**1**	**2**	**4**					
原州区										
西吉县			1	2						
隆德县					1					
泾源县					2					
彭阳县					2					
中卫市			**2**	**2**	**5**					
沙坡头区					1					
中宁县			2	1	3					
海原县			1	1	1					

11-3c 各地区家庭户按代数和住房间数分的户数(乡村)

单位：户

地 区	合 计	一代户				
		一间	二间	三间	四间	五 间 及以上
全 区	**24642**	**823**	**1719**	**1439**	**869**	**1156**
银川市	**4388**	**166**	**442**	**218**	**193**	**191**
兴庆区	355	1	30	16	8	8
西夏区	246			7	5	12
金凤区	366	19	27	12	4	4
永宁县	1194	9	160	75	57	56
贺兰县	1218	21	98	90	104	101
灵武市	1010	115	127	18	15	10
石嘴山市	**1980**	**120**	**196**	**194**	**84**	**49**
大武口区	175	2	6	9	3	1
惠农区	367	34	37	57	22	7
平罗县	1437	85	153	128	59	41
吴忠市	**6366**	**130**	**492**	**499**	**333**	**329**
利通区	1316	19	76	49	67	94
红寺堡区	949	13	39	33	8	25
盐池县	1020	7	136	146	120	76
同心县	1502	46	76	72	44	27
青铜峡市	1578	45	166	199	94	107
固原市	**6379**	**271**	**365**	**287**	**93**	**99**
原州区	1856	118	124	62	35	22
西吉县	1881	81	98	54	12	11
隆德县	979	49	79	52	15	25
泾源县	573	2	10	40	16	31
彭阳县	1089	21	54	78	15	10
中卫市	**5530**	**136**	**223**	**242**	**166**	**488**
沙坡头区	1601	11	37	72	70	229
中宁县	1566	5	57	61	42	205
海原县	2363	119	129	109	53	54

11-3c 续表 1

单位：户

地　区	二代户					三代户				
	一间	二间	三间	四间	五　间及以上	一间	二间	三间	四间	五　间及以上
全　区	**695**	**3238**	**4025**	**2822**	**3043**	**59**	**621**	**1154**	**1107**	**1735**
银川市	**91**	**652**	**554**	**539**	**457**	**6**	**126**	**228**	**231**	**260**
兴庆区	1	34	64	69	57		6	7	28	23
西夏区		4	19	41	75		1	17	24	36
金凤区	34	82	73	25	39	1	4	23	9	9
永宁县	7	173	152	155	110	1	35	76	61	61
贺兰县	12	90	126	202	160	1	19	22	52	116
灵武市	37	270	122	48	16	2	62	83	56	15
石嘴山市	**60**	**226**	**455**	**193**	**99**	**9**	**24**	**82**	**93**	**81**
大武口区	1	15	50	23	29		2	13	4	13
惠农区	35	18	98	28	6	1		12	9	4
平罗县	24	193	307	142	63	8	21	57	80	64
吴忠市	**131**	**820**	**866**	**940**	**779**	**7**	**115**	**189**	**312**	**395**
利通区	6	115	115	230	255		10	16	88	173
红寺堡区	29	150	171	96	176	1	41	41	32	86
盐池县	10	120	122	132	74		15	22	24	10
同心县	69	225	259	266	150	6	27	65	88	74
青铜峡市	17	211	199	217	124		22	45	79	52
固原市	**285**	**1064**	**1369**	**521**	**590**	**24**	**279**	**502**	**245**	**361**
原州区	172	352	262	170	171	12	96	108	58	90
西吉县	57	385	537	142	91	8	113	173	73	40
隆德县	27	172	172	66	84	2	46	92	31	62
泾源县	1	10	53	83	171		1	11	24	118
彭阳县	28	145	345	60	72	2	24	118	59	50
中卫市	**127**	**476**	**781**	**630**	**1119**	**13**	**77**	**152**	**226**	**638**
沙坡头区	1	75	127	152	473		25	29	61	226
中宁县	3	105	228	169	298		23	51	74	235
海原县	123	296	426	309	348	13	29	72	91	177

11-3c 续表 2

单位：户

地　区	四代户					五代及以上户				
	一间	二间	三间	四间	五　间及以上	一间	二间	三间	四间	五　间及以上
全　区	**1**	**9**	**33**	**37**	**57**					
银川市		**1**	**11**	**10**	**12**					
兴庆区		1		1						
西夏区			1	2	3					
金凤区				1						
永宁县			2	2	2					
贺兰县			1	1	1					
灵武市			6	2	6					
石嘴山市	**1**		**6**	**2**	**5**					
大武口区			1	1	1					
惠农区										
平罗县	1		5	1	4					
吴忠市		**3**	**5**	**8**	**12**					
利通区				1	1					
红寺堡区			1	1	6					
盐池县		2	2	2						
同心县			1	5	3					
青铜峡市		1	1		1					
固原市		**3**	**9**	**5**	**8**					
原州区			1	1	1					
西吉县		1	2	1	2					
隆德县			2	2	1					
泾源县					3					
彭阳县		2	4	1	1					
中卫市		**2**	**3**	**11**	**21**					
沙坡头区		1	1	1	10					
中宁县				4	5					
海原县		1	2	6	5					

11-4 全区按户主的受教育程度分的家庭户住房状况

受教育程度	户 数（户）	人 数（人）	平均每户住房间数（间/户）	人均住房建筑面积（平方米/人）	人均住房间 数（间/人）
总 计	**59427**	**192536**	**3.17**	**28.83**	**0.98**
未上过学	4846	15307	3.20	26.36	1.01
小 学	14678	51933	3.34	25.78	0.95
初 中	23695	79548	3.22	27.49	0.96
普通高中	6066	18276	2.96	31.38	0.98
中 职	2016	5418	2.72	34.79	1.01
大学专科	4646	12610	2.93	37.91	1.08
大学本科	3253	8809	3.00	40.19	1.11
研 究 生	227	635	3.20	42.12	1.15

11-4ab 全区按户主的受教育程度分的家庭户住房状况(城镇)

受教育程度	户 数（户）	人 数（人）	平均每户住房间数（间/户）	人均住房建筑面积（平方米/人）	人均住房间 数（间/人）
总 计	**35311**	**103150**	**2.87**	**31.91**	**0.98**
未上过学	1366	3616	3.01	32.39	1.14
小 学	5380	16383	2.98	28.93	0.98
初 中	13882	42625	2.83	28.80	0.92
普通高中	4918	14091	2.76	32.57	0.96
中 职	1884	5017	2.67	35.15	1.00
大学专科	4466	12120	2.91	38.10	1.07
大学本科	3189	8665	3.01	40.27	1.11
研 究 生	226	632	3.19	42.16	1.14

11-4a 全区按户主的受教育程度分的家庭户住房状况(城市)

受教育程度	户 数 (户)	人 数 (人)	平均每户 住房间数 (间/户)	人均住房 建筑面积 (平方米/人)	人均住房 间 数 (间/人)
总 计	**23912**	**66344**	**2.68**	**33.21**	**0.97**
未上过学	712	1652	2.55	35.08	1.10
小 学	2780	7616	2.58	29.67	0.94
初 中	8616	25030	2.58	29.40	0.89
普通高中	3689	10212	2.63	33.16	0.95
中 职	1526	4052	2.58	35.23	0.97
大学专科	3690	9936	2.84	38.35	1.05
大学本科	2680	7242	2.98	40.78	1.10
研 究 生	218	606	3.20	42.52	1.15

11-4b 全区按户主的受教育程度分的家庭户住房状况(镇)

受教育程度	户 数 (户)	人 数 (人)	平均每户 住房间数 (间/户)	人均住房 建筑面积 (平方米/人)	人均住房 间 数 (间/人)
总 计	**11400**	**36806**	**3.27**	**29.57**	**1.01**
未上过学	654	1965	3.52	30.13	1.17
小 学	2599	8767	3.41	28.29	1.01
初 中	5266	17596	3.22	27.95	0.96
普通高中	1229	3879	3.15	31.01	1.00
中 职	358	965	3.05	34.84	1.13
大学专科	776	2185	3.27	36.97	1.16
大学本科	509	1424	3.11	37.69	1.11
研 究 生	8	26	2.74	33.80	0.90

11-4c 全区按户主的受教育程度分的家庭户住房状况(乡村)

受教育程度	户 数 (户)	人 数 (人)	平均每户 住房间数 (间/户)	人均住房 建筑面积 (平方米/人)	人均住房 间 数 (间/人)
总 计	**24116**	**89386**	**3.61**	**25.27**	**0.97**
未上过学	3481	11691	3.27	24.49	0.97
小 学	9298	35550	3.55	24.32	0.93
初 中	9813	36922	3.78	25.98	1.00
普通高中	1148	4186	3.82	27.38	1.05
中 职	132	401	3.40	30.30	1.12
大学专科	179	490	3.43	33.27	1.26
大学本科	64	144	2.78	35.08	1.23
研 究 生	1	3	7.00	34.44	1.79

11−5 各地区按住房类型、建筑层数分的家庭户户数

单位：户

地　区	住房类型				建筑层数				
	普通住宅	集体宿舍和工棚	工作地住宿	无住房	平房	2−3层楼房	4−6层楼房	7−9层楼房	10层以上楼房
全　区	**60266**	**124**	**363**	**97**	**32699**	**2101**	**22426**	**810**	**2229**
银川市	**21314**	**48**	**160**	**17**	**5895**	**818**	**11982**	**652**	**1966**
兴庆区	7845	8	21	6	905	464	5285	307	884
西夏区	3326		1	1	756	40	2115	58	357
金凤区	3160				461	35	1833	182	649
永宁县	2200	1	1	6	1206	123	869		1
贺兰县	2404	2		3	1421	94	798	62	28
灵武市	2380	37	137	1	1146	63	1081	43	47
石嘴山市	**7932**	**11**	**96**	**20**	**3015**	**654**	**4109**	**26**	**127**
大武口区	3096	7	16		727	460	1883	6	19
惠农区	2147	2	27	6	605	56	1357	21	108
平罗县	2690	1	53	14	1683	138	868		
吴忠市	**12001**	**56**	**45**	**18**	**8381**	**212**	**3250**	**91**	**69**
利通区	3683	51	3	3	1889	14	1776	2	1
红寺堡区	1374	3	6	1	1127	29	217		
盐池县	1577	2	5	3	1289	61	176	34	17
同心县	2430	1	26	6	2064	39	276		50
青铜峡市	2938		6	4	2011	68	804	55	
固原市	**9588**	**6**	**24**	**30**	**8002**	**201**	**1284**	**34**	**67**
原州区	3457		2	2	2417	59	914	1	66
西吉县	2390	2	2	19	2245	74	71		
隆德县	1362	2	5		1132	47	149	33	
泾源县	789	1	13	2	727	12	50		
彭阳县	1590	1	2	7	1481	9	99		
中卫市	**9430**	**4**	**37**	**12**	**7406**	**216**	**1802**	**6**	
沙坡头区	3708	2	3	2	2403	42	1260	4	
中宁县	2755	1	32		2187	102	463	2	
海原县	2967	1	2	10	2815	72	79	1	

11-5ab 各地区按住房类型、建筑层数分的家庭户户数(城镇)

单位：户

地 区	住房类型				建筑层数				
	普通住宅	集体宿舍和工棚	工作地住宿	无住房	平房	2-3层楼房	4-6层楼房	7-9层楼房	10层以上楼房
全 区	**35623**	**58**	**240**	**35**	**8774**	**1880**	**21940**	**806**	**2223**
银川市	**16926**	**46**	**77**	**7**	**1879**	**734**	**11698**	**649**	**1965**
兴庆区	7490	8	21	6	552	462	5285	307	884
西夏区	3080		1	1	511	39	2115	58	357
金凤区	2794				96	33	1833	182	649
永宁县	1006	1	1		250	112	645		
贺兰县	1185	1			235	87	773	62	28
灵武市	1371	37	54		235	1	1047	40	47
石嘴山市	**5953**	**11**	**84**	**6**	**1134**	**639**	**4027**	**26**	**127**
大武口区	2921	7	16		553	460	1883	6	19
惠农区	1779	2	16	4	292	55	1303	21	108
平罗县	1253	1	52	2	289	124	840		
吴忠市	**5636**	**1**	**32**	**14**	**2188**	**159**	**3135**	**91**	**64**
利通区	2367		1	3	583	6	1775	2	1
红寺堡区	425		6	1	184	24	216		
盐池县	556		5	3	294	59	157	34	12
同心县	928	1	19	6	566	36	276		50
青铜峡市	1360		1		560	34	711	55	
固原市	**3210**		**19**	**7**	**1648**	**178**	**1282**	**34**	**67**
原州区	1601		1	2	567	53	914	1	66
西吉县	509				373	64	71		
隆德县	382		5		156	44	148	33	
泾源县	216		11		156	9	50		
彭阳县	501		1	5	394	8	99		
中卫市	**3899**		**29**	**1**	**1926**	**170**	**1798**	**6**	
沙坡头区	2107			1	838	7	1259	3	
中宁县	1188		29		627	96	463	2	
海原县	604				461	67	76	1	

11-5a 各地区按住房类型、建筑层数分的家庭户户数(城市)

单位：户

地　区	住房类型				建筑层数				
	普通住宅	集体宿舍和工棚	工作地住宿	无住房	平房	2-3层楼房	4-6层楼房	7-9层楼房	10层以上楼房
全　区	**24082**	**51**	**60**	**14**	**2961**	**1087**	**17229**	**672**	**2132**
银川市	**13465**	**45**	**24**	**7**	**790**	**496**	**9656**	**585**	**1937**
兴庆区	7146	8	21	6	390	462	5103	307	884
西夏区	2852		1	1	383		2054	58	357
金凤区	2630				15	33	1751	182	649
永宁县									
贺兰县	58					1	57		
灵武市	779	37	1		2		691	38	47
石嘴山市	**4311**	**6**	**29**	**4**	**656**	**509**	**2994**	**26**	**127**
大武口区	2745	6	16		498	460	1762	6	19
惠农区	1567		13	4	158	49	1231	21	108
平罗县									
吴忠市	**3319**		**7**	**1**	**823**	**26**	**2412**	**57**	**1**
利通区	2029		1		390	2	1633	2	1
红寺堡区	363		6	1	123	24	216		
盐池县									
同心县									
青铜峡市	927				310		563	55	
固原市	**1392**		**1**	**2**	**361**	**50**	**913**	**1**	**66**
原州区	1392		1	2	361	50	913	1	66
西吉县									
隆德县									
泾源县									
彭阳县									
中卫市	**1595**				**331**	**5**	**1255**	**3**	
沙坡头区	1595				331	5	1255	3	
中宁县									
海原县									

11–5b 各地区按住房类型、建筑层数分的家庭户户数(镇)

单位：户

地　区	住房类型				建筑层数				
	普通住宅	集体宿舍和工棚	工作地住宿	无住房	平房	2–3层楼房	4–6层楼房	7–9层楼房	10层以上楼房
全　区	**11541**	**7**	**180**	**21**	**5813**	**794**	**4711**	**134**	**91**
银川市	**3461**	**2**	**54**		**1089**	**238**	**2042**	**64**	**28**
兴庆区	344				161		183		
西夏区	228				128	39	61		
金凤区	164				81		82		
永宁县	1006	1	1		250	112	645		
贺兰县	1127	1			235	87	716	62	28
灵武市	592		53		233	1	356	2	
石嘴山市	**1641**	**4**	**55**	**2**	**478**	**130**	**1033**		
大武口区	176	1			55		121		
惠农区	212	2	4		134	6	72		
平罗县	1253	1	52	2	289	124	840		
吴忠市	**2317**	**1**	**25**	**13**	**1364**	**133**	**724**	**34**	**62**
利通区	338			3	193	3	142		
红寺堡区	61				61				
盐池县	556		5	3	294	59	157	34	12
同心县	928	1	19	6	566	36	276		50
青铜峡市	433		1		250	34	149		
固原市	**1817**		**18**	**5**	**1286**	**128**	**369**	**33**	
原州区	209				206	2	1		
西吉县	509				373	64	71		
隆德县	382		5		156	44	148	33	
泾源县	216		11		156	9	50		
彭阳县	501		1	5	394	8	99		
中卫市	**2305**		**29**	**1**	**1595**	**165**	**542**	**2**	
沙坡头区	512			1	507	2	3		
中宁县	1188		29		627	96	463	2	
海原县	604				461	67	76	1	

11-5c 各地区按住房类型、建筑层数分的家庭户户数(乡村)

单位：户

地 区	住房类型				建筑层数				
	普通住宅	集体宿舍和工棚	工作地住宿	无住房	平房	2-3层楼房	4-6层楼房	7-9层楼房	10层以上楼房
全 区	**24642**	**66**	**123**	**62**	**23924**	**221**	**486**	**4**	**6**
银川市	**4388**	**1**	**83**	**10**	**4016**	**84**	**284**	**3**	**1**
兴庆区	355				354	1			
西夏区	246				245	1			
金凤区	366				365	1			
永宁县	1194			6	957	12	224		1
贺兰县	1218	1		3	1186	7	25		
灵武市	1010		83	1	910	62	35	3	
石嘴山市	**1980**		**13**	**15**	**1882**	**15**	**82**		
大武口区	175				174				
惠农区	367		11	2	313	1	54		
平罗县	1437		2	12	1394	15	28		
吴忠市	**6366**	**55**	**13**	**4**	**6193**	**53**	**115**		**5**
利通区	1316	51	1		1306	9	1		
红寺堡区	949	3	1		943	6	1		
盐池县	1020	2			995	2	19		5
同心县	1502		6		1498	3	1		
青铜峡市	1578		5	4	1452	34	93		
固原市	**6379**	**6**	**5**	**22**	**6354**	**23**	**2**		
原州区	1856		1		1850	6			
西吉县	1881	2	2	19	1871	9			
隆德县	979	2			975	3	1		
泾源县	573	1	2	2	571	3			
彭阳县	1089	1	1	2	1087	2	1		
中卫市	**5530**	**4**	**9**	**11**	**5479**	**46**	**4**	**1**	
沙坡头区	1601	2	3	1	1565	35	1	1	
中宁县	1566	1	3		1560	6			
海原县	2363	1	2	10	2355	5	3		

11-6 各地区家庭户按住房建成时间分的住房状况

单位：户、间、平方米

地　区	合　计			1949年以前			1949-1959年		
	户数	间数	面积	户数	间数	面积	户数	间数	面积
全　区	**60266**	**191133**	**5622902**	**24**	**60**	**2591**	**20**	**54**	**1391**
银川市	**21314**	**61869**	**2112673**	**1**	**2**	**115**	**1**	**2**	**47**
兴庆区	7845	21257	732720						
西夏区	3326	9618	326796	1	2	115			
金凤区	3160	9904	332641						
永宁县	2200	6754	212577				1	2	47
贺兰县	2404	8253	258704						
灵武市	2380	6084	249235						
石嘴山市	**7932**	**21521**	**685600**	**1**	**2**	**62**	**1**	**1**	**57**
大武口区	3096	7952	260408	1	2	62			
惠农区	2147	5354	177213				1	1	57
平罗县	2690	8215	247979						
吴忠市	**12001**	**40871**	**1158767**	**1**	**4**	**125**	**6**	**14**	**287**
利通区	3683	13060	379284				3	7	167
红寺堡区	1374	5004	151327						
盐池县	1577	5161	136681				3	7	120
同心县	2430	8033	247779	1	4	125			
青铜峡市	2938	9613	243697						
固原市	**9588**	**29977**	**777359**	**18**	**42**	**1882**	**7**	**22**	**610**
原州区	3457	9242	264493	2	3	138			
西吉县	2390	6993	206990	2	5	284	2	5	110
隆德县	1362	4224	102298						
泾源县	789	4160	66778				1	2	23
彭阳县	1590	5357	136800	13	33	1461	4	15	477
中卫市	**9430**	**36896**	**888504**	**4**	**11**	**407**	**6**	**14**	**389**
沙坡头区	3708	14672	321990	1	2	79			
中宁县	2755	11213	289794						
海原县	2967	11011	276720	3	9	328	6	14	389

11-6 续表 1

单位：户、间、平方米

地　区	1960–1969年			1970–1979年			1980–1989年		
	户数	间数	面积	户数	间数	面积	户数	间数	面积
全　区	**152**	**378**	**9212**	**1279**	**3245**	**80711**	**3862**	**13309**	**329093**
银川市	**26**	**70**	**1692**	**384**	**812**	**22985**	**907**	**2683**	**80960**
兴庆区				161	319	8358	324	884	23986
西夏区	13	31	731	203	430	13129	94	223	6821
金凤区							45	135	3794
永宁县	13	40	961	13	40	959	202	709	20636
贺兰县				3	18	387	148	548	16809
灵武市				3	5	152	94	184	8914
石嘴山市	**70**	**125**	**3631**	**389**	**646**	**18727**	**634**	**1746**	**46919**
大武口区	58	103	2971	347	542	15701	184	460	11980
惠农区	11	23	660	26	55	1618	207	515	14444
平罗县				16	49	1408	243	771	20495
吴忠市	**6**	**18**	**336**	**115**	**421**	**11691**	**894**	**3315**	**82441**
利通区				38	152	5906	291	1005	28165
红寺堡区				3	13	290	10	42	989
盐池县	3	9	110	49	176	3710	221	804	20283
同心县	1	5	106	12	33	872	142	504	13877
青铜峡市	1	5	120	14	46	913	229	958	19127
固原市	**30**	**93**	**2084**	**228**	**569**	**13115**	**555**	**1688**	**42501**
原州区	2	2	38	120	257	5642	99	267	6323
西吉县	2	5	140	30	60	2421	175	472	13593
隆德县				11	25	497	51	121	2867
泾源县	1	2	30	12	59	1097	43	225	4122
彭阳县	26	85	1876	54	167	3458	187	602	15597
中卫市	**20**	**71**	**1469**	**163**	**797**	**14192**	**871**	**3877**	**76272**
沙坡头区	5	23	390	30	169	2708	295	1198	21453
中宁县	5	14	385	82	426	7628	279	1418	28562
海原县	11	33	694	52	202	3856	298	1262	26256

11-6 续表 2

单位：户、间、平方米

地 区	1990-1999年			2000-2009年			2010年以后		
	户数	间数	面积	户数	间数	面积	户数	间数	面积
全 区	**13429**	**44181**	**1175129**	**26685**	**85612**	**2632238**	**14815**	**44294**	**1392539**
银川市	**4819**	**14562**	**430964**	**10364**	**29965**	**1071991**	**4812**	**13771**	**503918**
兴庆区	1660	4118	133575	4611	12524	453932	1090	3413	112869
西夏区	829	2604	61366	1472	4619	167965	713	1708	76669
金凤区	534	1780	50891	1412	4530	148413	1169	3458	129543
永宁县	577	1998	55978	704	2052	66876	689	1913	67119
贺兰县	664	2657	72626	924	3037	97273	665	1993	71609
灵武市	555	1405	56527	1242	3204	137533	485	1286	46109
石嘴山市	**2008**	**5623**	**166761**	**3036**	**9273**	**297611**	**1794**	**4103**	**151832**
大武口区	402	1150	35211	1461	4352	144302	642	1343	50180
惠农区	827	1990	61141	626	1694	58499	449	1077	40795
平罗县	779	2484	70408	949	3228	94810	703	1683	60857
吴忠市	**2967**	**10866**	**266803**	**5362**	**18384**	**548646**	**2650**	**7849**	**248437**
利通区	1051	4259	106385	1789	6429	194409	512	1208	44251
红寺堡区	103	426	9520	697	2721	81906	561	1802	58621
盐池县	421	1564	36632	411	1353	37972	467	1248	37854
同心县	332	1178	33635	1365	4241	132998	578	2068	66165
青铜峡市	1061	3439	80630	1100	3641	101360	533	1523	41546
固原市	**1607**	**4646**	**124291**	**4055**	**13148**	**340337**	**3089**	**9769**	**252539**
原州区	574	1397	44396	1672	4729	132952	988	2587	75005
西吉县	416	1163	35612	845	2475	72747	919	2807	82084
隆德县	198	497	11713	650	2226	53203	451	1355	34018
泾源县	120	513	7859	335	1818	27836	278	1540	25811
彭阳县	298	1076	24711	553	1901	53599	454	1479	35621
中卫市	**2029**	**8483**	**186310**	**3867**	**14840**	**373653**	**2469**	**8803**	**235812**
沙坡头区	712	2998	60327	1748	6838	154569	918	3444	82464
中宁县	706	3148	70885	1052	4015	114307	631	2192	68025
海原县	611	2338	55097	1067	3987	104777	921	3167	85322

11-6ab 各地区家庭户按住房建成时间分的住房状况(城镇)

单位：户、间、平方米

地　区	合　计			1949年以前			1949-1959年		
	户数	间数	面积	户数	间数	面积	户数	间数	面积
全　区	**35623**	**102232**	**3319769**	**4**	**10**	**434**	**3**	**10**	**242**
银川市	**16926**	**46501**	**1622103**	**1**	**2**	**115**	**1**	**2**	**47**
兴庆区	7490	19892	694898						
西夏区	3080	8234	273696	1	2	115			
金凤区	2794	8802	304712						
永宁县	1006	2698	89283				1	2	47
贺兰县	1185	3285	118056						
灵武市	1371	3589	141458						
石嘴山市	**5953**	**15290**	**494718**	**1**	**2**	**62**	**1**	**1**	**57**
大武口区	2921	7259	237567	1	2	62			
惠农区	1779	4331	145621				1	1	57
平罗县	1253	3701	111529						
吴忠市	**5636**	**17459**	**572523**				**1**	**4**	**78**
利通区	2367	7061	239939				1	4	78
红寺堡区	425	1445	51056						
盐池县	556	1669	57123						
同心县	928	3036	102758						
青铜峡市	1360	4247	121647						
固原市	**3210**	**9559**	**277532**	**1**	**2**	**107**			
原州区	1601	3787	127525	1	2	107			
西吉县	509	1527	44798						
隆德县	382	1205	32976						
泾源县	216	1227	20801						
彭阳县	501	1813	51432						
中卫市	**3899**	**13423**	**352893**	**1**	**4**	**150**	**1**	**2**	**60**
沙坡头区	2107	6753	180703	1	2	79			
中宁县	1188	4082	114338						
海原县	604	2588	57852	1	2	72	1	2	60

11-6ab 续表 1

单位：户、间、平方米

地区	1960—1969年			1970—1979年			1980—1989年		
	户数	间数	面积	户数	间数	面积	户数	间数	面积
全 区	**103**	**217**	**5826**	**955**	**2086**	**57851**	**1887**	**6009**	**155997**
银川市	**26**	**70**	**1692**	**376**	**784**	**22235**	**570**	**1516**	**43739**
兴庆区				161	319	8358	322	878	23816
西夏区	13	31	731	203	430	13129	94	223	6821
金凤区							39	120	3457
永宁县	13	40	961	11	35	748	51	92	3017
贺兰县							62	201	6565
灵武市							1	2	63
石嘴山市	**70**	**125**	**3631**	**374**	**591**	**17403**	**437**	**1145**	**29988**
大武口区	58	103	2971	347	542	15701	184	459	11872
惠农区	11	23	660	21	42	1310	180	438	12146
平罗县				5	7	392	72	249	5969
吴忠市				**43**	**166**	**6328**	**366**	**1328**	**39766**
利通区				29	122	5251	159	505	16934
红寺堡区				1	8	176	3	13	277
盐池县				1	3	141	77	284	9052
同心县				3	6	246	65	248	7724
青铜峡市				8	26	515	63	279	5780
固原市	**3**	**4**	**132**	**101**	**220**	**5850**	**151**	**537**	**14186**
原州区	2	2	38	75	149	3655	44	135	3281
西吉县	1	2	94	20	38	1435	51	142	4892
隆德县							9	24	622
泾源县				5	29	646	16	106	2218
彭阳县				1	4	114	31	130	3173
中卫市	**4**	**17**	**371**	**62**	**326**	**6034**	**363**	**1482**	**28318**
沙坡头区				11	59	985	204	765	13935
中宁县	2	6	91	39	206	3933	89	413	8783
海原县	2	11	281	13	61	1116	71	304	5601

11-6ab 续表 2 单位：户、间、平方米

地 区	1990-1999年			2000-2009年			2010年以后		
	户数	间数	面积	户数	间数	面积	户数	间数	面积
全 区	**7189**	**21140**	**596519**	**17007**	**49768**	**1686588**	**8474**	**22992**	**816312**
银川市	**3323**	**9169**	**268875**	**8758**	**24224**	**880127**	**3871**	**10734**	**405273**
兴庆区	1604	3904	128081	4436	11775	432815	965	3017	101828
西夏区	765	2298	52131	1322	3651	131325	681	1599	69444
金凤区	456	1519	44723	1233	3951	134694	1067	3212	121839
永宁县	191	582	15143	286	709	24252	452	1239	45115
贺兰县	87	271	8356	632	1871	62188	405	942	40947
灵武市	220	594	20440	850	2267	94854	301	726	26101
石嘴山市	**1337**	**3516**	**102607**	**2225**	**6522**	**212057**	**1509**	**3388**	**128913**
大武口区	385	1080	33050	1326	3791	125086	619	1283	48825
惠农区	721	1662	51129	460	1178	43143	384	987	37176
平罗县	231	775	18429	440	1553	43828	505	1117	42911
吴忠市	**1079**	**3686**	**103259**	**2791**	**8873**	**300533**	**1355**	**3402**	**122559**
利通区	508	1763	49646	1230	3822	133095	440	844	34937
红寺堡区	29	133	3304	163	626	21922	228	666	25378
盐池县	129	463	13394	191	592	21275	158	327	13261
同心县	150	492	15635	515	1639	56604	195	650	22550
青铜峡市	264	835	21279	691	2194	67638	334	914	26434
固原市	**601**	**1702**	**50487**	**1480**	**4522**	**131502**	**873**	**2571**	**75269**
原州区	383	956	33356	791	1818	60599	305	725	26489
西吉县	79	248	6159	154	471	14932	204	626	17286
隆德县	36	73	2016	207	812	19696	130	296	10643
泾源县	34	138	2042	81	495	7354	81	458	8542
彭阳县	70	287	6914	246	926	28921	153	467	12309
中卫市	**849**	**3067**	**71292**	**1754**	**5628**	**162369**	**865**	**2897**	**84298**
沙坡头区	376	1203	28813	1000	2986	86390	515	1738	50501
中宁县	308	1115	27829	491	1504	46879	260	839	26823
海原县	165	750	14649	262	1137	29100	90	321	6974

11-6a 各地区家庭户按住房建成时间分的住房状况(城市)

单位：户、间、平方米

地 区	合 计			1949年以前			1949-1959年		
	户数	间数	面积	户数	间数	面积	户数	间数	面积
全 区	**24082**	**64508**	**2218960**	**4**	**8**	**363**	**2**	**6**	**135**
银川市	**13465**	**36879**	**1298056**	**1**	**2**	**115**			
兴庆区	7146	18851	668046						
西夏区	2852	7747	250398	1	2	115			
金凤区	2630	8128	287501						
永宁县									
贺兰县	58	116	5563						
灵武市	779	2037	86548						
石嘴山市	**4311**	**10284**	**341827**	**1**	**2**	**62**	**1**	**1**	**57**
大武口区	2745	6590	217289	1	2	62			
惠农区	1567	3694	124538				1	1	57
平罗县									
吴忠市	**3319**	**9826**	**332571**				**1**	**4**	**78**
利通区	2029	5747	203290				1	4	78
红寺堡区	363	1176	43991						
盐池县									
同心县									
青铜峡市	927	2903	85290						
固原市	**1392**	**3185**	**113673**	**1**	**2**	**107**			
原州区	1392	3185	113673	1	2	107			
西吉县									
隆德县									
泾源县									
彭阳县									
中卫市	**1595**	**4333**	**132834**	**1**	**2**	**79**			
沙坡头区	1595	4333	132834	1	2	79			
中宁县									
海原县									

11-6a 续表 1

单位：户、间、平方米

地 区	1960-1969年			1970-1979年			1980-1989年		
	户数	间数	面积	户数	间数	面积	户数	间数	面积
全 区	**85**	**158**	**4399**	**820**	**1568**	**45516**	**1146**	**3134**	**83768**
银川市	**13**	**31**	**731**	**342**	**696**	**19270**	**447**	**1188**	**33024**
兴庆区				161	319	8358	320	874	23738
西夏区	13	31	731	181	377	10912	89	201	5975
金凤区							38	113	3311
永宁县									
贺兰县									
灵武市									
石嘴山市	**70**	**125**	**3631**	**368**	**584**	**17011**	**353**	**863**	**22907**
大武口区	58	103	2971	347	542	15701	184	459	11872
惠农区	11	23	660	21	42	1310	169	405	11034
平罗县									
吴忠市				**28**	**104**	**5003**	**174**	**531**	**17438**
利通区				24	94	4818	135	354	13774
红寺堡区									
盐池县									
同心县									
青铜峡市				4	9	185	39	177	3664
固原市	**2**	**2**	**38**	**74**	**148**	**3623**	**13**	**28**	**873**
原州区	2	2	38	74	148	3623	13	28	873
西吉县									
隆德县									
泾源县									
彭阳县									
中卫市				**7**	**37**	**609**	**158**	**524**	**9527**
沙坡头区				7	37	609	158	524	9527
中宁县									
海原县									

11-6a　续表 2　　　　单位：户、间、平方米

地　区	1990-1999年			2000-2009年			2010年以后		
	户数	间数	面积	户数	间数	面积	户数	间数	面积
全　区	**4772**	**12579**	**378915**	**12262**	**33885**	**1214510**	**4993**	**13170**	**491354**
银川市	**2769**	**7331**	**218641**	**7264**	**20037**	**743049**	**2628**	**7594**	**283225**
兴庆区	1587	3846	127101	4297	11231	423540	781	2581	85309
西夏区	761	2286	51524	1214	3454	120584	592	1396	60557
金凤区	376	1068	35536	1232	3945	134527	984	3002	114127
永宁县									
贺兰县							58	116	5563
灵武市	45	131	4481	521	1408	64399	212	498	17668
石嘴山市	**968**	**2256**	**68151**	**1672**	**4505**	**153994**	**879**	**1948**	**76014**
大武口区	365	924	28715	1292	3592	118865	497	969	39103
惠农区	602	1332	39436	380	913	35129	382	979	36912
平罗县									
吴忠市	**426**	**1479**	**42254**	**1787**	**5566**	**191526**	**901**	**2143**	**76273**
利通区	356	1188	34631	1158	3487	123817	354	620	26173
红寺堡区				147	560	20168	216	616	23824
盐池县									
同心县									
青铜峡市	70	291	7623	483	1519	47541	331	907	26277
固原市	**334**	**818**	**30284**	**709**	**1582**	**55346**	**259**	**605**	**23402**
原州区	334	818	30284	709	1582	55346	259	605	23402
西吉县									
隆德县									
泾源县									
彭阳县									
中卫市	**274**	**695**	**19584**	**830**	**2194**	**70595**	**325**	**881**	**32440**
沙坡头区	274	695	19584	830	2194	70595	325	881	32440
中宁县									
海原县									

11-6b 各地区家庭户按住房建成时间分的住房状况(镇)

单位：户、间、平方米

地区	合计			1949年以前			1949-1959年		
	户数	间数	面积	户数	间数	面积	户数	间数	面积
全区	**11541**	**37724**	**1100808**	**1**	**2**	**72**	**1**	**4**	**107**
银川市	**3461**	**9622**	**324048**				**1**	**2**	**47**
兴庆区	344	1041	26852						
西夏区	228	487	23298						
金凤区	164	675	17212						
永宁县	1006	2698	89283				1	2	47
贺兰县	1127	3169	112493						
灵武市	592	1552	54911						
石嘴山市	**1641**	**5006**	**152891**						
大武口区	176	668	20279						
惠农区	212	637	21083						
平罗县	1253	3701	111529						
吴忠市	**2317**	**7632**	**239951**						
利通区	338	1313	36649						
红寺堡区	61	270	7065						
盐池县	556	1669	57123						
同心县	928	3036	102758						
青铜峡市	433	1344	36357						
固原市	**1817**	**6374**	**163859**						
原州区	209	602	13852						
西吉县	509	1527	44798						
隆德县	382	1205	32976						
泾源县	216	1227	20801						
彭阳县	501	1813	51432						
中卫市	**2305**	**9089**	**220059**	**1**	**2**	**72**	**1**	**2**	**60**
沙坡头区	512	2420	47869						
中宁县	1188	4082	114338						
海原县	604	2588	57852	1	2	72	1	2	60

11-6b 续表 1

单位：户、间、平方米

地区	1960-1969年			1970-1979年			1980-1989年		
	户数	间数	面积	户数	间数	面积	户数	间数	面积
全区	**18**	**59**	**1426**	**135**	**518**	**12334**	**742**	**2875**	**72229**
银川市	**13**	**40**	**961**	**33**	**88**	**2965**	**123**	**328**	**10715**
兴庆区							2	4	78
西夏区				22	53	2217	5	22	846
金凤区							1	7	146
永宁县	13	40	961	11	35	748	51	92	3017
贺兰县							62	201	6565
灵武市							1	2	63
石嘴山市				**5**	**7**	**392**	**84**	**282**	**7081**
大武口区									
惠农区							11	33	1112
平罗县				5	7	392	72	249	5969
吴忠市				**15**	**62**	**1325**	**192**	**798**	**22329**
利通区				4	28	433	23	151	3160
红寺堡区				1	8	176	3	13	277
盐池县				1	3	141	77	284	9052
同心县				3	6	246	65	248	7724
青铜峡市				5	17	330	24	103	2117
固原市	**1**	**2**	**94**	**27**	**72**	**2227**	**138**	**509**	**13313**
原州区				1	1	32	31	107	2409
西吉县	1	2	94	20	38	1435	51	142	4892
隆德县							9	24	622
泾源县				5	29	646	16	106	2218
彭阳县				1	4	114	31	130	3173
中卫市	**4**	**17**	**371**	**55**	**288**	**5425**	**205**	**958**	**18791**
沙坡头区				4	22	376	46	241	4408
中宁县	2	6	91	39	206	3933	89	413	8783
海原县	2	11	281	13	61	1116	71	304	5601

11–6b 续表 2

单位：户、间、平方米

地 区	1990–1999年			2000–2009年			2010年以后		
	户数	间数	面积	户数	间数	面积	户数	间数	面积
全 区	**2418**	**8561**	**217604**	**4746**	**15883**	**472078**	**3481**	**9821**	**324958**
银川市	**554**	**1838**	**50233**	**1494**	**4187**	**137078**	**1243**	**3139**	**122048**
兴庆区	17	58	981	140	544	9275	185	435	16518
西夏区	5	12	607	108	197	10741	88	202	8886
金凤区	79	452	9187	1	6	167	82	210	7712
永宁县	191	582	15143	286	709	24252	452	1239	45115
贺兰县	87	271	8356	632	1871	62188	347	826	35384
灵武市	174	463	15959	328	859	30455	89	228	8433
石嘴山市	**369**	**1260**	**34456**	**553**	**2017**	**58063**	**630**	**1440**	**52898**
大武口区	20	155	4335	34	199	6221	122	314	9723
惠农区	119	330	11693	80	265	8014	2	8	265
平罗县	231	775	18429	440	1553	43828	505	1117	42911
吴忠市	**653**	**2207**	**61005**	**1003**	**3306**	**109007**	**454**	**1260**	**46286**
利通区	152	576	15015	72	335	9278	87	224	8764
红寺堡区	29	133	3304	17	66	1754	11	50	1554
盐池县	129	463	13394	191	592	21275	158	327	13261
同心县	150	492	15635	515	1639	56604	195	650	22550
青铜峡市	193	543	13656	208	674	20097	3	7	157
固原市	**267**	**884**	**20202**	**771**	**2940**	**76155**	**614**	**1967**	**51868**
原州区	48	138	3072	83	236	5252	46	120	3087
西吉县	79	248	6159	154	471	14932	204	626	17286
隆德县	36	73	2016	207	812	19696	130	296	10643
泾源县	34	138	2042	81	495	7354	81	458	8542
彭阳县	70	287	6914	246	926	28921	153	467	12309
中卫市	**575**	**2373**	**51707**	**923**	**3433**	**91774**	**541**	**2016**	**51858**
沙坡头区	102	508	9229	170	792	15795	190	857	18061
中宁县	308	1115	27829	491	1504	46879	260	839	26823
海原县	165	750	14649	262	1137	29100	90	321	6974

11-6c 各地区家庭户按住房建成时间分的住房状况(乡村)

单位：户、间、平方米

地 区	合 计			1949年以前			1949-1959年		
	户数	间数	面积	户数	间数	面积	户数	间数	面积
全 区	**24642**	**88901**	**2303133**	**19**	**50**	**2157**	**17**	**44**	**1149**
银川市	**4388**	**15368**	**490569**						
兴庆区	355	1364	37822						
西夏区	246	1384	53100						
金凤区	366	1102	27929						
永宁县	1194	4056	123294						
贺兰县	1218	4968	140648						
灵武市	1010	2495	107777						
石嘴山市	**1980**	**6230**	**190882**						
大武口区	175	693	22841						
惠农区	367	1023	31592						
平罗县	1437	4515	136449						
吴忠市	**6366**	**23412**	**586244**	**1**	**4**	**125**	**5**	**10**	**210**
利通区	1316	5999	139344				1	3	89
红寺堡区	949	3559	100270						
盐池县	1020	3492	79559				3	7	120
同心县	1502	4997	145021	1	4	125			
青铜峡市	1578	5365	122050						
固原市	**6379**	**20418**	**499827**	**16**	**39**	**1775**	**7**	**22**	**610**
原州区	1856	5455	136968	1	1	30			
西吉县	1881	5466	162192	2	5	284	2	5	110
隆德县	979	3019	69322						
泾源县	573	2933	45977				1	2	23
彭阳县	1089	3544	85368	13	33	1461	4	15	477
中卫市	**5530**	**23473**	**535611**	**2**	**7**	**257**	**5**	**12**	**329**
沙坡头区	1601	7919	141287						
中宁县	1566	7131	175455						
海原县	2363	8424	218869	2	7	257	5	12	329

11-6c　续表 1　　　　单位：户、间、平方米

地　区	1960-1969年			1970-1979年			1980-1989年		
	户数	间数	面积	户数	间数	面积	户数	间数	面积
全　区	**50**	**161**	**3386**	**324**	**1159**	**22860**	**1975**	**7300**	**173095**
银川市				**8**	**28**	**750**	**338**	**1167**	**37220**
兴庆区							1	6	170
西夏区									
金凤区							6	16	337
永宁县				2	5	211	151	617	17619
贺兰县				3	18	387	86	347	10244
灵武市				3	5	152	93	182	8850
石嘴山市				**15**	**55**	**1324**	**198**	**601**	**16931**
大武口区								2	108
惠农区				5	13	308	27	77	2298
平罗县				11	42	1016	171	522	14526
吴忠市	**6**	**18**	**336**	**73**	**256**	**5363**	**527**	**1986**	**42675**
利通区				9	30	656	133	501	11231
红寺堡区				1	5	114	8	30	713
盐池县	3	9	110	48	173	3569	144	520	11232
同心县	1	5	106	8	27	627	77	256	6153
青铜峡市	1	5	120	6	20	397	166	679	13346
固原市	**27**	**89**	**1952**	**127**	**349**	**7265**	**404**	**1151**	**28316**
原州区				45	108	1987	55	132	3042
西吉县	1	3	46	10	22	986	123	330	8701
隆德县				11	25	497	43	98	2245
泾源县	1	2	30	7	30	451	27	119	1904
彭阳县	26	85	1876	54	163	3343	157	472	12424
中卫市	**17**	**53**	**1097**	**101**	**471**	**8158**	**508**	**2395**	**47953**
沙坡头区	5	23	390	19	110	1723	91	432	7519
中宁县	3	8	294	43	221	3696	190	1005	19779
海原县	8	22	414	39	141	2740	227	958	20656

11-6c 续表 2

单位：户、间、平方米

地 区	1990-1999年			2000-2009年			2010年以后		
	户数	间数	面积	户数	间数	面积	户数	间数	面积
全 区	**6240**	**23041**	**578610**	**9677**	**35843**	**945650**	**6341**	**21302**	**576226**
银川市	**1496**	**5394**	**162089**	**1606**	**5742**	**191865**	**941**	**3038**	**98645**
兴庆区	55	214	5494	174	749	21117	125	396	11041
西夏区	64	306	9236	149	968	36640	32	109	7225
金凤区	78	261	6168	179	579	13719	102	247	7704
永宁县	386	1416	40835	418	1343	42625	237	674	22005
贺兰县	577	2387	64271	293	1166	35085	260	1051	30662
灵武市	336	811	36087	393	938	42679	185	560	20008
石嘴山市	**671**	**2108**	**64154**	**811**	**2751**	**85553**	**285**	**716**	**22919**
大武口区	17	71	2162	135	561	19216	22	60	1355
惠农区	106	328	10013	166	516	15355	65	90	3618
平罗县	549	1709	51980	510	1675	50982	198	566	17946
吴忠市	**1887**	**7180**	**163544**	**2572**	**9511**	**248114**	**1295**	**4447**	**125878**
利通区	543	2495	56740	559	2607	61314	72	364	9314
红寺堡区	74	294	6216	533	2095	59985	333	1135	33243
盐池县	292	1101	23238	220	761	16697	309	921	24593
同心县	182	686	18000	850	2601	76395	382	1418	43616
青铜峡市	797	2605	59351	409	1447	33723	199	609	15112
固原市	**1005**	**2944**	**73804**	**2576**	**8626**	**208835**	**2216**	**7197**	**177270**
原州区	192	441	11039	881	2911	72353	682	1862	48516
西吉县	338	916	29453	691	2003	57815	714	2182	64797
隆德县	162	423	9698	442	1413	33506	321	1059	23376
泾源县	86	375	5818	254	1323	20482	198	1082	17269
彭阳县	228	789	17796	307	975	24678	301	1012	23312
中卫市	**1181**	**5416**	**115018**	**2113**	**9213**	**211284**	**1604**	**5905**	**151514**
沙坡头区	336	1795	31513	747	3852	68179	403	1706	31963
中宁县	398	2033	43056	561	2511	67428	371	1353	41202
海原县	446	1588	40448	805	2850	75677	830	2846	78349

11－7 各地区家庭户住房设施状况

单位：户

地 区	合 计	住房内有无厨房			住房内有无厕所				
		本户独立使用	本户与其他户合用	无	独立使用抽水/冲水式	合用抽水/冲水式	独立使用其他样式	合用其他样式	无
全 区	**60266**	**51841**	**1114**	**7310**	**28726**	**152**	**10599**	**1430**	**19359**
银川市	**21314**	**19898**	**267**	**1150**	**15572**	**35**	**2352**	**186**	**3168**
兴庆区	7845	7575	12	259	6600	8	766	72	399
西夏区	3326	3140	47	139	2546	5	312	94	370
金凤区	3160	3068	9	83	2791	2	90	2	275
永宁县	2200	1967	49	183	1134	2	265	4	795
贺兰县	2404	1858	117	429	1100	1	518	9	775
灵武市	2380	2291	33	57	1401	18	402	5	554
石嘴山市	**7932**	**7405**	**62**	**465**	**5022**	**12**	**504**	**42**	**2352**
大武口区	3096	2689	36	371	2287	8	118	13	669
惠农区	2147	2095	13	39	1598	1	41	4	502
平罗县	2690	2622	14	55	1137	3	345	24	1181
吴忠市	**12001**	**10092**	**392**	**1517**	**4267**	**39**	**3428**	**466**	**3801**
利通区	3683	2972	145	566	1791	3	687	217	985
红寺堡区	1374	990	48	336	266		441	25	641
盐池县	1577	1465	2	110	642	29	234	18	653
同心县	2430	2213	152	65	386	1	1329	153	562
青铜峡市	2938	2453	45	440	1182	6	737	53	960
固原市	**9588**	**7378**	**189**	**2022**	**1600**	**25**	**2938**	**468**	**4557**
原州区	3457	2604	59	794	1035	21	813	134	1455
西吉县	2390	1827	78	485	150		753	144	1343
隆德县	1362	1275	35	52	226	4	863	97	172
泾源县	789	537	1	251	54		157	25	552
彭阳县	1590	1135	16	440	135	1	352	68	1035
中卫市	**9430**	**7069**	**204**	**2157**	**2265**	**39**	**1377**	**269**	**5480**
沙坡头区	3708	3069	40	599	1498	11	403	38	1757
中宁县	2755	2173	14	567	581	2	411	115	1645
海原县	2967	1826	151	990	185	26	563	115	2078

11-7ab 各地区家庭户住房设施状况(城镇)

单位：户

地　区	合 计	住房内有无厨房			住房内有无厕所				
		本　户独立使用	本户与其他户合用	无	独立使用抽水/冲水式	合用抽水/冲水式	独立使用其他样式	合　用其他样式	无
全　区	**35623**	**32812**	**213**	**2598**	**27051**	**105**	**2861**	**698**	**4908**
银川市	**16926**	**16374**	**81**	**471**	**14842**	**32**	**1018**	**146**	**887**
兴庆区	7490	7224	12	254	6600	8	680	45	157
西夏区	3080	2910	46	123	2545	5	122	93	315
金凤区	2794	2792	1	1	2710	2	79	2	
永宁县	1006	939	1	66	777	2	2	1	225
贺兰县	1185	1178	5	2	948	1	130	4	103
灵武市	1371	1331	17	23	1261	15	5	2	88
石嘴山市	**5953**	**5529**	**16**	**408**	**4839**	**8**	**115**	**16**	**976**
大武口区	2921	2577	6	338	2285	4	76		556
惠农区	1779	1749	2	28	1538	1	36	2	202
平罗县	1253	1203	8	42	1015	3	3	13	219
吴忠市	**5636**	**5112**	**30**	**494**	**3737**	**11**	**791**	**101**	**996**
利通区	2367	2207	17	143	1783	3	203	42	335
红寺堡区	425	324		101	243		74		108
盐池县	556	506		50	384	5	20	18	129
同心县	928	906	3	19	386		350	34	158
青铜峡市	1360	1169	9	181	941	3	144	6	266
固原市	**3210**	**2622**	**69**	**519**	**1574**	**22**	**633**	**273**	**708**
原州区	1601	1279	47	275	1024	19	224	132	203
西吉县	509	453	1	55	146		81	83	199
隆德县	382	354	18	11	225	1	121	29	6
泾源县	216	179		37	53		46		117
彭阳县	501	357	3	140	127	1	161	29	183
中卫市	**3899**	**3175**	**17**	**707**	**2060**	**32**	**304**	**163**	**1341**
沙坡头区	2107	1727	10	370	1307	5	117	4	674
中宁县	1188	951	5	233	571	1	72	109	436
海原县	604	498	2	104	182	26	115	50	231

11-7a 各地区家庭户住房设施状况(城市)

单位：户

地区	合计	住房内有无厨房			住房内有无厕所				
		本户独立使用	本户与其他户合用	无	独立使用抽水/冲水式	合用抽水/冲水式	独立使用其他样式	合用其他样式	无
全区	**24082**	**22496**	**119**	**1467**	**20920**	**45**	**1023**	**282**	**1812**
银川市	**13465**	**13059**	**43**	**362**	**12344**	**12**	**584**	**118**	**406**
兴庆区	7146	6882	10	254	6412	8	532	37	157
西夏区	2852	2713	32	107	2468	2	52	81	248
金凤区	2630	2630			2628	2			
永宁县									
贺兰县	58	57	1		58				
灵武市	779	777	1	1	778				1
石嘴山市	**4311**	**3944**	**8**	**360**	**3625**	**5**	**110**	**1**	**571**
大武口区	2745	2402	6	336	2165	4	76		500
惠农区	1567	1541	2	23	1460	1	34	1	71
平罗县									
吴忠市	**3319**	**3048**	**18**	**252**	**2631**	**4**	**237**	**30**	**417**
利通区	2029	1907	16	106	1627	1	159	30	212
红寺堡区	363	317		46	242		74		47
盐池县									
同心县									
青铜峡市	927	824	3	100	762	3	5		157
固原市	**1392**	**1141**	**43**	**209**	**1022**	**19**	**87**	**132**	**133**
原州区	1392	1141	43	209	1022	19	87	132	133
西吉县									
隆德县									
泾源县									
彭阳县									
中卫市	**1595**	**1305**	**6**	**283**	**1298**	**5**	**5**	**1**	**285**
沙坡头区	1595	1305	6	283	1298	5	5	1	285
中宁县									
海原县									

11-7b 各地区家庭户住房设施状况(镇)

单位：户

地 区	合 计	住房内有无厨房			住房内有无厕所				
		本 户 独立使用	本户与其 他户合用	无	独立使用抽 水/冲水式	合用抽水 /冲水式	独立使用 其他样式	合 用 其他样式	无
全 区	**11541**	**10316**	**94**	**1131**	**6132**	**60**	**1838**	**416**	**3096**
银川市	**3461**	**3315**	**38**	**108**	**2498**	**20**	**434**	**28**	**481**
兴庆区	344	342	2		188		148	8	
西夏区	228	197	14	16	76	2	71	12	67
金凤区	164	162	1	1	82		79	2	
永宁县	1006	939	1	66	777	2	2	1	225
贺兰县	1127	1121	4	2	891	1	130	4	103
灵武市	592	554	16	22	483	15	5	2	87
石嘴山市	**1641**	**1585**	**8**	**48**	**1214**	**3**	**5**	**14**	**405**
大武口区	176	174		2	121				55
惠农区	212	208		4	79		2	1	131
平罗县	1253	1203	8	42	1015	3	3	13	219
吴忠市	**2317**	**2064**	**11**	**241**	**1106**	**7**	**554**	**71**	**579**
利通区	338	301	1	37	156	2	44	12	123
红寺堡区	61	7		54	1				60
盐池县	556	506		50	384	5	20	18	129
同心县	928	906	3	19	386		350	34	158
青铜峡市	433	345	6	81	179		140	6	108
固原市	**1817**	**1481**	**26**	**310**	**552**	**2**	**546**	**141**	**575**
原州区	209	138	4	66	2		137		70
西吉县	509	453	1	55	146		81	83	199
隆德县	382	354	18	11	225	1	121	29	6
泾源县	216	179		37	53		46		117
彭阳县	501	357	3	140	127	1	161	29	183
中卫市	**2305**	**1870**	**11**	**424**	**761**	**27**	**299**	**162**	**1056**
沙坡头区	512	422	4	86	9		111	3	389
中宁县	1188	951	5	233	571	1	72	109	436
海原县	604	498	2	104	182	26	115	50	231

11−7c 各地区家庭户住房设施状况(乡村)

单位：户

地区	合计	住房内有无厨房			住房内有无厕所				
		本户独立使用	本户与其他户合用	无	独立使用抽水/冲水式	合用抽水/冲水式	独立使用其他样式	合用其他样式	无
全区	**24642**	**19029**	**901**	**4712**	**1675**	**46**	**7739**	**731**	**14451**
银川市	**4388**	**3524**	**185**	**679**	**730**	**3**	**1334**	**40**	**2281**
兴庆区	355	351		4			86	27	242
西夏区	246	229	1	16	1		189	1	55
金凤区	366	276	8	82	80		10		275
永宁县	1194	1028	48	117	357		263	3	570
贺兰县	1218	680	112	427	152		388	6	673
灵武市	1010	960	16	33	140	3	397	3	467
石嘴山市	**1980**	**1876**	**46**	**58**	**183**	**4**	**390**	**27**	**1376**
大武口区	175	112	29	34	2	4	42	13	113
惠农区	367	346	11	11	60		5	2	300
平罗县	1437	1419	6	13	122		342	11	963
吴忠市	**6366**	**4980**	**363**	**1023**	**530**	**29**	**2637**	**365**	**2806**
利通区	1316	765	128	423	7		484	174	650
红寺堡区	949	666	48	236	23		367	25	534
盐池县	1020	958	2	60	258	24	215		524
同心县	1502	1308	149	45	1	1	978	118	403
青铜峡市	1578	1283	36	259	241	4	592	47	695
固原市	**6379**	**4756**	**120**	**1503**	**26**	**4**	**2305**	**195**	**3849**
原州区	1856	1326	12	518	11	1	589	2	1253
西吉县	1881	1374	77	430	5		671	61	1143
隆德县	979	921	17	41	1	2	742	68	166
泾源县	573	358	1	214	2		111	25	435
彭阳县	1089	777	13	300	8		191	39	852
中卫市	**5530**	**3893**	**188**	**1449**	**205**	**7**	**1073**	**106**	**4139**
沙坡头区	1601	1342	29	229	191	6	287	34	1083
中宁县	1566	1223	9	334	11	1	339	6	1209
海原县	2363	1328	149	886	3		448	66	1847

11-8 各地区家庭户按住房来源分的户数

单位：户

地 区	合 计	购买新建商品房	购买二手房	购买原公有住房	购买经济适用房、两限房	自建住房	租赁廉租房、公租房	租赁其他住房	其 他
全 区	**60266**	**13761**	**3309**	**2660**	**4351**	**28372**	**1466**	**3792**	**2555**
银川市	**21314**	**7416**	**1788**	**1429**	**2274**	**4924**	**609**	**1896**	**977**
兴庆区	7845	3421	880	637	721	642	280	847	419
西夏区	3326	1145	281	587	262	471	11	291	279
金凤区	3160	1471	235	94	548	319	170	246	77
永宁县	2200	303	167	46	242	1108	16	173	144
贺兰县	2404	500	77	23	150	1401	41	203	9
灵武市	2380	576	149	43	352	983	92	136	50
石嘴山市	**7932**	**2333**	**619**	**673**	**698**	**2337**	**304**	**694**	**275**
大武口区	3096	1028	212	304	405	355	198	448	145
惠农区	2147	690	284	299	167	483	58	100	65
平罗县	2690	615	123	70	126	1499	47	146	64
吴忠市	**12001**	**2051**	**466**	**308**	**792**	**7017**	**310**	**383**	**674**
利通区	3683	925	159	149	266	1850	122	124	88
红寺堡区	1374	208	26	1	110	953	29	33	13
盐池县	1577	91	134	28	2	955	71	81	214
同心县	2430	174	22	45	316	1690	2	59	121
青铜峡市	2938	652	125	86	99	1568	86	86	238
固原市	**9588**	**874**	**191**	**141**	**57**	**7347**	**219**	**398**	**360**
原州区	3457	569	138	66	5	2193	163	288	34
西吉县	2390	4	26	64	7	2021	44	6	217
隆德县	1362	171	13	2	41	1091	6	28	10
泾源县	789	50	2	1	1	711	1	1	23
彭阳县	1590	80	12	8	3	1331	5	74	76
中卫市	**9430**	**1087**	**244**	**109**	**529**	**6748**	**24**	**420**	**268**
沙坡头区	3708	631	139	88	419	2235	3	131	62
中宁县	2755	395	47	18	58	1954	3	168	112
海原县	2967	61	58	3	51	2559	19	121	94

11-8ab 各地区家庭户按住房来源分的户数(城镇)

单位：户

地区	合计	购买新建商品房	购买二手房	购买原公有住房	购买经济适用房、两限房	自建住房	租赁廉租房、公租房	租赁其他住房	其他
全区	**35623**	**13408**	**3171**	**2592**	**3512**	**6388**	**1374**	**3583**	**1594**
银川市	**16926**	**7288**	**1759**	**1429**	**1960**	**1267**	**608**	**1780**	**834**
兴庆区	7490	3421	880	637	721	388	280	847	317
西夏区	3080	1145	281	587	262	228	11	288	279
金凤区	2794	1471	235	94	477	82	170	188	77
永宁县	1006	283	149	46	75	163	15	134	140
贺兰县	1185	482	71	23	150	224	41	188	6
灵武市	1371	486	142	43	275	180	92	135	16
石嘴山市	**5953**	**2303**	**594**	**623**	**697**	**612**	**248**	**659**	**217**
大武口区	2921	1028	211	304	405	184	198	447	144
惠农区	1779	690	275	296	167	209	4	74	64
平罗县	1253	585	108	23	125	219	46	138	9
吴忠市	**5636**	**1909**	**417**	**299**	**426**	**1592**	**300**	**354**	**339**
利通区	2367	925	157	149	266	546	122	116	85
红寺堡区	425	187	4			172	29	31	1
盐池县	556	74	123	23		162	68	76	30
同心县	928	174	20	44	88	426	1	57	119
青铜峡市	1360	549	112	83	72	287	80	75	103
固原市	**3210**	**869**	**181**	**140**	**48**	**1284**	**210**	**390**	**88**
原州区	1601	568	137	66	5	361	163	288	12
西吉县	509	1	23	64	1	325	43	3	49
隆德县	382	171	13	2	41	124	1	27	4
泾源县	216	49				146		1	19
彭阳县	501	80	8	8	1	328	3	69	4
中卫市	**3899**	**1039**	**220**	**101**	**381**	**1633**	**8**	**400**	**117**
沙坡头区	2107	584	129	88	326	797	3	129	53
中宁县	1188	395	39	11	55	475	2	160	51
海原县	604	60	53	1		362	4	111	13

11－8a 各地区家庭户按住房来源分的户数(城市)

单位：户

地 区	合 计	购买新建商品房	购买二手房	购买原公有住房	购买经济适用房、两限房	自建住房	租赁廉租房、公租房	租赁其他住房	其 他
全 区	**24082**	**10782**	**2353**	**2262**	**2533**	**1688**	**1147**	**2417**	**901**
银川市	**13465**	**6390**	**1465**	**1348**	**1374**	**399**	**550**	**1301**	**638**
兴庆区	7146	3421	880	637	554	229	280	829	317
西夏区	2852	1111	268	582	261	167	11	217	235
金凤区	2630	1471	235	94	423	1	169	160	77
永宁县									
贺兰县	58				23	2		32	1
灵武市	779	387	82	35	113		91	62	8
石嘴山市	**4311**	**1667**	**446**	**586**	**572**	**231**	**202**	**520**	**87**
大武口区	2745	1028	210	304	405	130	198	447	23
惠农区	1567	639	236	282	167	101	4	73	64
平罗县									
吴忠市	**3319**	**1575**	**182**	**173**	**266**	**590**	**231**	**186**	**116**
利通区	2029	924	123	114	266	354	122	110	16
红寺堡区	363	187	4			110	29	31	1
盐池县									
同心县									
青铜峡市	927	464	55	59		126	80	45	99
固原市	**1392**	**567**	**136**	**66**		**162**	**162**	**288**	**11**
原州区	1392	567	136	66		162	162	288	11
西吉县									
隆德县									
泾源县									
彭阳县									
中卫市	**1595**	**583**	**124**	**88**	**321**	**305**	**3**	**122**	**49**
沙坡头区	1595	583	124	88	321	305	3	122	49
中宁县									
海原县									

11-8b 各地区家庭户按住房来源分的户数(镇)

单位：户

地　区	合　计	购买新建商品房	购买二手房	购买原公有住房	购买经济适用房、两限房	自建住房	租赁廉租房、公租房	租赁其他住房	其　他
全　区	**11541**	**2626**	**819**	**330**	**979**	**4701**	**228**	**1166**	**693**
银川市	**3461**	**898**	**294**	**82**	**587**	**867**	**58**	**479**	**196**
兴庆区	344				167	159		17	
西夏区	228	34	13	5	1	61		71	43
金凤区	164				53	81	1	28	
永宁县	1006	283	149	46	75	163	15	134	140
贺兰县	1127	482	71	23	128	222	41	156	5
灵武市	592	99	60	8	163	180	1	73	7
石嘴山市	**1641**	**636**	**148**	**37**	**125**	**381**	**46**	**139**	**129**
大武口区	176		2			54			121
惠农区	212	51	38	13		108		1	
平罗县	1253	585	108	23	125	219	46	138	9
吴忠市	**2317**	**334**	**235**	**125**	**160**	**1002**	**69**	**168**	**223**
利通区	338	1	34	34		192		7	70
红寺堡区	61					61			
盐池县	556	74	123	23		162	68	76	30
同心县	928	174	20	44	88	426	1	57	119
青铜峡市	433	85	57	24	72	161		30	4
固原市	**1817**	**302**	**44**	**73**	**48**	**1122**	**48**	**101**	**77**
原州区	209	1	1		5	199	1		1
西吉县	509	1	23	64	1	325	43	3	49
隆德县	382	171	13	2	41	124	1	27	4
泾源县	216	49				146		1	19
彭阳县	501	80	8	8	1	328	3	69	4
中卫市	**2305**	**456**	**97**	**13**	**60**	**1328**	**6**	**278**	**67**
沙坡头区	512	1	5		4	492		7	3
中宁县	1188	395	39	11	55	475	2	160	51
海原县	604	60	53	1		362	4	111	13

11-8c 各地区家庭户按住房来源分的户数(乡村)

单位：户

地　区	合　计	购买新建商品房	购买二手房	购买原公有住房	购买经济适用房、两限房	自建住房	租赁廉租房、公租房	租赁其他住房	其　他
全　区	**24642**	**352**	**138**	**69**	**838**	**21984**	**92**	**209**	**961**
银川市	**4388**	**127**	**30**		**314**	**3657**	**1**	**116**	**143**
兴庆区	355					253			102
西夏区	246					243		3	
金凤区	366				71	236		58	
永宁县	1194	20	18		166	945	1	39	4
贺兰县	1218	18	6			1177		15	3
灵武市	1010	89	6		76	803		1	35
石嘴山市	**1980**	**30**	**25**	**50**	**1**	**1725**	**56**	**36**	**58**
大武口区	175					171		2	2
惠农区	367		9	3		274	55	26	1
平罗县	1437	30	15	47	1	1280	1	8	56
吴忠市	**6366**	**142**	**49**	**9**	**366**	**5424**	**10**	**29**	**336**
利通区	1316		1			1304		7	3
红寺堡区	949	21	22	1	110	782		3	11
盐池县	1020	17	10	5	2	794	3	5	184
同心县	1502		2	1	229	1264	1	3	3
青铜峡市	1578	104	13	2	26	1281	6	11	135
固原市	**6379**	**5**	**11**	**1**	**9**	**6063**	**9**	**9**	**272**
原州区	1856	1	1			1832			22
西吉县	1881	4	4		5	1696	1	3	168
隆德县	979					967	6	1	6
泾源县	573	1	2	1	1	565	1		4
彭阳县	1089		4	1	3	1003	2	5	72
中卫市	**5530**	**48**	**24**	**8**	**148**	**5115**	**15**	**20**	**152**
沙坡头区	1601	47	10		94	1438		3	10
中宁县	1566		8	6	3	1479	1	7	61
海原县	2363	1	5	2	51	2198	14	10	81

11−9 全区按户主的受教育程度、住房来源分的家庭户户数

单位：户

受教育程度	合 计	购买新建商品房	购买二手房	购买原公有住房	购买经济适用房、两限房	自建住房	租赁廉租房、公租房	租赁其他住房	其他
总 计	**59427**	**13669**	**3290**	**2640**	**4312**	**27808**	**1452**	**3739**	**2516**
未上过学	4846	164	124	91	316	3660	84	136	271
小 学	14678	887	430	337	1022	10212	247	698	844
初 中	23695	4162	1361	912	1732	12033	701	1811	983
普通高中	6066	2192	503	484	541	1465	211	461	211
中 职	2016	1021	191	207	156	169	68	143	61
大学专科	4646	2875	423	336	340	205	90	281	94
大学本科	3253	2212	241	255	194	63	49	191	47
研究生	227	157	18	18	11	1	1	18	4

11−9ab 全区按户主的受教育程度、住房来源分的家庭户户数(城镇)

单位：户

受教育程度	合 计	购买新建商品房	购买二手房	购买原公有住房	购买经济适用房、两限房	自建住房	租赁廉租房、公租房	租赁其他住房	其他
总 计	**35311**	**13325**	**3155**	**2573**	**3488**	**6288**	**1363**	**3534**	**1584**
未上过学	1366	148	108	70	179	543	74	126	118
小 学	5380	837	381	316	614	1978	216	638	401
初 中	13882	3980	1307	895	1500	3151	665	1693	691
普通高中	4918	2163	498	479	511	447	203	447	171
中 职	1884	1006	187	207	149	67	67	141	60
大学专科	4466	2833	420	336	332	83	89	281	92
大学本科	3189	2202	238	254	191	20	47	190	47
研究生	226	157	18	18	11		1	18	4

11-9a 全区按户主的受教育程度、住房来源分的家庭户户数(城市)

单位：户

受教育程度	合 计	购买新建商品房	购买二手房	购买原公有住房	购买经济适用房、两限房	自建住房	租赁廉租房、公租房	租赁其他住房	其 他
总 计	**23912**	**10711**	**2339**	**2245**	**2522**	**1672**	**1138**	**2387**	**898**
未上过学	712	116	61	64	135	168	59	87	22
小 学	2780	632	246	289	426	461	161	385	180
初 中	8616	2961	887	785	1061	877	557	1069	419
普通高中	3689	1746	399	430	374	107	178	322	132
中 职	1526	835	154	178	123	26	55	111	45
大学专科	3690	2398	357	282	256	27	79	230	61
大学本科	2680	1870	217	202	138	5	47	167	35
研 究 生	218	152	17	17	11		1	16	4

11-9b 全区按户主的受教育程度、住房来源分的家庭户户数(镇)

单位：户

受教育程度	合 计	购买新建商品房	购买二手房	购买原公有住房	购买经济适用房、两限房	自建住房	租赁廉租房、公租房	租赁其他住房	其 他
总 计	**11400**	**2614**	**816**	**328**	**966**	**4616**	**225**	**1147**	**686**
未上过学	654	32	47	6	44	375	15	39	96
小 学	2599	205	134	27	188	1516	55	253	221
初 中	5266	1019	420	110	440	2273	108	624	273
普通高中	1229	416	99	48	137	340	24	125	39
中 职	358	171	32	29	26	41	13	30	15
大学专科	776	435	62	55	77	56	10	51	31
大学本科	509	332	21	52	54	15		23	11
研 究 生	8	5	1	1				2	

11-9c　全区按户主的受教育程度、住房来源分的家庭户户数(乡村)

单位：户

受教育程度	合　计	购买新建商品房	购　买二手房	购买原公有住房	购买经济适用房、两限房	自建住房	租赁廉租房、公租房	租　赁其他住房	其　他
总　计	**24116**	**343**	**135**	**67**	**824**	**21520**	**89**	**205**	**932**
未上过学	3481	16	16	21	137	3117	10	10	153
小　学	9298	50	50	22	408	8234	31	60	443
初　中	9813	181	54	17	232	8882	37	118	292
普通高中	1148	29	5	6	30	1018	8	13	40
中　职	132	14	4		7	102	1	2	1
大学专科	179	42	3		8	122	1	1	3
大学本科	64	11	3	1	3	43	2	1	1
研究生	1					1			

11-10　全区按户主的职业、住房来源分的家庭户户数

单位：户

职　业	合　计	购买新建商品房	购　买二手房	购买原公有住房	购买经济适用房、两限房	自建住房	租赁廉租房、公租房	租　赁其他住房	其　他
总　计	**44791**	**10013**	**2497**	**1339**	**2734**	**22685**	**756**	**3069**	**1698**
党的机关、国家机关、群众团体和社会组织、企事业单位负责人	869	446	57	41	74	165	10	53	22
专业技术人员	3371	1958	264	166	178	468	66	204	66
办事人员和有关人员	2433	1381	180	174	183	269	47	124	75
社会生产服务和生活服务人员	12292	4077	1230	464	1054	3038	403	1514	512
农、林、牧、渔业生产及辅助人员	16814	369	211	61	340	15109	53	119	553
生产制造及有关人员	8997	1780	554	433	904	3627	175	1052	471
不便分类的其他从业人员	14	1	1			9	1	2	

11-10ab 全区按户主的职业、住房来源分的家庭户户数(城镇)

单位：户

职 业	合 计	购买新建商品房	购买二手房	购买原公有住房	购买经济适用房、两限房	自建住房	租赁廉租房、公租房	租赁其他住房	其 他
总 计	**24846**	**9737**	**2390**	**1295**	**2102**	**4703**	**710**	**2878**	**1030**
党的机关、国家机关、群众团体和社会组织、企事业单位负责人	727	442	57	41	66	41	10	51	17
专业技术人员	2987	1949	260	166	173	127	57	198	58
办事人员和有关人员	2250	1380	178	174	173	101	47	122	74
社会生产服务和生活服务人员	9812	3978	1193	455	907	1072	393	1436	378
农、林、牧、渔业生产及辅助人员	3360	292	173	50	94	2401	35	100	214
生产制造及有关人员	5698	1693	528	409	690	953	167	969	289
不便分类的其他从业人员	13	1	1			8	1	2	

11-10a 全区按户主的职业、住房来源分的家庭户户数(城市)

单位：户

职 业	合 计	购买新建商品房	购买二手房	购买原公有住房	购买经济适用房、两限房	自建住房	租赁廉租房、公租房	租赁其他住房	其 他
总 计	**16118**	**7664**	**1758**	**1095**	**1442**	**1081**	**595**	**1904**	**579**
党的机关、国家机关、群众团体和社会组织、企事业单位负责人	510	332	47	29	38	7	10	36	10
专业技术人员	2366	1608	217	129	130	31	54	163	36
办事人员和有关人员	1827	1159	149	155	132	28	43	103	58
社会生产服务和生活服务人员	6949	3190	898	381	620	331	318	959	251
农、林、牧、渔业生产及辅助人员	873	129	96	43	27	386	29	47	117
生产制造及有关人员	3591	1245	350	359	495	297	142	597	106
不便分类的其他从业人员	1	1							

11-10b 全区按户主的职业、住房来源分的家庭户户数(镇)

单位：户

职业	合计	购买新建商品房	购买二手房	购买原公有住房	购买经济适用房、两限房	自建住房	租赁廉租房、公租房	租赁其他住房	其他
总计	**8728**	**2073**	**631**	**200**	**660**	**3622**	**115**	**974**	**452**
党的机关、国家机关、群众团体和社会组织、企事业单位负责人	218	111	10	12	28	34	1	15	8
专业技术人员	621	341	43	37	43	96	3	35	23
办事人员和有关人员	422	221	29	19	41	73	4	20	15
社会生产服务和生活服务人员	2863	788	294	74	286	741	75	477	128
农、林、牧、渔业生产及辅助人员	2487	164	77	7	67	2016	6	54	97
生产制造及有关人员	2106	449	177	50	195	656	25	372	182
不便分类的其他从业人员	12		1			8	1	2	

11-10c 全区按户主的职业、住房来源分的家庭户户数(乡村)

单位：户

职业	合计	购买新建商品房	购买二手房	购买原公有住房	购买经济适用房、两限房	自建住房	租赁廉租房、公租房	租赁其他住房	其他
总计	**19945**	**275**	**108**	**44**	**632**	**17982**	**46**	**191**	**668**
党的机关、国家机关、群众团体和社会组织、企事业单位负责人	142	3			8	124		2	4
专业技术人员	383	9	4		5	341	9	7	8
办事人员和有关人员	183	1	2		10	168		2	1
社会生产服务和生活服务人员	2481	99	37	9	148	1966	10	79	134
农、林、牧、渔业生产及辅助人员	13455	77	38	11	246	12707	18	19	339
生产制造及有关人员	3299	87	26	24	214	2674	8	83	183
不便分类的其他从业人员	1					1			

11-11 全区按户主的职业分的家庭户住房状况

职业	户数(户)	人数(人)	平均每户住房间数(间/户)	人均住房建筑面积(平方米/人)	人均住房间数(间/人)
总计	**44791**	**153599**	**3.25**	**27.81**	**0.95**
党的机关、国家机关、群众团体和社会组织、企事业单位负责人	869	2674	3.37	36.48	1.10
专业技术人员	3371	9782	2.98	34.94	1.03
办事人员和有关人员	2433	7025	3.11	36.56	1.08
社会生产服务和生活服务人员	12292	38759	2.88	29.78	0.91
农、林、牧、渔业生产及辅助人员	16814	64416	3.68	24.99	0.96
生产制造及有关人员	8997	30905	3.06	26.21	0.89
不便分类的其他从业人员	14	40	3.94	29.40	1.36

11-11ab 全区按户主的职业分的家庭户住房状况(城镇)

职业	户数(户)	人数(人)	平均每户住房间数(间/户)	人均住房建筑面积(平方米/人)	人均住房间数(间/人)
总计	**24846**	**76727**	**2.92**	**30.86**	**0.95**
党的机关、国家机关、群众团体和社会组织、企事业单位负责人	727	2159	3.18	37.86	1.07
专业技术人员	2987	8452	2.86	35.86	1.01
办事人员和有关人员	2250	6406	2.99	36.99	1.05
社会生产服务和生活服务人员	9812	29466	2.72	31.00	0.90
农、林、牧、渔业生产及辅助人员	3360	12141	3.80	27.56	1.05
生产制造及有关人员	5698	18065	2.73	27.51	0.86
不便分类的其他从业人员	13	38	3.85	28.22	1.29

11-11a 全区按户主的职业分的家庭户住房状况(城市)

职业	户数(户)	人数(人)	平均每户住房间数(间/户)	人均住房建筑面积(平方米/人)	人均住房间数(间/人)
总计	**16118**	**47211**	**2.72**	**32.26**	**0.93**
党的机关、国家机关、群众团体和社会组织、企事业单位负责人	510	1505	3.05	38.31	1.03
专业技术人员	2366	6621	2.78	36.52	0.99
办事人员和有关人员	1827	5142	2.88	37.55	1.02
社会生产服务和生活服务人员	6949	20197	2.62	31.62	0.90
农、林、牧、渔业生产及辅助人员	873	2943	3.42	29.41	1.01
生产制造及有关人员	3591	10801	2.56	28.27	0.85
不便分类的其他从业人员	1	3	2.00	28.79	0.69

11-11b 全区按户主的职业分的家庭户住房状况(镇)

职业	户数(户)	人数(人)	平均每户住房间数(间/户)	人均住房建筑面积(平方米/人)	人均住房间数(间/人)
总计	**8728**	**29516**	**3.30**	**28.62**	**0.98**
党的机关、国家机关、群众团体和社会组织、企事业单位负责人	218	653	3.50	36.84	1.16
专业技术人员	621	1831	3.18	33.51	1.08
办事人员和有关人员	422	1265	3.50	34.73	1.17
社会生产服务和生活服务人员	2863	9269	2.94	29.64	0.91
农、林、牧、渔业生产及辅助人员	2487	9199	3.93	26.97	1.06
生产制造及有关人员	2106	7264	3.02	26.37	0.87
不便分类的其他从业人员	12	34	4.04	28.16	1.35

11-11c 全区按户主的职业分的家庭户住房状况(乡村)

职 业	户 数 (户)	人 数 (人)	平均每户住房间数 (间/户)	人均住房建筑面积 (平方米/人)	人 均 住房间数 (间/人)
总 计	**19945**	**76872**	**3.65**	**24.76**	**0.95**
党的机关、国家机关、群众团体和社会组织、企事业单位负责人	142	515	4.34	30.67	1.20
专业技术人员	383	1330	3.89	29.08	1.12
办事人员和有关人员	183	618	4.52	32.07	1.34
社会生产服务和生活服务人员	2481	9294	3.54	25.91	0.95
农、林、牧、渔业生产及辅助人员	13455	52274	3.65	24.39	0.94
生产制造及有关人员	3299	12839	3.64	24.39	0.93
不便分类的其他从业人员	1	2	5.00	51.30	2.57

11-12 全区按户主职业、人均住房面积分的家庭户户数

单位：户

职 业	合 计	人均住房面积(平方米)									
		8及以下	9-12	13-16	17-19	20-29	30-39	40-49	50-59	60-69	70及以上
总 计	**44791**	**1281**	**2877**	**4134**	**2647**	**13362**	**8982**	**5172**	**2297**	**1456**	**2581**
党的机关、国家机关、群众团体和社会组织、企事业单位负责人	869	6	17	34	29	203	221	153	72	49	87
专业技术人员	3371	16	60	122	128	779	931	617	243	135	339
办事人员和有关人员	2433	9	39	70	67	573	642	466	222	126	219
社会生产服务和生活服务人员	12292	269	530	799	663	4045	2593	1481	661	379	874
农、林、牧、渔业生产及辅助人员	16814	575	1627	2235	1078	4845	2878	1615	723	548	691
生产制造及有关人员	8997	407	605	873	682	2913	1713	840	375	219	370
不便分类的其他从业人员	14	1	1	2		3	4		2		2

11-12ab　全区按户主职业、人均住房面积分的家庭户户数(城镇)

单位：户

职　　业	合　计	人均住房面积(平方米)									
		8及以下	9-12	13-16	17-19	20-29	30-39	40-49	50-59	60-69	70及以上
总　计	**24846**	**497**	**898**	**1447**	**1365**	**7739**	**5586**	**3276**	**1494**	**761**	**1782**
党的机关、国家机关、群众团体和社会组织、企事业单位负责人	727	3	8	19	23	164	191	141	64	38	75
专业技术人员	2987	8	33	80	109	684	868	565	221	111	309
办事人员和有关人员	2250	6	29	52	60	528	608	434	209	119	203
社会生产服务和生活服务人员	9812	164	323	512	530	3328	2135	1222	549	275	774
农、林、牧、渔业生产及辅助人员	3360	82	227	354	187	1055	643	346	184	118	165
生产制造及有关人员	5698	233	278	429	456	1976	1137	569	267	99	254
不便分类的其他从业人员	13	1	1	2		3	4		1		2

11-12a　全区按户主职业、人均住房面积分的家庭户户数(城市)

单位：户

职　　业	合　计	人均住房面积(平方米)									
		8及以下	9-12	13-16	17-19	20-29	30-39	40-49	50-59	60-69	70及以上
总　计	**16118**	**221**	**509**	**737**	**869**	**4984**	**3680**	**2336**	**1019**	**495**	**1266**
党的机关、国家机关、群众团体和社会组织、企事业单位负责人	510	2	5	16	17	115	129	100	44	30	53
专业技术人员	2366	3	23	51	87	528	680	484	167	93	251
办事人员和有关人员	1827	6	20	45	48	408	488	369	176	97	170
社会生产服务和生活服务人员	6949	77	208	320	388	2390	1495	906	400	196	569
农、林、牧、渔业生产及辅助人员	873	24	94	67	34	265	176	91	46	18	57
生产制造及有关人员	3591	110	159	238	295	1278	712	387	186	61	166
不便分类的其他从业人员	1					1					

11-12b 全区按户主职业、人均住房面积分的家庭户户数(镇)

单位：户

职业	合计	人均住房面积(平方米)									
		8及以下	9-12	13-16	17-19	20-29	30-39	40-49	50-59	60-69	70及以上
总计	**8728**	**276**	**389**	**710**	**496**	**2755**	**1906**	**940**	**475**	**266**	**516**
党的机关、国家机关、群众团体和社会组织、企事业单位负责人	218	1	4	3	6	49	62	42	21	9	23
专业技术人员	621	5	10	29	22	156	188	81	53	18	59
办事人员和有关人员	422	1	9	8	12	120	120	64	33	22	33
社会生产服务和生活服务人员	2863	88	114	191	142	939	640	316	149	79	205
农、林、牧、渔业生产及辅助人员	2487	58	132	287	153	790	467	255	137	100	107
生产制造及有关人员	2106	123	119	191	161	699	425	182	81	38	88
不便分类的其他从业人员	12	1	1	2		2	4		1		2

11-12c 全区按户主职业、人均住房面积分的家庭户户数(乡村)

单位：户

职业	合计	人均住房面积(平方米)									
		8及以下	9-12	13-16	17-19	20-29	30-39	40-49	50-59	60-69	70及以上
总计	**19945**	**784**	**1979**	**2687**	**1282**	**5623**	**3396**	**1897**	**803**	**695**	**799**
党的机关、国家机关、群众团体和社会组织、企事业单位负责人	142	3	8	14	6	39	29	12	8	10	12
专业技术人员	383	8	27	42	19	95	64	53	22	24	30
办事人员和有关人员	183	3	10	18	7	44	34	32	13	7	16
社会生产服务和生活服务人员	2481	104	207	288	134	717	458	259	112	104	100
农、林、牧、渔业生产及辅助人员	13455	492	1401	1881	891	3790	2235	1269	539	430	527
生产制造及有关人员	3299	174	327	444	225	937	577	272	108	121	116
不便分类的其他从业人员	1								1		

11-13 各地区按住房来源分的同时拥有厨房和厕所的家庭户户数比重

单位：%

地　区	合　计	购买新建商品房	购买二手房	购买原公有住房	购买经济适用房、两限房	自建住房	租赁廉租房、公租房	租赁其他住房	其　他
全　区	**63.89**	**99.30**	**88.04**	**92.52**	**93.68**	**34.96**	**95.89**	**63.16**	**65.43**
银川市	**83.33**	**99.68**	**95.14**	**98.19**	**99.88**	**43.67**	**96.89**	**78.59**	**77.86**
兴庆区	92.96	99.83	98.68	100.00	100.00	66.41	94.44	76.61	74.73
西夏区	85.71	99.59	76.99	95.59	99.55	46.07	77.78	74.94	82.28
金凤区	91.06	99.86	100.00	100.00	100.00	29.44	100.00	77.33	100.00
永宁县	62.86	98.09	99.37	100.00	99.35	34.54	100.00	74.16	73.31
贺兰县	65.48	100.00	97.24	100.00	100.00	41.84	100.00	95.51	59.50
灵武市	74.91	99.09	95.03	100.00	100.00	45.18	98.85	81.39	61.61
石嘴山市	**69.33**	**99.29**	**78.53**	**78.95**	**99.54**	**24.80**	**98.41**	**55.90**	**74.57**
大武口区	77.29	99.54	81.17	59.74	99.61	18.37	100.00	47.86	92.25
惠农区	76.08	98.77	78.74	94.00	100.00	19.04	94.55	69.76	96.91
平罗县	54.80	99.47	73.49	98.09	98.70	28.18	96.51	71.09	11.93
吴忠市	**61.80**	**98.18**	**72.19**	**92.21**	**80.96**	**44.04**	**97.88**	**52.66**	**81.03**
利通区	65.26	99.64	98.36	100.00	100.00	33.26	100.00	75.22	90.78
红寺堡区	41.76	89.94	7.70		26.01	31.35	100.00	73.29	25.75
盐池县	55.46	92.47	68.07	86.13	100.00	37.34	96.94	47.48	97.38
同心县	68.41	100.00	91.64	100.00	78.63	66.49		44.24	20.25
青铜峡市	64.78	99.06	53.51	77.32	97.84	44.35	97.19	22.77	96.69
固原市	**45.90**	**98.80**	**94.54**	**99.16**	**76.46**	**37.41**	**94.39**	**27.90**	**29.60**
原州区	52.08	99.22	99.23	100.00		35.12	99.34	31.60	26.33
西吉县	35.58		86.19	100.00	33.05	33.42	97.92	22.01	19.14
隆德县	79.38	100.00	78.95	66.67	100.00	77.35	10.59	19.91	79.23
泾源县	26.52	99.05				20.09		100.00	68.57
彭阳县	28.93	98.41	87.53	100.00	20.21	23.77	26.20	15.67	42.58
中卫市	**36.33**	**99.23**	**85.31**	**94.09**	**80.21**	**20.00**	**26.02**	**48.51**	**19.63**
沙坡头区	48.46	99.31	88.81	100.00	78.10	21.26	66.67	82.89	73.60
中宁县	33.26	100.00	74.70	69.29	92.01	17.68		42.75	2.54
海原县	24.04	93.46	85.49	68.39	84.00	20.66	23.94	19.27	4.28

11-13ab 各地区按住房来源分的同时拥有厨房和厕所的家庭户户数比重(城镇)

单位：%

地　区	合 计	购买新建商品房	购买二手房	购买原公有住房	购买经济适用房、两限房	自建住房	租赁廉租房、公租房	租赁其他住房	其 他
全　区	**83.13**	**99.59**	**89.84**	**92.75**	**99.64**	**40.54**	**97.80**	**64.60**	**78.90**
银川市	**93.01**	**99.70**	**95.20**	**98.19**	**99.86**	**52.68**	**96.88**	**81.01**	**89.04**
兴庆区	96.21	99.83	98.68	100.00	100.00	87.50	94.44	76.61	98.77
西夏区	86.41	99.59	76.99	95.59	99.55	13.40	77.78	74.69	82.28
金凤区	99.78	99.86	100.00	100.00	100.00	94.94	100.00	100.00	100.00
永宁县	75.86	98.32	100.00	100.00	97.89	1.46	100.00	70.59	74.01
贺兰县	90.72	100.00	98.97	100.00	100.00	52.61	100.00	98.83	87.50
灵武市	91.15	99.13	94.81	100.00	100.00	54.39	98.85	81.25	93.33
石嘴山市	**82.96**	**99.37**	**80.29**	**77.65**	**99.68**	**26.65**	**99.16**	**57.94**	**94.05**
大武口区	80.57	99.54	81.34	59.74	99.61	14.16	100.00	48.06	93.41
惠农区	88.35	98.77	81.44	94.74	100.00	40.54	60.00	93.33	97.80
平罗县	80.89	99.77	75.31	94.29	99.47	23.85	98.55	70.87	76.92
吴忠市	**79.55**	**99.63**	**76.99**	**93.34**	**99.78**	**52.68**	**99.49**	**51.84**	**69.59**
利通区	82.66	99.64	99.30	100.00	100.00	31.91	100.00	76.19	92.21
红寺堡区	74.34	100.00	33.33			42.28	100.00	77.27	100.00
盐池县	72.26	100.00	69.58	97.96		52.75	99.31	48.45	98.46
同心县	78.71	100.00	100.00	100.00	100.00	83.71		41.51	20.72
青铜峡市	79.32	99.33	51.24	76.67	98.72	52.26	100.00	14.81	98.20
固原市	**67.19**	**99.35**	**97.55**	**99.51**	**88.87**	**45.89**	**98.36**	**28.09**	**33.69**
原州区	76.97	99.43	99.22	100.00		56.97	99.34	31.60	54.55
西吉县	42.48		100.00	100.00	100.00	25.41	100.00	40.00	2.74
隆德县	89.86	100.00	78.95	66.67	100.00	91.21	100.00	17.50	50.00
泾源县	45.10	99.04				21.61		100.00	82.93
彭阳县	53.24	98.41	91.67	100.00	100.00	47.67	40.00	15.60	100.00
中卫市	**58.76**	**99.46**	**90.80**	**97.74**	**99.60**	**20.30**	**49.68**	**49.45**	**39.48**
沙坡头区	67.28	99.56	91.95	100.00	100.00	19.09	66.67	83.89	80.33
中宁县	50.57	100.00	88.24	80.00	97.26	8.13		43.40	1.47
海原县	45.16	95.05	89.89	100.00		38.94	57.14	18.28	23.81

11-13a 各地区按住房来源分的同时拥有厨房和厕所的家庭户户数比重(城市)

单位：%

地 区	合 计	购买新建商品房	购买二手房	购买原公有住房	购买经济适用房、两限房	自建住房	租赁廉租房、公租房	租赁其他住房	其 他
全 区	**90.58**	**99.66**	**93.86**	**93.16**	**99.94**	**36.94**	**98.15**	**67.88**	**92.35**
银川市	**95.44**	**99.84**	**95.27**	**98.43**	**100.00**	**50.54**	**96.56**	**80.29**	**93.70**
兴庆区	96.17	99.83	98.68	100.00	100.00	83.05	94.44	76.11	98.77
西夏区	88.25	99.79	78.51	96.36	100.00	4.93	77.78	73.51	85.00
金凤区	99.92	99.86	100.00	100.00	100.00	100.00	100.00	100.00	100.00
永宁县									
贺兰县	98.73				100.00	100.00		97.73	100.00
灵武市	99.73	100.00	100.00	100.00	100.00		98.84	100.00	87.50
石嘴山市	**86.36**	**99.21**	**85.80**	**77.20**	**99.72**	**44.89**	**99.30**	**54.53**	**87.53**
大武口区	81.34	99.54	81.95	59.74	99.61	20.00	100.00	48.06	58.62
惠农区	95.17	98.67	89.22	95.99	100.00	76.92	60.00	94.17	97.80
平罗县									
吴忠市	**85.53**	**99.55**	**96.84**	**100.00**	**100.00**	**34.18**	**100.00**	**61.01**	**94.26**
利通区	86.60	99.64	99.10	100.00	100.00	33.86	100.00	75.76	57.14
红寺堡区	86.92	100.00	33.33			65.82	100.00	77.27	100.00
盐池县									
同心县									
青铜峡市	82.63	99.20	96.61	100.00		7.35	100.00	14.29	100.00
固原市	**78.91**	**99.43**	**100.00**	**100.00**		**45.03**	**100.00**	**31.60**	**60.00**
原州区	78.91	99.43	100.00	100.00		45.03	100.00	31.60	60.00
西吉县									
隆德县									
泾源县									
彭阳县									
中卫市	**81.69**	**99.56**	**95.10**	**100.00**	**100.00**	**14.16**	**66.67**	**88.65**	**85.96**
沙坡头区	81.69	99.56	95.10	100.00	100.00	14.16	66.67	88.65	85.96
中宁县									
海原县									

11-13b 各地区按住房来源分的同时拥有厨房和厕所的家庭户户数比重(镇)

单位：%

地　区	合 计	购买新建商品房	购 买二手房	购 买 原公有住房	购买经济适用房、两 限 房	自建住房	租赁廉租房、公租房	租 赁其他住房	其 他
全　区	**67.57**	**99.31**	**78.27**	**89.95**	**98.85**	**41.84**	**96.06**	**57.81**	**61.41**
银川市	**83.57**	**98.74**	**94.83**	**94.25**	**99.53**	**53.66**	**100.00**	**82.96**	**73.87**
兴庆区	97.18				100.00	93.90		100.00	
西夏区	63.40	93.10	45.45			36.54		78.33	67.57
金凤区	97.45				100.00	94.87	100.00	100.00	
永宁县	75.86	98.32	100.00	100.00	97.89	1.46	100.00	70.59	74.01
贺兰县	90.31	100.00	98.97	100.00	100.00	52.15	100.00	99.06	85.71
灵武市	79.86	95.74	87.72	100.00	100.00	54.39	100.00	65.22	100.00
石嘴山市	**74.02**	**99.79**	**63.68**	**84.85**	**99.47**	**15.57**	**98.55**	**70.66**	**98.45**
大武口区	68.61								100.00
惠农区	38.00	100.00	33.33	68.42		6.54		50.00	
平罗县	80.89	99.77	75.31	94.29	99.47	23.85	98.55	70.87	76.92
吴忠市	**70.99**	**100.00**	**61.66**	**84.11**	**99.42**	**63.56**	**97.78**	**41.72**	**56.74**
利通区	59.02	100.00	100.00	100.00		28.32		83.33	100.00
红寺堡区									
盐池县	72.26	100.00	69.58	97.96		52.75	99.31	48.45	98.46
同心县	78.71	100.00	100.00	100.00	100.00	83.71		41.51	20.72
青铜峡市	72.22	100.00	8.06	19.23	98.72	87.36		15.63	50.00
固原市	**58.21**	**99.20**	**90.04**	**99.07**	**88.87**	**46.01**	**92.87**	**18.09**	**30.04**
原州区	64.10	100.00				66.67			
西吉县	42.48		100.00	100.00	100.00	25.41	100.00	40.00	2.74
隆德县	89.86	100.00	78.95	66.67	100.00	91.21	100.00	17.50	50.00
泾源县	45.10	99.04				21.61		100.00	82.93
彭阳县	53.24	98.41	91.67	100.00	100.00	47.67	40.00	15.60	100.00
中卫市	**42.90**	**99.35**	**85.31**	**81.90**	**97.46**	**21.71**	**41.95**	**32.30**	**5.55**
沙坡头区	22.43	100.00	16.67		100.00	22.14			
中宁县	50.57	100.00	88.24	80.00	97.26	8.13		43.40	1.47
海原县	45.16	95.05	89.89	100.00		38.94	57.14	18.28	23.81

11-13c 各地区按住房来源分的同时拥有厨房和厕所的家庭户户数比重(乡村)

单位：%

地　区	合 计	购买新建商品房	购买二手房	购买原公有住房	购买经济适用房、两限房	自建住房	租赁廉租房、公租房	租赁其他住房	其 他
全 区	**36.08**	**88.12**	**46.61**	**83.79**	**68.73**	**33.33**	**67.22**	**38.46**	**43.06**
银川市	**45.96**	**98.37**	**91.75**		**100.00**	**40.55**	**100.00**	**41.59**	**12.79**
兴庆区	24.30					34.08			
西夏区	76.98					76.72		100.00	
金凤区	24.47				100.00	6.59		4.44	
永宁县	51.90	94.74	94.12		100.00	40.25	100.00	86.49	50.00
贺兰县	40.93	100.00	75.00			39.79		54.55	
灵武市	52.86	98.86	100.00		100.00	43.11		100.00	47.06
石嘴山市	**28.36**	**93.55**	**35.79**	**95.25**		**24.14**	**95.09**	**18.11**	**1.68**
大武口区	22.37					22.89			
惠农区	16.69			20.00		2.59	96.77	2.27	
平罗县	32.07	93.55	60.00	100.00		28.92		75.00	1.75
吴忠市	**46.09**	**78.68**	**31.41**	**55.38**	**59.09**	**41.51**	**51.34**	**62.70**	**92.57**
利通区	33.98					33.83		60.00	50.00
红寺堡区	27.19		2.86		26.01	28.95		25.00	16.67
盐池县	46.30	60.00	50.00	33.33	100.00	34.20	50.00	33.33	97.20
同心县	62.05			100.00	70.45	60.69		100.00	
青铜峡市	52.25	97.67	72.73	100.00	95.45	42.58	60.00	77.78	95.54
固原市	**35.19**	**9.40**	**43.14**	**62.34**	**10.15**	**35.62**		**19.30**	**28.27**
原州区	30.61		100.00			30.82			11.11
西吉县	33.71				16.67	34.95			23.91
隆德县	75.29					75.57		100.00	100.00
泾源县	19.51	100.00				19.70			
彭阳县	17.76		80.00	100.00		15.94		16.67	39.53
中卫市	**20.52**	**94.23**	**34.68**	**50.00**	**30.30**	**19.90**	**13.31**	**29.91**	**4.35**
沙坡头区	23.69	96.30	50.00		1.85	22.46		33.33	36.36
中宁县	20.12		12.50	50.00		20.74		28.57	3.45
海原县	18.64		40.00	50.00	84.00	17.66	14.29	30.00	1.27

11-14 各地区按拥有家用汽车情况分的家庭户户数

单位：户

地 区	合 计	100万元以上	50万元-100万元	30万元-50万元	20万元-30万元	10万元-20万元	10万元以下	没有汽车
全 区	**60266**	**37**	**110**	**314**	**1007**	**4386**	**6667**	**47744**
银川市	**21314**	**23**	**67**	**214**	**685**	**2528**	**2684**	**15112**
兴庆区	7845	17	31	120	398	1062	731	5487
西夏区	3326			7	26	285	366	2642
金凤区	3160	4	11	51	174	589	343	1986
永宁县	2200	1	3	5	17	113	367	1694
贺兰县	2404	1	11	11	11	181	399	1789
灵武市	2380		10	20	59	300	478	1513
石嘴山市	**7932**	**2**	**9**	**27**	**115**	**621**	**772**	**6386**
大武口区	3096	1	4	11	78	338	247	2416
惠农区	2147	1	3	10	23	146	185	1778
平罗县	2690	1	2	6	14	136	340	2192
吴忠市	**12001**	**10**	**11**	**43**	**129**	**697**	**1402**	**9709**
利通区	3683	8	4	22	55	245	418	2931
红寺堡区	1374		1	3	6	70	169	1124
盐池县	1577	3	2	11	20	76	280	1184
同心县	2430		1	1	17	132	252	2028
青铜峡市	2938		2	6	32	175	282	2442
固原市	**9588**	**1**	**4**	**4**	**24**	**213**	**883**	**8459**
原州区	3457		3	1	11	120	355	2967
西吉县	2390	1		2	3	29	205	2149
隆德县	1362				2	12	76	1272
泾源县	789			1	1	8	56	724
彭阳县	1590		1	1	8	43	191	1348
中卫市	**9430**	**1**	**18**	**25**	**54**	**327**	**926**	**8078**
沙坡头区	3708		5	5	18	160	354	3166
中宁县	2755		4	10	23	122	297	2299
海原县	2967	1	9	9	13	45	276	2613

11-14ab 各地区按拥有家用汽车情况分的家庭户户数(城镇)

单位：户

地　区	合　计	100万元以　上	50万元-100万元	30万元-50万元	20万元-30万元	10万元-20万元	10万元以　下	没有汽车
全　区	**35623**	**35**	**82**	**276**	**927**	**3828**	**3868**	**26608**
银川市	**16926**	**23**	**56**	**206**	**670**	**2333**	**1952**	**11686**
兴庆区	7490	17	31	118	396	1049	664	5213
西夏区	3080			7	26	282	331	2433
金凤区	2794	4	11	51	173	586	305	1663
永宁县	1006	1	1	3	11	77	175	739
贺兰县	1185	1	6	8	8	95	227	841
灵武市	1371		6	18	56	244	250	797
石嘴山市	**5953**	**1**	**9**	**21**	**103**	**575**	**523**	**4721**
大武口区	2921	1	4	11	78	336	225	2266
惠农区	1779	1	3	6	15	132	159	1464
平罗县	1253		2	4	10	106	140	991
吴忠市	**5636**	**9**	**9**	**33**	**97**	**532**	**649**	**4308**
利通区	2367	8	4	19	49	199	218	1870
红寺堡区	425		1	1	6	60	75	281
盐池县	556	1	2	8	11	46	95	393
同心县	928				13	103	141	672
青铜峡市	1360		1	5	19	124	119	1093
固原市	**3210**	**1**	**2**	**2**	**18**	**168**	**381**	**2638**
原州区	1601		1	1	10	101	191	1298
西吉县	509	1			2	22	79	405
隆德县	382				1	12	31	338
泾源县	216					5	16	196
彭阳县	501		1	1	5	29	64	401
中卫市	**3899**	**1**	**7**	**15**	**39**	**220**	**363**	**3256**
沙坡头区	2107		4	4	15	110	172	1802
中宁县	1188		2	6	17	83	104	977
海原县	604	1	1	4	7	27	88	476

11-14a 各地区按拥有家用汽车情况分的家庭户户数(城市)

单位：户

地　区	合　计	100万元以上	50万元-100万元	30万元-50万元	20万元-30万元	10万元-20万元	10万元以下	没有汽车
全　区	**24082**	**31**	**62**	**226**	**806**	**3033**	**2306**	**17619**
银川市	**13465**	**22**	**47**	**186**	**636**	**2073**	**1381**	**9121**
兴庆区	7146	17	31	118	396	1041	635	4907
西夏区	2852			5	26	270	303	2247
金凤区	2630	4	10	51	173	585	289	1517
永宁县								
贺兰县	58			1	1	3	8	45
灵武市	779		5	11	40	173	146	404
石嘴山市	**4311**	**1**	**6**	**16**	**89**	**447**	**321**	**3431**
大武口区	2745	1	3	11	77	329	200	2124
惠农区	1567	1	3	5	12	118	121	1307
平罗县								
吴忠市	**3319**	**8**	**6**	**20**	**58**	**321**	**324**	**2583**
利通区	2029	8	4	16	48	187	193	1573
红寺堡区	363		1	1	6	54	50	250
盐池县								
同心县								
青铜峡市	927			3	5	79	80	760
固原市	**1392**		**1**	**1**	**9**	**96**	**154**	**1131**
原州区	1392		1	1	9	96	154	1131
西吉县								
隆德县								
泾源县								
彭阳县								
中卫市	**1595**		**3**	**3**	**14**	**96**	**126**	**1353**
沙坡头区	1595		3	3	14	96	126	1353
中宁县								
海原县								

11－14b 各地区按拥有家用汽车情况分的家庭户户数(镇)

单位：户

地　区	合　计	100万元以上	50万元－100万元	30万元－50万元	20万元－30万元	10万元－20万元	10万元以下	没有汽车
全　区	**11541**	**4**	**20**	**50**	**121**	**795**	**1562**	**8989**
银川市	**3461**	**2**	**9**	**20**	**34**	**260**	**571**	**2565**
兴庆区	344					8	29	307
西夏区	228			2		12	28	186
金凤区	164		1			1	16	146
永宁县	1006	1	1	3	11	77	175	739
贺兰县	1127	1	6	7	7	92	219	795
灵武市	592		1	7	16	71	104	393
石嘴山市	**1641**		**3**	**5**	**14**	**128**	**203**	**1290**
大武口区	176		1		1	7	25	142
惠农区	212			1	3	14	38	157
平罗县	1253		2	4	10	106	140	991
吴忠市	**2317**	**1**	**3**	**13**	**39**	**211**	**325**	**1725**
利通区	338			3	1	11	26	297
红寺堡区	61					6	25	31
盐池县	556	1	2	8	11	46	95	393
同心县	928				13	103	141	672
青铜峡市	433		1	2	14	45	39	332
固原市	**1817**	**1**	**1**	**1**	**10**	**72**	**227**	**1507**
原州区	209				1	4	36	167
西吉县	509	1			2	22	79	405
隆德县	382				1	12	31	338
泾源县	216					5	16	196
彭阳县	501		1	1	5	29	64	401
中卫市	**2305**	**1**	**4**	**11**	**25**	**124**	**237**	**1903**
沙坡头区	512		2	1	1	14	46	449
中宁县	1188		2	6	17	83	104	977
海原县	604	1	1	4	7	27	88	476

11-14c 各地区按拥有家用汽车情况分的家庭户户数(乡村)

单位：户

地 区	合 计	100万元以上	50万元-100万元	30万元-50万元	20万元-30万元	10万元-20万元	10万元以下	没有汽车
全 区	**24642**	**3**	**28**	**38**	**80**	**558**	**2799**	**21136**
银川市	**4388**		**12**	**8**	**15**	**195**	**732**	**3426**
兴庆区	355			1	1	13	67	273
西夏区	246					3	34	209
金凤区	366				1	3	39	323
永宁县	1194		2	2	6	36	192	955
贺兰县	1218		6	3	3	86	173	949
灵武市	1010		4	2	3	56	228	716
石嘴山市	**1980**	**1**	**1**	**7**	**12**	**46**	**249**	**1665**
大武口区	175					2	22	150
惠农区	367		1	5	8	14	27	314
平罗县	1437	1		2	4	29	200	1201
吴忠市	**6366**	**2**	**2**	**10**	**32**	**165**	**753**	**5401**
利通区	1316			3	6	46	200	1061
红寺堡区	949			2	1	10	94	843
盐池县	1020	2		3	9	29	186	792
同心县	1502		1	1	4	30	111	1356
青铜峡市	1578		1	1	13	51	163	1349
固原市	**6379**		**2**	**2**	**6**	**44**	**502**	**5821**
原州区	1856		2		1	19	164	1669
西吉县	1881			2	1	7	126	1744
隆德县	979				1	1	44	934
泾源县	573			1	1	4	40	528
彭阳县	1089				3	13	127	946
中卫市	**5530**		**11**	**10**	**16**	**108**	**563**	**4822**
沙坡头区	1601		1	1	3	50	182	1364
中宁县	1566		2	4	6	39	193	1321
海原县	2363		8	5	6	18	188	2137

12 迁移和户口登记地

12-1 全区按现住地、户口登记地、性别分的户口登记地在外乡镇街道的人口

单位：人

现住地	户口登记地					
	合计			省内		
				省内		
	合计	男	女	小计	男	女
全　区	**54135**	**28518**	**25616**	**43742**	**22285**	**21457**
银川市	**24208**	**12496**	**11712**	**17974**	**8951**	**9024**
兴庆区	8342	4073	4269	5826	2664	3162
西夏区	5959	3147	2813	4701	2428	2273
金凤区	2726	1381	1345	2134	1068	1066
永宁县	2074	1090	984	1558	782	776
贺兰县	2045	1050	995	1439	730	709
灵武市	3062	1755	1307	2317	1279	1038
石嘴山市	**9237**	**5510**	**3727**	**7146**	**3995**	**3151**
大武口区	4158	2817	1340	2786	1737	1049
惠农区	2366	1276	1090	1960	1032	927
平罗县	2713	1417	1296	2400	1226	1174
吴忠市	**8819**	**4850**	**3969**	**7753**	**4245**	**3508**
利通区	2990	1666	1324	2790	1544	1245
红寺堡区	1452	752	700	1371	704	667
盐池县	1242	731	511	912	589	323
同心县	955	479	476	898	450	448
青铜峡市	2180	1221	959	1782	957	825
固原市	**5487**	**2415**	**3072**	**5094**	**2175**	**2919**
原州区	3031	1276	1755	2864	1193	1670
西吉县	1083	397	686	1047	371	676
隆德县	485	273	212	367	182	185
泾源县	195	107	88	176	95	81
彭阳县	693	363	330	640	333	307
中卫市	**6384**	**3248**	**3137**	**5775**	**2920**	**2855**
沙坡头区	2651	1330	1321	2412	1204	1208
中宁县	2785	1441	1344	2443	1252	1191
海原县	949	477	471	920	465	455

12-1 续表 单位：人

现住地	户口登记地								
	省内						省外		
	市区内人户分离			省内-市区内人户分离					
	小计	男	女	小计	男	女	小计	男	女
全 区	**10832**	**4961**	**5871**	**32911**	**17325**	**15586**	**10392**	**6233**	**4160**
银川市	**4958**	**2285**	**2673**	**13016**	**6666**	**6350**	**6233**	**3545**	**2689**
兴庆区	2427	1109	1317	3399	1555	1845	2516	1409	1107
西夏区	1381	630	751	3320	1798	1522	1259	718	540
金凤区	1151	546	605	983	522	461	592	313	279
永宁县				1558	782	776	516	308	208
贺兰县				1439	730	709	606	320	286
灵武市				2317	1279	1038	745	476	269
石嘴山市	**2009**	**988**	**1021**	**5136**	**3006**	**2130**	**2091**	**1515**	**576**
大武口区	1116	543	574	1670	1194	476	1372	1081	291
惠农区	893	446	447	1067	586	480	406	243	163
平罗县				2400	1226	1174	313	191	122
吴忠市	**1734**	**846**	**887**	**6019**	**3398**	**2621**	**1066**	**605**	**461**
利通区	1566	773	793	1224	771	453	200	122	78
红寺堡区	168	73	95	1203	631	572	81	48	33
盐池县				912	589	323	329	142	188
同心县				898	450	448	58	30	28
青铜峡市				1782	957	825	398	264	134
固原市	**1578**	**584**	**994**	**3516**	**1591**	**1925**	**393**	**241**	**153**
原州区	1578	584	994	1285	610	676	168	83	85
西吉县				1047	371	676	36	26	10
隆德县				367	182	185	118	92	27
泾源县				176	95	81	19	12	7
彭阳县				640	333	307	52	29	23
中卫市	**553**	**257**	**296**	**5222**	**2663**	**2559**	**609**	**327**	**282**
沙坡头区	553	257	296	1859	947	912	238	125	113
中宁县				2443	1252	1191	342	189	153
海原县				920	465	455	29	13	16

12-2 全区按户口登记地年龄、性别分的户口登记地在外乡镇街道的人口

单位：人

年 龄	户口登记地											
	合 计			省 内						省 外		
				省 内			其中：市区内人户分离					
	合计	男	女	小计	男	女	小计	男	女	小计	男	女
总 计	**54135**	**28518**	**25616**	**43742**	**22285**	**21457**	**10832**	**4961**	**5871**	**10392**	**6233**	**4160**
0–4	**3234**	**1793**	**1441**	**2706**	**1481**	**1225**	**761**	**421**	**339**	**528**	**312**	**216**
	256	153	103	220	129	90	64	39	25	36	24	13
1	708	410	299	602	346	256	177	104	73	106	64	42
2	733	396	337	617	325	292	165	95	70	116	71	45
3	801	423	377	656	352	304	182	95	87	145	71	73
4	736	411	325	611	329	282	172	88	84	124	82	43
5–9	**3076**	**1682**	**1394**	**2573**	**1386**	**1187**	**692**	**375**	**317**	**503**	**295**	**207**
5	564	295	269	480	239	241	117	53	64	84	57	28
6	597	324	273	493	266	226	129	77	51	104	57	47
7	665	368	297	540	299	241	157	85	71	124	69	55
8	632	350	282	538	294	244	162	90	72	94	56	38
9	618	345	273	522	289	233	129	70	59	96	56	40
10–14	**3169**	**1636**	**1533**	**2745**	**1418**	**1326**	**757**	**381**	**376**	**424**	**217**	**207**
10	646	331	314	552	287	265	155	65	90	94	44	50
11	634	323	311	538	273	265	138	71	67	97	50	46
12	588	301	287	507	259	248	136	63	73	81	42	39
13	624	315	309	561	283	278	163	80	83	63	32	31
14	676	365	311	587	316	271	166	102	63	90	49	41
15–19	**4794**	**2583**	**2211**	**4186**	**2162**	**2024**	**1027**	**469**	**558**	**608**	**421**	**187**
15	533	274	259	486	250	236	113	78	35	47	24	23
16	826	474	352	777	445	333	176	122	53	49	30	19
17	1080	681	399	1009	634	375	216	126	90	72	47	24
18	1110	594	515	961	487	474	248	95	153	148	107	41
19	1245	560	686	953	347	606	275	48	226	293	213	80
20–24	**6885**	**3362**	**3523**	**5154**	**2152**	**3002**	**1064**	**384**	**680**	**1731**	**1210**	**521**
20	1975	918	1057	1420	483	937	426	107	319	555	435	120
21	1563	739	824	1179	460	719	206	79	127	384	279	105
22	1281	652	629	984	458	526	190	86	104	297	194	103
23	1069	546	523	798	371	427	130	55	74	272	176	96
24	997	507	490	773	380	393	111	56	55	224	127	98
25–29	**6338**	**3114**	**3224**	**4945**	**2318**	**2628**	**986**	**397**	**588**	**1393**	**796**	**597**
25	1336	639	697	1074	484	589	216	98	119	263	155	107
26	1264	618	646	957	444	513	180	70	110	308	174	133
27	1284	621	663	1026	481	545	182	57	124	258	139	118
28	1239	628	611	938	451	487	228	101	127	301	177	124
29	1215	608	607	951	457	493	180	72	108	264	150	114

12-2 续表 1 单位：人

年 龄	户口登记地											
	合 计			省 内						省 外		
				省 内			其中：市区内人户分离					
	合计	男	女	小计	男	女	小计	男	女	小计	男	女
30–34	**5149**	**2658**	**2491**	**4111**	**2075**	**2037**	**747**	**275**	**472**	**1038**	**584**	**454**
30	1108	554	553	879	435	444	147	52	95	229	119	110
31	956	459	497	747	355	392	154	45	108	209	104	106
32	1018	582	437	800	437	363	152	65	87	218	145	73
33	1107	534	573	882	411	471	168	60	108	225	122	102
34	960	530	430	804	437	367	126	53	73	156	93	63
35–39	**5002**	**2660**	**2342**	**4115**	**2134**	**1981**	**890**	**374**	**516**	**887**	**526**	**361**
35	1082	555	527	885	443	441	177	72	104	197	112	85
36	1051	558	493	874	461	413	206	87	119	177	97	80
37	949	496	453	757	380	377	171	74	97	192	116	76
38	931	502	430	777	402	375	173	69	104	154	100	54
39	989	550	439	822	447	375	163	72	91	167	102	65
40–44	**4846**	**2662**	**2184**	**3824**	**2075**	**1749**	**960**	**436**	**523**	**1023**	**588**	**435**
40	1033	558	475	845	457	389	167	84	83	188	101	87
41	1014	559	455	816	439	376	226	105	121	198	120	79
42	949	505	444	752	401	351	183	74	109	197	104	93
43	978	533	445	744	399	344	189	94	96	234	134	100
44	872	508	364	667	378	289	194	79	115	205	129	75
45–49	**4106**	**2332**	**1773**	**3145**	**1772**	**1373**	**818**	**389**	**428**	**961**	**560**	**401**
45	1001	549	451	816	439	377	195	82	113	185	110	75
46	826	489	338	652	387	265	168	86	82	174	101	73
47	893	516	377	687	392	295	198	96	103	206	124	82
48	692	398	294	489	278	212	126	61	65	203	120	83
49	693	380	313	500	276	224	130	65	65	193	104	89
50–54	**2561**	**1467**	**1094**	**2034**	**1153**	**881**	**618**	**301**	**317**	**527**	**314**	**213**
50	638	370	268	522	307	215	146	69	77	116	63	53
51	593	322	271	457	253	205	149	69	80	136	69	66
52	630	366	264	504	275	229	160	78	81	126	90	35
53	469	267	201	371	209	162	111	58	53	98	58	40
54	231	142	89	180	109	70	53	27	26	51	33	18
55–59	**1422**	**790**	**632**	**1158**	**632**	**527**	**382**	**194**	**189**	**264**	**158**	**106**
55	334	205	130	278	175	103	82	45	37	57	30	27
56	229	120	108	173	80	93	65	32	33	56	41	15
57	269	151	118	223	127	96	62	37	25	46	24	22
58	311	167	144	253	130	123	94	43	52	58	37	21
59	280	147	132	232	121	112	79	38	41	47	27	21
60–64	**1310**	**639**	**670**	**1118**	**538**	**579**	**406**	**192**	**214**	**192**	**101**	**91**
60	287	139	148	239	112	128	81	37	44	47	27	20
61	311	161	150	273	139	134	105	49	55	38	22	16
62	228	116	112	191	100	91	77	39	38	37	16	21
63	262	125	137	228	109	118	73	34	39	35	16	19
64	222	98	124	187	78	109	70	34	36	35	20	15

12-2 续表 2

单位：人

年 龄	户口登记地											
	合 计			省 内						省 外		
				省 内			其中：市区内人户分离					
	合计	男	女	小计	男	女	小计	男	女	小计	男	女
65–69	**890**	**464**	**427**	**762**	**403**	**359**	**271**	**143**	**128**	**129**	**60**	**68**
65	234	114	120	207	106	101	83	40	43	27	8	19
66	238	136	102	206	121	85	63	38	25	32	14	17
67	146	79	68	122	64	58	44	22	22	24	15	9
68	145	68	77	118	55	63	37	19	19	27	13	14
69	128	68	60	109	58	51	44	24	20	19	10	9
70–74	**610**	**300**	**310**	**531**	**265**	**265**	**185**	**93**	**92**	**80**	**35**	**45**
70	133	60	73	112	56	57	34	21	13	20	4	16
71	131	66	65	121	58	63	42	18	24	10	8	2
72	109	53	56	96	47	49	28	15	12	13	6	7
73	122	59	63	101	49	52	35	14	22	21	10	11
74	114	62	52	100	56	44	46	25	21	14	6	8
75–79	**448**	**232**	**217**	**388**	**199**	**188**	**162**	**86**	**77**	**60**	**32**	**28**
75	115	55	61	97	46	51	36	17	19	18	9	9
76	94	47	47	85	44	41	35	22	13	10	3	7
77	112	67	45	94	57	38	46	28	18	18	10	7
78	72	36	37	65	29	36	22	6	16	8	7	1
79	54	27	28	47	23	24	23	13	11	7	3	4
80–84	**207**	**97**	**110**	**177**	**83**	**94**	**74**	**33**	**40**	**30**	**14**	**16**
80	50	22	28	44	20	24	17	7	10	6	3	4
81	42	18	24	37	16	21	19	6	12	5	1	3
82	51	23	28	45	18	26	19	6	13	6	4	1
83	42	23	20	30	18	13	12	8	4	12	5	7
84	22	12	10	21	11	9	7	6	1	2	1	1
85–89	**58**	**34**	**23**	**49**	**31**	**18**	**21**	**13**	**8**	**9**	**4**	**5**
85	25	14	10	19	12	7	10	6	4	6	3	3
86	7	6	2	7	6	2	3	3				
87	14	8	6	13	7	6	3	1	3	1	1	
88	7	3	4	5	3	2	3	3		2		2
89	5	3	2	4	3	1	2	1	1			
90–94	**29**	**14**	**16**	**22**	**9**	**13**	**10**	**4**	**6**	**7**	**5**	**3**
90	11	6	5	8	4	5	5	3	2	3	2	
91	3	2	1	2	1	1				1	1	
92	5	2	3	3	2	2	1		1	1		1
93	5	3	2	5	3	2	1	1				
94	5	1	4	3		3	3		3	3	1	1
95–99												
95												
96												
97												
98												
99												
100及以上	**1**		**1**	**1**		**1**						

12−3　全区按现住地、性别分的户口登记地在外省的人口

单位：人

现住地	户口登记地											
	合　计			北　京			天　津			河　北		
	合计	男	女	小计	男	女	小计	男	女	小计	男	女
全　区	**10392**	**6233**	**4160**	**51**	**41**	**10**	**41**	**24**	**18**	**397**	**225**	**171**
银川市	**6233**	**3545**	**2689**	**42**	**36**	**6**	**31**	**15**	**16**	**173**	**94**	**79**
兴庆区	2516	1409	1107	27	25	2	15	4	11	81	35	46
西夏区	1259	718	540	5	3	2	6	5	1	30	22	8
金凤区	592	313	279	4	2	2	4	2	2	16	10	6
永宁县	516	308	208				2	1	1	19	10	9
贺兰县	606	320	286	1	1					13	8	5
灵武市	745	476	269	4	4		4	4		14	9	5
石嘴山市	**2091**	**1515**	**576**	**4**	**2**	**3**	**3**	**2**	**1**	**83**	**65**	**18**
大武口区	1372	1081	291	2	2		2	2		59	53	6
惠农区	406	243	163	1		1				17	8	9
平罗县	313	191	122	2		2	1	1	1	7	4	3
吴忠市	**1066**	**605**	**461**	**1**	**1**		**2**	**1**	**1**	**82**	**33**	**49**
利通区	200	122	78	1	1		1	1		11	6	5
红寺堡区	81	48	33				1		1			
盐池县	329	142	188							63	23	40
同心县	58	30	28							2		2
青铜峡市	398	264	134							6	5	1
固原市	**393**	**241**	**153**	**2**	**2**		**2**	**2**		**3**	**1**	**3**
原州区	168	83	85	1	1		1	1		1		1
西吉县	36	26	10									
隆德县	118	92	27	1	1		1	1				
泾源县	19	12	7									
彭阳县	52	29	23							2	1	1
中卫市	**609**	**327**	**282**	**1**		**1**	**3**	**3**		**55**	**32**	**23**
沙坡头区	238	125	113				3	3		38	22	17
中宁县	342	189	153	1		1				17	11	6
海原县	29	13	16									

12-3 续表 1 单位：人

现住地	户口登记地											
	山西			内蒙古			辽宁			吉林		
	小计	男	女	小计	男	女	小计	男	女	小计	男	女
全区	**239**	**141**	**98**	**604**	**366**	**238**	**95**	**64**	**31**	**71**	**42**	**29**
银川市	**182**	**99**	**84**	**310**	**180**	**130**	**56**	**35**	**21**	**48**	**27**	**20**
兴庆区	101	53	48	105	66	39	24	16	8	4	2	2
西夏区	18	6	12	64	37	27	3	1	2	8	2	6
金凤区	10	5	5	49	24	25	8	2	6	7	5	2
永宁县	12	7	5	13	6	7	2	2				
贺兰县	13	9	4	32	15	18	1	1		8	6	2
灵武市	28	18	10	46	32	14	17	13	4	21	13	8
石嘴山市	**32**	**27**	**5**	**180**	**111**	**69**	**32**	**25**	**6**	**12**	**11**	**1**
大武口区	21	20	2	103	74	28	16	13	3	8	8	
惠农区	6	4	3	36	15	21	13	10	3	3	2	1
平罗县	4	4	1	41	22	19	3	3		1	1	
吴忠市	**9**	**8**	**1**	**92**	**63**	**28**				**6**	**2**	**4**
利通区	7	7		8	4	3						
红寺堡区												
盐池县				16	9	7				1		1
同心县												
青铜峡市	2	1	1	68	50	18				5	2	4
固原市	**6**	**2**	**4**	**12**	**5**	**6**	**3**	**3**	**1**	**3**	**2**	**1**
原州区	5	2	3	5	1	4	1	1		2	1	1
西吉县												
隆德县	1		1	1		1						
泾源县												
彭阳县				6	4	2	2	1	1	1	1	
中卫市	**10**	**5**	**5**	**11**	**6**	**5**	**5**	**1**	**4**	**2**		**2**
沙坡头区	4	2	3	6	4	3	5	1	4			
中宁县	6	4	2	5	2	2						
海原县				1	1					2		2

12-3 续表 2

单位：人

现住地	户口登记地											
	黑龙江			上 海			江 苏			浙 江		
	小计	男	女	小计	男	女	小计	男	女	小计	男	女
全 区	**80**	**52**	**28**	**16**	**11**	**5**	**359**	**258**	**101**	**230**	**148**	**81**
银川市	**50**	**28**	**22**	**5**	**3**	**2**	**214**	**136**	**78**	**130**	**73**	**57**
兴庆区	6	4	2	2	2		108	67	42	97	54	42
西夏区	18	6	12	2	1	1	46	30	17	2	1	1
金凤区	6	3	3				15	11	4	11	5	5
永宁县	5	3	2	1		1	4	4		9	6	2
贺兰县	4	3	1				20	10	10	6	3	3
灵武市	12	9	3				20	14	6	5	3	2
石嘴山市	**27**	**21**	**6**	**4**	**2**	**2**	**107**	**95**	**12**	**57**	**51**	**6**
大武口区	25	20	5	2	1	2	98	90	9	52	47	5
惠农区	1	1	1	2	1	1	6	4	2	2	1	1
平罗县	1	1					3	1	2	3	2	1
吴忠市	**1**	**1**					**33**	**24**	**9**	**19**	**9**	**10**
利通区							17	14	3	8	3	5
红寺堡区							6	4	1	4	3	1
盐池县												
同心县										4	2	2
青铜峡市	1	1					10	6	5	3	1	2
固原市	**1**	**1**		**5**	**5**		**2**	**2**		**14**	**8**	**5**
原州区				3	3		1	1		10	6	5
西吉县				1	1		1	1				
隆德县				1	1					1	1	1
泾源县										2	2	
彭阳县	1	1										
中卫市	**1**	**1**		**1**		**1**	**2**	**1**	**1**	**10**	**7**	**3**
沙坡头区	1	1					1	1		4	4	
中宁县				1		1	1		1	7	4	3
海原县												

12−3 续表 3 单位：人

现住地	户口登记地											
	安徽			福建			江西			山东		
	小计	男	女	小计	男	女	小计	男	女	小计	男	女
全区	**555**	**386**	**170**	**149**	**100**	**49**	**69**	**48**	**22**	**458**	**275**	**184**
银川市	**328**	**196**	**132**	**121**	**72**	**49**	**47**	**31**	**17**	**349**	**202**	**148**
兴庆区	182	114	68	110	62	47	28	16	12	132	67	65
西夏区	34	21	12	4	4		5	5		74	44	30
金凤区	41	22	18	5	4	1	1	1		23	11	12
永宁县	22	13	10				9	5	4	24	18	5
贺兰县	27	15	12	2	1	1	2	2		24	13	11
灵武市	22	11	12	1	1		3	2	1	72	48	24
石嘴山市	**211**	**179**	**32**	**14**	**14**		**11**	**10**	**1**	**55**	**34**	**21**
大武口区	132	120	12	12	12		4	3	1	26	20	6
惠农区	46	33	14	2	2		7	7		16	7	9
平罗县	33	27	6				1		1	14	8	7
吴忠市	**8**	**4**	**3**	**2**	**2**		**3**	**2**		**30**	**21**	**9**
利通区	2	2		1	1					13	9	4
红寺堡区												
盐池县	1		1				1	1		1		
同心县										1	1	
青铜峡市	5	2	3	1	1		1	1		14	11	4
固原市	**4**	**3**	**1**	**10**	**10**		**1**	**1**		**20**	**16**	**5**
原州区	3	3		1	1					4	2	1
西吉县										11	10	1
隆德县				9	9							
泾源县												
彭阳县	1		1				1	1		6	3	3
中卫市	**5**	**3**	**2**	**2**	**2**		**7**	**5**	**3**	**3**	**1**	**2**
沙坡头区	1		1	1	1							
中宁县	4	3	1	1	1		7	5	3	3	1	2
海原县												

12-3 续表 4 单位：人

现住地	户口登记地											
	河南			湖北			湖南			广东		
	小计	男	女	小计	男	女	小计	男	女	小计	男	女
全　区	**1408**	**865**	**544**	**198**	**128**	**70**	**123**	**84**	**38**	**62**	**37**	**24**
银川市	**821**	**473**	**349**	**140**	**92**	**48**	**61**	**39**	**22**	**42**	**26**	**16**
兴庆区	212	124	88	64	35	29	33	25	8	27	16	12
西夏区	148	99	49	19	17	2	5	3	1	1	1	
金凤区	73	41	32	10	3	7	11	3	8	3	1	2
永宁县	72	43	28	13	12	1	4	2	2	3	1	2
贺兰县	123	66	57	3	2	1	2	1	1			
灵武市	194	100	94	30	23	7	6	5	1	7	7	
石嘴山市	**378**	**265**	**112**	**23**	**16**	**6**	**34**	**29**	**5**	**7**	**5**	**2**
大武口区	268	203	65	19	14	5	14	12	2	4	4	
惠农区	56	32	24	3	2	1	20	17	3	2	1	2
平罗县	54	31	23							1	1	
吴忠市	**122**	**77**	**45**	**5**	**3**	**2**	**7**	**4**	**3**	**5**	**4**	**1**
利通区	35	22	12				3	1	2			
红寺堡区	5	3	2	4	3	1				1	1	
盐池县	1	1		1		1	2	1	1			
同心县	2	1	1				2	2		1		1
青铜峡市	79	50	29							2	2	
固原市	**29**	**14**	**15**	**1**		**1**	**4**	**1**	**3**	**4**	**2**	**2**
原州区	21	11	10	1		1	4	1	3	3	1	2
西吉县	1		1									
隆德县	3	1	1									
泾源县												
彭阳县	4	2	2									
中卫市	**58**	**35**	**23**	**30**	**17**	**13**	**16**	**10**	**6**	**4**	**1**	**3**
沙坡头区	26	14	11							1		1
中宁县	32	20	12	30	17	13	16	10	6	3	1	2
海原县												

12-3 续表 5

单位：人

现住地	户口登记地											
	广西			海南			重庆			四川		
	小计	男	女	小计	男	女	小计	男	女	小计	男	女
全区	**5**	**1**	**4**	**3**	**1**	**2**	**114**	**75**	**38**	**513**	**314**	**200**
银川市	**4**	**1**	**3**				**48**	**29**	**20**	**301**	**177**	**124**
兴庆区							26	14	13	105	65	40
西夏区							11	7	4	40	16	24
金凤区							1	1		18	7	10
永宁县	4	1	3				1	1		98	63	35
贺兰县							6	4	2	21	12	9
灵武市							3	2	1	18	13	4
石嘴山市				**1**		**1**	**53**	**38**	**15**	**100**	**66**	**34**
大武口区				1		1	33	28	5	80	55	24
惠农区							18	9	9	11	3	8
平罗县							2	1	1	10	8	1
吴忠市	**1**		**1**	**1**		**1**	**1**	**1**		**55**	**34**	**21**
利通区				1		1	1	1		10	5	5
红寺堡区	1		1							9	6	3
盐池县												
同心县												
青铜峡市										36	23	13
固原市				**1**	**1**		**2**	**1**	**1**	**7**	**2**	**5**
原州区				1	1		1		1	7	2	5
西吉县												
隆德县							1	1				
泾源县												
彭阳县												
中卫市							**9**	**7**	**3**	**51**	**35**	**16**
沙坡头区							3	3		17	13	4
中宁县							3	2	1	33	21	12
海原县							4	2	2			

12–3　续表 6　　　　单位：人

现住地	户口登记地											
	贵　州			云　南			西　藏			陕　西		
	小计	男	女	小计	男	女	小计	男	女	小计	男	女
全　区	**50**	**34**	**16**	**37**	**29**	**8**				**1542**	**851**	**691**
银川市	**26**	**15**	**11**	**19**	**14**	**5**				**1025**	**570**	**455**
兴庆区	11	8	3	12	10	2				382	210	172
西夏区	15	7	8	7	4	3				238	126	112
金凤区										126	68	58
永宁县										62	35	26
贺兰县										109	61	48
灵武市										108	68	40
石嘴山市	**13**	**9**	**4**	**15**	**14**					**176**	**119**	**57**
大武口区	7	7		7	7					117	89	28
惠农区				7	7					29	16	13
平罗县	6	2	4							30	13	16
吴忠市										**288**	**137**	**151**
利通区										16	9	7
红寺堡区										1		1
盐池县										215	90	125
同心县										11	6	4
青铜峡市										46	31	15
固原市	**10**	**10**		**3**	**1**	**2**				**23**	**14**	**9**
原州区										18	9	9
西吉县	10	10								1	1	
隆德县												
泾源县										3	3	
彭阳县				2	1	2				2	2	
中卫市	**1**		**1**							**30**	**11**	**18**
沙坡头区	1		1							12	5	7
中宁县										17	7	10
海原县										1		1

12-3 续表 7

单位：人

现住地	户口登记地 甘肃 小计	甘肃 男	甘肃 女	青海 小计	青海 男	青海 女	宁夏 小计	宁夏 男	宁夏 女	新疆 小计	新疆 男	新疆 女
全　区	**2731**	**1525**	**1206**	**47**	**35**	**12**				**147**	**75**	**72**
银川市	**1557**	**832**	**725**	**9**	**6**	**4**				**93**	**46**	**47**
兴庆区	568	296	272							53	20	33
西夏区	424	227	196	2	1	1				29	22	7
金凤区	143	76	67	1	1					4	2	2
永宁县	135	73	62	3	2	2				1	1	
贺兰县	185	87	98							3		3
灵武市	102	74	28	3	2	1				4	2	2
石嘴山市	**437**	**280**	**157**	**21**	**21**					**2**	**1**	**1**
大武口区	241	157	84	20	20					2	1	1
惠农区	100	62	38							1	1	
平罗县	96	61	35	1	1							
吴忠市	**280**	**163**	**116**	**8**	**4**	**3**				**6**	**4**	**1**
利通区	59	31	28	2	1	1				2	2	
红寺堡区	46	26	20							3	2	1
盐池县	28	17	12									
同心县	35	17	18									
青铜峡市	112	73	39	5	3	2						
固原市	**176**	**110**	**66**	**2**	**1**	**1**				**41**	**20**	**21**
原州区	59	26	33	2	1	1				9	5	5
西吉县	4		4							6	3	4
隆德县	101	78	23									
泾源县	5	4	1							6	2	4
彭阳县	7	2	5							19	11	9
中卫市	**281**	**140**	**141**	**7**	**3**	**4**				**4**	**2**	**2**
沙坡头区	110	52	58	6	2	4						
中宁县	153	79	74	2	2							
海原县	18	8	9							4	2	2

12–4 全区按现住地、离开户口登记地时间分的户口登记地在外乡镇街道的人口

单位：人

现住地	离开户口登记地时间							
	合计							
	合计	半年至一年	一年至二年	二年至三年	三年至四年	四年至五年	五年至十年	十年以上
全区	**54135**	**4990**	**8875**	**8414**	**6355**	**6375**	**11184**	**7942**
银川市	**24208**	**1728**	**4637**	**3800**	**2948**	**2921**	**4597**	**3579**
兴庆区	8342	555	1347	1264	991	854	1818	1513
西夏区	5959	196	1711	1065	761	581	881	764
金凤区	2726	190	399	405	307	522	561	341
永宁县	2074	146	371	350	248	349	361	248
贺兰县	2045	241	375	276	244	206	387	315
灵武市	3062	400	432	439	396	408	589	398
石嘴山市	**9237**	**1135**	**1277**	**1657**	**1295**	**1227**	**1846**	**799**
大武口区	4158	604	695	570	472	470	937	410
惠农区	2366	259	177	571	445	349	385	180
平罗县	2713	273	405	516	378	408	525	208
吴忠市	**8819**	**983**	**1129**	**1239**	**803**	**1006**	**2203**	**1456**
利通区	2990	261	536	471	204	351	684	483
红寺堡区	1452	64	96	185	73	141	698	194
盐池县	1242	327	94	95	67	93	225	341
同心县	955	60	124	94	79	103	273	222
青铜峡市	2180	271	279	393	380	318	323	217
固原市	**5487**	**756**	**1090**	**782**	**515**	**561**	**895**	**889**
原州区	3031	430	366	434	287	415	510	589
西吉县	1083	54	506	73	82	10	164	194
隆德县	485	101	65	132	10	25	94	58
泾源县	195	49	31	42	29	34	5	5
彭阳县	693	121	122	100	107	78	122	43
中卫市	**6384**	**388**	**742**	**937**	**795**	**660**	**1643**	**1219**
沙坡头区	2651	185	318	399	367	311	638	432
中宁县	2785	122	226	398	310	294	786	650
海原县	949	81	198	140	117	56	219	137

12-4 续表 1

单位：人

现住地	离开户口登记地时间							
	省内							
	小计	半年至一年	一年至二年	二年至三年	三年至四年	四年至五年	五年至十年	十年以上
全　区	**43742**	**3472**	**7389**	**6905**	**5319**	**5296**	**9302**	**6058**
银川市	**17974**	**1064**	**3679**	**2818**	**2327**	**2235**	**3446**	**2406**
兴庆区	5826	354	942	899	731	607	1269	1024
西夏区	4701	151	1578	809	590	429	658	486
金凤区	2134	129	330	346	242	426	419	241
永宁县	1558	106	291	208	205	278	296	174
贺兰县	1439	153	263	201	210	161	279	171
灵武市	2317	171	275	354	348	335	525	308
石嘴山市	**7146**	**577**	**1004**	**1438**	**1059**	**1027**	**1508**	**532**
大武口区	2786	180	480	443	307	379	752	244
惠农区	1960	143	152	521	402	299	312	131
平罗县	2400	254	372	474	350	348	444	157
吴忠市	**7753**	**824**	**1043**	**1080**	**705**	**893**	**2002**	**1206**
利通区	2790	218	516	432	194	339	645	446
红寺堡区	1371	62	92	178	62	134	650	193
盐池县	912	245	80	83	60	81	179	185
同心县	898	57	116	84	65	99	262	214
青铜峡市	1782	241	240	303	324	239	266	169
固原市	**5094**	**672**	**1014**	**718**	**482**	**540**	**826**	**842**
原州区	2864	407	344	415	262	401	474	560
西吉县	1047	33	503	70	82	9	157	192
隆德县	367	73	26	108	10	22	72	56
泾源县	176	47	28	39	25	30	4	2
彭阳县	640	111	113	85	103	78	118	31
中卫市	**5775**	**335**	**649**	**850**	**748**	**602**	**1520**	**1072**
沙坡头区	2412	149	263	355	355	301	615	374
中宁县	2443	106	188	360	281	245	695	568
海原县	920	79	197	135	112	56	211	130

12-4 续表 2

单位：人

现住地	离开户口登记地时间							
	省外							
	小计	半年至一年	一年至二年	二年至三年	三年至四年	四年至五年	五年至十年	十年以上
全 区	**10392**	**1518**	**1486**	**1509**	**1036**	**1079**	**1882**	**1883**
银川市	**6233**	**664**	**958**	**982**	**621**	**685**	**1151**	**1173**
兴庆区	2516	200	405	365	260	247	550	489
西夏区	1259	45	133	256	171	153	223	278
金凤区	592	61	69	59	65	96	142	100
永宁县	516	40	81	142	43	71	65	73
贺兰县	606	88	113	75	34	45	108	143
灵武市	745	229	157	85	48	73	64	90
石嘴山市	**2091**	**557**	**273**	**219**	**237**	**201**	**338**	**267**
大武口区	1372	424	215	127	166	91	184	166
惠农区	406	115	25	50	43	51	73	50
平罗县	313	19	33	42	28	60	81	51
吴忠市	**1066**	**159**	**86**	**158**	**98**	**114**	**201**	**250**
利通区	200	43	20	39	10	11	39	37
红寺堡区	81	3	5	7	11	7	48	1
盐池县	329	81	15	12	7	12	46	156
同心县	58	3	8	11	14	4	11	8
青铜峡市	398	29	39	90	56	79	56	48
固原市	**393**	**84**	**76**	**63**	**33**	**21**	**69**	**47**
原州区	168	23	22	19	25	14	36	29
西吉县	36	21	3	2		1	7	2
隆德县	118	28	39	25		3	22	2
泾源县	19	2	3	3	4	3	1	3
彭阳县	52	10	9	15	4		4	11
中卫市	**609**	**53**	**93**	**88**	**47**	**58**	**123**	**147**
沙坡头区	238	36	55	45	12	10	23	58
中宁县	342	15	37	38	29	49	91	83
海原县	29	2	1	5	6		8	6

12-5 全区按户口登记地、受教育程度、性别分的户口登记地在外乡镇街道的人口

单位：人

受教育程度	户口登记地					
	合 计			省 内		
				省 内		
	合计	男	女	小计	男	女
总　计	**50337**	**26430**	**23907**	**40557**	**20566**	**19991**
未上过学	2099	643	1456	1743	538	1205
小　学	10309	4950	5358	8374	3983	4391
初　中	16604	9353	7251	12938	7170	5768
普通高中	6614	3377	3238	5516	2633	2882
中　职	2793	1906	887	2518	1766	751
大学专科	5345	2431	2914	4646	2083	2562
大学本科	6360	3664	2696	4660	2323	2337
研 究 生	213	106	107	163	69	94

12-5 续表

单位：人

受教育程度	户口登记地					
	省 内			省 外		
	其中：市区内人户分离					
	小计	男	女	小计	男	女
总　计	**9954**	**4486**	**5468**	**9780**	**5864**	**3916**
未上过学	329	129	200	357	106	251
小　学	1593	710	883	1934	967	968
初　中	2582	1197	1384	3666	2183	1483
普通高中	1867	749	1118	1099	744	355
中　职	628	357	270	275	140	135
大学专科	1449	645	804	699	348	352
大学本科	1403	659	744	1700	1341	359
研 究 生	104	40	64	50	37	13

12–6 全区分年龄、性别、迁移原因的户口登记地在外乡镇街道的人口

单位：人

年 龄	合 计			工作就业			学习培训		
	合计	男	女	小计	男	女	小计	男	女
总 计	**54135**	**28518**	**25616**	**15093**	**10221**	**4872**	**6778**	**3642**	**3136**
0–4	**3234**	**1793**	**1441**						
	256	153	103						
1	708	410	299						
2	733	396	337						
3	801	423	377						
4	736	411	325						
5–9	**3076**	**1682**	**1394**				**327**	**172**	**156**
5	564	295	269						
6	597	324	273				80	44	35
7	665	368	297				85	45	40
8	632	350	282				81	40	41
9	618	345	273				83	43	40
10–14	**3169**	**1636**	**1533**				**515**	**273**	**242**
10	646	331	314				86	44	41
11	634	323	311				86	47	39
12	588	301	287				103	53	49
13	624	315	309				104	53	51
14	676	365	311				137	75	62
15–19	**4794**	**2583**	**2211**	**350**	**267**	**84**	**2584**	**1502**	**1082**
15	533	274	259	13	13		198	84	114
16	826	474	352	42	38	4	451	260	190
17	1080	681	399	69	54	15	673	468	205
18	1110	594	515	106	74	32	598	364	235
19	1245	560	686	120	87	33	665	326	338
20–24	**6885**	**3362**	**3523**	**1463**	**886**	**577**	**3120**	**1559**	**1561**
20	1975	918	1057	183	128	54	1240	597	644
21	1563	739	824	210	103	107	901	443	457
22	1281	652	629	251	146	105	594	312	281
23	1069	546	523	378	230	148	284	160	124
24	997	507	490	442	278	163	101	46	55
25–29	**6338**	**3114**	**3224**	**2985**	**1905**	**1081**	**170**	**95**	**75**
25	1336	639	697	597	367	230	84	46	38
26	1264	618	646	619	393	226	32	19	13
27	1284	621	663	637	414	223	25	12	13
28	1239	628	611	557	358	200	22	15	7
29	1215	608	607	575	374	201	6	3	4

12–6 续表 1

单位：人

年 龄	随同迁移			房屋拆迁			改善住房		
	小计	男	女	小计	男	女	小计	男	女
总 计	**16365**	**7064**	**9300**	**1049**	**649**	**400**	**5594**	**3271**	**2323**
0–4	**2719**	**1500**	**1219**	**19**	**14**	**5**	**45**	**20**	**25**
	210	119	91	4	4		6	4	2
1	604	348	256	5	2	2	6	3	3
2	614	336	278	4	4		8	2	7
3	696	363	333	2		2	12	4	7
4	594	333	260	5	3	1	13	7	6
5–9	**2337**	**1288**	**1049**	**23**	**14**	**9**	**71**	**38**	**34**
5	442	231	211	5	2	3	6	2	4
6	461	255	205	2	1	1	11	5	6
7	507	279	228	9	5	4	18	13	6
8	463	259	204	7	5	1	20	10	11
9	464	264	200	2	2		16	9	7
10–14	**2298**	**1192**	**1106**	**24**	**11**	**13**	**97**	**42**	**55**
10	495	257	238	10	3	6	20	9	12
11	484	242	242	4	4		18	8	10
12	414	212	202	2	2		15	9	6
13	439	226	214	4	1	3	20	7	14
14	466	255	211	3		3	24	9	14
15–19	**1260**	**699**	**561**	**15**	**9**	**6**	**66**	**36**	**30**
15	276	156	121	2		2	14	9	5
16	277	157	120	3	1	1	19	8	11
17	238	126	112	3	3		12	6	6
18	236	127	109	3	2	1	11	9	2
19	233	133	100	3	3	1	10	4	6
20–24	**1229**	**638**	**592**	**51**	**31**	**20**	**153**	**97**	**56**
20	273	150	122	4	1	2	21	14	6
21	264	137	126	18	16	2	23	14	9
22	261	139	122	11	5	6	29	20	9
23	227	111	116	5	2	3	34	19	16
24	205	99	106	12	6	6	46	30	16
25–29	**1242**	**421**	**821**	**87**	**63**	**24**	**455**	**270**	**186**
25	301	119	182	15	13	2	55	29	26
26	253	83	170	24	17	6	75	44	31
27	223	66	157	10	6	4	101	54	47
28	236	82	154	20	16	4	107	72	35
29	228	70	157	17	10	8	117	70	47

12−6 续表 2 单位：人

年 龄	寄挂户口			婚姻嫁娶			为子女就学			其 他		
	小计	男	女	小计	男	女	小计	男	女	小计	男	女
总 计	**153**	**90**	**63**	**2804**	**508**	**2296**	**2385**	**1211**	**1174**	**3915**	**1862**	**2053**
0−4	**19**	**14**	**4**							**432**	**245**	**187**
	8	6	2							28	20	8
1	4	4								89	52	37
2	3	2	1							103	52	52
3	2	1	1							89	55	34
4	2	1	1							123	66	57
5−9	**9**	**5**	**4**							**308**	**165**	**143**
5	2		2							110	61	49
6	2	2								43	17	26
7										46	27	19
8	2	1	2							59	36	23
9	3	3								50	25	26
10−14	**8**	**5**	**3**							**226**	**114**	**112**
10	1		1							35	18	16
11	2	2								41	21	20
12	3	2	1							51	22	29
13	1	1								55	28	27
14	2	1	2							44	25	19
15−19	**6**	**3**	**3**	**88**		**88**	**1**		**1**	**424**	**68**	**357**
15	1		1							28	12	16
16	1		1	4		4				30	10	20
17	1	1		18		18				66	23	43
18	1	1		28		28	1		1	124	17	108
19	1			37		37				177	6	170
20−24	**8**	**8**		**436**	**34**	**402**	**18**	**5**	**13**	**407**	**104**	**303**
20	1	1		43	1	42	1		1	210	24	185
21	1	1		73	5	68	1		1	72	19	53
22	3	3		80	3	77	2	1	2	51	23	28
23	1	1		108	8	99	2	1	1	29	13	16
24	3	3		132	16	116	12	3	9	45	25	20
25−29	**6**	**5**	**1**	**972**	**169**	**803**	**181**	**63**	**118**	**240**	**124**	**116**
25	1	1		222	34	188	14	5	8	47	25	22
26	1		1	182	31	151	28	7	21	50	24	26
27	1		1	201	27	174	30	11	18	56	30	26
28	3	3		191	43	148	56	19	38	46	21	25
29	1	1		176	34	142	54	21	33	41	25	16

12-6 续表 3

单位：人

年 龄	合 计			工作就业			学习培训		
	合计	男	女	小计	男	女	小计	男	女
30–34	**5149**	**2658**	**2491**	**2448**	**1655**	**792**	**27**	**20**	**7**
30	1108	554	553	571	360	211	4	3	1
31	956	459	497	445	285	160	9	6	3
32	1018	582	437	487	358	129	8	7	1
33	1107	534	573	479	320	158	2	2	
34	960	530	430	466	332	134	4	2	2
35–39	**5002**	**2660**	**2342**	**2093**	**1433**	**660**	**9**	**6**	**3**
35	1082	555	527	465	310	155	5	4	1
36	1051	558	493	434	292	142	1	1	
37	949	496	453	387	263	124	1	1	
38	931	502	430	416	291	124	1		1
39	989	550	439	391	277	114	2	1	1
40–44	**4846**	**2662**	**2184**	**2100**	**1401**	**699**	**13**	**8**	**5**
40	1033	558	475	430	278	152	4	3	1
41	1014	559	455	417	273	144	2	2	
42	949	505	444	408	261	148	1	1	
43	978	533	445	476	311	165	3		3
44	872	508	364	369	278	90	2	2	
45–49	**4106**	**2332**	**1773**	**1857**	**1288**	**569**	**5**	**3**	**2**
45	1001	549	451	458	310	148	1	1	
46	826	489	338	387	278	109			
47	893	516	377	371	270	101	2	2	
48	692	398	294	331	232	99			
49	693	380	313	309	198	111	2		2
50–54	**2561**	**1467**	**1094**	**1020**	**769**	**251**	**4**	**3**	**1**
50	638	370	268	267	205	62	1		1
51	593	322	271	229	155	74			
52	630	366	264	248	193	54			
53	469	267	201	185	138	47	3	3	
54	231	142	89	91	78	13			
55–59	**1422**	**790**	**632**	**398**	**329**	**70**	**2**	**2**	
55	334	205	130	120	105	16	2	2	
56	229	120	108	64	54	10			
57	269	151	118	70	51	19			
58	311	167	144	73	62	11			
59	280	147	132	71	58	13			
60–64	**1310**	**639**	**670**	**188**	**139**	**49**	**2**		**2**
60	287	139	148	48	37	11			
61	311	161	150	61	48	13			
62	228	116	112	30	22	7			
63	262	125	137	27	17	10			
64	222	98	124	22	15	8	2		2
65及以上	**2244**	**1140**	**1103**	**190**	**149**	**41**			

12-6 续表 4

单位：人

年 龄	随同迁移			房屋拆迁			改善住房		
	小计	男	女	小计	男	女	小计	男	女
30–34	**879**	**179**	**700**	**87**	**62**	**25**	**591**	**336**	**255**
30	180	39	141	18	13	6	120	75	46
31	159	30	130	13	10	3	114	60	54
32	167	37	130	24	19	5	110	68	42
33	205	35	169	20	11	8	139	68	72
34	168	38	130	12	9	3	108	66	42
35–39	**847**	**153**	**693**	**104**	**63**	**41**	**799**	**489**	**310**
35	188	32	156	23	12	11	161	106	54
36	174	33	142	28	14	14	159	104	54
37	183	37	146	18	14	4	152	85	67
38	126	19	107	16	14	3	165	89	76
39	175	32	142	19	10	9	163	104	58
40–44	**731**	**157**	**573**	**147**	**88**	**59**	**794**	**484**	**310**
40	161	33	128	23	14	8	139	96	43
41	155	35	120	37	23	14	160	101	60
42	135	33	102	26	15	11	165	90	76
43	134	31	102	38	22	16	168	103	65
44	146	25	121	24	14	10	161	94	66
45–49	**645**	**138**	**507**	**140**	**92**	**47**	**795**	**460**	**335**
45	166	29	138	37	28	9	175	97	77
46	117	26	91	17	9	8	160	98	62
47	138	26	112	39	22	17	190	114	75
48	108	27	81	25	15	9	124	70	54
49	116	30	86	22	18	4	147	80	67
50–54	**491**	**115**	**376**	**99**	**60**	**39**	**581**	**339**	**242**
50	126	37	88	21	9	12	137	72	65
51	109	18	90	27	18	9	147	88	58
52	117	25	92	25	19	6	149	88	61
53	87	22	65	15	11	5	104	61	42
54	52	13	39	11	3	8	45	30	15
55–59	**364**	**104**	**260**	**63**	**40**	**23**	**322**	**186**	**136**
55	76	21	55	19	10	9	68	43	25
56	53	15	39	6	2	3	55	32	23
57	69	19	51	9	8	1	57	38	20
58	90	27	64	19	13	6	78	36	42
59	74	23	52	11	7	4	63	38	26
60–64	**425**	**138**	**287**	**66**	**38**	**29**	**328**	**184**	**144**
60	97	32	66	17	10	6	66	35	31
61	89	27	62	12	5	7	81	45	36
62	68	21	47	17	10	6	59	37	22
63	92	32	60	12	5	7	74	42	32
64	79	26	53	9	6	2	48	26	22
65及以上	**899**	**343**	**556**	**124**	**65**	**59**	**496**	**291**	**205**

12−6 续表 5

单位：人

年 龄	寄挂户口			婚姻嫁娶			为子女就学			其 他		
	小计	男	女	小计	男	女	小计	男	女	小计	男	女
30−34	**9**	**3**	**5**	**483**	**95**	**388**	**411**	**179**	**232**	**215**	**128**	**86**
30	3	2	1	120	20	100	56	25	31	34	19	15
31	1		1	106	22	84	72	28	44	36	18	18
32	1	1		83	14	70	81	39	42	58	40	18
33	4	1	3	109	22	87	101	41	60	49	32	17
34	1		1	64	17	47	100	47	54	37	19	18
35−39	**10**	**6**	**5**	**323**	**66**	**257**	**602**	**318**	**284**	**215**	**127**	**88**
35	2	2		84	15	69	115	53	62	39	21	18
36	2		2	79	15	64	118	68	51	56	32	24
37	2		2	57	8	49	107	59	48	42	29	12
38	2	1	1	55	18	37	115	57	59	35	13	22
39	3	3		48	9	39	147	82	65	42	31	11
40−44	**13**	**10**	**3**	**206**	**49**	**157**	**615**	**344**	**270**	**228**	**121**	**107**
40	4	2	2	66	14	51	165	100	65	42	17	25
41				42	10	32	147	83	64	54	33	21
42	2	2		37	7	30	133	74	59	42	23	19
43	1	1		28	6	22	82	37	45	48	22	26
44	6	5	2	33	12	21	88	51	37	43	26	17
45−49	**15**	**7**	**8**	**140**	**49**	**91**	**290**	**171**	**119**	**219**	**124**	**95**
45	5	1	4	34	12	22	87	52	35	39	20	19
46	2	2		31	13	18	78	41	36	34	20	14
47				31	8	23	64	37	27	59	37	22
48	2	1	1	23	8	15	34	23	11	46	22	24
49	6	3	3	21	8	13	28	19	9	42	25	17
50−54	**12**	**5**	**7**	**74**	**25**	**49**	**80**	**46**	**33**	**200**	**104**	**96**
50	1	1		21	9	12	22	11	11	42	26	16
51	2	1	2	20	8	12	18	13	5	43	22	21
52	3		3	21	4	17	20	10	10	47	26	21
53	3	1	2	8	1	7	13	8	5	51	23	28
54	3	2	1	4	4	1	6	4	2	18	8	10
55−59	**4**	**3**	**2**	**36**	**10**	**27**	**56**	**25**	**30**	**176**	**92**	**84**
55				12	3	9	7	3	4	30	18	12
56				6	2	4	7	2	5	37	12	25
57	3	3		9	3	6	14	5	8	38	25	13
58				4	1	3	15	9	5	32	19	13
59	2		2	5		5	14	5	8	39	18	21
60−64	**14**	**6**	**8**	**19**	**4**	**15**	**53**	**20**	**33**	**214**	**109**	**105**
60	2	1	2	6	2	4	13	4	10	38	19	18
61				6	1	5	8	5	3	53	29	24
62	5	1	4	1		1	8	3	5	41	22	19
63	3	3		4	1	3	17	7	10	34	18	16
64	4	2	2	2		2	8	2	6	49	22	27
65及以上	**20**	**11**	**9**	**27**	**8**	**19**	**78**	**38**	**40**	**410**	**236**	**174**

12-7 全区按现住地、性别、迁移原因分的户口登记地在本省其他乡镇街道人口

单位：人

现住地	合计			工作就业			学习培训		
	合计	男	女	小计	男	女	小计	男	女
全区	**43742**	**22285**	**21457**	**10128**	**6815**	**3313**	**5393**	**2564**	**2829**
银川市	**17974**	**8951**	**9024**	**4361**	**2730**	**1630**	**3399**	**1564**	**1836**
兴庆区	5826	2664	3162	1410	803	607	1217	385	832
西夏区	4701	2428	2273	727	424	303	1995	1082	913
金凤区	2134	1068	1066	492	315	176	52	20	32
永宁县	1558	782	776	474	304	170	49	28	21
贺兰县	1439	730	709	387	254	133	21	11	10
灵武市	2317	1279	1038	872	630	242	65	37	28
石嘴山市	**7146**	**3995**	**3151**	**1975**	**1522**	**453**	**475**	**286**	**188**
大武口区	2786	1737	1049	936	818	118	122	95	27
惠农区	1960	1032	927	314	230	84	267	150	117
平罗县	2400	1226	1174	725	474	251	86	41	44
吴忠市	**7753**	**4245**	**3508**	**1738**	**1266**	**472**	**510**	**397**	**113**
利通区	2790	1544	1245	322	198	124	356	326	30
红寺堡区	1371	704	667	188	137	52	34	18	16
盐池县	912	589	323	436	373	63	35	16	20
同心县	898	450	448	133	100	33	11	4	7
青铜峡市	1782	957	825	659	459	200	73	33	40
固原市	**5094**	**2175**	**2919**	**1203**	**776**	**427**	**776**	**196**	**579**
原州区	2864	1193	1670	362	263	99	217	115	102
西吉县	1047	371	676	532	325	207	411	5	406
隆德县	367	182	185	77	44	33	72	34	38
泾源县	176	95	81	58	33	25	18	9	9
彭阳县	640	333	307	174	111	62	57	32	25
中卫市	**5775**	**2920**	**2855**	**851**	**520**	**330**	**233**	**121**	**112**
沙坡头区	2412	1204	1208	259	154	105	40	19	20
中宁县	2443	1252	1191	297	193	104	50	32	18
海原县	920	465	455	295	174	121	143	70	74

12-7 续表 1

单位：人

现住地	随同迁移			房屋拆迁			改善住房		
	小计	男	女	小计	男	女	小计	男	女
全　区	**13505**	**5826**	**7679**	**1030**	**640**	**390**	**5425**	**3167**	**2258**
银川市	**4975**	**2175**	**2800**	**489**	**280**	**209**	**2207**	**1248**	**959**
兴庆区	1291	573	718	216	115	100	834	446	388
西夏区	1149	507	642	76	43	33	375	235	140
金凤区	723	307	416	58	41	16	495	273	221
永宁县	478	200	279	66	35	31	72	50	22
贺兰县	558	248	310	20	10	10	256	147	109
灵武市	776	340	436	53	34	19	175	97	78
石嘴山市	**1933**	**833**	**1100**	**190**	**97**	**93**	**1147**	**629**	**519**
大武口区	567	266	301	107	55	52	499	256	244
惠农区	695	292	402	47	26	22	390	230	160
平罗县	672	275	397	36	17	19	258	143	115
吴忠市	**2694**	**1133**	**1561**	**215**	**147**	**67**	**974**	**621**	**352**
利通区	813	359	454	129	88	41	503	314	189
红寺堡区	644	286	358	8	4	3	137	91	46
盐池县	292	121	172	2	2		37	26	11
同心县	481	187	294	64	46	18	123	85	38
青铜峡市	464	180	284	12	7	5	173	105	67
固原市	**1268**	**554**	**713**	**18**	**14**	**4**	**368**	**197**	**171**
原州区	916	397	519	13	11	2	320	168	153
西吉县	64	25	40				2	2	
隆德县	32	14	19	1	1	1	7	4	3
泾源县	40	23	18	1	1		7	5	3
彭阳县	215	97	119	2	1	1	31	18	13
中卫市	**2635**	**1132**	**1504**	**118**	**101**	**17**	**730**	**472**	**258**
沙坡头区	1175	492	683	52	42	10	439	271	168
中宁县	1261	550	711	63	58	5	267	186	81
海原县	200	90	110	2	1	1	24	15	9

12−7 续表 2

单位：人

现住地	寄挂户口			婚姻嫁娶			为子女就学			其他		
	小计	男	女	小计	男	女	小计	男	女	小计	男	女
全区	**142**	**83**	**59**	**2375**	**407**	**1968**	**2283**	**1160**	**1124**	**3461**	**1623**	**1838**
银川市	**54**	**36**	**18**	**1090**	**179**	**911**	**485**	**254**	**232**	**914**	**485**	**429**
兴庆区	25	16	9	365	79	285	146	75	71	322	171	151
西夏区	10	7	3	181	22	159	65	33	33	122	77	46
金凤区	3	2	1	129	30	99	59	32	27	123	46	77
永宁县	6	4	2	150	24	126	65	34	31	198	103	95
贺兰县	3	3		119	11	107	32	20	11	44	25	19
灵武市	6	4	2	147	13	133	118	59	58	106	64	42
石嘴山市	**54**	**28**	**26**	**376**	**80**	**296**	**425**	**204**	**221**	**571**	**315**	**256**
大武口区	30	15	15	141	26	116	119	47	72	265	159	106
惠农区	3	1	1	80	19	61	34	16	18	130	69	61
平罗县	21	12	9	155	36	119	272	141	131	176	87	89
吴忠市	**13**	**10**	**3**	**527**	**95**	**432**	**390**	**207**	**183**	**693**	**368**	**325**
利通区	5	5		256	42	214	165	83	82	240	130	110
红寺堡区				32	3	28	31	18	13	297	147	150
盐池县	6	5	2	31	3	28	54	31	23	18	13	4
同心县	1		1	46	7	39	9	7	2	30	14	16
青铜峡市	1	1		162	40	123	130	68	62	108	64	44
固原市	**14**	**6**	**8**	**130**	**15**	**115**	**574**	**278**	**296**	**744**	**138**	**607**
原州区	5		5	85	13	72	352	174	178	594	53	540
西吉县	7	4	3	17		17	6	4	2	7	6	2
隆德县	1	1		9	2	8	88	37	51	80	46	34
泾源县	1	1		9	1	8	10	5	4	32	17	15
彭阳县	1	1		11		11	118	57	61	31	16	15
中卫市	**8**	**3**	**5**	**252**	**38**	**214**	**410**	**217**	**192**	**538**	**316**	**222**
沙坡头区	1		1	142	23	119	153	86	67	151	116	34
中宁县	3	2	1	90	12	78	82	45	37	329	174	156
海原县	4	1	3	19	2	17	174	86	88	58	26	32

12–8 全区按现住地、性别、迁移原因分的户口登记地在外省人口

单位：人

现住地	合计			工作就业			学习培训		
	合计	男	女	小计	男	女	小计	男	女
全　区	**10392**	**6233**	**4160**	**4965**	**3406**	**1559**	**1385**	**1078**	**307**
银川市	**6233**	**3545**	**2689**	**3116**	**2079**	**1037**	**642**	**377**	**265**
兴庆区	2516	1409	1107	1256	803	454	301	161	140
西夏区	1259	718	540	460	310	150	295	191	104
金凤区	592	313	279	274	171	103	16	9	7
永宁县	516	308	208	315	217	98	11	7	4
贺兰县	606	320	286	312	198	114	6	4	3
灵武市	745	476	269	498	380	119	12	5	7
石嘴山市	**2091**	**1515**	**576**	**734**	**574**	**161**	**693**	**670**	**23**
大武口区	1372	1081	291	320	255	65	677	665	12
惠农区	406	243	163	227	174	52	6	2	4
平罗县	313	191	122	188	145	43	11	4	7
吴忠市	**1066**	**605**	**461**	**627**	**405**	**222**	**18**	**13**	**5**
利通区	200	122	78	99	75	24	12	9	3
红寺堡区	81	48	33	24	17	7			
盐池县	329	142	188	216	90	125	4	2	2
同心县	58	30	28	27	20	7			
青铜峡市	398	264	134	262	203	59	2	2	
固原市	**393**	**241**	**153**	**232**	**181**	**52**	**12**	**6**	**6**
原州区	168	83	85	73	52	22	7	3	4
西吉县	36	26	10	25	24	1			
隆德县	118	92	27	105	85	21	1	1	
泾源县	19	12	7	6	4	1	2	1	1
彭阳县	52	29	23	23	16	7	2	1	1
中卫市	**609**	**327**	**282**	**256**	**168**	**88**	**20**	**11**	**8**
沙坡头区	238	125	113	99	65	34	3	1	2
中宁县	342	189	153	148	98	50	15	10	6
海原县	29	13	16	9	5	4	2	1	1

12-8 续表 1

单位：人

现住地	随同迁移			房屋拆迁			改善住房		
	小计	男	女	小计	男	女	小计	男	女
全　区	**2859**	**1238**	**1621**	**19**	**9**	**10**	**169**	**104**	**65**
银川市	**1837**	**817**	**1020**	**9**	**3**	**6**	**69**	**45**	**25**
兴庆区	653	303	349	4		4	36	24	12
西夏区	389	177	212	1	1		9	7	2
金凤区	219	100	119	1		1	14	7	6
永宁县	152	67	85	1	1		4	2	2
贺兰县	232	94	138	2	1	1	5	3	1
灵武市	192	74	117				2	1	1
石嘴山市	**428**	**165**	**263**	**5**	**2**	**2**	**46**	**29**	**17**
大武口区	235	94	141	4	2	2	31	20	11
惠农区	124	49	75	1		1	12	7	5
平罗县	70	22	47				3	1	1
吴忠市	**281**	**122**	**158**	**5**	**3**	**2**	**18**	**13**	**5**
利通区	45	18	27				6	5	1
红寺堡区	45	25	20						
盐池县	80	35	45	5	3	2	5	4	1
同心县	21	5	17				3	3	
青铜峡市	89	39	49				4	2	3
固原市	**65**	**27**	**38**				**11**	**5**	**6**
原州区	35	13	22				4	1	3
西吉县	5	1	4				1	1	
隆德县	4	1	3				2	1	1
泾源县	5	4	2						
彭阳县	16	8	9				4	2	3
中卫市	**249**	**107**	**142**				**24**	**12**	**12**
沙坡头区	92	35	56				18	10	8
中宁县	149	67	81				2	1	2
海原县	9	4	5				4	1	3

12-8 续表 2

单位：人

现住地	寄挂户口			婚姻嫁娶			为子女就学			其他		
	小计	男	女	小计	男	女	小计	男	女	小计	男	女
全　区	**11**	**7**	**4**	**429**	**101**	**328**	**101**	**51**	**50**	**454**	**239**	**215**
银川市	**6**	**6**		**240**	**59**	**181**	**49**	**27**	**22**	**266**	**132**	**134**
兴庆区	4	4		100	28	72	12	6	6	150	81	69
西夏区	1	1		50	6	44	18	10	8	36	15	20
金凤区				33	8	25	10	5	4	25	11	14
永宁县				14	4	9	1		1	18	9	9
贺兰县	1	1		25	8	17	7	5	2	15	7	9
灵武市				19	5	14	1	1		21	9	12
石嘴山市	**1**		**1**	**64**	**9**	**55**	**26**	**12**	**14**	**93**	**55**	**39**
大武口区				32	5	27	17	7	10	57	33	24
惠农区	1		1	20	2	18	3	1	1	13	7	6
平罗县	1		1	12	2	10	6	3	3	23	14	8
吴忠市	**1**	**1**		**49**	**16**	**33**	**11**	**5**	**6**	**56**	**27**	**29**
利通区	1	1		16	8	8	3	1	2	18	6	13
红寺堡区				2		2				10	6	3
盐池县				13	2	10	5	3	2	1	1	1
同心县				6	1	5				1	1	
青铜峡市				12	4	8	3	1	2	26	13	13
固原市	**3**		**3**	**46**	**8**	**38**	**8**	**4**	**4**	**16**	**10**	**6**
原州区	3		3	30	4	26	8	3	4	8	5	2
西吉县				6		6						
隆德县				4	2	2				1	1	1
泾源县				2	1	2	1	1		3	2	1
彭阳县				3	1	2				4	1	2
中卫市				**30**	**9**	**21**	**7**	**4**	**3**	**23**	**16**	**7**
沙坡头区				19	6	13	3	2	1	5	5	
中宁县				10	3	7	2	1	1	17	10	7
海原县				2		2	3	1	2	1	1	1

12–9 全区按现住地、户口登记地类型分的迁移人口

单位：人

现住地	合计				本县				本省其他县			
	合计	城市	镇	乡村	小计	城市	镇	乡村	小计	城市	镇	乡村
全 区	**54135**	**13813**	**10260**	**30062**	**20746**	**6897**	**3408**	**10441**	**22996**	**5236**	**4363**	**13397**
银川市	**24208**	**7801**	**4766**	**11641**	**5727**	**3145**	**645**	**1937**	**12247**	**3550**	**2697**	**6001**
兴庆区	8342	3479	1975	2888	2127	1927	133	67	3698	974	1202	1523
西夏区	5959	1641	971	3348	942	855	16	71	3758	649	718	2391
金凤区	2726	1489	440	796	246	214		33	1887	1102	333	453
永宁县	2074	216	354	1504	696		134	562	862	188	131	544
贺兰县	2045	404	438	1203	469		117	352	970	359	158	452
灵武市	3062	572	588	1903	1246	150	244	852	1071	278	155	638
石嘴山市	**9237**	**2695**	**1839**	**4703**	**3896**	**1820**	**709**	**1367**	**3250**	**639**	**579**	**2032**
大武口区	4158	1530	754	1873	1334	1189	51	94	1452	163	367	922
惠农区	2366	883	363	1119	1001	631	118	251	959	229	126	604
平罗县	2713	281	721	1710	1561		539	1022	839	246	86	507
吴忠市	**8819**	**1647**	**1612**	**5560**	**4601**	**1036**	**803**	**2762**	**3152**	**451**	**514**	**2187**
利通区	2990	860	616	1514	1670	683	302	685	1120	142	265	712
红寺堡区	1452	93	174	1185	291	59	6	226	1080	25	152	903
盐池县	1242	151	351	740	781		200	581	131	61	33	37
同心县	955	24	132	799	667		104	562	231	15	22	194
青铜峡市	2180	519	339	1322	1193	293	191	708	590	207	41	341
固原市	**5487**	**977**	**1057**	**3453**	**3295**	**566**	**586**	**2142**	**1799**	**302**	**373**	**1124**
原州区	3031	673	469	1889	1662	566	139	956	1201	53	287	862
西吉县	1083	51	315	717	958		292	665	89	42	19	29
隆德县	485	39	67	379	290		40	250	77	19	7	52
泾源县	195	50	52	93	74		26	48	103	41	22	40
彭阳县	693	164	155	374	312		89	223	329	148	39	141
中卫市	**6384**	**693**	**987**	**4705**	**3226**	**329**	**665**	**2232**	**2549**	**295**	**201**	**2053**
沙坡头区	2651	407	433	1811	1464	329	312	822	948	39	67	843
中宁县	2785	102	429	2254	1110		272	838	1333	78	92	1162
海原县	949	185	124	640	652		80	572	268	178	41	48

12-9 续表 1

单位：人

现住地	省外							
	北京				天津			
	小计	城市	镇	乡村	小计	城市	镇	乡村
全　区	**51**	**47**	**3**	**1**	**41**	**32**	**1**	**8**
银川市	**42**	**38**	**3**	**1**	**31**	**24**		**7**
兴庆区	27	27			15	13		2
西夏区	5	3	3		6	2		4
金凤区	4	4			4	4		
永宁县					2			2
贺兰县	1	1						
灵武市	4	3		1	4	4		
石嘴山市	**4**	**4**			**3**	**2**		**1**
大武口区	2	2			2	1		1
惠农区	1	1						
平罗县	2	2			1	1		
吴忠市	**1**	**1**			**2**	**1**	**1**	
利通区	1	1			1		1	
红寺堡区					1	1		
盐池县								
同心县								
青铜峡市								
固原市	**2**	**2**			**2**	**2**		
原州区	1	1			1	1		
西吉县								
隆德县	1	1			1	1		
泾源县								
彭阳县								
中卫市	**1**	**1**			**3**	**3**		
沙坡头区					3	3		
中宁县	1	1						
海原县								

12−9 续表 2 单位：人

现住地	省外							
	河北				山西			
	小计	城市	镇	乡村	小计	城市	镇	乡村
全 区	**397**	**124**	**88**	**185**	**239**	**17**	**50**	**172**
银川市	**173**	**48**	**34**	**92**	**182**	**13**	**36**	**134**
兴庆区	81	28	15	38	101	8	22	71
西夏区	30	5	4	21	18		5	14
金凤区	16	11	2	3	10	3	4	3
永宁县	19		5	14	12			12
贺兰县	13	2		11	13		4	9
灵武市	14	2	8	4	28	1	2	25
石嘴山市	**83**	**11**	**24**	**48**	**32**		**6**	**25**
大武口区	59	7	18	33	21		6	16
惠农区	17	1	5	11	6		1	5
平罗县	7	2	1	3	4			4
吴忠市	**82**	**63**		**19**	**9**	**3**	**3**	**2**
利通区	11	1		10	7	3	3	
红寺堡区								
盐池县	63	62		1				
同心县	2			2				
青铜峡市	6			6	2			2
固原市	**3**	**2**	**2**		**6**	**1**	**4**	**1**
原州区	1		1		5		4	1
西吉县								
隆德县					1	1		
泾源县								
彭阳县	2	2						
中卫市	**55**	**1**	**29**	**26**	**10**			**10**
沙坡头区	38		22	17	4			4
中宁县	17	1	7	9	6			6
海原县								

12-9 续表 3

单位：人

现住地	省外											
	内蒙古				辽宁				吉林			
	小计	城市	镇	乡村	小计	城市	镇	乡村	小计	城市	镇	乡村
全区	**604**	**149**	**162**	**293**	**95**	**46**	**15**	**35**	**71**	**14**	**23**	**34**
银川市	**310**	**110**	**82**	**117**	**56**	**31**	**9**	**15**	**48**	**8**	**16**	**23**
兴庆区	105	52	31	22	24	10	4	10	4	4		
西夏区	64	15	19	30	3	1	1	1	8		5	3
金凤区	49	13	10	27	8	8			7	2	3	2
永宁县	13	5	8		2	1	1					
贺兰县	32	6	13	14	1	1		1	8	2	5	
灵武市	46	20	2	24	17	11	3	3	21		3	18
石嘴山市	**180**	**31**	**62**	**87**	**32**	**7**	**5**	**20**	**12**	**5**	**4**	**3**
大武口区	103	11	35	56	16	3	2	10	8	4	1	3
惠农区	36	9	11	16	13	1	3	9	3	1	3	
平罗县	41	11	15	15	3	2		1	1		1	
吴忠市	**92**	**5**	**9**	**77**					**6**		**1**	**5**
利通区	8	3	1	3								
红寺堡区												
盐池县	16	1	2	13					1		1	
同心县												
青铜峡市	68	1	6	61					5			5
固原市	**12**	**2**	**7**	**2**	**3**	**3**			**3**	**1**		**2**
原州区	5	1	4		1	1			2			2
西吉县												
隆德县	1			1								
泾源县												
彭阳县	6	1	3	2	2	2			1	1		
中卫市	**11**	**1**	**2**	**9**	**5**	**5**			**2**		**2**	
沙坡头区	6		1	5	5	5						
中宁县	5		1	4								
海原县	1	1							2		2	

12-9 续表 4　　单位：人

现住地	省外											
	黑龙江				上海				江苏			
	小计	城市	镇	乡村	小计	城市	镇	乡村	小计	城市	镇	乡村
全　区	**80**	**31**	**26**	**23**	**16**	**13**	**3**		**359**	**129**	**115**	**115**
银川市	**50**	**20**	**14**	**16**	**5**	**3**	**2**		**214**	**90**	**64**	**60**
兴庆区	6	4		2	2		2		108	71	27	10
西夏区	18		11	7	2	2			46	7	24	15
金凤区	6	6							15	4	4	7
永宁县	5			5	1	1			4	1		3
贺兰县	4	1	2						20	2	4	15
灵武市	12	9	1	2					20	5	6	9
石嘴山市	**27**	**8**	**12**	**7**	**4**	**4**			**107**	**33**	**28**	**47**
大武口区	25	7	11	7	2	2			98	31	25	42
惠农区	1	1	1		2	2			6	1	1	5
平罗县	1	1							3	1	2	
吴忠市	**1**	**1**							**33**	**5**	**20**	**8**
利通区									17	4	10	3
红寺堡区									6	1		4
盐池县												
同心县												
青铜峡市	1	1							10		9	1
固原市	**1**	**1**			**5**	**5**	**1**		**2**	**1**	**1**	
原州区					3	3			1		1	
西吉县					1	1			1	1		
隆德县					1		1					
泾源县												
彭阳县	1	1										
中卫市	**1**	**1**			**1**	**1**			**2**		**2**	
沙坡头区	1	1							1		1	
中宁县					1	1			1		1	
海原县												

12–9 续表 5

单位：人

现住地	省外											
	浙江				安徽				福建			
	小计	城市	镇	乡村	小计	城市	镇	乡村	小计	城市	镇	乡村
全　区	**230**	**60**	**75**	**95**	**555**	**71**	**150**	**335**	**149**	**49**	**33**	**67**
银川市	**130**	**35**	**40**	**54**	**328**	**46**	**85**	**197**	**121**	**32**	**28**	**60**
兴庆区	97	24	32	41	182	24	44	115	110	24	25	60
西夏区	2	1	1		34	9	4	21	4	4		
金凤区	11	7	1	2	41	11	7	22	5	3	2	
永宁县	9	1	2	5	22		9	14				
贺兰县	6		3	3	27	2	16	9	2		2	
灵武市	5	2		3	22		7	16	1	1		
石嘴山市	**57**	**12**	**23**	**22**	**211**	**22**	**63**	**126**	**14**	**5**	**5**	**4**
大武口区	52	10	20	22	132	22	20	89	12	5	4	3
惠农区	2	2			46		17	30	2		1	1
平罗县	3		3		33		25	7				
吴忠市	**19**	**4**	**5**	**10**	**8**	**1**	**1**	**6**	**2**	**1**		**1**
利通区	8		1	7	2		1	1	1			1
红寺堡区	4		4									
盐池县					1			1				
同心县	4	4										
青铜峡市	3			3	5	1		4	1	1		
固原市	**14**	**3**	**3**	**8**	**4**	**2**		**2**	**10**	**10**		
原州区	10	2	2	6	3	2		1	1	1		
西吉县												
隆德县	1			1					9	9		
泾源县	2	1		1								
彭阳县					1			1				
中卫市	**10**	**6**	**4**	**1**	**5**		**1**	**4**	**2**	**1**		**1**
沙坡头区	4	4			1		1		1	1		
中宁县	7	2	4	1	4			4	1			1
海原县												

12–9　续表 6　　　　　　　　　　　　　　　　　　　　　　　　　　　　　　单位：人

现住地	省外											
	江西				山东				河南			
	小计	城市	镇	乡村	小计	城市	镇	乡村	小计	城市	镇	乡村
全　区	**69**	**25**	**30**	**15**	**458**	**84**	**117**	**257**	**1408**	**141**	**382**	**886**
银川市	**47**	**20**	**17**	**11**	**349**	**68**	**85**	**196**	**821**	**90**	**228**	**503**
兴庆区	28	14	10	4	132	30	11	91	212	15	79	117
西夏区	5	5			74	16	19	40	148	17	32	100
金凤区	1		1		23	5	4	14	73	15	12	46
永宁县	9	1	4	4	24		2	22	72	6	20	46
贺兰县	2		1	1	24	2	15	8	123	9	31	83
灵武市	3		1	2	72	15	35	21	194	28	54	112
石嘴山市	**11**	**2**	**8**	**1**	**55**	**6**	**13**	**36**	**378**	**30**	**110**	**238**
大武口区	4	2	1	1	26	1	9	15	268	26	76	165
惠农区	7		7		16		1	14	56	1	14	41
平罗县	1	1			14	5	3	7	54	3	20	32
吴忠市	**3**		**1**	**1**	**30**	**4**	**14**	**12**	**122**	**11**	**21**	**91**
利通区					13	4	1	8	35	5	2	27
红寺堡区									5	4		1
盐池县	1			1	1		1		1			1
同心县					1			1	2			2
青铜峡市	1		1		14		12	3	79	1	18	60
固原市	**1**		**1**		**20**	**6**	**4**	**10**	**29**	**1**	**14**	**15**
原州区					4	2	1		21		9	12
西吉县					11	1		10	1	1	1	
隆德县									3			3
泾源县												
彭阳县	1		1		6	3	3		4		4	
中卫市	**7**	**3**	**3**	**2**	**3**		**1**	**2**	**58**	**9**	**10**	**39**
沙坡头区									26	8	10	9
中宁县	7	3	3	2	3		1	2	32	2		31
海原县												

12–9 续表 7

单位：人

现住地	省外											
	湖北				湖南				广东			
	小计	城市	镇	乡村	小计	城市	镇	乡村	小计	城市	镇	乡村
全　区	**198**	**51**	**43**	**103**	**123**	**32**	**39**	**52**	**62**	**38**	**2**	**22**
银川市	**140**	**40**	**27**	**73**	**61**	**23**	**7**	**31**	**42**	**27**	**2**	**13**
兴庆区	64	22	13	30	33	12		21	27	22		6
西夏区	19		7	12	5			5	1	1		
金凤区	10	5		5	11	8		3	3	3		
永宁县	13			13	4	1	2	1	3	1	2	
贺兰县	3		3		2		2					
灵武市	30	13	4	13	6	2	2	1	7			7
石嘴山市	**23**	**10**	**8**	**5**	**34**	**2**	**16**	**15**	**7**	**3**		**4**
大武口区	19	10	4	5	14	2		12	4	1		3
惠农区	3		3		20		16	4	2	1		1
平罗县									1	1		
吴忠市	**5**	**1**		**4**	**7**	**1**	**2**	**4**	**5**	**4**		**1**
利通区					3	1		2				
红寺堡区	4			4					1	1		
盐池县	1	1			2			2				
同心县					2		2		1			1
青铜峡市									2	2		
固原市	**1**			**1**	**4**	**4**			**4**	**2**		**2**
原州区	1			1	4	4			3	2		1
西吉县												
隆德县												
泾源县												
彭阳县												
中卫市	**30**	**1**	**9**	**20**	**16**	**2**	**13**	**2**	**4**	**2**		**2**
沙坡头区									1	1		
中宁县	30	1	9	20	16	2	13	2	3	1		2
海原县												

12-9 续表 8

单位：人

现住地	省外											
	广西				海南				重庆			
	小计	城市	镇	乡村	小计	城市	镇	乡村	小计	城市	镇	乡村
全 区	**5**		**4**	**1**	**3**	**1**	**1**	**1**	**114**	**28**	**38**	**48**
银川市	**4**		**4**						**48**	**11**	**27**	**10**
兴庆区									26	7	15	4
西夏区									11	1	9	1
金凤区									1		1	
永宁县	4		4						1		1	
贺兰县									6	2	2	3
灵武市									3	1		2
石嘴山市					**1**			**1**	**53**	**16**	**7**	**31**
大武口区					1			1	33	14	2	17
惠农区									18		5	13
平罗县									2	1		1
吴忠市	**1**			**1**	**1**		**1**		**1**		**1**	
利通区					1		1		1		1	
红寺堡区	1			1								
盐池县												
同心县												
青铜峡市												
固原市					**1**	**1**			**2**	**1**		**1**
原州区					1	1			1	1		
西吉县												
隆德县									1			1
泾源县												
彭阳县												
中卫市									**9**		**3**	**7**
沙坡头区									3			3
中宁县									3		3	
海原县									4			4

12–9 续表 9

单位：人

现住地	省外											
	四川				贵州				云南			
	小计	城市	镇	乡村	小计	城市	镇	乡村	小计	城市	镇	乡村
全　区	**513**	**50**	**129**	**334**	**50**	**2**	**17**	**31**	**37**	**3**	**11**	**22**
银川市	**301**	**41**	**55**	**204**	**26**	**1**	**15**	**10**	**19**	**3**		**16**
兴庆区	105	10	37	59	11		8	3	12			12
西夏区	40	5	8	27	15	1	7	7	7	3		4
金凤区	18	11	1	5								
永宁县	98	4	3	91								
贺兰县	21	5	1	15								
灵武市	18	6	6	7								
石嘴山市	**100**	**4**	**22**	**74**	**13**		**2**	**10**	**15**		**11**	**4**
大武口区	80	3	20	57	7		2	5	7		4	3
惠农区	11		1	10					7		7	1
平罗县	10	1	1	8	6			6				
吴忠市	**55**	**2**	**46**	**7**								
利通区	10		3	7								
红寺堡区	9		9									
盐池县												
同心县												
青铜峡市	36	2	34									
固原市	**7**	**3**		**3**	**10**			**10**	**3**			**3**
原州区	7	3		3								
西吉县					10			10				
隆德县												
泾源县												
彭阳县									2			2
中卫市	**51**		**5**	**46**	**1**	**1**						
沙坡头区	17		4	14	1	1						
中宁县	33		2	32								
海原县												

12–9 续表 10

单位：人

现住地	省外											
	西藏				陕西				甘肃			
	小计	城市	镇	乡村	小计	城市	镇	乡村	小计	城市	镇	乡村
全区					**1542**	**207**	**482**	**853**	**2731**	**174**	**389**	**2168**
银川市					**1025**	**149**	**277**	**600**	**1557**	**104**	**238**	**1215**
兴庆区					382	88	119	176	568	49	131	388
西夏区					238	13	42	183	424	26	34	364
金凤区					126	35	35	56	143	9	20	115
永宁县					62	1	10	50	135	4	16	115
贺兰县					109	3	32	74	185	6	28	152
灵武市					108	9	38	61	102	10	11	82
石嘴山市					**176**	**7**	**46**	**123**	**437**	**11**	**69**	**357**
大武口区					117	5	27	85	241	8	39	194
惠农区					29	1	12	16	100	1	11	88
平罗县					30	1	6	22	96	2	19	75
吴忠市					**288**	**30**	**147**	**111**	**280**	**14**	**17**	**249**
利通区					16	2	8	6	59	6	12	41
红寺堡区					1		1		46		1	45
盐池县					215	22	112	81	28	3	3	22
同心县					11	2	3	5	35	3		32
青铜峡市					46	4	23	20	112	1	2	109
固原市					**23**	**12**	**8**	**4**	**176**	**25**	**34**	**117**
原州区					18	8	7	3	59	12	12	35
西吉县					1	1			4		2	3
隆德县									101	9	20	72
泾源县					3	3			5	2	1	2
彭阳县					2		1	1	7	2		5
中卫市					**30**	**10**	**6**	**14**	**281**	**20**	**30**	**230**
沙坡头区					12	5	2	5	110	9	12	89
中宁县					17	4	3	10	153	6	19	129
海原县					1		1		18	5		12

12–9 续表 11

单位：人

现住地	省外											
	青海				宁夏				新疆			
	小计	城市	镇	乡村	小计	城市	镇	乡村	小计	城市	镇	乡村
全区	**47**	**13**	**19**	**15**					**147**	**48**	**43**	**55**
银川市	**9**	**2**	**8**						**93**	**27**	**21**	**46**
兴庆区									53	21	15	17
西夏区	2		2						29		3	26
金凤区	1	1							4	4		
永宁县	3	1	2						1			1
贺兰县									3	1		1
灵武市	3		3						4	1	3	
石嘴山市	**21**		**7**	**14**					**2**	**1**	**1**	
大武口区	20		7	12					2	1	1	
惠农区									1	1		
平罗县	1			1								
吴忠市	**8**	**6**	**1**						**6**	**2**	**2**	**1**
利通区	2	2							2	1	1	
红寺堡区									3	1	1	1
盐池县												
同心县												
青铜峡市	5	4	1									
固原市	**2**	**2**							**41**	**17**	**19**	**5**
原州区	2	2							9	4	1	5
西吉县									6	5	1	1
隆德县												
泾源县									6	4	3	
彭阳县									19	5	15	
中卫市	**7**	**3**	**3**	**1**					**4**	**1**		**3**
沙坡头区	6	2	3	1								
中宁县	2	2										
海原县									4	1		3

12–10 全区按现住地和一年前常住地分的人口

单位：人

地区	合计			现住房			本乡(镇、街道)其他调查小区			本县(市、区)其他乡(镇、街道)		
	合计	男	女	小计	男	女	小计	男	女	小计	男	女
全区	**205085**	**105551**	**99534**	**196336**	**101146**	**95189**	**1398**	**642**	**756**	**2819**	**1443**	**1376**
银川市	**67816**	**34684**	**33132**	**64650**	**33146**	**31505**	**561**	**280**	**281**	**832**	**409**	**423**
兴庆区	23104	11388	11715	21819	10859	10960	173	82	91	277	112	165
西夏区	12388	6634	5754	11982	6417	5565	104	55	49	116	71	45
金凤区	9061	4536	4525	8907	4460	4447	27	14	13	26	13	13
永宁县	7174	3697	3476	6793	3508	3285	97	47	50	130	61	70
贺兰县	7463	3822	3640	7156	3677	3480	68	34	34	72	39	33
灵武市	8627	4606	4021	7993	4224	3769	92	48	44	212	113	99
石嘴山市	**24672**	**13323**	**11349**	**23241**	**12582**	**10659**	**250**	**117**	**133**	**614**	**312**	**302**
大武口区	10006	5779	4227	9682	5606	4076	64	28	36	122	60	62
惠农区	6122	3174	2948	5856	3033	2823	57	29	28	109	57	52
平罗县	8545	4371	4174	7703	3943	3760	129	60	69	383	195	188
吴忠市	**41298**	**21500**	**19798**	**39452**	**20488**	**18964**	**276**	**92**	**184**	**736**	**432**	**305**
利通区	12166	6386	5780	11589	6076	5513	117	56	61	203	100	104
红寺堡区	5628	2927	2701	5519	2879	2640	5	1	5	13	3	10
盐池县	4954	2664	2291	4483	2360	2123	109	20	89	201	181	20
同心县	9526	4806	4720	9373	4746	4627	19	6	13	51	15	36
青铜峡市	9024	4718	4306	8488	4427	4061	25	9	16	268	132	135
固原市	**37541**	**18815**	**18726**	**36202**	**18177**	**18024**	**102**	**47**	**55**	**326**	**149**	**177**
原州区	12613	6139	6474	12105	5956	6149	23	11	13	158	65	94
西吉县	11115	5604	5511	10949	5515	5434	21	8	13	43	28	15
隆德县	4888	2479	2409	4699	2372	2327	6	3	3	56	20	36
泾源县	3091	1611	1479	2967	1543	1424	11	5	6	30	17	13
彭阳县	5834	2981	2853	5481	2791	2690	40	20	20	38	20	18
中卫市	**33757**	**17229**	**16528**	**32791**	**16754**	**16037**	**208**	**106**	**103**	**311**	**142**	**170**
沙坡头区	11932	6125	5808	11662	6000	5663	36	18	18	116	52	64
中宁县	9993	5108	4886	9715	4966	4749	60	31	29	84	37	47
海原县	11832	5997	5835	11414	5788	5625	112	57	56	111	52	58

12–10 续表

单位：人

地　区	本地(市)其他县(市、区)			本省其他地(市)			省　外			港澳台或国外		
	小计	男	女	小计	男	女	小计	男	女	小计	男	女
全　区	**1215**	**564**	**651**	**1923**	**961**	**961**	**1345**	**766**	**578**	**50**	**28**	**22**
银川市	**625**	**305**	**320**	**522**	**223**	**300**	**595**	**307**	**288**	**31**	**16**	**15**
兴庆区	294	128	166	314	98	217	205	96	108	22	13	9
西夏区	72	44	28	36	16	20	72	28	44	6	2	4
金凤区	36	16	20	22	16	6	41	17	24	2		2
永宁县	77	39	38	39	23	16	37	19	18	1		1
贺兰县	86	35	51	21	11	11	59	26	33			
灵武市	60	42	17	90	59	31	181	120	62			
石嘴山市	**154**	**78**	**76**	**247**	**134**	**113**	**159**	**98**	**61**	**7**	**2**	**4**
大武口区	21	12	9	41	22	20	73	50	23	3	1	2
惠农区	17	8	10	38	21	17	43	25	18	1	1	
平罗县	116	58	57	168	91	77	43	23	20	4	1	3
吴忠市	**160**	**82**	**77**	**444**	**272**	**172**	**224**	**129**	**96**	**6**	**6**	
利通区	65	35	30	138	84	54	50	32	18	3	3	
红寺堡区	25	13	11	46	19	27	19	11	8	1	1	
盐池县	23	22	1	47	36	11	91	44	47			
同心县	27	8	19	38	20	18	16	9	6	2	2	
青铜峡市	20	5	15	175	112	63	48	32	16	1	1	
固原市	**219**	**75**	**145**	**435**	**194**	**241**	**253**	**169**	**84**	**3**	**2**	**1**
原州区	80	7	73	162	48	114	81	50	31	3	2	1
西吉县	14	4	9	42	19	23	46	29	16			
隆德县	14	3	11	35	19	16	77	61	16			
泾源县	23	13	10	45	26	20	14	8	6			
彭阳县	89	48	41	151	82	69	36	20	15			
中卫市	**58**	**25**	**33**	**274**	**139**	**135**	**113**	**63**	**50**	**2**	**1**	**1**
沙坡头区	14	3	10	48	22	25	57	29	28			
中宁县	17	9	8	87	47	39	29	17	12	1		1
海原县	27	13	14	140	69	71	27	16	11	1	1	

12–11 全区按现住地和五年前常住地分的人口

单位：人

现住地	五年前常住地											
	合 计	现住房	本 县其他地区	本 省其他县	省 外							
					北 京	天 津	河 北	山 西	内蒙古	辽 宁	吉 林	黑龙江
全 区	**193125**	**150471**	**20315**	**16474**	**84**	**58**	**199**	**143**	**490**	**50**	**51**	**45**
银川市	**64047**	**43139**	**7395**	**9729**	**43**	**29**	**120**	**108**	**232**	**27**	**37**	**30**
兴庆区	21968	15091	2643	2922	11	17	39	44	73	4	2	2
西夏区	11791	6751	1280	2678	10	6	40	27	65	9	3	11
金凤区	8388	5956	792	1440	6	2	6	4	16	1	3	2
永宁县	6791	4880	716	872	1	1	16	9	12		1	2
贺兰县	7020	5072	531	1104	5		8	7	29	1	7	2
灵武市	8090	5388	1432	712	10	4	12	16	37	12	21	11
石嘴山市	**23637**	**16402**	**3813**	**2525**	**7**		**32**	**12**	**158**	**19**	**7**	**12**
大武口区	9614	7048	1111	950	4		22	6	100	11	4	10
惠农区	5887	3839	1148	639	2		7	6	42	8	3	1
平罗县	8136	5515	1553	937	1		3		16			1
吴忠市	**38833**	**31944**	**4257**	**2034**	**21**	**21**	**11**	**11**	**74**	**1**	**4**	**2**
利通区	11476	9226	1556	568	1	1	2	8	5	1		
红寺堡区	5244	4159	358	697								
盐池县	4752	3867	609	86	19	19	5	1	8			1
同心县	8759	8105	465	142	1							1
青铜峡市	8602	6587	1269	541		1	4	2	61		4	
固原市	**35187**	**31734**	**2321**	**853**	**7**	**4**		**2**	**13**	**1**	**2**	**1**
原州区	11752	9922	1142	603	2			1	9	1	2	
西吉县	10418	9800	442	118	3	2						
隆德县	4647	4326	183	33	1	1		1	1			
泾源县	2898	2735	128	28		1						
彭阳县	5471	4950	425	71	1				3			1
中卫市	**31420**	**27252**	**2530**	**1332**	**6**	**4**	**35**	**10**	**13**	**2**	**1**	**1**
沙坡头区	11225	9196	1262	601	4	4	28	8	7	2	1	
中宁县	9294	7869	669	632	2		6	2	6			1
海原县	10902	10187	599	99			1					

12-11 续表 1

单位：人

现住地	五年前常住地											
	省外											
	上海	江苏	浙江	安徽	福建	江西	山东	河南	湖北	湖南	广东	广西
全区	**16**	**212**	**82**	**234**	**109**	**52**	**318**	**607**	**167**	**112**	**60**	**37**
银川市	**11**	**139**	**38**	**144**	**103**	**36**	**261**	**409**	**145**	**80**	**37**	**35**
兴庆区	6	55	13	63	84	12	91	81	35	20	12	
西夏区	4	45		37	14	9	53	83	64	42	6	32
金凤区	1	7	2	12	3		11	18	7	10	3	
永宁县	1	2	6	12		9	21	27	13	3	4	3
贺兰县		19	2	12	1	2	20	62	2	1	1	
灵武市		10	15	7	1	4	64	139	24	4	11	
石嘴山市	**2**	**49**	**25**	**81**		**10**	**22**	**114**	**7**	**19**	**7**	
大武口区	2	45	23	28		3	12	56	7	2	7	
惠农区	1	4	2	33		7	9	26		17	1	
平罗县		1		21			1	32				
吴忠市		**21**	**10**	**4**	**2**	**2**	**13**	**38**		**5**	**6**	**1**
利通区		12	1	1	1		8	16		2	1	
红寺堡区		1	4								3	1
盐池县			1	1		2	1			1		
同心县			4				1			2	1	
青铜峡市		7		3			3	22			1	
固原市	**1**	**1**	**6**	**1**	**3**	**1**	**15**	**11**	**5**	**2**	**2**	
原州区			6	1				9	5	2	2	
西吉县	1	1			3		12	1				
隆德县					1			1				
泾源县												
彭阳县						1	3					
中卫市	**2**	**3**	**3**	**4**	**1**	**4**	**7**	**35**	**10**	**6**	**7**	**1**
沙坡头区	1		1	3			4	23		1	1	1
中宁县	1	1	2		1	4	3	12	10	4	5	
海原县		2		1						1	1	

12-11 续表 2

单位：人

现住地	五年前常住地											
	省外											港澳台或国外
	海南	重庆	四川	贵州	云南	西藏	陕西	甘肃	青海	宁夏	新疆	
全区	**12**	**70**	**293**	**92**	**99**	**2**	**683**	**1264**	**41**		**170**	**14**
银川市	**9**	**44**	**183**	**74**	**88**		**446**	**715**	**28**		**123**	**10**
兴庆区	4	15	50	7	10		210	292	2		47	8
西夏区	4	21	27	66	78		91	157	17		60	
金凤区			8				30	39			7	
永宁县	1	1	79				15	83	2		2	1
贺兰县		5	11	1			35	76			3	1
灵武市		3	7				65	69	6		4	
石嘴山市	**2**	**22**	**44**	**6**	**10**	**2**	**49**	**164**	**7**		**4**	**4**
大武口区	1	9	36	2	2		29	76	6		1	2
惠农区	1	11	2		7	2	12	57	1		1	
平罗县	1	2	5	3			8	31			2	2
吴忠市		**2**	**33**		**1**		**167**	**142**	**2**		**3**	**1**
利通区		2	8				12	43				
红寺堡区					1		4	16			1	
盐池县					1		124	7				
同心县							9	27				
青铜峡市			24				18	49	2		2	1
固原市		**2**	**2**	**10**			**8**	**148**	**2**		**30**	
原州区			1				7	24	2		12	
西吉县		1		10				18			9	
隆德县		1	1					98				
泾源县							2	2			2	
彭阳县								6			8	
中卫市	**1**		**32**	**2**			**13**	**95**	**3**		**9**	
沙坡头区	1		10	2			6	53	2		4	
中宁县			21				6	37			2	
海原县							1	5	1		4	

附录

国务院办公厅关于开展2015年全国1%人口抽样调查的通知

国办发〔2014〕33号

各省、自治区、直辖市人民政府，国务院各部委、各直属机构：

根据《全国人口普查条例》的规定，国务院决定于2015年开展全国1%人口抽样调查。现将有关事项通知如下：

一、调查目的

了解2010年以来我国人口在数量、素质、结构、分布以及居住等方面的变化情况，为制定国民经济和社会发展规划提供科学准确的统计信息支持。

二、对象和范围

在我国境内抽取约6万个调查小区，调查对象为小区内的全部人口（不包括港澳台居民和外国人），共约1400万人。

三、内容和时间

调查内容为人口和住户的基本情况，主要包括姓名、性别、年龄、民族、受教育程度、行业、职业、迁移流动、社会保障、婚姻、生育、死亡、住房情况等。调查时点为2015年11月1日零时。

四、组织和实施

按照“统一领导、分工协作、分级负责、共同参与”的原则，做好调查的组织和实施工作。

为加强领导和协调，由统计局会同有关部门成立2015年全国1%人口抽样调查工作协调小组（以下简称协调小组）。协调小组办公室设在统计局，负责调查的组织实施和日常工作，督促落实协调小组议定事项。发展改革部门负责做好调查方案与国民经济和社会发展总体规划及有关专项规划编制实施的衔接；公安部门负责提供各级户籍人口、流动人口等资料并协助做好现场登记；宣传部门负责做好新闻宣传，以及新闻媒体的组织协调。其他部门按照职能分工，认真做好相关工作。

县级以上地方各级人民政府要切实加强组织领导，建立相应机构，确保调查任务顺利完成。

五、经费保障

2015年全国1%人口抽样调查所需经费，按照分级负担原则，由中央和地方各级人民政府共同负担，并列入相应年度的财政预算，按时拨付、确保到位。

六、工作要求

坚持依法调查。要严格执行《中华人民共和国统计法》和《全国人口普查条例》的有关规定。调查取得的数据，严格限定用于调查目的，不得作为任何部门和单位对各级行政管理工作实施考核、奖惩的依据，不得作为对调查对象实施处罚的依据；各级调查机构及其工作人员，必须严格履行保密义务。

做好宣传引导。要通过报刊、广播、电视和网络等方式，广泛深入宣传调查的重要意义和工作要求，引导广大调查对象依法配合调查，如实申报调查项目，为调查工作顺利实施创造良好舆论环境。

附件：2015年全国1%人口抽样调查工作协调小组组成人员名单

国务院办公厅
2014年6月23日
（此件公开发布）

附件

2015年全国1%人口抽样调查工作协调小组组成人员名单

组　长：马建堂　　统计局局长

副组长：朱之鑫　　发展改革委副主任

　　　　黄　明　　公安部副部长

　　　　孙志刚　　卫生计生委副主任

成　员：蔡名照　　中央宣传部副部长、新闻办主任

　　　　鲁　昕　　教育部副部长

　　　　罗黎明　　国家民委副主任

　　　　宫蒲光　　民政部副部长

　　　　刘红薇　　财政部部长助理

　　　　杨志明　　人力资源社会保障部副部长

　　　　齐　骥　　住房城乡建设部副部长

　　　　孙鸿志　　工商总局副局长

　　　　田　进　　新闻出版广电总局副局长

　　　　张为民　　统计局副局长

协调小组办公室主任由统计局副局长张为民兼任。

自治区人民政府办公厅关于开展 2015 年全国 1%人口抽样调查的通知

宁政办发〔2014〕196 号

各市、县（区）人民政府，自治区政府各部门、直属机构，中央驻宁单位：

根据《国务院办公厅关于开展2015年全国1%人口抽样调查的通知》(国办发〔2014〕33号）精神，我国将于2015年开展全国1%人口抽样调查。为切实做好我区人口抽样调查工作，现将有关事项通知如下：

一、调查目的

了解2010年以来我区人口在数量、素质、结构、分布以及居住等方面的变化情况，为制定国民经济和社会发展规划提供科学准确的统计信息支持。

二、对象和范围

在全区抽取约700个调查小区，调查对象为小区内的全部人口（不包括港澳台居民和外国人），共约20万人。

三、内容和时间

调查内容为人口和住户的基本情况，主要包括姓名、性别、年龄、民族、受教育程度、行业、职业、迁移流动、社会保障、婚姻、生育、死亡、住房情况等。调查时点为2015年11月1日零时。

四、组织和实施

为做好调查的组织和实施工作，按照“统一领导、分工协作、分级负责、共同参与”的原则进行，由自治区统计局会同有关部门成立我区2015年全国1%人口抽样调查工作协调小组（以下简称协调小组）。协调小组办公室设在统计局，负责调查的组织实施和日常工作，督促落实协调小组议定事项。发展改革部门负责做好调查方案与国民经济和社会发展总体规划及有关专项规划编制实施的衔接；公安部门负责提供各级户籍人口、流动人口等资料并协助做好现场登记；宣传部门负责做好新闻宣传，以及新闻媒体的组织协调。其他部门按照职能分工，认真做好相关工作。

各市、县（区）人民政府要切实加强组织领导，建立相应机构，确保调查任务顺利完成。

五、经费保障

2015年全国1%人口抽样调查所需经费，按照分级负担原则，由自治区和市、县（区）各级人民政府共同负担，并列入相应年度的财政预算，按时拨付、确保到位。

六、工作要求

坚持依法调查。要严格执行《中华人民共和国统计法》和《全国人口普查条例》的有关规定。调查取得的数据，严格限定用于调查目的，不得作为任何部门和单位对各级行政管理工作实施考核、奖惩的依据，不得作为对调查对象实施处罚的依据；各级调查机构及其工作人员，必须严格履行保密义务。

加强宣传引导。要通过报刊、广播、电视和网络等方式，广泛深入宣传调查的重要意义和工作要求，引导广大调查对象依法配合调查，如实申报调查项目，为调查工作顺利实施创造良好舆论环境。

附件：自治区2015年全国1%人口抽样调查工作协调小组组成人员名单

宁夏回族自治区人民政府办公厅

2014年9月17日

附件

自治区2015年全国1%人口抽样调查工作协调小组组成人员名单

组　长：梅廷彦　　自治区统计局局长

副组长：单旭峰　　自治区发展改革委副主任

　　　　李德胜　　自治区公安厅副厅长

　　　　宋晨阳　　自治区卫生计生委副主任

成　员：贾捷频　　自治区党委宣传部副部长

　　　　张治荣　　自治区教育厅副厅长

　　　　丁克家　　自治区民委副主任

　　　　佘瑞东　　自治区民政厅副厅长

　　　　吴汉宝　　自治区财政厅副厅长

　　　　马军生　　自治区人力资源社会保障厅副厅长

　　　　白耀华　　自治区住房城乡建设厅副厅长

　　　　徐秀香　　自治区工商行政管理局副巡视员

　　　　王永斌　　自治区新闻出版广电局副局长

　　　　朱　尼　　自治区统计局巡视员

协调小组办公室主任由统计局巡视员朱尼兼任。

关于印发宁夏回族自治区 2015 年全国 1%人口抽样调查工作协调小组职责分工及其办公室组织机构和工作职责的通知

宁人调组字〔2015〕1 号

各市、县（区）1%人口抽样调查工作协调小组：

现将《宁夏回族自治区2015年全国1%人口抽样调查工作协调小组职责分工和工作方式》、《宁夏回族自治区2015年全国1%人口抽样调查工作协调小组办公室组织机构和工作职责》印发给你们。

宁夏回族自治区2015年全国1%人口抽样调查工作协调小组（代章）

2015年3月9日

宁夏回族自治区 2015 年全国 1%人口抽样调查工作协调小组职责分工和工作方式

宁夏回族自治区2015年全国1%人口抽样调查工作协调小组的主要职责是贯彻落实全国1%人口抽样调查工作安排，研究决定我区1%人口抽样调查的重大事项；制定和协调人口抽样调查有关政策；组织人口抽样调查的动员和实施。协调小组的日常工作由协调小组办公室承担。

一、职责分工

宁夏回族自治区2015年全国1%人口抽样调查是在协调小组的统一领导下，各部门各负其责，密切配合，通力协作，圆满完成1%人口抽样调查工作，为制定自治区有关政策和中长期发展规划提供决策依据。按照各部门的职能分工，具体安排如下：

自治区统计局负责调查的组织实施和日常工作，督促落实协调小组议定事项。

发展改革委负责做好调查方案与国民经济和社会发展总体规划及有关专项规划编制实施的衔接工作。

公安厅负责提供各市、县（区）户籍人口、暂住人口等资料，并指导各地公安机关协助做好现场登记工作。

卫生计生委负责提供新生儿、人口计生信息及死亡人口资料，做好查准出生、死亡人口方面的协调配合工作。

党委宣传部、新闻出版广电局负责做好宣传以及新闻媒体的组织协调工作。

民政厅负责提供行政区划信息和死亡人口火化信息，做好调查的协调配合工作。

财政厅负责按规定做好1%人口抽样调查经费的保障工作。

人力资源社会保障厅负责提供流动人员人事档案和户口寄挂信息资料，协助做好调查统计工作。

工商局负责对个体工商户的宣传动员工作。

教育厅、民委、住房城乡建设厅按照各自职能分工，认真做好相关工作。

二、工作方式

（一）根据工作需要，召开协调小组会议，研究决定1%人口抽样调查的重大问题。

（二）1%人口抽样调查日常工作问题由协调小组办公室处理。

（三）协调小组重要文件经征求协调小组各成员单位意见后印发，一般性工作文件由协调小组有关负责人签发。

（四）1%人口抽样调查涉及有关政策等重大问题需要协调的，由协调小组办公室牵头，商有关部门提出意见后，报协调小组审批。

宁夏回族自治区2015年全国1%人口抽样调查工作协调小组办公室组织机构和工作职责

一、办公室组织机构

主　任： 朱　尼　（自治区统计局巡视员）

副主任： 张雪艳　（常务，自治区统计局人口与就业统计处处长）

戴　华　（自治区发展和改革委综合处副处长）

许耀武　（自治区公安厅治安总队调研员）

支瑞平　（自治区卫生计生委规划与信息处副处长）

成　员： 闵生裕　（自治区党委宣传部宣传处副处长）

刘　琼　（自治区教育厅发展规划处副处长）

金晓玲　（自治区民委经济发展处副处长）

陈任宣　（自治区民政厅社会事务处调研员）

赵睿广　（自治区财政厅行政政法处副处长）

赵启斌　（自治区人力资源社会保障厅政策研究与规划统计处副处长）

魏爱群　（自治区住房城乡建设厅计财处处长）

张晓晖　（自治区工商行政管理局企业监管处处长）

赵联合　（自治区新闻出版广电局传媒机构管理和宣传处副处长）

聂一平　（自治区统计局统计设计管理与执法监督处处长）

蔡川生　（自治区统计局国民经济综合统计处处长）

钱　玫　（自治区统计局财务处处长）

郭志刚　（自治区统计局数据管理中心主任）

杨如文　（自治区统计局办公室主任）

施克志　（中国信息报驻宁夏记者站站长）

李广东　（自治区统计局人口与就业统计处副处长）

内设机构：

综合组、业务组、数据处理组、执法检查组。以上各组均设在自治区统计局，由人口与就业统计处、国民经济综合统计处、中国信息报驻宁夏记者站、办公室、财务处、数据管理中心、统计设计管理与执法监督处相关处室人员组成。

二、办公室各组的职责

综合组：负责文件管理归档工作；负责财务协调和物资保障工作；负责会务工作；负责后勤保障工作。拟定并组织实施自治区全国1%人口抽样调查宣传工作规划，协调新闻单位进行调查的宣传工作；收集编写动态简报；组织调查数据的课题研究和资料的开发利用。

联系人：李广东，联系电话：4656617，传真：5677039

业务组：设计调查方案；制定各项工作细则；制定质量控制办法；组织实施调查试点；组织指导现场调查工作；培训业务骨干；审核调查数据；发布主要数据公报；编辑出版管理调查数据。绘制调查小区地图；组织样本抽取；组织事后质量抽查。

联系人：管利民，联系电话：5677106，传真：5677039

数据处理组：负责数据采集和处理设备调配；制定数据处理方案；研制数据处理程序，组织实施数据处理各项工作。

联系人：郭志刚，联系电话：5677059，传真：5677059

执法检查组：组织指导自治区全国1%人口抽样调查执法检查活动，受理自治区全国1%人口抽样调查活动中的违法违纪行为举报，转办督办自治区全国1%人口抽样调查活动中的违法违纪案件，直接查处自治区全国1%人口抽样调查活动中的重大违法违纪案件。

联系人：聂一平，联系电话：5677028，传真：5677028

2015年全国1%人口抽样调查方案

根据《国务院办公厅关于开展2015年全国1%人口抽样调查的通知》（国办发〔2014〕33号）和《全国人口普查条例》（中华人民共和国国务院令第576号），制定2015年全国1%人口抽样调查方案。

一、调查目的和组织实施

（一）2015年全国1%人口抽样调查的目的是了解2010年以来我国人口在数量、素质、结构、分布以及居住等方面的变化情况，为制定国民经济和社会发展规划提供科学准确的统计信息支持。

（二）调查工作按照“统一领导、分工协作、分级负责、共同参与”的原则组织实施。

国家和县以上地方各级人民政府成立2015年全国1%人口抽样调查工作领导机构及其办公室，被抽中的乡、镇和街道办事处成立1%人口抽样调查办公室，领导和组织实施全国和本地区的1%人口抽样调查工作。

2015年全国1%人口抽样调查领导机构各成员单位要按照各自职能分工，认真做好相关工作。

（三）2015年全国1%人口抽样调查所需经费，按照分级负担原则，由中央和地方各级人民政府共同负担，并列入相应年度的财政预算，按时拨付、确保到位。

（四）各级调查机构及其工作人员要坚持依法调查。严格执行《中华人民共和国统计法》和《全国人口普查条例》的有关规定。调查取得的数据，严格限定用于调查目的，不得作为任何部门和单位对各级行政管理工作实施考核、奖惩的依据，不得作为对调查对象实施处罚的依据。

（五）各级宣传部门和调查机构应采取多种方式，积极做好1%人口抽样调查的宣传工作，为1%人口抽样调查工作的开展营造良好的社会氛围。

（六）各级1%人口抽样调查领导机构对本行政区域的调查数据质量负责，确保调查数据真实、准确、完整、及时。

二、调查标准时点、对象、内容和方式

（七）调查的标准时点为2015年11月1日零时。

（八）调查对象为抽中调查小区内的全部人口（不包括港澳台居民和外国人）。

应在抽中调查小区内登记的人包括：2015年10月31日晚居住在本调查小区的人；户口在本调查小区，2015年10月31日晚未居住在本调查小区的人。

中国人民解放军现役军人由军队领导机关统一进行调查。

（九）调查内容主要包括姓名、性别、年龄、民族、受教育程度、行业、职业、迁移流动、社会保障、婚姻、生育、死亡、住房情况等。

（十）调查以户为单位进行登记，户分为家庭户和集体户。

（十一）调查采用调查员手持电子终端设备（PDA）入户登记与互联网自主填报相结合的方式。

住户可以选择由调查员手持电子终端设备（PDA）入户登记的方式，也可以选择在互联网上填写调查表直接上报的方式。

（十二）调查表分为《2015年全国1%人口抽样调查表》、《2015年全国1%人口抽样调查死亡人口调查表》。

三、抽样方法、调查小区划分和绘图

（十三）全国调查的样本量约占全国总人口的1%左右。调查以全国为总体，各地级市为子总体，采取分层、二阶段、概率比例、整群抽样方法，其中群即最终样本单位为调查小区。

（十四）二阶段抽样的方法为：第一阶段抽取村级单位，第二阶段抽取调查小区。在第一阶段抽样时，抽取方法为分层、概率比例抽样。

样本的抽取由全国1%人口抽样调查办公室负责实施。

（十五）调查小区的划分、编码和绘图。2015年全国1%人口抽样调查小区规模划分原则为80个住房单元，常住人口大约250人左右。在划分调查小区的同时，绘制抽中村级单位内调查小区分布图、并给调查小区升序编码，绘制抽中调查小区内所有建筑物的分布图。

四、调查的宣传、试点和物资准备

（十六）各级宣传部门和调查机构要组织协调新闻媒体，通过报刊、广播、电视、互联网、新媒体和户外广告等多种渠道，宣传调查的重大意义、政策规定和工作要求，积极营造良好的调查氛围。

（十七）全国1%人口抽样调查办公室负责组织国家级试点。省级1%人口抽样调查办公室负责组织本地区的试点。

（十八）调查所需的物资由各级1%人口抽样调查办公室根据所承担的工作任务负责准备。

五、调查指导员和调查员的借调、招聘和培训

（十九）每个调查小区至少配备一名调查员，每个被抽中的乡、镇、街道至少配备一名调查指导员。

（二十）调查指导员和调查员应当由具有初中以上文化水平、身体健康、经培训能够使用手持电子终端设备（PDA），工作认真负责、能够胜任调查工作的人员担任。

（二十一）调查指导员和调查员的借调、招聘工作由县级1%人口抽样调查领导机构负责。

（二十二）调查指导员和调查员可以从党政机关、社会团体、企业事业单位借调，也可以从村民委员会、居民委员会或者社会招聘。

（二十三）培训工作分级进行。全国1%人口抽样调查办公室负责对省级1%人口抽样调查办公室的业务骨干进行培训；省级1%人口抽样调查办公室负责对市、县级1%人口抽样调查办公室的业务骨干进行培训；市、县级1%人口抽样调查办公室共同负责培训调查指导员和调查员。

培训工作应于2015年10月15日前完成。

六、调查摸底、登记

（二十四）调查登记以前，调查员和调查指导员要对调查小区的人口状况进行摸底工作，明确调查登记的范围、绘制调查小区图、编制调查小区户主姓名底册。

摸底工作应于2015年10月31日前完成。

（二十五）现场登记工作从2015年11月1日开始，采用调查员手持PDA入户询问、现场填报，或由住户通过互联网自主填报的方式进行。

对完成PDA登记的住户，调查指导员应及时组织调查员进行复查，经核实无误后上报。

选择互联网填报的住户应于2015年11月7日前完成调查表的填写和提交。对在规定时间内没有完成的住户，调查员将再次入户使用PDA进行登记。

全部登记工作应于11月15日前完成。

七、事后质量抽查

（二十六）登记工作完成后进行事后质量抽查。全国1%人口抽样调查办公室负责事后质量抽查样本的抽取，省级1%人口抽样调查办公室负责事后质量抽查工作的组织实施。

（二十七）事后质量抽查工作应于2015年11月25日以前完成。

（二十八）事后质量抽查结果只作为评价全国调查数据质量的依据。

八、调查数据的汇总、发布和管理

（二十九）登记工作结束后，县级1%人口抽样调查办公室负责组织调查表的行业和职业编码。编码前应对编码人员进行严格培训。

编码工作应于2015年11月20日以前完成。

（三十）调查数据的处理工作由1%人口抽样调查办公室负责。汇总程序由全国1%人口抽样调查办公室统一下发。

（三十一）国家统计局和全国1%人口抽样调查办公室对数据进行审核后发布主要数据公报。各省、自治区、直辖市的主要数据应于国家公报发布之后发布。

（三十二）调查的原始数据由全国和省级1%人口抽样调查办公室负责管理。

九、其他

（三十三）调查工作全部结束后，各级1%人口抽样调查办公室要对这次调查工作进行全面的总结，并报同级人民政府和上级调查领导机构。

（三十四）交通极为不便的地区，需采用其他登记时间和方法的，须报请全国1%人口抽样调查工作协调小组批准。

（三十五）全国1%人口抽样调查办公室根据本方案制定各项工作实施细则和有关技术文件。

（三十六）本方案由全国1%人口抽样调查办公室负责解释。

2015年全国1%人口抽样调查表

表　　号：R　5　0　1　表
制定机关：国　家　统　计　局
文　　号：国统字（2015）50号
有效期至：2015　年12　月

一、住户项目

问题1　您家现住房的详细地址？____________________

问题2　您家2014年11月1日至2015年10月31日期间的人口变化情况？

出生人口_______人

死亡人口_______人

问题3　您家的住户类别？

○ 家庭户

○ 集体户（转至个人项目）

问题4　您家的住房类型？

○ 普通住宅

○ 集体宿舍和工棚（转至个人项目）

○ 工作地住宿（转至个人项目）

○ 无住房（转至个人项目）

问题5　您家住房的建筑面积？_______平方米

问题6　您家的住房间数？_______间

问题7　您家住房所在的建筑物一共有多少层？

○ 平房

○ 2-3层楼房

○ 4-6层楼房

○ 7-9层楼房

○ 10层以上楼房

问题8　您家住房的建成年代？

○ 1949年以前

○ 1949-1959年

○ 1960-1969年

○ 1970-1979年

○ 1980-1989年

○ 1990-1999年

○ 2000-2009年

○ 2010年以后

问题9 您家住房内有无厨房？

○ 独立使用

○ 与其他户合用

○ 无

问题10 您家住房内有无厕所？

○ 独立使用抽水/冲水式

○ 合用抽水/冲水式

○ 独立使用其他样式

○ 合用其他样式

○ 无

问题11 您家住房的来源？

○ 购买新建商品房

○ 购买二手房

○ 购买原公有住房

○ 购买经济适用房、两限房

○ 自建住房

○ 租赁廉租房、公租房

○ 租赁其他住房

○ 其他

问题12 您家拥有家用汽车的情况？

○ 拥有100万元以上的汽车

○ 拥有50-100万元的汽车

○ 拥有30-50万元的汽车

○ 拥有20-30万元的汽车

○ 拥有10-20万元的汽车

○ 拥有10万元以下的汽车

○ 没有汽车

二、个人项目

每个人都填报的项目（问题1—问题11）

问题1 姓名？

姓名_______

问题2 与户主关系？

○ 户主

○ 配偶

○ 子女

○ 父母

○ 岳父母或公婆

○ 祖父母

○ 媳婿

○ 孙子女

○ 兄弟姐妹

○ 其他

问题3 性别？

○ 男

○ 女

问题4 出生年月？

出生年_______

出生月_______

问题5 民族？

_______族

问题6 户口登记地址？

○ 户口登记地址与本户现住房地址相同

○ 户口登记地址与本户现住房地址不同（请填报户口登记地址）（跳至问题8）

_____省(区、市)

_____市（地）

_____县（市、区）

_____乡（镇、街道）

_____村（居）委会

○ 户口待定（跳至问题11）

问题7 调查时点居住地址？

○ 现住房

○ 其他地区（请填报具体地址）

_____省（区、市）

_____市（地）

_____县（市、区）

（跳至问题9）

问题8 在本市居住时间？

○ 不满半年

○ 半年至一年

○ 一至二年

○ 二至三年

○ 三至四年

○ 四至五年

○ 五至十年

○ 十年以上

问题9　离开户口登记地的时间？

○ 没有离开户口登记地（跳至问题11）

○ 不满半年

○ 半年至一年

○ 一至二年

○ 二至三年

○ 三至四年

○ 四至五年

○ 五至十年

○ 十年以上

问题10　离开户口登记地的原因？

○ 工作就业

○ 学习培训

○ 随同迁移

○ 房屋拆迁

○ 改善住房

○ 寄挂户口

○ 婚姻嫁娶

○ 为子女就学

○ 其他

问题11　是否有农村土地承包权？

○ 有

○ 无

1周岁及以上的人填报的项目（问题12）

问题12　一年前常住地？

○ 现住房

○ 其他地区（请填报具体地址）

_____省（区、市）

_____市（地）

_____县（市、区）

_____乡（镇、街道）

_____村（居）委会

5周岁及以上的人填报的项目（问题13）

问题13 五年前常住地？

○ 现住房

○ 其他地区（请填报具体地址）

_____省（区、市）

_____市（地）

_____县（市、区）

6周岁及以上的人填报的项目（问题14—问题16）

问题14 是否识字？

○ 是

○ 否

问题15 受教育程度？

○ 未上过学（跳至问题17）

○ 小学

○ 初中

○ 普通高中

○ 中职

○ 大学专科

○ 大学本科

○ 研究生

问题16 学业完成情况？

○ 在校

○ 毕业

○ 肄业

○ 辍学

○ 其他

15周岁及以上的人填报的项目（问题17—问题27）

问题17 上周工作情况？

○ 在工作

○ 在职休假、在职学习培训、临时停工或季节性歇业

○ 未做任何工作（跳至问题22）

问题18 行业？

单位详细名称：_______

单位的主要产品或主要业务：_______

问题19 职业？

本人从事的具体工作：_______

（设区的地级市和直辖市以外的人跳至问题25）

问题20 工作地点？

○ 现住房所在的街道（乡、镇）

○ 本市其他街道（乡、镇）（请填报具体地址）

_____区（县）

_____街道（乡、镇）

○ 本市以外

问题21 前往工作地所乘主要交通工具及所需时间？

○ 步行

○ 自行车

○ 电动车

○ 摩托车

○ 小轿车

○ 公共汽车

○ 轨道交通

○ 其他

时间：_______分钟

（跳至问题25）

问题22 未工作原因？

○ 在校学习（跳至问题25）

○ 丧失工作能力（跳至问题25）

○ 毕业后未工作

○ 因单位原因失去工作

○ 因本人原因失去工作

○ 承包土地被征用

○ 离退休

○ 料理家务

○ 其他

问题23 三个月内是否找过工作？

○ 在职业介绍机构求职

○ 委托亲友找工作

○ 应答或刊登广告

○ 参加招聘会

○ 为自己经营作准备

○ 其他

○ 未找过工作

问题24 如果有合适的工作，能否在两周内开始工作？

○ 能

○ 不能

问题25 参加社会养老保险的情况？

○ 城镇职工基本养老保险

○ 城镇（乡）居民社会养老保险

○ 新型农村社会养老保险

○ 机关事业单位养老保险

○ 未参加以上四种社会养老保险

问题26 参加社会医疗保险的情况？

○ 职工基本医疗保险

○ 城镇（乡）居民基本医疗保险

○ 新型农村合作医疗

○ 公费医疗

○ 未参加以上四种基本医疗保险

问题27 婚姻状况？

○ 未婚（跳至问题31）

○ 有配偶

○ 离婚（跳至问题29）

○ 丧偶（跳至问题29）

15-50周岁的妇女填报的项目（问题28—问题30）

问题28 夫妇为独生子女情况？

○ 双独

○ 单独，女方为独生子女

○ 单独，男方为独生子女

○ 均非独生子女

问题29 生育子女数？

○ 未生育（结束）

○ 有生育（请填报生育的子女数）

生过几个孩子：

男_______人

女______人

其中现在存活几个孩子：

男______人

女______人

问题30 过去一年（2014年11月1日至2015年10月31日期间）的生育情况？

○ 未生育（结束）

○ 有生育（请填报生育时间和孩子的性别）

生育时间是：

____月

婴儿性别是：

○ 男

○ 女

如果一年内有两次生育或生育多胞胎的，请填报其他孩子的生育时间和性别。

60周岁及以上的人填报的项目（问题31—问题32）

问题31 主要生活来源？

○ 劳动收入

○ 离退休金养老金

○ 最低生活保障金

○ 财产性收入

○ 家庭其他成员供养

○ 其他

问题32 身体健康状况？

○ 健康

○ 基本健康

○ 不健康，但生活能自理

○ 生活不能自理

2015年全国1%人口抽样调查死亡人口调查表

(2014.11.01-2015.10.31死亡的人口登记)

表　　号：R　5　0　2　表
制定机关：国　家　统　计　局
文　　号：国统字（2015）50号
有效期至：2015　年12　月

每个死亡人口都登记的项目（问题1—问题5）

问题1　姓名？

姓名_______

问题2　性别？

○ 男

○ 女

问题3　出生年月？

出生年_______

出生月_______

问题4　死亡时间？

死亡月_______

问题5　民族？

_______族

死亡时满6周岁的人登记的项目（问题6）

问题6　受教育程度？

○ 未上过学

○ 小学

○ 初中

○ 普通高中

○ 中职

○ 大学专科

○ 大学本科

○ 研究生

死亡时满15周岁的人登记的项目（问题7）

问题7 婚姻状况？

○ 未婚

○ 有配偶

○ 离婚

○ 丧偶

2015年全国1%人口抽样调查表填写说明

一、调查表的种类

2015年全国1%人口抽样调查的表式分为:《2015年全国1%人口抽样调查表》(以下简称调查表)和《2015年全国1%人口抽样调查死亡人口调查表》(以下简称死亡表)两种表。

二、标准时点

2015年全国1%人口抽样调查的标准时点为:2015年11月1日零时。调查员在掌握调查标准时点时,应该注意以下两点:

(一)2015年11月1日零时以后出生的人不登记;2015年11月1日零时以后死亡的人仍要登记调查表。

(二)2015年11月1日零时以后发生迁移的人,仍在原住地登记。

三、调查登记对象

(一)调查表的登记对象

登记对象为调查小区内的全部人口。即2015年10月31日晚住本调查小区的人口和户口登记在本调查小区但2015年10月31日晚未住本调查小区人口。分为两种情况:

1. 2015年10月31日晚住在本调查小区的人,不管其户口登记在何处。

2. 户口登记在本调查小区,但2015年10月31日晚未住本调查小区的人,无论其外出时间长短、外出原因如何,均调查登记。

为便于理解登记对象,并考虑到调查中可能遇到的特殊情况,调查员在入户登记时可采取以下方式询问住户:

本次调查应在您家登记的人包括:

• 2015年10月31日晚住在您家里的人,但不包括由于临时出差、探亲或旅游等2015年10月31日晚暂住在您家的人。

• 户口登记在您家现住房地址的人。

• 经常居住在您家,由于临时出差、探亲、旅游或值夜班等2015年10月31日晚未住在您家的人。

• 幼儿园全托孩子、小学和初中住校生。

不包括:

• 现役军人和武警。

• 港澳台居民和外国人。

• 2015年11月1日零时以后出生的人。

（二）死亡表的登记对象

死亡表的登记对象是在2014年11月1日至2015年10月31日这12月中本调查小区的死亡人口。

四、调查表的填写方法

（一）调查表以户为单位进行登记，采用调查员手持PDA入户询问、现场填报，或由住户通过互联网自主填报的登记方式。

（二）调查表填写按户记录、人记录的顺序进行。先填写户记录，再逐人填写人记录。填写按人登记的项目时，表内第一人应填户主，然后填户主的配偶和其他亲属。

（三）调查员每填完一户，应即刻进行审核,将通过审核的信息，向申报人当面宣读，核对无误后，由申报人在PDA中手写签字确认。

（四）调查表每户最多可以填写45人。对于超过45人的大集体户，可酌情分成若干集体户填写。

（五）有标准答案的项目，根据实际情况填报，并且每个问题只能选择一个标准答案。户口登记地址、调查时点居住地址、一年前常住地、五年前常住地和工作地点等项目可根据行政区划地址列表栏进行选择。没有标准答案的项目，用文字或阿拉伯数字据情填写。

填写文字的项目，包括您家现住房的详细地址、姓名、行业和职业。其中，姓名不能填写非汉字字符。

（六）如果填写错误或发生逻辑关系异常，PDA程序或互联网填报程序会给出审核提示。若为强制性审核错误，请根据提示信息对错误项目进行修改；若为确认性审核提示，可根据提示信息对异常项目进行确认，若情况属实，可忽略该条确认性审核提示。

五、调查表的指标解释

（一）按户填报的项目

问题1 您家现住房的详细地址—您家现住房是指调查时被登记人居住的房屋，详细地址请填写到门牌号。

问题2 您家2014年11月1日至2015年10月31日期间的人口变化情况—填写本户在2014年11月1日至2015年10月31日期间出生和死亡的人数。若本户在此期间没有出生和死亡人口，请填写“0”。

特别注意不要漏掉出生时有某种生命现象（如在胎儿脱离母体时，有呼吸或心跳，脐带搏动、随意肌收缩等），不久即死亡的婴儿，既要填写出生数，也要填写死亡数。

问题3 您家的住户类别—按家庭户、集体户的类别填报。

家庭户：以家庭成员关系为主，居住一处共同生活的人口，作为一个家庭户。单身居住独自生活的，也作为一个家庭户。

集体户：相互之间没有家庭成员关系，集体居住共同生活的人口作为一个集体户。填报此项的人，不再填报后面的户记录项目。

这里的住户类别与户口本上的“户别”无关，集体户口未必是集体户，应以实际居住情况为准。

问题4 您家的住房类型—按居住的住房类型填报。

普通住宅：指人工建造的，有墙、顶、门、窗等结构，具有独立入口，专门供人居住的房屋或场所。

如公寓、四合院、筒子楼等传统意义上的住宅。

集体宿舍和工棚：指厂区内、工地上临时或永久搭建供雇工住宿用的住房。

工作地住宿：指餐馆、发廊、商铺、办公楼等可供人居住的工作场所。

无住房：指居无定所的户（如流动人口中那些睡在桥下、公园、车站或睡在运载货物、商品车辆上的人等）。

本题填报“普通住宅”以外答案的，不再填报后面的户记录项目。

问题5 您家住房的建筑面积—住房的建筑面积按住房的外墙计算。

建筑面积应填报1-999之间的整数，不为整数时四舍五入。

若只知道使用面积的，可用使用面积乘以1.33，换算成建筑面积。

合住在同一所住房里的住户，其建筑面积为各户所独立使用的房间面积加上公共使用面积（包括厨房、厕所、门厅、阳台等）的一部分：两户合住的，各按二分之一计算；三户合住的各按三分之一计算；四户及以上合住的依此类推。

在租借的房屋居住的户，按现住房的实际情况填写住房建筑面积。

问题6 您家的住房间数—指您家现住房中除厨房、厕所、过道和厅以外的自然间数（包括扩建的房间）。填报范围是1-99。

合住同一所住房的住户，在填写住房间数时，填写您家独立使用的房间数。

在租借的房屋居住的户，按现住房的实际情况填写住房间数。

问题7 您家住房所在的建筑物一共有多少层—指住房所属建筑物的层数。

层数是指房屋的自然层数，一般按室内地坪以上计算。

采光窗在室外地坪以上的半地下室，其室内层高在2.20m以上（不含2.20m）的，计算自然层数；假层、附层（夹层）、插层、阁楼（暗楼）、装饰性塔楼，以及突出屋面的楼梯间、水箱间不计层数。

问题8 您家住房的建成年代—指住房所属建筑的建成时间。

住房翻修过的，按翻修时的年份填报；住房经过改建的，如改建面积大于原面积的，建成时间填报改建时的时间；如改建面积小于原面积的，建成时间填报原住房的建成时间。

问题9 您家住房内有无厨房—厨房是指专供做饭使用，不论是否装有上下水道及固定灶具的房间。

在过道、客堂等处烧饭的和在庭院、路边搭建的、低矮的临时简陋设施中做饭的都不算有厨房。

问题10 您家住房内有无厕所—厕所是指住房内的正式厕所（可以是抽水或冲水式的，也可以是其他形式的），露天的简易厕所不算有厕所。

问题11 您家住房的来源—指获取住房的几种情况。

购买新建商品房：指个人从房地产开发部门以市场价购买的房屋，享有对房屋的全部产权。

购买二手房：指购买那些进入房屋市场进行交易，第二次及以上进行产权登记的房屋，包括二手商品房、允许上市交易的已售公房、经济适用房。

购买原公有住房：指个人以成本价或优惠价购买的企事业单位原作为福利分配给本单位职工的住房，享有对房屋的全部产权或部分产权。

购买经济适用房、两限房：指购买政府为中低收入住房困难家庭所提供的保障性住房，包括经济适用房、两限房、安居工程住房和集资合作建设住房。

自建住房：指城镇或农村中个人自筹资金建造的住房，其产权属于个人所有。

租赁廉租房、公租房：指政府以租金补贴或实物配租的方式，向符合城镇居民最低生活保障标准且住房困难的家庭提供社会保障性质的住房。

租赁其他住房：指本户住房是向私人、单位或房地产开发部门租借，并按市场价格交纳房租的。

其他：指不属于以上几种房屋产权性质的填报此项。

问题12 您家拥有家用汽车的情况—家用汽车是指供家庭生活使用的汽车。

如果有多辆家用汽车，则按照多辆汽车的价值总和进行填写。汽车价值请按购买时的价格计算。

注意，每个选项的区间范围包含下限，不包含上限，如10-20万元，应为小于20万元且大于等于10万元的区间范围。

（二）按人填报的项目

每个人都填报的项目（问题1—问题11）

问题1 姓名—填写被登记人的正式姓名。没有正式姓名的可填小名或某某氏，但不能填笔名、代号等。婴儿未起名的，可填“未取名”。

问题2 与户主关系—指被登记人与本户户主的关系。根据申报人的回答据情填报。申报人不是户主的，在填写本户家庭成员时，应注意填写每个家庭成员与户主的关系，而不应填写成与申报人的关系。例如，某一户的申报人张顺来，该户户主是张顺来的爸爸张长远，张顺来在填报他的弟弟张顺强时，与户主关系应选择与户主张长远的关系，即子女，而不是选择与申报人张顺来的关系即兄弟姐妹。

设有十个标准答案：

户主：按家庭日常生活习惯确定户主。

配偶：指户主的妻子或丈夫。

子女：指户主的子女。

父母：指户主的父母或继父母、养父母。

岳父母或公婆：指户主配偶的父母或继父母、养父母。

祖父母：指户主或配偶的祖父母、外祖父母、曾祖父母、外曾祖父母。

媳婿：指户主子女的配偶。

孙子女：指户主的孙子女、外孙子女、孙媳婿、外孙媳婿、重孙子女、重孙媳婿、重外孙子女、重外孙媳婿。

兄弟姐妹：指户主及其配偶的兄弟姐妹以及他们的配偶。

其他：指本户除以上九种人以外的成员。

如果户主的配偶也在本户登记，应登记为第二人，填报“配偶”；然后再登记该户的其他成员。如果户主没有配偶，或户主配偶不在本户登记，第二人也可登记本户其他成员。

在登记集体户时，第一人登记为户主，本户其他成员与户主关系一律登记为其他。

问题3 性别—指被登记人的性别。

问题4 出生年月—指被登记人的出生年、月，在年月列表栏中选择。

出生年月按公历填写，只知道农历的，要换算成公历。按照一般的规律，农历的月份与公历的月份相差一个月左右，换算时农历的月份加1即可作为公历的月份，但要注意农历的12月应当是公历下一年的1月。

问题5 民族—指被登记人的民族成份，在民族列表栏中选择。

外国人加入中国籍，其民族和我国的某一民族相同的，就填某一民族；没有相同民族的，按外国人加入中国籍填写，简填“入籍”。

问题6 户口登记地址—指被登记人居民户口簿上的登记住址。

若户口登记地址与本户现住房地址不同，请依据居民户口簿据实填报户口登记地址。对于农村地区，户口登记在本村委会或村民小组的，视为户口登记地址与本户现住房地址相同。

户口登记地址需填报到村（居）委会一级，可在行政区划地址列表中选择。填报完五级户口登记地址后，直接跳至问题8。

户口待定是指在任何地方都没有登记常住户口的人。包括手持户口迁移证、出生证、退伍证、释放证等情况的人。选择“户口待定”项的人直接跳至问题11。

问题7 调查时点居住地址—指被登记人2015年10月31日晚居住在何处。

经常居住在现住房，由于临时出差、探亲、旅游或值夜班等2015年10月31日晚未住此处的人，也应选择现住房。

选择其他地区的，可在行政区划地址列表中选择具体居住地址。居住在港澳台或国外的，也应在地址列表中选择。

填完本题，直接跳至问题9。

问题8 在本市居住时间—指到调查标准时点为止，被登记人在本市的累计居住时间。

本市是指本地级市或直辖市的全部行政区域，包括区、县和县级市。若曾离开过本市半年以上，应从最近一次来本市的时间算起。

本题仅要求设区地级市中的跨市外来人口或直辖市中的跨省外来人口填报。

半年至一年是指半年以上（含半年），但不满一年。一至二年是指一年以上（含一年），但不满二年。其余依此类推。

问题9 离开户口登记地的时间—指到调查标准时点为止，被登记人离开户口登记地的时间。

没有离开户口登记地是指户口登记地址与本户现住房地址相同、调查时点居住在现住房。填报此项的人直接跳至问题11。

如果常年外出的人由于农忙或节假日等原因偶尔回家的，还应该从第一次离开户口登记地的时间开始计算。如果回家半年以上后再外出的，才能按再外出的时间算起。

半年至一年是指半年以上（含半年），但不满一年。一至二年是指一年以上（含一年），但不满二年。其余依此类推。

问题10 离开户口登记地的原因—指被登记人居住地与户口登记地不一致的原因。

凡具有两种以上原因的，按其主要的原因选择一个答案。被登记人有过多次迁移的，应填报其离开户口登记地时的原因，而不应填报到现住地的原因。

工作就业：指十五周岁及以上因务工经商、工作招聘、调动、入伍等工作原因离开户口登记地的人。

学习培训：指六周岁及以上因考入各级各类学校或参加本地各单位举办的各种学习班、培训班，而离开户口登记地的人。

随同迁移：指随同家人而离开户口登记地的人。

房屋拆迁：指因房屋拆迁、改造而离开户口登记地的人。

改善住房：指因改善住房条件及环境而离开户口登记地的人。

寄挂户口：指户口登记地与居住地不一致，但户口落在集体户或落在与其无直接亲戚关系的家庭户中的人，以及没有在户口登记地居住、只在户口登记地落户口的人。

婚姻嫁娶：指十五周岁及以上因结婚而离开户口登记地的人。

为子女就学：指为方便子女就学而离开户口登记地的人。

其他：指除上述以外的其他原因。

问题11 是否有农村土地承包权—指被登记人户口所在的家庭是否有农村土地承包权。

户口所在家庭应以被登记人的户口簿为准，单独一个户口簿的，按本人情况填报。拥有农村土地承包权是指被登记人户口登记地在农村地区或以前的农村地区，其本人或户口所在家庭曾经是农业户口，目前本人或户口所在家庭拥有农村土地承包权。

拥有农村土地承包权的人或家庭，目前可能实际经营承包地，也可能因各种原因不再经营承包地。以转包、转让、出租、入股、托管等方式出让了所承包土地经营权的也视为拥有农村土地承包权。

1周岁及以上（2014年10月31日以前出生）的人填报的项目（问题12）

问题12 一年前常住地—填写被登记人在调查标准时点的一年前，即2014年11月1日零时的常住地。

填报“其他地区”的，请填报具体地址。具体地址需填报到村（居）委会一级，可在行政区划地址列表中选择。

一年前居住在我国大陆以外地方的，可在地址栏中选择“香港”、“澳门”、“台湾”或“国外”。

5周岁及以上（2010年10月31日以前出生）的人填报的项目（问题13）

问题13 五年前常住地—填写被登记人在调查标准时点的五年前，即2010年11月1日零时的常住地。

填报“其他地区”的，请填报具体地址。具体地址需填报到县（市、区）一级，可在行政区划地址列表中选择。

五年前居住在我国大陆以外地方的，可在地址栏中选择“香港”、“澳门”、“台湾”或“国外”。

6周岁及以上（2009年10月31日以前出生）的人填报的项目（问题14—问题16）

问题14 是否识字—指被登记人是否达到国家规定的脱盲标准（城市居民和乡、镇企业职工识字2000个，乡村居民识字1500个）。

登记时可询问，日常生活中是否能读懂简单的书信或书写简短的句子。如果能阅读通俗书报、能写便条就认为具有识字能力。

小学在校学生无论几年级，都应选择“是”。

问题15 受教育程度—指按照国家教育体制，被登记人接受教育的最高学历。通过自学或成人学历教育经国家统一考试合格的，分别归入相应的受教育程度。

在问题14填报了“否”的人，只能选择本项目标准答案“未上过学”或“小学”。

未上过学：指从未接受过国家或其他办学机构实施的各级各类学校教育的人。包括参加过各种扫盲班或成人识字班学习，且以后再没有接受过各级各类学校教育的人。

小学：指接受的最高一级教育为小学，无论其是否在校、毕业、肄业或辍学的人。

初中：指接受的最高一级教育为初中，无论其是否在校、毕业、肄业或辍学的人。相当于初中程度的技工学校，也填报此标准答案。

普通高中：指接受的最高一级教育为普通高中，无论其是否在校、毕业、肄业或辍学的人。

中职：指接受的最高一级教育为中等职业学校，包括职业高中、中等专业学校和技工学校，无论其是否在校、毕业、肄业或辍学。

大学专科：指接受的最高一级教育为大学专科。在普通高等学校学习大学专科的，无论其是否在校、毕业、肄业或辍学的人，都填报此标准答案。

凡在国家授权承认学历的广播电视大学、职工大学、高等院校举办的函授大学、夜大学和其他形式的大学，按教育部颁布的大学专科教学大纲进行授课的，其毕业生填报此标准答案；其肄业生、在校生按原有受教育程度填报。

通过自学，经国家统一举办的自学考试合格，并取得大学专科毕业证书的，也填报此标准答案。

大学本科：指接受的最高一级教育为大学本科。在普通高等学校学习大学本科的，无论其是否在校、毕业、肄业或辍学，均填报此标准答案。

凡在国家授权承认学历的广播电视大学、职工大学、高等院校举办的函授大学、夜大学和其他形式的大学，按教育部颁布的大学本科教学大纲进行授课的，其毕业生填报此标准答案；其肄业生、在校生按原有受教育程度填报。

通过自学和进修大学课程，经考试合格，并取得大学本科毕业证书的，也填报此标准答案。

研究生：指接受的最高一级教育为硕士、博士研究生，无论其是否在校、毕业、肄业或辍学，均填报此标准答案。

在职接受研究生教育的，其毕业生填报此标准答案；肄业生和在校生按原有受教育程度填报。

凡是没有按教育部的教学大纲培训或只学单科的人，不能填报“大学专科”、“大学本科”或“研究生”，一律按原有受教育程度填报。

填报选项“未上过学”的人，直接跳至问题17。

问题16 学业完成情况—具有小学以上受教育程度的人填报此题。

在校：指正在接受各级各类学校教育并有学籍的人。

毕业：指已修完全部课程，并经过考试鉴定合格者。

肄业：指修完全部课程,但考试不及格或因种种原因未取得毕业资格的人。

辍学：指未能修完所规定的全部课程,中途退学的人。

其他：指私塾、自学等其他方式获得某种文化程度的人。

15周岁及以上（2000年10月31日以前出生）的人填报的项目（问题17—问题27）

问题17 上周工作情况—指被登记人在10月25—31日期间，即调查标准时点前一周，是否为取得收入而工作了1小时以上。

这里所说的工作是指为获取工资、实物报酬或经营收入而实际从事的各种生产、经营和服务性活动。义务劳动和公益性劳动都不是以取得收入为目的的，所以不属于这里所说的工作。

为取得收入而工作，是强调工作的目的性。只要是目的在于取得收入的工作，无论实际是否取得了收入，都应属于这里所说的工作。

对于平时主要在家做家务，有时也从事一些临时性工作（如干农活、销售商品）的人，只要在10月25—31日期间，工作时间达到一个小时，就算进行了工作。

在工作：指在10月25—31日期间，为取得收入而做过固定的、临时的或兼职的工作，并且工作时间达到了一小时。有正式学籍的在校学生利用课余或假期以及正式办理离休、退休手续的人为取得收入而从事了工作，也填报此项。

家庭成员在自家经营的摊位、商店、门市部、工厂劳动，即使没有任何收入，也应视作为取得收入而工作。

在职休假、在职学习培训、临时停工或季节性歇业：

休假是指在10月25—31日期间，因各种原因休假未工作(包括正常的年休假、疗养假及空勤人员、船员、火车乘务人员的轮休假等)以及各种原因的请假未工作(包括病假、工伤假、产假、事假、婚丧假、探亲假等)。个人档案、人事关系已在某单位，但因各种原因本人尚未到新单位报到上班，如军人转业或工作调动等，可视为休假。

在职学习培训是指有工作单位，在10月25—31日期间正参加脱产学习或培训。

临时停工是指在10月25—31日期间，由于机械或电力故障、原料或燃料短缺、天气灾害或其他灾害等原因引起的暂时未工作。

季节性歇业指从事季节性工作，在10月25—31日期间，正值歇业。

承包土地的农民，如果从事农活或其他工作的时间超过一个小时，则填报“在工作”；如果外出打工，但在10月25—31日期间，未从事任何工作，则填报“未做任何工作”；如果在10月25—31日期间，没有外出打工，且未干任何农活或从事其他任何有收入的工作，则填报本项。

未做任何工作：指没有工作单位，且在10月25—31日期间未从事过任何临时性工作的人，填报此项。对于未与原单位解除劳动关系，在原单位已无工作岗位的下岗、内退人员，在10月25—31日期间未从事任何工作的，也填报此项。填报此标准答案的人，直接跳至问题22。

问题18 行业—行业是根据被登记人的工作单位或其本人的经济活动的同一性进行分类，不是按其所属的行政管理系统来分的。

填写行业时应注意以下几种情况：

1.有工作单位的，既要填写单位名称，也要填写单位的主要产品或从事的主要业务。

单位名称要填写全称，并要具体到分厂或车间，不能笼统地只填写总厂名称。

单位的主要产品或从事的主要业务也要详细填写，如“生产服装”或“服装批发”、“服装零售”，不能简写为“服装”。

保密单位，填写其公开使用的名称和公开的主要产品或从事的主要业务。

2.没有工作单位的，有招牌的要在单位名称处按招牌填写，如“××鞋铺”，并在主要产品或从事的主要业务处填写具体的产品或业务，如“做鞋”或“修鞋”。没有招牌的，应在主要产品或从事的主要业务处填写其所从事的具体业务。

工作变动频繁的人，要按在10月25—31日期间所从事的主要工作填写。

务农人员不能笼统地填写“农业”，要根据其具体的农业生产活动或农户具体从事的主要业务填写。如种粮食、养猪等。

3.如果在10月25—31日期间在一个以上单位工作的，按工作时间最长的单位填写。不能确定时间长短的，可按经济收入较多的填写。

4.遇到申报人对本人或本户其他成员的行业不清楚时，不要急于登记，经询问查明后再填报。

问题19 职业—职业是按被登记人所从事的具体工作性质的同一性进行分类的。所谓“同一性”，是指不论其所在工作单位是什么经济类型，不论用工形式是固定工还是临时工，也不论其隶属于哪个行业，凡是从事同一性质工作的人都划分为同一类。

填写职业时应注意以下几种情况：

1.应填写被登记人所从事的主要工作，填写职业要具体、详细。不能笼统地填写“工人”、“杂工”等，而应具体填写其实际工作种类，如“铸轧工”、“采煤工”等；机关工作人员不能笼统填写“干部”，应详细填写其工作性质和种类，如：“打字员”、“统计工作者”；专业技术人员，不能笼统地填写“研究员”、“工程师”等，而应把他们研究或从事的专业和学科也填上，如“通信工程技术员”等。

2.具有各类专业技术职务的人员，同时担任行政负责人的，按行政职务填写其职业；同时担任党和行政职务的领导干部，应按主要职务填写其职业。

3.工种尚未确定，暂时又无具体工作的，要填写“工种未定”。

4.工作变动频繁的人，填写具体所做的工作时要按在10月25—31日期间所从事的主要工作填写。

5.如果在10月25—31日期间同时从事一种以上工作的，按所从事时间最长的工作填写；不能确定时间长短的，可按经济收入较多的工作填写。在同一工作场所，从事一种以上职业的，按技术性较高的工作填写。

6.遇到申报人对本人或本户其他成员的职业不清楚时，不要急于登记，经询问查明后再填写。

设区的地级市和直辖市以外的人填完此题，直接跳至问题25。

问题20 工作地点—指被登记人10月25-31日期间所从事主要工作的具体地点。

选择“本市其他街道（乡、镇）”的请填报具体地址，要求填到街道、乡、镇一级，可在行政区划地址列表中选择。

本题仅要求设区的地级市或直辖市的人填报。

问题21 前往工作地所乘主要交通工具及所需时间—指被登记人从家到工作地点经常乘坐的交通工具及单程花费的平均时间。

若前往工作地乘坐多种交通工具的，请选择乘坐距离最长的一种。

前往工作地所需时间的填报范围是0-300。超过300分钟的，请直接填报为300。

本题仅要求设区的地级市或直辖市的人填报。

填完此题的人，直接跳至问题25。

问题22 未工作原因—指被登记人在10月25—31日期间没有工作的主要原因。

在校学习：即在校学生，指在各级教育主管部门承认的各级各类学校学习，并有正式学籍的人员。不包括有工作单位，脱产学习的人员。填报此项的人，直接跳至问题25。

丧失工作能力：指经专门机构鉴定或虽未鉴定但本人或其法定监护人认为，其因生理或心理疾患已丧失了从事劳动的能力。包括年老体弱生活不能自理的人员，但不包括离休、退休人员，这些人不论是身体残疾还是年老体弱生活不能自理，均填报“离退休”。填报此项的人，直接跳至问题25。

毕业后未工作：指从学校毕业后从未工作过的人。

因单位原因失去工作：指用人单位或雇主提出与劳动者本人中断劳动关系而失去原工作的人。包括被原单位或雇主辞退、除名、开除的人，劳动合同到期后单位或雇主不同意续签劳动合同的人，因单位破产而失去工作的人，单位要求其“内退”的人，以及仍与原工作单位保留劳动关系的下岗人员。

因本人原因失去工作：指本人因各种原因提出与单位中断劳动关系而失去原工作的人。包括辞职的人、劳动合同到期后本人不同意与单位续签劳动合同的人，以及本人提出要求而 “内退”的人。

承包土地被征用：指本人承包或转包、租用他人的土地被有关部门和单位依据土地征用制度规定征作公益性用地或经营性用地，而失去工作。受雇在别人承包的土地上工作，因土地被征用而失去工作的人，不填报此项，而应填报“因单位原因失去原工作”。

离退休：指已正式办理离休、退休手续，定期领取离退休生活费，且未从事任何有收入劳动的人。单位“内退”人员，由于没有正式办理离、退休手续，不能作为离、退休人员，故不填报此项，而应据情填报本项中的“因单位原因失去工作”或“因本人原因失去工作”。

料理家务：指主要在自己家里从事家务劳动，且没有劳动收入的人。离、退休人员从事家务劳动的不填此项，而填“离退休”。为自家经营的摊位、商店、门市部、工厂工作的人，农村中既料理家务又务农或从事家庭副业的人，在别人家干家务活的临时工或小时工，均属于有工作的人，不填报此项。

对于料理家务的人要从严掌握，年龄男在五十岁以下，女在四十五岁以下者如申报为料理家务，应仔细询问，认真核对。

其他：指除以上几种情况之外的其他未工作的原因。

问题23 三个月内是否找过工作—被登记人如果已在职业介绍机构登记，无论是否又采取了其他方式，均填报“在职业介绍机构求职”，采用多种方式寻找工作但未在职业介绍机构登记的，只填一种本人认为最主要的方式。

在职业介绍机构求职：指通过劳动保障部门和其他政府部门以及私人开办的职业介绍机构登记找工作。

委托亲友找工作：指通过亲戚朋友向有关单位推荐找工作，这种委托可以是口头的。

应答或刊登广告：指通过应答各种媒体(电视、报纸、网络等) 或其他渠道的招聘广告或在各种媒体上刊登求职广告寻找工作。

参加招聘会：指通过参加各种形式的招聘会找工作。

为自己经营作准备：指正在为自己开公司和做生意做准备。

其他：指以上未涉及的找工作方式，如查看报刊、广告栏或店头的招聘广告，去自发的劳务市场等活等。

未找过工作：没有采取任何找工作的行动。

问题24 如果有合适的工作，能否在两周内开始工作—被登记人根据自己目前所处的客观条件去判断，如果有就业机会是否能在两周内开始工作。这里不考虑具体是什么工作。这里的两周指的是调查时点的前一周和后一周，即10月25日—11月7日期间。

能：指被登记人目前没有不能脱身的事，如必须在家照顾家人或上学读书等，而且也没有妨碍工作的伤病，能够在两周内开始工作。

不能：指被登记人有事或有病，即使有适合的工作在两周内也不能开始工作。

此项一般情况下都应填报“能”，只有当被登记人因还有不能脱身的事务或有妨碍工作的伤病等而不能工作时，才可填报“不能”。为自己经营作准备的，均应视作能够工作。

问题25 参加社会养老保险的情况—指调查标准时点被登记人参加社会养老保险的情况。

城镇职工基本养老保险：指由政府推行的、面向城镇职工的养老保险制度。

城镇（乡）居民社会养老保险：指由政府推行的、面向城乡居民的养老保险制度。

新型农村社会养老保险：简称“新农保”，指由政府推行的、面向农村居民的养老保险制度。

机关事业单位养老保险：指国家机关或事业单位人员等能享受养老保障的情况。

问题26 参加社会医疗保险的情况—指调查标准时点被登记人参加社会医疗保险的情况。

职工基本医疗保险：指由政府推行的、面向企业职工的医疗保险制度。

城镇（乡）居民基本医疗保险：指由政府推行的、面向城镇居民的医疗保险制度。部分地区推行的、统一面向城乡居民的基本医疗保险制度，也归为此类。

新型农村合作医疗：简称“新农合”，指由政府推行的、面向农村居民的合作医疗制度。

公费医疗：指面向部分国家公职人员的医疗保险制度。

问题27 婚姻状况—指被登记人在调查标准时点的实际婚姻状况。

未婚：指从未结过婚的人。填报此项的人，直接跳至问题31。

有配偶：指有配偶，处于婚姻中的人。

离婚：指曾经结过婚，但到调查标准时点已办理了离婚手续且没有再婚，或正在办理离婚手续的人。填报此项的人，直接跳至问题29。

丧偶：指配偶已去世，且到调查标准时点没有再婚的人。填报此项的人，直接跳至问题29。

这里的婚姻是指事实婚姻，不是单指法律意义上的婚姻，对不到法定结婚年龄，或未办理结婚手续而实际结婚、同居的人，应根据其在调查标准时点的实际情况，依照申报人的申报填报。

15-50周岁（1964年11月1日-2000年10月31日出生）的妇女填报的项目（问题28—问题30）

问题28 夫妇为独生子女情况—指被登记人与其配偶是否为独生子女。

双独：指夫妇双方均为独生子女。

单独，女方为独生子女：指夫妇双方中，女方为独生子女，男方不是独生子女。

单独，男方为独生子女：指夫妇双方中，男方为独生子女，女方不是独生子女。

均非独生子女：指夫妇双方均不是独生子女。

问题29 生育子女数—指截止到调查标准时点，15至50周岁妇女生育子女数。

填报“未生育”的，本人调查项目到此结束。

填报“有生育”的，还要填写生过的孩子数和存活的孩子数。

生过几个孩子填写妇女生育的活产男孩和女孩数，包括产后不久就死亡的婴儿。胎儿脱离母体时（不管孕期长短），凡有过呼吸或心跳、脐带搏动、随意肌收缩等生命现象的，都视为“活产”。这里所说的“子女”是指该妇女的亲生子女，不包括丈夫前妻的子女和领养的子女，但鉴于有些家庭不愿公开领养关系,可尊重填报人的意愿，按亲生子女填报。

其中现在存活的孩子数填报活产子女中仍然存活的男孩和女孩数。包括与父母住在一起的孩子，也包括没有与父母住在一起的孩子。到调查标准时点已死亡的孩子不包括在内。无存活子女的填写“0”。

问题30 过去一年（2014年11月1日至2015年10月31日期间）的生育情况—此题登记调查标准时点前12个月以内15-50周岁妇女是否有过生育。

填报“未生育”的，本人调查项目到此结束。

填报“有生育”的，还要填写生育孩子的月份和所生孩子的性别。

如果一年内有两次生育或生育多胞胎的，请填报其他孩子的生育时间和性别。最多可以填报三个孩子，第四个及以上的孩子可忽略不计。

60周岁以上（1955年10月31日以前出生）的人填报的项目（问题31—问题32）

问题31 主要生活来源—指被登记人主要依靠什么生活。

如果被登记人同时有几种生活来源，选择其认为最主要的一项填报，当被登记人难以确定时，按收入最高的填报。

劳动收入：指主要依靠劳动报酬、经营利润或家庭收益（包括现金和实物收入）生活。

离退休金养老金：指办理了离休、退休或退职手续，主要依靠从原工作单位或社会保险经办机构领取的离退休金（包括退职费）生活。

最低生活保障金：指建立最低生活保障制度的地区，家庭人均收入低于当地规定的最低生活保障线，主要依靠从政府有关部门或集体领取最低生活保障金生活的人，以及依靠民政部门发放的烈军属、五保户、残疾人等的生活抚恤金等生活。

财产性收入：指以资金储蓄、借贷入股以及财产运营、房屋租赁等所取得的利息、股息、红利、租金等收入。

家庭其他成员供养：指主要依靠家庭其他成员或亲属的供养和资助生活。

其他：指依靠以上几种情况之外的其他收入生活。

问题32 身体健康状况—指被登记人根据自身健康状况对过去一个月能否保证正常生活做出的自我判断。

健康：指过去一个月健康状况良好，完全可以保证日常的生活。

基本健康：指过去一个月健康状况一般，可以保证日常的生活。

不健康，但生活能自理：指过去一个月健康状况不是太好，但可以基本保证正常的生活。

生活不能自理：指过去一个月健康状况较差，不能照顾自己日常的生活起居，如吃饭、穿衣、自行走动等。

六、死亡表的指标解释

凡在调查表户记录“问题2 您家2014年11月1日至2015年10月31日期间的人口变化情况”登记了死亡人口的户，还要登记死亡人口的具体情况。

采用互联网调查的户，如果有死亡人口，也由住户通过互联网自主申报。

死亡表共有七个项目：

问题1 姓名—填写死亡人口的姓名。

问题2 性别—填写死亡人口的性别。

问题3 出生年月—填写死亡人口出生时的年份和月份。

问题4 死亡时间—填写死亡人口死亡时的月份。

问题5 民族—填写死亡人口的民族成份。具体填写要求与调查表按人填报的项目问题5相同。

问题6 受教育程度—填写死亡人口死亡时的受教育程度。具体填写要求与调查表按人填报的项目问题15相同。

问题7 婚姻状况—填写死亡人口死亡时的婚姻状况。具体填写要求与调查表按人填报的项目问题27相同。

为了保证死亡人口的登记质量，调查员在入户登记时应该特别注意以下几点：

1.登记死亡人口时，一般以死亡人口死亡前的经常居住地为其登记地，而不以死亡发生时的地点（如医院等）为登记地。

2.本户常住人口中有死亡的，不论其与该户有无亲属关系，都应该作为该户的死亡人口予以登记。

3.对于无法确定死亡人口经常居住地，或调查登记时与死亡人口的经常居住地联系不上的，如孤寡老人、流动人口死亡的，一律在死亡发生地登记。

宁夏2015年全国1%人口抽样调查主要数据公报[1]

宁夏回族自治区统计局

2016年5月10日

根据《全国人口普查条例》和《宁夏回族自治区人民政府关于开展2015年全国1%人口抽样调查的通知》，我区以2015年11月1日零时为标准时点进行了全区1%人口抽样调查[2]。这次调查以全区为总体，以各县（市、区）为子总体，采取分层、二阶段、概率比例、整群抽样方法，最终样本量为21万人，占全区总人口的3.12%。在国家统计局和自治区党委、政府的正确领导下，在地方各级人民政府的精心组织和调查对象的支持配合下，经过广大调查工作人员的艰苦努力，目前已基本完成各项调查任务。现将根据这次调查推算的人口主要数据公布如下：

一、常住人口

全区22个县（市、区）常住人口为6668211人[3]。同2010年第六次全国人口普查11月1日零时的6301350人相比，五年共增加366861人，增长5.82%，年平均增长率为1.14%。

二、家庭户人口

全区22个县（市、区）共有家庭户[4]2103865户，家庭户人口为6299204人，平均每个家庭户的人口为2.99人，与2010年第六次全国人口普查3.17人相比，减少0.18人。

三、性别构成

全区22个县（市、区）常住人口中，男性人口为3398120人，占50.96%；女性人口为3270091人，占49.04%。总人口性别比（以女性为100，男性对女性的比例）由2010年第六次全国人口普查的104.99下降为103.92。

四、年龄构成

全区22个县（市、区）常住人口中，0-14岁人口[5]为1375652人，占20.63%；15-59岁人口为4473036人，占67.08%；60岁及以上人口为819523人，占12.29%，其中65岁及以上人口为512119人，占7.68%。同2010年第六次全国人口普查相比，0-14岁人口比重下降0.76个百分点，15-59岁人口比重下降1.85个百分点，60岁及以上人口比重上升2.62个百分点，65岁及以上人口比重上升1.29个百分点。

五、民族构成

全区22个县（市、区）常住人口中，汉族人口为4208308人，占63.11%；回族人口为2403890人，占36.05%；其他少数民族人口为56013人，占0.84%。同2010年第六次全国人口普查相比，汉族人口增加121941人，增长2.98%；回族人口增加230070人，增长10.58%；其他少数民族人口增加14850人，增长36.08%。

六、各种受教育程度人口

全区22个县（市、区）常住人口中，具有大学（指大专及以上）教育程度人口为933441人；具有高中（含中专）教育程度人口为902966人；具有初中教育程度人口为2056984人；具有小学教育程度人口为1691409人（以上各种受教育程度的人包括各类学校的毕业生、肄业生和在校生）。

同2010年第六次全国人口普查相比，每10万人中具有大学教育程度人口由9316人上升为13998人；具有高中教育程度人口由12580人上升为13541人；具有初中教育程度人口由33813人下降为30848人；有小学教育程度人口由29656人下降为25365人。

七、城乡人口

全区22个县（市、区）常住人口中，居住在城镇的人口[6]为3682853人，占55.23%；居住在乡村的人口为2985358人，占44.77%。同2010年第六次全国人口普查相比，城镇人口增加660831人，乡村人口减少293970人，城镇人口比重上升7.27个百分点。

八、人口的流动

全区22个县（市、区）常住人口中，居住地与户口登记地所在的乡镇街道不一致且离开户口登记地半年以上人口为1736609人，其中市辖区内人户分离人口[7]为347482万人，不包括市辖区内人户分离的人口为1055727人。同2010年第六次全国人口普查相比，居住地与户口登记地所在的乡镇街道不一致且离开户口登记地半年以上人口增加202127人，增长13.17%。

注释：

[1]本公报中数据均为根据调查结果的推算数。

[2]调查对象是指调查标准时点在中华人民共和国境内抽中调查小区内的全部人口（不包括港澳台居民和外国人）。

[3]常住人口中不包括现役军人。

[4]家庭户是指以家庭成员关系为主、居住一处共同生活的人组成的户。

[illegible]2015年11月1日零时，0-15岁人口为145.87万人，16-59岁人口为439.08万人。

[illegible]人口是指居住在我国境内城镇、乡村地域上的人口，城镇、乡村是按2008年国家统计局《统计[illegible]》划分的。

[illegible]分离的人口是指一个直辖市或地级市所辖的区内和区与区之间，居住地和户口登记地[illegible]人口。